Jürgen Schläder
Rasmus Cromme
Dominik Frank
Katrin Frühinsfeld

in Zusammenarbeit mit der Dramaturgie der Bayerischen Staatsoper:
Rainer Karlitschek und Benedikt Stampfli

# WIE MAN WIRD

Die Bayerische Staatsoper
vor und nach 1945

# WAS MAN IST

HENSCHEL

# Inhalt

| | |
|---|---:|
| Geleitworte | 6 |
| Vorwort | 8 |

## DAS NEUE HAUS — 10

| | |
|---|---:|
| »Der neue Glanz und der alte« | 12 |
| Die Eröffnungsfestwochen | 43 |
| Wie man wird, was man ist | 92 |

## DIE STAATSOPER IN DEN DREISSIGER JAHREN — 102

| | |
|---|---:|
| Kennmarken der Weimarer Republik | 104 |
| Die Germanentreue der Bildungsbürger | 114 |
| NS-Gigantomanie | 120 |
| Spielplanpolitik | 141 |
| Personalpolitik | 160 |

## DIE STAATSOPER IN DER FRÜHEN NACHKRIEGSZEIT — 180

| | |
|---|---:|
| Das Dilemma der strukturellen Organisation | 182 |
| Georg Hartmann und die verhinderte Moderne | 199 |

## DIE AKTEURE VOR UND NACH 1945 — 214

| | |
|---|---:|
| Clemens Krauss | 216 |
| Ludwig Sievert | 227 |
| Richard Strauss | 236 |

| | |
|---|---:|
| Jüdische Sänger und verstummte Stimmen | 244 |
| Werner Egk | 272 |
| Carl Orff | 283 |
| Rudolf Hartmann | 297 |
| Karl Amadeus Hartmann | 310 |
| Helmut Jürgens | 324 |
| Heinz Rosen | 333 |
| Hans Knappertsbusch | 337 |

## DIE ÄSTHETISCHE DIMENSION DER AUFFÜHRUNGEN 1933 BIS 1963 — 350

| | |
|---|---:|
| Die Spielpläne | 352 |
| Starensemble und Kammersänger-Offensive | 369 |
| Rückzug in die Tanzmoderne? | 373 |
| Die Ästhetik der Inszenierungen | 381 |
| Die Innovation | 406 |

## ANHANG

| | |
|---|---:|
| Anmerkungen | 415 |
| Literaturverzeichnis | 441 |
| Abkürzungsverzeichnis | 446 |
| Register | 447 |
| Autorenverzeichnis | 454 |
| Bildnachweise | 455 |

# Geleitwort

Nur wer seine Geschichte kennt, weiß, wer er ist und kann Visionen für die Zukunft entwickeln. Das gilt insbesondere für eine so im Fokus der Öffentlichkeit stehende Institution wie die Oper in München, die seit über 350 Jahren Teil und Spiegel der Gesellschaft zugleich ist. Die Kunstform Oper hat sich als stark und Impulsgeber erwiesen über alle Regierungsformen hinweg. Sie hat die Monarchie bereichert wie auch die Demokratie – und leider nutzte sie auch denjenigen, die im 20. Jahrhundert das menschenverachtendste politische System etabliert haben, das so inhuman war, dass noch heute darum gerungen wird, wie man mit dem Exzess dessen umgehen soll, in dem – um Hannah Arendt aufzugreifen – die Banalität des Bösen in Reinform alle Kultur implodieren lies. Und obwohl die Denkfigur, die Kunst habe sich neben dem Nationalsozialismus behaupten können und sei vielleicht sogar unbeschadet davongekommen, gerade auch die Nachkriegszeit geprägt hat, so müssen wir doch in der Rückschau feststellen, das dem mitnichten der Fall war. Daher wurde die 50-Jahrfeier der Wiedereröffnung des Münchner Nationaltheaters nach dem Krieg 2013 zum Anlass genommen, die Geschichte der Institution Bayerische Staatsoper zwischen 1933 und 1963 neu zu betrachten und damit auch liebgewonnene Vorstellungen über die Reinheit der Kunst in Frage zu stellen. Und wir haben damit Wissenschaftler beauftragt, die vor allem auch über die ästhetischen Fragen von Aufführungsstil reflektieren können und diese Entwicklungen zu kontextualisieren. Das Institut für Theaterwissenschaft an der Münchner Ludwig-Maximilians-Universität mit Professor Jürgen Schläder und seine Mitarbeiter Rasmus Cromme, Dominik Frank und Katrin Frühinsfeld haben seither Akten neu gesichtet, Dokumente erforscht, mündliche und bildliche Quellen neu erschlossen. Neu ist erstmals, dass die Nachkriegsjahre einen großen Teil der Forschung eingenommen haben. Das ist tatsächlich bisher noch nie geschehen.

Der Forschungsprozess hat auch innerhalb des Hauses viel Positives bewirkt und hat das Bewusstsein geschärft, welche gesellschaftliche Verantwortung die Kunst hat und dass ein Elfenbeinturmdenken nur für die Kunst eine Illusion ist, der man sich nicht eskapistisch hingeben darf. Und nur so ist man frei, der Kunst den selbstständigen Raum auch in Zukunft zu geben, den sie braucht – Oper als ein Ort, an dem das Schöpferische und Kreative seine Kraft entfalten kann, ohne die eine Gesellschaft implodieren würde.

Nikolaus Bachler
Staatsintendant

# Geleitwort

Sie waren die erste Bürgerinitiative der Nachkriegszeit – und das für die Kunst: Die Freunde des Nationaltheaters haben nach ihrer Gründung 1951 einen wesentlichen, unverkennbaren Beitrag zur Neuentstehung kulturellen und gesellschaftlichen Lebens in der Stadt München geleistet. Es war ein inneres Bedürfnis der Gründer, nach der geistigen und moralischen Verwüstung humane und christliche Kultur, die unter den Trümmern der Unmenschlichkeit verschüttet war, wieder ans Licht zu holen. Aus der damaligen Sicht war der Wiederaufbau des Nationaltheaters ein Zeichen engagierten Bürgerwillens und ein Statement zur dringend benötigten kulturellen Bildung für eine sich neu findende Gesellschaft.

Dank diesen einzigartigen Engagements verbindet die Freunde des Nationaltheaters mit der Bayerischen Staatsoper seit fast siebzig Jahren eine echte Freundschaft, die ihren Ausdruck in vielfältiger ideeller und finanzieller Unterstützung findet. Diese Beziehung ist mehr als ein Sponsoring oder eine Geschäftspartnerschaft. Es ist eine Beziehung, die auf Loyalität, Treue und gegenseitiger Wertschätzung basiert.

Und dennoch: Die Entwicklung der heutigen Gesellschaft zeigt uns nur zu deutlich, wie wichtig und maßgeblich der kritische und sorgfältige Blick in die Vergangenheit ist. Sie zeigt uns aber leider auch, wie selten der dringend benötigte Diskurs über die eigene Geschichte stattfindet. Auch der Blick auf die Diskussion, die zum Beginn des Vereins stand, verändert sich ständig und bedarf der kritischen Wiederaneignung.

Umso mehr gilt unser Dank der Bayerischen Staatsoper und den Forschern um Professor Jürgen Schläder, dass sie sich so intensiv mit der Geschichte des Hauses, insbesondere in der Zeit des Nationalsozialismus und der Nachkriegszeit, professionell auseinandergesetzt haben.

Dieser Dank birgt aber noch mehr: die Hoffnung und den tiefen Wunsch, dass sich viele andere Kulturinstitutionen mit dieser Thematik ebenso ernsthaft befassen.

Msgr. Dr. Siegfried Kneißl
Vorsitzender des Vorstandes der Freunde des Nationaltheaters e.V. München

# Vorwort

Nach dreieinhalb Jahren intensiver Beschäftigung mit nur drei Jahrzehnten Münchner Operngeschichte hat sich die Gewissheit eingestellt, dass die Fragen, die immer schon an diese Geschichte zwischen 1933 und 1963 gestellt wurden, heute noch so aktuell sind wie eh und je. Mit dem Abstand von mehr als acht Jahrzehnten hat sich freilich so mancher Blickwinkel auf die Fakten verschoben und die stets notwendige, wenngleich schwierige Zusammenschau von ästhetischen, politischen und soziokulturellen Ereignissen grundlegend gewandelt. Nicht, dass diese Veränderungen überraschend wären; aber sie spiegeln das Beharrungsvermögen und die Überzeugungskraft von Erzählmustern wider, die sich am Gebäude, an der Institution und an den Akteuren anlagerten – korrekturbedürftig, zu verwerfen und neue zu formulieren.

Die beiden prominentesten Narrative beweisen es:

Dass es auch in der Bayerischen Staatsoper 1945 keine Stunde Null in der Opernästhetik gab, mag auf den ersten Blick akzeptabel scheinen. Aber erstmals ausgewertete Akten der bayerischen Ministerien belegen die rüde Art, in der die sehr wohl vorhandene Moderne zwischen 1945 und 1952 beiseitegeschoben und die Bühne einer konservativen Repräsentationskunst bereitet wurde.

Die schwelende Historikerdebatte über die intentionalistischen Aspekte von Hitlers Machtpolitik lässt sich, begrenzt auf die Kunstform Oper, neu beleben: Hitler selbst rief München als Hauptstadt der deutschen Kunst und die Bayerische Staatsoper als das Flaggschiff der deutschen Opernhäuser aus. An gigantomanischen Ideen des Führers, an schier unerschöpflichen Geldmitteln und erstklassiger personeller Besetzung fehlte es nie – alles zu erklären aus Hitlers früher Begeisterung für das Nationaltheater als malerisches Objekt und als Hort der propagandistischen Musterproduktionen.

Nach 50 bis 80 Jahren haben sich die Methoden und Aspekte der kunstwissenschaftlichen Forschung gewandelt. Die ästhetische Analyse verbindet sich wie selbstverständlich mit Fragen aus der politischen und soziokulturellen Geschichte und wird einen neuen fruchtbaren Diskurs in Gang setzen. Das in chronologischer Folge erarbeitete und ausgewertete Quellenmaterial wurde in der schriftlichen Darstellung durch die Umkehrung der Blickrichtung von 1963 auf die drei vorausgegangenen Jahrzehnte noch einmal überraschend pointiert – mit der erstmals umfassenden Auswertung kritischer Kommentare zu den Theaterproduktionen bei der Wiedereröffnung des Nationaltheaters und der daraus resultierenden Perspektivierung dieses zweiten Neubeginns nach 1945 auf die Geschichte der Operninterpretation im Nationaltheater.

Da lag die Verzahnung dieser Einsichten mit theaterhistorischen Erkenntnissen über die Weimarer Republik und die '68er-Revolte nahe.

Wir haben zu danken – der Bayerischen Staatsoper, ihrem Intendanten Nikolaus Bachler und ihrem Verwaltungsdirektor Dr. Roland Schwab für die großzügige Förderung des Forschungsteams mit Stipendien über die gesamte Projektzeit und den beiden Dramaturgen Rainer Karlitschek und Benedikt Stampfli für die Organisation von fünf Symposien, in denen die Ergebnisse mit Forschern und der interessierten Öffentlichkeit diskutiert wurden, aber auch für die kritische und konstruktive Begleitung der Forschung und ihrer schriftlichen Darstellung. Unser Dank gilt dem Direktor der Theaterwissenschaft München an der LMU, Prof. Dr. Christopher Balme, und Maria Stadler für jedwede Unterstützung und rd. 20 Studierenden der Theaterwissenschaft, die in zwei eigens auf das Projekt zugeschnittenen Master-Projektübungen mit großem Engagement Quellenmaterial aufbereitet haben. Stellvertretend seien Rebecca Sturm und Verena Radmanić für ihre Texte in diesem Band, Sabrina Kanthak, Simon Gröger und Thomas Kuchlbauer für ihre Recherchen und Dossiers genannt. Dank gebührt PD Dr. Katja Schneider für ihre Beiträge zu den tanzwissenschaftlichen Kapiteln und Wilfried Hösl für Reproduktionen der Porträtgalerie des Nationaltheaters, sowie Dr. Paul-Moritz Rabe, der uns sein Vortragsmanuskript für das Abschluss-Symposium zur Schärfung des historischen Bildes im »Fall Morena« überließ. Und naturgemäß wären wir ohne die äußerst hilfreiche Unterstützung der Fotosammlung des Deutschen Theatermuseums, des Bayerischen Hauptstaatsarchivs und einem Dutzend von Archiven und Sammlungen in München, Garmisch-Partenkirchen, Berlin und Wien nicht zum Ziel gekommen.

Großen Dank verdienen die beiden Grafiker Gisela Kirschberg und Ingo Scheffler für ihre ästhetisch erstklassige und unaufgeregte Begleitung bei der Entstehung des Buches und dem Henschel-Verlag mit seiner Verlegerin Dr. Annika Bach für die Produktion.

| | |
|---|---|
| Jürgen Schläder | Rasmus Cromme |
| Katrin Frühinsfeld | Dominik Frank |

# DAS NEUE HAUS

## »Der neue Glanz und der alte«

**Als sich am 21. November 1963 am Max-Joseph-Platz nach fünfzehn Jahren** der Nationaltheater-Ruine und weiteren fünf Jahren Baustelle erstmals die Türen des neuen, wiedererrichteten Münchner Nationaltheaters für Publikum öffnen, überschlug sich die Berichterstattung insbesondere der Münchner Zeitungen. Mancher Enthusiast, wie in der *Abendzeitung*, formulierte in bedingungsloser Begeisterung ein einziges großes Ausrufezeichen, um die Bedeutung des langersehnten Ereignisses zu unterstreichen:

Das Nationaltheater ist neueröffnet! Es ist ein Ereignis von außerordentlicher Tragweite! In ganz Europa, in Amerika und in den anderen Erdteilen nimmt man daran teil, denn das Nationaltheater in München ist stets eine Opernbühne auf höchster künstlerischer Ebene gewesen, im Nationaltheater sangen Künstler[,] die internationalen Ruf besaßen[,] und schließlich war die Münchner Oper auch diejenige Bühne, die Richard Wagners Werk in seiner Gesamtheit aufführte und nach Bayreuth die größte Wallfahrtsstätte für diejenigen war, die Wagner liebten.[1]

Nur vereinzelt sprachen andere Stimmen in ihrer Darstellung die Wunde an, die diese Wiedereröffnung überhaupt nötig gemacht hatte und die sich für manchen Besucher auch nicht durch das Festereignis überspielen ließ: Zwanzig Jahre lang hatte die Bayerische Staatsoper auf ihr angestammtes Haus, das einstige Königliche Hof- und Nationaltheater, verzichten müssen, nachdem es im Oktober 1943 im Bombenkrieg bei einem Luftangriff fast völlig zerstört worden war. Stark beschädigt blieben lediglich Reste des Portikus und des Foyertraktes bestehen, ebenso Mauerreste und einige Räumlichkeiten entlang der Seiten. Bühnen- und Zuschauerhaus wurden vollkommen zertrümmert, die einstige Bühnengrube füllte sich mit Regenwasser zu einem See in der Ruine.[2] Noch 1943 und schließlich nach Kriegsende wich die Bayerische Staatsoper

Das fertiggestellte, rekonstruierte Nationaltheater 1963/64.

auf andere Spielstätten aus – allen voran auf das Prinzregententheater, das bis zum November 1963 auch die Hauptspielstätte der Staatsoper bleiben sollte. Die Debatten, ob und in welcher Form ein Wiederaufbau des Nationaltheaters am Max-Joseph-Platz möglich sei, wurden vor allem in den 1950er Jahren kontrovers geführt, ihr Ergebnis war die weitgehende Rekonstruktion des Hauses.

Während die Handwerker im Sommer und Herbst 1963 im rekonstruierten Nationaltheater letzte Hand an die Ausstattung legten und während die Künstler und Mitarbeiter der Staatsoper unter Intendant Rudolf Hartmann den Spielbetrieb in diesem Neubau im alten Gewand vorbereiteten und mit den Eröffnungspremieren schließlich aufnahmen, kam der Presse eine besondere Rolle im Prozess dieser Re-Installation zu: Durch ihre vielfältige Berichterstattung über die Geschehnisse im neuen Haus, vor und hinter den Kulissen, und insbesondere durch ausführliche Rückblicke auf die Geschichte der alten Münchner Oper von ihrer Erbauung 1818 bis zu ihrer Zerstörung leistete die Presse entscheidende Beiträge dazu, den rekonstruierten Bau mit programmatischer Bedeutung aufzuladen und ihn ideell zu deuten, mehr noch: die Identität dieses frisch

Zuschauerraum mit Königsloge.

erbauten Hauses neu zu konstruieren – durch Zuschreibungen, durch formulierte Erwartungen und durch das Erinnern an den Vorgängerbau. Die abstrakten Qualitäten, welche die Bevölkerung an das Nationaltheater geknüpft hatte – wie Repräsentation von Historie, künstlerische und persönliche Bedeutung, gesellschaftliche Funktion, Atmosphäre, Emotionalität –, ließ die Presse sprachlich aufleben und schuf damit im Diskurs eine soziale Realität des Nationaltheaters. Der Blick auf die Tagespresse sowohl der Münchner als auch überregionaler und internationaler Zeitungen zeigt die Darstellungsperspektiven von der Wiedereröffnung als Stadtgespräch bis zur Wiedereröffnung als internationales Kulturereignis.[3] Die Bandbreite der Zuschreibungen erstreckte sich dabei von Themenfeldern wie dem Nationaltheater als Traditionslinie, als Heimstatt von Muse, Musik und Können, dem Nationaltheater als architektonischem Meisterwerk, als Baustelle, Steuerlast und Politikum, als Zeuge von Anekdoten und Geschichten, als Symbol für Monarchie und Manifestation von Macht bis hin zum Nationaltheater als sozialer Bühne, Ort der Emotion und Ort des Festes.

### Bayerns Glanz, Bayerns Geschichte, Bayerns Geist

In der Eloge der *Abendzeitung München* deuteten sich zwei Aspekte an, die sich durch den Großteil aller Pressebeiträge zur Wiedereröffnung zogen: Zum einen beriefen sich die Schreiber nachdrücklich auf die lange Tradition der Münchner Oper, in der prominente Namen der Musiktheatergeschichte wie Wolfgang Amadeus Mozart, Richard Wagner oder Richard Strauss entscheidende Rollen gespielt hatten. Zum anderen beanspruchten sie daraus ableitend nachdrücklich die Wirkung dieser Bühne, die weit über die Grenzen Münchens und Bayerns hinausging: Die Münchner Oper hatte sich, so wurde ihr attestiert, seit jeher aufgrund ihrer hohen künstlerischen Qualität einer internationalen Strahlkraft erfreuen können. Indem viele Verfasser in ihren Beiträgen vergangene Hof- und Nationaltheater-Zeiten rekapitulierten und priesen, untermauerten sie ihre glühende Begeisterung für die Entscheidung zur Rekonstruktion mit einem gewichtigen Argument: Eine ruhmreiche Tradition des Nationaltheaters, die fortgeführt werden wollte, sprach für die Wichtigkeit eines nahezu originalen Wiederaufbaus, der auch architektonisch die Tradition fortführen würde. Ludwig Wismeyer betonte im *Münchner Merkur* die Bedeutung des wiedererrichteten Hauses mit einigem Pathos:

Erfüllt – ja das ist dieses Nationaltheater. Eine Erfüllung des Wünschens und Glaubens eines Münchner und Bayernvolks. Nicht nur aus Sensation, sondern aus ehrlichem Miterleben hatten an diesem Tag die Münchner ein feierliches Gesicht. Erfüllt ist es von jener Luft, die Oper und Kunst heißt, vom ersten Schritt über die breiten Treppen bis zum Gang auf den Platz. Erfüllt von Tradition zugleich und von ernster Aufgabe für die Zukunft.
Man war doch eins – die vor dem Theater Schauenden und Wartenden, die drinnen Hörenden und einen historischen Akt Erlebenden, die auf der Bühne versammelten Aktiven, vom Intendanten und Generalmusikdirektor bis zum Chor- und Bühnenpersonal, ein Heer von Trägern der großen Zukunft eines großen Hauses, um das uns Bayern eine Welt beneiden kann.[4]

In ähnlicher Manier reflektierte Kurt Wessel am Tag der Wiedereröffnung ebenfalls im *Merkur* den Symbolgehalt und das Potential des wiedererrichteten Hauses, überschrieben mit dem Titel »Mehr als ein Theater«. Den Mehrwert begründete der Verfasser über verschiedene Argumentationslinien:

Der schöne Bau und was er beherbergte und nun wieder im Geist der hohen Tradition beherbergen wird, ist auch ein zudem weithin ausstrahlendes Stück bayerischer Historie. Auch haben sich guter Bürgersinn und öffentliches Wirken ein Denkmal gesetzt. Im Zusammenwirken beider sind unendliche Schwierigkeiten überwunden worden; [...] es hat viel Bereitschaft zu Opfern gefordert, die von dem wachen Gemeinsinn dieser Stadt und dieses Landes wie seiner Menschen beredt zeugen, wie vordem vom fürstlichen Mäzenatentum der Wittelsbacher.[5]

Blick vom Ionischen Saal zum Treppenhaus und zum Königssaal.

Der Anspruch, mit diesem Haus ein Aushängeschild vorweisen zu können, war eines der konstant wiederkehrenden Argumente für die Rekonstruktion des Nationaltheaters. Ein Aushängeschild für Bayern (so wurde am häufigsten argumentiert), für München und auch für Deutschland – um vor aller Welt die eigene Kulturtradition zu repräsentieren, welche, wie hier ausdrücklich erwähnt, in monarchischen Strukturen wurzelte. Das formulierte Lob auf die Bürger – eine Anspielung u. a. auf das Engagement des Vereins der Freunde des Nationaltheaters – zielte dahin, dass diese in ihrem konstruktiven, kulturfördernden Schaffen der einstigen höfischen Herrschaft in nichts nachstanden. Die bauliche Tradition, die durch den Wiederaufbau fortgeschrieben wurde, ließ sich auf die Handlungsträger der Kulturpflege übertragen: durch eine Parallelisierung des »Verdienstes für die Kultur« des Adelshauses (hier konkret König Maximilians I. Joseph, der das Münchner Hof- und Nationaltheater ersann und erbaute) mit dem bürgerlichen Engagement für den Wiederaufbau in den 1950er Jahren – im selben Artikel sprach der Verfasser auch vom Nationaltheater als von einem »Monument bürgerlicher wie kultureller Solidarität«.

Die Tradition und Historie des Münchner Nationaltheaters den Bürgern zu vergegenwärtigen, war ein großes Anliegen sowohl der *Süddeutschen Zeitung*, des *Merkur* als auch der *Abendzeitung*: Sie alle brachten im Vorfeld der Wiedereröffnung in großem Format und mit vielen Fortsetzungen Chronik-Serien zur Geschichte des alten Nationaltheaters. Die *Süddeutsche Zeitung* veröffentlichte 25 Folgen unter dem Serientitel »Musiker, Mimen und Merkwürdigkeiten im Hof- und Nationaltheater. Eine Chronik der berühmten Münchner Oper«.[6] Ihr Verfasser Walter Panofsky behandelte darin anekdotenreich historische Begebenheiten wie Wagner-Uraufführungen oder die Separatvorstellungen für Ludwig II. im Hoftheater und porträtierte dabei Intendanten, Dirigenten und Künstlerlegenden wie Ernst von Possart, Lola Montez, Felix Mottl oder auch – als ein Beispiel aus der jüngeren Vergangenheit und im Jahr 1963 eine lebende Legende – Hans Knappertsbusch (vgl. Porträt Hans Knappertsbusch, S. 337). Die *Abendzeitung* widmete sich in den 17 Episoden ihrer Chronik[7] den großen historischen Stationen und Wendepunkten des alten Hof- und Nationaltheaters: (so z. B. dessen Bau, der Zerstörung durch den Brand 1823 und dem ersten Wiederaufbau 1825) sowie prominenten Figuren seiner Geschichte wie Richard Wagner, Clara Ziegler oder Bruno Walter. Der *Münchner Merkur* veröffentlichte zum einen eine siebenteilige Chronik aus der Feder von Ludwig Wismeyer[8], zum anderen eine weitere Historien-Serie mit dem Titel »Das alte Nationaltheater-Ensemble«[9]; in jeder der sieben Folgen wurde entsprechend ein früheres Ensemblemitglied im historischen Porträt vorgestellt, etwa Julius Patzak oder Hedwig Fichtmüller. Wer in München und Umgebung Zeitung las, musste zwangsläufig Notiz nehmen von der reichen Vergangenheit des Nationaltheaters; eine prominentere und umfangreichere Vertretung dieses Themas ist im Bereich der Tagespresse kaum vorstellbar.

Allen Chronik-Formaten gemeinsam war eine stark anekdotische Aufbereitung der Historie, die auf Anschaulichkeit, Unterhaltung und Identifikationsfiguren setzte, sowie die spürbare Absicht der Verfasser, dem Leser eine große Wertschätzung für die Tradition des Münchner Nationaltheaters nahezulegen. Die motivische Bandbreite der geschichtlichen Darstellung baute sicherlich Brücken zwischen Nationaltheater und Lesern und förderte im Besonderen deren Identifikation mit dem Haus. Indem die historiografischen Darstellungen das alte Nationaltheater stets als Kostbarkeit und Bereicherung zeichneten, warben sie indirekt auch für die Zustimmung zu dessen Wiederherstellung durch die Rekonstruktion: Die Ausführungen über die Historie des Hauses legitimierten den Wiederaufbau, da sie implizierten, ein derartiges Gebäude sei nötig, um solche Musik, solches Schaffen, solche Geschichten künstlerischer und menschlicher Begegnung erst möglich zu machen. Dabei schwang die Verheißung mit, dass durch den Wiederaufbau des Gebäudes auch an die künstlerische und institutionelle Tradition des Münchner Nationaltheaters angeknüpft werden würde.

Das Erzählen der Geschichte des Nationaltheaters diente darüber hinaus dazu, seine Besonderheit auszustellen: Je mehr Details zu seiner Historie ins Gespräch kamen, desto mehr Alleinstellungsmerkmale mussten ihm zuerkannt werden. Mit entsprechender Fülle an Informationen konnte es kein Opernhaus wie jedes andere sein. Mit jeder beschriebenen Marotte eines Künstlers und jedem Detail über einstige Gepflogenheiten oder denkwürdige Pannen im Spielbetrieb gewann die Einzigartigkeit des alten Hof- und Nationaltheaters. Die Betonung der Geschichte schärfte also das Profil des Hauses und der Institution Bayerische Staatsoper maßgeblich. Daraus wiederum leitete sich die große Bedeutung ab, die auch die Zeitgenossen im Jahr 1963 dem Haus

Der Königssaal.

beimessen sollten. Wiederholt wurde argumentiert: *Weil* das Nationaltheater auf eine reiche Geschichte zurückblickt, ist es heute, was es ist, und hat heute seine Daseinsberechtigung. Die Geschichtsschreibung wurde sowohl zur Erklärung der Institution als auch zur Legitimation der Gebäuderekonstruktion genutzt.

Neben der wiederkehrenden Berufung auf die Tradition und der Reklamation des Nationaltheaters als Symbol und Aushängeschild Bayerns gab es ein weiteres Motiv, das die Zeitungsartikel um die Wiedereröffnung 1963 vermehrt anführten und das ebenfalls die Rekonstruktion als solche bestätigte. Kurt Wessel sprach im bereits zitierten Artikel aus dem *Münchner Merkur* vom »schöne[n] Bau und was er beherbergte und nun wieder im Geist der hohen Tradition beherbergen wird«.[10] Besonders Wertvolles galt es zu bewahren und zu schützen – überaus deutlich wurde ein Bedürfnis nach Abgrenzung und Sicherung: »[… die Passanten] schauten auf das Haus, von dem sie sich versprachen, daß es eine vom hitzigen Treiben der Zeit wohltätig ausgesparte Insel, eine Insel der Kunst sein möge; Sammlung, Erhebung, reinen Genuß verbürgend.« Einer eskapistischen Sehnsucht folgend versuchte man, die künstlerische Sphäre von Tagesaktualität, von Politik, von gesellschaftlicher Bedingtheit abzugrenzen.

Zusätzlich zum drohenden Zugriff der äußeren Welt wurde eine Gefahr benannt, die den Bereich der Kunst quasi von innen anzugreifen drohte: Mit vernichtenden Vokabeln spielte Wessel auf avantgardistische und zeitgenössische Ästhetiken und Konzepte an. Die dabei proklamierte Kunstauffassung war normativ und konservativ, sprach der Verfasser doch gleich darauf von einem beim Wiederaufbau zutage getretenen Willen »zum Geist, zur Bewahrung, zu dem, was wir, kurzum, Kultur nennen«. Kultur war, so scheint es, gar nicht anders denkbar denn als das Fortführen des Bestehenden.

Ein Vergleich mit der griechischen Antike, naheliegend als Wertespiegel aufgrund der klassizistischen Tempelarchitektur des Nationaltheaters, sollte das Bedürfnis nach Weltflucht legitimieren. Wessel sprach im Zuge der griechischen Sport- und Theaterspiele von einer »Bannmeile des Friedens, wo man sich, wenngleich nur für eine begrenzte Zeit, über den harten Tag erheben, wo man zusammenfinden konnte«. Dazu bemühte Wessel den Begriff des Humanen als ein Erbe des Regelkatalogs der antiken Olympischen Spiele: »Die Bannmeile des Friedens, die aus der Brandung der Zeit ausgesparte Insel der erhebenden Kunst: das ist es wohl. Und das ist es zugleich, was der Gegenwart fehlt, was ihr auch mit dem Nationaltheater geschenkt sein möge. Anders als die antiken widerhallen unsere großen Zusammenkünfte, etwa in den Vereinten Nationen, oft von bitterem Streit, nicht selten die Niederungen des Pöbelhaften berührend.«

Angeführt wurde immer wieder die Dichotomie des Erhabenen, Hohen einerseits und des Niederen, Pöbelhaften andererseits, wobei das alte Erbe einer Ständegesellschaft mit anklang, in der man sich selbst auf der Seite eines (Bildungs-)Bürgertums verortete. Das Nationaltheater deutete Wessel als Bastion der höheren, geistigen, ideellen Sphäre. Die Korrelation zwischen Bau und ideellen Werten ist offenbar; Wessel schloss: »Auch der Münchener Theaterbau deutet in seinem Bereich […] darauf hin, daß die Zeit Mensch und Geist noch nicht vollends im Materiellen zu ersticken vermocht hat, daß nach wie vor Wille und Vermögen zu ideellen Leistungen lebendig sind. Hier ist Hoffnung.«

Dass sich eine Kunststätte von der materiellen Welt nicht wirksam abgrenzen lässt, zeigte sich jedoch allein in der Eröffnungswoche an mehreren Beispielen. Ein trivialer technischer Ausfall der Beleuchtung mitten in der *Meistersinger*-Premiere, die programmatische Uraufführung von Werner Egks *Die Verlobung in San Domingo* – einer Auftragsoper zum 1963 gesellschaftspolitisch hochaktuellen Thema des Rassenkonflikts – und das tödliche Attentat auf den US-Präsidenten John F. Kennedy einen Tag nach der Wiedereröffnung, zu dem sich der Fest- und Opernbetrieb in der einen oder anderen Weise verhalten musste, belegen offensichtlich die Bedingtheit auch des Kunstraumes Oper durch weltliche Belange. Dessen unübersehbare Teilhabe an und Beeinflussung durch alltägliche und historische Wirklichkeiten lassen die formulierte

Sehnsucht nach einem entrückten, befriedeten Ort der Kunst naiv erscheinen: eine Kunstauffassung, die von überzeitlichen Idealen ausgeht und daher historischen Wandel als Konstitutionskategorie nicht anerkennt.

Während Wessel also ein Ideal zeichnete, in dem sich Theater von der Welt distanzieren sollte, schrieb Armin Eichholz am selben Tag ebenfalls im *Münchner Merkur* dem Bau und seinem Ambiente eine erhebende Wirkung zu, die insbesondere der einzelne Opernbesucher am eigenen Leibe spürte, durch die er sich aufgewertet fühlte und die ihn vollständig absorbierte:

Angeweht von einer vertrauten Theaterluft, angeheimelt, aber zugleich zur Haltung ermahnt, geht (nein, schreitet bereits etwas) der Fernseher vom Abend vorher, der Kinobesucher vom Samstagnachmittag, der Autofahrer, Telefonierer und Lebensautomatist jeder Ordnung durch die Säle eines Königs, den er nur aus der bayerischen Geschichte kennt. Er genießt den Königsblick durchs hohe Fenster, ist nahezu versucht, sich für glücklicher zu halten als die heraufschauenden Mitbürger draußen auf dem Platz, und wenn er schließlich unterm riesigen Prachtlüster, schier aufgesogen vom behaglichen Rot, geblendet vom festlichen Weiß und hochgeehrt vom prunkenden Gold, seinen Sitz herunterklappt – dann gehört er für die nächsten Stunden einer anderen Gesellschaft an, die nur einen Abend lang existiert.[11]

In den Möglichkeiten der Raumatmosphäre im Opernhaus lassen sich die Zuschauer, die aus ihrer weltlichen Realität ins Haus strömen, transformieren in eine höhere Daseinsform. Solche Entrückung kann, dem Verfasser zufolge, nur in einem historischen bzw. historisch rekonstruierten Theaterbau gelingen. Zur Veranschaulichung führte Eichholz ein Architekturbeispiel außerhalb Münchens an. Während in München die Zeichen auf Rekonstruktion standen, hatte man sich in einigen anderen Städten der Bundesrepublik, die im Krieg ihre Theatergebäude verloren hatten, für eine zeitgenössische Architektur und für Neubau statt Wiederaufbau entschieden, so z. B. bei der Kölner Oper in der Architektur von Wilhelm Riphahn, die 1957 als Neubau fertiggestellt wurde. Eichholz kommentierte:

Hier [im Münchner NT] ist das Publikum, wie der singende Mensch auf der Bühne, vollends der Wirklichkeit entrückt. Nicht angekränkelt vom Kalkül des Tages. Nicht, wie in den neuen Opernhäusern von Köln oder Hamburg, durch technische Formen an die technische Umwelt erinnernd. […] Das große

Zuschauerraum der Oper Köln.
Opernhaus Köln, 1960 (historische Postkarte).
Foyer der Oper Köln.

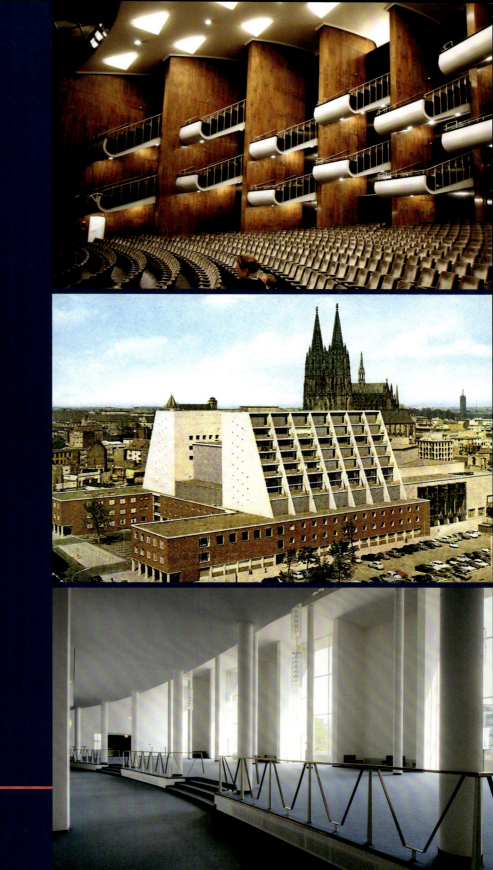

Operngefühl läßt sich offenbar nur widerwillig von einer unkonventionellen Bauweise verlocken: die Hochstimmung auf den noch so schick gehaltenen Rängen unserer Nachkriegsopernbauten könnte notfalls auch in den Gondeln eines komfortablen Riesenrades geliefert werden.[12]

Das Argument der hochgestimmten Entrückung führte unmittelbar zu einem Statement zur Opernprogrammatik und -ästhetik. Eichholz sprach eine aktuelle Krise der Gattung Oper an, die nämlich, wie er andeutete, in ihren zeitgenössischen Ausprägungen am Publikum vorbeigehe. Im Nationaltheater sah Eichholz eine Lösung des Problems – und zwar eine, die auf Diskurs verzichten kann:

Vergessen sind die Essays über die zwielichtige Rolle der Oper im Zeitalter der Massenmedien, geschenkt die wunderbaren Einfälle im Dienste eines noch unbekannten und nur zu erahnenden neuen Opernstils – wer hier eintritt, ist des Diskutierens enthoben. [...]
Mit dem Münchner Nationaltheater wird heute eine festlichere und zugleich weniger problematische deutsche Opernzeit eröffnet. Denn dieses Haus wird Folgen haben. Fürs Publikum, für die Regie, für die Gestimmtheit der Sänger und des Orchesters, ja es mag sein, daß nach der sogenannten Münchner Lösung des Wiederaufbaus auch der Opernstil benannt wird, der hoffentlich einmal hier zu Hause ist.

Die prophetische Verknüpfung von Architektur des Baus und der Kunst, die in ihr gedeiht, schien schrankenlos:

Der Vorschuß, den der feierliche Zuschauerraum gewährt, kommt zweifellos der Regie und den Mitwirkenden zugute. [...] Wobei zu vermuten ist, daß davon auch moderne Werke nutznießen, die noch nicht vom Goldglanz einer korinthischen Säule gestreift wurden.
Der opernhafte Ausnahmezustand ist ja gerade das, was die breite Theatergemeinde einem Komponisten und Librettisten von heute so ungern abnimmt; durch prunkvolle Anführungszeichen jedoch wird für sie auch das weniger spontan zu verstehende Opernspiel in eine anerkannte höhere Wirklichkeit erhoben.[13]

Eichholz pries das rekonstruierte Haus in München als ein rettendes Konzept in der Krise, da es in seinem reizvollen Prunk dem Zuschauer über Zugangsschwierigkeiten zu herausfordernden Opernstoffen oder -formen galant hinweghelfe – freilich nur im vordergründigen Kaschieren, nicht in inhaltlicher Vermittlung zeitgenössischer Oper an ein irritiertes Publikum. Bleibt zu fragen, wie es heute um diese Korrelation steht: Welchen Einfluss hat das Ambiente des Königssaals auch heute noch auf die Gestimmtheit des Publikums und seine Zusammensetzung, auf die Kontrastierung oder Einbettung von Inszenierungsästhetiken, auf Repertoireentscheidungen und Stilfragen? Den von Eichholz beschworenen »Vorschuß, den der feierliche Zuschauerraum gewährt«, gibt es auch über den historischen Augenblick hinaus, und die Staatsoper profitiert, wie es scheint, heute noch davon – wie ein Text auf der Startseite ihres Webauftrittes zeigt:

Die Bayerische Staatsoper gehört weltweit zu den führenden Opernhäusern und blickt stolz auf eine über 350 Jahre währende Geschichte von Oper und Ballett zurück. Mit rund 600.000 Gästen, die jährlich über 300 Veranstaltungen besuchen, trägt die Bayerische Staatsoper maßgeblich zum Ruf Münchens als einer der großen internationalen Kulturstädte bei. Innerhalb einer Spielzeit werden über 30 Opern aus fünf Jahrhunderten und mehr als 20 Ballette vom 19. Jahrhundert bis in die Gegenwart gegeben, dazu Konzerte und Liederabende. Damit ist das Programm des Hauses eines der international vielfältigsten. Mit 2.101 Plätzen ist das klassizistische Nationaltheater das größte Opernhaus Deutschlands und gilt als eines der schönsten Theater in Europa.[14]

Der unverhohlene Rückgriff auf ästhetische, soziale und emotionale Aspekte der 1960er Jahre verdeutlicht in diesem Text unmissverständlich, wie man wird, was man ist – ein weiteres halbes Jahrhundert später fraglos transponiert in die künstlerischen Maximen des 21. Jahrhunderts, aber nach wie vor fokussiert auf das Herkommen als Qualitätsmerkmal und notwendiges historisches Bewusstsein. Ob der dennoch bestehende Anachronismus zwischen dem Konservativismus des Gebäudes einerseits und gegenwärtiger Realität, Kunstauffassung und Programmatik andererseits in manchen Kontexten auch eine Last darstellen mag, die es abzuschütteln gilt, bliebe zu diskutieren. Zweifellos sind Historizität und Festlichkeit des Hauses zwei Charakteristika der Staatsoper, die vom Münchner Stammpublikum und von Touristen gleichermaßen geschätzt und gefeiert werden. Für die frühen 1960er Jahre ist festzuhalten, dass von der Erwartungshaltung der Menschen 20 Jahre nach der Zerstörung des Hauses und unter dem Eindruck einer damals längst nicht bewältigten politischen Vergangenheit eine Kraft ausgehen musste, welche die Rekonstruktion zwingend machte. Was genau trieb die Menschen der frühen 1960er Jahre dazu, sich in der wiederaufgebauten Architektur einer kulturellen Blüte zu erinnern und zu vergewissern, die doch während der NS-Herrschaft ein Dutzend Jahre lang bis zu ihrer Vernichtung schwer beschädigt worden war? In unserer Gegenwart ist eine solche Haltung kaum noch zu rekapitulieren, aber sie hinterließ unübersehbare Langzeitwirkung.

### Pamphlet des Protests

Kritische Stimmen im Sinne von politisch-weltanschaulichen Einsprüchen gegen die Rekonstruktion wurden in der Phase der Wiedereröffnung in den Münchner Zeitungen kaum laut, zumindest nicht als von Journalisten artikulierte Meinung. Jedoch findet sich die Meldung über den politischen Protest einiger Bürger: Am Tag der Eröffnung hatte eine Gruppe von Gegnern des Wiederaufbaus unmittelbar nach Ende des Festakts am Vormittag Flugblätter an Gäste verteilt, die das Nationaltheater verließen. Den Vorfall stellte Ludwig Fisch in der *Süddeutschen Zeitung* als ein »Verspätetes Pamphlet gegen den Wiederaufbau« dar:

Der feierliche Eröffnungsakt endete mit einem Mißklang: Nach der festlichen Veranstaltung wurde vor den Portalen des Theaters ein Pamphlet an die Ehrengäste verteilt, in dem scharf gegen den Wiederaufbau des Nationaltheaters im alten Stil protestiert wird. In der unter den Augen des starken Polizeiaufgebots verteilten Schrift heißt es: »Der Neubau des Nationaltheaters ist doppelt so teuer wie vergleichbare andere Häuser in Deutschland. Was von der Kulturgeschichte längst als pseudomonumentaler Tempel verurteilt wurde, wird durch den Neubau zu bodenlosem Kitsch, der sich durch seine Aufwendigkeit selbst karikiert. Wir klagen die Verantwortlichen an, die soziale, geistige und kulturelle Entwicklung zu negieren. Wir klagen die Befürworter der Mutlosigkeit an.« Das Pamphlet ist mit den drei Namen Geiger, Kuhlen und Wichenmeyr unterzeichnet. Die Polizei vermutet, daß es sich bei den Verfassern um »linksstehende, avantgardistische Künstler« handelt.[15]

Der Protest beanstandete neben den als unnötig hoch eingeschätzten Kosten vor allem die Verfehlung des Zeitgeistes. Die wiedergegebene Vermutung der Polizei löste bei einigen Lesern, die mit den Verfassern des Pamphlets sympathisierten, Empörung aus:

Abgesehen davon, daß hier Auffassung gegen Auffassung steht, wobei Sie versichert sein dürfen, daß viele ernsthafte, neuzeitlich eingestellte Menschen gleicher Meinung sind, befremdet es uns außerordentlich, wenn heute schon wieder Auflehnung gegen eine von der Obrigkeit propagierte und von Spießern gewünschte Kunstauffassung sofort mit dem Beigeschmack »linksstehend« versehen und damit abgetan wird.[16]

Im *Münchner Merkur* berichtete ein Kommentator väterlich-nachsichtig über die Flugblattaktion von »ein paar jungen Leuten«:

Der Mut, gegen 62 verbaute Millionen zu argumentieren, sei ihnen hoch angerechnet, gerade im Sinn des Zeitgeistes, zu dem – ob sie wollen oder nicht – der Max-Joseph-Platz gehört, und im prächtigen Hause das schöne Spiel, das ja auch nicht von heute ist.[17]

Der Zeitgeist wurde (beobachtend) aus dem konstruiert, was gegenwärtig geschah, auch wenn dies noch so sehr im Zeichen der Vergangenheit stand: »Unser Wunsch nach dem Damals *ist* unser Heute«, so lässt sich die Haltung umreißen, mit der die Befürworter der Rekonstruktion dem Vorwurf der Rückwärtsgewandtheit entgegentraten und ihren Standpunkt über jede Anfechtung erhoben. Interessant ist in der Rechtfertigung auch das Argument des zitierten Kommentators, die Oper stehe als

Kunstgattung im Zeichen althergebrachter Muster und sei »auch nicht von heute«, sodass der Anspruch auf eine Verankerung im Jetzt ohnehin unnötig sei. Bereits 1955 konstatierte Rudolf Pfister in der Zeitschrift *Baumeister* über die Hemmungen selbst der »Spitzen-Avantgardisten«, die Nationaltheater-Ruine abzureißen und einen modernen Neubau am Platz zu errichten:

> Vielleicht auch hat man sich Gedanken darüber gemacht – durch die nicht eben ermutigenden Experimente der Nachkriegszeit zur Besinnung gekommen –, daß ein »neuzeitliches Opernhaus« einen Widerspruch in sich darstellt, weil ja die Oper eine ausgesprochen historische Kunstform ist.[18]

Solche Argumentation ist freilich problematisch, weil die zugrunde gelegte These, Oper sei als Kunstform historischer als etwa das Schauspiel, nicht plausibel ist. Pfister bezog sich wohl auf das Opernrepertoire, das an der Bayerischen Staatsoper wie fast allerorten nur zu geringsten Teilen ein zeitgenössisches war.

Das Dilemma zwischen dem Gestern und Heute fokussierte ein weiterer Artikel: »Der neue Glanz und der alte« überschrieb Wilhelm Süskind seine Reflexionen zum neuen Nationaltheater und setzte die beiden Größen gegeneinander, wobei der Verfasser zwar ein Befürworter der Rekonstruktion war, aber dennoch Kritik an der frischen Kopie des Nationaltheaters äußerte. Er schwelgte in seinen Kindheitserinnerungen ans alte Hof- und Nationaltheater, die noch aus der Zeit vor 1918 datierten, und bemängelte:

> Das neue Nationaltheater betrete ich gespaltenen Gemüts. Solche Gemütsspaltung ist harmloser als eine richtige Bewußtseinsspaltung; ich muß damit weder zum Psychoanalytiker noch gar zum Psychiater. Aber ihre Tücken hat sie auch. Zum Beispiel die Tücke, daß der Blick in den neuen Glanz mich statt fröhlich vielleicht wehmütig stimmt. Davon war keine Rede, so lange die Ruine stand und mit ihrer geborstenen Fassade den alten Glanz verkündete: nie hat die Vergoldung im Giebelfeld so geleuchtet wie da. Man wird dann ganz trotzig als älterer Mensch; freut sich zwar, daß alles wieder heil ist und daß man hineingehen kann; weiß aber ganz genau, daß es töricht wäre zu glauben, es sei alles wieder wie einst.[19]

Diese Glorifizierung der Ruine ist bemerkenswert und irritierend zugleich: Die vergangene Ära, da »München leuchtete«, wurde in dieser Denkfigur grandios verklärt. Zugleich deutete der Begriff der Gemütsspaltung auf eine tiefe psychische Verwundung, bedingt durch die Kriegserfahrung, letzten Endes auch eine kollektive Schulderfahrung. Diese hatte sich u. a. in der Zerstörung des Nationaltheaters manifestiert und die heraufbeschworene gute alte Zeit unerreichbar gemacht. Süskind stilisierte das Früher zu einer Zeit des unerschütterten, heilen Gemüts; daraus sprach das Bedürfnis, die Weltzeit um ein halbes oder ganzes Jahrhundert zurückzustellen. Sowohl die Rekonstruktion des Nationaltheaters selbst als auch Süskinds Unzufriedenheit mit dem Resultat knüpften an Traditionen und Werte der monarchischen Ära an und waren Zeichen genau dieses Bedürfnisses. Nostalgisch wurden royalistische Erinnerungen heraufbeschworen:

Die feinen Unterschiede an der Kasse zwischen Platz, Sitz und Sessel. Die Unberührbarkeit der Königsloge, in deren spärlich verteilten zerknitterten Insassen man unbedingt Prinzen und Prinzessinnen vermutete. Später, nach der 18er Revolution, wurde auch sie »dem öffentlichen Verkauf unterstellt« (wie es zweifellos auch damals schon hieß), und obwohl wütender Royalist in jenen Jahren, erstand ich mir doch einmal einen Sitz, um auszukosten, wie es war, aus Königsperspektive meine geliebte Ivogün zu hören. »Frl. Ivogün«, hieß es damals auf dem Zettel, »Herr Bender«, »Frau Kuhn-Brunner«, und wie äußerster Absturz ins Proletarische erschien es mir, als eines Tages der Vorname die hochdezente Angabe des Familienstandes ersetzte.[20]

In Süskinds Artikel dominierte das Bewusstsein, dass es sich um ein königliches Bauwerk handelte, welches Unterschiede des Standes auch in den Sitzkategorien widerspiegelte. Fest im Ständedenken verhaftet war Süskind, wenn er ein Abweichen von den bisherigen Formen als »Absturz ins Proletarische« wertete; dem entgegen stand die hochgeschätzte Distinguiertheit der Etikette, der gepflegten Tradition, der Distanzwahrung. Hier sprach ein Bildungsbürger der alten Schule, der die Gesellschaftsordnung anerkannte, in deren Mitte er sich befand. Das Schwelgen in Erinnerungen an eine vergangene Zeit kostete er aus, wobei er es zwar durchaus als eine Schwäche der älteren Generation deutete, nicht aus dem Verklären und dem Vergleichen zwischen Alt und Neu herauszukommen, doch diese Selbsterkenntnis minderte seine Kritik am empfundenen Stildefizit des rekonstruierten Hauses kaum.

Im Rückbezug auf die persönliche Erinnerung an Kindheit und Tradition wurde ein Heile-Welt-Bild generiert, das freilich tendenziös war und auf ähnliche Weise den Zugriff der gegenwärtigen Welt verwehrte, wie es der eskapistische Ansatz des »Kunstraums als Insel« in den Kommentaren von Wessel und Eichholz tat.

Das rekonstruierte Nationaltheater als Gebäude verkörperte genau dieses Spannungsfeld: Stellte es eine harmonisierende Synthese aus Vergangenheit und Gegenwart dar? Oder bildete es ein Dilemma ab: Das Neue, das alt zu sein schien, und doch nicht alt war, spiegelte eine ungebrochene Kontinuität nur vor, und es wurde zugleich 1963 als Neuheit gefeiert und war doch nicht wirklich neu, weil es sich dem Alten in seiner Gestalt verschrieben hatte?

Die öffentliche Debatte, ob und in welcher Form bzw. in welchem Ausmaß aufgebaut bzw. rekonstruiert werden sollte, hatte schon in den 1950er Jahren die Gemüter vieler Bürger bewegt und war insbesondere von einflussreichen Größen aus dem Bereich der Kulturpflege sowie aus den zuständigen Behörden mitunter hitzig geführt worden.

### Opernhaus oder Denkmal?

Durch den Bombenangriff in der Nacht vom 2. auf den 3. Oktober 1943 war das Opernhaus am Max-Joseph-Platz derart zerstört worden, dass es unbespielbar war. In den Nachkriegsjahren spielte die Bayerische Staatsoper im Prinzregententheater, nutzte jedoch in der Nationaltheater-Ruine am Max-Joseph-Platz weiterhin einige an den seitlichen Mauern gelegene Räume, die leidlich erhalten geblieben waren, denn das Prinzregententheater war nicht ausreichend mit Probenräumen (auch für Chor, Ballett, Orchester) und Büros ausgestattet.[21] Dies war der Status quo Ende der 1940er Jahre. Der tägliche Theaterbetrieb, in den ersten Nachkriegsjahren stark von Mangel und Provisorien bestimmt, spielte sich zunehmend ein, 1950 hatte man sich im Prinzregententheater längst häuslich eingerichtet. Im Stadtbild Münchens war zu diesem Zeitpunkt das Nationaltheater eine von vielen Ruinen. Die Planungen für den Wiederaufbau der Stadt und entsprechende Stadtratssitzungen hatten rasch nach Kriegsende begonnen. Ein Wiederaufbau des Theaters stand in den ersten Nachkriegsjahren nicht zur Debatte, andere Projekte wie Schulen oder Krankenhäuser hatten Vorrang. Karl Meitinger, Stadtbaurat und Mitglied des »großen Wiederaufbauausschusses«, dokumentierte 1946 in seinen *Vorschlägen zum Wiederaufbau* den Geist, in welchem er den Wiederaufbau Münchens geplant sehen wollte:

Die uferlosen Projekte eines verflossenen Regimes sind zu den Akten gelegt. Der Wiederaufbau nach den neuen Planungen wird von der Stadt und ihrer Bürgerschaft zwar große Opfer fordern, sie werden aber, auf lange Sicht gesehen, tragbar sein und dazu beitragen, daß unser liebes München in neuem Gewande, aber im alten Geist wieder ersteht. […] München wird eines Tages wieder Brennpunkt für den neuen Fremdenverkehr sein, und sein alter Ruf als deutsche Kunststadt wird neu erblühen. Mag auch die Spekulation auf die Zukunft manchem abwegig erscheinen, das Leben geht weiter, und wer da die Hände in den Schoß legt, wird vom Leben überfahren. Spätere Generationen sollen nicht sagen können, daß wir in München nach dem politischen Zusammenbruch und in gleichzeitiger wirtschaftlicher Notlage den Blick in eine bessere Zukunft und den Sinn für ein großzügiges Handeln verloren hätten.[22]

Das ebenfalls zerstörte Residenztheater wurde 1951 durch einen Neubau ersetzt, bei dem die Haushaltsmittel weit überzogen wurden, so dass der Bayerische Landtag sich gegen einen Wiederaufbau des Nationaltheaters aussprach.[23] Zur Diskussion stand auch der Abriss der Ruine und die Umfunktionierung des Max-Joseph-Platzes als Verkehrsfläche oder Parkplatz. Angesichts dieser Perspektive formierte sich im November 1951 eine Bürgerinitiative: Mit dem Slogan »Wenn nicht sofort etwas geschieht, dann kommt der Bagger«[24] gründeten Mitglieder der Theatergemeinde München den Verein der »Freunde des Nationaltheaters«.

Der beschädigte Portikus, um 1945.
Der beschädigte Bühnen- und Zuschauerraum, um 1944.

Die Arbeit, die Anliegen und Erfolge dieses Vereins, die Rolle und Zusammensetzung der beteiligten behördlichen Gremien, die Entwicklungen, Meinungsverschiedenheiten und Rückschläge, die auf dem komplizierten Weg zur Einigung bzgl. eines Wiederaufbaus durchlaufen werden mussten, sowie der Verlauf des Wiederaufbaus selbst sind unmittelbar nach der Wiedereröffnung im umfangreichen Band *Festliche Oper*[25] von den Akteuren selbst dokumentiert worden – dies so ausführlich durch Details belegt, dass an dieser Stelle eine Zusammenfassung der wesentlichen Stationen ausreichend ist und nur um wenige weitere Dokumente ergänzt wird. Allein die Existenz dieses ebenso dokumentarischen wie prachtvollen Bildbandes illustriert das Selbstverständnis der Wiedererbauer und die Wichtigkeit ihres Anliegens.

Die Freunde des Nationaltheaters setzten es sich 1951 zum Ziel, den Erhalt und Wiederaufbau des Hauses nicht nur ideell durch Öffentlichkeitsarbeit, sondern auch finanziell zu unterstützen.[26] Von August bis Oktober 1952 veranstalteten sie eine erste Tombola, bei welcher der Verein über 550.000 DM einnahm[27] und dem Finanzministerium für den Wiederaufbau zur Verfügung stellen konnte. Neben dem finanziellen Erfolg dieser und weiterer Tombolen gelang es den Freunden zunehmend, Politik und Öffentlichkeit für die Sache zu gewinnen, der Wiederaufbau wurde Anliegen des Landtags.

Hervorzuheben ist für die frühe Phase der Debatte, dass weniger die architektonische Gestalt des neu zu errichtenden Hauses im Mittelpunkt stand, als vielmehr die Frage, ob überhaupt wieder ein bespielbares Opernhaus am Max-Joseph-Platz stehen könnte. Die »Freunde« allerdings gingen in ihrem Engagement stets von einer möglichst weitgehenden Rekonstruktion des Hauses aus. 1952 wurde der Bayerische Landesbaukunstausschuss als maßgebliche Gutachterinstanz ins Leben gerufen (bestehend v. a. aus Architekten, zudem Stadtbauräten, Ministerialräten, einem Regierungsbaudirektor und einem Landeskonservator). Der Ausschuss empfahl im Oktober den Wiederaufbau des Nationaltheaters am alten Platz und forderte zur Klärung der Baufrage ein Wettbewerbsverfahren. Während der Apparat eines staatlichen Großbauprojekts sich behäbig in Gang setzte, rückte die ernsthafte Auseinandersetzung mit dem Aussehen des neuen Gebäudes in den Mittelpunkt – eine Debatte, die kontrovers und emotional geführt wurde.

Übereinkunft herrschte darüber, dass der zwar beschädigte, doch in weiten Teilen erhaltene Portikus sowie die seitliche Fassade zur Maximilianstraße hin bestehen bleiben sollten.[28] Über die innenarchitektonische Gestaltung von Foyertrakt, Zuschauerhaus und Bühnenhaus schieden sich jedoch die Geister, verlangten doch die Vorstellungen von modernem Komfort sowie technische und baupolizeiliche Auflagen gewisse Zugeständnisse, die eine exakte Rekonstruktion unmöglich machten. Mit der Auslobung eines Wettbewerbs hätten sich das Bayerische Kultusministerium und die Oberste Baubehörde, so stichelte im Nachhinein Rudolf Pfister, Mitglied der Bayerischen Akademie der Schönen Künste und Schriftleiter der Architekturzeitschrift *Baumeister*, bzgl. der heiklen Frage, inwieweit rekonstruiert werden sollte, »aus der Affäre gezogen«. Im Hinblick auf die bevorstehende Ausschreibung des Architekturwettbewerbs postulierte die Bayerische Akademie der Schönen Künste in einem Gutachten im März 1954:

Beim Wiederaufbau des Bayerischen Nationaltheaters handelt es sich nicht darum, an Stelle des untergegangenen Opernhauses irgend ein nach modernen architektonischen und bühnentechnischen Gesichtspunkten neu zu gestaltendes Bauwerk zu errichten, sondern um eine im allgemeinen rekonstruktive Aufgabe, die für die Möglichkeit von Neugestaltungen enge Grenzen zieht, und zwar aus folgenden Gründen: Das Theater war sowohl im Bild der Stadt einer der stärksten Akzente und ein festlicher Mittelpunkt des Münchner Kulturlebens, als insbesondere durch seine gesamte hochgestimmte Haltung ein internationaler Begriff. Diese Werte könnten durch keine neue Lösung ersetzt werden. Es erscheint uns wichtig, beim Wiederaufbau der Stadt derartige kulturelle Werte nicht aus einer traditionslosen Einstellung heraus irgendwelchen Konzeptionen zu opfern. Die städtebauliche und künstlerische, aber auch theaterkulturelle Aufgabe ist hier darum nur durch den Wiederaufbau des alten Theaters in seiner ganzen, nur ihm eigentümlichen inneren Haltung und Atmosphäre zu erstreben.[29]

Die Argumentation schloss also eine Lösung in neuer Architektur kategorisch aus und klassifizierte sie als beliebig im Gegensatz zur als zwingend vorgestellten Rekonstruktion. Von einer solchen sprach die tatsächliche Ausschreibung des Wettbewerbs Anfang 1954 indes nicht explizit:

Dieser Wettbewerb dient der Untersuchung, ob es möglich ist, in den vorhandenen Ruinenmauern im Bereich des gesamten Zuschauerhauses eine Lösung zu finden, die gegenüber dem früheren wertvollen Klenze'schen Haus wesentliche Verbesserungen nach der Seite des Verkehrs, der Bühnensicht und der Gestaltung aufweist und gleichzeitig im Bereich des Bühnenhauses einen neuzeitlichen, theatertechnisch einwandfreien und wirtschaftlichen Bühnenbetrieb ermöglicht. [...] Es gilt also, für den Wiederaufbau des Nationaltheaters im Bereich des Zuschauerhauses der erhaltengebliebenen und erhaltungswürdigen Außenschale ein Inneres einzufügen, das sich in seiner baulichen Haltung mit der des Äußeren verbindet, das darüberhinaus aber auch unseren gesellschaftlichen Verhältnissen, der künstlerischen Haltung sowie den praktischen Anforderungen Rechnung trägt, die wir aus unserer Zeit heraus an einen solchen Bau stellen [...].[30]

Zudem lautete die Vorgabe:

Bei der Ausgestaltung des Zuschauerhauses soll die Würde des früheren Nationaltheaters wieder erreicht werden. Für das Bühnenhaus soll eine den heute gegebenen wirtschaftlichen und baugestalterischen Gesichtspunkten entsprechende Lösung gefunden werden.[31]

In dieser Aufgabenstellung, die äußere Form dem Original des alten Nationaltheaters nachzubilden, bei Gestaltung von Auditorium, Foyers und den weiteren Innenräumen aber Konzessionen an die Praktikabilität und an den Zeitgeist zu machen, sah Rudolf Pfister »die Aufforderung zu einem Kompromiß, der große Gefahren in sich birgt«, und plädierte auf die vollständige Rekonstruktion im Sinn einer »denkmalpflegerischen Lösung«.[32] Auch die Freunde des Nationaltheaters setzten sich nun, da der Wiederaufbau des Hauses nicht mehr in Frage gestellt schien, insbesondere für eine Architektur ein, die sich so weit als möglich am alten Nationaltheater orientieren sollte, und formulierten eine von ihnen so bezeichnete »Resolution«:

Der Planung des neuen Nationaltheaters soll der Gedanke zugrundeliegen, daß das Nationaltheater als Kunstwerk ein geschlossenes Ganzes sein muß. Die verbliebene, monumentale Außenfassade

Entwurf von Werner Kallmorgen aus Hamburg.
Die Ränge sind als freistehendes Gerüst in den Zuschauerraum eingefügt.

Entwurf von Richard Siegel aus München.
Der Charakter des Zuschauerraumes wurde vom Preisgericht gelobt.

Entwurf von Gerhard Graubner aus Hannover.
Gegenüber dem festlichen und gelungenen Foyer befand das Preiskomitee den eher funktional konzipierten Zuschauerraum als schwächsten Part des Entwurfs.

**Planbesprechung. V. l. n. r.: Bauamtsdirektor Albert Hummel, Ministerialrat Karl von Fischer, Ministerialrat Emil Knöringer, Ministerialdirigent Clemens Weber und Oberbaurat Hans Heid. Undatiert.**

zwingt zu einer innenarchitektonischen Lösung, die mit der äußeren Erscheinungsform zusammenklingt. Es wird gebeten, ein Rangtheater zu bauen, das die Raumwirkung insbesondere des Zuschauerraums des einstigen Fischer-Klenze-Baues mit seiner Klarheit und Festlichkeit wieder erreicht. Eine traditionsfremde Lösung wird daher abgelehnt.[33]

Es handelte sich nicht um einen offenen, sondern um einen beschränkten Wettbewerb, zu welchem elf Teilnehmer eingeladen waren – »zum Glück«, kommentierte Pfister, »denn wir wissen nachgerade aus Erfahrung, wie wenig der Lösung so schwieriger Aufgaben mit lokalen Belastungen durch öffentliche Wettbewerbe gedient wird.«[34] Unter den elf eingeladenen Architekten waren neun bayerische Teilnehmer, davon stammten sechs aus München. Die Entwürfe der Wettbewerbsteilnehmer lagen Anfang 1955 vor und beinhalteten sowohl traditionsnahe als auch mehrere bewusst modern gestaltete Vorschläge.[35]

Das Preisgericht des Wettbewerbs musste allerdings feststellen, dass keiner der eingereichten Entwürfe »die Festlichkeit und die künstlerische Höhe der alten einheitlichen Konzeption« erreicht hatte[36], und vergab folglich keinen ersten, aber einen besten Preis. Hierbei entschied man sich für einen der modern gestalteten Entwürfe: Gerhard Graubner aus Hannover ging als Sieger aus dem Wettbewerb hervor – mit einem modernisierenden Vorschlag, der für das Zuschauerhaus statt offenen Rängen

Boxen vorsah und Foyer, Garderoben und Treppenaufgänge gänzlich neu gestalten wollte. Vorgesehen waren unter anderem eine Zentralgarderobe unter dem nach hinten stark aufsteigenden Parkett und der Einschub einer Foyerzone, an deren Seiten Karreetreppen zu den Rängen führen sollten. Die Kommission konstatierte in ihrer Bewertung des Entwurfs:

Die Logenanordnung im Zuschauerraum strebt eine Synthese zwischen Rang- und Tribünentheater an, wobei der Wunsch nach guter Sichtmöglichkeit überwiegt. Durch den Vorschlag wirft der Verfasser damit die Frage auf, ob durch eine Überbetonung der Sichterfordernisse nicht die räumliche Intimität und die gesellschaftliche Geschlossenheit spürbar beeinträchtigt wird. Vielleicht ist es gerade hierauf zurückzuführen, daß der sonst sehr beachtenswerte Entwurf im Zuschauerraum die für das Münchener Nationaltheater zu fordernde und bei einem Haus dieses Ranges unerläßlich hohe festliche Stimmung nicht erreicht. Das Preisgericht stellt fest, daß der Entwurf in verschiedener Hinsicht, und zwar mehr als die anderen Arbeiten, wertvolle Ideen für die weitere Behandlung der Aufgabe liefert.[37]

Zunächst fand der Landesbaukunstausschuss weitgehend Gefallen am Konzept Graubners und wollte ihn nach gezielter Überarbeitung umgesetzt sehen. Zu einer solchen Überarbeitung wurde dem – wie vielfach impliziert wurde – eher planerisch denkenden Graubner mit Ministerialrat Karl von Fischer aus der Obersten Baubehörde ein baukünstlerischer Partner an die Seite gestellt, der für die Wiederherstellung der »traditionelle[n] Atmosphäre des alten Fischer-Klenze-Baues« Sorge tragen sollte.[38] Zudem wurde ab Dezember 1955 ein Kunstbeirat eingesetzt, dessen Vorsitz Rudolf Esterer innehatte. Der Architekt und ehemalige Präsident der Bayerischen Schlösser-, Gärten- und Seenverwaltung stand auch dem Preisgericht vor. Zu den weiteren Mitgliedern zählten auch Intendant Rudolf Hartmann und der Bühnenbildner Emil Preetorius.[39] Die unter solcher Aufsicht und Anregung geleitete, beabsichtigte Weiterbearbeitung der Pläne Graubners als Ergebnis des Wettbewerbs wurde durchaus misstrauisch zur Kenntnis genommen. Pfister von der Bayerischen Akademie der Schönen Künste attestierte dem Ergebnis des Wettbewerbs, dass

[…] in der Summe eine sehr beachtliche positive Arbeit gel[e]istet wurde, selbst dann, wenn die »Klärung« in der Erkenntnis bestehen sollte, daß andere Wege gegangen werden müssen. Ein m[ä]nnlich-offenes Zugeständnis unserer schöpferischen Unzulänglichkeit für diese ganz besondere – vom Ort und vom Inhalt her historisch vorbelastete – Aufgabe ist unendlich besser als ein Experiment mit negativem Ausgang. – Gott bewahre uns vor einem überdimensionalen Kino an dieser Stelle – aber auch vor einem Bastard! […]
Über die Weiterbearbeitung aber möge man den unabdingbaren Leitsatz stellen, daß grundsätzlich die (heute immer übertriebenen) technisch-praktischen Forderungen vor den ideellen zurückzustehen haben, wo immer sie aufeinanderprallen.[40]

Trotz des Vorhabens, mit Graubners Plänen weiterzuarbeiten, geriet in den folgenden Monaten die Zustimmung ins Wanken, eine Gegenpartei formierte sich: Der Bauhistoriker und Ingenieur Oswald Hederer hielt im Januar 1956 einen Vortrag in der Bayerischen Akademie der Schönen Künste und forderte dabei nachdrücklich eine vollständige Rekonstruktion des Nationaltheaters.[41] Ebenso sprachen sich (unter anderen auch Rudolf Esterer) Mitglieder des Kunstbeirats, die anfangs Graubners Entwurf für gut befunden hatten, nun gegen eine Neugestaltung aus und proklamierten die Rekonstruktion – zunächst nur für den Königssaal, doch bald auch für das gesamte Foyer. Für dieses arbeitete der CSU-Abgeordnete Franz Lippert sogar einen Denkmalschutzantrag aus. Graubner, dessen preisgekrönte Pläne zudem nachträglich in einem harschen Gutachten seitens des Oberbaurats kritisiert wurden, wehrte die allgemeine plötzliche Kehrtwende in Richtung Rekonstruktion energisch ab:

Entweder das Nationaltheater wird ein Opernhaus oder ein Denkmal. Sollen wir eine leblose Imitation hinstellen, die unbequem und unpraktisch ist? Schon vor dem Kriege waren sich viele Fachleute einig, daß das Nationaltheater in München erhebliche Mängel hatte. Das sollte man bei aller Liebe zum Alten nicht übersehen.[42]

Jedoch der Gedanke der Rekonstruktion wurde zunehmend real und umsetzbar, nachdem Mitglieder der Obersten Baubehörde und des Landesbaukunstausschusses die historischen Baupläne des 1818 von Karl von Fischer fertiggestellten Nationaltheaterbaus aufgespürt hatten.[43] Die Befürworter der Rekonstruktion argumentierten nun zum einen damit, dass angesichts Fischers architektonischer Meisterschaft nahezu eine Verpflichtung bestehe, die Pläne neuerlich umzusetzen, zum anderen mit der profanen (und von den Rekonstruktionsgegnern bestrittenen) These, dass die Kosten geringer ausfielen, wenn man auf bereits vorhandene Pläne zurückgreifen könne. Die Debatte kochte hoch, zumal sich einige Gremien selbst intern nicht auf eine Haltung einigen konnten; so verlor der Kunstbeirat aufgrund gespaltener Meinungslager in der Frage nach Neugestaltung oder Wiederherstellung seine Verhandlungsfähigkeit und sah sich öffentlichen Anfeindungen ausgesetzt und nach einer hitzigen Landtagsdebatte im März 1956 zum Rücktritt gezwungen.[44]

Gerhard Graubner musste den Verfechtern des Fischer-Klenze-Baus schließlich nachgeben: Der Landesbaukunstausschuss forderte die Rekonstruktion des Zuschauerraums und der vorderen Repräsentationsräume, in Kombination mit einigen Teilen aus dem Projekt Graubners im Bereich der Foyerzone. Was es für Graubner bedeuten mochte, zusammen mit Karl von Fischer die Anpassung der Originalbaupläne hinsichtlich moderner Standards in puncto Bequemlichkeit, Technik, Sicht etc. auszuarbeiten, im Bewusstsein, dass von seinem eigenen gestalterischen Entwurf nur noch die geringsten Anteile erhalten bleiben würden, lässt sich vorstellen. Indes verzögerte sich die Durchführung, da es bei Fragen der architektonischen Feinplanung und der Finanzierung stets mühsam war, eine Einigung der Entscheidungsträger in verschiedenen Gremien zu erzielen. Bei einer Unterschriftenaktion der *Süddeutschen Zeitung*, die Walter Panofsky 1957 initiierte, konnten fast 200.000 Stimmen von Bürgern gesammelt werden, welche die Rekonstruktion des Nationaltheaters einforderten und damit den öffentlichen Druck auf die Gremien erhöhten. Über die Langwierigkeit der Wiederaufbauverhandlungen zeigten die Bürger nach Darstellungen der Presse Unmut. Beispielhaft sei ein Kommentar aus dem *Münchner Merkur* angeführt:

Das Nationaltheater, immer noch als schönste Ruine der Landeshauptstadt »gefeiert«, ist wie ein Sorgenkind, das seit Jahren sein Leben im Schatten elterlicher Liebe fristet. [...] Muß man denn wirklich immer wieder darauf hinweisen, [...] daß sich [...] das kulturelle Leistungsvermögen des bayerischen Volkes gerade auch in diesem Theater von europäischem Ruf manifestierte, und daß der Glanz Münchens auch der Glanz des Landes ist. [...] Im Drei-Milliarden-Etat des bayerischen Staates sollte sich eine Ecke für die Oper finden lassen, ohne daß Abstriche bei Schulen und Krankenhäusern nötig wären. Der Landtag hat in allernächster Zeit darüber zu entscheiden. Ein musischer Wind um die Isarhöhe möge seinen Geist erhellen. Die Freunde des Nationaltheaters, die weit über die Grenzen der Stadt und des Landes hinausreichen, werden es ihm danken. Wo sind die leidenschaftlichen Streiter für Bayerns und Deutschlands Ruhm? Auf die Barrikade des Maximilianeums – wohlgerüstet mit Worten und Taten![45]

Bei allem Pathos, aller Emotionalität und Flugblatt-Aufgeregtheit mussten sich die Münchner noch gedulden, bis sie ihr Nationaltheater wieder betreten durften: Der Wiederaufbau konnte bei Weitem nicht, wie vom Verein der Freunde einst gefordert, bis zur Achthundertjahrfeier Münchens 1958 fertiggestellt werden. Im Gegenteil bezog im Juli 1958 der Landtag erstmals positiv zu einem Wiederaufbau Stellung, da das unter behördlichen, finanz- und kulturpolitischen sowie architektonischen Gesichtspunkten hochkomplexe Bauvorhaben die Zustimmung aller Gremien und Instanzen finden musste. Zu diesem Zeitpunkt rechnete man mit einem Kostenaufwand von rund 50 Millionen DM. (Insbesondere der finanziell und planerisch unglücklich verlaufene Residenztheater-Neubau erhöhte den Druck, diesmal korrekt und voller Sorgfalt und Bedacht vorzugehen.[46]) Am 13. August 1958 konnte das Kultusministerium das Startzeichen für den Wiederaufbau geben. Nach Baubeginn lagen die Schwierigkeiten nicht mehr in Einigung oder Verständigung der Beteiligten, sondern in den praktischen Problemen der gegebenen Situation: Behinderungen durch die Großbaustelle in einer Hauptverkehrszone, die Notwendigkeit, für Oper und Bauleitung Ausweichräume zu beschaffen, nachträgliche Modifikation geplanter Bauabschnitte oder auch der Mangel an Fachkräften aufgrund der florierenden Bauwirtschaft in der Wirtschaftswunderzeit. Als der für 1962 angesetzte Wiedereröffnungstermin um ein weite-

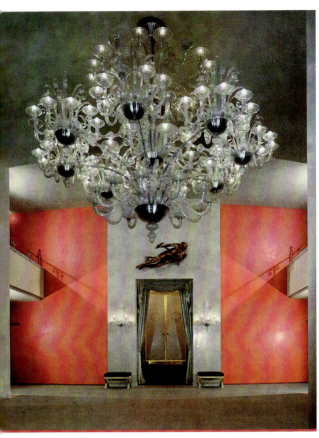

Die modern gestaltete Zwischenzone im Nationaltheater vor der Königsloge, gemäß den Vorstellungen des Architekten Gerhard Graubner.

res Jahr verschoben werden musste[47], sprach die *Abendzeitung* von der »kompliziertesten Baustelle Europas«.[48] Am 21. Oktober 1961 wurde das Richtfest gefeiert. Der Richtspruch aus der Feder von Eugen Roth rekapitulierte in bairischer Mundartdichtung salopp die bewegte Nationaltheatergeschichte von Zerstörung (»A Angriff war's, a b'sonders grober!«[49]), Rekonstruktionsdebatte und jüngster Baugeschichte; dass Graubner sehr kurz, aber explizit als Preuße erwähnt wurde, spiegelte wohl seine Rolle in der Wiederaufbauplanung treffend wider.

Zum 21. November 1963 schließlich war das Haus fertig und konnte feierlich eröffnet werden. Das bauliche Ergebnis der Streitigkeiten um die Form war eine fast vollständige Rekonstruktion des alten Hof- und Nationaltheaters, wie es Karl von Fischer im 19. Jahrhundert verwirklicht hatte. Die größte Abweichung vom alten Original bestand in der sogenannten Zwischenzone: dem eingeschobenen Flur im Foyer mit den Gevierttreppen zu den Rängen, ausgestattet in dem von Graubner eigentlich für das ganze Haus intendierten zeitaktuellen Stil. In den Wochen der Wiedereröffnung wurde die Grundsatzfrage nach der innenarchitektonischen Gestalt des neuen Baus kaum noch kritisch in der Presse besprochen. Die Freude dominierte, am Max-Joseph-Platz nach 20 Jahren wieder ein Nationaltheater installiert zu sehen, das durch seine kopierte, opulente Ausstattung bei allen, die das alte Haus gekannt hatten, mannigfache Reminiszenzen an die frühere Geschichte des Theaters wachrief.

### Professionelle Architekturkritik

In der Breite wurde die Frage nach der Richtigkeit oder Angemessenheit der Rekonstruktion in den Wochen der Wiedereröffnung in der Tagespresse denn auch nicht mehr geführt. Jedoch soll, jenseits von rein weltanschaulichen und teils durch Generationenkonflikte geprägten Einwänden, wie sie im Protest-Pamphlet publik geworden waren, der Blick auf die wenigen Artikel eröffnet werden, welche unter architektonischen Gesichtspunkten eine sachliche Kritik des neuen Nationaltheaters formulierten. Drei Wochen nach der Wiedereröffnung druckte die *Süddeutsche Zeitung* in einer Beilage mit dem Titel »Zeitgemäße Form« je einen Artikel von Johanna Schmidt-Grohe und Paulhans Peters, die sich beide mit der Rekonstruktion des Münchner Nationaltheaters unter fachlicher Beurteilung der architektonischen, städtebaulichen, handwerklichen und wissenschaftlichen Leistung kritisch auseinandersetzten. Dabei brachten sie fast keine künstlerischen oder weltanschaulichen Argumente vor, sondern verwiesen vor allem auf architektonische und stilistische Besonderheiten und vorrangig auf Mängel des neuen Hauses. Peters war Schriftleiter der Architekturzeitschrift *Baumeister*, sein Artikel wurde parallel auch in diesem Magazin veröffentlicht. Dem dortigen Abdruck war eine kurze Stellungnahme vorangestellt, in der der Verlagsleiter Karl Baur-Callwey einerseits sein Verständnis für die Münchner Bürger ausdrückte, die »ihre Oper« schlicht »wiederhaben wollten« und nur aus diesem Antrieb heraus überhaupt solch außergewöhnliches Engagement für einen Wiederaufbau gezeigt hatten. Auf der anderen Seite erinnerte er an das Recht der Fachwelt, auch an diesem Bauwerk eine sachliche Kritik zu üben und hierfür die emotionalen Aspekte auszublenden.[50] Eine so klar differenzierte Aussage über die Grundlagen der eigenen Bewertung findet sich in den Artikeln der Tagespresse in der Regel nicht, wurde hier aber wohl erklärend vorausgeschickt, da die sachliche Kritik durchaus harsch ausfiel. So bemängelte Johanna Schmidt-Grohe viele Entscheidungen hinsichtlich der Fenster- und Türengestaltung sowie der Ausstattung im Inneren, von den »merkwürdig mutlosen Farben« des Zuschauerraums bis zur Beleuchtung; für missglückt erachtete sie dabei insbesondere die unentschiedene Synthese von Wiederherstellung und Modernisierung: »[D]ieses ständige sich einander Überschneiden von alter und neuer Form ist es, was das Gefühl des Unbehagens verursacht, kein Gesamtkunstwerk zustande kommen lässt.«[51] Die Verfasserin bezog dies nicht auf das Zusammenspiel von originalen Überresten alter Bausubstanz und zeitgenössisch-moderner Architektur – auf solches integrierendes Verfahren verwies sie als historisch-bewährt (etwa beim Kirchenbau, wo es stets üblich war, aus dem Geist der eigenen Zeit heraus an-, um- oder wiederaufzubauen). Sie kritisierte hingegen den Neubau im alten Stil, der keine ästhetische Linie oder Eigenständigkeit für sich beanspruchen könne. Dass zeitgenössischer Architektur und zeitgenössischem Kunsthandwerk in

Das Münchner Nationaltheater von Karl von Fischer nach dem Brand 1823. Im Gegensatz sowohl zu Fischers frühen Entwürfen als auch zu Klenzes veränderter Front besaß es keinen vorgebauten Säulen-Portikus.
Das Nationaltheater in der von Leo von Klenze modifizierten Frontansicht.

der Ausstattung bei diesem Projekt zu wenig bzw. kein Raum gegeben wurde, missbilligte Schmidt-Grohe – böten doch z. B. die bayerischen Meister- und Gewerbeschulen, die international bekannt seien und ebenso hochqualifizierten wie innovativ schöpferischen Nachwuchs hervorbrächten, ein so reiches wie ungenutztes Potential. Was sie dem Verein der Freunde bzw. den Bürgern nicht vorwerfen mochte, kreidete sie dem Staat als Versäumnis an:

Kunst und Konzession schließen einander aus. Der Neubau des Nationaltheaters wird immer eine kulturgeschichtliche Tat bleiben, nämlich die Tat der »Freunde«, die ihn unter bewunderungswürdigen Opfern ermöglicht haben, als feststand, daß auf keinen »Souverän« zu hoffen war. Diese Bürger konnten weder Macht noch Kenntnis haben, jenen Kreis von internationalen Architekten zum Wettbewerb zu laden, die aus dem neuen Opernhaus ein Zeitdokument hätten machen können. Mißtrauen, entstanden durch einige wenig geglückte Beispiele moderner deutscher Theaterbauten, steht ihnen ebenso zu wie der sentimentale Wunsch, durch die Kopie des alten Hauses selige Erinnerungen zu erwecken. – Namen, wie Neutra, Nervi, der junge Jörn Utzon, der in Sydney eines der märchenhaftesten neuen Opernhäuser schuf, sind diesen Männern womöglich kaum bekannt. Eine Institution wie der Deutsche Werkbund (warum wird er vom bayerischen Staat gefördert, wenn man sich in so wichtigen Fragen seiner nicht bedient?) hätte beratend zur Seite stehen können, um noch mehr deutsche Architekten in die engere Wahl zu bringen.[52]

Resigniert konstatierte die Verfasserin: »München hat sein Nationaltheater wieder – aber eine große Chance ist unwiederbringlich vertan.«

Paulhans Peters beanstandete ebenfalls mangelnden architektonischen Mut in der Gestalt des neuen Nationaltheaters. So stufte er die Fassade zur Maximilianstraße hin als unproportional lang für die sonstige Randbebauung dieses Straßenzugs ein und befand, sie scheitere am Anspruch, »aus einer nebensächlichen Gebäudewand eine ›repräsentative‹ Straßenfront zu machen«.[53] Ähnlich wie Schmid-Grohe konnte auch Peters an den gewählten Lösungen für die Marstall-Seite nichts Gutes finden, die nach außen hin durch das Magazingebäude verbaut sei und im Inneren in der neuen Eingangshalle durch die »sichtbar belassene Beton-Rippendecke und feierliche Ampeln den fatalen Eindruck einer germanischen Weihehalle« entstehen lasse. Über den Bau im Stadtbild urteilte er:

Die Straßenwand zur Maximilianstraße ist unwichtig, die Giebel am Marstallplatz sind bestimmt nicht aus dem Geist Klenze-Fischers entworfen und eine Schande. Es ist also eigentlich nur die eine Wand des Nationaltheaters vorhanden, die städtebaulich wirksam werden kann, und das ist der Portikus. Gibt es eine zwingende künstlerische Notwendigkeit, hinter diesem erhaltenen und auch erhaltenswerten Bauteil (+ Vestibülzone) in gleichem Stil weiterzubauen?[54]

Peters stellte darüber hinaus die Kategorie des Originals infrage, die bei der Rekonstruktion als Ideal gehandelt wurde. Am Nationaltheater waren über die vielen Jahrzehnte immer wieder Veränderungen vorgenommen worden. Den ursprünglichen Bau von Karl von Fischer, der 1823 in Flammen aufging, hatte Leo von Klenze für den damaligen Wiederaufbau bereits modifiziert, indem er den zweiten Portikus vorbaute.

Allein dieser Umstand beweist, dass das Schlagwort »Wiederaufbau im Geist von Fischer und Klenze«[55], das in den Jahren der Wiederaufbaudebatte so gerne von den »Freunden« und anderen Befürwortern der Rekonstruktion angeführt worden war, nicht nur unpräzise war, sondern auch die Einheit des Geistes dieser beiden Architekten nur behauptete. Ob Klenze in Fischers Sinne handelte, lässt sich hinterfragen; es ist belegt, dass Klenze zumindest manche von Fischers Entscheidungen scharf kritisierte.[56] Auch über die nachfolgenden Jahrzehnte kam es wiederholt zu Umbauten oder Umarbeitungen, wie z. B. zur Kolorierung von Stuckteilen im Zuschauerraum in den 1930er Jahren. Welcher Zustand des Hauses das wiederherzustellende Original sein sollte, war ergo eine Frage der Interpretation, und das Ergebnis dieser Entscheidung ein Konstrukt.

Wenngleich Paulhans Peters in seiner Kritik den handwerklichen und, im Sinne der Arbeit mit historischen Bauplänen, wissenschaftlichen Leistungen der Rekonstruktion Anerkennung zollte, so stellte er doch dem Zeitgeist, sofern der Wiederaufbau des Nationaltheaters ein Zeichen von diesem war, ein dürftiges Zeugnis aus:

Das Nationaltheater ist in der Reihe europäischer Theater ein wichtiger Bau. Und die Verfechter des sogenannten Wiederaufbaues sagen: Es war unsere Verpflichtung der Zukunft gegenüber, dieses zerstörte (aber wie bewiesen, wiederherstellbare) Stück wieder in diese Kette einzureihen. Kultur bedarf der Tradition. Kann aber Tradition auf Kopien wachsen? Auch auf Kopien, die als solche nicht mehr erkennbar sind? Oder gilt diese Einschränkung nur für die ganz wenigen? Braucht die Masse aber das Bild, das visuelle Zeugnis? Und wer macht die Kultur? Die sie konsumieren, oder jene, die schöpferisch sind? Nun gut. Das Nationaltheater steht wieder. Wir werden sicher manchen Opernabend darin verbringen, den wir lange nicht vergessen werden. Wir werden aber, so glaube ich, schlecht darüber hinwegsehen können, daß hier unsere Zeit wieder einmal gezeigt hat, daß sie nicht zum Wagnis, nicht zum Verzicht und nicht zur Bescheidung bereit war.[57]

Solch strenge Urteile wurden im Herbst 1963 zur Zeit der Wiedereröffnung nur in verschwindend geringer Zahl laut. Die Befürworter des Wiederaufbaus schließlich interpretierten diesen natürlich in anderer Weise als gesellschaftliches Zeichen der Zeit. Am Tag der Wiedereröffnung deutete der *Münchner Merkur* diese Rekonstruktion vor der Alternative eines neugestalteten Baus als versteckten Befreiungsschlag:

So rundum bedacht, hat diese rechtzeitig wiedererstandene, angemessen erneuerte Biedermeiersehnsucht nach klassischer Größe mehr zur Klärung der zeitgenössischen Opernsituation beigetragen als ein noch so wohlüberlegter architektonischer Putschversuch im Namen der Zukunft. Neben dem vielen anderen, in den vergangenen Wochen Gesagten und in den nächsten Wochen zu Berichtenden, wäre also für Donnerstag, den 21. November, zu notieren: daß keine einschlägige Revolution auf dem Max-Joseph-Platz so revolutionierend gewirkt hätte wie diese Restauration.[58]

### Die ewige Verpflichtung gegenüber dem Gott der Kunst?

Mit Blick auf die Argumente der Befürworter des Wiederaufbaus, sowohl zur Zeit der Debatte in den 1950er Jahren als auch in den Kommentaren anlässlich der Wiedereröffnung, lassen sich zwei hauptsächliche Bedürfnisse feststellen: zum einen der Wunsch, die Bayerische Staatsoper und die Stadt München vermittels des Prachtbaus Nationaltheater über die Grenzen Münchens und Bayerns hinaus strahlen zu lassen; zum anderen das offensichtliche Bedürfnis, an die Vergangenheit und an eine Tradition anknüpfen zu können, die verbunden war mit spezifischen Werten. Die selbst gestellte Aufgabe war es, diese Wertvorstellungen zu konservieren. Dazu wählten die Entscheidungsträger des Wiederaufbaus als Hülle die fast exakte Kopie eines königlich-bayerischen Repräsentationsbaus am originalen Standort und tilgten so gleichzeitig den Anblick der Nationaltheater-Ruine aus dem Stadtbild, welche die Erinnerung an das vergangene Kriegsgrauen verkörpert hatte.

**Blick ins Zuschauerhaus bei der Eröffnung des Nationaltheaters.**

Indem einzelne Stationen der Geschichte des alten Nationaltheaters erzählt wurden, prägte man in der Öffentlichkeit das Bild dieser Kulturinstitution spezifisch im Sinne einer traditionsreichen Stätte: Historische Begebenheiten wurden somit in die Identität des Hauses eingeschrieben, sie lösten sich aus dem Zustand des Anekdotischen und verfestigten sich zu einer Tradition, sie bildeten ein Kontinuum aus. So wurde z. B. die vorübergehende Erhebung eines Bierpfennigs zugunsten des Neubaus nach dem Brand 1823 – ein in höchstem Maß historisch-situativ bedingtes Geschehen – in der Chronikdarstellung der *Süddeutschen Zeitung* umgedeutet zu einer Tradition der Bürgerverbundenheit mit dem Haus über den ganzen Zeitraum seiner Existenz hinweg, bis hin zum Engagement des Vereins der Freunde in den 1950er Jahren. Die Konstruktion des Kontinuums ging so weit, dass sogar der Unterschied zwischen dem alten Theatergebäude von 1825 und dem neuen Duplikat von 1963 häufig verwischt wurde[59]: Beide Häuser galten als das eine Nationaltheater, sie wurden gehandelt, als wären sie lediglich zwei Aggregatzustände ein und derselben Realität. Nicht zufällig war in der *New York Times* die Rede von einem »neu-alten Haus«.[60] Die identische Hülle der beiden Gebäude ermöglichte und beförderte diesen Eindruck, und recht mühelos konnte die zwanzigjährige Phase der Ruine durch ein Kontinuum von Tradition überbrückt, wenn nicht sogar vergessen gemacht werden.

Ein ähnlicher Gedanke der Kontinuität klang in der Widmung des Hauses an: »APOLLINI MUSISQUE REDDITUM MCMLXIII« – »1963 Apoll und den Musen zurückgegeben«.[61] Im Wort »zurückgeben« vereinigten sich das Konzept des Kontinuums (im Sinne der Wiederherstellung eines früheren Verhältnisses oder Zustands), das des Bruchs (als Grund für die Notwendigkeit dieser Wiederherstellung) und das des Begleichens einer Schuld bzw. Einlösens eines Versprechens. Impliziert wurde eine Art immerwährender Kontrakt mit den antiken Gottheiten – auch dies eine Form der Selbstlegitimation durch Berufen auf eine Tradition, die in diesem Fall sogar Jahrtausende über den Bau des alten Nationaltheaters zurückreichte.[62]

Im Zeitgeist des wiedererrungenen Ansehens in den Wirtschaftswunderjahren spielte eine solche bauliche Reminiszenz der Tendenz in die Hand, die jüngste Vergangenheit der NS-Zeit im Alltag nicht zu thematisieren, sondern deren Spuren zu überschreiben. Als hätten Diktatur und Krieg nicht stattgefunden, präsentierte sich das Haus in alter Form und überlagerte den sichtbaren Bruch – die Ruine – durch eine Scheinkontinuität – die Kopie des alten Nationaltheaters.

Angesichts des wieder und wieder angeführten Arguments, dass man sich mit diesem Gebäude vor aller Welt repräsentiert sehen wollte, sich also der internationalen Ausstrahlung bewusst war, ist hervorzuheben, dass die Presse den Begriff des »National-Theaters« sehr wenig reflektierte – wenn doch, dann einseitig mit dem implizierten kulturgeschichtlichen Bezug zum Nationaltheater-Gedanken, wie er im 18. Jahrhundert maßgeblich von Gotthold Ephraim Lessing geprägt worden war. Die Bedeutungsebene des Nationalen im Sinne einer Abgrenzung der eigenen von anderen Nationen wurde 1963 nicht thematisiert. 18 Jahre nach dem Ende des »Nationalsozialismus« hinterfragten die involvierten Politiker, Künstler, Journalisten, Kulturbewahrer und -visionäre nicht, ob der Begriff »national« noch geeignet war, um für Kunst und Kultur im Sinne einer humanistischen Tradition einzustehen. Auch die zunehmende Internationalisierung des Opernbetriebs seit den 1950er Jahren gab keinen Anlass, die Ablösung der Kategorie »national« in Erwägung zu ziehen; ob es noch so etwas wie eine nationale Kunst gab, geben konnte oder geben durfte, wurde nicht diskutiert. Zu bedeutsam sicherlich war das Projekt Nationaltheater-Wiederaufbau für ein nationales Anliegen: sich vor einer internationalen Öffentlichkeit als kunstsinnige, kultivierte, befriedete, prosperierende Nation zu präsentieren und dem Bild der NS-Barbarei entgegenzusetzen. Wohl fehlte zudem noch der Abstand zur Erfahrung der NS-Diktatur, um einer solchen Debatte gewachsen zu sein. Verfänglichkeit und Belastung des National-Begriffs wurden ausgeblendet, weil man ihn allein schon um der historischen Kontinuität willen weiterführen wollte: Blieben Standort, Fassade, der »Geist« des alten Nationaltheaters und seine ästhetische Erscheinung als klassizistischer Tempel mit antikem Portikus auch in der neuen alten Form des Hauses unverändert, so musste auch der Name des Theaters erhalten bleiben. KF

# Die Eröffnungsfestwochen

**Die Historisierung, ja Mythisierung des zerstörten Nationaltheaters** in seiner wiederaufgebauten Gestalt übertrug sich ungebrochen auch auf das künstlerische Programm der Eröffnungswochen. Intendant Rudolf Hartmann, der selber überzeugt war, »wahrscheinlich [für die Wiederherstellung des zerstörten Hauses] geboren worden« zu sein[1], verlieh in seiner kurzen Eröffnungsansprache zum Festakt am 21. November 1963 dem Gedanken der Rekapitulation und Restituierung vergangener Großartigkeit beredsamen Ausdruck: *ein großer Tag* für Bayern und München, weil das neue Haus »als ein wahrhaft königliches Zeugnis abendländischer Kultur« gelte; *ein Ehrentag* für die Schöpfer des Hauses, die es den Kunstbeflissenen »als ein kostbares Geschenk übergeben« hätten; und schließlich *ein heiliger Tag* in der Verpflichtung, mit den »künstlerischen Leistungen dem vorgezeichneten Anspruch und den hohen Erwartungen gerecht« zu werden.[2] Damit avancierten der rückwärtsgewandte Blick und die Gedächtnismentalität zugleich zur Perspektive auf das Künftige, und das Eröffnungsprogramm spiegelte künstlerische Sichtweisen und politische Haltungen des verantwortlichen Hauptakteurs mit aller Deutlichkeit: Rudolf Hartmann schrieb in seinem zweieinhalbwöchigen Eröffnungsprogramm die Geschichte und die Tradition des königlichen Hof- und Nationaltheaters ebenso ungebrochen fort wie die Erfolgsgeschichte der NS-Zeit, an der er als Operndirektor und Oberspielleiter selbst maßgeblich beteiligt war.

Das im wesentlichen deutsche Repertoire der Festwochen versammelte einen prominenten Teil des Kernrepertoires aus den letzten 25 Jahren (*Frau ohne Schatten, Meistersinger, Fidelio, Don Giovanni* und *Aida*), erweitert um den bekanntesten Vertreter der in München seit den frühen 1920er Jahren gepflegten Händel-Renaissance (*Julius Cäsar*) und garniert mit Werken der beiden neben Richard Strauss erfolgreichsten deutschen Komponisten der NS-Zeit, Werner Egk und Carl Orff. Egks *Verlobung in San Domingo* war die einzige Opernuraufführung im Festprogramm, Orffs Dauerbrenner *Carmina Burana*, *Catulli Carmina* und *Trionfo di Afrodite* bildeten als Übernahmen aus dem Prinzregententheater die bayrisch-zeitgenössische Komponente im Programm. In der weniger heiklen, eher unverfänglichen Sparte des Balletts freilich gab sich Hartmann mit gleich zwei Erstchoreografien (*Dance-Panels in seven movements* von Aaron Copland und *Entrata-Nänie-Dithyrambe* von Carl Orff) sowie der veritablen, wenngleich ästhetisch umstrittenen Uraufführung *Triptychon* auf sinfonische Musik von Karl Amadeus Hartmann tatsächlich den Anschein von künstlerischer Modernität und Gegenwärtigkeit, weil er in diesen Produktionen das internationale musikalische Gegenwartstheater repräsentiert sah.

Dennoch: Selbst die Entscheidungen, seinen GMD Joseph Keilberth mit dem Dirigat von *Frau ohne Schatten*, *Meistersinger* und *Julius Cäsar* zu betrauen, mit Herbert von Karajan (für *Fidelio*) und Karl Böhm (für *Aida*) zwei Top-Stars der internationalen Musikszene als Gäste zu engagieren, Egk und Copland ihre Kompositionen selbst dirigieren zu lassen und Orffs Musik mit Ausnahme der Ballettproduktion dem Dirigat Heinrich Hollreisers anzuvertrauen, spiegeln unübersehbar Hartmanns Bewusstsein, die Repräsentation der 1930er Jahre fortzuschreiben (vgl. Spielplanpolitik, S. 141) und seinen Qualitätsmaßstab zur Grundlage seiner künstlerischen Entscheidungen auch im neuen alten Haus zu machen. Darin offenbart sich der krasse Widerspruch in seiner ästhetischen Strategie: die eigene jüngste politische Vergangenheit, die dem Haus eine unangefochtene internationale Spitzenstellung künstlerischer Repräsentation schuf, zu überschreiben mit einer lupenreinen Doublette der NS-Programmatik, als habe sich die Zeit und das politische Klima nicht fundamental verändert. Die Fortschreibung der Werktreue, also der vorgeblich strikten Beachtung des Komponistenwillens bei der szenischen Interpretation der Partituren, ohne die geringste Korrektur der zweifelhaften politischen Implikationen dieser Inszenierungsmethode (vgl. zur Werktreue; Die ästhetische Dimension der Aufführungen, S. 350) offenbart den grundlegend traditionalistischen und auf äußerliche Wirkung abgestellten Grundgedanken seiner künstlerischen Arbeit wie seiner programmatischen Planung. Dass Hartmann die vielbeschworenen Hausgötter des Nationaltheaters (Mozart, Wagner, Strauss und Verdi), deren Opern den Spielplänen der NS-Zeit das herausragende Profil gaben, nun unbedenklich wieder einsetzte, ohne ihre Geltung und ihre Werke im interpretatorischen Ansatz zu revidieren, erweist sich in der historischen Rückschau als auffälligstes Merkmal ästhetischer Kontinuität – und dies umso mehr, als die Kontrastierung dieses Stammrepertoires mit neuen Werken oder avantgardistischen Inszenierungsansätzen schon von 1952 bis 1963 kaum ins Gewicht fiel; sie setzte sich mit der Wiedereröffnung des Nationaltheaters als Hort vergangener kultureller Repräsentanz ungebrochen fort.

Im Gegenteil: Die zwischenzeitliche Inthronisierung eines scheinbaren weiteren Hausgottes durch die auffällige Häufung von Werner Egks Opern und Balletten, zu deren Aufführung gleichsam im Zehnerpack (vgl. Porträt Werner Egk, S. 272) sich die Bayerische Staatsoper nach dem *Abraxas*-Skandal Anfang der 1950er Jahre als Wiedergutmachung vertraglich verpflichtete, charakterisiert Rudolf Hartmanns Spielplan-Entscheidungen auf unangenehme Weise. Von der Repräsentanz der Moderne konnte in Egks Opern und Balletten nicht die Rede sein[3], und dass Karl Heinz Ruppel in der *SZ* vom 29. November 1963 die Entscheidung für dieses Machwerk[4] mit der erhofften Weitsicht verknüpfte, die Leitung der Bayerischen Staatsoper vernachlässige nicht den Aufbau eines modernen Repertoires, lässt sich aus heutiger Sicht nur noch als bedauerlichen Irrtum einstufen. Die Moderne fand bestenfalls in den interpretierenden Bühnenkonzepten statt. Nicht zuletzt der Bühnenbildner Helmut Jürgens überraschte und überzeugte seine Zuschauer immer wieder mit gewagten Bildeinfällen, die der Bayerischen Staatsoper zu einer durchaus zeitgerechten ästhetischen Standortbestimmung verhalfen, etwa in den abstrakten Bildern seiner *Elektra*-Ausstattung, mit der die Opernfestspiele im August 1963 aufwarteten. Solch herausragende Ereignisse vermochten jedoch den konservativen Spielplan kaum zu modernisieren. Die knapp drei Festwochen zur Wiedereröffnung spiegelten vor allem die Geschichte der letzten dreißig Jahre in der Bayerischen Staatsoper.                                                                                                              JS

## Die Frau ohne Schatten

Die Eröffnungspremiere für geladene Gäste der Staatsregierung (vgl. Abb. S. 46) war die Oper *Die Frau ohne Schatten* von Richard Strauss und Hugo von Hofmannsthal. Schon die Wahl des Eröffnungsstückes im neuen, alten Haus wurde in der Presse thematisiert. So schrieb etwa Helmut Schmidt-Garre im *Münchner Merkur*:

So fiel die Wahl auf die »Frau ohne Schatten«; und auch hier wurde von Anfang an mit Bedenken nicht gespart. Man machte geltend, dies Werk sei nicht bühnenwirksam, der Text zu symbolgeladen, zu kompliziert, um von einem zwar festlichen, aber nicht in jedem Fall fachmännischen Publikum verstanden zu werden. […] Überdies erging es der Ehe Strauss-Hofmannsthal so ähnlich wie der Ehe des Färberpaares in ihrer Oper. Sie verstanden sich nicht recht; die dem Unwirklichen und Irrationalen zugewandte Seele Hofmannsthals verträgt sich nicht mit der dem Irdischen verhafteten Seele Straussens, die symbolhaft stilisierte Welt des Dichters passt nicht zu dem Wirklichkeitssinn des Komponisten. So schwankt die »Frau ohne Schatten« zwischen Tiefsinn und Stofflichkeit, koppelt leichtgesponnenes dichterisches Symbol mit musikalisch handfester Untermalung, ist Zauberoper, Ausstattungsstück und Allegorie, aber ohne die fast noch barocke Universalität Mozart / Schikaneders – wahrlich kein leichtes Stück für Regisseur und Bühnenbildner.[5]

Der prunkvolle Eröffnungsabend zur Premiere der *Frau ohne Schatten*. Gemälde von Bert Mallad.

In der *Süddeutschen Zeitung* dagegen lobte Karl Heinz Ruppel die Stückauswahl ausdrücklich:

Das große Opernfest, mit dem München über mehrere Wochen hinweg die Wiederauferstehung des Nationaltheaters feiert, mit einer Neuinszenierung der »Frau ohne Schatten« anheben zu lassen, war in mehrerer Hinsicht ein guter Gedanke. Sie ist das Werk eines Münchner Komponisten – das ist das lokale Moment –, dessen dramatisches Oeuvre aus Anlaß seines im kommenden Jahr zu begehenden 100. Geburtstags in einem festlichen Zyklus vorgeführt werden soll, zu dem die Neuinszenierung den Auftakt bildet – das ist das kalendarische Moment. Sie ist eine große Oper mit allem Prunk und Zauber des musikalischen Theaters – das ist das repräsentative Moment. Und schließlich schwebt über Richard Strauss, ihrem Schöpfer, die Gloriole des Weltruhms und größten deutschen Musikers dieses Jahrhunderts, in deren Glanz sich die Eröffnungspremiere als Ereignis von internationalem Prestige und Rang darbietet – das ist das kulturpolitische und künstlerische Moment, das wir von allen für das wichtigste und ausschlaggebende halten.[6]

Typisch für die Zeit, dass bei Strauss nur die »Gloriole des Weltruhms« und sein »Glanz« erwähnt wurden, nicht aber dessen Verstrickungen mit dem Dritten Reich, mithin die Schattenseiten und weniger glänzenden Aspekte seiner politisch-künstlerischen Biografie (vgl. Porträt Richard Strauss, S. 236). Auch zur NS-Vergangenheit des Staatsopernintendanten und Regisseurs der Eröffnungspremiere verlor die gesammelte (auch internationale) Presse kein Wort. Stattdessen wurde in der gleichen Kritik die *Frau ohne Schatten* als Werk von »Ethos und Distinktion« gelobt und damit als würdiges Eröffnungsstück gewertet:

Hinzukommt, daß deutsche Profundheitstradition bei Theatereröffnungen verlangt, daß solches mit herzerhebendem und in seelische Tiefen dringendem ethischem Aplomb zu geschehen habe; der Bestand an dafür zur Auswahl stehenden Werken ist klein, im klassischen Repertoire sind es, wenn man nicht gerade bis zu Händel und Gluck zurückgreifen will, nur Mozarts ›Zauberflöte‹, Beethovens ›Fidelio‹ und Wagners ›Meistersinger‹ (die denn auch am zweiten Festabend über die Bühne gehen). […] So empfiehlt sich die umfangreichste Partitur von der Hand von Richard Strauss durch Ethos und Distinktion gleichermaßen als Festspiel und Galaoper, und mindestens ihre Distinktion wurde von dem gesellschaftlich hochgraduierten Publikum des glanzvollen Eröffnungsabends als sozusagen komplementäre Kategorie anerkannt.[7]

Auch die *Frankfurter Allgemeine* widmete den Umständen der Eröffnungspremiere mehr als die Hälfte ihrer Kritik; so hieß es unter anderem:

[I]m Zuschauerraum, auf den Treppen zu Beginn, zum Schluß und in den Pausen, entfachte sich ein Bild gesellschaftlichen Pomps, wie es üppiger kaum vorstellbar ist. Zu den kostbaren Roben der Damen paßten trefflich die Fräcke und Ordenssterne, mit Bändern in allen Farben, auch malerische Paradeuniformen hoher Offiziere konnte man nicht wenige sehen und gewählte, fein gestickte Abendsoutanen des hohen Klerus, in schickem Scharlach und Schwarz […][8]

Das Publikum war also eine Versammlung der selbsternannten und nach dem Weltkrieg wieder zu Macht und Ansehen gekommenen Eliten aus Gesellschaft, Militär, Politik und Kirche. Laut *FAZ* fehlte jedoch noch Entscheidendes zum wirklich glanzvollen Ereignis:

Die Tausende von Zuschauern, die sich um das Nationaltheater herum postiert und einen großen »Bahnhof« erlebt hatten, wie es ihn nicht alle Tage zu sehen gibt, kamen noch einmal in Bewegung, als in letzter Minute Herbert von Karajan mit seiner Frau eintraf. Ein Raunen ging durch die Menge, und dann brandete dem Dirigenten der Beifall der Zaungäste entgegen. Verehrerinnen hinter den Polizeiabsperrungen gerieten aus dem Häuschen und schrien über den Max-Josephs-Platz hinweg: »Bravo, Karajan, bravo, Meister.« Was keinem der Prominenten zuteil geworden war, das brachte die Menge Karajan spontan entgegen: Beifall. Der Maestro und seine Frau verschwanden zu ihren Plätzen, die Türen wurden geschlossen. Die Aufführung hatte durch die Anwesenheit des Dirigenten den alles überstrahlenden Glanz erhalten.[9]

Seltsam, dass die Eröffnung der Staatsoper ihren »Glanz« durch einen im Publikum sitzenden – und dem Haus eher fernstehenden – Dirigenten erhalten habe. Karajans NS-Vergangenheit wurde in der Berichterstattung auch mit keinem Wort erwähnt, so dass im Rückblick deutlich wird: Die Öffentlichkeit beschäftigten Fragen der Vergangenheitsbewältigung bei Künstlern wie Karajan augenscheinlich nicht. Karl Heinz Ruppel spürte diese Unreife der politisch-historischen Debatte auch bei der Uraufführung von Heinz Rosens Choreografie zur 7. Sinfonie von Karl Amadeus Hartmann (vgl. *Triptychon*, S. 78).

Über all den Berichten von den Begleitumständen der Premiere kam in einigen Kritiken das eigentliche Bühnengeschehen zu kurz. Die Inszenierung stammte von Staatsintendant Rudolf Hartmann, die Ausstattung noch von dem im Sommer 1963 verstorbenen Bühnenbildner Helmut Jürgens. In Aufführungsbildern und Skizzen von Helmut Jürgens fallen einige inszenatorische Setzungen ins Auge: Zum einen umfasste ein großer Rahmen mit ägyptisch anmutenden Symbolen die Bühne (Abb. S. 48 oben), die dadurch einerseits dem Zuschauerblick optisch entrückt wurde, andererseits das Bühnengeschehen unmissverständlich als Spiel auf der Bühne, als Kunstwerk, ja sogar als Gemälde kennzeichnete. Zum zweiten fällt auf, wie sehr Helmut Jürgens in seiner Ausstattung auf Gittersymbolik und das Spiel mit Licht und Schatten setzte. Die Gittersymbolik, fast ein Markenzeichen von Jürgens, fand sich bei der *Frau ohne Schatten* in mehreren Bildern: Die schwarzen Flügel (Lichtprojektion) des Geisterboten (Abb. S. 50 oben) lassen ebenso an Gitterstäbe denken wie die kuppelförmige Holzkonstruktion oder die säulenartig arrangierten, durchmusterten Stoff-Behänge (Abb. S. 50 Mitte). Jürgens implizierte damit eine Assoziation an Gefangenschaft beziehungsweise Determination, welche sich in der symbolhaft-allegorischen Handlung der Oper spiegelt. Auf der anderen Seite war die Bildsprache der Inszenierung nicht allzu symbolhaft aufgeladen, vielmehr schien sie auf dekorative Schauwerte zu setzen; eine dominierende ästhetische Linie ist der Pseudo-Orientalismus (Abb. S. 50 unten), der in Kritiken auch als Tausend-und-eine-Nacht-haft[10] beschrieben wurde. Hierzu können sowohl die projizierten, orientalischen Muster, die an arabische Architektur gemahnenden flachen Kuppelbauten auf einem Rückprospekt, die Kostüme aus geschwungenen, weiten Tüchern, die auch als Kopftuch getragen werden konnten, sowie die zweidimensionalen Bauten wie das Gemach oder der Palast,

Szenenfotos aus *Frau ohne Schatten*.

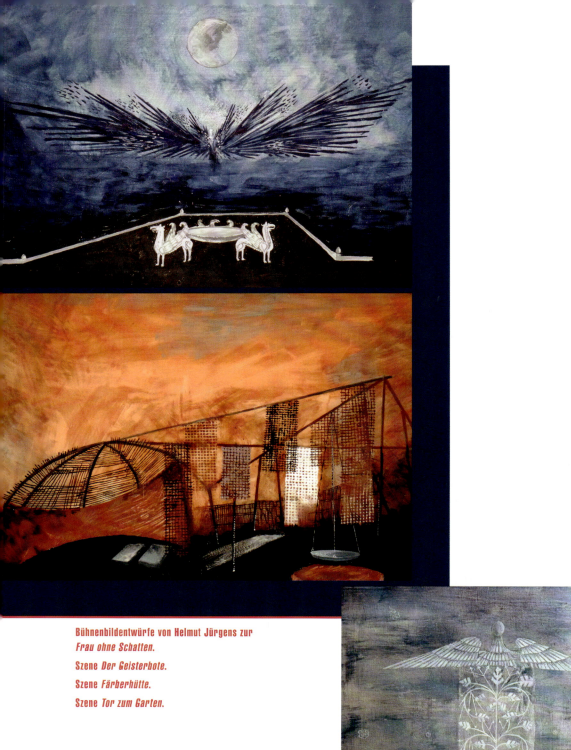

Bühnenbildentwürfe von Helmut Jürgens zur
*Frau ohne Schatten*.
Szene *Der Geisterbote*.
Szene *Färberhütte*.
Szene *Tor zum Garten*.

die durch eine Märchenästhetik geprägt schienen (Abb. S. 48 Mitte), gezählt werden. Insgesamt ist die Assoziation »Tausend-und-eine-Nacht« stimmig, schien die Bühnenästhetik doch eher durch Klischees und Märchenvorstellungen von Arabien bestimmt als von realen Vorbildern aus dem Orient. Andere Prospekte gemahnten wiederum eher an japanische Kunst oder an den Jugendstil, eine Kunstrichtung, die zur Entstehungszeit der Oper in ihrer Blüte stand und auch Hofmannsthal beeinflusste.

Die Geistererscheinungen, die in der Oper eine zentrale Rolle einnehmen, wurden auf verschiedene Arten produziert: Der schon erwähnte Geisterbote bekam Schattenflügel als Projektion sowie zur Unterstützung zwei plastisch ausgeführte, wohl auf Rollen geschobene Hippogreife im Vordergrund; geisterhafte Falken fanden sich aber auch als überdimensionierte, jedoch verschwommene Zeichnung auf dem Bühnenbildprospekt. Aus weiteren Bildern geht hervor, dass auch die Apotheose am Schluss der Oper durch Licht- beziehungsweise Projektionseffekte inszeniert wurde. Auf einem Bild sind sogenannte Gottesfinger zu sehen (Abb. S. 48 unten), also Lichtstrahlen, die symmetrisch von oben durch die (Wolken-)Decke brachen und die Protagonisten damit verklärten. Im Schlussbild wiederum waren die beiden Paare übereinander angeordnet. Im Vordergrund standen Färberin und Färber, erhöht dahinter Kaiserin und Kaiser, welche von einem von ihnen ausgehenden projizierten Funkenregen umgeben waren, während sie zu verschwinden schienen. Dieses Verschwinden wurde wohl, wie auch viele andere Verklärungseffekte in den Bildern, durch Gaze-Schleier erreicht, die, unterschiedlich beleuchtet, verschiedene Formen und Abstufungen von Durchsichtigkeit hatten.

Darüber hinaus setzte Jürgens auf eine große Farbigkeit: Die Bühnenbilder waren in tiefen, satten Farben gehalten, die Kostüme der Hauptfiguren nach einem sehr deutlichen Schema geordnet: Das Kaiserpaar trug Grün- und Blautöne, Farben, die sowohl an den Himmel – und damit an eine Verbundenheit zu den höheren Göttermächten – als auch zu Wald und Wiesen samt den damit assoziierten Naturgeisterwesen denken ließen; Färberin und Färber waren dagegen in Rot und Braun gekleidet, was eine Verbundenheit zu den Elementen Feuer und Erde, damit aber auch zu körperlicher (Hand-)Arbeit mit eben diesen Elementen, erahnen ließ.

Die Kritiken waren in der Würdigung der Inszenierung zweigeteilt. Sehr positiv äußerte sich etwa die *Abendzeitung* über die Regie von Strauss' »treueste[m] Paladin Intendant Rudolf Hartmann«[11]:

Dem Spielleiter, der das Märchen kennt […] mag es schwerfallen, seine Schönheiten um der Bühne willen zu vergessen. Und die Bühne dieses Hauses birgt durch ihre enormen Dimensionen zweifellos Gefahren für Sänger, Regisseur und Bühnenbildner. Helmut Jürgens, dessen Tod als dunkler Schatten auf den festlichen Glanz dieser Opernvorstellung fällt, hatte östliche Stilisierung im Bild weitgehend vermieden und dafür dem Märchenhaften […] Ausdruck gegeben. Tausendundeine-Nacht-Haftes breitet sich gleich am Anfang aus, wenn der Federschmuck des Geisterboten als Schattenbild eines riesigen Adlers auf dem kolossalen Prospekt erscheint. [… E]s war […] ein seliger Opernmärchenabend, an dem herrlich gesungen wurde und der Geist von Richard Strauss fühlbar über dem Hause schwebte.[12]

Ebenso positiv auch der *Münchner Merkur*. Unter wortspielender Bezugnahme auf den Titel der Oper hieß es:

Wie Rudolf Hartmann und Helmut Jürgens die Schwierigkeiten gemeistert haben, ist bewundernswert – die Aufführung hat keine Schattenseiten. Jürgens schuf hier eine seiner sublimsten und beziehungsreichsten Szenerien; ein Märchenreich der Phantasie tut sich auf, eine farbige Wunderwelt aus Tausendundeiner Nacht. Die Terrasse über den kaiserlichen Gärten in geheimnisvoll fahlem Morgenlicht, das orientalisch bizarre Färberhaus, eingehüllt in ein warmes Braun-Rot, Symbol dumpfer Erdgebundenheit, dann wieder kostbare Spiegel im fürstlichen Traumpalast, das herrliche Schlafgemach der Kaiserin mit einem riesenhaften Quasi-Gobelin im Stil indischer Miniaturen, unmittelbar darauf die metallisch schimmernden, düsteren Grabstätten im Inneren des Berges – blitzschnell folgt ein märchenhaft gaukelndes Bild dem anderen bis zur sonnenstrahlenden Landschaft im Geisterreich des Schlußbildes, wo Strauss nur so schwelgt in üppigem, knalligem Wohlklang. Auch die Lichtregie zaubert mit. Sie umgibt den Geisterboten mit adlerhaft gespreiztem Flügel wie einen mächtigen Dschin aus Tausendundeiner Nacht, läßt einen blutroten Falken durch den Raum schwirren, hilft mildtätig, wenn Menschen und Geister unabhängig von Raum und Zeit auftreten […]. Wer die Phantasmagorie liebt und verzaubert werden will, kommt bei Jürgens / Hartmann auf seine Kosten.

Etwas neutraler und differenzierter – sowie mit dem Verweis, dass die Eröffnungspremiere eher eine aufgefrischte Wiederaufnahme ist – berichtete die *Süddeutsche*:

Die Inszenierung Rudolf Hartmanns beruht auf der gleichen Konzeption, die vor neun Jahren schon der Aufführung im Prinzregententheater zugrunde lag. Sie versteht die symbolüberfrachtete, poetisch ebenso schöne wie dramaturgisch unklare und zerfließende »Frau ohne Schatten« (die jetzt, sehr zum Vorteil des Ganzen, besonders im letzten Akt durch entschiedene Kürzungen gerafft wurde) als humanes Märchen und rückt sie damit selbst im Rahmen der Großen Oper dem Intimen näher […] Helmut Jürgens, der Unvergeßliche, war des Regisseurs phantasievollster Helfer bei der Verwirklichung dieses szenischen Grundgedankens; er betonte scharf den Gegensatz zwischen der Geister- und Menschenwelt, gab den Szenen auf der Terrasse des kaiserlichen Palasts und vor dem Falknerhaus eine das Vegetative in eine zarte Ornamentik überführende Stimmung und dem Haus des Färbers Barak die Realistik einer monumentalisierten orientalischen Handwerkerbude, hinter der ein in unheimlichen Farben glühender Himmel stand. Nicht ebenso suggestiv im Bildeindruck schien mir das felsige Ufer mit dem Eingang des Geistertempels und dessen Inneres im dritten Akt: […] Hier müsste sich die Gestalt Keikobads, der ja nie selber erscheint, in wuchtigeren, drohenderen, wohl auch zyklopisch-amorpheren Gebilden ahnen lassen als in figürlichen Andeutungen und in dem seltsam ungreifbaren Raum, in dem der todesstarre Kaiser sitzt. »Er wird zu Stein« – das Steinerne gerade sucht man in diesem Bild vergebens.[13]

Die Personenregie scheint eher statisch gewesen zu sein, der *Münchner Merkur* suchte die Verantwortung dafür jedoch eher bei Strauss und Hofmannsthal als bei Regisseur Hartmann:

In der Führung der Personen beweist Hartmann wieder seine eminente Strauss-Kenntnis. Trotz ihrer Buntheit ist die »Frau ohne Schatten« ja handlungsarm und [...] nicht bühnenwirksam. Manche Szenen [...] gewinnen kein Theaterblut. Aber was an Handlungsmomenten im Stück auffindbar ist, wird von Hartmann intensiviert und klar herausgearbeitet.[14]

Auch Hartmanns Psychologisierung wurde hier positiv gedeutet: »Dabei wahrt er immer den großen Bogen; verliert sich nicht an unwichtige Details und respektiert den weitgehend statischen Charakter der vielen monologischen Passagen.«

Kritisch vermerkt wurde in mehreren Kritiken eine einschneidende dramaturgische Änderung: Der Schlusschor der ungeborenen Kinder wurde ersatzlos gestrichen, die Oper endete mit dem Quartett der vier Protagonisten. Dementsprechend wurde auch kein szenischer Akzent auf die Stelle gelegt, an der die Amme »Fischlein fünf« herbeizaubert, welche die ungeborenen Kinder repräsentieren. Einige Kritiker bedauerten nur, dass hierbei ein szenischer Effekt verschenkt wurde; so hieß es etwa in der *Abendzeitung*: »Der Märchenzauber erlitt insofern eine Einschränkung, als im neuen Haus offenbar keine Fische mehr gebraten werden dürfen. Sie flitzten bedauerlicherweise nicht mehr in die Pfanne [...]«[15], und Schmidt-Garre sekundierte im *Münchner Merkur*: »Nur auf die ›blinkend durch die Luft‹ fliegenden Fischlein müssen wir verzichten«.[16]

Die *Süddeutsche* stellte dieses Fehlen in eine übergreifende, allerdings auch streng der Werktreue sowie dem konservativen Zeitgeist der frühen 1960er Jahre verhaftete Interpretation:

Die von der Amme herbeigezauberten »Fischlein fünf« hätte man allerdings (in Gestalt von Lichtflecken wie bei dem Falken) auf den Herd niederschweben sehen mögen – das Entsetzen der Färberin vor den anklagenden Stimmen der Ungeborenen, die jene fünf Fischlein ja versinnbildlichen, bleibt sonst unverständlich. Überhaupt ist man den Ungeborenen, wenn die Wendung hier erlaubt ist, energisch zu Leibe gegangen; ihre (in Hofmannsthals goethenächsten Versen ausgesprochene) Verheißung festlichen Elternglücks am Schluß, wenn die beiden Paare ihre Prüfungen bestanden haben, ein traumhaft zauberischer Gesang ineinandertönender Frauenstimmen war zugunsten des effektvolleren hymnischen Quartettfinales gestrichen worden – ein Eingriff, zu dem Richard Strauss selbst wohl kaum seine Zustimmung gegeben hätte, da sich in diesem Gesang ja noch einmal einer der wesentlichsten Ideengrundzüge des Werkes dokumentiert, die Erfüllung des Menschlich-Weiblichen in der Mutterschaft.[17]

Vollends kritisch und die szenische Realisation als absolut misslungen bewertend, äußerten sich bezeichnenderweise nicht die Münchner Blätter, die wohl einer gewissen lokalpatriotischen Verbundenheit mit der Staatsoper und dem in München bestens vernetzten Rudolf Hartmann unterlagen, sondern zwei Blätter von außerhalb, die *Frankfurter Allgemeine* sowie der englische *Guardian*. Andreas Razumovsky schrieb unter dem bezeichnenden Titel »Der Schatten der Kaiserin« in der *FAZ* nach dem ausschnitthaft bereits zitierten Bericht über die Rahmenbedingungen der Eröffnung:

Die »Frau ohne Schatten« wurde vom Glanz dieses Abends verdunkelt: der Schatten der Kaiserin fiel sozusagen statt ins Publikum in das Bühnenhaus zurück. Musikalisch zwar war es eine perfekte Aufführung mit glanzvollen Stimmen [...] Doch die Szenerie und die Aktion in dieser Aufführung waren mäßig interessant; die bildliche Imagination war karg, und die Kunst der Verwandlungen beschränkte sich aufs notwendigste: auf mehr gediegene als außerordentliche Leistung. Die geschmackvoll stilisierten Bühnenbilder von Helmut Jürgens und die gemütliche Regie Rudolf Hartmanns wichen wenig von der Konvention der resignierten Bequemlichkeit ab, von der Übereinkunft, die ausführlichen szenischen Angaben Hofmannsthals wegen der Schwierigkeit ihrer Ausführung sehr großzügig übergehen zu dürfen. Gerade die enormen Schwierigkeiten, die Anforderungen an Phantasie und Maschinerie, welche die Super-Oper stellt, von der die beiden Autoren einst dachten, sie hätten eine zweite Zauberflöte geschaffen: gerade die Sprödigkeiten der Materie müßten doch der größte Reiz sein und vielleicht der beste Grund, die »Frau ohne Schatten« in Szene zu setzen. Dieses Werk bedarf, um richtig realisiert zu werden, eines Zauberers als Maschinist und Dekorateur – und eines Derwisches als Regisseur; oder zumindest der großen Anstrengung einfallsreicher, technisch begabter Leute, die ein wenig Gefühl haben und Sympathie für den Katalog von bizarren Extratouren und exotischen Sonderwünschen Hofmannsthals und Richard Strauss'. In einem Hause wie diesem, am Abend eines solchen Festaktes, kann es sonst nämlich vorkommen, daß der Rahmen das Gemälde erdrückt.[18]

Noch vernichtender war die Kritik von Neville Cardus im *Guardian;* er lobte nicht einmal die komplette musikalische Leistung, über die sich alle anderen Kritiker einig waren. Nur die Damen des Ensmbles verdienten laut Cardus Lob, über die Herren hieß es:

But the men at Munich have disappointed greatly. Fischer-Dieskau particularly. He was intelligent of course, solemnly impressive. But his voices lacks the warmth, the simple lovableness necessary to portray Barak. He, in fact, sang rather like an anti-Straussian trying to be fair. Jess Thomas, the prince, sang well in a general operatic way without getting at all close to the character's tragic admixture of remoteness and palpable heartache. The most serious defect of all in this on the whole admirably conscientious performance was the careful phrase-by-phrase conducting of Keilberth.[19]

Und was, bezogen auf die Inszenierung, bei den Münchner Kritikern noch positive Erinnerungen an Tausendundeine Nacht weckte, klang bei Cardus im *Guardian* beinahe höhnisch:

There was little added to the opera's power to convince by a production which, though here and there eye pleasing, was at bottom as old fashioned as a Sinbad, »the sailor pantomime of my youth.« And in a theatre up-to-date, with all our modern stage machinery, the curtain was too frequently lowered, destroying illusion and continuity.

Kurz: Das Münchner Nationaltheater, speziell die Inszenierungsästhetik Rudolf Hartmanns, schienen dem englischen Kritiker als nicht zeitgemäß. Zum Ende seiner Kritik machte er sich noch über einen missglückten szenischen Effekt lustig, über den es im *Münchner Merkur* noch hieß:

Geradezu virtuos ist das Problem der Schatten gelöst. Hier sind alle Register moderner Beleuchtungshexerei gezogen. Die Kaiserin wirft wirklich keinen Schatten (oder fast keinen); und der dramatische Moment, in dem sie ihn gewinnt, wird für den Zuschauer auch optisch zum Höhepunkt.[20]

Geradezu konträr die Beschreibung des Effekts im *Guardian*:

In the first important scene, where the princess is warned that she must throw a shadow, she was already throwing a very animated one at the side scenery. So, too, was the nurse. I had thought that the opera might for this Munich occasion be renames »Die Frau mit Vielen [sic!] Schatten.«[21]

Obwohl der Interpretationsansatz von Rudolf Hartmann scheinbar gleich blieb, wird aus dem Vergleich mit den früheren Inszenierungen deutlich, dass die Phase der konkreten, wenn auch fantastisch anmutenden Dekorationen des Geisterreichs beendet war. Auch die bis dahin dominierende konkrete Architektur in der Ausstattung der *Frau ohne Schatten* fand sich nur mehr in der Hütte des Färberpaares; das Kaiserreich mit seinen immateriellen Erscheinungen wurde dagegen deutlich stilisiert sowie mit Beleuchtungs- und Projektionseffekten auf die Bühne gebracht. Helmut Jürgens begründete damit eine Linie in der Deutungsgeschichte der Oper, welche sich als psychoanalytisch bezeichnen ließe: Die Geschehnisse der Handlung wurden aus dem Blickwinkel des Färbers Barak und der Färberin als Traum- oder Wahnvorstellung interpretiert.

### Die Meistersinger von Nürnberg

Zwei Tage nach der Festvorstellung für geladene Gäste folgte die eigentliche Eröffnung mit Wagners *Meistersingern von Nürnberg*. Dass die Wahl auf das durch politische Instrumentalisierung und Rezeption in der NS-Zeit belastete Werk fiel, scheint aus heutiger Perspektive diskussionswürdig, wurde jedoch von der (Münchner) Presse mit Rückgriff auf die Münchner Uraufführung und die Festlichkeit des Werkes erklärt. So schrieb Antonio Mingotti in der *Abendzeitung*:

> Dieses Werk ist in seiner strahlenden C-Dur-Helligkeit, in der Sonnigkeit von Schusterstube und Festwiese, durch das Glück des Liebespaars und den ernsten Stolz von Sachsens Schlußgesang die unübertreffliche deutsche Festoper. Schon mit den ersten Schritten der Meister im Vorspiel breitet sich diatonische Festlichkeit aus. So mußten bei der Entscheidung, welche Oper zur offiziellen Eröffnung des wiedererstandenen Nationaltheaters am geeignetsten sei, die Würfel zugunsten ›Meistersinger‹ fallen, zumal das Werk vor 95 Jahren am Nationaltheater uraufgeführt worden ist.[22]

Auffallend ist der Begriff des »wiedererstandenen« Nationaltheaters, welches damit eine Art von mystischer Weihe erhielt, die von den realen Umständen, der Zerstörung im Zweiten Weltkrieg und dem mühsamen Wiederaufbau gegen Stimmen für einen zeitgemäßen Neubau ad acta legte. Zumindest mit einem andeutenden Halbsatz ging der *Münchner Merkur* auf die propagandistische Vergangenheit der *Meistersinger* ein (vgl. Die ästhetische Dimension der Aufführungen, S. 350), ansonsten gleicht sich die Argumentation fast bis ins Detail:

> Die ›Meistersinger‹ sind nun einmal die deutsche Festoper schlechthin, unübertroffen an feiertäglichem Glanz, eine Verherrlichung deutscher Kunst, farbige Schilderung deutschen Volkstums, wobei auch der nationale Unterton unüberhörbar mitklingt. Aber noch aus anderen Gründen boten sich die ›Meistersinger‹ als Eröffnungsvorstellung an. Sie sind mit der Geschichte des Nationaltheaters untrennbar verbunden; hier fand vor 95 Jahren die viel bejubelte Uraufführung statt. Und für den 3. Oktober 1943, den Tag nach der Zerstörung des Theaters, waren die ›Meistersinger‹ angesetzt. Mit der Neuaufführung wird also unmittelbar an die damals abgebrochene Spielzeit angeknüpft – der Ring hat sich wieder geschlossen.[23]

Der Text belegt die damals vorherrschende, die Vergangenheit ausblendende Haltung: Man wollte, möglichst bruchlos, an die Zeit vor der Zerstörung des Nationaltheaters anschließen, offenbar an eine Zeit, in der die »Verherrlichung deutscher Kunst« und die »farbige Schilderung deutschen Volkstums« noch problemlos möglich waren.

Die eigentliche Inszenierung, die ästhetische Interpretation der *Meistersinger von Nürnberg*, fand in der Presse weniger Beachtung als die öffentlichen Begleitumstände

Bühnenbildentwurf von Helmut Jürgens zu *Die Meistersinger von Nürnberg*, 1. Akt: das Innere der Katharinenkirche.

der Premiere draußen vor dem Nationaltheater. Die Bühnenbildentwürfe von Helmut Jürgens boten starke ästhetische Setzungen. Der Entwurf zum ersten Akt zeigt zwar das von Wagner vorgeschlagene Innere der Katharinenkirche in scheinbarem Naturalismus, ist jedoch auch symbolisch aufgeladen. Der Kirchenraum war ganz in hellen Weiß- und Grautönen gehalten[24] – prompt wurde in einer Kritik moniert, »man [hätte] sich leuchtende Glasfenster in der Katharinenkirche«[25] gewünscht –, jedoch von einem schwarzen Gitter zum Vordergrund der Bühne abgetrennt. Über der Szene prangte eine schwarze Zierleiste mit je sechs Figuren und Symbolen, welche die Nürnberger Handwerkszünfte symbolisierten. Durch die vorgesehene Beleuchtung warfen diese Figuren dunkle Schatten auf den hellen Raum. Symbolisch gedeutet wiesen diese Schatten ebenso wie das Gitter zum Kirchenraum darauf hin, dass Stolzing, der die Ehe mit Eva erlangen will, durch das Gitter und die Schatten kommen muss, welche die Zünfte werfen, mithin also sich den Regeln der Stadtgesellschaft, symbolisiert durch die »Kunstregeln« der Meistersinger, unterwerfen muss. Auch Jürgens' Entwurf zum zweiten Akt, der nächtlichen Stadt Nürnberg, strahlte mitnichten eine heitere Festlichkeit aus. Zu sehen war ein abstrahierter Raum der nächtlichen Gassen Nürnbergs,

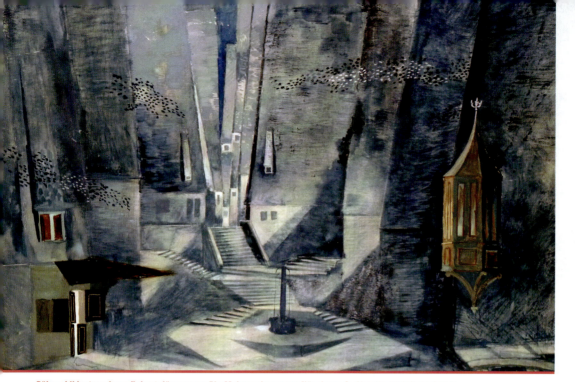

Bühnenbildentwurf von Helmut Jürgens zu *Die Meistersinger von Nürnberg*, 2. Akt: die nächtliche Gasse.

dominant war die Farbe dunkelblau. Nur aus einzelnen Fenstern drang starkes Licht. Wiederum arbeitete Jürgens mit dem Kontrast von Licht und Schatten. Das Bild verzichtete, wie schon der Entwurf zum ersten Akt, auf Symmetrien und ordnete die ineinander verschachtelten flachen Treppen stattdessen zu einem leicht zur Mitte verschobenen Fluchtpunkt im Hintergrund, der jedoch abstrakt blieb. In der klassischen Aufführungstradition bildete die Nürnberger Kaiserburg diesen Fluchtpunkt. Auch die Häuser waren nicht naturalistisch gestaltet, stattdessen entstand eine Wirkung, die eher an frühe kubistische oder expressionistische Gemälde denken lässt. Durch diese Bildgestaltung verschob Jürgens den Schwerpunkt der Bildinformation und damit auch die Interpretation der szenischen Handlung. Während Wagners Intention auf eine möglichst scharfe Kontrastierung der beiden Häuser von Sachs und Pogner und damit auf den gesellschaftlichen Konflikt abzielte, weitete Jürgens Wagners »Gasse« zu einer flachen Treppe mit mehreren Spielebenen aus, die sowohl sinnbildlich als auch ganz konkret, als Spielmöglichkeit, das reich differenzierte Handlungsniveau des zweiten Aktes der *Meistersinger* in den Fokus rückte.

Die Schusterstube mit dem starken Lichtschein war im zweiten Bild vorne links aufgebaut, sie wurde im ersten Bild des dritten Aktes vergrößert. Auch bei diesem Bild ist eine starke symbolische Komponente auszumachen: Die eigentliche Schusterstube

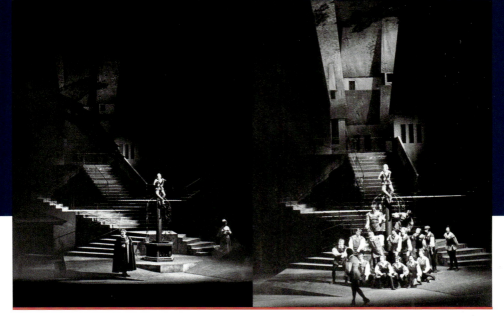

Szenenfotos aus *Die Meistersinger von Nürnberg*, 2. Akt.

nahm nicht nur nicht die ganze Breite der Bühne ein, sie umfasste in der Höhe auch nur knapp die Hälfte des Portals und wurde von einer lastenden Schwärze niedergedrückt. Verstärkt wurde dieser Eindruck noch durch die schiefe Decke des Zimmers. Auch im strahlend weißen Zimmer wurde Naturalismus konsequent vermieden. Die Möblierung bestand fast nur aus schwarzem Tisch und Stuhl, Schusterutensilien fanden sich keine. Dagegen fiel ein aus dunklem Holz gefertigter, mit kunstvollen Schnitzereien verzierter Baldachin auf, der über Tisch und Stuhl hing. Er ist ambivalent zu interpretieren: Einerseits lässt er sich als der, nach strengen Regeln gefertigte, Schutzbaldachin des Kunsthandwerkes deuten, der die Lebens- und Gedankenwelt des Schustermeisters zusammenhält, andererseits wirkt er wie ein drohendes, beinahe erdrückendes Damoklesschwert, das den am Tisch arbeitenden Sachs jederzeit treffen könnte (Abb. S. 60).

Im letzten Bild setzte Jürgens dann auf eine weitere Abstraktion: Die Festwiese war de facto die leere Opernbühne, ein heller Rundhorizont ohne Bemalung schloss die Bühne nach hinten ab und erzeugte den Eindruck von Weite. Über der Bühne war ein strahlend gelbes Zeltdach gespannt, welches in der Mitte einen hellen Kreis und davon ausgehend Strahlen in alle Richtungen, also eine abstrahierte Sonne, zeigte. Es entstand der Eindruck eines nach hinten geöffneten Festzeltes. Die traditi-

Bühnenbildentwurf von Helmut Jürgens zu *Die Meistersinger von Nürnberg*, 3. Akt: Schusterstube.

onelle Stadtsilhouette sowie die Zunftschilder, die noch in früheren Entwürfen von Jürgens sichtbar sind, gab es in der durchgeführten Version nicht mehr: Sie verschmolzen zu Schildern, in denen jeweils ein Teil der Stadtsilhouette Nürnbergs und ein Zunftzeichen abgebildet waren – eine eigenwillige ästhetische Lösung, die allerdings die enge Verflochtenheit der Zünfte mit der Stadt und damit die rigiden gesellschaftlichen Normen zum Ausdruck brachte.

Die Umsetzung der Entwürfe auf die Bühne milderte das strenge Abstraktionsniveau enorm, vor allem durch die hyperrealistisch und detailliert ausgeführten Kostüme schien am Ende eine doch eher konventionelle Inszenierung der *Meistersinger* gestanden zu haben, wie aus den Zeitungsberichten hervorgeht. Diese betonten vor allem Rudolf Hartmanns Suche nach einem neuen Inszenierungsstil für Wagner-Opern, der sich vom »Neu-Bayreuther Stil« Wieland Wagners absetzte. Die *Abendzeitung* schrieb:

[Es] begann für Spielleiter und Bühnenbildner einiges Kopfzerbrechen, wie die Verbotstafeln und Tabuzeichen zu umgehen seien, hinter denen sich lediglich Wieland Wagner ergeht. Zwischen München und Bayreuth besteht eine wohlgehegte und traditionelle Rivalität. So galt es, Wieland Wagners popu-

Szenenfoto aus *Die Meistersinger von Nürnberg*, 3. Akt: Festwiese.

lär gewordene Inszenierungen ebenso zu vergessen, wie alles was sich vom Naturalismus bis zum Surrealismus an Bild und Darstellung angehäuft hatte. Ein saures Amt und für die Festvorstellung zumal. Da erwies sich offenbar Richard Wagner selbst als Retter in der Not. Wer seine Regieanweisungen befolgt, erlangt eine Inszenierung, »wie sie im Buche steht«. Zwar nicht überraschend, aber der Musik ihre Rechte einräumend.[26]

Wie schon bei der *Frau ohne Schatten* wurde hier Rudolf Hartmanns wohl doch eher konventionelle Inszenierung als Vorteil umgedeutet, dies zu allem Überfluss mit Bezug auf das NS-Konzept der Werktreue, hier formuliert als »wie im Buche stehend«. Vom Tenor her ähnlich liest sich auch die Besprechung im *Münchner Merkur*:

Es war die Sorge Rudolf Hartmanns, daß die Freude an der Eröffnung des Nationaltheaters durch Querschießereien um Regieprobleme getrübt werden könnte. Er wußte, daß, wo immer man heute Wagner aufführt, man in Relation zu Bayreuth gesetzt und lediglich noch aus der Sicht des Pro und Contra beurteilt wird. Dadurch ist die Diskussions-Basis verengt und der Blick auf Schulstreitereien abgelenkt – kein Mensch beschäftigt sich noch unbefangen mit Wagner. Rudolf Hartmann versuchte solchen Gefahren dadurch zu entgehen, daß er die ›Meistersinger‹ zwar ohne jede Anlehnung an

**Benno Kusche als Beckmesser. Undatiert.**

Wieland Wagner inszenierte, frei von Experiment und allen Gags, sich aber auch jeder Nuance enthielt, die man als prononciert antiwielandisch hätte auffassen müssen. Er bot eine sorgfältig gearbeitete Einstudierung, brachte die […] Handlung […] im Rahmen vertrauter Vorstellungen über die Runden.[27]

Zu den Bühnenbildern von Helmut Jürgens hieß es in der selben Kritik nur knapp:

Wer das Nationaltheater zum erstenmal betritt und beim Aufgehen des Vorhangs sich in seiner Hochgestimmtheit von Jürgens' erstem Bühnenbild sekundiert sieht, wird diesen Zusammenklang nicht vergessen. Das Bild der Katharinenkirche überzeugt durch Größe, Einfachheit und lichte Geistigkeit, das zweite versinnbildlicht mit seinen steil aufstrebenden gotischen Häusern sowohl geheimnisvolle spätmittelalterliche Enge wie auch die Gewichtigkeit einer keineswegs nur der Butzenscheibenromantik frönenden Freien Reichsstadt. Und das leuchtendgelbe, sonnenhelle Zelt des Schlußbildes ist der Inbegriff von Festlichkeit und Lebensfreude.[28]

In dieser Besprechung sticht vor allem hervor, dass auch – und dies ist in den Kritiken der 1960er Jahre die Ausnahme – auf die psychologische Interpretation einer Figur eingegangen wurde. Über Benno Kusche als Beckmesser – immerhin eine Figur, die oft als Judenkarikatur gedeutet wurde – hieß es:

Als reine Possenfigur wurde früher [...] immer der Beckmesser gegeben. [...] Inzwischen ist, ebenfalls von Neu-Bayreuth ausgehend, auch diese Figur mächtig aufgewertet worden. Man macht geltend, daß es sich immerhin um eine Respektperson [sic!] handele, die in der Stadt in hohem Ansehen stünde. Dieser Auffassung angenähert, gibt ihn jetzt auch Benno Kusche als einen zwar äußerlich runden, aber innerlich verknöcherten Pedanten, der, von falsch geleiteten Ehrgeizen blind geworden, in die Falle geht. Wenn er zum Schluß sein kleines Podest (an Stelle des vorgeschriebenen Rasenhügels) betritt, bereits ahnend, daß er scheitern wird, wirkt er inmitten einer grausam mit ihm spielenden Menge grenzenlos vereinsamt, ist nicht mehr eine komische, sondern fast eine tragische Figur.[29]

Der Sänger Benno Kusche schien sich dieser Interpretation nicht anzuschließen, er bezeichnete den Beckmesser in einem Bericht der *Süddeutschen* ausdrücklich als »komische Figur«.[30]

Wie schon bei der *Frau ohne Schatten* findet sich ein deutlicher Unterschied zwischen lokaler und überregionaler Presse. Die Münchner Medien begleiten die Premiere der *Meistersinger* mit diversen Vor- und Probenberichten, historischen Serien über die Oper sowie stolzen Ankündigungen über die neue Technik des Nationaltheaters (»›Schusterstube‹ verwandelt sich in 60 Sekunden zur ›Festwiese‹«[31]), Schallplattenproduktion (»Die ›Meistersinger‹ für das Jahr 2000«[32]) und die Übertragung der Premiere in »vierzehn Rundfunkanstalten«[33]. Höhepunkt dieser frühen Form des »embedded journalism« war ein »Live-Bericht« eines Journalisten, der als Statist bei der Premiere mitwirkte ( »Ich war der Prügelknabe«[34]). Aus heutiger Sicht besonders zynisch wirkt die mit Militärmetaphern nicht geizende Darstellung des NS-belasteten Regisseurs Rudolf Hartmann als »im Befehlsstand«[35] oder gar als »General, der seiner aus 55 Meter Tiefe heranziehenden Festwiesenarmee entgegenblickt«[36]. Insgesamt waren die Münchner Medien auch in ihrer Berichterstattung sehr wohlwollend bis enthusiastisch. Der Hype um die Wiedereröffnung des Nationaltheaters führte zu teils bizarren Schlagzeilen wie »Modeschauspiel in der Oper – Zu der Meistersinger-Aufführung traf sich die elegante Welt – Keine großen Abendfrisuren«[37]). Auch die Beinahe-Absage der Premiere wegen der Ermordung des amerikanischen Präsidenten John F. Kennedy wurde in der lokalen Presse ausführlich kommentiert und zur Darstellung der neuen politischen Freundschaft Deutschlands mit den Vereinigten Staaten benutzt. Während der *Münchner Merkur* relativ dezent darauf hinwies, dass es »bemerkenswert und bezeichnend« sei, »daß gerade zwei Amerikaner [Jess Thomas und Claire Watson] uns das Urbild des deutschen Liebespaares so überzeugend hinstellen«[38], nutzte die *Süddeutsche* die Frage um die mögliche Absetzung oder Verschiebung des Premierenabends zu einer personalisierten Geschichte in Boulevardblattmanier:

Noch am gleichen Abend fragten die amerikanischen Opernmitglieder Jess Thomas, Claire Watson und ihr Mann David Thaw telephonisch bei der Intendanz an, ob die Aufführung am nächsten Tag stattfinden werde oder nicht. Eine Auskunft konnte man ihnen nicht geben. »Ich habe die Nachricht vom Tod unseres Präsidenten im Hotel erfahren«, erklärt die Sängerin in ihrer Garderobe, als ihr die Maskenbildnerin eben Evchens blonden Haarkranz aufsteckt. Claire Watson kämpft mit den Tränen. »Er hat irgendwie zu jedem gehört – es war wie eine Familie.« Tröstlich sei einzig, daß den deutschen Kollegen Kennedys Tod ebenso nahegehe. Ein paar Minuten später bittet David Thaw die Garderobemeisterin leise: »Meine Frau soll zur Gedenkminute nicht auf die Bühne gehen – es regt sie zu sehr auf.«[39]

Im Gegensatz zur ziemlich einhelligen Begeisterung der Münchner Presse steht die Kritik von Andreas Razumovsky in der *Frankfurter Allgemeinen*. Er verurteilte neben der mangelnden musikalischen Qualität vor allem die reine Repräsentativität, die altmodische Regie sowie zum Schluß auch noch den von den lokalen Kollegen hochgelobten Benno Kusche als Beckmesser. In der Kritik hieß es:

[Es war] ein schwerfällig anlaufender Festgenuß, für Künstler und Publikum bedurfte es gleichermaßen der Anstrengung, sich dem Meistersinger-Humor auszuliefern. [...] Es ist aus mancherlei Gründen mehr eine repräsentante als eine große, als eine das Werk in all seiner Fülle darbietende Aufführung geworden; mehr eine Aufführung des Prunkes, des gefälligen Arrangements, der schönen Stimmen und der vielen buntgekleideten Statisten auf der Bühne. Der Mangel an innerer Wärme, an Duft und Kraft ging vom Dirigentenpult aus, wo Joseph Keilberth unfroh seines Amtes waltete, wie ein zwar kompetenter, doch schlechtgelaunter Bürokrat. Schon das Vorspiel kam vergröbert, nicht exakt und unausgewogen in den Instrumentengruppen: Die Streicher blieben über die ganze Aufführung zu schwach, glanzlos, Opfer des überlauten Bleches. [...] Es fehlte am Detail, am Männlich-Prallen des Meistersinger-Milieus und am inneren Weiblichen der Eva, es fehlt am Eros in dieser Aufführung, an romantischer Sehnsucht und kraftvoller Erfüllung. Die Szenen kamen dieser Tendenz zum ausschließlich prunkhaften entgegen: Von den Bühnenbildern Helmut Jürgensens war zwar das erste, das Interieur der Katharinenkirche »im schrägen Durchschnitt«, nicht nur genau den Wünschen Richard Wagners entsprechend, sondern auch schön und wirkungsvoll; das zweite und dritte Bild jedoch, die Nürnberger Nachtansicht und Sachsens Stube, waren bereits nur mehr konventionell, von alten Klischees abgezogen; und das letzte, die Festwiese, könnte als Parodie aller Festwiesen des alten und des neuen Bayreuth verstanden werden. Man sah in ein großes, weit ausgespanntes, gegen den Hintergrund zu offenes gelbes Bierzelt hinein, in dem sich eine ungeheure Statistenmenge, eine amorphe Masse von Bürgern und Gaffern (die wenigsten davon waren Chorsänger) durcheinanderdrängte, überragt von zwei Musikkapellen – von denen eine Attrappe war – auf hölzernen Gerüsten. [...] Die Regie Rudolf Hartmanns verfolgt offenkundig den Wunsch, den Szenenanweisungen Wagners, nach so viel Experimenten, wieder nachdrücklich zum Recht zu verhelfen. Das wäre legitim, wenn nicht allzuviel auf bloße Konvention hinausliefe. [...] Ein enttäuschender Beckmesser war Benno Kusche: er ist ein guter Sänger, aber kein profilierter Darsteller; und nur einem solchen gibt diese Rolle Chancen.[40]

Insgesamt lässt sich also – folgt man diesem wohl objektivsten Bericht der *FAZ* – von einer eher konventionellen, rein repräsentativen Aufführung sprechen. Diese Kritik unterschlägt jedoch einerseits, dass es genau diese Konventionalität und scheinbare Normalität war, welche die Münchner Stadtgesellschaft an ihrer Oper schätzte und wünschte, eine inszenatorische Biederkeit ohne ästhetische Experimente, welche Rudolf Hartmann bereits im Nationalsozialismus praktizierte und auch im Jahr 1963 perfekt zu bedienen verstand. Auf der anderen Seite blieb hier – wie auch in den anderen Kritiken – unerwähnt, dass sich Helmut Jürgens' Bühnenbilder – höchstwahrscheinlich sehr bewusst – diametral von den Bühnenbildern zu den *Meistersingern* aus der NS-Zeit unterschieden.

Im zweiten Akt wurde – wie zuvor beschrieben – die enge Gasse zu einem veritablen Freiraum geweitet. Damit entstand ein vielfach abgestufter szenischer Raum für die Verhandlung des Themas »Möglichkeiten und Grenzen der Kunst« und den darin wurzelnden, gesellschaftlichen Sprengstoff. Dass diese Debatte nun nicht mehr in einer engen Gasse, sondern auf offener Bühne stattfand, konnte als inszenatorische Entscheidung gelesen werden, die sich dezidiert von der Version des NS-Reichsbühnenbildners Benno von Arent absetzte. Noch deutlicher wird der Kontrast im dritten Akt: Gegen die Fahnenstandarten und Reichsadler der *Meistersinger* in der NS-Zeit setzte Jürgens mit seiner nur durch das Zeltdach nach oben abgegrenzten Freiluft-Szenerie eine bis zur Verharmlosung konventionalisierte Bühnenästhetik, welche man – mit Rückblick auf die Politisierung der Ästhetik im Dritten Reich – sowohl als szenische Ironie als auch als positiv zu bewertenden Bruch mit der Vergangenheit interpretieren konnte.

### Die Verlobung in San Domingo

Die einzige zeitgenössische Opernproduktion im Spielplan der Eröffnungswochen war Werner Egks *Die Verlobung in San Domingo*, was in der Presse positiv vermerkt wurde. Karl Heinz Ruppel schrieb in der *Süddeutschen Zeitung*:

Daß das Nationaltheater mit dem dritten Werk, das es nach seiner Wiedereröffnung auf die Bühne bringt, bereits Uraufführungsehrgeiz zu erkennen gibt, zeigt an, daß man den Aufbau eines modernen Repertoires neben dem klassischen nicht zu vernachlässigen gedenkt.[41]

Dass die Moderne im Spielplan ausgerechnet von Werner Egk repräsentiert wurde, ist kritisch zu beurteilen. Einerseits stand Egk für eine nur sehr gemäßigte musikalische

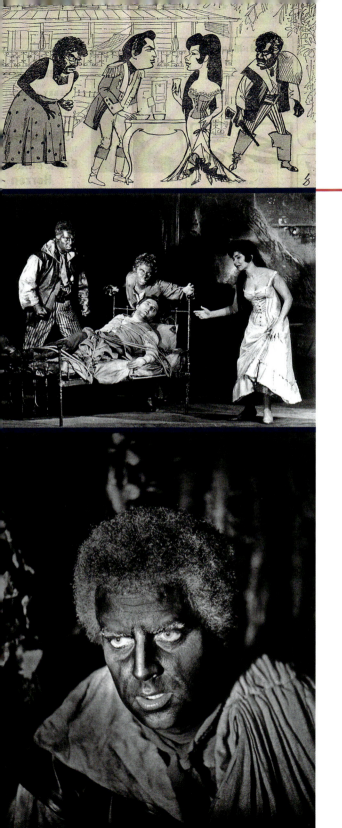

Zeitungskarikatur zur Uraufführung von *Die Verlobung in San Domingo*.
Historisches Kolorit in Bühnenbild und Kostüm.
Blackfacing: Hans Günter Nöcker als Hoango.

Moderne – und damit keineswegs für einen avantgardistischen Aufbruch; zusätzlich war er ein NS-Profiteur erster Güte, der während des Dritten Reiches willfährig am Typ einer neuen deutschen Oper arbeitete (vgl. Porträt Werner Egk, S. 272).

Auch bei dieser Uraufführung bewies Egk sein Talent, den Zeitgeist zu bedienen, eben jenes Talent, welches ihm während der Zeit des Nationalsozialismus den Vorwurf des »Konjunktur-Komponisten« eingebracht hatte. 1963 wählte er – wahrscheinlich mit Blick vor allem auf den amerikanischen Markt[42] – das Thema des Rassenhasses. In der *Verlobung in San Domingo*, einer Bearbeitung der gleichnamigen Kleist-Novelle, führt Egk im von ihm selbst verfassten Libretto eine Rahmenhandlung ein, in welcher die allegorischen Figuren »Herr Schwarz« und »Herr Weiß« die Geschichte aus unterschiedlichen Blickwinkeln beleuchten. Das Vorspiel der Oper beginnt wie folgt:

HERR SCHWARZ UND HERR WEISS: Zu Port au Prince, im französischen Teil der Insel San Domingo, lebte zu Anfang des letzten Jahrhunderts,
HERR WEISS: Als die Schwarzen die Weißen ermordeten,
HERR SCHWARZ: als sich die Schwarzen wie ein Mann gegen die weiße Tyrannei erhoben –
HERR WEISS (leidenschaftlich): Wie ein Mann! Lächerlich! [… Es lebte dort] ein fürchterlicher alter Neger, namens Hoango,
HERR SCHWARZ: ein heldenhafter Afrikaner, namens Hoango,
HERR WEISS: die hinterlistige Mulattin Babekan,
HERR SCHWARZ: die heldenhafte Mulattin Babekan
HERR WEISS: und ihre Tochter Jeanne, ein engelschönes, aber verderbtes Mädchen –
HERR SCHWARZ (leidenschaftlich) und Jeanne, die durch ihre Heldentaten in den Befreiungskämpfen in die Geschichte einging.[43]

Es handelte sich um den Versuch einer reichlich simplen Dialektisierung: Die gleiche Geschichte wurde von Weißen und Schwarzen unterschiedlich bewertet und verwiesen damit – so die innere Logik des Entwurfs – auf das Rassenproblem der Gegenwart, vor allem in den USA. Egk selbst wies den Vorwurf der simplen Tagesaktualität im Programmheft – der Kritik quasi zuvorkommend – von sich:

Der Stoff enthält eine betäubende Dosis von Brutalität, Exotik, Liebe und Haß in allen möglichen Verfinsterungen und dazu ein nicht zu übersehendes, höchst aktuelles Element. […] Es war aber nicht der Gedanke der Aktualität, der mich bewog, […] sondern Impulse, die schon vor drei Jahrzehnten [also 1933!] ausgelöst wurden.[44]

Es ging Egk darum, einerseits den internationalen Markt zu bedienen, andererseits sein Image als Versöhner und Vordenker der Toleranz zu inszenieren. Zum Teil mit Erfolg. Ruppel lobte in der *Süddeutschen*:

»Sie müssen lernen, miteinander zu leben, sonst werden sie aneinander sterben, so wie wir.« Zu dieser Sentenz aus dem Mund der vier Hauptfiguren der Novelle und der Oper kommt es in einem Zwischenspiel im zweiten Akt, in dem […] Herr Schwarz und Herr Weiß, zwei moderne allegorische Figuren, sich ihre von Rassenhaß und Verblendung verzerrte Interpretation der seinerzeitigen Kämpfe auf San Domingo ins Gesicht geschrien haben – eine Wendung ins Gegenwärtige, die im Augenblick von einer geradezu beklemmenden Aktualität ist. Es ist Egk auch schon in früheren Werken […] darum gegangen, seinen Texten einen aktuellen humanen Anstrich zu geben; hier mochte ihm vor allem daran gelegen sein, daß die blanke Schauerdramatik […] nicht als ein Stück Sardou erscheint, das sich am Krassen und Gräßlichen als Selbstzweck weidet wie etwa Puccinis ›Tosca‹. Doch soll damit keineswegs gesagt sein, daß Egk auf den humanen Appell nur gleichsam als Ausweg gekommen sei, um einem dramaturgischen Mißverständnis vorzubeugen; man weiß, wie ernst es ihm damit ist.[45]

Die Inszenierung von Günther Rennert begnügte sich damit, die Geschichte der Oper relativ realistisch abzubilden. Das Bühnenbild von Teo Otto zeigte ein kleines Haus, das von einem naturalistisch dargestellten Dschungel umwuchert wird, die Sängerinnen und Sänger, welche die Schwarzen darstellten, waren naturalistisch geschminkt, was damals gängige Praxis war. Fragen zum sogenannten Blackfacing wurden noch nicht debattiert und sind erst Phänomen unserer Zeit. Dementsprechend wurde es in der Presse nicht thematisiert. Kritische Stimmen, wie etwa die Premierenkritik des *Spiegel*, blieben in der Minderheit:

Der bajuwarische Melodiker Egk, auch sein eigener Librettist, veropert die konzentrierte 40-Seiten-Story des Preußen Kleist. [...] Die nach dem traditionellen Schema der ›Nummernoper‹ angelegte ›Domingo‹-Oper mit den vordergründig aktualisierenden ›Vorspiel‹- und ›Zwischenspiel‹-Auftritten des ›Herrn Weiß‹ und ›Herrn Schwarz‹ [...] ist ein Rassenproblemreißer, der auch wohlfeile musikalische und szenische Effekte nicht verschmäht. Der erfolggewohnte, radikalen Neutönen abgeneigte Egk (Kritiker-Bonmot ›Egklektizist‹), der 1936 in der Zeitschrift ›Völkischer Beobachter‹ eine Musik nach dem ›gesunden harmonischen Ebenmaß von Körper, Seele und Geist‹ forderte, bietet in seiner Kleist-Oper eine Montage bewährter melodischer und rhythmischer Klischees.[46]

Kritiken wie diese schadeten Egks Karriere nicht, im Gegenteil: Er prägte das Bild dessen, was man sich mangels ausreichender Repräsentanz der Avantgarde im Spielplan an der Bayerischen Staatsoper als Moderne vorstellte. Auch offizielle Auszeichnungen ließen nicht lange auf sich warten. 1972 wurde Egk der Kulturelle Ehrenpreis der Landeshauptstadt München verliehen. Seine NS-Vergangenheit aussparend, wurde das Image des toleranten, über den politischen Dingen schwebenden Komponisten poliert: »Nur wer souverän ist, kann tolerant sein. Diese Tugend […] hat Werner Egk unablässig bewiesen, indem er […] gegen mancherlei Widerstände für die Lebensrechte der Kunst eintrat.«[47] Die Karriere des Werner Egk während des Nationalsozialismus, die rasche Entnazifizierung und Umdeutung seiner Vergangenheit sowie die steile Karriere in der Bundesrepublik und Bayern machen den Fall Egk zum Musterexempel der Verdrängungsstrategien, die an der Bayerischen Staatsoper wie in der gesamten Bundesrepublik vorherrschten und auch in der Eröffnungswoche im neuen Nationaltheater ihren Niederschlag fanden.

DF

### Fidelio

Beethovens Rettungsoper *Fidelio* nimmt im Repertoire des Nationaltheaters eine unverkennbare Sonderstellung ein. Nach der Münchner Erstaufführung am 1. Juli 1821, also noch im allerersten Bau des Nationaltheaters, wurde die Oper bis heute mehr als ein Dutzend Mal neu inszeniert. Mit *Fidelio* nahm die Bayerische Staatsoper nach Ende des Zweiten Weltkriegs, schon am 15. November 1945, im Prinzregententheater den Spielbetrieb wieder auf (Regie: Günther Rennert, Bühnenbild: Caspar Neher, Kostüme: Liselotte Erler). *Fidelio* spielte man zu herausgehobenen Gedenktagen wie zum Tag der Opfer des Faschismus (am 13. September 1947), zum Tag der Opfer des Nationalsozialismus (am 10. September 1950) und zu weiteren bedeutenden und repräsentativen Ereignissen der jungen Bundesrepublik. Zumeist wurden zu solchen Festveranstaltungen herausragende Dirigenten, oft als Gäste, und erstklassige Sängerinnen und Sänger verpflichtet. Dass dieser Zusammenhang zwischen der *Fidelio*-Aufführung, der Thematik des Werkes und der vor allem politischen Aussage in der zweiten Festwoche öffentlich nicht reflektiert wurde, mag aus heutiger Sicht verwunderlich scheinen, charakterisiert aber das mangelnde Interesse nicht nur der Festgesellschaft, sondern der versammelten lokalen Informationsmedien am Blick in die jüngste politische Vergangenheit und an einer demonstrativen Stellungnahme gegen diktatorische Regime und faschistische Ideologien. Die Zeit war augenscheinlich noch nicht reif für eine solche, zugegeben: heikle Debatte.

Der Fokus der Münchner Zeitungskritiker war enger gezogen und doch, darüber hinaus, auf die grundsätzliche Bedeutung der musikalischen Interpretation im neuen Haus gerichtet. Walter Panofsky formulierte unter dem Eindruck von Herbert von Karajans offensichtlich fabelhaftem Dirigat, dass es bei dieser Premiere um höhere Werte ging, um »absolute Maßstäbe, die *in* einem neuen Haus und *für* dieses gesetzt werden sollten«.[48] Der Nimbus des Top-Dirigenten, der schon bei seinem Besuch der Strauss-Premiere zehn Tage zuvor die Menschen auch außerhalb des Theaters elektrisiert hatte (vgl. *Die Frau ohne Schatten,* S. 45), überstrahlte nun alles Bisherige in den Festwochen und erzeugte eben jenen Glanz, den man sich für das neue alte Nationaltheater und damit auch für die Münchner Gesellschaft, die Stadt und den Freistaat erhofft hatte. Helmut Schmidt-Garre konstatierte: »Bei der glanzvollen Aufführung des »Fidelio« wurde mehr als einmal gesagt, dies sei die »eigentliche« Premiere des Nationaltheaters. Hier stimmte tatsächlich alles zusammen: das geniale Werk, der bestmögliche Dirigent, die vorbildliche Besetzung, eine großzügige Szenerie.«[49] Und Panofsky resümierte: »[…] wenn in Zukunft in dem außergewöhnlichen Bau dem Außergewöhnlichen eine Heimstätte bereitet werden soll, so war es mit Karajans »Fidelio« eingezogen. Ein Maßstab ist gesetzt.«

Dieser Maßstab galt dem Publikum damals neben der orchestralen Gesamtleistung und dem interpretativen Zugriff durch Karajan auch dem sehr hohen sängerischen Niveau. Panofsky attestierte dem Bayerischen Staatsorchester »Elite«-Rang, aber er fand auch außergewöhnlich lobende Worte für Christa Ludwig als Leonore, Gottlob Frick als Rocco und Fritz Uhl für »seinen hervorragend gestalteten Florestan«, mit dem er »ohne Zweifel einen Höhepunkt seiner Laufbahn« erklommen habe. Das Engage-

Entwurf von Helmut Jürgens zum Quartett im 1. Akt des *Fidelio* von Ludwig van Beethoven.
Schlussbildentwurf von Helmut Jürgens zu *Fidelio*.

ment von Christa Ludwig illustriert die besondere Sorgfalt in der Auswahl der musikalischen Akteure, denn Staatsintendant Rudolf Hartmann hatte im Sommer 1962 in der Wiener Staatsoper das Rollendebüt der Ludwig als Leonore erlebt, unter Karajans Leitung, und eben diese Besetzung verpflichtete der qualitätsbewusste Hartmann auf der Stelle für die Münchner Premiere ein Jahr später. Andererseits wurde die Bayerische Staatsoper, gewollt oder ungewollt, Teil der beginnenden Medienkampagnen, mit denen einzelne Gesangsstars karrierefördernd vermarktet wurden wie eben Christa Ludwig, die mit der Leonore durch die Lande tourte und den Verkaufswert ihres Gesangs mit einer Schallplattenaufnahme von *Fidelio* nicht unerheblich steigerte. Charlotte Nennecke jedenfalls ließ sich die Gelegenheit nicht entgehen, am Tag zuvor die Ludwig und ihren Ehemann Walter Berry (der den Pizarro gab) in ihrem Werdegang dem Münchner Publikum sorgsam vorzustellen[50], auf dass die ungewöhnliche Erfolgsspur schon einmal gelegt war. Das Phänomen der betörenden Intensität und klangfarblichen Wärme einer Mezzosopranistin, die zugleich die Höhen strahlend zu singen versteht, verband sich bei Christa Ludwig mit einer sehenswerten figürlichen Bühnenpräsentation. Panofsky resümierte: »Eine kraftvolle und doch außerordentlich sensible, nuancenreiche, auch in hohen Lagen noch leuchtende Stimme – ein erstaunliches Phänomen bei einem Mezzosopran – verbindet sich mit ungewöhnlicher darstellerischer Intensität.« Eben diese Ausnahmeleistung verstand man in München als dem wiedererbauten Kultur-Tempel in jeder Hinsicht angemessen. Selbst Karajans plötzliche Erkrankung vor der dritten *Fidelio*-Aufführung wurde auf hohem Niveau kompensiert. Karl Böhm, ohnehin für die *Aida*-Premiere als Dirigent zu erleben, war am Abend des 12. Dezember eigentlich in Stuttgart an der Staatsoper engagiert, wurde dort aber generös freigestellt, um in München die hohe Qualität der musikalischen Interpretation auch weiterhin zu gewährleisten. Er übernahm Karajans Einstudierung und gab ihr dennoch durch seine individuellen Akzente und sein abweichendes Verständnis von Beethovens Musik eine sehr persönliche Note – für die Münchner Kritiker ein Wunder und ein Glück, zwei unterschiedliche und doch ranggleiche Interpretationen dieses Kernstücks des Repertoires in wenigen Tagen nebeneinander zu haben.[51] Ähnliches galt für die Sopranistin Inge Borkh, die bei dieser dritten Aufführung Christa Ludwig vertrat und mit einem herberen, wenngleich nicht minder eindrucksvollen Rollenporträt aufwartete. Ovationen allenthalben.

Nach Auffassung der gesamten Presse lieferte Rudolf Hartmann in dieser Inszenierung »seine überzeugendste und geschlossenste Leistung« während der Festwochen. Walter Panofsky akzentuierte den grundsätzlichen Zugriff des Regisseurs, den die zwischenmenschlichen Geschichten wohl eher interessierten als die denkbare politische Dimension dieser Oper:

Selten zuvor wurde so sehr wie hier, auch im Bühnenbild von *Helmut Jürgens*, klar, daß diese Oper in ein szenisches Oratorium mündet. Selten wurde der holprige Dialog so eindrucksvoll gesprochen. Man muß Hartmann neben manchem anderen auch die liebevolle Logik danken, mit der er die Marzelline-Jacquino-Handlung motivierte und zu einem unkonventionellen Ende führte (Wachsoldaten trennen die beiden zunächst voneinander: Als sie Pizarro gefangen abführen, stehen die Liebenden plötzlich wie von selbst nebeneinander.) Das Gefangenenbild, die panische Flucht vor Pizarro, der Schluß des ersten Aktes, da Leonore den Todfeind ihres Gatten mit ihren Blicken umlauert und bannt – es waren Szenen von großer Eindringlichkeit.[52]

Diese im besten Sinne anrührende Erzählweise wurde auf der Bühne freilich längst nicht selbstverständlich durch die Raumdispositionen von Helmut Jürgens gestützt. Der Bühnenbildner hatte für die Wachstube im ersten Akt ein klobiges, bedrohlich niederdrückendes und äußerst karges, menschenfeindliches Verlies erfunden, indem vor allem im Quartett die Figuren völlig beziehungs- und bindungslos nebeneinander erscheinen und Kommunikation durch den Zwang des Raums völlig ausgeschlossen ist. Im Finale des ersten Aktes beschwor Jürgens durch suggestive Gitterprojektionen auf die Bühnenrückwand die Gefängnissituation für alle Handelnden herauf, zusätzlich verschärft durch die auffällig zentrale Positionierung des Kerkerausstiegs, die bis ins Schlussbild des zweiten Aktes unverändert erhalten blieb. Jürgens verwandelte die Szenerie zum letzten Bild der Befreiung nicht komplett, sondern präsentierte durch Öffnung der Rückwand den Blick auf eine zivilisierte Stadt mit dem Umriss einer zweitürmigen Kathedrale am linken Bildrand – unverkennbares Symbol für die metaphysische Lösung des Konflikts, die freilich nicht Realität wird, sondern schemenhaft bleibt. Davor ist die Kerköffnung für die Gefangenen, der zentrale Abstieg in den Untergrund des Baus, weiterhin sichtbar. Was sich durchaus als genialer dialektischer Zugriff des Bühnenbildners begreifen lässt, fand in Hartmanns Personenregie und seinem geradezu unpolitischen Interpretationsansatz augenscheinlich nicht statt. Panofsky resümierte in seiner bereits zitierten Rezension:

Ein heller, glasklarer, transparenter ›Fidelio‹ also, in dem die deutsche Singspielhaftigkeit des Anfangs etwas Buffoneskes zu haben schien. Eine Sängeroper, kein untergründiges Mysterium. Eine herrliche, mitreißende, begeisternde Offenbarung des Musikantischen in Beethoven [...]

Der eingangs benutzte Gattungsbegriff der Rettungsoper ist der Entstehungszeit der Komposition geschuldet, in der sich die unverhoffte Auflösung einer drastischen, vielleicht gar tragischen Katastrophe als Befreiungsschlag für die zu Unrecht Leidenden offenbart – ein dramaturgisches Muster, dass sich infolge der großen Revolution Ende des 18. Jahrhunderts als Hoffnungsappell vor allem von Frankreichs Bühnen aus entwickelte. Inzwischen aber wurden der Beethoven-Oper die heroischen Komponenten der Befreiung(soper), gar des antifaschistischen und antidiktatorischen durch Bühnendarstellungen erschlossen – Deutungsmöglichkeiten, von denen sich Rudolf Hartmann geflissentlich fernhielt, wohl weil er die deutsche und die eigene, persönliche Geschichte nicht prüfend wieder aufrufen wollte. Noch war die Verdrängung, gar die Verharmlosung des unmittelbar Vergangenen in Bayern und gerade in München an der Tagesordnung. Alles andere hätte wohl auch die Feststimmung der Nationaltheater-Wiedergeburt empfindlich gestört.

### Aida

Vergleichbare Gedanken drängen sich angesichts der sechsten Premiere auf: Verdis *Aida* in der Inszenierung von Hans Hartleb (Bühnenbild: Helmut Jürgens, Kostüme: Sophie Schröck). Rudolf Hartmann erinnerte sich sehr »neutral« seiner Anfänge in München als Oberspielleiter im Januar 1937. Damals inszenierte er selber die *Aida* – freilich in den monumentalen ägyptischen Bühnenbildern von Ludwig Sievert als triumphale Präsentation eines diktatorischen Machtsystems – und gab sich nun sehr interessiert an Hans Hartlebs szenischer Interpretation: an der klugen, überlegenen Disposition der Massenszenen und an der ebenso überzeugenden Führung der Solisten. Dass diese Produktion noch zwölf Jahre später im Repertoire des Nationaltheaters stand, war ihm Qualitätsausweis genug.[53] Selbst die verstörend modernen Bühnenräume von

Bühnenbildentwurf von Helmut Jürgens zu *Aida* von Giuseppe Verdi. Die Figuren der Wandpaneele sind aus Studien über altägyptische Götterfiguren entwickelt und ins Gigantische vergrößert.
Die Abstraktion einer Dialogsituation (Aida und Amneris) reduziert durch die gigantische Dekoration und das schräg einfallende gleißende Licht auf das Wesentliche des dramatischen Augenblicks.

Helmut Jürgens vermochte der Intendant noch als »geschmackvolle Synthese von Moderne und Antike« zu verharmlosen. In Wahrheit hatte Jürgens seine Auseinandersetzung mit dem altägyptischen Schauplatz und seinen künstlerischen wie gesellschaftspolitischen Implikationen seit Oktober 1948, seit seiner ersten Münchner *Aida* gemeinsam mit dem damaligen Intendanten Georg Hartmann als Regisseur, konsequent weiterentwickelt. Die Detailstudien zu ägyptischen Göttinnen und Frauenfiguren, die seinerzeit schon Bewunderung und Aufsehen erregt hatten, waren nun ins Gigantische und zugleich in die Abstraktion gesteigert. Das metaphysische Personal bedeckte nun in unendlichen Reihen und gewaltiger Größe die gesamte Bühnendekoration an den Seiten und der Rückwand. Die skrupellose Macht der Priesterkaste und ihrer zur Demut zwingenden Götzengläubigkeit beherrschte den gesamten Bühnenraum, ja definierte ihn eigentlich erst und schuf auf diese Weise eine Atmosphäre der Unterdrückung und Erniedrigung. Die Figuren verschwanden vor den gewaltigen Wandpanelen, und Licht fiel in diese Schauplätze nur durch die scharfgeschnittenen Lichtkegel der Kulissenscheinwerfer – die sehenswerte Propagierung des Bühnenlichts als räumliches wie interpretatorisches Gestaltungsmittel. In diesen Bildern präsentierte Hartleb seine fein ziselierte Figurenregie, seinen Verzicht auf vehemente Massenaktionen, die in der Musik stattfanden, aber eben nicht auf der Bühne. Karl Heinz Ruppel setzte sich mit der Gesamtkonzeption dieser Aufführung auf hohem Niveau auseinander[54], erkannte und lobte ausführlich die einfühlsame musikalische, bis in impressionistische Klangwelten vorstoßende Gestaltung der Münchner Philharmoniker unter Karl Böhm und fand resümierend zu zwei bemerkenswerten Aspekten:

[…] das alles läuft darauf hinaus, aus der Oper ›Aida‹ ein Oratorium in Bildern zu machen, ihre musikalische Diktion, die […] bis auf die lyrischen Höhepunkte von höchster dramatischer Vehemenz ist, nicht in szenische Aktion umzusetzen, sondern ihr das szenische Ornament entgegenzusetzen. […] Muß man also in dieser Neuinszenierung im ganzen eher eine Umgehung als eine Verdeutlichung des Dramatischen, eher eine Sequenz von isolierten Szenen als eine kommunizierende, durch ihre Kontraste bewegte Bühnenhandlung sehen, so soll man doch Feinheiten in der Personalregie nicht übersehen […]

Ruppels Vorstellungswelt gründete immer noch in der seit 30 Jahren, eben seit 1933 beschworenen Werktreue als Inszenierungskonzept, während Hartleb und Jürgens augenscheinlich die dialektische Spannung von Musik und Bild, von detaillierter Personenregie und monumentalen Raumkonstruktionen in ihrer Wirkung erprobten – besonders auffällig und für viele sicherlich besonders verstörend in der Finalszene, in der Aida und Radamès, in der Gruft aufrecht stehend, frontal zum Publikum ihr Finalduett sangen, während Amneris, »von einem gleißenden Lichtstrahl getroffen, sich in hieratischer Starrheit aufrichtet, eine Göttin des Todes eher als eine Gebrochene, die für den lebendig begrabenen Geliebten um Frieden bittet«, wie Ruppel resümierte. Kein Gedanke an den gewohnten Subtext dieser ergreifenden Szene, in der – Thomas Mann brachte die romantische Ergriffenheit anhand einer Schallplattenaufnahme im *Zauberberg* phänomenal auf den Punkt – die Fülle des Wohllauts sich an der Oberfläche zwar ausbreitet, darunter aber die eifernde Schuld der Amneris am grausamen Tod ihres Geliebten und ihrer Nebenbuhlerin endlich auf der Bühne in Szene gesetzt wurde. Die dialektische Spannung von Wohllaut und Grausamkeit wurde in dieser Inszenierung theatrale Realität. Hartleb und Jürgens waren auf dem Weg zum Regietheater, auf dem sie das Münchner Publikum und die Fachkritik offensichtlich noch nicht begleiteten. JS

### *Dance-Panels in seven movements* und *Entrata – Nänie – Dithyrambe*

»Ein verheißungsvolles Projekt«, befand Karl Viktor Prinz zu Wied, in Vorfreude auf die Ballettpremiere zur Wiedereröffnung des Nationaltheaters mit einer »Uraufführung von Aaron Copland«[55]. Auch die *Süddeutsche Zeitung* kündigte einen »ungewöhnlichen Ballettabend« an und meldete, »auf dem Programm stehen drei Uraufführungen«[56]. Die Differenz in der Zählung ergibt sich aus der eingenommenen Perspektive: Aus Sicht zu Wieds zählte nur die Uraufführung der Komposition, während die Kritikerin der *SZ* die Autorschaft des Choreografen anführte und drei choreo-

Der Einzug des gesamten Corps de ballet in Orffs *Entrata*.

grafische Uraufführungen zählte. Zu Missverständnissen dürften diese Unterschiede kaum geführt haben, denn dass dem choreografischen Werk, dem Zugriff des Choreografen, Vorrang vor dem musikalischen Werk gebührte, das hatte sich damals noch nicht allgemein durchgesetzt. Wichtiger war für die Rezeption der Zeit, dass Rosen eine triple bill mit choreografischen Uraufführungen bestückte, die musikalisch von Zeitgenossen bestritten wurde.

Es handelte sich einerseits um »zwei Münchner Ortsheilige, Carl Orff und Karl Amadeus Hartmann«[57]. Der Musica-viva-Leiter habe Rosen seine Komposition vorgeschlagen[58], die *7. Symphonie*, welche Rosen unter dem Titel *Triptychon* choreografisch umsetzte; im Falle Carl Orffs führte Rosen seine erfolgreiche Zusammenarbeit mit dem Münchner Vertreter der Moderne fort (1959/1960 hatte er *Carmina Burana*, *Catulli Carmina* und *Trionfo di Afrodite* kreiert) und choreografierte ein Stück zu Orffs Kompositionen *Entrata* sowie *Nänie und Dithyrambe*, das den Abend eröffnete. Was das Dirigat betrifft, hatte sich Rosen – im Blick auf Karajan und Böhm bei den Opern – um einen »allerersten Dirigenten«[59] bemüht und Rafael Kubelik ins Gespräch gebracht (während Karl Amadeus Hartmann Bruno Maderna vorgeschlagen hatte)[60]. Denn Rosen wusste um Orffs Frustration angesichts wiederholter »Kompromisse« bei der Pflege seines Werks.[61] Schließlich dirigierte der vielversprechende Schweizer Peter Maag – mit durchweg positiver Resonanz bei der Kritik.

Der Amerikaner Aaron Copland wiederum war dem Münchner Publikum durch das Gastspiel des American Ballet Theatre bei der ersten von Rosen konzipierten Ballettfestwoche 1960 mit dem von Agnes de Mille choreografierten Stück *Rodeo* bekannt. Copland dirigierte seine erste Uraufführung im Ausland selbst; dass er Rosen seine Komposition *Dance-Panels in seven movements* überlassen hatte, nannte der SZ-Kritiker Karl Heinz Ruppel einen »Gradmesser für die internationale Bewertung des Münchner Balletts«.[62]

Von musikalischen Innovationen überrollt und verstört zu werden[63], brauchte das Münchner Publikum freilich nicht zu befürchten. *Nänie und Dithyrambe* hatte Orff zur Feier des Schillerjahres 1956 komponiert, und *Entrata* (1928, Neufassung 1940) hatte sich schon oft »als festliches Eröffnungsstück«[64] und zu Feieranlässen bewährt: zum »Festlichen Abschluss der Kulturwoche der Hauptstadt der Bewegung« 1942 etwa; im ersten Abonnementkonzert zur Eröffnung des 10. Jubiläumsjahrgangs der Musica viva; zu Ehren des Komponisten anlässlich runder Geburtstage.[65]

Die Eröffnung mit Orffs Musik »zwischen Festlichkeit und feierlichem Pathos« bot einen »Anreiz zu höchst gesteigerter tänzerischer Gemessenheit«.[66] Rosen nutzte für seine choreografische Konzeption die gesamte Breite und speziell die Tiefe der Bühne beim Einzug des Ensembles zu Orffs langsamem, lange wiederholtem Ostinato (Abb. S. 75). Die festliche Gestimmtheit und der repräsentative Eindruck verdankte sich auch dem prachtvollen, »sehr schön gestufte[n]«[67] Bühnenbild (mit in Form von Friesen antikisch ornamentierten Portalen, welche die architektonische Gliederung und »klassische weiß-goldene Ornamentik«[68] des Zuschauerraums aufnahmen) von Helmut Jürgens[69] sowie den räumlich angeordneten, choreografischen Corpsformierungen:

Galt es hier doch den dekorativen Rahmen zu finden für den »Einzug« des Balletts in das neue Haus. Die »Entrata« bringt große Gruppen in schreitender Bewegung auf die Szene – besonders eindrucksvoll, wie sie, hellgewandet, dem riesigen Raum gleichsam entquellen – und formt sie zum großlinigen Ornament, entsprechend dem »heraldischen« Charakter der Musik, deren mächtiger Steigerung in einem mehrchörigen Orchester Orff ein Virginal-Stück des Shakespeare-Zeitgenossen William Byrd zugrunde gelegt hat.[70]

Stilisierte, klassizistische Bewegungsszenerien, umrahmt von einem prächtigen, hohen Portal, dessen »Fundament« ein Fries von Tänzerinnen bildete, waren reliefartig arrangiert.[71] Auch nahm Rosen die Idee »von der Totale, von der Umarmung Podium – Parkett«[72] durch Betonung der Tiefe des Raums auf. Im Kontrast zu dem dekorativen weiblichen Corps de ballet inszenierte er Soli und kleinere Tänzergruppen. Die vertikal wie bei einer Schichttorte gestaffelte Bühne, mit dem Orchester als unterster Schicht, darüber der Fries der Tänzerinnen, die – eine Fußspitze attraktiv aufgestellt – die Girlformationen der Revue anklingen ließen, gekrönt von den Solistinnen und Solisten auf der hochgefahrenen Mittelbühne[73] vor dem nach oben abgeschlossenen Portal, gefiel

Constanze Vernon und Margot Werner in Orffs *Nänie und Dithyrambe*.
Constanze Vernon und Winfried Krisch als das neue Traumpaar des Münchner Balletts.

allerdings nicht allen. »Das alles ist nicht frei von Gestrigkeit, nutzt aber geschickt die Riesenbühne und hat eine gewisse fade Noblesse«[74], und der Kritiker des *Mannheimer Morgen* monierte das »schwer lastende Bühnenbild«[75] sowie die von der Bühne abgedrängten Sängerinnen und Sänger:

So wurde der Chor in den Orchesterfond gequetscht, statt wie in den »Catulli Carmina« oder im »Trionfo di Afrodite« den Rahmen zur Szene abzugeben. Und auf die Szene verklemmte man das tänzerische Spiel durch die Koketterie mit der riesigen Hebebühne. Nein, hier war das Werk nur Bombast ohne Zentrum geblieben.[76]

Ein Foto im *Münchner Merkur*, das die »Orff-Premiere« ankündigte[77], zeigte Constanze Vernon, die als Primaballerina an diesem Abend in München debütierte, mit ihrem Partner Winfried Krisch[78] in einer Konfiguration, die starke Gegenspannungen im Körper wirksam werden lässt. Vernon, auf Spitze, beugt ihren Oberkörper weit nach rechts, mit lang ausgestreckten Armen, den Kopf ebenfalls scharf nach rechts gewandt, während Hüften und in paralleler vierter Position stehende Beine (das rechte gebeugt) auf ihren Partner gerichtet sind, der ihre linke Hand greift und so die Balance der weit über der Spitze stehenden Tänzerin sichert. Auch Krischs Pose strebt gleichermaßen nach unten wie nach oben. Doch sind die erhobenen Arme sanft gerundet, der Blick aufwärtsstrebend, der Kopf leicht nach vorn und rechts geneigt; steht der Tänzer ebenfalls parallel, in leichtem Plié, den linken Unterschenkel ausgestellt. Die beiden streben gleichermaßen aufeinander zu und voneinander weg, ihr manifester Berührungspunkt sind ihre linke, seine rechte Hand, ein weiterer Annäherungspunkt, an dem sie sich beinahe berühren, die Mitte ihrer Beine, so dass die Paarkonfiguration in einer interessanten Diagonalspannung und dynamischen Off-Center-Bewegung steht.

Rosens choreografische Einfälle – soweit sie über Fotografien und Beschreibungen in der Presse zugänglich sind – spiegelten die in Deutschland bis in die 1960er Jahre typischen Ausprägungen des Bühnentanzes, der mal mehr, mal weniger klassischen und modernen Tanz miteinander verband, wobei die Moderne zurückreicht bis zu den Masken und Umhänge verwendenden Expressionen à la Mary Wigman in *Nänie* und *Dithyrambe*. Rosen, der in seinem Spielplan eine geschickte Balance zwischen Tradition und Moderne hielt, addierte bei Copland zu grundsätzlicher klassischer, auf Spitze getanzter Grundierung »eine leicht amerikanisch wirkende burschikose Note […] Beleuchter und Arbeiter machen sich auf der Bühne zu schaffen, beobachten das Spiel und tanzen selbst mit; Musical- und Broadway-Atmosphäre verbreitet sich«.[79] Der »veredelten West Side Story, die auch ganz im Stil dieses Erfolgsfilms getanzt wurde, mit Sentimentalität und ›schrägen‹ Rhythmen gewürzt, so dass sich die Bühne mit Leben und Temperament füllte, als wär's ein echter Breitwandfilm in Technicolor«[80], stellte er eine expressive, Leiden und Hoffnung thematisierende Choreografie zu Hartmanns *7. Symphonie* an die Seite.

### Triptychon

An das Ende des Warschauer Ghettos, an Hiroshima als »ungenannte[n] Vorwurf«[81] fühlte sich der Kritiker des *Münchner Merkur*, Helmut Schmidt-Garre, erinnert. Er charakterisierte *Triptychon* von Heinz Rosen als »makabre Choreographie«, mit »zwei apokalytischen Szenen von größter Expressivität, in denen Elemente des Ausdruckstanzes in einen durchaus heutigen Stil eingeschmolzen sind, und – nach dem Vorhergegangenen etwas unvermittelt – als Finale einem fast sportlich stählern geführten Furioso von kühler Objektivität«.[82] Auch Prinz zu Wied assoziierte in der *Abendzeitung* die Rassengreuel des Dritten Reiches und Atomkrieg, sah »Bewegung, sogar Tanz, aber kein Ballett«[83], wohingegen sein Kollege aus Wien in *Triptychon* den Kulminationspunkt des Abends bestimmte:

Ensembleszene aus Heinz Rosens Choreografie *Triptychon* auf Musik von Karl Amadeus Hartmann.

Hier erreichte der Ballettabend eine künstlerische Höhe, die in einem weit tieferen Sinn repräsentativ war als das meiste, was an klassischen und modernen Werken bisher auf der Bühne des neuen Nationaltheaters gezeigt worden ist. Denn es repräsentierte jenes geistige München, das nicht vergessen, sondern durch das Erlebnis der Vergangenheit verwandelt weiterleben will […].[84]

Als ein »Wagnis« verbuchte Prinz zu Wied Rosens Choreografie[85], als »schwerste Kost des Abends« Wilhelm Zentner[86]; Karl-Heinz Ruppel sah die Zeit für diese Thematik noch nicht gekommen, »insbesondere die tänzerische Stilisierung scheint mir eine Kraft der Abstraktion von allem Anekdotischen, an konkrete Situationen Gebundenem, vorauszusetzen, über die heute noch niemand verfügt«[87] – oder auch in der Jubelsituation der Eröffnung des in altem Glanz wiederaufgebauten Nationaltheaters nicht verfügen wollte, denn *Triptychon* »erwies sich als höchst ungemütliche künstlerische Auseinandersetzung mit Themen, an die ein großer Teil des Publikums – wie dessen Reaktion deutlich merken ließ – hier und jetzt nicht erinnert sein wollte.«[88]

Als choreografisch unbefriedigend hingegen beschrieb Klaus Geitel in der *Welt* den Abend, beklagte das zu schmale tänzerische Vokabular und bedauerte, dass Rosen sich nicht auf das Spezifische seiner Kunst konzentriere, sondern quasi intermedial dachte:

Mit dem Raum weiß er choreographisch wenig anzufangen. Er gliedert ihn stärker mit dem Licht, mit dem Dekor, als mit der Choreographie. Ein erfolgreicher Organisator, ein guter Regisseur, würzt er die Blässe seiner Choreographien auf zweierlei Art: Er engagiert Stars als Gäste, und er müht sich um den inszenatorischen Effekt. Er hält das Nichts in Bewegung. Statt Ballett setzt es Geschäftigkeit.[89]

Rosen mochte das programmatisch durchaus anders gesehen haben. Als Schüler von Rudolf von Laban und Tänzer bei Kurt Jooss, die den Begriff »Tanztheater« prägten und auf eine Synthese aus Ausdruckstanz, Ballett und dramatischer Handlung zielten, nahm er augenscheinlich einen erweiterten Blick auf das Zusammenspiel der theatralen Elemente ein. War er doch auch als Theater-, Opern-, Musical- und Filmregisseur tätig. In seiner Publikation *Ballett Theater*[90] bezog er sich auf »Ballett als Anreger und Vermittler für neuere künstlerische Ideen und die Ästhetik unserer Zeit«[91], eine Art Ballets Russes für die Gegenwart.[92]

Rosens Aufwand an inszenatorischer und atmosphärischer Bandbreite für diesen Dreierabend war hoch, hatte er es doch bei Orff, Copland und Hartmann jeweils mit mehrteiligen Werken zu tun. Rühmte man einerseits seinen großen Einfallsreichtum, kritisierte man andererseits ein Zuviel an Beliebigkeit. »Gesamteinwand: mit einem Zuviel gab der Abend zu wenig. Zu wenig an bezwingender Linie, an thematisch zusammenführender Entscheidung.«[93]

Aus der Retrospektive, über 30 Jahre später, vermisste man an diesem Eröffnungsballettabend das Repräsentative im Sinne der Münchner Balletttradition, für die ein »großes Ballettwerk«[94] angemessen gewesen wäre. Rosen konnte diesbezüglich »nicht mit einem wirklich zündenden künstlerischen Einfall«[95] und überzeugendem Gesamtkonzept punkten. Aus Rosens Sicht wiederum wäre die ihm vorgehaltene Spekulation auf die »Wirkung der Komponistennamen«[96] nur konsequent. Mit Strauss, Orff, Egk und Wilhelm Killmayer (dem Ballettdirigenten der Staatsoper) führte er in seiner Direktion die Münchnerische Tradition in die Gegenwart; mit Cocteau, Poulenc, Strawinsky und Copland knüpfte er an die klassische Moderne an.

Das sicherlich umstrittenste Werk des Ballettprogramms war mithin *Triptychon* auf die Musik der *7. Symphonie für großes Orchester* von Karl Amadeus Hartmann – und dies schon in der Vorbereitung des Abends, die im Grunde Jahre umfasste. Hartmann hatte schon im Januar 1960 gegenüber dem Abteilungsleiter Neue Musik beim WDR in Köln, Eigel Kruttge, brieflich angekündigt, er wolle seinen früheren Plan von einer »Symphonie mimée« wieder verfolgen. Die Bayerische Staatsoper kam Hartmanns Umsetzung dieses Plans zuvor, indem sie ihm eine solche choreografische Symphonie für die Festwochen zur Wiedereröffnung des Nationaltheaters in Auftrag gab. Tatsächlich hatte Ballettdirektor Rosen im Sinn, für Hartmanns *7. Symphonie* eine Choreografie zu erarbeiten, was den Komponisten in Entsetzen versetzte.[97] Hartmann litt unter dem Etikett, im breiten Publikum als Ausdrucks- und Bekenntnismusiker zu gelten, womit die politische Qualität seiner Musik unangemessen in den Vordergrund gedrängt wurde. Der Komponist differenzierte sehr genau zwischen der persönlichen Empörung über erlittenes Unrecht zwischen 1933 und 1945 und der künstlerischen Verarbeitung dieses Empfindens, die abstrahiert von den realen Eindrücken und ihren Folgen verlaufe.[98] Rosen gegenüber machte Hartmann keinen Hehl aus seiner Ablehnung, ein absolut musikalisches Werk wie seine *7. Symphonie* als Vorlage für eine Ballettchoreografie benutzen zu lassen. Am 1. November 1963, fünf Wochen vor seinem Tod, erläuterte er dem Choreografen ausführlich in einem umfänglichen Brief das soeben telefonisch mit Rosen Besprochene, weil er sich immer noch nicht vorzustellen vermochte, wie seine Sinfonie vertanzt werden könne:

Meine Symphonie ist von mir aus als absolute Musik gedacht und auch geschrieben worden. Auf gar keinen Fall dachte ich dabei jemals an eine politische Programm-Musik. Ich kann sie mir deshalb auch nur choreographisch abstrakt vorstellen. Wohl wäre mir auch mein erster [auf die Theaterhandlung bezogener] Vorschlag (Jakob ringt mit dem Engel) geeignet erschienen, aber zu dessen Realisierung ist es ja jetzt wohl zu spät.
Wenn man aber Juden und SS-Leute (wenn sie auch als solche vom Kostüm her nur angedeutet werden) naturalistisch auf die Bühne bringt, verharmlost man die Verbrechen und derartige Verbrechen lassen sich mit den Mitteln des Balletts überhaupt nicht darstellen. Zerlumpte Menschen mit oder ohne gelben Fleck, sowie Uniformen wirken auf der Bühne einfach naturalistisch.
Ein Adagio ist immer ein introvertierter Vorgang, während die Polemik gegen Vernichtungslager und gegen Atombomben ein extrovertierter Vorgang ist. Niemals dachte ich beim Komponieren meines Adagios an kranke und atomverseuchte Menschen und derart Leidende auf die Bühne zu bringen, muß abstoßend wirken und ein solcher Anblick kann einem Publikum meiner Meinung nach nicht zugemutet werden.
Ich möchte meine politische Gesinnung auch nicht auf einer Bühne manifestiert wissen und bin der Meinung, daß politische Stellungnahme für einen Künstler nur indirekt möglich ist – transponiert, nicht aber plakathaft direkt.
Wenn ich zur heutigen Zeit Stellung nehme, so bin ich für einen zeitlosen und immer gültigen Stoff (z. B. mein Simplicius), anstatt Vorgänge der Tagespolitik darzustellen oder Verbrechen von einem Ausmaß, die sich künstlerisch überhaupt nicht darstellen lassen.[99]

Dieser Brief belegt dreierlei: die fatale Kurzschlüssigkeit von einem musikalisch-künstlerischen Ausdruck auf einen alltäglichen Sachverhalt und seine politisch-kritische Dimension; dann die problematische Benutzung von komponierter Musik für eine gänzlich anders strukturierte künstlerisch-performative Präsentation, die in den folgenden Jahren zur Selbstverständlichkeit auf der Ballettbühne wurde; und schließlich die Einsicht, dass sowohl in der Vertanzung von sinfonischer Musik als auch in der politischen Dimension dieser Ballettchoreografie eben die Tanzkunst und ihr künstlerischer Organisator Heinz Rosen, und nicht etwa die Opernaufführungen, die Moderne des Nationaltheaters 18 Jahre nach Kriegsende repräsentierten.

In den Münchner Rezensionen des Abends wurde auch diese Erkenntnis deutlich. Anton Würz konstatierte noch zurückhaltend und neutral:

Was an Empfindungen der Trauer, des Schmerzens, des Leidens am Elend und am Bösen dieser Welt in [der Musik] lebt, läßt sich, wenn überhaupt, nur in getanzte Bilder fassen, die Wesentliches von diesen Empfindungen zum Ausdruck bringen. Das hat Rosen versucht, unterstützt von der Kunst des Bühnenbildners und Kostümgestalters *Rudolf Heinrich*; aus den drei Sätzen [der Sinfonie] sind drei sehr einprägsame, oft ergreifende pantomimische Szenen geworden, denen die Themen »Verfolgung-Verzweiflung-Hoffnung« zugrunde liegen.[100]

Karl Heinz Ruppel wurde in seiner klugen Kritik, bereits angedeutet, viel deutlicher und präziser im Umgang mit der politischen Problematik von künstlerischem Schaffen:

Das choreographisch anspruchsvollste Werk des Abends war das ›Triptychon‹ nach der Siebenten Symphonie von *Karl Amadeus Hartmann*. Sie erweckt in Heinz Rosens Phantasie die Vision einer Menschheitssituation unserer Zeit – Verfolgung, Verzweiflung, Hoffnung – und wird in eine tänzerische Sequenz umgesetzt, die, betont durch Rudolf Heinrichs unheimlich aufgerissene Häuserfront unter einem blutroten Flammenhimmel, die Erinnerung an die Zerstörung des Warschauer Gettos durch die Mordbrenner der SS wachrufen.[101]

Mit der scheinbar unbekümmerten Freudenfeier, die Rosen zum 3. Satz der Sinfonie auf der Bühne entfachte und die dem stringenten kompositorischen Zusammenhang zwischen dem ersten und letzten Satz der Sinfonie Hohn sprach, war Ruppel überhaupt nicht einverstanden:

Hier hat Heinz Rosen einen Sprung in eine andere seelische (und mithin auch choreographische) Region getan, die kaum noch etwas mit seiner Grundkonzeption zu tun hat und sie erheblich abschwächt […] der Bruch blieb spürbar und ließ in manchem Zuschauer wohl sogar die Aufwallung zu einem Protest zurück, daß man mit soviel leichtem Lebensmut nicht eine Epoche der mörderischen Bestialität und Menschenschändung »liquidieren« dürfe, ohne den in den beiden ersten Bildern erhobenen Anspruch auf humanes Engagement aufs Spiel zu setzen.

Und Ruppels historischer Blick charakterisierte das künstlerisch-ästhetische wie vor allem das gesellschaftspolitische Problem dieser Produktion:

Ich bin der Meinung, daß wir zeitlich noch nicht genug Abstand zu jenen Jahren des Zweiten Weltkriegs haben, um ihr Grauen und Entsetzen künstlerisch faßbar zu machen; [...] insbesondere die tänzerische Stilisierung scheint mir eine Kraft der Abstraktion von allem Anekdotischen, an konkrete Situationen Gebundenem, vorauszusetzen, über die heute noch niemand verfügt.

Ruppels Einlassung auf die krasse Brechung des künstlerisch-ästhetischen Ansatzes zeigte zweierlei: Zum einen fehlten offensichtlich (noch) die Ausdrucksmöglichkeiten der Ballettbühne, um die Grausamkeit der Realität anschaulich zu machen. Zum andern beweist die Einlassung des erfahrenen Kritikers, dass in den frühen 1960er Jahren sehr wohl die Debatte über Aufarbeitung und Bewältigung der NS-Greuel im Dritten Reich in München eingesetzt hatte. Die künstlerische Bewältigung von Realität in ihren entsetzlichsten Ausmaßen verlangte aber krassere Mittel und konsequenteren Willen zur kritischen Auseinandersetzung mit der jüngsten Vergangenheit, als sie der eine Generation jüngere Heinz Rosen einzusetzen bereit war – eine Chance zum theatralen Neubeginn, die man aus der Rückschau nach einem halben Jahrhundert als vertan empfindet. Ruppels Rezension erschien in der *Süddeutschen Zeitung* am Todestag von Karl Amadeus Hartmann, was das Gewicht des historischen Augenblicks zusätzlich beschwerte.

KS/JS

### Don Giovanni

Die unspektakulärste Premiere der Festwochen war Heinz Arnolds Interpretation des *Don Giovanni*, die aus dem Oktober 1959 und dem Prinzregententheater stammte und auch im neuen Haus nicht überzeugen konnte. Bei der Premiere vier Jahre zuvor war der Tenor der Fachpresse einhellig: »Don Juans unterbliebene Höllenfahrt«[102], »Höllenfahrt ohne Feuer und Schwefel«[103] und »Don Juans diskrete Höllenfahrt«[104] wurden als wichtigste Informationen über diese Premiere jeweils in die Schlagzeile gehoben. Die Rezensenten begriffen Arnolds Lösung, den gescheiterten und zum Höllentod verurteilten Don Giovanni nach hinten durch eine Tür in der Bühnendekoration abgehen zu lassen, als banal, gar unpassend und der Oper und ihrer dramatischen Spannung nicht angemessen. Man verharrte noch in der Buchstabentreue zum Urtext des Librettisten und zur überkommenen Bildvorstellung der Kunstgeschichte. Dass eine Höllenfahrt tatsächlich stattfinden könnte, glaubte auch 1959 sicher niemand, aber das Theater war Ende der 1950er Jahre für die meisten Münchner Opernbesucher noch jener Ort, an dem solch fantastische Vorstellungen Realität werden konnten. Über andere symbolträchtige Bildlösungen für Scheitern und Bestrafung wagte man gar nicht nachzudenken – außer Heinz Arnold, der diesen Schlusseffekt in die Wiederaufnahme 1963 im Nationaltheater übertrug. Walter Panofsky registrierte diese Ungeschicklichkeit[105], aber sie schien ihm für den Gesamteindruck der Aufführung nicht mehr wirklich wichtig. Vor allem stieß er sich nur noch an der plumpen technischen Lösung, die immer noch ohne virtuose Lichtregie auskommen musste, und nicht mehr am inszenatorischen Gedanken selbst. Die vier Jahre von 1959 bis 1963 hatten, so scheint es, in der Rezeptionshaltung einiges bewirkt.

Die Bühnenbilder von Helmut Jürgens empfand Panofsky jedenfalls im Nationaltheater entschieden wirkungsvoller als noch im (kleineren) Prinzregententheater. Damals hatte Antonio Mingotti präzis beschrieben: »Düsteres und Verhängnisvolles schwang in Helmut Jürgens' Bühnenbildern mit, die alle eine gewisse Grandezza in metallenen Gitterformen, Marmorböden, schimmernden Wänden, schwarzbewölkten Naturstimmungen aufwiesen.« 1963 adelte der wiederaufgebaute Raum das szenische Arrangement aus der Dépendence, wie Panofsky feststellte: »Doch […] harmonierten die Bühnenbilder von Helmut Jürgens nun besser mit dem Zuschauerraum, als es im alten Haus der Fall war, vielleicht weil dort die Komponente Rot fehlte, die im Nationaltheater den Grundton bildet.«

### Carmina Burana – Catulli Carmina – Trionfo di Afrodite

Eine der komplexesten Mischgattungen, die drei in verschiedenen Schaffensphasen entstandenen und dann zum Triptychon zusammengestellten vokalsolistisch-chorisch-tänzerischen Orff-Kompositionen *Carmina Burana*, *Catulli Carmina* und *Trionfo di Afrodite*, deckte das Problematische der Übernahmen aus dem Prinzregententheater ins wiedereröffnete Nationaltheater schonungslos auf. Ludwig Wismeyer, der die ursprünglichen Premieren der drei Orff-Stücke 1959 und 1960 schon mit klugen Überlegungen reflektiert hatte, formulierte im Dezember 1963 seine Erwartungen für die Transformation solcher Übernahmen auf die weit größere und höhere Bühne des Nationaltheaters:

Die Heinz-Rosen-Inszenierung des Triptychons ›Trionfi‹ von Carl Orff […] erscheint für Haus und Bühne am Max-Joseph-Platz wie geschaffen. Die herbe Farbenkraft der ›Carmina burana‹ [!] widerspricht dem Rahmen des Theaters keineswegs, ›Catulli Carmina‹ und ›Trionfo di Afrodite‹ sind als klassische Grundstoffe völlig homogen zur klassizistischen Umgebung.
Daß das Ballett und der Chor jetzt eine noch größere, vor allem tiefere Spielfläche haben, ward von Rosen zwar schon genützt, sollte aber vor allem in den Chören der ›Carmina burana‹ zu einer die Chorkraft verstärkenden Vermehrung der Stimmen und im dritten Teil auch zu einer belebenden weiteren Entfaltung von Chor und Ballett führen. Gerade ›Trionfo di Afrodite‹ bedarf seiner musikalischen Statik wegen einer bildhaften Größe, die noch nicht erreicht ist.[106]

Dass Wismeyer zu Recht die Schwächen der Bühnenbeleuchtung als prominenten Inszenierungsfaktor kritisierte, möchte sich durch den überraschenden Tod des Bühnenbildners Helmut Jürgens erklären. Jürgens hatte für *Frau ohne Schatten*, *Meistersinger*, *Fidelio* und *Aida* noch vor seinem Tod originale Einrichtungen entworfen und ausreichend dokumentiert, so dass die Premieren dieser Opern zu den ganz großen Momenten der Festwochen wurden. Die Übernahmen, gar bei einem szenisch so disparaten Werk wie den *Trionfi* von Carl Orff, hätten vermutlich seines gestalterischen Blicks auf die Bewegungsmöglichkeiten und Raumwirkungen in Heinz Rosens szenischer Einrichtung bedurft, um auch hier, dem neuen Haus angemessen, das Optimum zu erzielen. Darüber hinaus hatten auch die Chorformationen mit Singen und Spielen auf der größeren Bühne ihre Schwierigkeiten, die sich in der Premiere der *Trionfi* am 21. Dezember 1963 nicht mehr überdecken ließen. Das ambitionierte Unternehmen musste reifen.

Die Münchner Aufführungsgeschichte dieses Triptychons spiegelt ohnehin die merkwürdig gebrochene Beziehung der Staatsoper zu dem Vorzeigekomponisten, der seit 1947 Musikpreisträger der Landeshauptstadt München war und auf eine steile Nachkriegskarriere hoffen durfte. Orff hatte im August 1936 die *Carmina Burana* als szenische Kantate fertiggestellt, einen internen Streit in den konkurrierenden nationalsozialistischen Kulturorganisationen hervorgerufen über die Tauglichkeit seiner Komposition als neue deutsche Musik und die Auszeichnung erlebt, dass die Rumpfsaison des Jahres 1944 in der Bayerischen Staatsoper nach der Zerstörung des Nationaltheaters mit seinen *Carmina Burana* bestritten wurde; Premiere war am 2. Februar 1944 im Konzertsaal des Deutschen Museums. Nur Werner Egks Ballett *Joan von Zarissa* fungierte fünf Monate später, ebenfalls im Deutschen Museum, als einzige Ergänzung im Rumpfspielplan der Staatsoper. Dann setzte der Zusammenbruch des Deutschen Reiches dem Theaterbetrieb ein Ende.

Die *Trionfi* gab man in München auch weiterhin nur konzertant, ab Juli 1953. Im Februar desselben Jahres präsentierte die Mailänder Scala schon alle drei Stücke des *Trittico teatrale*, also auch den soeben fertiggestellten *Trionfo di Afrodite*, als szenische Uraufführung. Kein Geringerer als Herbert von Karajan dirigierte und führte zugleich Regie. Szenisch gab es in München auch in den folgenden Jahren nur die *Carmina Burana*, im Oktober 1955 inszeniert von Heinz Arnold und gekoppelt mit der *Klugen*. Erst 1959 wagte man sich im Prinzregententheater an eine szenische Aufführung zumindest der beiden ersten Stücke, und mit dieser Premiere begann der steile Aufstieg des Choreografen Heinz Rosen.

In den späten 1950er Jahren waren viele Projekte perspektiviert auf die Wiedereröffnung des Nationaltheaters, die man für 1960 erwartete. Deshalb verhandelte Rudolf Hartmann auch mit Wieland Wagner wegen einer szenischen Aufführung der *Trionfi* im Prinzregententheater, um diese Produktion dann ins neue Nationaltheater übernehmen zu können. Wagner sagte ab, und Rosen trat ein schweres Erbe an, aber er

*Carmina Burana* im Bühnenbild von Helmut Jürgens.

erwies sich als Glücksfall. Nach der Premiere der *Carmina Burana* und der *Catulli Carmina* im Mai 1959 war er in aller Munde – als ausgezeichneter Choreograf, der das Zeug zum Münchner Ballettdirektor habe, und als Theatermacher mit dem Sinn fürs Moderne. Obgleich alle Rezensenten bedauerten, dass nicht auch der *Trionfo di Afrodite* inszeniert wurde, geizten die Kritiker nicht mit überschwänglichem Lob. Helmut Mingotti lobte Heinz Rosen als großen Könner und höchst einfallsreichen Kopf, »der das Ballett zu imponierenden und erstaunlichen Leistungen hinriß«.[107] Die *Bayerische Staatszeitung* konstatierte einen glanzvollen Orff-Abend der Staatsoper[108], Karl Heinz Ruppel resümierte: »Die große Stunde der Münchner Ballettkunst hat geschlagen«[109], und auch die überregionale Presse reihte sich in die Riege der Schwärmer ein: die *Hannoversche Presse* bescheinigte dem Regisseur Heinz Rosen »eine hinreißende Leistung«[110] und das *Luxemburger Wort* klassifizierte den Abend als »modernes und faszinierendes Musiktheater« und Choreografie und Regie als »internationale Größe«[111]. In allen Rezensionen gab es Bestnoten der Begeisterung für das Ballettpaar Heino Hallhuber (als Catull) und Natascha Trofimowa (als Lesbia) in den *Catulli Carmina*.

Die Wiedereröffnung war in weite Ferne gerückt, als sich die Bayerische Staatsoper ein Jahr später, im Juni 1960 anschickte, auch den dritten Teil der *Trionfi* szenisch zu präsentieren. Die Schwierigkeiten, den drei sehr unterschiedlichen Teilen des Triptychons auf gleichem Niveau gerecht zu werden, prägte alle Rezensionen. Keine Frage, dass die Bildideen von Helmut Jürgens immer noch Bestand hatten: die Flache Scheibe als Sinnbild der antiken und mittelalterlichen Welt, darüber gespannt der Himmel mit Kopfporträts von Sonne und Mond und den Hintergrund verhängend ein feines goldenes Netz, das diese Welt zusammenhält. Vor dem Netz ereignete sich das figürliche irdische Leben, hinter dem Netz wurden Fortuna, das Glücksrad und etliche sinnreiche Spiegelungen sichtbar, die einen grandiosen Kosmos stilisierten. In eben dieser variablen und vielschichtigen Bühnendekoration fiel vor allem die präzise Formulierung des ekstatischen Eheschlusses und des Triumphs der Afrodite im dritten Teil unbefriedigend aus – mit den bekannten, eingangs erwähnten Folgen für die Übernahme auf die große Bühne des Nationaltheaters.

### Julius Cäsar

Die letzte Premiere der Festwochen, am 22. Dezember 1963, spiegelt besonders eindrücklich die kulturhistorischen Aspekte der vierwöchigen Programmfolge: Georg Friedrich Händels *Julius Cäsar* (Originaltitel: *Giulio Cesare in Egitto*). Staatsintendant Rudolf Hartmann setzte auch mit dieser Produktion eine Jahrzehnte lange Tradition der Opernpflege fort und brachte sie auf der großen Bühne des neuen Nationaltheaters besonders wirkungsvoll zur Geltung. Händels Opera seria war ziemlich genau 40 Jahre zuvor, am 23. November 1923, erstmals in München und natürlich im Nationaltheater aufgeführt worden. Regie führte damals Max Hofmüller in Bühnenbildern von Leo Pasetti, der hinreißend expressionistische Räume und Figurenkonstellationen erfunden hatte. (Abb. S. 88) Hartmann selbst stellte im August 1955 einen eigenen *Julius Cäsar* auf die Bühne des Prinzregententheaters, möglicherweise schon im Vorgriff auf die Festwochen zur Wiedereröffnung des Nationaltheaters, die man damals noch für 1960 erwartete. Doch auch drei Jahre später erfüllte diese Barockoper ihre Funktion im Gesamtarrangement des Programms: Mit Händel und Mozart, Beethoven, Wagner, Verdi und Strauss und mit den Zeitgenossen Orff und Egk wurden 250 Jahre Operngeschichte mit einem deutlichen Akzent auf der deutschen Produktion präsentiert, so dass der Lordsiegelbewahrer der Tradition seinem eigenen kulturhistorischen Anspruch gerecht wurde. Dass mit Händels Opera seria und Verdis *Aida* zwei italienische Opern in dieses historisierende Konzept integriert wurden, fiel kaum ins Gewicht. Vor allem die musikalische Qualität setzte die Maßstäbe für diese Wahl, deren Effekt Joachim Kaiser damals in aller Klarheit formulierte:

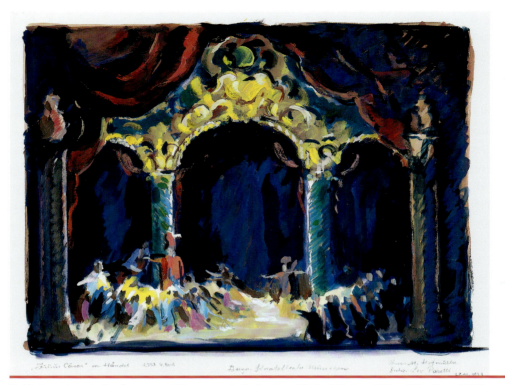

**Die Konfrontation zwischen Ägyptern und Römern vermittelte Leo Pasetti in der Münchner EA des *Julius Cäsar* (1923) mit den Mitteln der expressionistischen Massenregie.**

Im konservativen Pathos unseres Nationaltheaters drückt sich nicht nur [...] bajuwarische Kunstbequemlichkeit und Vergangenheitsvergötterung aus, sondern vielmehr ein mörderischer Anspruch. Hier wirkt alles festlich und voluminös, hier kann die Oper nicht Experiment oder säuselnder Konversationsversuch sein: hier muß sie Stimmfest werden. Und wenn gar eine heroische Opera seria von Händel auf dem Programm steht, [...] dann gilt überhaupt keine Ausflucht mehr. Nur das Strahlende, Starke, Reine und Sichere vermag diesem Raum [der riesigen Bühne im neuen Haus] zu geben, was er verlangt.[112]

Hartmann präsentierte eine deutsche Oper, wie schon der Titel ankündigte. Im Unterschied zu *Aida* und *Don Giovanni*, in denen endlich im Nationaltheater die Originalsprache Italienisch gesungen wurde, war bei Händel immer noch Deutsch angesagt. Deutsch war auch die Standarddisposition der tragenden Rollen mit Sopran, Bariton und lyrischem Tenor für Cleopatra, Cäsar und Sextus, die in eine schicksalhafte Dreieckskonstellation gezwungen sind. Sextus, der Sohn des Pompejus, löst mit seinem Mord an Ptolemäus, dem arglistigen und skrupellosen Bruder der Cleopatra, gleich mehrere Konflikte: seine eigene Rache am Mörder seines Vaters, die Beseitigung von Cäsars Widersacher in der Herrschaft über Ägypten und damit auch die Hindernisse in Cleopatras Aufstieg zur ägyptischen Königin. Die originale Rollendisposition mit zwei Kastraten (Cesare und Sesto) und einer Sopranistin (Cleopatra) konstituierte stimmlich-klangfarblich eine ganz andere, musikalisch und klangfarblich entschieden homogenere Figurenkonstellation. Dass sich Rudolf Hartmann auf diese Klangfarben des Originals nicht einließ, obgleich seit 1940 durch die Bemühungen von Alfred Deller und anderen Countertenören die Realisation hoher Männerstimmen in der Alt- und Sopranlage längst bekannt war, wirft ein entscheidendes (Zwie-)Licht auf die Chimäre von der Werktreue als dem leitenden Interpretationsansatz. Hartmann stattdessen dachte in den gängigen Kategorien der Besetzung von Frauen- und Männerrollen und kreierte auch unter diesen Voraussetzungen das Stimmenfest, das angesagt war.

Die Titelfigur sang Hermann Prey, ein lyrischer Bariton, der die von ihm kreierte Figur gerade nicht ins Heroische vergrößerte, wie das acht Jahre zuvor noch Josef Metternich tat, der als ausgewachsener Heldenbariton eine ganz andere, herrischere und kantige Cäsar-Figur auf die Bühne stellte. Lisa della Casa hingegen, die schon 1955 dabei war, empfand Joachim Kaiser als Idealbesetzung, weil ihr glockenreiner Sopran Schmelz, Beweglichkeit und Inbrunst in einem bot. Und Fritz Wunderlich gab einen Sextus, dessen lyrisch-tenoraler Schmelz das Publikum zu Begeisterungsstürmen hinriss. Im Ganzen attestierte Kaiser der Produktion eben jenes Stimmenfest, das man wie selbstverständlich erwarten durfte, auch wenn der gewiefte Musikjournalist die eine oder andere Nuance kritisch bewertete. Erwartet wurde eben das Allerbeste, und das ist rar.

Auch in dieser letzten Produktion der Eröffnungsfestwochen bot sich hinreichend Gelegenheit, dem riesigen Raum des neuen Nationaltheaters an Prunk und Pracht zu geben, was er verlangt. Helmut Schmidt-Garre geriet ins Schwärmen:

Die monumentale barocke Pracht von Helmut Jürgens' Bühnenbild, seine golddurchwirkten, mit Ornamenten und heraldischen Zeichen reich geschmückten Wandbehänge und der festliche klassizistische Prunk des Nationaltheaters mußten einen harmonischen Akkord ergeben.[113]

Auch Karl Schumann ließ seinen Assoziationen freien Lauf:

Römisch-ägyptische Historie erscheint dreifach gefiltert: durch Händels Bizeptsmusik, durch den Pomp des Barocktheaters und durch die statuarisch-edle Nachahmung des heroischen Stils von 1724. Jede Menschenähnlichkeit der Gestalten ist geschwunden. Figuranten des Prunks singen sich an, von Helmut Jürgens vor Marmor und Heraldik gestellt. Oper um ihrer selbst willen. Oper als Schau- und Hör-Spiel, imperatorisch jedem Schatten von Wirklichkeit entrückt.[114]

Schlussbild der *Julius Cäsar*-Produktion, in der Helmut Jürgens den scheinbaren historischen Realismus nicht nur durch formale Übertreibung, sondern auch durch die unverkennbare Anspielung auf die Blockbuster-Ästhetik des Kinofilms der sechziger Jahre ironisierte.

Dass dieses Opern-Theater in erster Linie der Repräsentation diente, wird noch heute niemand bezweifeln. Die Anwesenheit von Bundeskanzler Ludwig Erhard und Bayerns Ministerpräsident Alfons Goppel bei diesem vorweihnachtlichen Spektakel war gleichsam das Tüpfelchen auf dem i. Mehr Repräsentation war nach dem Kriege nie. Helmut Jürgens aber setzte diesen scheinbar aufdringlichen Vorzeigeeffekt als kluge Erfindung einer historischen Wirklichkeit ein, die weit entfernt war von allem Authentischen, aber in den Augen der Betrachter die antike Geschichte zur Realität werden ließ. Anders als der zweidimensionale Film wartete die Opernbühne mit der dreidimensional realen Geschichte auf und zitierte dabei die Ausstattungsmerkmale der Hollywood-Blockbuster zum Thema Cäsar und Cleopatra von 1945 (Regie: Gabriel Pascal, Drehbuch: George Bernard Shaw; Cäsar: Claude Rains, Cleopatra: Vivien Leigh) bis zum damals teuersten Spielfilm der Welt *Cleopatra* von 1963 (Regie: Joseph L. Mankiewicz, Rouben Mamoulian, Damyl F. Zanuck, Drehbuch: Sidney Buchman, Ranald MacDougall, Joseph L. Mankiewicz, Ben Hecht; Cleopatra: Elizabeth Taylor, Cäsar: Rex Harrison). Dieser Kunstgriff war neu und wies der Bayerischen Staatsoper erste Schritte auf einem neuen Weg des Inszenierens. Schmidt-Garre hatte es wohl als einer der wenigen erfasst, als er konstatierte: »[…] Rudolf Hartmanns Regie […] wahrt die glückliche Mitte zwischen festlich dekorativ und psychologisch durchformter Oper, zwischen barockem Tableau und modernem Regietheater.« Wenn er der Nachwelt doch nur hinterlassen hätte, woran er das moderne Regietheater erkannte, dann wäre klarer, wem man in München die Zeitenwende der beherrschenden Ästhetik der folgenden 50 Jahre zu verdanken hat, Rudolf Hartmann oder Helmut Jürgens. JS

# Wie man wird, was man ist

**Geschichte erzählen, bedeutet eine doppelte Strategie der Wahrheitsfindung.** Einerseits rekapituliert man Fakten und deren Zusammenhang stiftende Qualität, um spätere Ereignisse aus den früheren begründet ableiten zu können. Andererseits wirft jeder Nachgeborene mit dem später gewachsenen Wissen einen deutenden und interpretierenden Blick in die Vergangenheit, um die Vorgeschichte gedanklich und argumentativ entsprechend seinen aktuellen Interessen aufzubereiten. Das Ziel solcher Strategien von Faktenbewältigung liegt auf der Hand: die (vermeintliche) Kontinuität von Geschichte einer aktuellen Sichtweise von Vergangenheit und zugleich einer bewussten Begründung von gegenwärtigen Standpunkten und Erkenntnissen dienstbar zu machen. Das Verknüpfen von Vergangenheit und Gegenwart ist eine reizvolle Denkfigur, die allemal zur Rechtfertigung von Entscheidungen und Handlungen dient. »Wie man wird, was man ist« bedeutet einerseits eine konkret rückwärtsgewandte Denkstrategie der Begründung von Gegenwart, dient aber auch umgekehrt einer aus der Interpretation des Gegenwärtigen gewonnenen neuen Erkenntnisstrategie von längst Gewusstem und Bekanntem. In aller Regel wird es beides zugleich sein. Das berühmte Nietzsche-Zitat[1] ist eine klassische Kippfigur, die das Phänomen des Aspektwechsels sprachlich illustriert.

Die Debatte von 1963 um Wiederaufbau und Rekonstruktion des historischen Hof- und Nationaltheaters spiegelt in zahllosen Facetten die rückwärtsgewandte Mythisierung des Fischer-Baus, mit für ein Bauwerk unangemessenen Epitheta wie Haltung und Würde des neuen alten Hauses oder mit subjektiven Gefühlsbeschreibungen wie festliche Stimmung und Atmosphäre des alten Fischer-Klenze-Baus – eben gleich für zwei Theaterbauten in einem, was faktisch nicht möglich ist. Die Rückversicherung an der empfundenen und damit vagen Historie diente der Präzisierung des aktuellen Erlebniswunsches. Journalisten bedienten sich allenthalben dieses Teils der Kippfigur.

Und umgekehrt: Die vermeintliche historische Erfahrung von 145 Jahren, von der niemand auch nur den größten Teil erlebt haben konnte, wurde auf die Gegenwart perspektiviert und instrumentalisiert für kritische Kommentare zum architektonischen Ergebnis des Wiederaufbaus, zur Einforderung einer städtebaulich moderneren und attraktiveren Lösung, die in zwei Fachgutachten vorgelegt wurde, ohne mit dem entfachten Ästhetik-kritischen Diskurs eine nennenswerte Wirkung zu hinterlassen. Gleichwohl sind auch diese Statements Teil des aktuellen öffentlichen Diskurses von 1963, der deutlich machte, wie das rekonstruierte Nationaltheater zu dem wurde, was es 1963 war und seither ist.

Vergleichbares lässt sich aus den Rezensionen zum dreiwöchigen Premieren-Marathon anlässlich der Wiedereröffnung herauslesen, weil die aktuellen Aufführungen dieser Wochen musikalisch wie szenisch, als Übernahmen aus dem Prinzregententheater oder als Neuproduktionen allesamt in einen historischen Kontext gestellt wurden, der den Erfahrungshorizont der vergangenen Jahrzehnte beschwor und keineswegs einen auffälligen Neuanfang, gar eine Stunde Null in der Münchner Theatergeschichte hätte bedeuten können. Dass es ihn im Orchestergraben und vor allem auf der Bühne nicht gab, ist aus dem Abstand eines halben Jahrhunderts weniger wichtig und aufregend als die Erkenntnis, dass über den nicht vorhandenen programmatischen Neubeginn kein öffentlicher Diskurs zustande kam. Immerhin hatte man in greifbarer Nähe, in Bayreuth, zehn Jahre zuvor schon eine durchgreifende ästhetische Innovation erleben können. Wer weiß, wer oder was Wieland Wagner wirklich daran hinderte, im Münchner Nationaltheater zu inszenieren.

Diesen Überlegungen aus der aktuellen Situation 1963 sind einige Aspekte des realpolitischen Umfelds an die Seite gestellt, die die kulturpolitischen und repräsentativen Entschlüsse des bayerischen Königs im Zusammenhang mit dem völlig überdimensionierten Theaterbau von 1818 in hellerem Licht erscheinen lassen – Aspekte, die 1963 mangels Materialkenntnissen und wohl auch mangels politischen Interesses nicht debattiert wurden.

König Maximilian I. Joseph beabsichtigte mit dem Baubefehl für das neue Opernhaus die Inszenierung seines Königreichs Bayern als Kulturstaat. Die Umstände dieser Entscheidung bilden eine komplexe Gemengelage aus politischen, wirtschaftlichen und kulturellen Faktoren im Anschluss an den fünften Koalitionskrieg, in dem Bayern an der Seite Frankreichs über Österreich militärisch obsiegte. Im Friedensschluss Friede von Schönbrunn (14. Oktober 1809) war über Österreichs reduziertes Staatsgebiet entschieden worden. Knapp ein halbes Jahr später, am 28. Februar 1810, diktierte Napoleon im Vertrag von Paris die Gebietsarrondierungen rund um Bayern, die nicht nur Vorteile für den kleineren Koalitionspartner der Siegermächte bedeuteten. Der Länderschacher brachte für Bayern neben ansehnlichen Landgewinnen auch den herben Verlust von ganz Südtirol (an das Königreich Italien), von Osttirol und Teilen Kärntens (an das Königreich Illyrien) und von Gebieten rund um Ulm (an das Königreich Württemberg). Der bayerische Gebietszuwachs wurde mit den Kriegskostenentschädigungen (von rd. 22 Millionen Gulden) verrechnet, und allein für den Zugewinn der Domäne Bayreuth war ein Abstandsbetrag von elf Millionen Gulden fällig – die Höhe der gesamten Jahreseinnahmen des bayerischen Staates. Die Korrekturen dieser europäischen Neuordnung folgten zumindest teilweise schon wenige Jahre später, mit den bayerisch-österreichischen Verträgen 1814 in Paris, in denen Bayern auf österreichisches Drängen hin in die antinapoleonische Front einschwenkte.[2] Aber Tirol und Vorarlberg fielen 1814 nicht wieder zurück an Bayern, sondern an Österreich. Der Stachel im Herzen des bayerischen Königs saß tief – wie tief, dokumentierte schon zuvor die Depesche nach sicherer Kenntnis der Beschlüsse des Pariser Vertrags von 1810. Max I. Joseph wartete die offizielle Urkunde vom 28. Februar nicht erst ab, sondern depeschierte drei Tage nach Beendigung der Verhandlungen, also noch im späten Februar 1810 nach München den Befehl zum Bau des Nationaltheaters. Er überbot in seinen Forderungen an die heimischen Baumeister in diesem klassizistischen Monumentalwerk die neueste Theaterkreation Frankreichs, das Pariser Odéon, um 1000 Sitzplätze und zwei Ränge. Dass die Münchner Bevölkerung mit ihren 50 000 Einwohnern nicht ausreichte, das Riesentheater auch nur bei einer einzigen Repertoirevorstellung mehr als zur Hälfte zu füllen, war nebensächlich. Das Grandioso des Repräsentationsbaus selbst warf so viel Licht auf das Königreich Bayern, dass es den machtpolitischen Schatten, den Napoleons Dekrete warfen, leicht überstrahlte.

Der romantische Traum des bayerischen Königs vom nationalen Prestige im Konzert der europäischen Mächte nahm 1818, nur wenige Jahre nach dem Wiener Kongress, auch sprachlich Gestalt an: im Begriff des Nationaltheaters, mit dem Max I. Joseph keineswegs das aus der spätaufklärerischen Kulturdebatte um nationale Schaubühnen entlehnte Signum verband. Eigentlich sollte die Trennung der Bühnen in Volkstheater und Hoftheater überwunden und eine nationalsprachliche Kulturpflege inauguriert werden. Die demokratische Beteiligung des Volkes an der Führung und Trägerschaft von Theatern wurde andern Orts, wenngleich bisweilen mit geringem Erfolg, konzeptuell verwirklicht, nicht jedoch in Bayern. Für München galt schon seit der Gründung der höfischen Nationalschaubühne 1778 durch den damals neuen Kurfürsten Carl Theodor die abweichende Auffassung vom deutschen Nationaltheater-Gedanken. In München verdankte sich diese Idee keinem Mangelerleben der bürgerlichen Gesellschaftsgruppen und war schon gar kein Surrogat für fehlendes nationales Selbstbewusstsein. Vielmehr wirkte schon Ende des 18. Jahrhunderts die spezifisch Münchnerische Nationaltheater-Idee ideologisch nivellierend; sie trug eher zur Konsolidierung und Apologie eines überkommenen hegemonialen Herrschaftsmodells des Adels auf neuer Grundlage bei.[3]

Das Nationaltheater im Ensemble am Max-Joseph-Platz. Gemälde von Heinrich Adam, 1839.

München besaß von Anbeginn ein Nationaltheater von Herrschers Gnaden, ganz gleich, ob im Cuvilliéstheater oder im Nationaltheater-Neubau von 1818.

Auch König Max I. Joseph assoziierte mit seinem Nationaltheater nicht die bürgerlich getragene Kulturstätte, in der die Sprachgemeinschaft der Produktionen den entscheidenden Anstoß zur kulturellen Identitätsstiftung gegeben hätte. Das Nationaltheater blieb eine höfische Institution, weil Münchens Bürger, den denkbaren Träumen ihres Monarchen zum Trotz, sich den geläufigen Nationaltheater-Gedanken gerade nicht zu eigen machten und die Aktienemission, mit der der Theaterbau finanziert werden sollte, weitgehend verschmähten. 1816, zwei Jahre vor Fertigstellung des Hauses, stellte der König Teile seines Privatvermögens zur Verfügung, um die Eröffnung sicher zu stellen. Erst recht beim Wiederaufbau 1823, der durch den sogenannten Bierpfennig – im Klartext: durch saftige Steuererhöhungen – und eine Spende der Bürgerschaft finanziert wurde, stellte der bayerische König die Weichen für einen Sonderweg, indem er den neuen Hort ambitionierter und glanzvoller Kulturpflege »Hof- und Nationaltheater« nannte. Dieser Name wirkte bis in die Wende zum 20. Jahrhundert nach: Noch 1886, nach dem Tod König Ludwigs II., und 1905, nach der Berufung des Bayreuther Top-Dirigenten Felix Mottl zum Generalmusikdirektor in München, mahnten kritische Journalisten in ihrer Analyse des kulturellen

Standorts die Repräsentationspflicht einer Hofbühne an und nicht etwa die kritische und zeitgemäße Auseinandersetzung mit zeitgenössischen Bühnendarstellungen in einem bürgerschaftlichen getragenen Nationaltheater. Die Qualität der Interpretation eines Jahrzehnte hindurch gepflegten Repertoires galt als künstlerische Messlatte, nicht die aktuelle thematische Attraktion und Brisanz der aufgeführten Werke. Man mag dieses Denken als Konservativismus bezeichnen – es charakterisiert die spezifisch Münchnerische Auffassung von großer, bedeutender Theaterkultur.

Dies galt im Übrigen ein Jahrhundert hindurch auch für das Schauspiel, obgleich sich in den übergroßen Dimensionen des Nationaltheaters keine eigentliche Kultur des Sprechtheaters entwickeln konnte. Der Sprachstil musste den räumlichen Gegebenheiten angepasst werden und tendierte folglich – ganz gleich, welches Genre gespielt wurde – zum aufgesetzten Pathos. Der Münchner Schauspielintendant Franz von Dingelstedt regte deshalb an, im großen Hof- und Nationaltheater nur noch Schau- und Trauerspiele zu geben, bei denen die pathetische Sprechweise geeignet schien, und alle anderen Schauspielgattungen im Cuvilliéstheater aufzuführen, was 1871 dem damaligen Intendanten Karl von Perfall auch von König Ludwig II. genehmigt wurde[4] – eine Entscheidung »au contrair«, denn nun fanden die Schauspiele im kleinen Hoftheater, also im Cuvilliéstheater statt, das der italienischen und ab 1787 vor allem der französischen Oper vorbehalten war, während im großen Nationaltheater nun Oper gespielt wurde. Auch diese Eigenwilligkeit in der Institutionsgeschichte charakterisiert den bayerischen Sonderweg, der es unbeschadet dieser monarchischen Anweisung für die Nutzung der Spielstätten auch gestattete, die Grundlagen für die späteren Opernfestspiele durch das große tragische Schauspiel im Hof- und Nationaltheater zu legen – durch Dingelstedts Mustergastspiele von auswärtigen Schauspielensembles, die er zum Ende einer Spielzeit zwischen Mitte Juni und Ende Juli im Hof- und Nationaltheater veranstaltete.[5] Der Weg zu den Opernfestspielen des 20. und 21. Jahrhunderts war verschlungen, führte über mehrere Akteure und die Zwischenstation im Prinzregententheater und wechselte vor allem die Theatergattung, aber die Idee wurde geboren und beflügelt im großen Haus, das der herausragenden, international prestigeträchtigen Kulturpflege von jeher gewidmet war.

Der öffentliche Reflex auf das Haus, auf seinen Nimbus und seine strukturelle Bedeutung im Kulturleben der Stadt und des Landes Bayern war also ein knappes Jahrhundert nach der Erbauung des Hof- und Nationaltheaters wie selbstverständlich festgeschrieben: Aus der Geschichte des Hauses, aus seinen Entstehungsbedingungen und der Qualität der Kunstpräsentation gewann man die Gewissheit, die repräsentativste Pflegestätte der Hochkultur aller deutschen Monarchien am Max-Joseph-Platz zu besitzen, größer, bedeutender und ungleich repräsentativer als selbst die Hofoper und das Nationaltheater in Berlin. Was man 1810 bei Max Josephs Baubefehl noch als Trotzreaktion auf eine deprimierende politisch-diplomatische Nie-

UA der *Agnes Bernauer* von Friedrich Hebbel am 25.3.1852. Die Massenszene nutzt die schon für damalige Zeiten riesige Bühne des Hof- und Nationaltheaters für eine effektvolle und quasi-realistische Ereignisdarstellung.

derlage hätte deuten können, hatte 100 Jahre später den Status der Selbstverständlichkeit und Selbstgewissheit erlangt. Um 1900 wusste man in München, wie man wurde, was man war.

Der Vergleich mit den entsprechenden Häusern und Institutionen in Berlin rückt die Sonderstellung des Münchner Hof- und Nationaltheaters in der deutschen Theatergeschichte vor den Blick. König Max I. Joseph hatte sich an einem französischen Opernhaus-Vorbild, dem Odéon, orientiert und zögerte deshalb nicht, den Spielplan in seinem Hof- und Nationaltheater weit überwiegend von der Oper bestreiten zu lassen – für ein Nationaltheater politisch wie künstlerisch ungewöhnlich, wenn nicht kontraproduktiv, denn für die höfische Kunstform Oper waren im aufgeklärten Deutschland Nationaltheater-Institutionen gerade nicht gedacht.

Schon Kurfürst Carl Theodor hatte das Cuvilliéstheater, die eigentliche Hofoper des 18. Jahrhunderts, lange vor der Jahrhundertwende programmatisch zu einem verkappten Nationaltheater mit hohem Schauspielanteil umgestaltet. Der Opernspielplan war infolge der kulturellen und familiären Bindungen Carl Theodors Frankreich-lastig; die über Jahre in München gewohnte italienische Karnevalsoper hatte er, angeblich aus Kostengründen, ausdrücklich untersagt und die italienische Operntruppe 1787 entlassen. Vor dem Hintergrund seines eigenen Nationaltheater-Projekts korrigierte König Max I. Joseph diese aufklärerische Programmatik mit einem Federstrich: In seinem neuen Nationaltheater spielte man von Anbegin neben der deutschen vornehmlich italienische Oper – ein weiterer verdeckter Affront gegen den ehemaligen politischen Partner Napoleon.

Ab 1816, also noch während der achtjährigen Bauphase des großen Hauses stürzte das Münchner Publikum in einen wahren Rossini-Taumel, Monate bevor die italienische Operntruppe von Antonio Cera mit demselben Programm von München auch nach Wien zog, um dort den gleichen Furor anzustacheln. In München gab es folglich mit der Eröffnung des Hof- und Nationaltheaters 1818 zwei konkurrierende Operntruppen, die italienische im Cuvilliéstheater und die neu zusammengestellte deutsche im Hof- und Nationaltheater. Der Konkurrenzdruck durch die rivalisierenden Spielpläne war so groß, dass 1821 mit den Rossini-Opern *Ricciardo e Zoraide* und *Tancredi* erstmals italienische Opern in deutscher Übersetzung (als *Richard und Zoraid* und *Tankred*) gesungen wurden[6] – an der Oberfläche scheinbar ein spätaufklärerisches Nationaltheater-Projekt, in Wahrheit die Kumulation attraktiver Opernaufführungen, um dem Publikum neuestes Musik-Theater zu bieten und in beiden Häusern die Kassen zu füllen. Die programmatische Profilierung der beiden Opernhäuser und der historische Nationaltheater-Gedanke waren dem König offenbar herzlich gleichgültig.

Nicht so in Berlin: Das Opernhaus Unter den Linden war und blieb die Hofoper des preußischen Königs und nach 1871 des deutschen Kaisers. Diesem Opernhaus waren ausschließlich Opernaufführungen vorbehalten, von ihrer Eröffnung durch König Friedrich II. 1742 bis heute. Der König stellte seiner Hofoper 1776 das Französische Komödienhaus an die Seite, am Gendarmenmarkt platziert und vor allem dem französischen Schauspiel vorbehalten. Auch dieses Theater finanzierte der preußische König, aber die Trennung zwischen Oper und Schauspielhaus blieb strikt erhalten, auch nach 1811, als König Friedrich Wilhelm II. die Hofoper und das inzwischen in Deutsches Nationaltheater umgetaufte Komödienhaus unter eine gemeinsame höfische Verwaltung stellte. Auch das durch Brand 1817 zerstörte Deutsche Nationaltheater, das bis 1820 durch das heute noch stehende Schauspielhaus von Friedrich Schinkel ersetzt wurde, erfuhr keine nennenswerte programmatische Umwidmung. Einzig deutsche Opern mit Sprechdialog wie Mozarts *Zauberflöte* und Webers *Freischütz* gehörten zum ständigen Repertoire in Schinkels Schauspielhaus am Gendarmenmarkt. Der Berliner Hof finanzierte, wie der Münchner Hof, beide Häuser, aber die programmatische Trennung in Hofoper und Schauspielhaus blieb in Berlin erhalten und perpetuierte ein aufklärerisches Bildungsprogramm, das seine Entstehungszeit längst überdauert hatte. In München hingegen konzentrierte sich alles auf aktuelle Kulturpflege und kulturelle

Repräsentation mit besonderem Interesse an einer Aura, die sich aus ruhmreicher klassischer Vergangenheit speiste.

Mit dieser Haltung setzte im Königreich Bayern die Reflexion der klassischen Antike mit einer Folge von sich steigernden Identifikationsmomenten ein. Die Grundform des Giebelbaus, der in München schon 1818 angedacht war und in diesem markantesten äußeren Merkmal gerade nicht das Pariser Odéon nachahmte, ging zurück auf den Renaissancearchitekten Andrea Palladio, dessen prominente Villenbauten schon im 16. Jahrhundert ein Höchstmaß an öffentlicher Repräsentanz verkörperten. Eben dies zitierte Karl von Fischer in seinem Entwurf von 1810. Der vorgeschaltete Portikus mit acht Säulen in quergestellter Reihe wurde freilich erst 1825 beim ersten Wiederaufbau eingefügt. Zusätzlich erhielt diese Version des Nationaltheaters von 1825 den dreieckigen Doppelgiebel am Haupthaus und am Portikus, der auch im Wiederaufbau 1963 erhalten blieb. Mit dem Zitat der dorischen Säulen in der Eingangshalle berief sich das Theater schon im frühen 19. Jahrhundert auf seine antike griechische Tradition. Die Intensivierung und historische Präzisierung der Innenarchitektur akzentuierte freilich erst im Bau von 1963 in vollem Umfang das Vorbild der Antike: Die Ionischen Säle mit den klassischen römischen Ornamenten und der korinthische Königssaal perfektionierten das Gesamtensemble als Kunst- oder gar als Kultstätte. Die sich mit den Jahrzehnten wandelnden theatralen Inhalte blieben durch das Haus, in dem man sie erlebte, stets zurückgebunden an einen antiken Klassizismus. Die Rekonstruktion von 1963 stellte ja nicht nur das im Krieg zerstörte Monument der Theaterkunst wieder her, sondern verlieh ihm erstmals jene Aura von antiker Klassik, die höchstes künstlerisches Niveau mit ebenso hoher historischer wie ästhetischer Autorität verknüpfte. Deshalb erstattete man die Rekonstruktion von 1963 per Giebelinschrift dem Gott der Kunst und Musenführer Apoll und seinen neun Musen zurück – jene Beschwörung von Gesetzen aller Dinge, vom Schutz der Unsterblichkeit und der Wahrheit, für die die Musen stehen und mit denen sie die Herrschenden beschenken. Dieser allegorische Akt der Überantwortung eines von Menschen gebauten Kunsttempels an die Bewahrerinnen der Kunst selbst bezeichnet den Endpunkt einer Reihe von Zuschreibungen und Weihungen, die mit dem Münchner Nationaltheater über 150 Jahre hindurch verknüpft sind. König Max I. Joseph schenkte großzügig und großmütig das von ihm erbaute und betriebene Theater seinem Volk. An seinem zehnten Todestag stellte Bayern den unverbrüchlichen Zusammenhang zwischen seinem ersten König und dessen Hof- und Nationaltheater als Denkmalensemble auf dem Platz vor dem Theater aus. (Abb. S. 100) Die würdevolle Gutmütigkeit der Beschützergeste sagt noch heute alles über das Bewusstsein der Zeitgenossen 1835. Sechseinhalb Jahrzehnte später, in der Prinzregentenzeit, die man in Bayern als die vielleicht glücklichste und beste Phase der gesamten Monarchie auch heute noch empfindet, waren die Vorzeichen ganz andere: Das Hof- und Nationaltheater erhielt 1901 eine Dependance im Prinzregententheater,

Feierliche Enthüllung des Denkmals für König Max I. Joseph am 13.10.1835. Lithografie von Gustav Kraus.

die als Festspielhaus entworfen war. Der Prinzregent schenkte dieses Theater »dem deutschen Volk«, wie es in den Giebel gemeißelt steht – ein fast schon demokratischer Akt, der eben nur der Dependance angemessen war, nicht aber dem Haupthaus. Und dieses Haupthaus wurde, wiederum mehr als 60 Jahre später, Sinnbild einer kulturellen Tradition, die selbst ein Unrechtsregime als Hausherren und die nahezu völlige Zerstörung durch einen Bombenangriff ideell unbeschadet überstand und – das Bild wurde nicht sprachlich formuliert, aber es ist zweifelsfrei gegenwärtig – neu entstand wie Phönix aus der Asche. An diesem Moment der historischen Entwicklung wird die Sinnfälligkeit der Idee, zu erforschen, wie man wird, was man ist, besonders wahr.

Zwei Aspekte dieser Geschichtskonstruktion seien noch angefügt. Mit dem deutschen Kaiserreich, das nicht vom bayerischen König geführt wurde, sondern von einem Hohenzollern, begann 1871 eine eineinhalb Jahrzehnte während preußische Usurpation der deutschen Geschichte, bei der die Hohenzollern »Deutungsansprüche gegenüber der deutschen Geschichte, auch gegenüber dem Rang der bayerischen Geschichte entwickelten«.[7] Das Kaiserreich wurde als Krönung und Vollendung der deutschen Geschichte in Szene gesetzt, da es die politischen wie sozialen Fehlentwicklungen seit dem Mittelalter tilgte. Das preußische Instrumentarium für diese historische Inszenierung waren Denkmäler: die Wiederherstellung der mittelalterlichen Goslarer Kaiserpfalz, das Kyffhäuser-Denkmal mit dem ideellen Zusammenhang zwischen Kaiser Friedrich I. und Kaiser Wilhelm I., das Hermannsdenkmal im Teutoburger Wald, das Niederwalddenkmal am Rhein bei Rüdesheim, das Völkerschlachtdenkmal in Leipzig und das Bismarck-Denkmal in Hamburg visualisierten in ihren Bildprogrammen die deutsche Geschichte aus dem Blickwinkel der nationalen Einheit. Nicht zuletzt die Fertigstellung des Kölner Doms thematisierte das preußische Bemühen, die Identitätsstiftung im Kaiserreich möglichst umfassend und unmittelbar anschaulich zu gestalten.

Diesem ikonografischen Programm hatte Bayern wenig entgegenzusetzen. Aber germanischen Mythos als deutsche Geschichte konnte man in Bayern entschieden suggestiver erzählen als es in Denkmälern jemals zu realisieren war: in der theatralen und musikalischen, mithin in der lebendigen und realen Vergegenwärtigung der Nibelungensage auf der Bühne. Richard Wagners Tetralogie *Der Ring des Nibelungen* ist jene Aktualisierung deutscher Geschichte im Zeichen einer katastrophalen, aber Hoffnung gebärenden Theaterhandlung, die im Hof- und Nationaltheater dem weltweit prominentesten bayerischen Monarchen Ludwig II. in Privatvorstellungen vorgeführt wurde – im größten damaligen Opernhaus des Kaiserreichs für einen König, dessen Flucht in die visionäre Welt des Mythos mehr zur Identifizierung mit dem Reichsgedanken beitrug als alle von ihm gedachte und nicht realisierte Politik. Das Faszinosum des einsamen Königs vor der Realität einer grandiosen Bühnenhandlung über Zusammenbruch und Regenerationschance einer menschlichen Gesellschaft ist eine jener Facetten der Kippfigur, die den Willen und den Weg zur Gloriole einer Reichsidee sichtbar macht. König Ludwig II. wird, so steht zu vermuten, diese Funktion des musikalischen Theaters begriffen haben. Nicht umsonst hat er die Uraufführung von *Rheingold* und *Walküre* im Hof- und Nationaltheater durchgesetzt – auch gegen den Willen des Komponisten. Und trotz der Differenzen zwischen Ludwig und Wagner beteiligte sich der bayerische König reichlich an der Finanzierung der Bayreuther Gesamturaufführung des *Ring des Nibelungen* 1876. Ludwig wusste um die Macht künstlerischer Präsentation jener Ideen, wie man wird, was man ist, und da dieses ahnende Wissen sich ins kollektive Gedächtnis seines Volkes einschrieb und wie selbstverständlich die *Ring*-Geschichte mit seiner eigenen Biografie verknüpfte, hat auch die Funktion des Nationaltheaters als Privattheater ihren unvergesslichen politischen Sinn. JS

# DIE STAATSOPER IN DEN DREISSIGER JAHREN

## Kennmarken der Weimarer Republik

**Die Zeit der Weimarer Republik war in ganz Deutschland eine Phase kultureller Blüte.** Film, bildende Kunst, Literatur und Architektur entwickelten neue Stilrichtungen und avantgardistische Ansätze, die durch den Nationalsozialismus größtenteils brutal gekappt wurden. Auch im Theater, im Schauspiel wie in der Oper, wurde der Wunsch nach neuen Inszenierungskonzeptionen und zeitgemäßen ästhetischen Ausdrucksformen, aber auch nach neuen, auf die Entwicklung des musikalischen Theaters reagierenden Stücken im Stil der Atonalität und der neuen Zwölftonmusik laut. Das Ergebnis dieser widerstreitenden Tendenzen war eine veritable Opern- und kulturelle Sinnkrise, die vor allem aus dem Gegensatz zwischen reformerischen Ansätzen der Künstler und dem bürgerlich-konservativ geprägten »System« Oper und dessen Stammpublikum resultierte. Ein Übriges bewirkte die strukturelle Neuausrichtung der Opernhäuser Deutschlands, die von höfischem Mäzenatentum in staatliche Trägerschaft überstellt wurden.[1] Die Oper als Kunstform galt in weiten Kreisen der Weimarer Avantgarde als unzeitgemäß: Sie hatte nicht auf den Ersten Weltkrieg reagiert – stattdessen weiter das sattsam bekannte, klassische Repertoire bedient –, sie schaffte es nicht, neue Zuschauerschichten zu erschließen – was gerade durch die Übernahme in staatliche Trägerschaft ein politisches Ziel geworden war –, und sie galt, vielleicht der schlimmste Vorwurf in einer jungen Demokratie, als Symbol der Monarchie und des wilhelminischen Kaiserreichs[2], mithin als Vehikel der alten Kultureliten. Hinzu kam, mitbedingt durch die Weltwirtschaftskrise, ein Finanzierungsproblem, das zur Schließung zahlreicher Opern- und Schauspielhäuser führte; in München traf es etwa das Prinzregententheater, das ab dem 1. September 1932 nicht mehr bespielt wurde.[3]

Trotz der republikweiten Opernkrise und der kulturellen Irritationen gedieh das musikalische Theater an der Münchner Staatsoper in respektabler Größenordnung, Vielfalt und Qualität. Entgegen allen Einschränkungsmaßnahmen und programmatischen Einbrüchen an anderen Opernhäusern der Republik wartete das Nationaltheater mit einer erstaunlichen Produktivität auf, denn selbst in den Kriegsjahren und unmittelbar danach (1914 bis 1919) wurden insgesamt 33 Neuproduktionen präsentiert – die Ballettpremieren gar nicht gerechnet –, und mit fünf Uraufführungen, zwölf Münchner Erstaufführungen und 16 Neuinszenierungen galt der Spielplan in diesen sechs Jahren krisenhafter wirtschaftlicher wie sozialpolitischer Zustände der Repertoirepflege ebenso wie der Präsentation von Novitäten. Clemens von Franckenstein und Generalmusikdirektor Bruno Walter waren augenscheinlich ideale Partner in der Pflege eines Kulturerbes, das einerseits tief in die aktuelle Münchner bzw. bayerische Gesellschaft hineinwirkte und andererseits der seit Mitte des 19. Jahrhunderts, seit dem zehnjährigen Wirken des Geheimen Hofrats und Hoftheater-Intendanten Karl Theodor von Küstner (1833–1842), explizit verfolgten und international orientierten Repertoirepflege in genialer Weise Rechnung trug. Kernstück dieser ästhetisch-programmatischen Ideen war die Uraufführung von Hans Pfitzners Oper *Palestrina* am 12. Juni 1917, mitten im Krieg und nach einem verheerenden Winter, der als »Dotschen«-Winter in die Geschichte einging, weil sich die Münchner Bevölkerung in erster Linie von wenig nahrhaften Kohlrüben ernähren musste und mehrheitlich argen Hunger litt. In diesem Kontext schien eine Opernuraufführung mit einem Stoff aus dem späten 16. Jahrhundert, aus der Renaissance, über Fragen der Kunstästhetik von Kirchenmusik ein unvorstellbarer Luxus. Aber auf die darbenden Menschen wirkte diese Opernnovität augenscheinlich wie ein Labsal, das der Komponist mit einem Zitat aus Arthur Schopenhauers *Parerga und Paralipomena* von 1851 als Werkmotto signifikant auf die aktuelle Lage der Menschen perspektivierte: »[…] neben der Weltgeschichte geht schuldlos und nicht blutbefleckt die Geschichte der Philosophie, der Wissenschaft und der Künste.« Die Abstrahierung menschlicher Intellektualität vom realen Leben, die aller soziologischen Erkenntnis des frühen 20. Jahrhunderts Hohn sprach, eben die plakative Hierarchie von schaffendem Geist und schnöder Welt, gerann zu einem musiktheatralen Ereignis höchsten Ranges. Nicht zuletzt wegen der erstklassigen Besetzung der Uraufführung mit Emmy Krüger, Maria Ivogün, Karl Erb (Titelrolle), Fritz Feinhals und Friedrich Brodersen in den wichtigsten Gesangspartien sowie Bruno Walter am Dirigierpult wurde diese Produktion noch im Uraufführungsjahr, lange vor Ende des Ersten Weltkriegs, auch im neutralen Ausland (in Basel, Bern und Zürich) als repräsentatives Gastspiel gezeigt. Das kriegführende Kaiserreich präsentierte sich als Kulturnation. Verengt man jedoch die Perspektive auf die propagandistische Botschaft einer Theateraufführung, dann liegt der Gedanke nicht fern, gerade diese Produktion habe das künstlerische wie das politische Repräsentationsdenken des folgenden halben Jahrhunderts an der Münchner Staatsoper initiiert oder zumindest beflügelt. Herausragende sängerische Ensembleleistungen, eine gesellschaftspolitisch präzis umrissene

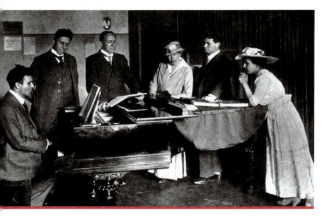

Klavierprobe zu *Palestrina* 1917. Am Flügel Bruno Walter (musikalische Leitung), stehend v. l. Karl Erb (Palestrina), Fritz Feinhals (Carlo Borromeo), Emmy Krüger (Silla), Friedrich Brodersen (Giovanni Morone) und Maria Ivogün (Ighino).

Werkbotschaft und eine erstklassige Inszenierung (mit dem Komponisten als Spielleiter) setzten die Maßstäbe, die an der Staatsoper bis Mitte der 1960er Jahre mit Eifer vertreten wurden – ganz gleich, welche machtpolitischen Implikationen mit dieser Demonstration von Theaterkunst verknüpft wurden. Schon acht Jahre später, 1925, wurde *Palestrina* unter der musikalischen Leitung des Komponisten vom damaligen Oberregisseur Max Hofmüller in der Ausstattung von Leo Pasetti und Adolf Linnebach ebenso hochrangig neu inszeniert.

Mit Pfitzners *Palestrina* und Erich Wolfgang Korngolds Einaktern *Violanta* und *Der Ring des Polykrates* (beide 1916) bewegte man sich bei den Uraufführungen dieser Jahre in jener gemäßigten Moderne, deren stilistische Kennmarke die kompositorische Nachfolge von Richard Wagner, Richard Strauss und dem französischen Impressionismus war. Rauschhafte, schwere Klangfarben und üppige harmonische Reize zur klanglichen Illustrierung von Renaissancegeschichten[4] schufen vor allem in den Korngold-Opern einen eigenen, modernen Stil in der Nachfolge prominenter Jahrhundertwende-Kompositionen. *Der ferne Klang* (1914) und *Die Gezeichneten* (1919) von Franz Schreker sowie Max von Schillings' *Mona Lisa* (1917) als Münchner Erstaufführungen boten im Spielplan dieser sechs Jahre weitere reizvolle Attraktionen. Sie wurden ergänzt durch arrivierte Kompositionen von Richard Strauss: die Erstaufführung seiner *Ariadne*-Neufassung (1918) und die Erstaufführung der *Frau ohne Schatten* (1919), in der die von Alfred Roller betreute Wiener Uraufführung nur vier Wochen später lupenrein ins Münchner Nationaltheater übernommen wurde. Von Krise der Oper konnte angesichts dieser Novitäten und einer ausgewogenen Repertoirepflege durch Neuinszenierungen u. a. von *Die Jüdin*, *Parsifal* (beide 1914), *Lohengrin* (1917), *Otello* (1916), *Hans Heiling* (1917), *Rose vom Liebesgarten* (1915), *Euryanthe* (1916), *Nachtlager von Granada* (1917), *Zar und Zimmermann* und Joseph Weigls *Schweizerfamilie* (beide 1918) nicht die Rede sein.

Aus diesem Blickwinkel sind auch die Spielpläne der Jahre 1920 bis 1932 keineswegs die Bankrotterklärung des musikalischen Theaters. Die Münchner Erstaufführungen

Dekorationsfoto zu Richard Wagners *Siegfried* (1922), Bühnenbild von Leo Pasetti. Die zeitgemäße Abstraktion der räumlichen Darstellung ist weit fortgeschritten.

Leo Pasettis Bühnenbild zu John Alden Carpenters Ballett *Wolkenkratzer* (*Skyscrapers*) von 1928. Massierung und Gewaltigkeit der Hochhäuser und Turmanlagen übersteigen das gewohnte Maß der expressionistischen Darstellungen, denen diese Dekoration verpflichtet ist.

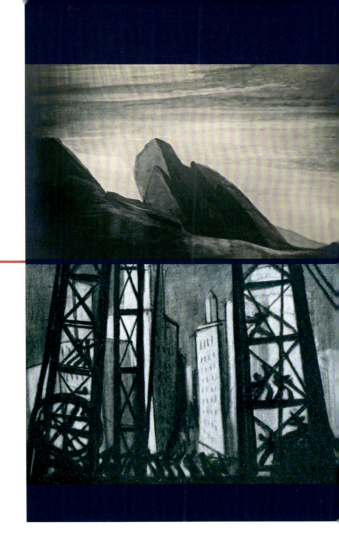

von Hindemiths *Cardillac* (1927) und Kreneks *Diktator* (1928) waren nicht die modernen Feigenblatt-Zufälle, als die sie gern in historischen Darstellungen bis heute apostrophiert werden. Beide Werke zählten zu einem sehr einfallsreichen und modernen Spielplan bei den Erstaufführungen, unter denen veristische Opern wie Puccinis *Tabarro* (1928) und Wolf-Ferraris *Sly* (1929) ebenso vertreten waren wie die vermeintlichen Klassiker *Turandot* (1927), *Ägyptische Helena* (1928), *Jenůfa* (1929), *Manon Lescaut* (1930), *Gianni Schicchi* (1925), *Eugen Onegin* (1924), *Die tote Stadt* (1922) und Kreneks *Das geheime Königreich* (1928) sowie dessen Ballett *Mammon* (1927). Kein auf Repertoirepflege eingeschworenes Opernhaus Deutschlands hätte sich mit einem solchen Spielplan verstecken müssen. Von den fünfeinhalb Dutzend Neuinszenierungen galten nur fünf der Renovierung jenes Repertoires, das auch in den Kriegsjahren schon erneuert worden war: *Parsifal*, *Lohengrin*, *Tannhäuser*, *Otello* und *Oberon*, dazu *Siegfried* und *Götterdämmerung* (beide nochmals neu im Frühjahr 1932), die bereits im neuen *Ring* von Anna Bahr-Mildenburg (1922) eine stilistisch aktualisierte szenische Interpretation erfuhren. Alle übrigen 60 Neuproduktionen dienten der szenischen Modernisierung des seit Jahrzehnten gepflegten Repertoires, einschließlich einiger Spielopern und

Operetten, die den partiellen, aber in München traditionellen Unterhaltungscharakter des Spielplans markierten: *Fra Diavolo* (1922), *Der Mikado* und *Der Postillon von Lonjumeau* (beide 1926), *Die Fledermaus* (1928), Otto Nicolais *Lustige Weiber von Windsor* (1930), zwei Einakter von Jacques Offenbach und *Fatinitza* von Franz von Suppé (alle 1932). Der Blick auf die Ballettpremieren dieser Jahre unterstreicht die Modernität des Spielplans: Béla Bartóks *Holzgeschnitzter Prinz* (1924), Igor Strawinskys *Petruschka* (1925), dem ein Jahr später die Oper *Die Nachtigall* folgte, beides dirigiert von Karl Böhm. 1927 gleich drei Ballettnovitäten mit Manuel de Fallas *El amor brujo*, Darius Milhauds *Tango* und Kreneks *Mammon,* 1928 John Alden Carpenters *Wolkenkratzer* und im Weltwirtschaftskrisenjahr 1929 Arthur Honeggers *Skating Rink* – wahrlich zeitgenössisch.

Einzig das gute Dutzend Uraufführungen der Jahre zwischen 1920 und 1932 hielt nicht mehr das Niveau der Kriegsjahre. Mit Schrekers *Spielwerk* (1920) und den beiden Braunfels-Opern *Die Vögel* (1920) und *Don Gil von den grünen Hosen* (1924) sowie Pfitzners *Herz* (1931) wurde die erfolgreiche Serie gemäßigt moderner Kompositionen fortgesetzt. Gian Francesco Malipieros *Komödie des Todes* (Originaltitel: *Torneo notturno;* 1931) bescherte dem Münchner Opernpublikum gar experimentelles Musiktheater aus dem faschistoiden Umkreis des italienischen Futurismus. Daneben aber erwies sich ein halbes Dutzend Werke als Flops, sowohl das einaktige Lustspiel *Die Krähen* (1921) von Walter Courvoisier, dem führenden Lehrer und Komponisten der sogenannten Münchner Schule, der als Schüler (und Schwiegersohn) des Münchner Kompositionsprofessor Ludwig Thuille großes Ansehen erlangte und schon im Kriegsjahr 1917 mit *Lanzelot und Elaine*, also einem mittelalterlichen Sagenstoff, an der Staatsoper eine Uraufführung platzieren konnte, als auch das völlig erfolglose *Himmelskleid* (1927) von Ermanno Wolf-Ferrari, der mit der instrumentatorisch herausgeputzten lyrischen Verzückung seiner Figuren keineswegs an die Münchner Bühnenerfolge seiner musikalischen Lustspiele anzuknüpfen vermochte. Ähnlich erfolglos blieb Jaromír Weinbergers *Geliebte Stimme* (1931), mit der sich der Weinberger-Erfolg von *Schwanda, der Dudelsackpfeifer* (Münchner Erstaufführung 1929) nicht wiederholte. Auch die noch im April 1930 aufgeführte Oper *Der Weiße Pfau* des »Halbjuden« Arthur Piechler verschwand rasch vom Spielplan, ebenso *Samuel Pepys* (1929), eine historische Oper des sehr prominenten englischen Dirigenten Albert Coates, für deren Interpretation sich Hans Knappertsbusch stark machte – allesamt keine Erfolgswerke.

Stattdessen machte sich gerade bei den neuen Opern ein Stimmungsumschwung in der unverkennbaren Politisierung von Kunstwerken bemerkbar. Der ostelbische Junker Georg Vollerthun, von 1919 bis 1922 Mitglied der Deutschnationalen Volkspartei (DNVP) und seit Herbst 1931 NSDAP-Mitglied, war in Rosenbergs Kampfbund für deutsche Kultur ab 1932 Fachspartenleiter für die Oper. Er landete mit seiner *Island-Saga* schon 1925 bei der Münchner Uraufführung einen vollen Erfolg. Die

Oper galt den NS-Kritikern als reinster Ausdruck einer »nordischen Oper«.[5] Vollerthun avancierte zu einem der meistgeförderten Komponisten des NS-Regimes. Ähnlich die Erfolgsspur von Julius Weismann, einem der Ehrenvorsitzenden des Arbeitskreises nationalsozialistischer Komponisten[6], der im Dezember 1930 mit der Uraufführung seiner *Gespenstersonate* (nach Strindberg) auch in München reüssierte. 1932 wurde durch die Uraufführung von Robert Hegers Odysseus-Oper *Bettler Namenlos* (im April) und die Münchner Erstaufführung von Paul Graeners *Friedemann Bach* (im Dezember) endgültig deutlich, dass schon vor der Machtübernahme durch die Nationalsozialisten auf der Bühne des Nationaltheaters die politischen Weichen auf Konformismus mit den Nationalradikalen gestellt waren. Als NSDAP-Mitglieder machten Heger (seit 1937) und Graener (seit 1933) steile Karrieren, Graener gar als Vorsitzender der Fachschaft Komposition in der Reichsmusikkammer. Sein Nachfolger wurde 1941 Werner Egk. Graener zählte zu den erfolgreichsten lebenden Komponisten auf der Bühne der Staatsoper und in ganz Deutschland, denn schon 1915 wurde *Don Juans letztes Abenteuer*, eine Oper über den reuigen Sünder Don Juan, der eine verheiratete Frau verführen will und aus moralischer Zerknirschung durch Selbstmord endet, als Münchner Erstaufführung gegeben. Danach folgen *Theophano* (UA 1918) über die Kontroverse zwischen Christentum und Heidentum und mit einer Sopranrolle für den oströmischen Kaiser Theophano, *Schirin und Gertraude* (Münchner EA 1921), *Hanneles Himmelfahrt* (Münchner EA 1927) und eben *Friedemann Bach* mit frei erfundener larmoyanter Liebeshandlung um den hochbegabten ältesten Bach-Sohn und seine unerreichbare Geliebte, in deren Armen er stirbt, als sie ihn bei ihrer Hochzeit mit einem anderen als den Organisten des Trauungsgottesdienstes identifiziert. Der linientreue Nationalsozialist Graener verkörperte gleichsam die Idealfigur für die noch unterschwellige, aber wachsende Radikalisierung im Opernbetrieb, denn Graeners musikalische Ausdrucksweise reichte von der offenkundigen Strauss-Nachfolge bis zum französischen Impressionismus – die ideale Mischung aus politischer Zuverlässigkeit und gemäßigt modernerer Kompositionsweise. Bis weit in die 1930er Jahre hinein verzeichnete auch die Münchner Staatsoper ansehnliche Aufführungszahlen mit den Opern des politischen Parteigängers der Nationalsozialisten, der jedoch letztlich in diesem System an seinen zahlreichen Kontakten zu jüdischen Literaten und Künstlern scheiterte.

Das bewährte internationale Opernrepertoire wurde während der Intendanz Clemens von Franckensteins (bis 1934) mehr und mehr durch Aufführungen systemkonformer Werke konterkariert. Schon im Dezember 1933 folgte die Münchner Erstaufführung der *Kaukasischen Komödie* von Otto Wartisch, einem der übelsten nationalsozialistischen Karrieristen, der schon 1930 NSDAP-Mitglied wurde. Heger und Wartisch setzten im Übrigen ihre künstlerischen Karrieren in der Bundesrepublik bruchlos und unbehelligt fort. Robert Heger war 1920 zum 1. Staatskapellmeister an der Bayerischen

Staatsoper unter den musikalischen Direktoren Bruno Walter und Hans Knappertsbusch avanciert, wechselte 1925 an die Wiener Staatsoper und bekleidete in Wien zugleich das Amt des Konzertdirektors bei der Gesellschaft der Musikfreunde. Im Februar 1942 trat er im besetzten Krakau als »Träger des deutschen Kulturwillens im Osten« auf. Im April eröffnete er als Gastdirigent das neu gegründete Stadttheater Thorn als »Beweis für den Kulturwillen des wiedergewonnenen deutschen Ostens«.[7] Unmittelbar nach Kriegsende wurde er zunächst an die Städtische Oper Berlin verpflichtet, kehrte aber schon 1950 ans Münchner Nationaltheater als 1. Staatskapellmeister zurück und leitete als Präsident bis 1954 die Hochschule für Musik in München. 1953 dirigierte er eines der Musica-viva-Konzerte. Allein schon diese Nachkriegspersonalie ist erstaunlich, weil der Erfinder und Leiter der Musica-viva-Konzerte, Karl Amadeus Hartmann, mit Beginn der NS-Diktatur aus Protest gegen diesen Radikalismus in die innere Emigration ging und jeden Kontakt mit NS-Parteigängern grundsätzlich mied (vgl. Porträt Karl Amadeus Hartmann, S. 310).

Die unüberschaubare Gemengelage von rivalisierenden politischen und kulturellen Ordnungsvorstellungen nach der Revolution von 1918/19, die den verlorenen Krieg und die unter diesem Desaster leidenden Menschen in einer Republik auffangen sollten, war in einer Großstadt wie München kaum lenk- oder beherrschbar. Nicht wenige diagnostizierten nach dem Krieg das einstmals »leuchtende« München als Ort des reaktionären Tons, der Verdrießlichkeit und Aggressivität, an dem sich Radikalisierungstendenzen besonders nachhaltig entwickelten.[8] Krisenbewusstsein und Moderne waren enger denn je aufeinander bezogen. Die Wiederherstellung einer politischen und sozialen Ordnung war in Zeiten aufbrechender Massenbewegungen umstritten, vor allem, weil sich auch die bürgerlichen Eliten in einer durchgreifenden Nationalisierungsvorstellung radikalisierten. Die Inflation von 1923 ließ den Ruf nach einer starken Führungspersönlichkeit laut werden, die einerseits dem weitverbreiteten Schiebertum ein Ende setze und andererseits die Lebensmittelverteilung gerecht vornehme. Selbst in akademischen Zirkeln wurde über die Notwendigkeit einer Diktatur gesprochen. Realpolitisch mündeten diese Vorstellungen in die Abschaffung des Parlamentarismus, verknüpft mit einer moralischen Erneuerung vor allem in der Lebensführung und der Privatsphäre. Trotz aller Anstrengungen wuchs die Gewissheit, dass das Land Bayern nicht mehr demokratisch regierbar war. In der Einsetzung eines Generalstaatskommissars sah eine große Mehrheit der politischen Interessenvertreter das Mittel der Wahl. Die Bekämpfung wirtschaftlicher Auswüchse konzentrierte sich freilich sehr bald auf Teile der jüdischen Bevölkerung Münchens, die seit Oktober 1923 systematisch verfolgt und aus der Stadt ausgewiesen wurden. Die abstruse Begründung, die Juden hätten es verstanden, während der tiefen Not des deutschen Volkes in der Inflationszeit sich zu bereichern, weshalb man ihren Besitz vereinnahmen müsse, wurde zur durchgängig praktizierten Strategie. Kritische Zeitgenossen begriffen diese Ausweisungen und Enteignungen zwar als Verbeugung vor den Nationalsozialisten und den Deutschnationalen, aber die über Jahre hinweg gepflegte Gleichsetzung von »Wucherern« und »Juden« machte in und nach der Krise von 1923 diese Bevölkerungsgruppe zum Opfer einer populistischen Politik.[9] Was allenthalben in der historischen Aufarbeitung der NS-Zeit als Skandalon auch im künstlerischen Umfeld, konkret: in der Bayerischen Staatsoper erwartet wurde, war in Wahrheit von langer Hand vorbereitet und kein singuläres Signum der Jahre zwischen 1933 und 1945. München war zu Zeiten der Weimarer Republik das reichsweit geeignetste Terrain für Pogrome der übelsten Sorte. Ironischerweise brachte das niemand besser auf den Punkt als Adolf Dresler, ab 1931 verantwortlicher Leiter der Pressestelle der NSDAP im Braunen Haus in München, ab 1935 dort Reichshauptamtsleiter und einer der wichtigsten nationalsozialistischen Publizisten in den 1930er Jahren:

Keine andere Stadt Deutschlands war so wie München geeignet, die Wiege des Nationalsozialismus zu werden und den Gedanken einer wahren Volksgemeinschaft Wurzeln schlagen zu lassen, denn in keiner anderen Stadt Deutschlands treten die Gegensätze zwischen den einzelnen Ständen so wenig hervor wie in München, wo [...] sich die Volksgemeinschaft von jeher verwirklicht hat.[10]

Diese von Dresler sehr genau charakterisierte Situation gab auch der nationalsozialistischen Kulturpolitik die Möglichkeit, sich bei der großen Zahl bürgerlicher Opernfreunde, die sich von den wirren Entwicklungen der späten 1920er Jahre, vorsichtig formuliert, ausgebremst fühlten, als Förderer einer konservativ geprägten, am klassischen Repertoire ausgerichteten Musiktheaterpolitik zu inszenieren. Mehr noch: Die Nationalsozialisten erhöhten die Opern- wie auch die allgemeinen Theatersubventionen massiv und gerierten sich als Mäzene in der Nachfolge der absolutistischen Fürsten. In einer kulturpolitischen Grundsatzrede formulierte Reichspropagandaminister Joseph Goebbels die Ziele der Nationalsozialisten:

Wie zu allen Zeiten, so auch zu unserer Zeit ist die Kunst in großem Umfange eine Brotfrage. Es ist nicht wahr, daß die Kunst sich selbst ernähren müßte; sie hat es niemals getan und <u>wird</u> es niemals tuen. Alle großen Kunstwerke aller Zeiten sind nur entstanden, weil sich in diesen großen Zeiten Fürsten oder Päpste oder Bank- oder Industriemänner gefunden haben, die Geld und Mut hatten, der Kunst auch ihr finanzielles Dasein zu sichern. Denn die Kunst schreit nach Brot, und solange man der Kunst keine finanzielle Lebensmöglichkeit gibt, solange kann man von ihr nicht verlangen, dass sie die großen seelischen und geistigen Aufgaben eines Zeitalters zu lösen versucht. Das war auch beim Theater der Fall. Niemals haben die deutschen Theater sich aus sich heraus ernährt, sondern sie fanden entweder Fürsten oder Könige, die ihre großzügigen und generösen Mäzene waren. Wenn Fürsten und Könige nicht mehr da sind und deshalb die Kunst nicht mehr unterstützen können, so wird eine wahrhaft künstlerisch gesinnte Regierung diese Pflicht an ihrer Stelle übernehmen müssen. Wir haben das nach besten Kräften zu erfüllen versucht.[11]

Goebbels ließ unerwähnt, dass die Nationalsozialisten sich diese Förderung mit dem Verzicht auf kritische Interpretation klassischer Werke sowie auf neue, auf das Zeitgeschehen bezogene Theaterstücke und Opern vom konservativen Publikum teuer bezahlen ließen. Doch vordergründig funktionierte die Kulturförderung der neuen Machthaber: Das Prinzregententheater konnte, unter dem neuen Namen »Theater des Volkes«, schon im November 1933 wiedereröffnet werden.[12] Scheinbar hatte sich seit der sehnlich beschworenen Prinzregentenzeit mit der bereits erwähnten Giebelwidmung »Dem deutschen Volk« nichts geändert. Dass freilich im neuen System die Avantgarden der Weimarer Republik nichts mehr zu melden hatten, machte eine Rede von Adolf Hitler deutlich, der auf dem Nürnberger Reichsparteitag der NSDAP 1933 das politische Eingreifen in die Auswahl von Werken und Künstlern erläuterte:

Die nationalsozialistische Bewegung und Staatsführung darf auch auf kulturellem Gebiet nicht dulden, dass Nichtkönner oder Gaukler plötzlich ihre Fahne wechseln und so, als ob nichts geschehen wäre, in den neuen Staat einziehen, um dort auf dem Gebiet der Kunst und Kulturpolitik abermals das große Wort zu führen. [...] Das eine wissen wir, dass unter keinen Umständen die Repräsentanten des Verfalls, der hinter uns liegt, plötzlich die Fahnenträger der Zukunft sein dürfen. Entweder waren die Ausgeburten ihrer damaligen Produktionen ein wirkliches inneres Erleben, dann gehören sie als Gefahr für den gesunden Sinn unseres Volkes in ärztliche Verwahrung, oder es war dies nur eine Spekulation, dann gehörten sie wegen Betruges in eine dafür geeignete Anstalt. Auf keinen Fall wollen wir den kulturellen Ausdruck unseres Reiches von diesen Elementen verfälschen lassen; denn dies ist unser Staat und nicht der ihre.[13]

Somit war geklärt, dass es in den Opernspielplänen reichsweit massive Einschnitte geben würde: Wurden etwa in der Spielzeit 1926/27 in Deutschland 56 Opernwerke zur Uraufführung gebracht, so sank diese Zahl im Nationalsozialismus erheblich. Erfolgreiche neue Werke wie etwa Bergs *Wozzeck* (17 Inszenierungen von 1925 bis 1933) verschwanden wegen der »Unerwünschtheit« von Komponist und Kompositionstechnik völlig. Blickt man auf die Statistik[14], so wird allerdings deutlich, weshalb die Nationalsozialisten keine großen Proteste befürchten mussten: Während der Weimarer Republik machten die Uraufführungen zwar 20 Prozent der inszenierten Werke, jedoch nur 4,5 Prozent der Aufführungen aus – der Erfolg bei Presse und Weimarer Kulturpolitik war offensichtlich deutlich größer als der Zuspruch beim breiten, der Tradition zuneigenden Publikum.

In München war auch die Oper nicht ausgesprochen avantgardistisch geprägt, sondern neigte eher der gemäßigten Moderne zu, was den Nationalsozialisten einen relativ glatten, bruchlosen Übergang in die »neue Zeit« zu schaffen erleichterte. An der Bayerischen Staatsoper machte sich der Übergang von der Weimarer Republik zum Dritten Reich deshalb weniger stark an den Spielplänen bemerkbar als vielmehr an der Personalpolitik in den Führungspositionen. Dem adeligen Clemens von Franckenstein (Generalintendant von 1912 bis 1918 sowie von 1924 bis 1933) wurde von NS-Kultusminister Hans Schemm zuerst ein »Sachwalter für die nationalen Aufgaben der Bayerischen Staatstheater« zur Seite gestellt, dann jedoch noch im Jahre 1933 gekündigt. Seine Aufgaben wurden zunächst kommissarisch von Generalmusikdirektor Hans Knappertsbusch übernommen, der allerdings wenig später ebenfalls von den NS-Machthabern entlassen (vgl. Porträt Hans Knappertsbusch, S. 337) und durch den SS-Offizier Oskar Walleck als neuem Generalintendanten ersetzt wurde. Franckensteins breiter Spielplan – im Repertoire der Staatsoper befanden sich über 80 Werke – wurde von seinen Nachfolgern Walleck und Clemens Krauss merklich auf ein gutes Viertel des früheren Bestandes ausgedünnt. Dafür aber steigerten die Machthaber die Qualitätsansprüche in der theatralen Präsentation und der musikalischen Interpretation ins Gigantische und unternahmen konsequent den vorderhand erfolgreichen Versuch, mit der ästhetischen Rückbesinnung auf die gute alte Zeit die neue Zeit des NS-Regimes für die bildungsnahen Münchner und Bayern attraktiv und sinnerfüllt zu gestalten.

# Die Germanentreue der Bildungsbürger

**Blickt man von der Wiedereröffnung des Nationaltheaters 1963 zurück** auf die Machtübernahme der Nationalsozialisten 1933, so wird man kaum Argumente finden, eine durchgreifende Veränderung in der theatralen Präsentation und dem kulturellen Selbstverständnis dieser drei Jahrzehnte behaupten und beschreiben zu können. Die vielbeschworene Stunde Null, die sich in der bildenden Kunst[1] und vielleicht auch in der reinen Instrumentalkomposition[2] nach 1945 abzeichnete, hat es in der Münchner Musiktheatergeschichte nicht gegeben. Vor allem änderte sich auch nicht der theoretische Zugang zu den aufgeführten Opern: Die Deutung der Standardwerke (Kompositionen von Mozart, Wagner, Verdi und Strauss, um die ehernen Hausgötter der Bayerischen Staatsoper zu nennen) glaubte man aus dem Geist ihrer Schöpfer interpretieren zu können und zu müssen. Der Begriff der Werktreue ist zwar keine nationalsozialistische Kreation, aber seine Füllung mit dem historisierenden, auf deutsches Selbstverständnis zurückgreifenden Willen zu historisch gerechter Interpretation der Musik und des Textes als dem einzig akzeptablen Maßstab für hochrangige Theaterarbeit – eben jene im NS-Staat kreierte und gnadenlos durchgesetzte ästhetische Doktrin – wurde bis in die späten 1960er Jahre gerade in Bayern ungebrochen und unhinterfragt bedient. Und auch der Blick weg von der Interpretation älterer Kompositionen hin auf neue Stücke, auf Uraufführungen ändert das Bild nicht. In der NS-Zeit kam kaum eine neue Oper oder ein neues Ballett in die zweistelligen Aufführungszahlen. Sie blieben allesamt aus dem Blickwinkel der Repertoirebildung bedeutungslos. Das nämliche Bild nach 1945: Hindemiths oder Tomasis Kompositionen haben in den Münchner Spielplänen der 1950er und 1960er Jahre keine erkennbaren Spuren hinterlassen. Einzig Werner Egk und Carl Orff waren bis 1967 nennenswert präsent; vor allem Orff erfreute sich einer bedeutenden Rezeption: zwischen 1933 und 1963 immerhin 19-mal der *Mond*, 31-mal die *Kluge* (in den 80er Jahren noch 22-mal), 61-mal die *Carmina burana*, die letzte Premiere der NS-Zeit (zwischen 1970 und 1990 weitere 31-mal) und immerhin 23-mal *Antigonae*.

Mithin: Die weit überwiegende Zahl der Aufführungen zwischen 1933 und 1963 galt dem Repertoire des späten 18. und des 19. Jahrhunderts. Einziger bedeutender Gegenwartsmusiker mit internationaler Reputation in dieser Zeit war Richard Strauss, der freilich stilistisch nicht die Avantgarde repräsentierte. Solche Spielplanpolitik konservativ zu nennen, ist schon ein Euphemismus.

Wollte man also dieses auffällige Phänomen einer zeitlichen Begrenzung der ausgewählten Opern auf ein gutes Jahrhundert, nämlich von Mozart bis Verdi, anders begründen als durch immer wieder dieselben Aufführungsanalysen, dann muss man als Historiograf die Perspektive wechseln – von der Produktions- und Reproduktionssicht auf die Rezeptionserwartung, von den Machern der Oper hin zu den Adressaten. Was erwartete die Öffentlichkeit von ihrem Opernhaus? Wer war Meinungsbildner und Wortführer in der oftmals scharfen Debatte um ästhetische Experimente und modernes Verständnis von musikalischem Theater – vor wie nach 1945? Wen hatte Clemens Krauss im Blick, wenn er erwartete, »alles Publikum [wolle] die Aufführungen im Festspielhaus gesehen haben«, und an wen dachte Rudolf Hartmann, wenn er davon sprach, in seinen Inszenierungen den »Ursprünglichkeitswert eines Werkes« zu erhalten, die »Bewahrung des ruhmreichen Erbes« der Münchner Oper zu betreiben und die »Restaurierung der Vergangenheit« zu akzentuieren? Die Antwort: Man dachte an das deutsche Bildungsbürgertum, in Bayern noch mehr als im übrigen Deutschland.

Als Bildungsbürgertum lässt sich eine in ihren Abgrenzungen nicht randscharf profilierte Bevölkerungsgruppe skizzieren. Sie wird in der kulturwissenschaftlichen Forschung der letzten 15 bis 20 Jahre als jene Schicht identifiziert, die in Deutschland, vor allem in der zweiten Hälfte des 19. Jahrhunderts, mit ihrem Bildungs- und Leistungswissen die Modernisierung betrieb, erst recht nach dem Ersten Weltkrieg von eben dieser Modernisierung überholt und in eine tiefe Sinnkrise gestürzt wurde. Es ist jene Gesellschaftsschicht, die wirtschaftlich und wissenschaftlich führend war, nicht aber politisch. Und deren Orientierungs- und Werteschemata sich auf drei Aspekte bezogen: auf Genese, Funktion und Charakter der sogenannten deutschen Kunst. Diese Überzeugungen erscheinen seit 1933, erst recht seit 1945 als ausdrücklich restaurativ, und sie zielen unverhohlen auf die nationbildende Funktion von Kunst, hier vor allem von Theaterkunst.

Der Siegener Kulturwissenschaftler Georg Bollenbeck hat vor knapp 20 Jahren eine Fülle von Quellen und Belegen zusammengetragen, um diesen Selbstfindungsprozess des deutschen Bildungsbürgertums Mitte des 19. Jahrhunderts zu belegen.[3] Anhand der Festreden zum 100. Geburtstag Friedrich Schillers 1859 diagnostizierte Bollenbeck die überragende Bedeutung und das singuläre Ansehen des Weimarer Dichters für eine deutsche nationale Selbstfindung: Der Genius von Schillers Kunst galt als Ausdruck des deutschen Volkes, sein Werk bildete den Einzelnen wie das deutsche Volk als Kollektiv und dieses Werk ist wirklichkeitsverklärend und erhebt seine Rezipienten über den Alltag hinaus in eine idealisierte fiktionale Welt der Kunst. Wohlgemerkt: Es ist nicht zu diskutieren, ob diese Wahrnehmungen der Realität entsprachen. In Rede steht die Wahrnehmung der Akteure, der deutschen Bildungsbürger, und die aus dieser Wahrnehmung generierte Erwartung an die Kunstproduktion.

Für diese Wahrnehmung stehen drei Argumentationsfiguren, die in ihrem Zusammenwirken die Erwartungshaltung der Bildungsbürger charakterisieren: zum einen der Mythos vom Ursprung der deutschen Kunst, also die Genese. Sie geht zurück auf die Aufklärung, insbesondere auf Johann Gottfried Herders prominente Sammlung von Volksliedern, mit dem besonders wichtigen und folgenreichen dritten Band von 1807. Titel dieses dritten Bandes: *Stimmen der Völker in Liedern.* Volkslieder also. Schon dieser Ursprungsmythos verdeutlicht das Wandlungspotential des Arguments selbst, weil künstlerische Hochkultur nicht gemeint war. Konstanter Bestandteil dieses Arguments blieb die Gewissheit, die deutsche Kunst sei in allem Ursprung eine Volkskunst, ganz gleich, welchen Weg die künstlerische Entwicklung in den Jahrzehnten und Jahrhunderten auch nehmen würde. Und deshalb müsse, so die Schlussfolgerung, deutsche Kunst fürs deutsche Volk verständlich produziert werden.

Die zweite Argumentationsfigur ist die bildende Funktion der deutschen Kunst, also ihre, mit der Rückversicherung an die Weimarer Klassik, für den spezifischen historiografischen Bereich sehr wichtige Funktion, weil die Weimarer Klassik, genauer: Goethe und Schiller das Theater, also die performative Aktion auf der Bühne, zur Kunstform erhoben – und damit das Theater aus der nachrangigen Position nach Literatur und komponierter Musik befreiten und gleichwertig neben den dramatischen Text respektive die dramatische Komposition stellten. Was »deutsch« ist, wurde von jenen Künsten bestimmt, die als »freie Künste« politisch unverfänglich erschienen. Deshalb gilt die Kunst bis in die 1920er Jahre als Mittel der Nationbildung und als Ausweis der nationalen Identität.

Die dritte Argumentationsfigur wird gespeist von der Gewissheit, Kunst sei eine höhere Wirklichkeit des schönen Scheins, also der Charakter, das Sinnbild einer autonomen, zeitenthobenen Welt, für die Schlagworte kennzeichnend sind wie Freiheit, Sittlichkeit, Schönheit und Wahrheit – Tugenden der deutschen Bildungsbürger in ihrer Selbstwahrnehmung. Dass sich dieses Argumentationsfeld nachhaltig wandelt, wenn Kunst plötzlich dezidiert politisch wird, wenn sie einen zuvor nicht gekannten Realitätsbezug herstellt und wenn sie aus programmatischen Absichten heraus nicht mehr »schön« ist, kurz: Wenn Kunst modern wird wie am Beginn des 20. Jahrhunderts, dann wird die Virulenz dieser Argumentationsfiguren schlagartig deutlich. Und gleiches gilt für die Radikalisierung des »Volksnahen« und »Volkhaften« zum Völkischen im Zusammenhang mit der Moderne seit 1920. Herders Volk-Begriff wird umgedeutet zum Rasse-Begriff und erhält eine neue, in ihrer Radikalität und Ausschließlichkeit bis dato nicht gekannte antihumanistische Dimension. Das Bildungsbürgertum vor allem der Weimarer Republik war dieser Kunstentwicklung nicht mehr gewachsen. Auf die antitraditionelle Avantgarde antwortet das Bildungsbürgertum mit einer traditionalistischen Reaktion. Konkret im Musiktheater äußert sich diese reaktionäre Haltung in der Orientierung an tradierten Werten, also im Rückzug auf die Standardwerke und auf die Gewissheit, dass deren Botschaften vom deutschen Volk nach wie vor verstanden würden. Damit spielte diese Bildungsschicht der NS-Ideologie passgenau in die Hände.

Aber die Reaktion auf die Avantgarde mit der Selbstvergewisserung am Hergebrachten war im bürgerlichen Bewusstsein tief verankert. Die Romantik, die lange zweite Hälfte des 19. Jahrhunderts, die faktisch bis 1914 reichte, kehrt das auf Kunstwahrnehmung gegründete nationale Bewusstsein besonders deutlich hervor. Drei bayerische Beispiele:

In seiner Eröffnungsrede 1842 zur Walhalla, der Ruhmeshalle für deutsche Geisteshelden, formulierte der bayerische König Ludwig I. die Zuversicht: »Möchte Walhalla förderlich sein der Erstarkung und Vermehrung deutschen Sinnes. Möchten alle Deutschen, welchen Stammes sie auch seien, immer fühlen, dass sie ein gemeinsames Vaterland haben, ein Vaterland auf das sie stolz sein können, und jeder trage bei, soviel er vermag, zu dessen Verherrlichung.« Damit er niemals vergessen werde, steht dieser prophetische Wunsch vor der Walhalla in Stein gemeißelt.

Das zweite Beispiel: die Schlussverse des Sachs im 3. Finale der *Meistersinger* von Richard Wagner, UA 1868. Ein knappes Jahr vor der UA dichtete Wagner acht Verse für die Schlussansprache des Sachs nach:

Habt acht! Uns dräuen üble Streich':
zerfällt erst deutsches Volk und Reich,
in falscher wälscher Majestät
kein Fürst bald mehr sein Volk versteht;
und wälschen Dunst mit wälschem Tand
sie pflanzen uns in's deutsche Land.
Was deutsch und ächt wüßt' Keiner mehr,
lebt's nicht in deutscher Meister Ehr'.

Sie repräsentieren nun in Libretto-Dichtung und Komposition die warnende Gegenposition und zugleich die historisch-kulturpolitisch wirksame Begründung für die nationalistische Conclusio von Sachsens Ansprache:

Drum sag' ich euch
ehrt eure deutschen Meister,
dann bannt ihr gute Geister!
Und gebt ihr ihrem Wirken Gunst,
zerging' in Dunst
das heil'ge röm'sche Reich,
uns bliebe gleich
die heil'ge deutsche Kunst![4]

Wegen dieser Nach-Dichtung ist die gesamte Ansprache des Sachs stets als chauvinistisch und frankreichfeindlich begriffen worden. In Wahrheit dient der Gedanke jedoch nur als Kontrastfolie zur eigentlichen Aussage, dass selbst, wenn das Staatsgebilde des heiligen römischen Reiches in Dunst aufginge, also im Falle des machtpolitischen Desasters, das Deutsche durch die heilige deutsche Kunst als nationale Identität unbeschadet bestehen bliebe – mit der hier schon unverkennbar restaurativen und traditionsbewussten Orientierung an älterer deutscher Kunst – eben die Position des Bildungsbürgertums.

Und als drittes Beispiel der Bau des Prinzregententheaters, benannt nach dem vorletzten aristokratischen Staatsoberhaupt Bayerns, Prinzregent Luitpold. An und in diesem Haus sind all jene Wahrnehmungserwartungen symbolisiert, mit denen das Bildungsbürgertum seine Position im Königreich Bayern identifizierte: am Giebel die Widmung »Der deutschen Kunst« – Ausweis des eher deutsch als bayerisch akzentuierten Selbstverständnisses im frühen 20. Jahrhundert. Ein Festspielhaus, eröffnet 1901, für Musteraufführungen von Schauspiel, Ballett und Oper. Der Hort der selbstbewussten, kulturell gebildeten und erwartungsvollen bayerischen Bildungsbürger. Und gerade keine Kopie des Nationaltheaters, wenngleich die verkleinerte Kopie des Bayreuther Festspielhauses, auch keine Verlängerung der höfischen Attitüde, sondern die konkrete Hinwendung zum Volk, dessen Führungsanspruch durch das Bildungsbürgertum formuliert wurde.

Dieses Bildungsbürgertum hielt im 20. Jahrhundert an seinen ästhetischen Vorstellungen fest, wenngleich nicht unbeirrt. Der Kontext des kulturellen Lebens hatte sich jedoch rasend schnell und grundlegend gewandelt. Man musste erkennen, dass die durchgreifende, eben auch politische und wirtschaftliche Moderne der 1920er und beginnenden 1930er Jahre ins wirtschaftliche Desaster führte. Wer von seinen kulturellen Überzeugungen nicht ließ, nicht lassen konnte, der schrieb das Desaster einer Gesellschaft dem politischen System zu. Der Liberalismus in Form der Vielparteien-Demokratie bedeutete für das Bildungsbürgertum der Weimarer Republik den Untergang, wenn man nicht gegensteuerte. Dass sich diese Gesellschaft von Staats wegen radikalisierte, dass vom NS-Regime jene als »Amerikanismus« gebrandmarkte Popularisierung von Radio und Schlagermusik, von Film und Revue – kurz: von allem, was der Bildungsbürger als Vermassung und Kitsch betrachtete, dass diese Inflation von Massenkünsten zur uneingeschränkten totalitären Beherrschung einer homogenen Volksgemeinschaft betrieben wurde, erkannte das Bildungsbürgertum nicht oder zumindest zu spät. Thomas Mann hatte Ende des Zweiten Weltkriegs hellsichtig diese Struktur entlarvt: »die Mischung von robuster Zeitgemäßheit, leistungsfähiger Fortgeschrittenheit und Vergangenheitstraum, der hochtechnifizierte Romantizismus«[5], eben jene Mischung, die Thomas Mann als charakteristisch und bedrohlich zugleich kennzeichnete. Die Ambivalenz des deutschen Bildungsbürgertums wurde ein Dutzend Jahre hindurch im NS-Regime bestätigt: der Sturz zugleich ins kulturell Traditionelle und in den barbarischen politischen Totalitarismus.

Schon Ende 1945, am 15. November, begann die Bayerische Staatsoper im Prinzregententheater mit eben jenem Repertoire, mit dem sie 1944 die künstlerische Arbeit hatte beenden müssen. Der dritte Nachkriegsintendant, Rudolf Hartmann, übernahm rd. 90 Prozent der Spielpläne aus der NS-Zeit, für die er als Operndirektor und Oberspielleiter zwischen 1938 und 1944 verantwortlich war, auch in seine Nachkriegsintendanz. Präziser lässt sich die Kontinuität der künstlerischen Planung und Arbeit zwischen 1933 und 1963 kaum belegen. Die Adressaten waren nach dem Krieg vielfach dieselben wie vor dem Krieg, und das fallierte »Unternehmen Bildungsbürgertum« wurde in den Wahrnehmungserwartungen reanimiert. Das bildungsbürgerliche Revival vergewisserte sich in seiner kulturellen Erwartung vor allem in Bayern an humanistischen Traditionen, am Erbe der Weimarer Klassik und an den überragenden künstlerischen Maßstäben, mit denen deutsche Kunst zwischen 1933 und 1944 als internationaler Standard an der Bayerischen Staatsoper präsentiert wurde. Die Germanentreue der Bildungsbürger lieferte die entscheidende Erwartungshaltung bei den programmatischen Überlegungen der Leitungsteams an der Münchner Staatsoper. Um den nationalsozialistisch negativ besetzten und stark belasteten Begriff der Nibelungentreue zu vermeiden, liefert vielleicht die Germanentreue die treffende Assoziation. »Germanentreue« ist der Titel des Reichsparademarsches, der seit 1867 bis 1919 und wieder von 1933 bis 1945 als wichtigste Marschmusik im Deutschen Reich gespielt wurde und unverkennbar mit den Farben Schwarz-Weiß-Rot verknüpft war – eben mit den politischen Wurzeln des bayerischen Bildungsbürgertums.  JS

# NS-Gigantomanie

**Auf dem Feld der Kulturpolitik gab sich das nationalsozialistische Regime** einen liberalen und feingeistigen Anstrich: Die Begeisterung des Führers Adolf Hitler für die Oper im Allgemeinen und die Bayerische Staatsoper im Besonderen kannte keine Grenzen. In seiner autobiografischen Schrift *Mein Kampf* stilisierte er sich als Opernliebhaber: Schon als mittelloser junger Mann habe er in Graz Richard Wagners *Rienzi* erlebt, in seinen eigenen Worten ein »Erweckungserlebnis«. Als Hitler nach der Machtübernahme 1933 Reichskanzler wurde, bekam die Oper staatstragende Bedeutung: Die Parteitage der NSDAP in Nürnberg wurden traditionell mit einer Festaufführung der *Meistersinger* im Opernhaus eröffnet – allerdings zu Hitlers Ärger oft vor halbleeren Reihen. Viele Parteigrößen zogen offensichtlich die Nürnberger Kneipen dem mehrstündigen Wagnererlebnis vor und mussten von der Gestapo an die Parteimoral erinnert und aus den Wirtshäusern in die Oper eskortiert werden. Neben Nürnberg waren für den Opernliebhaber Hitler vor allem die Bayreuther Festspiele – seine enge Beziehung zu Winifred Wagner ist bekannt – und die Münchner Oper, wie sie damals noch genannt wurde, von Bedeutung. In seiner Zeit als Postkartenmaler in München zählte das Nationaltheater zu Hitlers bevorzugten Motiven.

Für die Bayerische Staatsoper, die sowohl im Nationaltheater als auch im Prinzregententheater Vorstellungen gab, plante Hitler eine Vorbildrolle für das Deutsche Reich. Unter dem Deckmantel einer unpolitischen Kunst wurden Leitfiguren installiert, die als charismatische Persönlichkeiten und teils linientreue Künstler den nationalsozialistischen Vorstellungen von Oper entsprechen sollten: Auf persönlichen Wunsch Hitlers wurde zum Jahr 1937 der österreichische Dirigent Clemens Krauss als Generalmusikdirektor und Leiter des Bereichs Oper an die Bayerischen Staatstheater berufen. Zuvor war er von 1929 bis 1935 als Direktor der Wiener Staatsoper, von 1935

Nationaltheater München unter der Hakenkreuzfahne, Postkarte. Undatiert.
Hoftheater München 1912 mit Max-Joseph-Denkmal. Aquarell von Adolf Hitler.

bis 1936 als Direktor der Berliner Staatsoper tätig gewesen (Abb. S. 122 Mitte). Krauss trat sein Amt als Nachfolger von Clemens von Franckenstein und Hans Knappertsbusch an. Franckenstein war im März 1934 »im Namen des Reichs« in den dauernden Ruhestand versetzt worden. Sein Vertreter GMD Hans Knappertsbusch hatte 1935 auf Hitlers Weisung hin seinen Abschied nehmen müssen. Das Amt des Generalintendanten der Bayerischen Staatstheater erhielt ab September 1934 im Eilverfahren auf

Clemens von Franckenstein, Generalintendant bis 1934, Postkarte 1933.
Hans Knappertsbusch, undatierte Fotografie.
Clemens Krauss, undatierte Fotografie.
Oskar Walleck, Generalintendant von 1934 bis 1938.
Erik Maschat, seit 1936 Leiter der Künstlerischen Betriebsbüros und ab Mai 1933 schon NSDAP-Parteimitglied.

Empfehlung von Reichsminister Goebbels Oskar Walleck, selbst gesinnungstüchtiges NSDAP-Mitglied und SS-Führer, der zuletzt Intendant am Landestheater Braunschweig gewesen war. Dieser genoss offiziell »den Ruf eines energischen Verfechters nationalsozialistischen Kulturwillens«[1] und war bereits in den Verwaltungsrat des Deutschen Bühnenvereins und der Reichstheaterkammer und daraufhin auch zum Präsidenten des Bühnenvereins berufen worden.

Clemens Krauss erstellte ein Leitungsteam aus künstlerischen Vertrauten: Oberspielleiter Rudolf Hartmann, den er aus Berlin mitbrachte, und Bühnenbildner Ludwig Sievert, den er bereits seit seiner Tätigkeit in Frankfurt kannte, kamen fest ans Haus, dazu 1936 aus Wien Krauss' Vertrauter Erik Maschat als Leiter des Künstlerischen Betriebsbüros. Ein Sänger-Starensemble wurde aufgebaut. Die gleichgeschaltete Presse beschrieb den Plan: In einem ersten Schritt sollte ein neues künstlerisches Leitungsteam für eine Art Qualitätsoffensive sorgen – auch wenn dieser Begriff nie genau definiert wurde. Sobald Ensemble, Orchester und Repertoire dann auf dem von Hitler geforderten hohen Niveau angekommen wären, sollte die Staatsoper in ein vom Führer eigenhändig (mit-)entworfenes neues »großes Opernhaus« einziehen.

### Das Prestige-Projekt des Führers

Der neue Leiter des Künstlerischen Betriebsbüros, Erik Maschat, resümierte aus der Rückschau von 1960 den intendierten historischen Neubeginn der Bayerischen

Staatsoper in der siebenseitigen Abhandlung »Der Opernleiter Clemens Krauss. Seine Arbeitsweise am Beispiel der Münchner Ära«:

Als Clemens Krauss mit 1. Januar 1937 die Leitung der Bayerischen Staatsoper übernahm, war es beschlossene Sache und Gegenstand seines Vertrages, daß in München ein neues Opernhaus erstehen werde, dessen architektonische und technische Gegebenheiten außergewöhnliche künstlerische Leistungen ermöglichen helfen sollten.

Maschat war von Krauss neben der Leitung des Betriebsbüros auch zum Direktionssekretär und persönlichen Adjutanten des Operndirektors ernannt worden. Die Zustände an der Staatsoper unmittelbar vor Krauss' Arbeitsbeginn in München schilderte er, ebenfalls in der Rückschau 24 Jahre später, als nahezu katastrophal:

Orchester, Chor und Ballett waren im Vergleich zu anderen führenden Bühnen unterbezahlt und auch zahlenmäßig unterbesetzt; das Ausstattungswesen und die Werkstätten waren extrem primitiv, der Fundus an Kostümen und Requisiten verblüffend mangelhaft. Ein grundlegender budgetärer, personeller und organisatorischer Neuaufbau des Institutes war also notwendig, wenn die gestellte Aufgabe erfüllbar werden sollte.[2]

Als künftiger Leiter des größten europäischen Operntheaters, das in München entstehen sollte, hatte Clemens Krauss den »Führer-Auftrag« von Adolf Hitler angenommen, die Bayerische Staatsoper künstlerisch wie organisatorisch von Grund auf neu zu entwickeln und den Bau von Hitlers Großem Deutschen Opernhaus mitzuleiten. »Unter seiner Führung soll die Münchner Oper zur ersten Oper Deutschlands ausgebaut werden. Zu diesem Zweck ist auch die Erbauung eines neuen großen deutschen Opernhauses in München in Aussicht genommen«[3], hieß es 1937 in einem Prüfungsbericht des Rechnungshofs des Deutschen Reichs zu den Bayerischen Staatstheatern – eine programmatische Ansage zur »Hauptstadt der deutschen Kunst«, die dem entsprach, was Adolf Hitler bereits 1933 in seiner »Weiherede« zur Grundsteinlegung des Hauses der Deutschen Kunst verkündet hatte: »Möge München sich wieder zurückbesinnen auf seine eigentliche Mission: Stätte des Erhabenen und Schönen zu sein, auf daß man diese Stadt gesehen haben muß, um Deutschland zu kennen.«[4] Der Neubau des Großen Deutschen Opernhauses an der geplanten 2,5 Kilometer langen Prachtstraße »Große Straße« zwischen dem Stachus und dem nach Westen verlegten Hauptbahnhof sollte etwa die dreifachen Ausmaße des Nationaltheaters haben, 3.000 Zuschauer fassen und nach fünf bis sechs Jahren Bauzeit bereits 1943 fertiggestellt sein.[5]

Hitler selbst hatte dafür enthusiastisch einige Skizzen entworfen. An der Kostenbewältigung der 25 Millionen RM für den Bau des Bremer Architekten Professor Woldemar

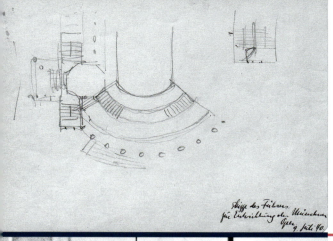

»Skizze des Führers für Entwicklung der Münchner Oper, 9. Juli 40«.

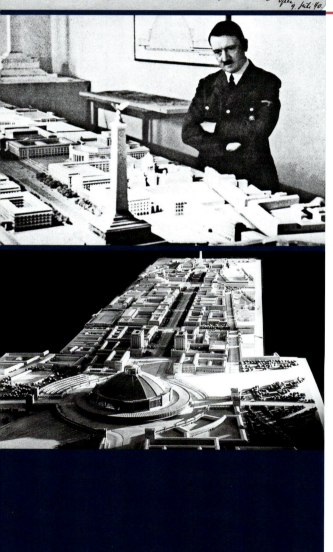

Am Modell rechts: Die neue Oper nach Entwürfen Adolf Hitlers in der Gestaltung durch Woldemar Brinkmann. Der letzte Blick im Atelier galt stets dem »Denkmal der Partei«, das in der Planung sehr viel höher ausfiel als die Türme der Frauenkirche.

Modell der 120m breiten Großen Straße (Ost-West-Achse) zwischen Neuem Hauptbahnhof und dem »Denkmal der Partei«. Das neue Opernhaus befindet sich am hinteren Ende des Modells rechts).

Brinkmann, der auf Staatskosten in einer Villa an der Leopoldstraße residieren durfte, sollten zu gleichen Teilen der Führer und Reichskanzler, das Reich selbst (Reichsministerium für Volksaufklärung und Propaganda), das Land Bayern, die Stadt München und die Deutsche Arbeitsfront beteiligt sein.[6] Unmittelbar nach diesem Beschluss wies Münchens Oberbürgermeister Karl Fiehler das städtische Kulturamt an, sich ab 1937 mit

Neue Oper, Modell Frontansicht.
Neue Oper, Modell Innenansicht.

fünf Millionen RM zu beteiligen. Sofort wurde eine »Rücklage zur Errichtung eines neuen Opernhauses in München« eingerichtet, um fünf Jahresraten in Höhe von einer Million RM zu gewährleisten.

Die Pläne zum von Hitler persönlich gewünschten neuen »großen Festspielhaus« für München verdeutlichen, wie im Bereich der Theaterarchitektur auch eine politische Ästhetik bedient wurde: Die Modellbilder zeigen ein gigantisches Bauwerk mit einem Säulenportikus, welcher den des Nationaltheaters um ein Vielfaches übertraf. Auch der Zuschauerraum mit seinen mehreren Tausend Plätzen sollte die Dimensionen des Nationaltheaters deutlich übertrumpfen. Dass das Gebäude mit deutschen Reichsadlern geschmückt werden und auch städtebaulich als Teil der geplanten gigantischen Achse von Ost- bis Hauptbahnhof dienen sollte, verwundert schon nicht mehr.

### Clemens Krauss' Opernreform

Um das neue Haus als Flaggschiff des NS-Operntheaters etablieren zu können, entwarf Generalmusikdirektor Clemens Krauss gleich ein umfassendes, grundlegend neues Führungs- und Organisationssystem für die zentralen Opernhäuser des Reichs. Seine handschriftlichen Skizzen zu seiner großangelegten Opernreform – die er bereits 1936 formulierte – geben umfassende Einblicke in die Pläne und Vorstellungen des Künstlers, der sich und die Staatsoper im repräsentativen Neubau in eine reichsweite Führungsposition befördern wollte.

Auf insgesamt 15 voll beschriebenen Blättern finden sich diverse Gedankensplitter sowie ausformulierte Absätze zunächst zum aktuellen Zustand des Theatersystems wie

Clemens Krauss wollte als eine Art »musikalischer Führer« im gesamten Reichsgebiet künstlerische Maßstäbe setzen.

z. B. die Feststellung: »Wien und Berlin sind die beiden einzigen Städte[,] in denen sich die früheren hohen Ansprüche an die Opernkunst wirklich erhalten haben.« Wie eingangs von Maschat wiedergegeben, bedauerte Krauss die geringe künstlerische Qualität der Oper seiner Zeit und stellte Überlegungen an, wie diese grundlegend aufgewertet werden könne. Die Blattsammlung enthält diesbezüglich Systematisierungsansätze in verschiedenen Stadien. Grundprämisse war für ihn, dass – dem Führerprinzip entsprechend – nur Einzelpersonen diese Herausforderung bewältigen können: »Noch nie ist ein gutes Theater aus den Bedürfnissen des Publikums entstanden. Stets hat die Initiative einzelner führender Köpfe dafür die Möglichkeit geschaffen«, führte Krauss aus. Seine Analogien zwischen der nun anstehenden Aufgabe, ideales Theater für das Reich zu schaffen, mit ähnlichen Leistungen aus der Theatergeschichte vergangener Jahrhunderte lagen auf der Hand: König Ludwig XIV. förderte Molière, Kaiser Joseph II. Mozart, König Ludwig II. Wagner. Stets bedurfte es also der Protektion des obersten Herrschers – Parallelen zu Adolf Hitler schwangen stets mit, auch als Krauss die selbst gestellte Frage, ob bzw. inwiefern München zur »führenden Opernbühne« bestellt werden solle, mit dem Befund beantwortete, »daß auch die Wiener Oper einmal erbaut wurde von einem Kaiser.« Krauss' Selbstbeweihräucherungen als Messias der Opernkunst fanden kein Ende: »Ein Operninstitut ist ein lebender Organismus, ein stets im Werden und Wachsen begriffener. Sein Leiter ist ein Baumeister an einem lebenden Organismus. Die Qualitäten eines Operninstituts werden einzig und allein von dem Niveau des Leiters bestimmt, da nur seine Ansprüche maßgebend sind.« Der Großteil der Gedankensammlung kreiste schließlich um die Verwirklichung der reichsweiten Opernreform, die letztlich München die Vorreiterstellung sichern sollte. Krauss schrieb:

Es ist die Aufgabe gestellt, die M. Oper zur führenden Opernbühne Deutschlands zu machen. Sie soll der Stadt M., die als Mittelpunkt des deutschen Künstlerlebens neu entstehen soll, das Gepräge der ersten Theaterstadt des Reiches geben. Zum Ausdruck dessen soll ein neues Opern(Festspiel)Haus erbaut werden, das allen erdenklichen Anforderungen der gegenwärtigen und zukünftigen Bühnenkunst entsprechen soll. [...] Angesichts der Tatsache, daß ein Projekt, wie der Bau eines großen Opernhauses auf persönliche Initiation des Staatsoberhauptes wohl nur einmal in einem Jahrhundert auftaucht[,] haben die mit der Aufgabe betrauten Künstler die heilige Pflicht, einen Weg zu beschreiten, der nicht [nur] die Erreichung des Zieles mit Sicherheit erwarten lässt, sondern der auch mit der Verwirklichung des Projekts eine tiefe und segensreiche Wirkung auf das gesamte Künstlertum auszuüben imstande ist. [...] Noch nie ist ein Zusammenfassen der wirklich Hervorragenden möglich geworden. Nie war der Moment günstiger, einen Versuch zu machen als heute, wo der alles einigende Staatsgedanke einen Zusammenschluss aller wertvoller Köpfe auch in der Kunst leicht erreicht.[7]

Zur Verwirklichung seiner Opernreform entwarf Krauss einen hypertrophen Plan mit zwölf Punkten, der vor allem die Zusammenlegung der Staatsopern Berlin und München und die Bildung eines Musterensembles unter einer, d. h. *seiner* einheitlichen Leitung vorsah. Nachwuchssänger sollten von den »hervorragendsten Deutschen Opernkräften« lernen. Das bestehende Münchner Ensemble wurde aufgelöst, »ein gänzlich neues Orchester ist für München aufzustellen«, schrieb Krauss. Die schiere Länge von Krauss' Ausführungen ist bezeichnend für seine Akribie, seine großen Visionen planvoll in konsequente Einzelschritte zu gliedern und somit die Durchführbarkeit des gigantischen Plans scheinbar plausibel zu machen:

1.) Planmäßiges Zusammenfassen der hervorragendsten Deutschen Opernkräfte. [...] Mithilfe dieses Musterensembles müsste es möglich sein, das Deutsche Opernwesen in eine neue bessere Zeit zu leiten.
2.) Sammeln dieser Kräfte an einer Zentralstelle. Als diese Zentralstelle kann heute, da Wien ausgeschaltet ist, nur Berlin als die beste Opernbühne des Reichs und als die lebendigste Theaterstadt des Reiches gelten. [...]
3.) Das so gewonnene Ensemble soll was die Sänger der ersten Fächer betrifft verpflichtet werden nicht nur in Berlin sondern auch in München aufzutreten, wenigstens vorübergehend für einen Zeitraum von etwa 5 Jahren. Die Münchner Oper soll mit dem Berliner Institut [gemeint ist die Berliner Staatsoper] zusammengeschlossen werden. Beide Opernhäuser sollen eine einheitliche Leitung bekommen, ähnlich wie seinerzeit die preussischen Hoftheater [...], denn die Qualität der beiden Bühnen soll die gleiche sein.
4.) Die einheitliche oberste Leitung ist notwendig, damit alle Kräfte auf den richtigen Platz gestellt werden und so zu ihrer vollen Entfaltung kommen können. Nichts ist notwendiger in der darstellenden Kunst, als jedem Künstler das Gebiet zuzuweisen, auf dem er Hervorragendes leistet. Der Trieb des Einzelnen, gerade das zu tun, wozu er nicht wirklich befähigt ist, ist nirgendwo so stark

als am Theater. Er hat schon viele Entwicklungsmöglichkeiten zu großartigen Leistungen entscheidend gehemmt.

5.) Die Aufgabe der obersten Leitung ist nun zunächst, neue junge Kräfte in den Kreis des oben genannten Musterensembles aufzunehmen und zwar für Berlin und München getrennt, so dass zwei verschiedene Stätten für die Entwicklung des Nachwuchses erhalten bleiben. […]

6.) Diesen jungen Ensembles muss Zeit gegeben werden zur ruhigen Entwicklung unter der Leitung der besten Kapellmeister und Regisseure, immer mit dem Beispiel des Musterensembles vor Augen, das ja an beiden Bühnen zu hören ist und so auch zu größtem instruktiven Nutzen für die heranwachsende Sängergeneration ausgewertet werden kann. Ein Opernensemble muss aus 3 Sängergenerationen bestehen, wenn es seine lebendige Wirkung für eine innere Weiterentwicklung in sich tragen soll:

A. Die ältere Generation. Künstler in der letzten Periode ihrer Kräfte die immer ein Beispiel sein können; durch ihre reiche Erfahrung, durch einzelne hervorragende Leistungen.

B. Die Garde: Sänger in der Blüte ihrer Mittel.

C. Die junge heranwachsende Generation, in jedem Theater vorsorglich als Ersatz <u>und</u> als Ansporn für die Gruppe B heranzuziehen.

7.) Eine weitere höchst wichtige Aufgabe der Leitung für den Anfang ist die Auflösung des bestehenden Münchner Ensembles. Diese Auflösung muss mit einer Neuordnung Hand in Hand gehen. Schlechte Vertreter der Gruppe A (ältere Generation) müssen pensioniert werden. Ungenügende Sänger müssen entfernt werden. Durch Ablaufenlassen der bestehenden Verträge oder durch andere Maßnahmen, damit schleunigst der Platz frei wird für vorwärtsstrebende Gruppe C. Ergänzungen des Münchener Ensembles müssen rasch vorgenommen werden unter Bedachtnahme auf gesteigerte und künstlerisch noch steigende Ansprüche. Die Durchsetzung dieser vielleicht schwierigsten Aufgabe ist unter normalen Verhältnissen fast unlösbar. […] Hier hilft wieder das eingesetzte Musterensemble über die Hindernisse hinweg. Die Leistungen dieses Ensembles werden, schon gar bei dem gegenwärtigen Tiefstand des Münchner Niveaus, so überragend sein, daß die Ansprüche des Münchner Publikums plötzlich so gehoben werden, daß die öffentliche Meinung und andere öffentliche Stellen entwaffnet auch sonst ungerecht erscheinende Maßnahmen der Leitung hinnehmen wird.

8.) Die Festspiele sind für die nächsten Jahre zu schließen. Man kann sie später auf der neuen Grundlage eines neuen bedeutenden Ensembles wieder erstehen lassen, so wie sie einst unter Mottl entstanden sind als Folge eines musterhaften Theaters.

9.) Ein gänzlich neues Orchester ist für München aufzustellen. Auch hier gilt der Grundsatz von den drei Generationen. In Hinblick auf ein künftiges Festspielhaus können gänzlich neue und höhere Ansprüche gestellt werden. Zur Erfassung der besten Streicher (Geiger) können öffentliche Wettbewerbe[,] die auch mit Preisen verbunden sind, mit ersten Fachleuten aus dem ganzen Reich als Juroren, zum Ziele führen. Aus dem vorhandenen Orchester dürfen uns die besten Kräfte erhalten werden, alte erfahrene Mitglieder zu pädagogischen Zwecken genutzt werden. Die Verjüngung und Vergrößerung des <u>Chors</u> muss mit Hilfe der in jeder Beziehung ausgezeichneten Chorschule der Berliner Staatsoper erreicht werden. Ausschreibungen zur kostenlosen Ausbildung müßten in ganz Deutschland durchgeführt werden. Das in München gänzlich abgebaute Ballett (2 Herren, 11 Damen!!) muss durch eine auf der Berliner Tradition neu aufzubauenden Ballettschule neu geschaffen werden.

Der Plan schloss mit der Vision:

10.) Wenn solcherart das Fundament für eine gemeinsame Arbeit der beiden Opern Berlin und München angelegt ist[,] müsste es glücken bei sinnvoller Ausnützung der Kräfte München in kurzer Zeit wieder zu einem führenden Theater zu machen. Und zwar nicht nur relativ zu einem führenden Theater. Das Resultat wäre, dass die besten deutschen Opernaufführungen in Berlin und München zu hören sind. Dank einer Reform, die ihr Ziel nicht durch Zwang sondern auf dem natürlichen Wege der Fortpflanzung erreichen will.

Erst gegen Ende kam Krauss feierlich auf die »schlagartige Wirkung« des neuen Opernhauses zu sprechen:

11.) Denkt man sich nun die angedeutete Aufbauarbeit 3–4 Jahre fortgesetzt und ist es also möglich geworden aus Berlin und gleichermaßen aus München ein Mustertheater zu machen […] so ist immerhin noch ein Einwand zu erwarten, der Einwand nämlich, dass, selbst bei ganz gleicher Qualität der beiden Bühnen, Berlin als Musterinstitut, als Ausgangspunkt der Reform das bedeutungsvollere Institut ist. Dieses Ergebnis würde nun allerdings zeigen, dass das gestellte Ziel, München zur bedeutendsten Theaterstadt Deutschlands zu machen nicht erreicht ist. Hier, zu diesem Zeitpunkt kommt nun das inzwischen (3–4 Jahre) neu aufgebaute Festspielhaus zu einer schlagartigen Wirkung. Durch diesen Theaterbau wird der Schwerpunkt der Aufführungen plötzlich auf München verschoben. Die Stadt München wird für das Opernwesen Deutschlands wie ein Gravitationsfeld wirken. Alle Künstler werden ihren Ehrgeiz dareinsetzen im neuen Festspielhaus gehört zu werden. Alles Publikum wird die Aufführungen im Festspielhaus gesehen haben wollen. München kann wirklich dadurch zum Mittelpunkt des Deutschen Kunstlebens werden.
12.) Die Verwirklichung der hier angedeuteten Reform hat zur Voraussetzung, dass alle zu ihrer Durchführung ausersehenen leitenden Köpfe gemeinsam auf das ideale Ziel hinarbeiten, ohne Eitelkeit ohne Egoismus und mit der größten Verantwortlichkeit zu der sie schon ihr außerordentliches Talent verpflichtet – keine Konkurrenz sondern freudige Verbundenheit bei größter Protektion für das wirklich Gute, Echte![8]

Die späte Einbeziehung des Neubaus ist ein Indiz dafür, dass Krauss dieses nicht für den zentralen Teil seiner Opernreform hielt – vielmehr entsteht der Eindruck, dass der Künstler Krauss die gigantomanischen Wünsche von Hitler als Vehikel nutzte, um seine eigenen Vorstellungen einer perfekten Oper umzusetzen, denn das neue Haus scheint hier dem Argumentationszusammenhang künstlich aufgesetzt.

## NS-Kulturprogrammatik: »Theater im neuen Deutschland«

Die Münchner Gigantomanie fügte sich ins Gesamtbild der nationalsozialistischen Kulturpolitik: Ein Manuskript der Reichstheaterkammer für das *Svenska Teaterförbundets Medlemsblad* aus dem Jahr 1936 mit dem Titel »Das Theater im neuen Deutschland« gab von offizieller Seite die leitenden Gesichtspunkte über das NS-deutsche Theaterwesen wieder. Auch wenn vom schwedischen Redakteur über die Nordische Verbindungsstelle Berlin ausdrücklich darauf hingewiesen worden war, dass er keinen Propaganda-Artikel veröffentlichen könne und deshalb um »einen kurzen und sachlich gehaltenen Aufsatz«, um »eine sachlich objektive Darstellung der Grundgedanken«[9] bat, las sich der Artikel wie ein rauschendes Manifest:

Um die augenblickliche Situation des deutschen Theaters zu verstehen, muss man sich vergegenwärtigen, dass eine radikal einschneidende Veränderung in der Kulturpolitischen Marschrichtung mit der Machtübernahme durch den Nationalsozialismus eingetreten ist. Das Kennzeichnende war dabei nicht so sehr eine äussere, organisatorische Veränderung, als vielmehr der innere Wandel, der deshalb auch nicht durch ein blosses Herumwerfen des Steuers, sondern durch einen inneren Umschmelzungsprozess langsam sich vollziehen musste. Die Jahre vor dem Umschwung waren gekennzeichnet durch das Schlagwort von der Theaterkrise, deren Ursachen fälschlicherweise zumeist nur in der äusseren Konkurrenz der durch die technische Entwicklung aufgekommenen neuen Kunst- und Unterhaltungsmittel, wie insbesondere Tonfilm und Rundfunk, erblickt wurde. Viel verhängnisvoller war die Tatsache, dass die Theaterkunst, die ihrem Wesen nach Gemeinschaftserlebnis ist, in einem weltanschaulich in zunehmendem Masse atomisierten Publikum nicht mehr die notwendige Resonanz finden konnte, vielmehr durch ihre eigene Hingabe an den Tagesstreit der Meinungen selbst zu einem Faktor der Zerklüftung und Zersplitterung wurde. Dies wurde besonders spürbar in einem Lande, in dem die öffentliche Theaterpflege, aufbauend auf einer 150jährigen Tradition, in ganz außerordentlichem Masse entwickelt war. Der Gedanke des National-Theaters, dem so viele hervorragende deutsche Theatermänner ihr Leben gewidmet hatten, konnte nicht ärger ad absurdum geführt werden als dadurch, dass die Bühne sich einer Nation ohne jegliche Einheit in der geistigen Haltung gegenübersah. Der Kernpunkt aller Bemühungen um das Theater im neuen Deutschland ist nun eben der, auf der Grundlage der weltanschaulich einer neuen Einheit zugeführten Nation die Idee des Nationaltheaters zur grösstmöglichen Verwirklichung zu bringen. Denn das Theaterspielen ist in Deutschland schon immer nicht lediglich als Zeitvertreib, Mummenschanz und Sensation, sondern als Abbild und Vorbild des geistigen Lebens der Volksgesamtheit aufgefasst worden, als Ausdruck des stärksten kulturellen Gemeinschaftswillens, an dem in irgendeiner Form teilzunehmen zu den Pflichten des guten Staatsbürgers und Volksgenossen gehört. Es ist deshalb vom neuen Staate die Pflicht ohne weiteres übernommen worden, die bestehenden öffentlichen Bühnen mit allen verfügbaren Kräften zu erhalten und darüber hinaus ihre Zahl nach Möglichkeit noch zu vermehren. [...] Aber nicht nur die Zahl der Bühnen soll auf möglichste Höhe gebracht und auf ihr gehalten werden, sondern auch die Besucherschaft der einzelnen Bühnen sich in möglichst weite Volksschichten verbreiten.[10]

Bezeichnend für dieses insgesamt fünfeinhalb Seiten lange Manuskript war der stets handschriftlich korrigierend eingefügte Terminus »Nationaltheater« anstelle des in der früheren Fassung jeweils gebrauchten Begriffs »nationalsozialistisches Theater«. Die Okkupation eines historischen Begriffs mit tiefgreifender Veränderung seiner Bedeutung war unverkennbar. Des Weiteren gab der Text Aufschluss über die intendierte »Erfassung neuer Kreise unter dem Gesichtspunkt der nationalsozialistischen Weltanschauung« (also nationalsozialistische Kulturgemeinde), den Einbezug der »Kraft durch Freude«-Organisation für die »Feierabend-Betreuung der Werktätigen« sowie die Heranführung der Jugend ans Theater. Danach verschaffte der Text eine grobe Übersicht über die Organisationsstruktur des gesamten Theaterwesens unter der Aufsicht des Reichsministeriums für Volksaufklärung und Propaganda: Das minutiöse Zusammenspiel der Unterorgane Reichskulturkammer, Reichstheaterkammer, Fachschaft Bühne sowie die Funktion des Reichsdramaturgen Rainer Schlösser und des Reichsbühnenbildners Benno von Arent wurden erläutert. Ferner wurde abschließend die Bedeutung des Laienspiels für das »Theater im neuen Deutschland« betont: »Im echten Laienspiel kommt eine naturhafte Spielfreude des Volkes zum Durchbruch, die oft gerade auch bei grösseren Aufgaben, wie Heimat und Volksfestspielen im Freien erfolgreich mit herangezogen wird, um eine echte Verbundenheit zwischen Volksgemeinde und Darstellerschaft auf der Szene zu schaffen.«

Zur intensiven Wechselwirkung zwischen Volk und Kunst äußerte sich auch Clemens Krauss bzgl. der Institution Oper in der Münchner Presse:

Jede Kunstschöpfung muß irgendwie ihren Ursprung im Volk haben, wenn sie Bestand haben will, und jedes Volk wiederum wird sich seines Wertes am richtigsten bewußt, wenn es ihn an den Werten der künstlerischen Taten mißt, die es hervorgebracht hat. Diese enge, ideale Verbundenheit zwischen Volk und Kunst ist gerade in deutschen Landen besonders entwicklungsfähig, und nach dem Wunsch und Willen des Führers wollen wir alle, die wir an künstlerischer Stätte zu wirken haben, mit heiligem Ernst und fanatischer Hingabe an unsere Aufgabe bestrebt sein, immer das Volk der Kunst und die Kunst dem Volk zu erobern.[11]

Die ausschweifenden Fantasien und größenwahnsinnigen Ambitionen von Krauss, Hitler und den Vertretern des nationalsozialistischen Theaterapparats erreichten gedankliche Dimensionen und uferlose Ausmaße, die ungeachtet der (Kriegs-)Realitäten eher an Wunsch- und Wahndenken gemahnten als an tatsächliche Machbarkeit, an der sie großspurig vorbeischrammten. Die polykratisch und widersprüchlich aufgebaute Bürokratie in ihrer diffusen Zuständigkeit und Verantwortung sollte dies mehrfach unter Beweis stellen.

Bezüglich eines Opernhausneubaus für München vereitelte schließlich der Kriegsausbruch auch dieses kostenaufwendige Projekt: Die geplante Fertigstellung des Theaters musste zunächst auf Sommer 1950 verlegt werden, bereits 1940 hieß es in einem Schreiben des Bayerischen Innenministeriums nach Berlin: »[U]nter den jetzigen, veränderten Verhältnissen ist ein Beginn der Bauarbeiten vor Kriegsende nicht beabsichtigt.«[12] Hitler indessen wollte im Oktober 1943, nach der Zerstörung des Nationaltheaters, persönlich noch einmal den Neubau forcieren. Die Macht des Diktators war zu diesem Zeitpunkt jedoch schon so weit erodiert, dass sich führende lokale NSDAP-Politiker wie der Münchner Gauleiter Paul Giesler offen gegen das Projekt aussprechen konnten. Dessen Bruder, der Architekt Hermann Giesler, lehnte in der internen Korrespondenz der NSDAP sogar die Grundidee eines modernen Neubaus ab und sprach sich für eine Wiederaufbau-Lösung aus, bei welcher der »Charakter des Hauses gewahrt« werde – ein offener Widerspruch gegen die Wünsche des Führers und die Vorwegnahme der Argumentation der schlussendlich erfolgreichen Kampagne zum »originalgetreuen« Wiederaufbau.

Die ersten Opernvorstellungen im Prinzregententheater, im Ausweichquartier der Bayerischen Staatsoper, fanden im Mai 1944 statt. Clemens Krauss dirigierte Webers *Freischütz*, in doppelter Besetzung und in vereinfachter Bühnenversion: Trotz des fortgeschrittenen Krieges hielt die Staatsmacht 1944 am Status quo und den Zukunftsplänen fest, der Spielbetrieb sollte unbedingt aufrechterhalten werden. Um eine »sachlich und zeitlich nicht zu rechtfertigende Konkurrenz« der größten deutschen Opernhäuser untereinander zu vermeiden, gab Minister Goebbels in Berlin noch im Februar 1944 neue Anweisungen:

I. An der Spitze aller deutschen Operninstitute rangieren folgende fünf Opernhäuser:
1.) Preussische Staatsoper, Berlin
2.) Staatsoper München,
3.) Staatsoper Wien,
4.) Dresdner Staatsoper,
5.) das Deutsche Opernhaus, Berlin.
II. Gagen an den unter I genannten Opernbühnen sind unter Beachtung der Gleichrangigkeit der Institute entsprechend zu behandeln. In Zweifelsfällen behält sich der Herr Minister eine Entscheidung vor.[13]

### Ämterverflechtung und Polykratie: Reichstheaterkammer und Reichsdramaturgie

Bei der Reichstheaterfestwoche 1936 in München fasste Reichsdramaturg Rainer Schlösser die bisherige Theaterpolitik zusammen und begründete die Wichtigkeit des Theaters für den Nationalsozialismus streng nach dem Führerprinzip[14]:

So hat ein nationalsozialistisches Publikum ein nationalsozialistisches Theater und ein nationalsozialistisches Theater eine nationalsozialistische Dramatik gefunden. [...] Es ist eine Tatsache von schicksalhafter und symbolhafter Bedeutung, daß der leidenschaftlichste und verständnisvollste und schöpferischste Theaterbesucher Deutschlands zugleich Deutschlands Führer ist.[15]

Bei der Betrachtung der nationalsozialistischen Theaterpolitik stechen zwei Aspekte hervor: Die polykratische Kompetenzenvielfalt sowie die Ämterverflechtung und -häufung einzelner Funktionsträger. Beide Prinzipien sind typisch für die Zeit der nationalsozialistischen Herrschaft in Deutschland.[16] Die wichtigsten Institutionen der NS-Theaterpolitik waren die Reichstheaterkammer und die Reichsdramaturgie.

Die Oper hatte im Nationalsozialismus große Bedeutung, sowohl symbol- als auch gesellschaftspolitisch. Die symbolpolitische Bedeutung ergibt sich unter anderem aus der Konzentration des Nationalsozialismus auf den Führerkult um Adolf Hitler. Dieser war ein großer Opernliebhaber und begriff das bereits erwähnte Erweckungserlebnis mit Wagners *Rienzi* als die Auslösung des Wunschs, sich politisch zu betätigen.[17] Die Beziehung Hitlers zur Bayerischen Staatsoper war emotional eng, deshalb stand sie auch unter »Führervorbehalt«. Dies bedeutete, dass alle künstlerischen und personalpolitischen Fragen an diesem Haus direkt über Hitlers Schreibtisch zu laufen hatten, was in der Praxis freilich nie umgesetzt wurde. Auch sonst war die Kunstform Oper im Nationalsozialismus zentral: Die jährlich stattfindenden Reichsparteitage in Nürnberg wurden rituell mit den *Meistersingern* im Opernhaus eröffnet.[18]

Neben der symbolpolitischen hatte die Oper im Nationalsozialismus auch eine gesellschaftspolitische Bedeutung. Oper war damals gewiss kein Massenmedium, sondern vor allem eine Kunstform für bürgerliche Kreise. Die lautstarke und brutale Massenpropaganda kam in den neuen Medien Radio und Kino zum Tragen. In der Musiktheaterpolitik wurde scheinbare Liberalität ausgestellt, es gab keine allzu offensichtliche Propaganda. Ganz im Gegenteil hatten Künstler weitreichende Spielräume, sie durften anfangs sogar relativ ungestraft Kritik äußern, auch die Parteimitgliedschaft war nicht zwingend. Bei all diesen Maßnahmen ging es den Machthabern offensichtlich darum, die Künstler als Aushängeschilder des Regimes zu benutzen, dem Bildungsbürgertum im Inland sowie der internationalen Gesellschaft zu beweisen, dass das NS-Regime kunst- und menschenfreundlich sei.[19] Das übergeordnete Ziel aller politischen Bemühungen in Hinblick auf die »Deutsche Kunst« war also die Darstellung der Verbundenheit von Politik, Künstlern und Volk, sinnbildlich die gelebte Volksgemeinschaft.[20]

In diesem Zusammenhang wurden auch zwei Gesetze verabschiedet, die aus heutigem Blickwinkel skurril anmuten. Ersteres betraf das Verbot von »Kunstkritik«: Die deutschen Künstler sollten nicht mehr dem als zynisch geschmähten »Intellektualismus« der Kritiker ausgesetzt sein. An die Stelle der Kritik trat die »deutsche Kunstbetrachtung«, welche zur alleinigen Aufgabe hatte, die »Deutsche Kunst« im nationalsozialistischen Sinn in den Himmel zu loben.[21] Das zweite Beispiel war das – im Übrigen nie durchgesetzte – Verbot von Szenenapplaus:[22] Zum einen sollte hiermit unterbunden werden, dass das Publikum mit Beifalls- oder Unmutsäußerungen einzelnen Textstellen politische Bedeutung verlieh und damit gegen das Regime protestierte – am berühmtesten sicherlich das Beispiel mit Marquis Posas akklamierter Replik »Geben Sie Gedankenfreiheit, Sire!« in Schillers *Don Carlos*. Zum anderen sollte durch das Verbot von Bravi und Buhs für einzelne Darstellerinnen und Darsteller der Ensemblegedanke gestärkt und damit erneut die Volksgemeinschaft beschworen werden.

Reichsdramaturg Dr. Rainer Schlösser. Undatiert.

In dem in mehreren Zeitungen veröffentlichten Beitrag »Volksverbundene Kunst« fasste der »Volksdichter« und Mitarbeiter der Reichsdramaturgie Walter Möller die Grundlinien der Theaterkammerpolitik zusammen:

Wenn der Theaterdirektor im Faust-Vorspiel sagt: »Ihr wißt, auf unseren deutschen Bühnen probiert ein jeder, was er mag.«, so trifft das auch für das Theater des neuen Deutschland durchaus zu. Der künstlerischen Vielgestaltigkeit und Freiheit, die allein die Entwicklung gewährleisten, sind keine Schranken gesetzt, solange es sich um die Pflege artverbundener deutscher Kunst handelt.[23]

Um eben diese Pflege zu gewährleisten, wurde die Reichstheaterkammer gegründet. Formal war sie eine von sieben Einzelkammern der von Joseph Goebbels ins Leben gerufenen Reichskulturkammer. Die Theaterkammer entstand durch den Zusammenschluss des Deutschen Bühnenvereins mit der Genossenschaft deutscher Bühnenangehöriger. De facto handelte es sich also um eine Zusammenlegung und damit Gleichschaltung von Arbeitgeber- und Arbeitnehmerorganisationen unter dem großen Dach der »Volksgemeinschaft«. In die Reichstheaterkammer integriert wurden die Vereinigung der künstlerischen Bühnenvorstände, der Deutsche Chorsängerverband und Tänzerbund, die Vereinigung der Bühnenverleger, der Verband der Bühnenschriftsteller und Komponisten und der Einheitsbund deutscher Berufsmusiker. Der Reichstheaterkammerpräsident (und in Personalunion Reichsdramaturg) Rainer Schlösser feierte diese Gleichschaltung:

> Die Möglichkeit, aus der Ideologie des Klassenkampfes heraus künstlerische und materielle Ansprüche der Bühnenangehörigen zu verfechten, ist jetzt völlig ausgeschlossen. [...] Aus einer Genossenschaft wird eine Kampfgenossenschaft für die nationalsozialistische Idee des Theaters, aus einem Verein wird die vereinigte Hingabe an dieselbe Idee, aus einem Verband wird die Verbundenheit mit den kulturellen Hochzielen des Dritten Reiches.[24]

Sein Geschäftsführer, der österreichische Nationalsozialist Alfred Eduard Frauenfeld, der nach der politisch motivierten Flucht aus seinem Heimatland mit einem Posten versorgt werden musste,[25] sekundierte:

> Der Nationalsozialismus hat nicht, wie ihm vielfach vorgeworfen wurde, das Theater politisiert und zum politischen Forum gemacht, er hat vielmehr im Gegenteil das deutsche Theater dem Streit der Parteien entzogen, indem er diese Parteien beseitigte.[26]

Die Mitgliedschaft in der Reichstheaterkammer war verpflichtend, Auftrittsgenehmigungen wurden nur für Kammermitglieder erteilt. »Politisch unzuverlässigen« Künstlerinnen und Künstlern wurde die Mitgliedschaft in der Kammer und damit die Möglichkeit, den Beruf auszuüben, versagt. Die Mitgliedschaft war nur mit Ariernachweis möglich, was ein Auftrittsverbot für Juden bedeutete. Allerdings wurden, um das Kulturleben in den ersten Jahren des Nationalsozialismus nicht zu sehr auszudünnen, überraschend viele Sondergenehmigungen erteilt, die jüdischen Bühnenkünstlern die Weiterbeschäftigung ermöglichten.[27]

Bei den eigenen Mitgliedern machte sich die Reichstheaterkammer durch eine Reihe von Maßnahmen beliebt: Schauspieler, die in der Vergangenheit oft als »asozial« betitelt wurden und in die Nähe von »Zigeunern und fahrendem Volk« gerückt worden waren, wurden nun in den Rang eines »ehrenvollen Berufsstandes« erhoben – eine Maßnahme, welche das Selbstbewusstsein vieler deutscher Kammermitglieder stärkte. Darüber hinaus wurden viele Sozialleistungen und Versicherungen eingeführt, die unter anderem mit dem Kulturgroschen – einer Abgabe von fünf Pfennigen pro verkaufter Eintrittskarte – refinanziert wurden und für die Absicherung der Künstler im

Krankheitsfalle sowie im Alter sorgen sollten. Außerdem wurde die Beschäftigung von Laien an deutschen Bühnen verboten, die bis dahin als kostengünstigere Konkurrenz den ausgebildeten Schauspielern Engagements wegnahmen. Auch das Ausbildungsgesetz wurde unter dem Label »Bühnennachweis« neu geregelt, eine Maßnahme, die sich vor allem gegen »ausbeuterische« Privatschulen und -lehrer richtete und die Zahl der Berufsanfänger regulieren sollte.[28] Im Mai 1938 konnte die gleichgeschaltete Zeitschrift *Die Bühne* stolz vermelden, dass die Theaterkammer mehr oder weniger reibungslos funktioniere:

Die Entwicklung beim organisatorischen Ausbau der gesamten Reichskulturkammer ist nunmehr soweit abgeschlossen, daß die während des Aufbaus notwendige Personalunion in der Leitung einzelner Abteilungen des Ministeriums und wichtiger Ämter im Bereich der Reichskulturkammer aufgehoben werden kann.[29]

Rainer Schlösser gab den Vorsitz der Reichstheaterkammer ab und konzentrierte sich ganz auf sein Amt als Reichsdramaturg. Ob diese offizielle Begründung der Wahrheit entspricht oder Schlösser in Goebbels' Augen nicht hart genug in der Umsetzung der strikten »Entjudungspolitik« agierte, kann nicht letztgültig geklärt werden.[30] Die Aufgabenteilung der beiden Institutionen beschrieb *Die Bühne* wie folgt: »Dem Ministerium kommt die politische und kulturpolitische Führung, den Kammern die berufsständische Betreuung ihrer Mitglieder zu.«

Die Situation der Theater war zu Beginn des Dritten Reiches laut NS-Ideologie desaströs. Wilhelm Rode schrieb in den *Nationalsozialistischen Monatsheften* über »Opernführung im Dritten Reich«:

Wenn der Nationalsozialismus auf allen Gebieten des öffentlichen Lebens, bei denen er Hand anlegt, weit ausholt, erst einmal aufräumt, und dann auf weiteste Sicht plant, so liegt das nicht an einem vermeintlich utopischen ›Alles-oder-nichts-Standpunkt‹, sondern es liegt einfach daran, daß von einer ›Führung‹ im heutigen Sinne kaum auf irgendeinem Gebiete bislang je die Rede sein konnte. Man sang sozusagen gar nicht mehr. Der verwelschte Mozart wurde gesäuselt, Wagner wurde gebrüllt, und im Übrigen war all das überhaupt Nebensache, denn ›Oper‹ – das war nun der Kapellmeister, das heißt meist der jüdische, oder wenigstens der liberalistisch-intellektuelle mit ›Auffassung‹. Damit war dann weiterhin auch der Weg frei für den planmäßigen Einbau jener expressionistischen Regie- und Bühnenbildexperimente, die heute als wildgewordenes Kunstgewerbe und größenwahnsinnige Gebrauchsgraphik entlarvt sind.[31]

Die praktische Umsetzung der Ideologie ging rasch vonstatten: Direkt nach der Errichtung des Propagandaministeriums wurde dort die Abteilung Reichsdramaturgie etabliert. Das Amt des Reichsdramaturgen, de facto im Rang eines Abteilungsleiters, bekleidete der bis dato als Lyriker und Publizist in Erscheinung getretene Dr. Rainer Schlösser.[32] Seine Aufgabengebiete wurden nie genau definiert, was dem von der Führung durchaus beabsichtigten »Kompetenzgerangel« entsprach. Schlösser schuf sich also seine Aufgabengebiete weitgehend selbst, oft wurden Anordnungen und Kompetenzen erst im Nachhinein per erlassenem Gesetz legalisiert; auch dies eine im Nationalsozialismus gängige Strategie.

Der *Völkische Beobachter* lieferte eine Berufsbeschreibung der wegen dieser »Zustände« neu geschaffenen Stellung des Reichsdramaturgen:

Die Ernennung eines Reichsdramaturgen stellt einmal mehr unter Beweis, wie sehr der nationalsozialistische Staat von der überragenden Bedeutung jedweder kulturellen Aufgabe durchdrungen ist. Er hat an der Inbeziehungsetzung des Theaters zur Idee des Volkes mitzuwirken, wobei er die unerbittliche Willenhaftigkeit nationalsozialistischen Denkens mit dem Geist weitgehender künstlerischer Aufgeschlossenheit wird verbinden müssen. [...] Eine in der deutschen Geistesgeschichte einzigartige Instanz, die dem Stiefkind der Nation, dem deutschen Dramaturgen, fördernde Liebe angedeihen lassen soll.[33]

Selbstverständlich handelte es sich bei der hier postulierten »weitgehenden Aufgeschlossenheit« um einen Euphemismus. Rainer Schlösser selbst definierte sein Aufgabengebiet relativ ungeschönt:

Es unterliegt keinem Zweifel, daß diese Bestimmung [der Spielplankontrolle] das volle Gegenteil liberalen Denkens darstellt. Wenn irgendwo, werden sich hier die Geister der Unverantwortlichen scheiden, weil mit einem Federstrich alles ausgeschaltet wird, was sich unter dem Motto ›Freiheit der Kunst‹ als Willkür des Einzelnen auf Kosten der Gemeinschaft in den Zeiten des Kulturbolschewismus nur zu deutlich enthüllt hat.[34]

Als Hauptaufgabe der Reichsdramaturgie kristallisierte sich schnell die Spielplankontrolle heraus. Dies bedeutete, dass alle Theater- und Opernspielpläne des Deutschen Reiches von Schlösser genehmigt werden mussten.[35] Den Plan, alle Programmhefte des Reiches einheitlich selbst zu gestalten und unter dem Titel »Reichsdramaturgische Blätter« reichsweit zu verteilen, musste Schlösser wegen des unüberschaubaren Arbeitsaufwandes allerdings schnell wieder fallen lassen.[36]

Bei Schlössers Spielplanpolitik stellte sich früh eine ideologische Priorität heraus: Die Werke von jüdischen Komponisten sollten aus dem Repertoire verschwinden. Dabei wurde jedoch nie offenkundige Zensur angewendet, vielmehr agierten Schlösser und seine Mitarbeiter ausschließlich in einem System aus Empfehlungen und Einzelfallentscheidungen, die gerne auch nach persönlicher Sympathie den jeweiligen Intendanten gegenüber gefällt wurden. So stand zum Beispiel die beim Publikum beliebte

Oper *Hoffmanns Erzählungen* des jüdischen Komponisten Jacques Offenbach in Hannover anstandslos auf dem Spielplan, in München jedoch trotz persönlicher Bitte des Generalintendanten Oskar Walleck – verboten war.[37]

Bei allen Aktivitäten versuchte die Reichsdramaturgie unter Rainer Schlösser stets unangreifbar zu bleiben und möglichst kunstfreundlich und liberal zu wirken. Dazu drei Beispiele. Erstens: Dem ideologischen Übereifer der Parteibasis und einzelner nationalsozialistischer Künstler, die nun ihre große Chance witterten, wurde Einhalt geboten. Zur Aufführung von *Hoffmanns Erzählungen* in Hannover erreichte die Reichsdramaturgie etwa das Schreiben eines aufgebrachten SA-Mannes an Schlösser persönlich:

Ich bitte um Mitteilung, wer dafür verantwortlich ist, daß heute am 17.1.34 im Opernhaus Hoffmanns Erzählungen von dem Juden Jacques Offenbach aufgeführt wird. Ich bin SA-Mann seit 1927 und bin nicht gewillt, diesen unerhörten Skandal ungesühnt zu lassen. Dafür sind meine Kameraden nicht gefallen, daß schon 1 Jahr nach der Revolution schon wieder diese jüdischen Dudeleien aufgeführt werden.[38]

Schreiben wie dieses wurden ignoriert und blieben unbeantwortet.

Zweitens: Es wurden im Prinzip keine »komponierenden Parteigenossen« gefördert. Die Linie hieß hier tatsächlich: Künstlerische Qualität vor ideologischer Zuverlässigkeit und Loyalität. Ausnahmen in den Spielplänen der 1930er Jahre widerlegten nicht den Grundsatz (vgl. S. 108 f.).

Drittens: Textumdichtungen im vermeintlich nationalsozialistischen Sinne wurden untersagt. In der Zeit des Nationalsozialismus fühlten sich viele Intendanten bemüßigt, in vorauseilendem Gehorsam Textänderungen und Neudichtungen für scheinbar ideologisch anstößige Werke in Auftrag zu geben. Diesen Bestrebungen versuchten Schlösser und Goebbels Einhalt zu gebieten, wohl in dem Bewusstsein, dass hier die Grenze zur Lächerlichkeit überschritten würde. Mochte es in Operetten wie *Der Bettelstudent* noch angehen, die Zeile »Der Polin Reiz bleibt unerreicht« umzudichten zu »Die deutsche Frau bleibt unerreicht«[39], so wurde spätestens bei den Versuchen ideologischer Eiferer, den Text von kanonischen Werken wie etwa der *Zauberflöte* von unerwünschter Freimaurerideologie zu befreien und mit den »Werten« des Nationalsozialismus aufzuladen, scharf eingegriffen.[40] Die Reichsdramaturgie formulierte dazu folgendes Rundschreiben an alle Theaterleiter im Deutschen Reich:

Derartige Umgestaltungen in Text und Inhalt anerkannter Tonschöpfungen bedeuten geradezu eine engstirnige Mißachtung der kulturellen Leistungen unserer Vergangenheit. Sie entspringen einer falsch verstandenen weltanschaulichen Wachsamkeit, die nicht zu rechtfertigen ist. Eine selbst große Zeit, wie es unsere Gegenwart ist, vergibt sich nichts, wenn sie die künstlerischen Leistungen früherer Zeiten mit gebührender Achtung und Verständnis für deren Zeitbedingtheit behandelt. […] Während des

Krieges gibt es zumal im jetzigen Zeitpunkt lebensnotwendigere Aufgaben als die Überarbeitung von Oratorien und Opern, die den nationalsozialistischen Auffassungen nicht voll entsprechen. [...] Nach dem Krieg wird der Reichsdramaturg, soweit Textumgestaltungen in einzelnen Fällen notwendig sein sollten, die erforderlichen Maßnahmen treffen.[41]

Aber auch die unvermutet pragmatische Politik in Bezug auf die Spielpläne des Deutschen Reiches war den Schwankungen der politischen Konjunktur unterworfen: Mit dem Kriegseintritt Frankreichs wurden französische Opern und Stücke auf deutschen Bühnen auf einen Schlag verboten, mit dem Kriegseintritt Großbritanniens erlag die englische Theaterliteratur dem gleichen Schicksal.[42] Als Frankreich von deutschen Truppen besetzt wurde, waren französische Werke plötzlich wieder erlaubt, dafür verlor das Repertoire mit dem Kriegseintritt Russlands und dem Verbot der russischen Opern weitere Werke.[43] Wenn man sich die langfristigen Dispositionen an einem Opernhaus vor Augen führt, wird klar, wie schwer es unter diesen Umständen war, einen Spielplan konsequent zu gestalten und durchzusetzen.

Interne Konkurrenz bei der Spielplankontrolle und Theaterbeaufsichtigung erhielt die Reichsdramaturgie vom Kampfbund für deutsche Kultur unter der Führung von Alfred Rosenberg, der sich als oberster deutscher Theaterideologe gerierte. Am Beispiel der Kontrolle der Theater lässt sich das typische Prinzip der sich überschneidenden und widersprechenden Kompetenzen belegen: Die Bayerische Staatsoper etwa wurde von einem halben Dutzend unterschiedlicher Reichs- und Parteiorganisationen überwacht: Von Rainer Schlösser und der Reichsdramaturgie im Propagandaministerium, von Alfred Rosenberg und dessen Kampfbund sowie später der Organisation Kraft durch Freude, von der Reichstheaterkammer beziehungsweise der Reichsmusikkammer, von der örtlichen Gauleitung sowie wegen des speziellen sogenannten Führervorbehalts von Adolf Hitler persönlich, in der Praxis vertreten durch Martin Bormann. Demzufolge gab es enorm viel Kontrolle, aufgrund des Kompetenzgerangels und der undurchsichtigen Machtstrukturen allerdings auch viele Möglichkeiten, trickreich taktisch zu manövieren und ein von der einen Seite erteiltes Verbot durch Genehmigung einer anderen Stelle zu umgehen. Diese Möglichkeit nutzte in München etwa Intendant und Generalmusikdirektor Clemens Krauss ausführlich, um seine Vorstellungen eines ungestörten Opernbetriebes möglichst reibungslos durchzusetzen.[44]

Trotz aller Differenzen und Eifersüchteleien zwischen den einzelnen Instanzen galt jedoch eine Maxime als unumstößlich in der nationalsozialistischen Theaterpolitik: das Verbot, den Führer oder die nationalsozialistische Revolution auf der Bühne darzustellen. Das Ziel scheint gewesen zu sein, die ästhetische Deutungshoheit über den Nationalsozialismus zu behalten. Von einer Darstellung Hitlers auf der Bühne musste also abgesehen werden. Stattdessen wurde der Führer selbst in der Realität wie eine

Opernfigur inszeniert, die Reichsparteitage der NSDAP folgten einer ausgefeilten Dramaturgie, Fackelmärsche und Fahnenweihen zeugten vom Bewusstsein der Nationalsozialisten für ästhetische Wirkung. Der Nationalsozialismus setzte sowohl auf eine Ästhetisierung der Politik als auch auf eine – wenngleich vordergründig überraschend subtile und mehr strukturell als aufführungsästhetisch wirksam werdende – Politisierung der Ästhetik.[45]   RC

# Spielplanpolitik

**Operndirektor Krauss strebte ab 1937 eine Erneuerung und Erweiterung** des Repertoires an. Besonders in den ersten Spielzeiten war er bemüht, in kurzen Abständen »grundlegende Neueinstudierungen« von Standardwerken zu produzieren. Das Programm wurde Ende Dezember 1936 in einer Pressekonferenz vorgestellt und sollte, wie die Presse glorifizierte, eine »Renaissance der Münchener Oper« einleiten. Mit etwa zehn Neueinstudierungen pro Jahr verfolgte Clemens Krauss das Ziel,

[...] die Münchener Oper im Sinne ihrer alten Tradition weiterauszubauen, die alte Glanzzeit wiederzubringen und im Rahmen seiner Arbeit ein Ensemble von Sängern, Chor, Orchester und Bühnentechnik zusammenzustellen, das später einmal würdig sei, in das vom Führer geplante große neue Münchener Opernhaus einzuziehen.[1]

Die aus heutiger Sicht sehr hohe Zahl von zehn Neueinstudierungen pro Spielzeit stellte für die damalige Zeit eher eine enorme Reduktion dar. Allerdings wurde der Titel »Neueinstudierung« beziehungsweise »Neuinszenierung« oft sehr schnell vergeben, genügte doch häufig schon eine Umbesetzung oder ein neues Bühnenbildelement, um eine Vorstellung als Premiere zu deklarieren. Der Begriff der Regie hatte zu dieser Zeit an der Bayerischen Staatsoper eine völlig andere Bedeutung als heute. Damit wurde eher ein Aufgabenbereich zwischen Arrangeur und Inspizient beschrieben. Mit Krauss und Hartmann sollte sich dies ändern: Für jede Neueinstudierung sollten jeweils vier volle Wochen Probenzeit zur Verfügung stehen. Nach Eigenaussagen der Beteiligten ging es darum, willkürliche Entscheidungen zu verhindern und die gesammelten Kräfte des Hauses ganz in den Dienst eines Werkes zu stellen. Der Beruf des Regisseurs wurde nun als künstlerische Aufgabe definiert, allerdings nicht im heutigen

**Maestro Krauss bestellt Meister Strauss zum Münchner Hausgott. Zeichnung von Gerda von Stengel.**

Sinne als (Co-)Autor des Theaterabends, sondern als Verwirklicher der Oper im scheinbaren Sinne des Autors und der Handlungszeit des jeweiligen Werkes im Rahmen einer sogenannten zeitentsprechenden Darstellung. Die Nationalsozialisten benutzten für diese Art der vordergründig unpolitischen Regie den Begriff »Werktreue«. Clemens Krauss äußerte sich auf seiner Antrittspressekonferenz in München in diesem Sinne:

> Zu dem Aufbau eines entsprechenden Spielplanes ist die möglichste Vollkommenheit der Aufführungen und eine zeitentsprechende Darstellung nötig. Die musikalischen Kunstwerke müssen, erfaßt aus der Zeit ihrer Entstehung, neugestaltet und neu gesehen werden. Man darf nie vergessen, daß nicht die Partitur das Werk sei, sondern die Aufführung. In diesem Sinne betrachte ich es als meine Aufgabe, Werke, die ewige Kunstwerke in sich tragen, in vorbildlicher Werktreue neuzugestalten, mit erkennendem Eindringen in die Zeit, in der das Werk geschaffen worden sei.[2]

Zusammen mit Regisseur Rudolf Hartmann und Bühnenbildner Ludwig Sievert entwickelte Krauss für München einen Aufführungsstil, der bald für sein künstlerisches Niveau in Bezug auf Sängerauswahl, Ausstattung und Massenszenen berühmt wurde.

Krauss' Ansicht zufolge hatte ein hochdotiertes Theater wie die Staatsoper nicht weniger als vierzig Werke für das Repertoire bereitzuhalten: Von Januar 1937 bis zur Zerstörung des Nationaltheaters im Oktober 1943 brachte Krauss 53 Opernpremieren heraus, für 40 davon übernahm er selbst die musikalische Leitung. Im slawischen und im zeitgenössischen Repertoire bekam das primär Wagner gewöhnte Münchner Publikum Neues zu hören und zu sehen.

In der Beurteilung der künstlerischen Neu-Organisation attestierten Oskar von Pander in seiner 1955 veröffentlichten Monografie *Clemens Krauss in München* und Erik Maschat in seinem Bericht »Der Opernleiter Clemens Krauss« der Direktion

Krauss diverse geglückte Reformen. So wurde ein künstlerischer Abenddienst für den musikalischen und szenischen Ablauf jeder einzelnen Vorstellung eingeführt: Ein Orchesterdirektor (Kapellmeister) organisierte Diensteinteilung und -antritte, der neu eingerichtete musikalische Abenddienst (wechselnde Korrepetitoren und Kapellmeister) hatte als Parallelfunktion zum diensthabenden Abendregisseur (Regieassistenten) musikalische Fehler und szenische Ungenauigkeiten festzuhalten und ggf. zusätzliche Proben anzusetzen.[3] Auf erforderliche Korrekturen im Notenmaterial legte Krauss großen Wert. In weiteren Sonderinitiativen veranlasste bzw. unterstützte er neue oder wesentlich verbesserte Übersetzungen fremdsprachiger Operntexte. Gegen die von der Reichsdramaturgie als »reichsverbindlich« erklärten ideologiekonformen Übersetzungen der italienisch textierten Werke Mozarts protestierte Krauss mit Erfolg. Auch befürwortete er die Einführung sogenannter durchschossener Klavierauszüge mit eingefügten Dekorationsgrundrissen und szenischen Anweisungen.

Als musikalische Säulen der Staatsoper etablierte Krauss neben den Repertoireklassikern Mozart, Wagner und Verdi auch den Zeitgenossen Richard Strauss. In der erwähnten Pressekonferenz äußerte sich Krauss zu den vier Komponisten: »Ohne diese Meister ist ein Theater nicht zu denken und daher will ich damit beginnen, diese Meisterwerke neu aufzuführen, in neuer Besetzung, im neuen Gewande und mit einer grundsätzlich neuen Auffassung.« Mit der Würdigung und programmatischen Einbeziehung von Strauss' Schaffen in den Spielplan erhielt München neben Mozart und Wagner einen dritten Hausgott. Krauss stellte sich zur Aufgabe, im persönlichen Austausch mit Strauss dessen sämtliche Opernwerke in neugestalteten Aufführungen herauszubringen: Allein 1937 wurden *Rosenkavalier*, *Salome* und *Ariadne auf Naxos* neueinstudiert. Zwischen 1937 und 1943 bspw. hat Krauss 44-mal *Rosenkavalier*, 25-mal *Salome*, 24-mal *Ariadne auf Naxos*, 20-mal *Arabella*, 17-mal *Capriccio* und 10-mal *Frau ohne Schatten* dirigiert. Strauss, dessen Werke bislang vorwiegend in Dresden uraufgeführt worden waren, vertraute nun der Bayerischen Staatsoper seine neuen Opern an: 1938 *Friedenstag* und 1942 *Capriccio*, dessen Text Krauss selbst verfasst hatte. RC

### Der ästhetische Repräsentationsgedanke – *Arabella*

Den Wechsel des Uraufführungshauses von Dresden nach München, der tatsächlich erst 1938 mit *Friedenstag* gelang, hatte Richard Strauss schon 1933 für *Arabella* vorbereitet. Die Begleitumstände waren nicht ohne Pikanterie und brachten teilweise bestürzende (kultur-)politische Erfahrungen für den Komponisten. In Dresden hatte Strauss in zwei verschiedenen Staatsformen (Kaiserreich und Demokratie) und unter jeweils völlig anderen gesellschaftlichen Rahmenbedingungen für kulturelle Moderne vor allem hervorragende Sängerinnen und Sänger und zwei ausgezeichnete Dirigenten angetroffen: Ernst von Schuch (bis 1919) und Fritz Busch (von 1922 bis 1933). Außerdem war die Dresdner Staatskapelle eines der herausragenden deutschen Orchester. Kein Wunder, dass zwischen 1901 (UA *Feuersnot*) und 1928 (UA *Ägyptische Helena*) sechs Strauss-Opern (neben *Feuersnot* und der *Ägyptischen Helena* die herausragenden Erfolgsopern *Salome*, *Elektra* und *Der Rosenkavalier* sowie *Intermezzo*) aus der Taufe gehoben wurden – mehr als die Hälfte der zehn Opern (die beiden Fassungen der *Ariadne auf Naxos* als zwei selbstständige Werke gerechnet), die Strauss bis 1933

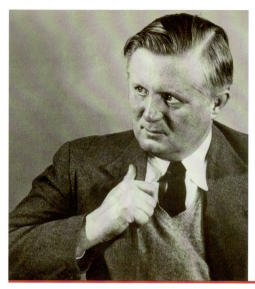

Fritz Busch, um 1930.

komponiert hatte. Auf den Nimbus des Dresdner Hauses und auf die unverkennbaren Qualitätsmerkmale der künstlerischen Arbeit wollte Strauss nicht gern verzichten. Dennoch setzte er alle Hebel in Bewegung, um schon mit *Arabella* im Sommer 1933 eine Doppelpremiere in Dresden und München am selben Abend zu arrangieren und damit endlich mit einer Uraufführung den Schritt in seine Heimatstadt München zu tun. Fritz Busch stellte sich jedoch quer und bestand auf Erfüllung des Vertrages: Für den Beginn der Festspiele im Juli des Jahres hatte die Dresdner Staatsoper den Zuschlag erhalten. Hans Knappertsbusch reagierte in München ebenso halsstarrig und verschob die Münchner Erstaufführung von dem denkbaren Festspieltermin im Nationaltheater gleich in die folgende Saison. Er arrangierte auf diese Weise seine eigene *Arabella*-Geschichte. Es wurde der 23. November 1933, dann aber mit ähnlichem Erfolg wie in Dresden.

Der Erfolgsgarant in Dresden war freilich nicht Fritz Busch, der zum Zeitpunkt der *Arabella*-Uraufführung seit fast vier Monaten nicht mehr im Amt des Generalmusikdirektors und Operndirektors war. Die obersten Spitzen der NS-Administration wollten Busch als Top-Dirigenten an die Preußische Staatsoper in Berlin verpflichten, doch der charakterfeste Fritz Busch bedeutete seinem Verhandlungspartner Hermann Göring, damals noch Reichsminister ohne Geschäftsbereich und Reichskommissar für das preußische Innenministerium, dem auch die preußischen Theater unterstanden, er wolle keinem jüdischen Kollegen den Platz wegnehmen. Gemeint war Erich Kleiber, den Göring in seinem neuen Geschäftsbereich (ab Mitte April 1933 als preußischer

**Programmzettel der Dresdner Aufführung *Friedenstag* als EA und zuvor *Daphne* als UA.**

Ministerpräsident) auf diese Weise geräuschlos abservieren konnte. Der prinzipienfeste Busch, der sich von Göring bei der Verhandlung in keiner Weise beeindrucken ließ, büßte diese Haltung mit einer der spektakulärsten Gewaltaktionen, die die NS-Führung damals zu bieten hatte: Am 7. März 1933 wurde Busch vor Beginn einer *Rigoletto*-Abonnementvorstellung in der Dresdner Staatsoper von SA-Horden vom Dirigentenpult weggebrüllt. Busch verließ das Haus und betrat es nie wieder.

Der 1933 noch gescheiterte Versuch, in München eine Uraufführung zu platzieren, gelang dann tatsächlich 1938 mit *Friedenstag*, freilich ohne Gewissheit, dass Richard Strauss entscheidend an dieser Wendung beteiligt war. Für den 15. Oktober 1938 war in Dresden die Uraufführung von zwei Einaktern vertraglich vereinbart worden: für *Daphne* und *Friedenstag*. Adolf Hitler nutzte jedoch die Gelegenheit, den spektakulären Coup des Münchner Abkommens im Rahmen der Münchner Konferenz vom 29. September 1938 kulturell zu garnieren mit der Uraufführung der aus Sicht der deutschen Außenpolitik thematisch angemessenen Oper *Friedenstag*. Die Vermutung liegt nahe, dieser Vertragsbruch gegenüber der Dresdner Staatsoper sei auf Befehl des Führers zustande gekommen. Belegen lässt sich dieser Zusammenhang jedoch nur aus sekundären Quellen.[4] In Dresden führte man am 15. Oktober 1938 vor der Pause *Daphne* als Uraufführung und nach der Pause *Friedenstag* als Dresdner Erstaufführung auf. Dirigent der Produktion war kein Geringerer als Karl Böhm.

Um die Begeisterung des Münchner Publikums für *Arabella* in ihrem ganzen Umfang zu verstehen, braucht es den Blick auf die Dresdner Uraufführung. Dort war die Mischung aus Wiener Walzer-Seligkeit, zauberhaftem Wiener Schmäh, auftrumpfendem Klamauk, musikalisch sensibel ausgeleuchteten Figuren und einem bisweilen himmelstürmenden musikalischen Lyrismus schon in den Vorankündigungen zum internationalen Erfolg geschrieben worden, obgleich wegen der strengen Geheimhaltung durch Strauss und der Schwierigkeiten Hofmannsthals, den skurrilen Stoff in eine glaubwürdige Bühnenfassung zu bringen, niemand wusste, um was genau sich die Opernhandlung drehen sollte. Zwei Jahre vor der Uraufführung, ab 1931, also noch im demokratischen System der Weimarer Republik begann in den Gazetten ihre Erfolgsgeschichte, in der unverhohlen geäußerten Hoffnung, eine neue Strauss-Premiere werde die Dresdner Oper in altem Glanz erstrahlen lassen. Tatsächlich bedeutete *Arabella* für Strauss und die Semperoper einen der größten Theatererfolge überhaupt.

Rund um die Uraufführung am 1. Juli 1933, also in der NS-Diktatur, ereignete sich, wie beschrieben, in Dresden eines der frühesten und offen aggressivsten Kapitel nationalsozialistischer »Kulturpolitik«, die beim Publikum auf fruchtbaren Boden stieß. Knapp vier Monate vor der *Arabella*-Premiere verlief die »Säuberungsaktion« der Nationalsozialisten in der Führungsetage der Semperoper sehr rasch, konsequent und beispiellos brutal. Nach Buschs Abgang aus dem Haus folgten ihm an diesem Abend nur zwei Orchestermusiker. Die übrige Staatskapelle fiel ihrem Chefdirigenten in den Rücken und spielte die angesetzte Verdi-Aufführung unter der Leitung von Kapellmeister Hermann Kutzschbach. Nur fünf Tage später erklärten viele Solosängerinnen und -sänger des Ensembles den Generalmusikdirektor und Operndirektor in einer schriftlichen Stellungnahme für unfähig, die Semperoper künstlerisch zu leiten. Unter den Unterzeichneten befand sich mit Friedrich Plaschke (Graf Waldner), Margit Bokor (Zdenka), Martin Kremer (Matteo), Ludwig Eybisch (Zimmerkellner), Rudolf Schmalnauer (Djura) und Kurt Böhme (Graf Dominik) auch ein halbes Dutzend Solisten, die dreieinhalb Monate später in der *Arabella*-Uraufführung sangen und spielten. Nur einen Tag nach dem Eklat im Orchestergraben wurde auch Generalintendant Alfred Reucker, seit 1921 im Amt, ohne Vorankündigung von seinen Geschäften entbunden. Ihm folgte mit dem Geheimrat Dr. Friedrich Theodor Paul Adolph ein Mann, der die linientreue kulturästhetische Zukunft der Semperoper sicherstellte.

Dass Richard Strauss an der Besetzung der Uraufführung nicht unbeteiligt war, mag man ihm als Künstler im eigenen Interesse nachsehen. Mit der Verpflichtung von Clemens Krauss, dem damaligen Musikdirektor der Wiener Staatsoper, als Dirigenten und seiner Ehefrau Viorica Ursuleac für die Rolle der Arabella bot man in Dresden Weltspitze auf. Dass Strauss aber zu Fritz Buschs Vertreibung aus Dresden kein Sterbenswörtchen verlauten ließ, obgleich er damals seit mehr als zehn Jahren einen regen brieflichen Gedankenaustausch mit dem Dirigenten pflegte und ihm wie dem geschassten Intendanten Reucker die Partitur der *Arabella* gewidmet hatte, wirft nicht gerade das beste Licht auf den Komponisten. Die Verpflichtung des Ehepaars Krauss/Ursuleac war wahrlich keine Verlegenheitslösung oder spontane Notaktion als Ersatz für die personellen Lücken;

**Viorica Ursuleac als Arabella im Ball-Bild des 2. Aktes. (UA Dresden 1.7.1933)**

sie zeichnete in der Struktur der überraschenden Entscheidungen vielmehr den Weg der beiden Künstler an die Bayerische Staatsoper vor. 1936 kamen beide in München an und verliehen der Staatsoper fortan ein international glänzendes künstlerisches Gepräge.

Die Nationalsozialisten begriffen den Dresdner Erfolg als Fanal für die herausragende und international bewunderte Pflege des deutschen Kulturguts Oper, und wer auch zwischen den Zeilen zu lesen verstand, konnte schon zwei Tage nach der Premiere, am 3. Juli 1933, aus prominenter Feder Lehrreiches über die Bedeutung dieser Aufführung erfahren. Das spätere NSDAP-Mitglied Eugen Schmitz, ein Münchner »Gewächs«, vor dem Ersten Weltkrieg Musikkritiker bei der Münchner *Allgemeinen Zeitung* und nach seiner Übersiedlung nach Dresden bis 1939 Musikredakteur der *Dresdner Nachrichten*, gab den Ton an: »Das Ereignis der Uraufführung hatte ein glänzendes Publikum im festlich mit den Reichsfarben [Schwarz-Weiß-Rot] und dem Hakenkreuz geschmückten Semperhause versammelt.« Eben dem Befehl zur Beflaggung mit Hakenkreuzfahnen hatte sich Fritz Busch kraft seines Amtes als Operndirektor widersetzt. Schmitz resümierte angesichts dieser festlichen Kulisse im Sinne des Regimes: »Und man hatte immer wieder den Eindruck, daß das nicht nur die gehobene Stimmung dieses einen, die Dresdner Festspielwochen glänzend einleitenden Abends sei, sondern der spontane Ausdruck eines neuen zuversichtlichen Glaubens an die Lebenskraft der deutschen Oper.« Bis in die subtilen Details der Wortwahl wurde der *Arabella*-Erfolg propagandistisch ausgeschlachtet, denn als Garant für diese überragende Qualität galt dem Musikredakteur der *Dresdner Neuesten Nachrichten* der »musikalische Führer« Clemens Krauss. NSDAP-Mitglied Hans Schnoor, in den frühen 1920er Jahren Feuilletonleiter und Musikredakteur der *Dresdner Neuesten Nachrichten* und zwischen 1926 und 1945 Musikredakteur des *Dresdner Anzeigers*, der mit einer vielbewunderten Einführung in *Arabella* die Rundfunk-Live-Übertragung der

Uraufführung eröffnet hatte, besaß auch den Blick für die kulturpolitischen Perspektiven, die sich mit dieser Opernpremiere für Deutschland und das neue Regime eröffneten: »Es war die siebente Straußpremiere in Dresden, die erste im Neuen Reich der Kunst, um dessen Sinngebung wir freudig und stark ringen müssen. […] Aber zugleich heißt es eine Zukunft der deutschen Oper gestalten. Daß Strauß uns dabei in seinem tiefen deutschen Ernst, seiner Neigung zu echt menschlichem Humor und lyrischer Besinnlichkeit helfen wird, das steht nach dieser neuen Arbeit seines Genies außer Frage.« Ein Schelm, wer dabei denkt, auch Strauss habe sich vom Regime und von der Faszination des neuen Volksgedankens vereinnahmen lassen.

Was spielte sich ab in dieser ersten neuen deutschen Oper im neuen deutschen Reich? Die Handlung hatte das Format eines Eklats, reif für einen bilderreichen Exklusivbericht in der halbseidenen Regenbogenpresse: Ein burschikoses Mädel mutiert in einer knappen halben Stunde zur blühenden jungen Frau (Zdenka). Freilich zahlt sie dafür einen hohen Preis. Sie musste sowohl ihre ältere Schwester (Arabella) als auch den eigenen Angebeteten (den Jägeroffizier Matteo) hintergehen. Dass sie sich dafür in der Donau ertränken will, scheint nicht mehr als recht und billig, denn zum unstandesgemäßen Schäferstündchen mit dem Offizier addiert sich auch noch die Schande eines nächtlichen Negligé-Auftritts in dem öffentlichen Hotel, in dem die Familie Waldner wohnt, unter den Augen alter wie junger Spanner.

Der einfältige Offizier versteht gar nichts vom Tausch der beiden Schwestern als Objekt seiner Begierde und ist am Ende froh, sein sexuelles Glück im Dunkeln doch noch mit einem hübschen Gesicht verknüpfen zu dürfen – auch wenn es, für den Rest seines Lebens als Ehemann, nicht die angebetete ältere Schwester ist. Dieses Offiziersleben freilich schwebt in großer Gefahr, denn der frisch mit der älteren Schwester verlobte slawische Großgrundbesitzer (Mandryka) hat zwei schwere Säbel bestellt, um die nächtliche Unzucht nach seiner heimatlichen Gewohnheit mit brachialen Mitteln ungeschehen zu machen. Er selber, dieser Verlobte, sieht sich im gleichen Augenblick einer Duellforderung seines künftigen Schwiegervaters (des Grafen Waldner) gegenüber, weil er in seiner rasenden Eifersucht auf den Jägeroffizier beim Fiakerball, kaum verlobt mit der älteren der beiden Grafentöchter, die Sau rausgelassen und sich mit einer lustigen, aber kaum standesgemäßen Bordsteinschwalbe (der Fiakermilli) öffentlich vergnügt hatte. Und selbst die ältere Schwester, schöne Rührmichnichtan und Königin des Faschingsballs, der Glanz ihrer gräflichen Familie und der ganzen miesen nächtlichen Operette im Treppenhaus des Hotels, spielt, wie es scheint, noch mit der Unbotmäßigkeit des Augenblicks. Sie klärt nichts auf, obgleich sie alles durchschaut, sondern tröstet ihre kleine Schwester und erkennt an deren Handeln mit einem Schlag, was wahre Herzensbildung ist. Dieser Augenblick der Erkenntnis ist das dramatische Zentrum der Oper *Arabella* von Richard Strauss.

Arabella weiß, dass der Richtige für sie gekommen ist und dass er schuldlos ist in seiner Rage. Dieses Wissen repräsentiert ihren Abschied vom Jungmädchendasein und lässt sie endgültig reifen zur liebenden Frau. Vor dieser Kontrastfolie eines unauslöschlich verinnerlichten Liebesgefühls schrumpft der haarsträubende Operettenklamauk der voraufgegangenen Augenblicke, die Präpotenz aller Männer, auch diejenige Mandrykas, und die affirmierte Contenance von Umgangsformen und Etikette der versunkenen Kaiserzeit zum Zerrbild einer längst nicht mehr besseren Gesellschaft. Alle Äußerlichkeiten der sogenannten zwischenmenschlichen Beziehungen und selbst die vitale körperliche Lust am Tanzen, am Wiener Walzer, gerinnen zur hohlen Fassade und trügerischen Glückseligkeit eines zur Farce verkommenen Lebens, wie es die verarmte Adelsfamilie Waldner fristen muss. Dagegen steht als neue Qualität die individuelle Sensibilität der handelnden Figuren, vor allem Arabellas sicheres Gespür für den entscheidenden Augenblick in ihrem ganzen Leben, das sie untrennbar verknüpft mit eben diesem Gespür Mandrykas für die ersehnte Gefährtin seines Glücks.

Die Münchner Öffentlichkeit nahm die Dresdner Uraufführung ebenfalls sehr positiv zur Kenntnis. Auch hier fand sich der ausdrückliche Hinweis auf die neue, zeitgemäße Kunst:

Von den 12 Opern, die Richard Strauß […] der Welt geschenkt hat, ist die jüngste, ›Arabella‹, zugleich die siebente, die (seit 1901) von Dresden ihren glückhaften Ausgang genommen hat. Stets waren die Strauß-Premieren ein Ereignis für die Musikwelt. Wiederum bot am 1. Juli das Semperhaus ein gesellschaftliches Bild vornehm-festlicher Prägung, und die hochgespannten Zuhörer wurden Zeugen einer lebenskräftigen Neuheit und eines starken, außergewöhnlichen Erfolges, der ›Arabella‹ in die nächste Nähe des ›Rosenkavalier‹ und dessen denkwürdige Uraufführung (1911) rückt.[5]

Zehn Wochen später konnte sich die Redaktion der *Bayerischen Staatszeitung* allerdings eine spitze Bemerkung zur immer noch ausstehenden Münchner Premiere der *Arabella* nicht verkneifen:

Richard Straußens Oper ›Arabella‹, die von über 40 Opernbühnen im In- und Auslande zur Aufführung in der kommenden Spielzeit erworben wurde, wird am 30. Dezember am Kgl. Theater in S t o c k h o l m in schwedischer Sprache und im Frühjahr 1934 am Operntheater in M o n t e  C a r l o in französischer Sprache zur Aufführung kommen. In M ü n c h e n, der Vaterstadt Richard II., wo der O p e r n s p i e l p l a n noch phlegmatisch im Schoße der Generalintendanz ruht, ist die erste Aufführung der ›Arabella‹ bis jetzt n i c h t angekündigt worden.[6]

Knapp zwei Monate später präsentierte auch die Bayerische Staatsoper *Arabella*, mit sehr gutem Erfolg, aber in den regionalen wie überregionalen Kritiken eher sachlich

Felicie Hüni-Mihacsek (Arabella) und Joseph Rühr (Mandryka) in der Finalszene des 3. Aktes. (Münchner EA 24.11.1933).

Szene aus dem 2. Akt mit der Ankunft Arabellas auf dem Fiakerball.
Die Treppenkonstruktion für diesen Akt wurde ab 1939 nicht wiederholt.

und zurückhaltend kommentiert, nicht ganz so euphorisch wie die Dresdner Uraufführung. Neben der kompositorischen Meisterschaft und den ausgezeichneten sängerischen Leistungen wurden vor allem die Bühnenbilder von Leo Pasetti, dem Ausstattungsdirektor der Bayerischen Staatstheater, und die Figurenarrangements von Oberspielleiter Kurt Barré lobend herausgestellt. Gleichwohl beschränkte sich Leo Pasetti, der in seiner langen Ausstatterkarriere auffällig oft und deutlich durch das Bühnenbild interpretierend eingriff, bei dieser Inszenierung auf ein historisch getreues Dekor mit einem eher wuchtigen Treppenaufgang und kompakten Raumarchitekturen. Pasetti und Barré hatten eher das scheinbar authentisch Wienerische im Blick als eine Interpretation der verschlungenen Fabel. Die Hoteltreppe im 3. Akt, die das Schicksal von Arabella und Mandryka repräsentiert, blieb Dekorationsteil und erreichte keine interpretatorische Qualität. Dies gelang erst Rochus Gliese 1939, in Rudolf Hartmanns erster *Arabella* für München. Der verfeinerte Ästhetizismus des Regisseurs war mit Händen zu greifen und spiegelte sich vor allem in Glieses schwebender Treppenarchitektur für den 3. Akt. Das Muster war nunmehr entworfen und für optimal befunden. Danach griff Hartmann nicht mehr entscheidend in das Konstrukt des Bühnenraums ein. Die Inszenierungen bzw. Neueinstudierungen von 1952 (Dirigent Rudolf Kempe, Bühnenbild Helmut Jürgens), 1959 (Dirigent Joseph Keilberth, Bühnenbild Helmut Jürgens) und 1965 (Dirigent Joseph Keilberth, Bühnenbild Herbert Kern) variierten in subtiler Weise Ausstattungsdetails, ohne den interpretatorischen Zugriff auf die *Arabella*-Handlung zu ändern. Was den Nationalsozialisten als Ausweis einer deutschen Opernkultur und einer programmatisch positiven Konnotation der Bilder recht war, konnte der Münchner Gesellschaft unter völlig veränderten politischen wie wirtschaftlichen Bedingungen nach dem Zweiten Weltkrieg nur billig sein. Hartmann nahm Mandrykas und Arabellas »Karriere« als Beschwörung einer vergangenen Lebenszeit, die sich in der eigenen Realität der 1950er und 1960er Jahre wiedererkennen ließ. Auf diese Weise gelang Herbert Kern für 1965 und dann noch einmal für die Festspiele 1968 eine in ihrem eleganten Schwung geradezu berückend schöne Freitreppe, die den verschlungenen Weg des zentralen Liebespaares auf der Bühne widerspiegelte und als Zentrum des Raumbildes auch das Zentrum der Handlung repräsentierte.

Die Hoteltreppe in der Finalszene des 3. Aktes 1939 (Bühnenbild: Rochus Gliese). Am Fuß der Treppe laufen zwei Stiegenteile aus verschiedenen Stockwerken (also sinnbildlich: aus verschiedenen Biografien der Verlobten) glücklich zusammen. Viorica Ursuleac (Arabella) und Hans Hotter (Mandryka).

**Lisa della Casa und Dietrich Fischer-Dieskau in der Finalszene auf der Jugendstil-Treppe von Herbert Kern 1965. Der weitgeschwungene, stark gekurvte Bogen dieser Treppe erfüllte zum einen die veränderte ästhetische Erwartung der Zuschauer und konzentrierte zum andern den gesamten Bühnenraum auf die Treppe.**

Die Vertragsverhandlungen um die Münchner Erstaufführung boten freilich einen lehrreichen Einblick in die nationalsozialistischen Strategien der Kulturförderung und der kulturpolitischen Dispositionen. Der Verlag Adolph Fürstner, bei dem die Strauss-Opern verlegt wurden, bot der Bayerischen Staatsoper im Mai 1933 als bevorzugte Erstaufführung den Zeitraum vom 1. bis 15. Oktober an. Eine ggf. gleichzeitige Aufführung in Berlin, Wien und München sei terminlich zu koordinieren, ab dem 16. Oktober durften alle Theater unabhängig voneinander eine EA terminieren. Das Notenmaterial wurde für 8.000 RM angeboten. Die Münchner Operndirektion zeigte kein Interesse am vorgeschlagenen Zeitraum und bat um ein neues Kostenangebot für das Notenmaterial, weil der Jahresetat für diese Positionen insgesamt nur 9.500 RM betrug. Hans Knappertsbusch kommentierte diese Verhandlungsposition seines Hauses: »Bravo! – ich bin dafür, dass wir uns keinen Erstaufführungstag vorschreiben lassen, sondern eine gewisse ›nonchalence‹ zeigen.«[7] Also ließ Knappertsbusch die Zeit bis November 1933 verstreichen. Die zweite Münchner Inszenierung der *Arabella* hatte im Nationaltheater am 16. Juni 1939 Premiere im Rahmen des Festakts zum Tag der deutschen Kunst. Das Gesamtbudget für diese Festveranstaltungen, von denen die Opernaufführung das meiste Geld verschlang, betrug 260.417,99 RM, mit einem Führer-Zuschuss von 150.000 RM.[8] Die gigantomanische Dimension der Kosten für repräsentative Kunst war fünfeinhalb Jahre nach der Münchner *Arabella*-Premiere an der Bayerischen Staatsoper eine Selbstverständlichkeit, die brieflich mitgeteilt, aber nicht diskutiert wurde.

JS

### Der politische Repräsentationsgedanke – *Friedenstag*

Im September 1938 fand in München die berühmt gewordene Konferenz statt, bei der die Regierungschefs von Großbritannien und Frankreich, Neville Chamberlain und Édouard Daladier, unter »Vermittlung« des italienischen Diktators Benito Mussolini der Annektierung des Sudetenlandes durch das Deutsche Reich zustimmten, um so einen drohenden Krieg zu verhindern. In der Propaganda des NS-Staates wurde dieses sogenannte Münchner Abkommen als Beweis des Friedenswillens Deutschlands und seines Führers Adolf Hitler verkauft.

Quasi vorweggenommen wurde diese Propaganda eines friedliebenden, den Krieg jedoch nicht scheuenden Deutschlands schon im Sommer 1938 bei den Münchner Opernfestspielen mit der unter großem propagandistischen Getöse extra von Dresden nach München verlegten Uraufführung von Richard Strauss' Oper *Friedenstag*.

Die Oper war ursprünglich von Stefan Zweig unter dem Titel *1648* entworfen worden und behandelte das Ende des Dreißigjährigen Krieges mit dem Westfälischen Frieden. Zweig hatte dem Komponisten dieses Thema vorgeschlagen, da er hellsichtig erkannte, »daß man gerade jetzt von Ihnen etwas erwartet, was dem Deutschen in irgend einer Form verbunden ist.«[9] Das bis in die fertige Oper übernommene Grundgerüst der Handlung formulierte Zweig in einem Brief an Strauss:

Zeit: das dreißigste Jahr des 30jährigen Krieges. […] Eine deutsche Festung wird von den Schweden belagert. Der Commandant hat geschworen, sie lebend nicht den Feinden in die Hand fallen zu lassen. […] Es herrscht gräßliche Not … Der Bürgermeister beschwört den Kommandanten, die Festung zu übergeben. Das Volk dringt ein, die verschiedensten Stimmen der Not, der Angst, des Hungers […] Der Commandant weicht nicht. […] Er wird [die Festung] nicht übergeben, sondern lieber in die Luft sprengen. […] [H]eroisch-tragische Stimmung … Es erscheint die Frau des Commandanten. Er befiehlt ihr zu gehen, ohne zu sagen, was er vorhat. Sie errät seine Absicht. Und bleibt bei ihm. […] Vorbereitungen zur Sprengung der Citadelle … Vollkommene Stille. […] Da von ferne … eine Glocke. […] In Osnabrück ist der Friede abgeschlossen worden … Der feindliche Commandant erscheint. Beide sehen sich finster an. […] Allmähliche Entspannung. […] Sie reichen sich die Hand. Sie umarmen sich. Das Volk strömt herbei. […] Hymnus an die Gemeinschaft. Das wäre mein Plan. Nun kann man die Idee des Völkerfriedens […] immer verächtlich pazifistisch nennen, aber hier scheint sie mir doch ganz an das heroische gebunden.[10]

Pamela Potter hat in ihrer Studie zum *Friedenstag* darauf hingewiesen, dass Zweig unwillentlich dem Nationalsozialismus den Stoff für eine Propagandaoper geliefert hat. Letztendlich wurde – nach dem Berufsverbot für Stefan Zweig und den Querelen um die Absetzung der *Schweigsamen Frau* – das Libretto von Zweigs Freund, dem österreichischen Theaterhistoriker Joseph Gregor, geschrieben. Potter charakterisiert die Figur des Kommandanten als »Kriegstier« und »fanatischen Militaristen« mit den Haupteigenschaften »Sturheit, Treue und Heroismus«[11] und damit als Prototypen des perfekten nationalsozialistischen Kämpfers. Der Text seines ersten Auftritts lautet:

Sieg! Welch ein Fanal entfährt dem schwachen Munde!
Sieg! Welch eine Fackel pflanzt ihr vor mir auf!
Das Wort, das mich zum höchsten Sternenfluge stachelt!
Sieg! Unfasslich, herrlicher himmelgeborner Gedanke: Sieg!
Wie leuchtest du vor mir und willst nicht, dass ich dein vergesse!
Sieg, ich folge dir in meiner trübsten Stunde,
Sieg, mein herrlich unnahbarer Gott!

Dem Kommandanten zur Seite steht seine treuliebende Frau, die einzige Figur der Oper, die einen individualisierenden und hoch symbolträchtigen Namen trägt: Maria. Doch auch sie schafft es nicht, ihren Mann von seiner »edlen« Haltung, die Festung samt aller Bewohner zu sprengen, abzubringen; mehr noch: Durch ihren Entschluss, bei ihm zu bleiben, wird das nationalsozialistische »Musterbeispiel« einer treuen, deutschen Frau gezeichnet.

Die Verteidiger der Oper wenden dagegen ein, dass *Friedenstag* genauso als humanistisches Manifest für den Frieden gelesen werden könnte.[12] So stellten Strauss und Gregor etwa dem Siegesgeschrei der Soldaten den Chor des hungernden Volkes gegenüber:

CHOR
*aussen, ganz nahe*
Brot! Brot!
Hunger, Hunger!

SOLDATEN
*begeistert*
In die Schlacht! In die Schlacht!

CHOR
*aussen*
Jammer, Jammer, Brot!
Weh, weh, weh, Hunger.

DEPUTATION
Not kämpft wider Not.
Not siegt über Not!

CHOR
*aussen*
Jammer! Weh', Hunger! Krieg!

Unstreitig bleibt, dass die Oper als Propaganda für den Nationalsozialismus benutzt wurde. Die NS-Kulturpolitiker verlegten die Uraufführung von Dresden nach München, um die von Hitler als Vorzeige- und Elitehaus des NS-Musiktheaters ausersehene Bayerische Staatsoper mit dieser wichtigen und propagandistisch wirksamen Uraufführung zu betrauen (Abb. S. 155). Die musikalische Leitung lag in den Händen von Generalmusikdirektor Clemens Krauss, in den Hauptrollen sangen die Stars des Hauses: Viorica Ursuleac als Maria (die einzige Frauenrolle im Stück) und Hans Hotter als »Kommandant« (Abb. S. 156). Auch die kleineren Partien waren mit ersten Kräften des Hauses besetzt. So sangen unter anderen Julius Patzak als »Schütze«, Peter Anders als »Piemonteser«, Georg Hann als »Wachtmeister« und Karl Ostertag als »Bürgermeister«. Es ging darum, das nationalsozialistische Deutschland als Wahrer des Friedens, gleichzeitig aber als kampfbereite und ehrliebende Nation darzustellen.[13] Dafür wurde der ausgefertigte und unterschriebene Uraufführungsvertrag mit der Sächsischen Staatsoper Dresden, die bis dahin für Richard Strauss die bevorzugte Uraufführungsbühne war, schlankweg gebrochen. Die sogenannte Friedenskonferenz, die vermeintlich eine friedliche Regelung der Sudetenkrise sicherstellte, fand am 29. und 30. September statt. Die Dresdner Aufführung war auf den 15. Oktober 1938 terminiert – mithin zu spät, um auf der internationalen kulturellen Bühne eine emotionale und zugleich politisch-taktische Wirkung zu erzielen. In Dresden hielt man, nach Ausweis des Theaterzettels, am geplanten Uraufführungstag im Oktober fest, nun allein mit *Daphne* als Novität.[14] Hitler ließ die propagandistische Oper effektvoll in die letzten Tage der Münchner Opernfestspiele integrieren (Uraufführung am 24. Juli 1938), um auf diese Weise dem internationalen Publikum das vermeintlich wahre Deutschland zu präsentieren.

Strauss lieferte mit seiner Musik die pathetisch-kämpferische Ausgestaltung des Sujets. Um keinen Zweifel an der weltanschaulichen Gesinnung der Macher aufkom-

**Typische Elemente der nationalsozialistischen Ästhetik wie die klassizistische Anmutung und die Perspektive der Untersicht finden sich auch im Plakat zur Uraufführung von *Friedenstag*.**

Spielplanpolitik

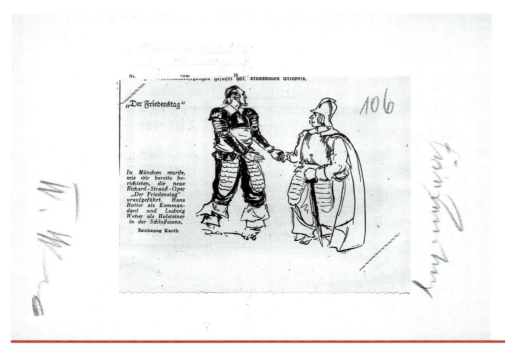

Hans Hotter als Kommandant und Ludwig Weber als Holsteiner in der Schlussszene von *Friedenstag*. Zeichnung von Werner Knoth.

men zu lassen, lieferte die Staatsoper die Interpretation in einem zur Uraufführung erschienenen Sonderheft gleich mit:

Ehre, Treue und Glauben sind die drei Grundpfeiler, auf denen das nationalsozialistische Deutschland aufgebaut ist. Ohne Treue gibt es keine Ehre und beide zusammen sind nicht denkbar ohne den Glauben an die siegreiche Kraft einer Idee. Ehre, Treue und Glauben! Wenn ein ganzes Volk sich nach diesen Idealen ausrichtet, ist es nicht verwunderlich, wenn auch seine schöpferischen Meister von ihrer Kraft inspiriert werden. So schuf Richard Strauss mit *Friedenstag* die erste Oper, die aus dem Geist nationalsozialistischen Ethos geboren ist. Nicht Feigheit und Schwäche führen dem ›Friedenstag‹ entgegen, sondern die Ehre, die dem Kommandanten der belagerten Stadt und seinen Soldaten gebietet, lieber zu sterben, als die geschworene Treue zu brechen, und der Glaube, der ihnen die Kraft zu ihrem Opfertod gibt, aus der Gewißheit heraus, daß ein schmachvoller Friede schlimmer ist, als Tod und Untergang. […] I[m] Chor der belagerten Soldaten ist der Grundakkord des Werkes angeschlagen: Der Schwur auf die Ehre ist stärker als alle anderen Schwüre. [15]

Und auch das vorauszusehende und potentiell pazifistisch deutbare Argument, dass Strauss auch dem hungernden Volk eine Stimme gibt, wird im Voraus entkräftet, dem

Publikum also per Programmheft die nationalsozialistische Interpretation des *Friedenstag* aufgedrängt:

Im Gegensatz zu dieser heldischen Haltung ist die Bürgerdeputation, die den Kommandanten zur Übergabe drängen will, der Meinung: »Brot siegt über Not.« Hier kommt die ganze klägliche Ängstlichkeit und der feige Selbsterhaltungstrieb des verängstigten Spießers zum Ausdruck. [...] Nachdem die Bürger die Festung verlassen haben, das verachtende Urteil: »Nur sich erretten? Nur sich erhalten? Niedriges Leben! Winselndes Leben!« [...] Wohl träumt auch der Soldat von Friedensglück, aber »Weg mit dem Traum! Ich halte fest an Treu und Ehr!« [...] Und dann wird dieser gläubigen Kraft, die festgehalten hat an Ehre und Treue bis zum Letzten, der Lohn. Der ›Friedenstag‹ bricht an. Aber er kommt nicht mit einem Schmachfrieden zu ehrlos Besiegten, sondern mit einem ehrenvollen und darum auch dauernden und wirklichen Frieden zu glaubensstarken Helden [.][16]

Und als ein Kritiker der britischen *Times* tatsächlich den humanitären Aspekt betonte und den *Friedenstag* pazifistisch zu deuten wagte, wurde in der gleichgeschalteten Presse sofort zum Gegenschlag ausgeholt:

[...] So gelang es ihm auch, mit jenem besonderen Spürsinn, der manchen Pressevertretern der westlichen Demokratien eigen ist, politische Hintergründe zu entschleiern. Etwa: »Für ein deutsches Publikum [...] ruft das Schauspiel einer belagerten Garnison und einer verhungernden Bevölkerung, die sich nach Frieden sehnt, engere Gedankenverbindungen hervor.« Worin diese bestehen sollen, ist nach solcher zarten Andeutung zunächst noch in geheimnisvolles Dunkel gehüllt. Doch auch dieses wird gelüftet: »Unter so vielen Zeichen von kriegsähnlichen Vorbereitungen ist es erfreulich, einen so einflußreichen Aufruf zur Vernunft zu hören.« Es ist nicht nötig zu betonen, daß diese Auslegung den Sinn der Oper, die in ihrer ganzen Haltung heroisch ist, verkennt. Die Aufführung des ›Friedenstag‹ soll nach der Absicht des Schreibers zur Demonstration eines Volkes werden, das, bestürzt durch die zahlreichen »Zeichen kriegsähnlicher Vorbereitungen« seinen Friedenswillen kundgibt. Das deutsche Volk sieht, wie es hier dargestellt wird, offenbar keine Möglichkeit zu einer anderen Willensäußerung und muß in die neutrale Sphäre der Opernbühne flüchten, um gehört zu werden. Daß aber dieser Friedenswillen gerade von den Führern dieses Volkes in Wort und Tat bewiesen wurde, hat der Korrespondent der »Times« wohl schon vergessen. Der britische Leser wird auf solche Weise jedenfalls von einem leichten Schauder ob dieses gedämpften Verzweiflungsausbruches erfaßt, und hat einen neuen Anlaß gefunden, um sich zu dem allzeit beliebten Thema »Verwerflichkeit der Diktaturen« äußern zu können. Die Theaterbesucher aber werden sich gewiß wundern, wenn sie von so berufener Seite hören, weswegen sie eigentlich diesem Abend Beifall gespendet haben.[17]

Auch die Inszenierung unterwirft sich der nationalsozialistischen Idee von Kunst[18]: Die Regie von Oberspielleiter Rudolf Hartmann sowie die Ausstattung von Ludwig Sievert zeigten einen symbolistisch überhöhten Realismus. Die Bühne präsentierte das Innere

Bühnenbildentwurf von Ludwig Sievert zu *Friedenstag*.
Szenenfoto aus der Inszenierung vom Juli 1938.

einer Festung und war, wie die Kostüme für die über 200 Mitwirkenden, realistisch, detailgenau und individuell ausgeführt.[19] Es fällt besonders ins Auge, dass Sievert, der in der Zeit vor dem Nationalsozialismus in Freiburg, Mannheim und Frankreich mit im expressionistischen Stil gestalteten Bühnenbildern und großen Farbflächen Furore machte, nun zu einem detailreichen, ultrakonservativ-illustrierenden Stil, ganz im Sinne der vom NS-Regime verordneten Werktreue übergeschwenkt war.[20]

Ebenso akkurat – und ohne tiefere Deutungsabsicht – gestaltete sich laut historischen Zeitungsberichten Hartmanns Regie: Die Choristen wurden malerisch über die Stufen und Podeste des Bühnenbilds verteilt und als individualisierte Volksmenge inszeniert, was von der nationalsozialistischen Presse besonders gelobt wurde: Dargestellt wurden laut dieser Lesart einzelne, individuelle Menschen, die sich zu einer großen Volksgemeinschaft formieren.[21] Aus heutiger Perspektive lassen die Aufführungsfotos mit auf der Bühne zusammengedrängten Choristen allerdings weniger an individualisierende Chorregie als vielmehr an die tradierte Regiekonvention eines überwältigenden Massenauftritts denken. Ohne dass auf der Bühne eine eigene Ästhetik entwickelt wurde, spielten solche Konventionen den Nationalssozialisten in die Hände.

Hervorgehoben wird in den Presserezensionen auch der symbolträchtige Einsatz von Wettereffekten. Wenn der Kommandant die Sprengung der Festung befahl, wurden durch das geborstene Dach der Festung dunkle Wolken sichtbar, beim Auftritt Marias erhellte sich der Himmel wieder. Und spätestens, wenn sich zum großen Finale die Wolken öffneten, die Sonnenstrahlen durch das zerstörte Dach der Festung fielen und die Bühne in goldenes Licht tauchten, fügte sich die Ästhetik in die allgegenwärtige Inszenierung der NS-Ideologie, die neben der Verklärung der kleinbürgerlichen Lebenswelt vor allem auf die In-Szene-Setzung von Größe, Macht, Bombast und dem Klischee von germanischem Heldentum abzielte. Interessant ist auch die Gestaltung des Maskenbildes, die mit relativ bleich geschminkten Gesichtern und durch harte dunkle Linien akzentuierten Gesichtszügen sowie dunklen Schatten unter den Augen an die Stummfilmästhetik der zwanziger und dreißiger Jahre erinnerte und damit ebenso wie die großen Gesten der Sängerdarsteller und -darstellerinnen auf erhöhtes Pathos bei der Darbietung schließen lässt.

Strauss schuf also mit *Friedenstag* eine Oper, die genau auf der ästhetischen wie kulturpolitischen Linie der Nationalsozialisten in den späten 1930er Jahren lag: Inszenierung der Deutschen als friedliebende, doch kampfbereite Nation, Oper als symbolischer, affirmativ-akklamatorischer Kommentar zur politischen Realität. DF

# Personalpolitik

Im »Gelöbnis der Gefolgschaftsmitglieder öffentlicher Verwaltungen und Betriebe« verpflichtete sich Clemens Krauss, »seine […] Dienstobliegenheiten gewissenhaft und uneigennützig zu erfüllen und die Gesetze und sonstigen Anordnungen des nationalsozialistischen Staates zu befolgen.«[1] Nach zwei Jahren seiner Münchner Tätigkeit konnte er als weiteren Erfolg die Etablierung der Staatsoper als künstlerisch und verwaltungstechnisch eigenständige Institution durch die Abschaffung der Generalintendanz verbuchen, mithin seine Beförderung zum Opernintendanten und Generalmusikdirektor in Personalunion. Der Alt-Parteigenosse Oskar Walleck – übrigens der einzige deutsche Intendant, der schon vor 1933 in die NSDAP eingetreten war – musste seinen Hut nehmen, um die Beförderung und Machtausweitung des Nicht-Parteimitglieds Clemens Krauss möglich zu machen. An diesem Beispiel wird die Strategie der nationalsozialistischen Kulturpolitik deutlich: Letztlich ging es darum, sich mit scheinbarer Liberalität und der Devise »Qualität vor Parteitreue« als kunstsinnige Freigeister zu inszenieren und somit bei Künstlern, Intellektuellen und dem Opernpublikum subtilere und wirkungsvollere Propaganda zu betreiben, als es mit der üblichen brachialen Überwältigungsstrategie, die man heute gemeinhin mit dem Nationalsozialismus verknüpft, je möglich gewesen wäre. Schon vor der ersten Aufführung wurde deutlich, welchen Stellenwert die Personalie Krauss mit hochdotiertem Vertrag haben sollte. So schrieb die linientreue Presse: »Eine Aufführung der *Walküre* gibt am 6. Januar den festlichen Auftakt zur neuen Ära in der Hauptstadt der Bewegung.«[2] Dass es eine »Ära Krauss« werden sollte, stand von vornherein fest und damit nicht zur Diskussion. Gemeinsam mit dem aus Frankfurt nach München berufenen Bühnenbildner Ludwig Sievert erschienen Krauss und Oberspielleiter Rudolf Hartmann als die beiden Leiter der Staatsoper auch der Münchner Presse als das »Triumvirat Krauss-Hartmann-Sievert«, das, laut Hart-

Adolf Wagners Ehefrau und Führer-Stellvertreter Rudolf Heß mit Frau in der Ehrenloge während der *Walküre*-Festvorstellung im Januar 1937, Clemens Krauss' Einstand an der Bayerischen Staatsoper. Im Anschluss an die Aufführung lud Gauleiter, Innenminister und Leiter des Bayerischen Kultusministeriums Wagner zum Empfang mit Spitzen von Partei, Staat, Wehrmacht und Künstlern der Oper.

Das »Triumvirat«: Generalintendant Clemens Krauss, Operndirektor Rudolf Hartmann und Ausstattungsdirektor Ludwig Sievert im Atelier des Ausstattungschefs.

**Personalpolitik**     **161**

manns Autobiografie *Das geliebte Haus*, als Signum der Jahre zwischen 1937 und 1943 einen spezifischen Münchner Stil der Opernaufführungen entwickelte.

### Triumvirat und Starensemble

In der IX. Szene der Oper *Capriccio*, sehr frühzeitig im berühmten Diskurs über die Künste, stellt der Musiker Flamand die gewagte These auf: »Musik ist eine erhabene Kunst! Nur unwillig dient sie dem Trug des Theaters.« Und die Gräfin antwortet ihm, klug und erfahren wie sie ist: »Nicht Trug! Die Bühne enthüllt uns das Geheimnis der Wirklichkeit. Wie in einem Zauberspiegel gewahren wir uns selbst. Das Theater ist das ergreifende Sinnbild des Lebens.«[3]

In diesen Versen bezieht die Gräfin Position zwischen dem Dichter Olivier und dem Musiker Flamand über die Vorherrschaft auf dem Theater, aber diese erste Position wird vermittelt durch den Theaterbegriff der Gräfin, nicht durch eine Entscheidung für oder gegen Ton oder Wort als wichtigste Kunst auf der Bühne. Dieser Theaterbegriff ist mit einem ästhetischen Konzept verknüpft, das die Wahrnehmung von Lebenswirklichkeit zum Thema macht: Wer in der Wirklichkeit an dieser Realität selbst teilnimmt, wird vieles nicht verstehen; erst wenn man von außen darauf schauen kann, wenn man die Wirklichkeit in einem Abbild vorgeführt bekommt, dann begreift man das im Geheimnis verborgene Entscheidende der Realität, die freilich in Wahrheit keine ist. Auf der Bühne wird immer noch Kunst produziert.

Nicht umsonst fällt in diesem Zusammenhang der Begriff des Zauberspiegels, der ja auch für die Lösung dieser Opernhandlung bezeichnend ist, nämlich der Schlussmonolog der Gräfin vor ihrem eigenen Spiegelbild. Deshalb ist das Theater das ergreifende Sinnbild des Lebens: eine intellektuelle und ästhetische Struktur, gepaart mit emotionalen Erlebnissen, also das, was wir für gewöhnlich als kognitive Erfahrung bezeichnen. Das Theater ist nicht das Leben und liefert (nach dieser Einlassung der Gräfin) auch kein Abbild, sondern ein Sinnbild des Lebens. Dies aber mit realistischen künstlerischen Mitteln, denn nur das Theater als einzige dreidimensionale, der gewöhnlichen Realität entsprechende Kunst formuliert eine Qualitätsstufe der Lebenswirklichkeit – deren Geheimnis, deren Verborgenes wir im Augenblick des realistischen Erlebens weniger klar entschlüsseln als in der Anschauung eines nachträglich (oder auch vorgreiflich) künstlerisch entworfenen Lebens. Darin offenbart sich die Funktion von Theater.

Diesem Ideal von Theaterkunst hing der eigens für den Kreis der neuen Führungselite 1937 an die Bayerischen Staatsoper engagierte Oberspielleiter und Operndirektor Rudolf Hartmann an. Das Theater als Sinnbild des Lebens begriff Hartmann als künstlerisches Glaubensbekenntnis sowohl als Opernregisseur wie auch als späterer Intendant der Bayerischen Staatsoper von 1952 bis 1967. Bei den ersten von ihm al-

**Viorica Ursuleac als Gräfin in der UA der Oper *Capriccio* von Richard Strauss am 28. 10. 1942. Inszenierung: Rudolf Hartmann, Bühne und Kostüme: Rochus Gliese.**

lein verantworteten Opernfestspielen im Juli 1953 teilte Hartmann seinem Publikum dieses Credo, also die Worte der Gräfin aus der IX. Szene des *Capriccio*, als Motto der gesamten Festspiele von 1953 mit, indem er sie dem Festspielalmanach voranstellte. Ästhetische Fiktion, Wirklichkeitswahrnehmung und programmatische Theaterkunst flossen ununterscheidbar ineinander. Für diese untrennbare Verquickung von Illusionsästhetik und vermeintlicher Authentizität der Bühneninterpretation trat Hartmann schon in den Jahren zwischen 1937 und 1945 als Operndirektor, erst recht während seiner Intendanz zwischen 1952 und 1967 mit all seiner künstlerischen Kompetenz ein. Mehr noch: Er übertrug diese konservative Ästhetik von den Strauss-Opern auf das Repertoire der Weltliteratur. Auch beim internationalen Repertoire ließ sich Hartmann von der ästhetischen Vision des werkgemäßen Inszenierungsstils leiten. Der repräsentative Gestus von Musiktheater bestimmte sein Denken als Interpret von Opernpartituren ebenso wie seine Arbeit als Regisseur in München vor und nach dem Zweiten Weltkrieg.

Die künstlerische Legitimation für dieses kulturelle Selbstbewusstsein lieferte der Hausherr selbst. Er begriff Oper im eigentlichen Sinn nicht als modernes Theater, nicht als lebendige Auseinandersetzung mit einem Kunstwerk aus der Perspektive der eigenen Zeit heraus. Er betrachtete Oper vielmehr als wertvolles Ausstellungsstück, als Konservierung des Überkommenen mit dem beständig erneuerten Auftrag an den Regisseur, den vermeintlichen Autorwillen zu bewahren und in einer illusionistischen Schau der staunenden Nachwelt zu vermitteln. Die Formulierungen von Partitur und Libretto bildeten für Hartmann die nahezu sklavisch beachteten Instanzen, an denen er seine künstlerische Arbeit auf der Bühne orientierte. »Ursprünglich-

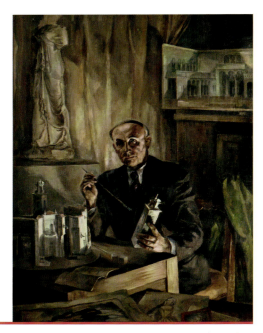

Porträt Ludwig Sievert. Das Gemälde entstand 1941 und wurde in der Großen deutschen Kunstausstellung 1941 im Haus der Kunst in Saal 06 gezeigt. Als Käufer des Porträts für 2500 RM ist Adolf Hitler eingetragen.

keitswert des Werkes«[4] nannte er diese ästhetische Position. Und gerade in seinen Strauss-Inszenierungen offenbarte sich seinem Publikum der legitime »Bewahrer und Vollstrecker des künstlerischen Vermächtnisses von Richard Strauss«[5], eben der Lordsiegelbewahrer der Tradition, die vor allem von Strauss-Opern getragen wurde. Hartmann erkannte in der buchstäblichen Werktreue zur Partitur die moralische Verpflichtung eines modernen Bühnenkünstlers: Akzentuierung von intellektueller Tradition und höchster Anspruch an künstlerische Perfektion. Eben diese ästhetische Qualität mag man als unkritisch gegenüber der Opernkomposition empfinden. In ihrer Überzeugungskraft wirkte sie im NS-Staat so erfolgreich und staatstragend wie im Freistaat Bayern der 1950er und 1960er Jahre.

Die Bewertung dieser Kunststrategie aus der historischen Distanz von mehr als einem halben Jahrhundert ist ambivalent. Aus der künstlerischen Struktur jeder einzelnen Inszenierung lassen sich keine signifikanten Argumente für einen propagandistisch ausgestellten politischen Funktionalismus finden, weder für die NS-Zeit noch für die bundesrepublikanische Zeit. Und auch die Spielplangestaltung des Intendanten Hartmann erlaubt wegen der Fülle an gediegener Opern-Weltliteratur keine politisch signifikanten Rückschlüsse. Die Statistik zur Aufbauarbeit der Bayerischen Staatsoper unter Clemens Krauss zwischen dem 1. Januar 1937 und dem 31. Dezember 1941 weist neben sieben teilweise zweitklassigen Balletten 42 Opern aus[6], die sämtlich, mit vier Ausnahmen (Schultzes *Schwarzer Peter*, Humperdincks *Königskinder*, Wolf-Ferraris *Vier Grobiane* und *Friedenstag* von Richard Strauss) auch zwischen 1952 und 1963 (bis zur Eröffnung des neuen Nationaltheaters) im Spielplan standen. Es sind Werke der Weltliteratur, deren größte Zahl – daraus mag man einen politisch wirksamen Traditionalismus ableiten – nicht zu den Gegenwartsopern gehörten.

Einzig in der künstlerischen Sprache der Bühnenbilder ließen sich systemkonforme künstlerische Leistungen während der sieben Jahre der Krauss-Intendanz und Hartmann-Direktion entdecken. Sievert, in München mit einem singulären Zehn-Jahre-Vertrag angestellt, galt noch Mitte der zwanziger Jahre als der herausragende expressionistisch arbeitende Bühnenbildner der Republik. Das Geschacher um seine Vertragsbedingungen zwischen Clemens Krauss, der Administration der Bayerischen Staatsoper, Gauleiter und Kultusminister Adolf Wagner und der Führer-Administration nahm phasenweise skurrile Züge an. Fraglos waren sowohl die Frankfurter Oper, bei der Sievert noch unter Vertrag stand, als er mit München verhandelte, wie auch die Bayerische Staatsoper an seiner Bühnenarbeit in führender Position sehr interessiert. Sievert war eine herausragende Personalie der Münchner Staatsoper. Selbst Adolf Hitler interessierte sich sehr für den Bühnenbildner und kaufte das einzige bis heute erhaltene Porträtgemälde von Sievert. Die Laufzeit des Vertrages wurde erst nach langwierigem Schriftwechsel auf zehn Jahre bestätigt. Da Sievert für das Münchner Engagement auf seine

*Parsifal*-Dekoration (heiliger See) für Freiburg 1913.
Drachenkampf in Richard Wagners *Siegfried* für Frankfurt am Main 1937.

**Personalpolitik** 165

in Frankfurt erworbenen Pensionsansprüche zu verzichten bereit war, wurde ihm die ohnehin schon legendäre Jahresvergütung von 26.000 RM auf 36.000 RM und vom 1. April 1940 an auf 38.000 RM erhöht, damit er sich von der Zulage eine entsprechende Rentenversicherung auf privater Basis einrichten konnte. Außerdem wurden für ihn und für Rudolf Hartmann im April 1942 Ernennungen zu Professoren auf Lebenszeit im Beamtenverhältnis an der Akademie für angewandte Kunst (Bühnenbildklasse) bzw. an der Akademie der Tonkunst erwogen, die im Juli des Jahres von Adolf Hitler persönlich bestätigt wurden. Das NS-Regime setzte diesem Personal- und Stellenspektakel die Krone auf, indem es die Professorenbesoldungen rückwirkend ab 1938 auszahlte.[7] Allein diese Vorgänge belegen die große Bedeutung, die das NS-Regime herausragenden Künstlern wie Sievert beimaß.

Seine *Parsifal*-Bilder (für Freiburg 1913) (Abb. S. 165) zeigten eine konsequente Abstraktion, die interpretatorisch als Pendant zum Abstraktionsgrad der Handlung gelesen werden konnten. Noch 1937, im Jahr seiner ersten Inszenierungen für die Bayerische Staatsoper, bebilderte Sievert Siegfrieds Drachenkampf (Frankfurt am Main 1937) (Abb. S. 165) ganz gegen die Konvention, weil sie das Schrecknis des scheinbar ungleichen Kampfes ins Bild rückte und alle bis dahin gewohnten romantisch-atmosphärischen Waldansichten seiner Vorgänger und Zeitgenossen tilgte. Der Kampf war an die Rampe verlegt, Siegfried erschien als Lichtgestalt, der Drache spielte tatsächlich eine auch optisch gleichwertige Hauptrolle in dieser Szene.

Zu solch expressiven, deutenden Bildern und Räumen stehen die für München entworfenen Raumlösungen der beiden ersten Akte der *Meistersinger* (1943) oder der Dekoration und der Massenszene aus Puccinis *Turandot* (1942) quer. Sieverts Räume und Bilder sprechen, wie es scheint, in München eine andere, eine geglättete, kaum widerständige und schon gar nicht expressionistisch entartete Sprache. Sie scheinen systemkonform. Ähnliche Kehrtwendungen in der künstlerischen Qualität der Bühnenbilder lassen sich freilich auch bei Leo Pasetti, seit 1920 Ausstattungsdirektor der Bayerischen Staatstheater, feststellen. Auch Pasetti startete als engagierter Expressionist. Seine malerischen Bühnenbildentwürfe zu Wagner-Opern sind noch heute als künstlerisches Ereignis wie als interpretatorische Raum- und Lichtgestaltung legendär. Rudolf Hartmann hielt Pasettis Wagner-Entwürfe für den entscheidenden Anstoß zu einer neuen Wagner-Deutung – ohne dass er verraten hätte, wie solch eine Novität mit seinem Werktreue-Verständnis in Einklang zu bringen wäre. Doch die Operetten-Dekorationen, die Pasetti, der sicher nicht als systemkonformer Künstler verdächtig

Dekoration zum 1. Akt *Meistersinger* für München 1943.
Schlussbild der *Daphne* von Richard Strauss für München 1941.

war, für das Nationaltheater entwarf, sind an Schlichtheit und naturalistischer Harmlosigkeit kaum noch zu überbieten. Das Problem der politischen Vereinnahmung von Bühnenbildern in nationalsozialistischer Zeit zeigte sich in aller Deutlichkeit etwa an Sieverts *Daphne*-Bild aus der Münchner Inszenierung von 1941: auf den ersten Blick scheinbar ein expressionistischer Entwurf mit präziser Konzentration auf das szenische Zentrum, den Lorbeerbaum und den Übeltäter Apollo, bei näherer Betrachtung aber auch ein scheinbar harmloses Landschaftsbild, dessen »abstrakte« Züge die karge Landschaft des Olymp spiegeln. Politische Wertungen solcher malerischen Effekte liegen im Auge des Betrachters.

Wie sehr sich die drei Künstler des Triumvirats auch tatsächlich als Trio verstanden, illustrierte ein Brief von Clemens Krauss vom 10. Januar 1939, in dem er den Generalintendanten der Preußischen Staatstheater, Heinz Tietjen, um Dispens für Ludwig Sievert bei der Berliner Inszenierung der *Frau ohne Schatten* bat. Sievert sei durch zahlreiche Projekte in München ziemlich belastet, vor allem durch die Münchner Neuinszenierung der *Frau ohne Schatten* für die Festspiele des Jahres 1939. Deshalb müsste er, würde ihn Krauss für die Berliner Produktion freigeben, zusätzlich ein völlig neues Bühnenkonzept für die *Frau ohne Schatten* in Berlin entwerfen. Die Begründung warf ein entscheidendes Licht auf das Selbstverständnis des Triumvirats:

Herr Sievert hat [...] bereits mitgeteilt, dass die dekorativen Entwürfe [für München], die er seinerzeit schon fertiggestellt hatte, nicht nur sein, sondern zugleich auch mein und Operndirektor Hartmanns geistiges Eigentum darstellten und dass er daher genötigt wäre, für die in Aussicht stehende Berliner Inszenierung grundlegend andere Entwürfe zu machen.[8]

Als künftiger Leiter des größten europäischen Opernhauses hatte Krauss außer der Neubesetzung der Leitungsstellen den Sonderauftrag, bis zur Fertigstellung des Theaterneubaus ein Ensemble zu schaffen, »das in der Gestaltung der Aufführungen jenen Grad der Vollkommenheit erreichen soll, welcher der idealen Bestimmung des neuen Hauses gerecht zu werden vermag.«[9] Über das geltende Budget hinaus wurde ihm zur Durchführung dieser Aufgabe vom Reichsministerium für Volksaufklärung und Propaganda pro Spielzeit ein Zuschuss von 400.000 RM »für die künstlerischen Erfordernisse des Münchener Opernbetriebes« bewilligt – bei rund 2,5 Millionen RM regulärer Bezuschussung pro Jahr keine unerhebliche Summe. Krauss arbeitete stetig an einer systematischen Verbesserung der Besetzungen im täglichen Vorstellungsbetrieb. Er baute sein Ensemble auf und verpflichtete für 1937 schon neu, teils als ständige Gäste, u. a. seine Frau Viorica Ursuleac, Gertrud Rünger, Adele Kern, Trude Eipperle, Torsten Ralf, Hans Hotter, Josef Knapp, Alexander Svéd und Georg Wieter. Bereits als Ensemblemitglieder oder als Gäste bekannt und längerfristig gebunden wurden Felicie Hüni-Mihacsek, Anny van Kruyswyk, Cäcilie Reich, Hildegarde Ranczak, Elisabeth

Neuverpflichtete bzw. verlängerte Mitglieder der Staatsoper (Ensemble- oder Gastverträge), Abbildung in einem Heft der Spielzeit 1938/39.

Feuge, Gertrud Riedinger, Luise Willer, Hedwig Fichtmüller, Carl Seydel, Walter Carnuth, Julius Patzak, Julius Pölzer, Emil Graf, Karl Ostertag, Fritz Krauß, Karl Schmidt, Georg Hann, Hans Hermann Nissen, Heinrich Rehkemper, Theo Reuter, Ludwig Weber, Odo Ruepp und Paul Bender. In den folgenden Jahren kamen u. a. hinzu Helena Braun, Stefania Fratnik, Hilde Güden, Gerda Sommerschuh, Ruth Michaelis, Georgine von Milinkovic, Ina Gerhein, Peter Anders, Horst Taubmann, Alfons Fügel, Günther Treptow, Josef Trojan-Regar, Franz Klarwein, Walter Höfermayer, Carl Kronenberg, Hermann Uhde und Ferdinand Frantz.[10]

Aufgrund der außerordentlichen finanziellen Reichsmittel und der personenbezogenen Zuschüsse war es Krauss stets möglich, seine Ensemblemitglieder weiter am Haus zu halten, weil er Angebote der anderen Opernhäuser stets überbieten konnte. Urlaubsansprüche waren vertraglich streng limitiert, Gastspiele des hauseigenen Stammpersonals wurden zwischen den führenden Opernhäusern Hamburg, Berlin, Dresden, Leipzig, Stuttgart, München und Wien langfristig im Voraus abgestimmt oder auch häufig unterbunden.

Joachim Herrmann schwärmte 1955 rückschauend und nachrühmend in seinem Aufsatz »Der vollkommene Operndirektor« von Krauss' zentralem Wirken:

Im Mittelpunkt des Denkens und Planens von Clemens Krauß stand unverrückbar fest [...] der Sänger oder besser der singende Darsteller. Nach diesem wurden alle dramaturgischen, szenischen und musikalischen Mittel ausgerichtet, zu diesem war alles in ein organisch-harmonisches Verhältnis zu bringen. Nach dem vorhandenen Stimmaterial richtete sich zunächst der Aufbau des Spielplanes, denn keinem Sänger wurden Aufgaben zugemutet, für die er keine stimmliche Eignung besaß. So war es für Krauß unumstößlicher Grundsatz, mit der Einstudierung von besonders anspruchsvollen Werken so lange zu warten, bis ihm das geeignete Ensemble zur Verfügung stand, das er gleichsam selbst heranbildete.[11]

**Personalpolitik** 169

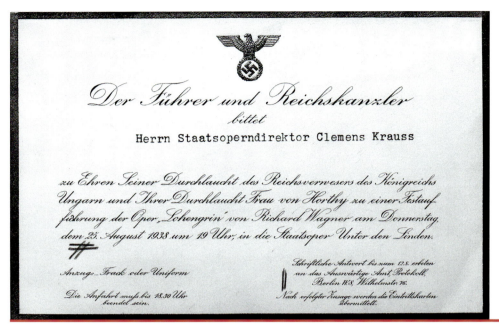

Einladungskarte Adolf Hitlers an Clemens Krauss zu einer Festaufführung von *Lohengrin* in der Staatsoper Unter den Linden, Berlin am 25. 8. 1938.

Herrmanns Argumentation kommt einer Schutzbehauptung gleich, wie das Beispiel *Elektra* von Richard Strauss verdeutlicht: Da Krauss durch Hitlers Protektion schier unerschöpfliche finanzielle Mittel bereitgestellt bekam und jegliche gewünschte Sängerinnen und Sänger nach München engagieren konnte, ist es wenig glaubwürdig, dass gerade für die Partie der Elektra keine Besetzung hätte gefunden werden können. *Elektra* wurde erst im Januar 1952 neuinszeniert. Wahrscheinlicher ist die Variante, dass *Elektra* aus zwei ideologischen Gründen nicht auf den Spielplan gesetzt wurde: Einerseits ist das Werk größtenteils freitonal komponiert, was bei Hitler und der NS-Kulturpolitik auf Ungnade hätte stoßen können. Vor allem aber thematisiert das Werk andererseits den Mord an einem illegitimen Herrscher – ein Sujet also, das in der faschistischen Diktatur leicht als politischer Protest hätte interpretiert werden können. Darum liegt es nahe zu vermuten, dass Krauss und seine künstlerischen Mitarbeiter aus vorauseilendem Gehorsam auf eine Aufführung der *Elektra* verzichteten.

Offensichtlich hatten Krauss und seine Mitarbeiter mit der Strategie der scheinbar unpolitischen Historisierung von Oper sowohl Erfolg beim Publikum als auch bei ihren Auftraggebern, den Funktionären des NSDAP-Staates: Neben der fürstlichen Entlohnung von Krauss und der weit überdurchschnittlichen finanziellen Ausstattung der Staatsoper gab es immer wieder Extra-Gratifikationen für die Künstler. Dazu zählten etwa die Einladung zu einem Empfang beim Führer persönlich in Berlin für Krauss, Hartmann und die Starsänger Viorica Ursuleac, Hildegarde Ranczak, Hans Hermann Nissen und Julius Patzak, oder Extragagen für eine besonders gelungene Premiere, beispielsweise von Verdis Aida (am 31. Januar 1937): Zusammen mit dem Geld schickte der Bayerische Innenminister Adolf Wagner ein Schreiben an Krauss, das den Bemühungen um das von Hitler gewünschte vorbildliche Opernensemble Tribut zollte: »Diese Auszeichnung der Mitglieder des Münchner Ensembles ist eine Auszeichnung für Sie. Heil Hitler! Ihr sehr ergebener Adolf Wagner«.[12] Auch Krauss, von Publikum und NSDAP geliebt und mittlerweile mit einem beeindruckenden Machtzugewinn ausgestattet, konnte Ende 1938 in einer Bekanntmachung an die Mitarbeiter der Staatsoper schreiben:

Ich darf mit Stolz und Freude feststellen, daß wir mit der im Jahre 1938 geleisteten Arbeit den von unserem Führer gewiesenen Zielen wieder einen Schritt näher gekommen sind und ich bin mir bewusst, daß jeder an seinem Posten das Seine dazu beigetragen hat. Für das kommende Jahr wünsche ich ihnen allen recht viel Glück und Freude!
Heil Hitler – Clemens Krauss[13]

Die wirtschaftliche Notlage des Krieges sollte die Vertragsverlängerungen von Leitungspersonal und Solisten kaum behindern; so meldete Krauss im Mai 1941 ans Reichspropaganda-Ministerium in Berlin:

Der Führer und Reichskanzler gewährte dem Unterzeichneten am 23. Februar 1941 eine Unterredung und erteilte ihm in deren Verlauf den Auftrag, den künstlerischen Neuaufbau der Münchner Staatsoper trotz der bestehenden Zeitverhältnisse fortzuführen. Der Führer hat die ihm in diesem Zusammenhang unterbreiteten Pläne und Vorschläge gutgeheissen und ihre Durchführung angeordnet.[14]

Das Geld dafür erhielt Krauss außerhalb des Etats als Sonderzuweisung unter Berufung auf seinen Auftrag direkt vom Ministerium aus Berlin. Aufgrund von Fachgutachten konnten zudem verbesserte Anstellungsbedingungen für das Werkstättenpersonal und damit auch die Bestellung neuer Kräfte für das Ausstattungswesen ermöglicht werden, ein weiterer Sonderetat verhalf Krauss zur Bestellung eines herausragenden Kostümfundus sowie hochwertiger Dekorationen.[15]

Wie bereits im Sommer 1943 wurden auch noch zum Herbst 1944 in München die Fest- und Gastspielverträge vieler Ensemblemitglieder und leitenden Mitarbeiter (Hartmann, Sievert, Maschat, Kapellmeister Bertil Wetzelsberger, Chordirektor Herbert Erlenwein, diverse Sänger und Sängerinnen) erneut verlängert, oftmals unter erhöhten Bezügen und verbesserten Vertragsbedingungen bis in die Jahre 1948 und

**Karl Ostertag als Pollux und Viorica Ursuleac als dessen Tochter Danae in der Generalprobe zu** *Die Liebe der Danae.*

1950.[16] Zwar war bereits im Sommer 1944 nach der Proklamierung des »Totalen Krieges« auch der »totale Kriegseinsatz« verfügt worden – d. h. sämtliche Theater mussten geschlossen, das Ensemble und alle Kollektive aufgelöst und zur Wehrmacht oder in die Rüstungsbetriebe geschickt werden. Dennoch wurde einem Großteil der Solisten der Staatsoper (auch Krauss) vom Präsidenten der Reichskulturkammer Goebbels durch Vermittlung der Obersten Theaterbehörde »bis auf weiteres« eine Bescheinigung ausgestellt, dass sie »auf Grund ihres künstlerischen Schaffens nicht zum Arbeitseinsatz in der Rüstungsindustrie herangezogen« würden.[17] Für die Salzburger Festspiele 1944 war noch die Uraufführung von Strauss' persönlich freigegebener und von Krauss dirigierter Oper *Die Liebe der Danae* geplant. Während der Probenarbeit wurden die Festspiele in letzter Minute von der Regierung abgesagt. Krauss indes setzte die Proben fort und brachte das Werk am 16. August in Tarnung einer Generalprobe zu einer geschlossenen Uraufführung im Beisein des Komponisten. RC / JS

### Jüdisches Personal und arisierte Wohnungen

Kernfragen der politischen Orientierung vor allem in der Personalpolitik: Welche personellen Veränderungen hatte die Machtübernahme der Nationalsozialisten an der Bayerischen Staatsoper zur Folge? Wie ging die Operndirektion mit den Beschäftigungsvorgaben durch das Regime um? Was geschah mit jüdischen und aus anderen Gründen nicht erwünschten Künstlern? Wie beteiligte sich die Leitung der Bayerischen Staatsoper am Unterdrückungsapparat der NS-Herrschaft und sind Fälle nachweisbar, in denen sie diesem Apparat entgegenwirkte?

Im Februar 1932 sandte das Bayerische Kultusministerium an die Generaldirektion der Bayerischen Staatstheater eine Aufstellung über das künstlerische Personal der Staatsoper, in der penibel zwischen Reichsdeutschen und Ausländern unterschieden wurde. Bei den Solisten wurde moniert, dass sich der Anteil auf 41,7 Prozent belief, d. h. 15 von 36 Sängerinnen und Sängern waren im Sinne ihrer Staatsbürgerschaft Ausländer.[18] Das Ministerium bezeichnete dieses Verhältnis angesichts einer zunehmenden öffentlichen Kritik[19] und der »immer mehr anwachsenden Stellenlosigkeit unter den reichsdeutschen Bühnenangehörigen als unangemessen und unhaltbar.« Künftig sollte »stets zu Gunsten eines reichsdeutschen Bewerbers« entschieden werden, »Erwägungen künstlerischer Art [hätten] dem stärkeren Rechte des Reichsdeutschen auf Beschäftigung an einer deutschen staatlichen Bühne« zu weichen. Solchen Prämissen des Ministeriums wurde nach der nationalsozialistischen Machtübernahme ein rechtliches Fundament geschaffen: Durch das am 1. November 1933 erlassene Reichskulturkammergesetz konnten sämtliche Kunstschaffenden, welche »die nach der Reichkulturkammergesetzgebung erforderliche Zuverlässigkeit im Sinne der nationalsozialistischen Staatsführung nicht besitzen«[20], aus der Fachschaft Bühne und damit aus dem obligatorischen Berufsverband Reichstheaterkammer ausgeschlossen werden. Dies kam einem Berufsverbot gleich. Aus der Kammer ausgeschlossene jüdische Künstler durften ab 1933 nur noch im Rahmen von Veranstaltungen des daraufhin gegründeten Jüdischen Kulturbundes auftreten, welcher bis 1941 geduldet wurde. Den jüdischen Zuschauern wurde im November 1938 durch Propagandaminister Goebbels in seiner Eigenschaft als Präsident der Reichskulturkammer mit seiner »Anordnung über die Teilnahme von Juden an Darbietungen der deutschen Kultur« das Recht auf Teilhabe an öffentlichen Kulturveranstaltungen komplett entzogen.

### Personalwechsel in der Leitungsebene

1933 sollte die Klärung der Ensemblezusammensetzung an der Staatsoper alsbald seitens der Theaterleitung vorgenommen werden, jedoch musste die Leitung zunächst selbst durch Künstler ersetzt werden, die aus Sicht der Nationalsozialisten »verlässlicher« und zielstrebiger mit dem neuen Regime kollaborierten als Generalintendant Clemens von Franckenstein und Generalmusikdirektor Hans Knappertsbusch. Mithilfe des »Gesetzes zur Wiederherstellung des Berufsbeamtentums« vom 7. April 1933 konnten ab Sommer desselben Jahres landesweit in allen öffentlichen Bereichen alle Personen aus ihren Stellungen entlassen werden, die »nichtarischer« Herkunft oder aber regimekritisch eingestellt waren. Aufgrund der Klausel »Angestellte [...] sind zu behandeln wie die Beamten der entsprechenden Besoldungsgruppe«[21] griff das Gesetz auch bei Nicht-Beamten in öffentlichen Institutionen. Als besonders verdächtig galten und einer Überprüfungen unterzogen, um im führenden Amt bleiben zu können, wurden

[...] Beamte (Angestellte), die nach dem 5. März 1933 aus politischen Gründen beurlaubt oder in Schutzhaft genommen worden sind, oder die durch ihr Eintreten für marxistische oder freidenkerische Anschauungen in der Öffentlichkeit Anstoß erregt haben oder die in Wort, Schrift oder durch ihr Verhalten gehässig gegen die nationale Bewegung aufgetreten sind [...].[22]

Mit Wirkung vom 1. April 1934 wurde somit »im Namen des Reichs« auf Vorschlag der Bayerischen Staatsregierung Generalintendant Franckenstein »gemäß § 6 des Gesetzes zur Wiederherstellung des Berufsbeamtentums in den dauernden Ruhestand versetzt.«[23] Der geschasste Intendant, der die Staatstheater mit Unterbrechung seit 1912 geführt hatte und nicht Mitglied der NSDAP oder einer ihrer Gliederungen war, wurde per Brief von Kultusminister Hans Schemm in Ehren hinauskomplimentiert. Franckenstein, der sich selbst als »rückhaltlose[n] Verfechter des Toleranz-Gedankens«[24] bezeichnete, wurde 1956 im Entnazifizierungsverfahren als politisch Verfolgter eingestuft.[25]

Knappertsbusch, der das Amt vorerst kommissarisch übernommen hatte, war 1936 als nächster an der Reihe, nur gestaltete sich seine Verabschiedung in den vorzeitigen Ruhestand mit Dirigierverbot weniger mild und scheinheilig. Den Plänen Hitlers für den Aufbau der »Großen Oper in München« hatte Knappertsbusch im Wege gestanden. Wegen seiner den Nationalsozialismus ablehnenden Haltung wurde er mithilfe des sogenannten Berufsbeamtengesetzes seines Amtes enthoben. Noch bevor München auf »Führergeheiß« schließlich ab 1937 mit Clemens Krauss an der Spitze der Oper zum »Kunstzentrum von Deutschland«[26] erklärt wurde, war 1934 Oskar Walleck als neuer Generalintendant den Staatstheatern verordnet worden. Kultusminister Schemm begründete seine Wahl partei- und linientreu: »[I]ch hoffe in Walleck einen energischen Verfechter nationalsozialistischen Kulturwillens auf einem für die Pflege deutscher Theaterkultur besonders wichtigen Posten zu gewinnen.«[27] Bezüglich der Ensemblezusammensetzung wurde der dienstbeflissene Walleck schnell aktiv. Dass unter seiner Leitung das Haus wie alle anderen öffentlichen Institutionen regimeadäquat eingegliedert war, verdeutlicht sein Schreiben an die gesamte Belegschaft der Bayerischen Staatstheater vom 21. März 1937:

Die Bayerischen Staatstheater stehen mit an erster Stelle unter den Kunstinstituten Deutschlands, die sich seit der Machtergreifung der besonderen Fürsorge, des besonderen Wohlwollens der Partei und des Staates erfreuen. Gleich in welcher Stellung der Theaterangehörige tätig ist, weiß er sich in jeder Beziehung von der nationalsozialistischen Regierung beschützt und gefördert. Der geringste Dank ist der, in den Reihen der Deutschen Arbeitsfront mitzumarschieren, wenn es gilt, zu beweisen, daß jeder schaffende Deutsche bedingungslos und von Herzen den [sic] Weg unseres Führers und Kanzlers Adolf Hitler folgt.[28]

### Personalwechsel bei Sängern und Verfolgung

Im Umgang der Bayerischen Staatsoper mit Sängerinnen und Sängern, die jüdisch oder aus anderen Gründen vom Regime ideologisch nicht erwünscht waren, lässt sich eine »Linie« der Personalpolitik nicht leicht erkennen. Zu widersprüchlich verhielten sich die einzelnen Fälle von Kündigungen oder Weiterbeschäftigungen zueinander und zu verwoben waren die Entscheidungen der Direktion mit Entscheidungen anderer politischer Stellen. Die Operndirektion handelte im Bereich von politisch motivierten Kündigungen überwiegend nicht autark, sondern in Absprache mit dem Kultusministerium. Speziell Oskar Walleck bezog zumeist deutlich Stellung – für eine ideologietreue Entscheidung. Einen eindeutigen Kurs zu formulieren, den die Staatsoper in ihren personellen Entscheidungen beim Gesangspersonal befolgte, bedeutete jedoch Vereinfachung und Verfälschung. Stattdessen ist der Blick auf die Bandbreite angezeigt, die beim Umgang mit nicht systemkonformen Künstlern zum Tragen kam. Mehrere Beispiele von Sängerinnen und Sängern veranschaulichen, welche Mechanismen der rassistischen, politischen und nationalistischen Verfolgung im Bereich der Oper wirkten, an welchen Stellen sie punktuell und widersprüchlich auch *nicht* wirkten und welche Personen innerhalb und außerhalb der Staatsoper daran beteiligt waren. Zu den Schicksalen jener Menschen, die diesen Mechanismen zum Opfer fielen. (vgl. die Porträts von Berthold Sterneck, Maria Reining und Walter Ries, S. 246–255.)

### Die Staatsoper als Profiteur nationalsozialistischer Verfolgung: Zivilarbeiter

Die Staatsoper fungierte vielfach als ein Rädchen im System nationalsozialistischer Personalpolitik und war damit auch in politische und rassistische Verfolgung involviert, wenn auch das Ausscheiden von Künstlern, die keinen sogenannten Ariernachweis vorlegen konnten, gesetzlich vorgeschrieben war. In einem anderen Bereich zeigte sich, dass die Direktion der Münchner Oper darüber hinaus in eigener Initiative die Gewaltmechanismen des NS-Regimes für sich nutzte und somit billigte und affirmierte. Ein Schriftwechsel aus dem Jahr 1942 belegt die Überlegungen der Operndirektion, Zivilarbeiter aus besetzten Gebieten an der Bayerischen Staatsoper zu beschäftigen. Aufgrund des Mangels an technischem Personal sah Intendant Krauss den Spielbetrieb gefährdet: »Zur Weiterführung des Betriebs ersuche ich das Prop.Min., die Einstellung von 45 bis 50 franz. Zivilarbeitern in obigem Sinne beim Gen.Bevollmächtigten f. d. Arbeitseinsatz zu beantragen«[29], forderte Krauss im Juli 1942 vom Propagandaministerium. Eine Notiz belegt, dass der Antrag formuliert und weitergereicht wurde, dies sogar mit erhöhter Dringlichkeit und dem Zusatz: »Ergänzend wird bemerkt, dass es sich bei der Münchener Staatsoper um eine der ersten Bühnen des Reiches handelt, deren Spielfähigkeit unter allen Umständen aufrechterhalten werden muss.«[30]

Darüber hinaus ist davon die Rede, nicht nur bei Bühnentechnikern, sondern auch beim künstlerischen Personal Zivilarbeiter einzubeziehen. An Erik Maschat, den Leiter des Betriebsbüros, erging kurz nach Krauss' Forderung ein Schreiben der Reichsdramaturgie:

Heute möchte ich Ihnen zunächst einmal privat mitteilen, dass – falls eine Auffüllung Ihres Opernchores notwendig sein sollte – Sie evtl. Ukrainer einstellen können. Mir liegt soeben eine Mitteilung unseres Hauses vor, dass gegen eine Einstellung von Ukrainern in reichsdeutschen Opern-Chören keine Bedenken bestehen, sofern es sich nicht um Theater handelt, die in den Ostgauen liegen und an das Generalgouvernement grenzen. Es bleibt dabei unerheblich, ob die betreffenden Ukrainer die deutsche Staatsbürgerschaft erhalten oder, wie andere fremdbürgerliche Arbeiter, nur zeitweise im Reichsgebiet eingesetzt sind.
Sollte es nicht vielleicht möglich sein, auch ukrainische Bühnenarbeiter zu engagieren? Ich weiss es nicht, aber man könnte es im Auge behalten, wenn die Sache mit den franz. Zivilarbeitern nicht funktioniert.[31]

Ob dem von Krauss geforderten Antrag letzten Endes stattgegeben wurde und ob ein Einsatz von französischen oder ukrainischen Zivilarbeitern (sei es in der Technik oder im Chor) tatsächlich stattfand, wird aus diesem Schriftwechsel nicht ersichtlich, jedoch findet sich an anderer Stelle ein Hinweis auf die Anstellung von ausländischen Zivilarbeitern an der Bayerischen Staatsoper bereits ab 1941.[32] Im Hinblick auf eine Bewertung der Handlungsweisen der Operndirektion ist dies jedoch nicht unbedingt maßgeblich, denn die Bereitschaft zum Zurückgreifen auf Arbeitskräfte, die dem Deutschen Reich nur aufgrund von Gewaltanwendungen zur Verfügung standen, ist durch Krauss' Ersuchen nach Antragstellung belegt. Rudolf Hartmann berichtet in seiner Autobiografie *Das geliebte Haus* anekdotisch von der mehrjährigen Beschäftigung französischer Kriegsgefangener als Bühnentechniker und charakterisiert den Vorgang als eine freundliche Zusammenarbeit: »Im ganzen Haus gewannen die liebenswürdigen Franzosen Freunde. Der Abschied von der Oper fiel den Kriegsgefangenen schwer, zumal sich auch trotz der Gefahr manche zarte Bande geknüpft hatten.«[33]

### Die Staatsoper als Profiteur rassistischer Verfolgung: arisierte Wohnungen

In einem anderen Fall ist die faktische Ausnutzung von Gewaltstrukturen des Regimes durch die Intendanz Krauss in den Akten nachgewiesen: Im Bundesarchiv liegt ein Schriftwechsel vor, der von März bis Mai 1942 von der Operndirektion, der Stadt München bzw. dem Gau München-Oberbayern sowie der Reichsleitung geführt wurde und der die Zuteilung von ehemaligen Wohnungen jüdischer Bürger an Mitglieder der Staatsoper zum Gegenstand hat. Vor dem Hintergrund einer Vergrößerung des Ensembles und steigender Wohnungsknappheit in München versuchte Krauss, eine für seine Maßstäbe angemessene Unterbringung seiner Ensemblemitglieder zu gewährleisten. Seine Forderungen für die Wohnungszuteilung sind angesichts des fortgeschrittenen Krieges nicht eben bescheiden zu nennen, wie Details aus dem Antragsschreiben nahelegen:

Verwaltungsdirektor Wilhelm Katz [...] benötigt ab 1. September 1942 eine moderne 4–5½ Zimmer-Wohnung mit Nebenräumen [...].
Die Hochdramatische Sängerin Helena Braun [...] sucht baldmöglichst ein in einem Gartenviertel gelegenes Einfamilienhaus [...] mit 5–6 Zimmern und Nebenräumen.[34]

Aus den Schreiben des »Beauftragten des Gauleiters für Arisierung« Johann Wegner an Maschat und von Oberbürgermeister Karl Fiehler an die Operndirektion, beide vom 21. März 1942, geht hervor, dass die Staatsoper bereits in der Vergangenheit bei der Zuteilung von Wohnungen bevorzugt behandelt worden war – so hatte sie vier Monate zuvor die Berechtigung erhalten, »6 Judenwohnungen für ihre wohnungssuchenden Mitglieder in Anspruch zu nehmen«[35] – jedoch hatte die Direktion diesen Wohnraum aus Sicht der Zuteilungsstelle nicht verantwortungsvoll genutzt, da sie ihn nicht nur für die »dringenden Fälle« verwendete. Die Arisierung in München war zu diesem Zeitpunkt so gut wie abgeschlossen: Fast alle jüdischen Bewohner hatten also ihre Wohnung bereits räumen müssen, kaum mehr wurden Wohnungen neu zur Zuteilung freigegeben. Die Reaktion auf die Forderung der Operndirektion war entsprechend ablehnend; Bürgermeister Fiehler argumentierte im Sinne einer »gerechten« Verteilung mit dem Hinweis, dass »von diesen Sorgen sämtliche Münchener Dienststellen von Partei, Staat, Wehrmacht und Wehrwirtschaft mindestens in gleicher Weise betroffen«[36] seien und nicht einmal der dringende Bedarf von »Kinderreichen« und Schwerkriegsbeschädigten gedeckt werden könne. »Unter diesen Umständen kann ich meine Genehmigung zur Anmietung einer der wenigen überhaupt noch vorhandenen Judenwohnungen […] leider <u>nicht</u> erteilen.«[37] Dieser Absage begegnete Krauss, indem er sich an höchste Stelle wendete: An Martin Bormann, Stellvertreter und Sekretär von Hitler in der Reichskanzlei, verfasste er am 24. März 1942 folgendes Schreiben:

Sehr verehrter Herr Reichsleiter!
Ich darf Ihnen in Erinnerung rufen, dass der mir vor Jahresfrist vom Führer und Reichskanzler erteilte Auftrag, den künstlerischen Aufbau der Münchener Staatsoper mit besonderer Intensität fortzusetzen, auch die qualitative und quantitative Erweiterung und Verbesserung des Personals zum Gegenstand hatte. […]
Wie aus den beiden Zuschriften des Herrn Reichsleiters Oberbürgermeister Fiehler und des Herrn Beauftragten des Gauleiters für Arisierung Hauptsturmführer Wegner hervorgeht, besteht ohne eine besondere Unterstützung von höchster Stelle keine Aussicht, für bereits verpflichtete Mitglieder der Staatsoper Wohnungen zugeteilt zu erhalten. […]
Ich wäre Ihnen, sehr verehrter Herr Reichsleiter, schon zu grossem Dank verpflichtet, wenn Sie durch die Erteilung entsprechender Weisungen vorerst nur einmal für die angeführten Fälle die Voraussetzungen zum Erhalt von Wohnungen schaffen könnten.[38]

Im Aktenverlauf folgt ein Schreiben an Fiehler, offensichtlich von Bormann verfasst:

Vom Schreiben des Generalintendanten Krauss habe ich nun heute dem Führer berichtet. Dieser wünscht, daß Sie doch noch einmal prüfen, ob nicht eine Anzahl weiterer Judenwohnungen für die neu verpflichteten Mitglieder der Bayerischen Staatsoper geräumt werden könne.[39]

In einer Stellungnahme vom 27. April 1942 schilderte und rechtfertigte Fiehler den bisherigen Verlauf von Zuweisungen und Ablehnungen und erklärte den verfügbaren Wohnraum für endgültig erschöpft. Seine angekündigte nochmalige Prüfung der Möglichkeiten scheint ohne Ergebnis verlaufen zu sein, da an dieser Stelle der Schriftwechsel im Akt endet.

Die explizite Verwendung z. B. des Wortes »Judenwohnungen« zeigt, dass Enteignung und Aneignung von ehemals sich im Besitz von jüdischen Familien befindlichen Häusern und Wohnungen keinesfalls verdeckt stattfanden, sondern in einem Klima der alltäglich öffentlich praktizierten antisemitischen Verfolgung offen vollzogen wurden. Der Zusammenhang zwischen dem jüdischen Vorbesitz der Wohnungen und der antisemitischen Vertreibung und Verfolgung ist offensichtlich und muss auch der Operndirektion unmissverständlich klar gewesen sein. Dass sie dennoch die Zuteilung von freiwerdenden Wohnungen nicht nur in Anspruch nahm, sondern über das für sie vorgesehene Maß weit hinausgehend nachdrücklich an höchster Stelle einforderte, belegt die unbedingte Fixiertheit von Krauss und Maschat auf den eigenen Vorteil und die möglichst optimalen Arbeits- und Lebensbedingungen von Angehörigen der Oper, darüber hinaus ein Unverständnis für öffentliche Belange und insbesondere ein gänzliches Desinteresse an den Opfern des Vorgangs. Dass Juden enteignet und ihnen der Wohnraum genommen wurde, ihre sogenannte »Zusammenlegung« in »Judenhäusern«[40], wurde von der Operndirektion Krauss nicht nur bewusst in Kauf genommen, sondern durch die Forderung nach mehr Zuteilungen sogar unterstützt. Durch dieses Verhalten bejahte die Direktion der Bayerischen Staatsoper die Vertreibung und Verfolgung von Juden und zog ihren Nutzen aus dem gewalttätigen Vorgang.

# DIE STAATSOPER IN DER FRÜHEN NACHKRIEGSZEIT

## Das Dilemma der strukturellen Organisation

**In den ersten Jahren der Nachkriegszeit war jede kulturpolitische Institution** in Deutschland notgedrungen strukturell wie inhaltlich die Rechtsnachfolge des Reichspropagandaministeriums an. Deshalb war eine Auseinandersetzung mit der NS-Vergangenheit zumindest mit Blick auf die eigenen kulturpolitischen Absichten und Ansichten in Abgrenzung zur nationalsozialistischen Instrumentalisierung der Kunst erforderlich. Zwischen 1945 und 1952 wurden die Bayerischen Staatstheater organisatorisch und institutionell mehrfach neu geordnet, oft durch widersprüchliche Absichten, bisweilen auch durch äußere Umstände der Nachkriegszeit motiviert. Vor allem der durch Kriegszerstörungen bedingte Rohstoffmangel und die finanzielle Notlage hatten einen einschneidenden Einfluss auf die Theaterbetriebe.

1945 wurden die Sparten (Oper mit Ballett, Operette und Schauspiel) unter einer Generalintendanz zusammengefasst, 1947 wieder getrennt, im Anschluss erneut in der Verantwortung durch eine Generalintendanz geplant, die man zumindest teilweise 1952 auch realisierte. Die bayerische Theaterpolitik war in diesen sieben Jahren von Widersprüchen geprägt. Vor allem die Intendanten, die sich als Leiter und Repräsentanten des Theaters exponiert im Zentrum der strukturellen Krise befanden, trugen die Last dieser Sprunghaftigkeit. Deshalb spiegelte eine handfeste Intendantenkrise die gesellschaftliche und politische Lage der Nachkriegsjahre als eine unsichere Zeit des Übergangs und Wiederaufbaus wider.

Die erste Phase der Neuordnung während des allgemeinen Umbruchs unmittelbar nach Ende des NS-Regimes war vor allem mit Fragen zur politischen Funktion des Theaters und seinem Verhältnis zum Staat verknüpft. Die *Information Control Division* (ICD) der amerikanischen Militärregierung sah in der deutschen Tradition des öffentlich geförderten Theaters die Gefahr einer politischen Instrumentalisierung der Kunst.

Deshalb versuchte sie durch Dezentralisierung die Theater aus staatlichem Einfluss zu befreien. Die deutschen Theaterschaffenden und Kulturpolitiker sahen, ganz im Gegenteil, die staatliche Förderung der Kunst gemäß der Nationaltheater-Idee als Gewähr für das künstlerische Niveau. Sie wollten eine Weiterführung dieser deutschen Theatertradition, ohne sich vor dem Hintergrund der nationalsozialistischen Vergangenheit mit ihr auseinandersetzen zu müssen.

Arthur Bauckner in den 1920er Jahren, unter Generalintendant von Franckenstein zuständig für Künstlerische Verwaltungs- und Rechtsangelegenheiten.

Die wichtigste Rolle im Rahmen der Dezentralisierung spielte Generalintendant Arthur Bauckner. Seine Arbeit an den Bayerischen Staatstheatern vor 1933 bezeichnete er schwärmerisch als »eine Reihe beglückender Berufsjahre«, seine Generalintendanz von 1945 bis 1947 dagegen als einen »Husarenritt«, den er unter keinen Umständen wiederholen würde. Verantwortlich für diese negative Erfahrung machte Bauckner vor allem die »ominösen Fachgrößen der amerikanischen Theaterkontrolle«, aber auch die »dilettantische Theaterpolitik« des bayerischen Staates.[1] Die Ernennung Bauckners zum Generalintendanten erfolgte vor allem mit Blick auf seine vermeintliche Erfahrung als früherer Stellvertreter des Generalintendanten für Verwaltungsfragen. Die Rolle als künstlerischer Leiter, die mit der neu konzipierten Generalintendanz verbunden war, konnte er nicht ausfüllen. Die Militärregierung wiederum deutete seine Rolle als ein rein politisches Amt, was Bauckners Ambitionen nicht entsprach.

Nach dem Scheitern der Generalintendanz wurden die Kompetenzen der Stelle aufgeteilt. Von der angeblich reinen Verwaltungsaufgabe von Wilhelm Diess, Ministerialrat im Kultusministerium, gingen dabei so starke Einflüsse auch auf die künstlerische Arbeit des Theaterbetriebs aus, dass sie als Versuch gedeutet werden konnte, eine Generalintendanz durch die Hintertür wiedereinzuführen.

Die Neuordnung blieb ein fragwürdiger Erfolg für die Militärregierung, da man sich im bayerischen Kultusministerium gegen die von der Besatzungsmacht verordnete Reform sträubte und eine Restauration der Verhältnisse vor 1933 bevorzugte. Das gewünschte Umdenken im Rahmen der *Re-Education*, also der von den Alliierten im Zusammenhang mit der Entnazifizierung durchgeführten demokratischen Bildungsarbeit im gesamten Nachkriegsdeutschland setzte nicht ein. Stattdessen bestimmten persönliche Beziehungen und Interessen die organisatorische Neuordnung der Theaterbetriebe. Die Rückkehr zur Generalintendanz nach 1947 beispielsweise betrieb der damalige Kultusminister Alois Hundhammer vor allem mit Blick auf den befreundeten Alois Lippl, der von Mai 1948 bis August 1953 als Nachfolger von Paul Verhoeven Intendant des Bayerischen Staatsschauspiels wurde. Lippl war außerdem Präsident des Bayerischen Rundfunkrates, als der er am 25. Januar 1948 von der amerikanischen Militärregierung die erstmalige Lizenz für den Bayerischen Rundfunk als selbstständige, nun nicht mehr von den Alliierten kontrollierte Rundfunkanstalt entgegennahm.

Die wichtigste Personalie in diesem Karussell der Leitungsfunktionen zwischen 1945 und 1952 war freilich Rudolf Hartmann, dessen Berufung zum Intendanten die eigentlich treibende Kraft bei der Restituierung der Staatsoper als führendes Theaterinstitution des Freistaats und für die Fusion von Oper und Operette wurde. Die lückenhafte Quellenlage und offensichtlich verdeckte Planung seiner Ernennung im Kultusministerium macht deutlich, dass man einerseits noch mit den demokratischen Spielregeln rang und andererseits eher persönliche als sachliche Argumente die Entscheidung zur erneuten Umgestaltung der Leitungsfunktionen in den Theaterbetrieben motivierten.

Der Vorgänger im Amt des Opernintendanten, Georg Hartmann, war erfahrener Regisseur und Theaterleiter, der sich dem künstlerischen Wiederaufbau der Oper widmete und half, sie als kulturpolitisches Prestigeobjekt wiederaufzubauen. Es war den äußeren Umständen der Zeit, der Theaterkrise und der Unbestimmtheit der Kulturpolitik geschuldet, dass Georg Hartmanns Intendanz unter Spannungen endete und seine Leistungen bis heute nicht gewürdigt wurden. Nicht zu Unrecht beschrieb ihn die *Süddeutsche Zeitung* nach seinem Tod 1967 als ein »Stück unbewältigter Vergangenheit.«[2]

### Kulturpolitische Instanzen der Nachkriegszeit

Die Nachfolge der nationalsozialistischen Theaterpolitik wurde in der Nachkriegszeit von der amerikanischen Militärregierung und dem bayerischen Kultusministerium übernommen. Mit der Aufteilung Deutschlands in die Besatzungszonen durch die Alliierten wurde auch der zentralistische Staats- und Verwaltungsapparat vollständig aufgelöst. Das amerikanisch besetzte Gebiet wurde in einzelne Länder mit einer jeweils eigenen Regierung unterteilt. Für kulturelle Angelegenheiten war die ICD[3] zuständig, die Büros für die Verwaltung und Kontrolle der öffentlichen Medien (Presse, Radio, Film etc.) einrichtete. Die *Theatre Control Section* (TCS) war für die Betreuung der bayerischen Bühnen und alle anderen theaterpolitischen Aufgaben verantwortlich, im Bereich des Musiktheaters teilte sie sich die Zuständigkeit mit der *Music Control Section*. Neben der Kontrolle und dem Abbau nationalsozialistischer Strukturen lag ein wichtiger Schwerpunkt auf der Unterstützung des kulturellen Wiederaufbaus. Im Kulturbereich gestaltete sich die Entnazifizierung noch schwieriger als in anderen Bereichen des öffentlichen Lebens: Das in der NS-Zeit geförderte Narrativ der unpolitischen Kunst mit angeblich zeitlosem Charakter wurde in der Nachkriegszeit von den Künstlern dazu verwendet, sich vom Vorwurf einer politischen Vereinnahmung während der NS-Zeit zu distanzieren.[4]

Von den Nuancen der politischen Instrumentalisierung überfordert, wurden die Künstler von der Militärregierung unter Generalverdacht gestellt, Nutznießer des NS-Regimes gewesen zu sein. In den ersten Wochen nach Kriegsende versuchte man zunächst, alle Parteimitglieder und Künstler, die in leitenden Positionen tätig gewesen waren und somit in engem Kontakt zum Regime gestanden hatten, aus ihren Positionen zu entfernen. Durch diese Maßnahmen verlor die Bayerische Staatsoper mit Clemens Krauss und Rudolf Hartmann ihre künstlerischen Leiter, einen großen Teil der namhaften Sänger und 40 Prozent der Orchestermitglieder.[5] In schwarzen Listen wurden diejenigen Künstler gesammelt, die man aufgrund ihrer Arbeit, vor allem aber durch persönlichen Kontakt zum NS-Regime, als politisch untragbar einstufte. Sie erhielten Arbeitsverbot, das erst nach einer Entlastung durch ein Spruchkammerverfahren aufgehoben wurde. Weiße Listen hingegen erklärten Künstler als politisch unbedenklich, weil deren Ablehnung des Nationalsozialismus in irgendeiner Weise dokumentiert war.[6] Zusätzlich wurde eine Lizenzpflicht für alle Produzenten, Direktoren, Intendanten und sonstige Theaterleiter, später auch eine Registrierungspflicht für alle übrigen Kunstschaffenden eingeführt.[7] Ausschlaggebendes Kriterium für die Annahme eines Lizenzantrags war dabei allein die politische Eignung des Antragstellers, nicht seine künstlerische Befähigung.[8] Verboten wurden Aufführungen von Stücken, welche z. B. zu »Unruhen oder zum Widerstand gegen die Militärregierung aufstacheln« oder »nationalsozialistische oder verwandte ›völkische‹ Gedanken […] verbreiten.«[9]

Neben den Entnazifizierungsmaßnahmen übernahmen die Kulturoffiziere weitere Aufgaben, um die Kunstbetriebe zu unterstützen oder *Re-Education*-Programme zu fördern. Die *Theater Control Section* half den Theatern, indem sie sich z. B. um die Klärung von Aufführungsrechten, die Vermittlung von Künstlern und die Beschaffung von Text- und Notenmaterial kümmerte, das häufig im Krieg verloren gegangen war und aus anderen Städten oder dem Ausland organisiert werden musste. In dieser Funktion, die der einer Agentur entsprach, erleichterte man die Wiederaufnahme des Theaterbetriebs, die wegen der Kriegsschäden und der Isolation durch die Besatzung sehr behindert war.[10] Durch Umfragen, Besucherzahlen und Interviews mit Theatermachern und Journalisten versuchte man, den Zustand des Theaterwesens, die allgemeine Haltung des Publikums und den Fortschritt der *Re-Education*-Maßnahmen zu ermitteln. Die daraus gezogenen Schlüsse fielen häufig ambivalent aus. In der Spielplangestaltung sah man einen längerfristigen Kulturaustausch durch ausländische Stücke gesichert[11], im Aufbau des Theaterwesens und im Umgang des Staates mit den Theatern erkannte die TCS dagegen oft Zeichen für mangelndes Demokratieverständnis.

Weil die amerikanische Militärregierung am baldigen Aufbau eines eigenständigen Staats- und Verwaltungsapparates interessiert war, berief sie bereits am 28. Mai 1945 Fritz Schäffer vorübergehend zum bayerischen Ministerpräsidenten. Zu diesem Zeitpunkt war der Einfluss der Besatzungsbehörden noch so stark, dass Entscheidungen nur mit der Zustimmung der OMGB *(Office of Military Government for Bavaria)* getroffen werden konnten. Am 6. September 1945 wurde der Staat Bayern gebildet und am 28. September Wilhelm Hoegner zum neuen Ministerpräsidenten ernannt, dem im Dezember 1945 die volle exekutive, legislative und judikative Zuständigkeit übertragen wurde.[12] Während Hoegners Amtszeit wurde die bayerische Verfassung erarbeitet und am 1. Dezember 1946 der erste Landtag gewählt. Nach dieser Wahl wurde unter Hans Ehard die erste demokratisch gewählte Regierung eingesetzt.[13]

Bereits im Juni 1945 hatte ein erstes Treffen der Kulturoffiziere der *Information Control Division* mit dem kürzlich ernannten Ministerpräsidenten Schäffer stattgefunden, bei dem die Wiederaufnahme des Kulturbetriebes von der ICD angeregt wurde.[14] Zu den ersten neu errichteten Ministerien gehörten neben Wirtschafts-, Finanz-, und Innen- auch das Kultusministerium. Diesem standen mit den wechselnden Regierungen in der Zeit von 1945 bis 1952 vier verschiedene Staatsminister vor: Otto Hipp, Franz Fendt, Alois Hundhammer und Josef Schwalber. Das Kultusministerium konzentrierte sich in der Nachkriegszeit zunächst stark auf die Bildungspolitik. Eine zielgerichtete Einflussnahme auf die Theaterbetriebe fand zunächst kaum statt, Personalentscheidungen wie die Berufung neuer Intendanten wurden ausschließlich von der Militärregierung getroffen. Erst in der Amtszeit von Alois Hundhammer ab 1947 konnte mit der wachsenden Selbstständigkeit des Staates gegenüber der Besatzungsmacht von einer aktiven Theaterpolitik des Ministeriums bzw. des Kabinetts gesprochen werden. Durch das Inkrafttreten der Verfassung wurde der bayerischen Regierung größere Eigenständigkeit gegenüber der Besatzungsmacht gewährt. Im Rahmen der stärkeren kulturpolitischen Ausrichtung fand die Ernennung eines Staatssekretärs für die Schönen Künste statt. Durch diese Stelle sollte »die besondere Bedeutung hervorgehoben werden, die man in Bayern dem großen Gebiet der Künste zumißt.«[15] Der erste Staatssekretär, der Architekt Dieter Sattler, wurde als der einzige Kulturpolitiker mit künstlerischer Erfahrung zu einer entscheidenden Persönlichkeit der Theaterpolitik der Nachkriegszeit.

### Die Verdrängung der Schuldfrage

Die finanzielle Förderung der Staatstheater machte in der Nachkriegszeit etwa die Hälfte der Ausgaben des Kultusministeriums für die Kunst aus.[16] Die Aufwendung solch hoher Mittel für die Finanzierung der Häuser in einer Zeit wirtschaftlichen Notstandes zeigt, dass dem Theater als Kunstform und Institution besonderes Gewicht zugemessen wurde. Sowohl die amerikanischen Theateroffiziere als auch die bayerischen Kulturpolitiker schrieben dem Theater eine erzieherische Funktion zu, die man in der frühen Nachkriegszeit als besonders wichtig erachtete. Das Theater sollte diese weltanschauliche Neuausrichtung fördern, indem es dem Publikum neue Werte vermittelte. Für die Theateroffiziere der ICD war die Vorstellung des »Theaters als Mittel zur politischen und moralischen Rückerziehung«[17] im Rahmen des *Re-Education*-Programms relevant, die Schiller'sche Vorstellung von der Bühne als moralischer Anstalt galt als prägender Aspekt des deutschen Theaterwesens.

Die deutschen Theatermacher griffen deshalb bevorzugt auf den klassischen Werkekanon aus der humanistischen Tradition des späten 18. und 19. Jahrhunderts zurück, denen mit einer zeitlosen Gültigkeit auch besonderer erzieherischer Wert zugesprochen wurde. Dass auch im Nationalsozialismus zu propagandistischen Zwecken die zeitlose Größe deutscher Kulturgüter betont und gerade diese Klassiker ideologisch vereinnahmt worden waren, wurde dabei kaum problematisiert. Von der Theaterkontrolle wurden diese Klassiker zwar geduldet, ihnen aber kein besonderer erzieherischer Mehrwert zugesprochen: »The German classics […] have survived many changes in politics in Germany and evidently have not inspired the people with democratic ideas.«[18]

Die Uneinigkeit über die Gewichtung alter und neuer Elemente unter den deutschen Theatermachern war nicht nur ästhetischer Natur, sondern auch Frage einer grundsätzlichen kulturpolitischen Haltung. In seinem *Münchener Theaterbrief* sagte Erich Kästner diesen Konflikt für die Theaterpolitik voraus: Möchte man sich lieber weltoffen und international präsentieren oder auf eine bayerische Theatertradition konzentrieren?[19] Diejenigen Künstler, die eine Öffnung des Repertoirebetriebs bevorzugten, wollten neben den Aufführungen neuer Stoffe auch die klassischen Stücke neu interpretieren und inszenieren. Der Fokus auf eine spezifisch bayerische Kunsttradition wurde in der Politik vor allem von der CSU als kulturpolitisches Äquivalent des Föderalismus befürwortet. Kultusminister Hundhammer nannte bereits bei seiner Amtsübernahme »die Liebe zur bayerischen Heimat« als eine Richtlinie seines Handelns.[20] Sattler wurde Staatssekretär für die Schönen Künste, weil er darin die Gelegenheit sah, »eine bodenständige bayerische Kultur wiederaufzubauen.«[21] Im Kulturausschuss des Landtags wurde gefordert, »dass Münchner Theater soll ein bayerisches Theater sein«, man »wolle mit den Kritikern nichts zu tun haben, die vom Kurfürstendamm herunterkommen.«[22] Weiter konnten die Standpunkte kaum auseinanderliegen.

Neben der erzieherischen Funktion, die man dem Theater inhaltlich zuschrieb, verstand man die Institution Theater vorrangig als ein Prestigeobjekt. Mit Blick auf den repräsentativen Charakter des Theaters war immer wieder auch ein ausgeprägter Wettbewerbsgedanke zu finden: Generalintendant Arthur Bauckner betonte, dass die Bayerischen Staatstheater »zweifellos an der Spitze der deutschen Theater«[23] stünden, sein

Nachfolger Georg Hartmann bezeichnete die Staatsoper als »unbestritten das führende Operninstitut Süddeutschlands«[24], laut Schauspielintendant Paul Verhoeven hatte »kein Schauspiel […] heute in Deutschland die Chance, das erste zu werden, als hier in München.«[25] Ministerialbeauftragten und Landtagsabgeordneten kam es darauf an, dass »München im Theater führend bleibe«[26] und »die bisherige Spitzenstellung der Münchner Oper im gesamten Kulturleben der Westzonen«[27] gesichert wurde, weshalb »unter den ersten Kräften des deutschen Sprachgebiets« die Künstler zu finden waren, »die der Weltgeltung des Namens München gerecht« würden.

Während die Frage der ästhetischen Ausrichtung zwar die bayerischen Künstler und Kulturpolitiker spaltete, beriefen sich beide Seiten gleichermaßen auf die Tradition der Kunststadt München und eine besondere Theaterbegeisterung des Münchner Publikums. Dass diese Argumentation nicht nur eine bewusst restaurative Kulturpolitik rechtfertigen sollte, zeigt die Stellungnahme der fraktionslosen Landtagsabgeordneten Renate Malluche gegen die christlich-konservative Kulturpolitik der CSU:

München hat einen Ruf als Kunststadt. Es hat diesen Ruf als Kunststadt seit Jahrzehnten und Jahrhunderten. […] München verdankt seinen Ruf als Kunststadt den Monarchen, deren Geist und Kunstsinn München auf diese Höhe gebracht haben. […] Ich glaube, wir sind hier als Parlament die echten Nachfolger der bayerischen Könige und haben dieselben Aufgaben gegenüber München als Kunststadt zu erfüllen. […] Wir dürfen München nicht zur Provinzstadt herabsinken lassen aus falschen religiösen Hemmungen, aus falsch verstandener Tugendhaftigkeit, aus falsch verstandener Moral.[28]

Das Theater war einerseits ein Standortfaktor mit ökonomischer Bedeutung. Deshalb waren laut Sattler »Aufwendungen für den Fremdenverkehr […] nur sinnvoll, wenn eine hohe künstlerische Qualität der Staatstheater den Erwartungen entsprechen kann.«[29] Von größerer Bedeutung sah man allerdings den außenpolitischen Nutzen des Theaters. Der internationale Ruhm und Status der Staatstheater als Institutionen hoher künstlerischer Qualität sollte dabei unterstützen, das durch den NS geschädigte Ansehen Deutschlands, Bayerns und Münchens wiederaufzubauen. Politisch und wirtschaftlich war man durch die militärische Besatzung von der Außenwelt isoliert. Da man die Kunst als grundsätzlich unpolitisch und deswegen nicht mit dem Makel der NS-Vergangenheit behaftet sah, sollte sie bei der Kontaktaufnahme zum Ausland helfen. Vor allem Staatssekretär Sattler erklärte es zum Ziel seiner Kulturpolitik, das »in den letzten 12 Jahren erschütterte Vertrauen der anderen Staaten«[30] wiederzugewinnen. Für ihn war es »also die Kunst, die alte und die neue, die uns die Tore ins Ausland öffnet, ehe noch die Politiker und die Wirtschaftler die abgebrochenen Brücken zwischen uns und den anderen Völkern wiederaufbauen können.« Auch im *Theater-Almanach* von 1946 wurde diese Überzeugung geäußert: »Denn die Kulturleistung wird die einzige Sprache sein, in der wir Deutsche uns auf lange Zeit hin in der Welt wieder werden verständlich machen können, und mit der wir uns zukünftig der Familie der Völker von neuem wieder einzuordnen vermögen.«[31]

Diese Absicht baute auf einer Selbstwahrnehmung und -darstellung auf, die das NS-Regime als einen Fremdkörper in der deutschen Geschichte verstand.[32] Eine klare Trennung wurde gezogen zwischen einerseits den kulturellen Werten und Leistungen der deutschen Vergangenheit und andererseits der NS-Ideologie, der von ihr beeinflussten Kunst und den Verbrechen des Regimes. Anstatt Gründe für den Aufstieg der NSDAP in der politischen Geschichte Deutschlands und ein Potential zur ideologischen Instrumentalisierung in der deutschen Kulturtradition zu sehen, wurde der Nationalsozialismus als separate Entität behandelt, dessen Anknüpfungspunkte an die deutsche Kulturgeschichte nur als völlige Perversion verstanden werden könnten. Da sich diese Idee der voneinander getrennten Traditionen gut mit den restaurativen Bestrebungen ergänzte, war sie in der Nachkriegszeit sehr beliebt. Als ein Fremdkörper konnte der Nationalsozialismus problemlos ausgeklammert werden, und es war möglich, geschichtsverdrängend an die Zeit vor 1933 anzuknüpfen, ohne sich (Mit-)Verantwortung an der NS-Zeit eingestehen zu müssen. Um das Bild im Ausland zu verbessern, wollte man an das Deutschland erinnern, in dem man an den früheren Ruf als das Land der Dichter und Denker anknüpfte:

Geistiges Tun, aus dem oft auch das sittliche folgt, war den Deutschen von jeher gegeben, ist auch in den Jahren der großen Verfolgung alles Geistigen nie ganz unterbrochen worden und hat sich seit unserer Befreiung deutlich neu belebt. Daran dürfen wir unsere großen, ja fast unsere einzige Hoffnung knüpfen; daß nämlich auch wir noch solcher Taten fähig seien, die im Sinne Goethes Begeisterung erwecken; daß unser Volk dadurch am Besten der Geschichte teilhaben können.[33]

Die demonstrative Förderung der Kunst sollte zur Rehabilitation Deutschlands beitragen. Die öffentliche Förderung der Theater wurde von der Militärregierung als deutsche Tradition zwar anerkannt, zeitgleich jedoch kritisiert, weil diese ökonomische Abhängigkeit die Theater nicht nur enger an Staat oder Kommune band, sondern auch eine inhaltliche Einflussnahme ermöglichte. Die zentralistische, staatliche Kontrolle der Theater, wie sie vom Reichspropagandaministerium hatte ausgeübt werden können, sollte deshalb aufgelöst und die Entscheidungshoheit über die künstlerischen, personellen und verwaltungsmäßigen Angelegenheiten der Theater aufgeteilt werden. Ein besonderer Dorn im Auge der Theaterkontrolle war der Einfluss des Kultusministeriums auf die Staatstheater.

Das erste und wichtigste Dokument, welches das Verhältnis von Politik und Kunst im bayerischen Staat der Nachkriegszeit festlegte, ist die Bayerische Verfassung vom 1. Dezember 1946. Grundsätzliche Kunstfreiheit wurde durch Artikel 108 gewährt, welcher erklärte: »Die Kunst, die Wissenschaft und ihre Lehre sind frei.« An anderer

Stelle wurde dies allerdings an Bedingungen geknüpft. So hieß es in Artikel 101, dass zwar jedermann die Freiheit habe, alles zu tun, was anderen nicht schadet, dies allerdings nur »innerhalb der Schranken […] der guten Sitten«. Artikel 110 (2) erklärte die »Bekämpfung von Schmutz und Schund« zur Aufgabe des Staates und der Gemeinden.[34] Damit wurde die Kunstfreiheit von Kriterien abhängig gemacht, die zwar als objektiv verstanden wurden, eigentlich aber von der individuellen Bewertung oder politischen Anschauung des jeweils zuständigen Staatsbeamten abhängig waren. Eine einheitliche Richtlinie, welche die Aufsichts- und Eingriffsbefugnisse des Staates in die Kunst definierte, lieferte die Verfassung damit nicht.

Ähnlich unbestimmt waren auch die Aussagen der Mitglieder des Kultusministeriums zu diesem Thema. Vor allem Staatssekretär Sattler äußerte sich zum Verhältnis von Staat und Kunst und der Ausrichtung der Kulturpolitik: »Die Kunst kann nur leben, wenn sie frei ist. Eine gelenkte oder gesteuerte Kunst wird immer ein Zwangsgebilde sein.«[35] Die staatliche Kunstpolitik »darf daher niemals die Steuerung der Kunst in eine bestimmte Richtung beabsichtigen.« Die Bezeichnung »Kulturpolitik« wurde von Sattler grundsätzlich kritisiert, da sie eine klare politische Absicht implizierte und an die nationalsozialistische Propaganda erinnerte. Ersetzen wollte er sie mit dem weicheren, unpolitischen Begriff der »Kulturpflege«: Den Staatstheatern als staatlich finanzierten Unternehmen wurde eine Sonderrolle zugeschrieben, eine staatliche Kontrolle und Einschränkung der Kunstfreiheit wurde sogar als Pflicht und Verantwortung gegenüber der Bevölkerung gerechtfertigt. Das deutsche Verständnis von Kunstfreiheit konzentrierte sich auf die Unabhängigkeit von ökonomischem Zwang durch die staatliche Finanzierung, da die marktwirtschaftliche Anpassung an den Publikumsgeschmack eine Verfälschung der künstlerischen Idee bedeuten würde. Gerade in seiner erzieherischen Funktion war dies entscheidend: »Es ist längst erwiesen, daß kein Privattheater die Aufgaben erfüllen kann, die ein staatlicher Theaterbetrieb erfüllen muß gegenüber der Allgemeinheit, gegenüber der Jugend und in Anbetracht der Erziehung des ganzen Volkes.«[36] Einen staatlichen Einfluss auf den Theaterbetrieb verstand man in diesem Rahmen als gerechtfertigt und politisch unproblematisch: »Da der Staatsminister dem Landtag gegenüber die Steuergelder, die für die staatliche Bühnenpflege verwendet werden, zu verantworten« hat, musste er laut Bauckner »auch in der Lage sein, über den Generalintendanten den entsprechenden Einfluß zu üben.«[37]

### Auf dem Weg zur Restauration

Die »Oberste Theaterbehörde für Bayern« war zehn Jahre hindurch eine genuine NS-Einrichtung aus dem Jahr 1935: Die Personalunion des künstlerischen Leiters der Theater und gleichzeitigen Mitarbeiters des Innenministeriums, Adolf Wagner, personifizierte die Bindung der Kunst an die Politik. Tatsächlich war die Oberste Theaterbehörde keine Verwaltungsbehörde, sondern ein Aufgabenbereich, der dem Amtsinhaber größere Autorität zuschrieb. Ministerialrat i. R. Richard Mezger behauptete Anfang der 1950er Jahre, ein großer Teil der Theaterangelegenheiten sei nicht auf dem Geschäftsweg geregelt worden, sondern »hinter den Kulissen«.[38] Unmittelbar nach Kriegsende übernahm zunächst Arthur Bauckner, der gleichzeitig auch zum Generalintendanten der Staatstheater ernannt wurde, die Leitung der Obersten Theaterbehörde. Der ICD war diese Theaterbehörde jedoch ein Dorn im Auge. Entgegen Baucknerns Wünschen wurde sie 1946 wieder aufgelöst[39], ihre Aufgaben teilte man einem Ministerialreferat unter der Leitung von Ministerialrat Wilhelm Diess zu, der als Generaldirektor die Verwaltungsangelegenheiten der Staatstheater betreute.[40] Schließlich wurde Diess zur Schlüsselfigur bei der Ernennung Rudolf Hartmanns als Staatsopernintendant 1952.

Vor allem an der Staatsoper waren die Zuständigkeitsbereiche der einzelnen Positionen verwirrend. Ohne einen zusätzlichen Operndirektor hatte Bauckner zunächst die künstlerische Leitung der Oper inne, nahm diese Aufgabe aber offensichtlich nicht wahr. Der Spielleiter Rudolf Hille wurde im Herbst 1945 in einem Nachvertrag »[b]is zur endgültigen Besetzung der Stelle des Operndirektors […] zusammen mit Herrn Kapellmeister Bertil Wetzelsberger kommissarisch mit der Führung der Dienstgeschäfte eines Operndirektors […] betraut.«[41] Die Notwendigkeit dieses Nachvertrags lässt erahnen, dass Bauckner nicht, wie beabsichtigt, die künstlerische Leitung der Oper ausübte. Ein Jahr später nahm die Konfusion zu. Für die Spielzeit 1946/47 wurden die Verträge von Hille und Wetzelsberger nicht verlängert, die gemeinsame Direktorenfunktion verfiel erneut. Dafür wurden mit den Dirigenten Georg Solti und Ferdinand Leitner die musikalischen Führungspositionen neu besetzt und auch dabei widersprüchliche Kompetenzen vergeben: Georg Solti (Abb. S. 192) war als 1. Dirigent und Generalmusikdirektor der oberste musikalische Leiter der Oper. Ferdinand Leitner (Abb. S. 192) war als 2. Dirigent und Kapellmeister diesem zunächst untergeordnet, wurde allerdings zusätzlich kommissarisch mit den Aufgaben des Operndirektors betraut, womit ihm die künstlerische Entscheidungshoheit gegenüber Solti eröffnet wurde. Verschärft wurde diese Konkurrenz durch einen Streit über die Höhe der Gagen, die entgegen anfänglicher Zusicherung gegenüber den künstlerischen Vorständen zugunsten Soltis angepasst wurden. Über den organisatorischen Zustand, in dem sich die Oper befand, als er die Aufgabe des Operndirektors übernahm, berichtete Leitner: »Ohne von Dr. Bauckner in irgend etwas eingeweiht zu sein, übernahm ich die Leitung des Betriebes einzig und allein mit Hilfe einer Sekretärin und musste feststellen, dass der ganze Betrieb organisatorisch nicht nur unzulänglich, sondern chaotisch geführt worden war.«[42]

Georg Solti. Undatiert.
Ferdinand Leitner. Undatiert.

Der Konflikt zwischen Generalintendant Bauckner und Generaldirektor Wilhelm Diess eskalierte. Wegen unterschiedlicher Vorstellungen über den Umgang miteinander und das Verhältnis von Intendant und Direktor kam es im März 1947 zum Streit, als dessen Folge Bauckner ein Disziplinarverfahren gegen Diess einleiten wollte.[43] Die künstlerischen Vorstände der Sparten sprachen sich allerdings gegen Bauckner aus und versicherten Diess ihres Vertrauens. Nachdem »sämtliche Spitzen der Theater« erklärt hatten, »mit Generalintendanten Dr. Bauckner aus vielen sachlichen und persönlichen Gründen nicht mehr zusammenarbeiten zu können«, sah sich das Kultusministerium zum Handeln gezwungen. Auch die Militärregierung schloss sich dieser Stellungnahme gegen Bauckner an und setzte das Kultusministerium wegen der Auflösung der Generalintendanz unter Druck.[44] Am 26. März 1947 folgte in einer Sitzung des Theaterbeirats in der Staatskanzlei der Beschluss über die Auflösung der Generalintendanz zum 1. April 1947. Die Führung des Referats für die staatlichen Theater, die Bauckner als Ministerialreferent zustand, wurde von Generaldirektor Diess übernommen, die Geschäfte der Generalintendanz den jeweiligen Spartenintendanzen »bis auf weiteres«[45] übertragen. Für Bauckner war vorgesehen, dass er als Intendant die Leitung der

Oper übernahm. Nachdem er ablehnte, sah Kultusminister Hundhammer keine Möglichkeit einer weiteren Tätigkeit innerhalb der Staatstheater für ihn und entband Bauckner von seinen Pflichten als Generalintendant.

Vor allem die amerikanische Militärregierung verband mit der Neuordnung der Staatstheater eine kulturpolitische Bedeutung im Kontext der Demokratisierung und Dezentralisierung des Theaterbetriebs. In den Münchner Ministerien hingegen zeigte man kaum Eigeninitiative, obwohl unter den deutschen Kulturpolitikern zur Frage der Generalintendanz alten Zuschnitts große Einstimmigkeit herrschte: In der Sitzung des Theaterbeirats vom 26. März 1947 betonten neben Kultusminister Hundhammer auch der Stellvertretende Ministerpräsident Dr. Hoegner und Staatsrat Meinzolt, dass sie eigentlich gegen die Spartenteilung der Staatstheater seien und der Entschluss nur auf Druck der Militärregierung hin erfolgt sei. Man war davon überzeugt, dass die Neuordnung »gegenüber dem bisherigen Zustand eine Verschlechterung bedeute«.[46] Auch Oberbürgermeister Scharnagl sah diese frühere Ordnung »als den erwünschten Normalzustand […] dessen Erreichung wieder anzustreben ist.«[47]

Die Vorzüge einer Generalintendanz wurden freilich nicht diskutiert bzw. erläutert. Einziges Argument, das für den Erhalt der Generalintendanz wiederholt geäußert wurde, war deren lange Tradition an den Staatstheatern:

Dr. Wilhelm Hoegner, Justizminister und zugleich stellvertretender Ministerpräsident im Kabinett Erhard, Dezember 1946 bis September 1947. Undatiert.

Dr. Wilhelm Diess, Ministerialrat im Kultusministerium und zugleich Generaldirektor der Bayerischen Staatstheater. 1953.

Seit rund 150 Jahren haben die Bayerischen Staatstheater mit der einzigen Ausnahme in der Zeit des Nationalsozialismus die gleiche Verwaltungsform gehabt: eine Gesamtverwaltung, die eine einheitliche künstlerische Orientierung mit Wirtschaftlichkeit verband. Eines ist sicher, daß die Bayerischen Staatstheater mit dieser Verfassung etwas erreicht haben, was man wohl als Weltruhm ansprechen kann.[48]

Die Rückkehr zur Generalintendanz 1945 war vorrangig die offensichtliche Wiederherstellung einer traditionellen Ordnung. Die Berufung Baucknerns zum Generalintendanten und die Absicht, Hans Knappertsbusch wie vor 1933 erneut als GMD zu installieren, stärkten den restaurativen Charakter dieser politischen Entscheidung im bayerischen Fachministerium. Die Absicht war unverkennbar: Man wollte eine Kontinuität von der Weimarer Republik zur Gegenwart herstellen und die NS-Zeit bewusst aus der Realität und der Normalität ausklammern. Das während des Dritten Reiches eingeführte System der finanziell und künstlerisch unabhängigen Sparten war dagegen mit dem Makel der nationalsozialistischen Theaterpolitik und der propagandistischen Vereinnahmung von Kunst belastet. Auch Verhoeven, Intendant des Staatsschauspiels, vermutete: »Vielleicht erschien die Form von vor 1933 zunächst deshalb glücklicher, weil es nicht mehr die Form war, in der unter den Nazis Theater gespielt wurde.«[49] Demzufolge war der Widerstand des Kultusministeriums gegen den Reformvorschlag der amerikanischen Kontrollbehörde nicht nur sachlicher Natur, sondern richtete sich auch gegen den von der Militärregierung vorgeschriebenen politisch-organisatorischen Zwang. Die starke neue Position von Generaldirektor Diess, die den Generalintendanten gewissermaßen ersetzte, kann man als Indiz dieser Absicht verstehen. Die amerikanische Theaterkontrolle dagegen machte die Gründe für ihre Ablehnung des Generalintendanten sehr deutlich: Man begriff ihn als Instrument der staatlichen Kontrolle, »who had full power of attorney to protect the interest of the state or the major party as far as financial and political interest went.«[50] Die Stelle des Generalintendanten wurde von den amerikanischen Theateroffizieren mithin anders gedeutet als von den bayerischen Kulturpolitikern. Ihm oblag in der Vorstellung des Kultusministeriums mit erinnerndem Blick auf die dreißiger Jahre die künstlerische Leitung des Hauses; seine Persönlichkeit sollte die ästhetische Einheit und künstlerische Ausrichtung der Staatstheater prägen.

Der amerikanischen Theaterkontrolle hingegen war die Einrichtung einer Generalintendanz fremd, man sah den Generalintendanten weder als Künstler noch als Unternehmer, sondern primär als einen Ministerialbeauftragten. Die von ihm getroffenen Entscheidungen über die Leitung der Theater wurden deswegen nicht als künstlerische Entscheidungen, sondern als politische Maßnahmen und damit staatliche Eingriffe in die Kunstfreiheit verstanden. Besonders störte sich die Militärregierung an der Bezeichnung »Generalintendant«. Der Zusatz »General-« hatte in diesem Kontext oft keine konkrete Bedeutung und wurde den Intendantentiteln seit dem 19. Jahrhundert entweder als besondere Ehrung des Amtsträgers hinzugefügt oder rein formal formuliert zur Kennzeichnung der Leitungsfunktion eines Mehrspartentheaters.[51] Für die Amerikaner wurde dem Amt damit eine militärische Qualität und Autorität zugesprochen.[52] Im Rahmen der Demilitarisierungsmaßnahmen wurde deswegen 1947 von der Theaterkontrolle verfügt, dass der Titel fortan nicht mehr verwendet werden durfte.[53] Bauckners mangelnde künstlerische Qualifikation und sein eingeschränktes Verständnis einer Generalintendanz im täglichen Opernbetrieb begriff die amerikanische Theaterkontrolle als Organ autoritärer Kontrolle und Ausdruck einer nationalsozialistisch geprägten Struktur.

Zwei Stellen können als Nachfolger der Generalintendanz verstanden werden, in künstlerischer Hinsicht Opernintendant Georg Hartmann als neuer Leiter der Staatsoper, in Bezug auf die Verwaltung der Staatstheater Generaldirektor Wilhelm Diess als Ministerialbeauftragter des Kultusministeriums.

Hartmann kam als erfahrener Theaterleiter nach München und war politisch absolut unbelastet. Diess attestierte ihm deshalb, »dass Dr. Hartmann heute der angesehenste Opernintendant der deutschen Bühnen ist. Er gilt nicht nur als ausgezeichneter Opernleiter, sein Ruf als Opernregisseur steht auf einsamer Höhe.«[54] In den Geschäftsanweisungen seines Dienstvertrags wurde geregelt, dass er die Oper nach außen vertrat und die oberste Entscheidungs- und Verwaltungsinstanz in künstlerischen und organisatorischen Fragen war.[55] Georg Hartmann erfüllte die in ihn gesetzten Erwartungen als Intendant und prägende Künstlerpersönlichkeit. Auch das Verhältnis zum musikalischen Leiter wurde neu geregelt. Nachdem Ferdinand Leitner die Staatsoper zur Spielzeit 1947/48 verlassen hatte, war Musikdirektor Solti alleiniger musikalischer Leiter, der dem Intendanten unterstellt war, bei musikalischen Fragen und in seiner Tätigkeit als Dirigent jedoch Mitbestimmungsrecht behielt.[56]

Generaldirektor Wilhelm Diess übernahm mit dem Ministerialreferat die Funktion als Kontaktstelle zwischen Kunst und Staat. Gerade die neue Position von Diess weckte Zweifel an der Abschaffung der Generalintendanz mit konsequenter Dezentralisierung und Lösung des Theaters aus staatlicher Kontrolle, wie von der ICD geplant. Die Übernahme der Aufgaben des Generalintendanten durch einen Ministerialbeauftragten band die Kontrolle über die Staatstheater enger an die ministeriale Verwaltung. Da Diess nach Bauckners Ausscheiden beide Referate für Theaterangelegenheiten übernahm, kam es erneut zu einer Konzentration staatlicher Gewalt in einer einzigen Position. Entgegen der Absicht, Diess die Aufsicht über das Theaterreferat nur vorläufig zu übertragen, bildete sein Amt als Generaldirektor der Verwaltung der Bayerischen Staatstheater den einzigen Kontakt zwischen den Theatern und dem Kultusministerium. Die Position des Generaldirektors kam der des abgeschafften Generalintendanten erstaunlich nahe. Im Ministerium wurde diese Parallele sofort erkannt und die Generaldirektion wie eine Weiterführung der Generalintendanz unter neuem Namen behandelt. Zu allem Überfluss führte Diess entgegen dem von der Militärregierung erlassenen Verbot von Titeln mit dem Zusatz »General-« weiterhin die Bezeichnung »Generaldirektor«. Diese zentrale Machtposition einer Ministerialstelle wurde von der ICD allerdings nicht entsprechend interpretiert. Da er nicht für künstlerische Angelegenheiten zuständig war, verstand man Diess als »coordinator merely for financial matters«[57] und übersah, dass seine Autorität in Finanz- und Verwaltungsfragen auch die Kunst beeinflusste, wie seine Bemühungen um das Engagement von Rudolf Hartmann nachdrücklich belegen.

Da konkrete Pläne für eine erneute Umstrukturierung erst 1950 im Kultusministerium besprochen wurden, spielte die ICD in dieser Phase keine entscheidende Rolle mehr. Ihre Tätigkeit war 1949 mit der Gründung der Bundesrepublik Deutschland beendet. Die Rückkehr zur Generalintendanz war freilich bereits seit ihrer unfreiwilligen Auflösung 1947 angedacht. Schon im April 1947 spekulierte Kurt Pfister, dass die Theater- und Musikkontrolloffiziere Behr und Evarts, die sich die Neuordnung der Staatstheater zum Ziel gesetzt hatten, bald aus dem Dienst der ICD ausscheiden würden.[58] Die Generalintendanz war bereits zum Langzeitziel erklärt worden, das nur von den Weisungen der Besatzungsmacht aufgehalten wurde. In der Presse berichtete man 1949 wie selbstverständlich von der geplanten Generalintendanz.[59] Besonderes Interesse an der Wiedereinführung wurde Kultusminister Hundhammer zugeschrieben, der nach 1947 eine aktivere Theaterpolitik betrieb.

Konkreter als die Generalintendanz wurde die Fusion von Operette und Oper als mögliche Neuordnung der Staatstheater besprochen. Sie wurde angefacht durch die Währungsreform, in deren Folge die Staatstheater bei gesunkenen Kartenverkäufen und höheren Materialkosten unvorhergesehene höhere Zuschüsse durch den Staat benötigten. Ein Bericht von Wilhelm Diess über die Einnahmen und Ausgaben der Staatstheater aus dem Rechnungsjahr 1949 verdeutlichte, dass sich die finanziellen Verhältnisse der drei Sparten auffällig unterschieden. Die Operette benötigte die geringsten Finanzmittel; vor allem das Schauspiel befand sich mit einer geringen Auslastung und niedrigen Eigeneinnahmen in einer Krise.[60] Aufgrund seiner Bildungsfunktion hielt man einen einschränkenden Eingriff allerdings für »bedenklich.«[61] Auch bei der Staatsoper war Kulturstaatssekretär Sattler zunächst vorsichtig, um nicht die grosse Tradition der Bayerischen Staatsoper abzubrechen: »Ich glaube, dass wir rückblickend auf eine Jahrhunderte alte Operngeschichte es uns sehr überlegen müssen, bevor wir die besondere deutsche Kunstform den Unbilden der Zeit opfern.«[62] Während man dem Schauspiel wegen seiner erzieherischen Funktion kulturpolitisches Gewicht beimaß, sah Sattler die Bedeutung der Staatsoper vor allem als traditionsreiches Prestigeobjekt, dessen kulturelle Leistung für internationale Repräsentation gefördert werden musste. Die Operette als ehemaliges Privat- und Unterhaltungstheater konnte sich nicht gleichermaßen auf das Recht staatlicher Förderung berufen.

Im Kultusministerium kam die Fusion von Oper und Operette im Dezember 1949 auf eine Anregung des Obersten Rechnungshofes zur Sprache.[63] Man erhoffte sich die effizientere Nutzung beider Spielstätten und daraus entstehende höhere Einnahmen[64] –

im heutigen Sprachgebrauch als Synergie-Effekte bezeichnet. Durch einen gemeinsamen Fundus und die Entlassung von 15 Prozent des Personals erwartete Sattler weitere Einsparungen, zumal das Künstlerpersonal ohne zusätzliche Vergütung in der jeweils anderen Kunstform auftreten würde. Auf dieser Basis ersuchte Sattler Generaldirektor Diess, »mit den beteiligten Intendanten einen Plan für die neu zu treffenden Maßnahmen« vorzulegen.[65] Sowohl Opernintendant Georg Hartmann als auch Diess verfassten jeweils ein Gutachten, das sich mit den Möglichkeiten der Fusion auseinandersetzte, kamen aber mit unterschiedlichen Berechnungen zu unterschiedlichen Ergebnissen: Nach dem Gutachten der Staatsoper würde die Fusion nicht zu Einsparungen, sondern zu Mehrkosten führen. Neben rein rechnerischen Gründen, die sich aus den Personalkosten, nötigen Umbauten und veränderten Kartenverkäufen zusammensetzten, verstand Hartmann Opern- und Operettenpublikum als zwei unterschiedliche Besucherkreise. Außerdem sah er das künstlerische Niveau der Staatsoper durch die Fusion gefährdet, da man das Prinzregententheater weniger bespielen und sich mehr auf Operette und Spieloper konzentrieren müsste.[66] Diess kam dagegen zu dem Schluss, dass eine Fusion möglich war und dadurch Geld gespart werden könnte. Er räumte allerdings ein, dass keine Sicherheit bestünde, »auf dem Weg einen grösseren Betrag beim Zuschuss wegzubringen.«[67]

Im Oktober 1950 wurde im Haushaltsausschuss des Landtags über die Fusion beraten, aber der Antrag basierend auf dem Gutachten Georg Hartmanns abgelehnt.[68]

Bemerkenswert war die Verknüpfung von Generalintendanz und Spartenfusion mit einem Intendantenwechsel in naher Zukunft. Die Pläne zur Fusion von Oper und Operette, die sich aus den notwendigen Sparmaßnahmen ergaben, bildeten den eigentlichen Anstoß für eine Neuordnung der Staatstheater. Nachdem die Fusion im Haushaltsausschuss von den zuständigen Intendanten und anderen Instanzen abgelehnt worden war, führte das Kultusministerium in Zusammenarbeit mit Diess die Neuordnung der Staatstheater nun ohne die Kenntnis der Intendanten weiter. Auch hier ist die Aktenlage sichtlich lückenhaft. In einer Besprechung im Ministerium am 22. November 1950 hatte man die Neuordnung der Staatstheater mit Spartenfusion und Generalintendanz zum Ende der Spielzeit 1950/51 bereits beschlossen und ging von der Berufung Rudolf Hartmanns zum neuen Leiter der beiden Bühnen aus.[69] Da die Kündigungsfrist der beiden bisherigen Intendanten Curth Hurrle (Staatsschauspiel) und Georg Hartmann (Staatsoperette) am Jahresende aber wegen Landtagswahl und Personalwechsel im Ministerium nicht eingehalten werden konnte, verschob sich der gesamte Plan um eine Spielzeit.[70] Nach einer halbjährigen Pause wurden die Pläne im Juni 1951 wiederaufgenommen, da für die Aufnahme der Gespräche mit Rudolf Hartmann die Frage um die Zukunft der Staatstheater geklärt werden musste.[71] In einer Besprechung am 3. Juli 1951 erklärte sich Rudolf Hartmann bereit, Oper und Operette zu übernehmen, woraufhin die Neuordnung beschlossen wurde.[72] Am 5. Juli 1951 wurden Hurrle und Georg Hartmann im Kultusministerium darüber informiert und die entsprechende Pressenotiz veröffentlicht. Gleichwohl verschoben sich die Absichten, die hinter der Neuordnung der Staatstheater standen, in der Planungs- und Umbesetzungsphase entscheidend. Die eigentliche Begründung für die Umstrukturierung, die durch das Finanzministerium angedrohte Kürzung der Zuschüsse verbunden mit einer Forderung nach Sparmaßnahmen, verlor zusehends an Bedeutung. Finanzminister Friedrich Zietsch äußerte die Überzeugung, »dass die Zusammenfassung der Bayer. Staatsoper und Staatsoperette unter einer gemeinsamen Leitung in Verbindung mit der in Aussicht genommenen Neugestaltung des Spielbetriebs im Gärtnerplatztheater […] nicht nur nicht zu den dringend erforderlichen Einsparungen im Gesamtaufwand der Staatstheater, sondern zu erheblichen Mehraufwendungen führen wird.«[73] In einer Sitzung des Ministerrats setzte sich Zietsch dafür ein, die bisherige Trennung aufrecht zu erhalten.

Die Argumentation des Kultusministeriums machte deutlich, dass man eher mit der besonderen Eignung Rudolf Hartmanns überzeugen wollte, aber keine tatsächlichen Sparmaßnahmen mehr geplant hatte und auch bereit war, Mehrkosten in Kauf zu nehmen. Die Person Rudolf Hartmann war zur treibenden Kraft hinter den Reformbestrebungen geworden. In dieser Hinsicht bleibt unklar, weshalb die Fusion überhaupt noch angestrebt wurde. Die Neuordnung schien inzwischen als Rechtfertigung für den Intendantenwechsel instrumentalisiert worden zu sein. In den folgenden Jahren wurde die Generalintendanz nicht erneut eingeführt, bestand als Idee jedoch weiter, um viel später erneut aufgegriffen zu werden: mit der Generalintendanz aller Bayerischen Staatstheater August Everdings von 1982 bis 1993. Rudolf Hartmanns Berufung zum Opernintendanten, der die Bayerische Staatsoper bis 1967 leitete, bleibt damit das einzige Ergebnis der Neuordnung, da langfristig das Münchner Theaterleben bestimmte.

RS / RC

# Georg Hartmann und die verhinderte Moderne

**Nach dem Zweiten Weltkrieg wurde der Bayerischen Staatsoper** in vielen (insbesondere auch hauseigenen) Stellungnahmen die Bedeutung einer Musiktheaterinstitution von Weltrang erst für die Zeit ab der Wiedereröffnung des Nationaltheaters 1963 zuerkannt – allenfalls bereits ab 1952 mit dem Beginn der Intendanz von Rudolf Hartmann. Der Direktion Georg Hartmanns, der ab 1947 die künstlerische Verantwortung und die Wiederherstellung von Kunst- und Spielverhältnissen übernahm, wurde indessen – und bis heute – nur wenig Beachtung geschenkt. Auch die Bedeutung der Interimsspielstätte Prinzregententheater wurde verkannt: Der Theaterbau stand für die Kontinuität der Staatsoper, die noch während der Kriegszeit dorthin auswich, um den Spielbetrieb nicht aufgeben zu müssen und ihn nach Kriegsende fast unmittelbar fortführen zu können. Georg Hartmanns Verdienste verblassten im Schatten der gefeierten Ära von Rudolf Hartmann, des Operndirektors der NS-Zeit. Umso dringlicher ist die Dokumentation der Querelen Georg Hartmanns mit der Ministerialbürokratie als auch seiner künstlerischen Verdienste um die Bayerische Staatsoper in den Nachkriegsjahren, vor allem mit Blick auf die erneuerte Bedeutung des Prinzregententheaters.

Während des NS-Zeit war das »Theater des Volkes« für Vorstellungen der NS-Organisation Kraft durch Freude reserviert und zum Ende des Krieges das Ausweichquartier der Staatsoper. In derselben Nacht, in der das Nationaltheater durch Bombenangriff zerstört wurde, war auch der Restaurationstrakt des Prinzregententheaters komplett zerstört worden. Zuschauerraum, Bühnenhaus und Garderobenbauten aber konnten trotz schwerer Schäden verhältnismäßig schnell wieder spielfähig gemacht werden. Der Orchestergraben wurde erweitert, die Orchestermuschel entfernt und die Podien

Georg Hartmann, Intendant 1945–1952.

der Musiker angehoben.[1] Die Akten des städtischen Kulturamts geben Aufschluss über den unbedingten Willen des Regimes, den Spielbetrieb im Jahre 1944 aufrechtzuerhalten:

Am 27. Mai 1944 beginnt die vom Führer befohlene Bespielung des Prinzregententheaters durch die Bayer. Staatsoper und zwar, bedingt durch die Bühnenverhältnisse in diesem Theater und durch die grossen Verluste, die die Bayer. Staatsoper durch die letzten Terrorangriffe auf München an ihren Dekorationsbeständen erlitten hat, zunächst in der Form, daß an einigen Wochentagen im Prinzregententheater Opernwerke aufgeführt werden; daneben sollen die zur Zeit im Deutschen Museum gebotenen Opernkonzerte zunächst noch beibehalten werden.[2]

Nach der Eröffnung im Prinzregententheater mit *Freischütz* wurde zum 10. Juni 1944 *Die verkaufte Braut* aufbereitet; im Konzertsaal des Deutschen Museums dirigierte Kapellmeister Bertil Wetzelsberger am 2. Februar Carl Orffs *Carmina Burana* und am 2. Juli an gleicher Stelle einen neuen Ballettabend mit Werner Egks *Joan von Zarissa*. Obwohl der Kostümfundus durch Brände ramponiert worden war, galt die Aufführung weiterer Werke als selbstverständlich. Als jedoch die Pläne Hitlers zur Mobilmachung dem improvisierten Spielbetrieb im Prinzregententheater ein Ende setzten, wurde d'Alberts *Tiefland* am 30. Juli 1944 zum zweiten Male die letzte Vorstellung der Kriegszeit, nachdem diese Oper am 2. Oktober 1943, vor der Zerstörung des Nationaltheaters, als letztes Werk gespielt wurde.

Nach dem Krieg blieb das Prinzregententheater die permanente Ausweichstätte: Das 1901 erbaute Festspielhaus mit seinem offenen, ranglosen Auditorium war nun bis auf Weiteres die Bayerische Staatsoper. Zwei Monate nach Kriegsende fand in diesem Haus

Zerstörter Bühnen- und Zuschauerraum des Nationaltheaters, 1945.
Der Gartensaal (Restaurationssaal) des Prinzregententheaters wurde im Oktober 1943 zerstört und blieb bis zur »zeitgemäßen« Neuerrichtung 1958 provisorisch mit einem Notdach abgedeckt, Aufnahme von 1948.

Pia und Pino Mlakar, künstlerische Leiter des Balletts 1952–1954.

am 8. Juli ein Sonntagnachmittagskonzert der Münchner Philharmoniker unter der Leitung von Eugen Jochum statt, am 17. August 1945 folgte das erste Konzert des Bayerischen Staatsorchesters unter der Leitung von Hans Knappertsbusch. Bereits ab Mitte Oktober befassten sich Matineen der Staatsoper mit bis dato verbotener zeitgenössischer Musik unter der künstlerischen Leitung des Komponisten und Konzertdramaturgen Karl Amadeus Hartmann. Mit diesen regelmäßigen Sonntagsmatineen begründete dieser die Musica-viva-Konzertreihe.

Am 15. November 1945 eröffnete die Staatsoper ihren regelmäßigen Spielbetrieb mit Beethovens *Fidelio* im Münchner Regiedebüt von Günther Rennert, der auch in weiteren Spielzeiten als Gastregisseur in München inszenierte. Die Hauptpartien sangen Helena Braun (Leonore), Franz Völker (Florestan) und Hans Hotter (Pizarro), also die ersten Kräfte des Hauses. *Tiefland*, *La Bohème*, *Die verkaufte Braut* und *Der Freischütz*, allesamt Produktionen aus den Kriegsjahren 1938, 1940 und 1942, konnten wiederaufgenommen werden. Die erste Ballettaufführung *Der Bogen*, getanzt von Pia und Pino Mlakar, fand am 25. Oktober 1945 statt.

Für insgesamt 18 Spielzeiten blieb das Prinzregententheater die Heimstätte der Staatsoper. Hans Knappertsbusch, der 1935 unter dem Druck der Nationalsozialisten die Oper hatte verlassen müssen, konnte 1945 nur kurzfristig die musikalische Leitung des Hauses übernehmen, bis er im November desselben Jahres von den amerikanischen Besatzungsbehörden Auftrittsverbot erhielt und seines Dienstes enthoben wurde (vgl. Porträt Hans Knappertsbusch, S. 337). Erst zu Beginn der zweiten Nachkriegsspielzeit übernahm 1946 Georg Solti als erster offiziell das Amt des Generalmusikdirektors bis 1952. Er debütierte im Januar 1947 mit *Carmen*. Auch die Akademiekonzerte des Bayerischen Staatsorchesters etablierte er schnell als eine Konstante im

Günther Rennert.

Spielplan. Solti übernahm ein Repertoire, das damals an allen großen Opernhäusern gespielt wurde und in den knapp zwei Jahren nach Kriegsende auch in München schon wiederhergestellt war. Neben den bereits erwähnten Sängern Braun, Völker und Hotter zählten v. a. Maud Cunitz, Adele Kern, Marianne Schech und Gerda Sommerschuh sowie Franz Klarwein, Lorenz Fehenberger und Benno Kusche zu den regelmäßig auftretenden Darstellern. Elisabeth Lindermeier, Annelies Kupper, Georg Hann und Kurt Böhme kamen erstmals hinzu. Der Repertoirebetrieb stabilisierte sich auf beachtlichem sängerischen Niveau.

Die darauffolgende Intendanz Georg Hartmanns währte fünf Jahre. Sein Ruf als Regisseur mit umfangreicher Intendanz-Erfahrung am Stadttheater Lübeck, am Friedrich-Theater Dessau, an der Breslauer Oper, am Stadttheater Dortmund und an der Duisburger Oper, die nach der Zerstörung des Hauses zum Teil im Deutschen Theater in Prag weiterspielte, empfahlen ihn für München. Eine Nähe zum NS-Regime konnte ihm nicht nachgewiesen werden, weswegen er im August 1947 von der amerikanischen Militärregierung als unbedenklich eingestuft wurde: Aus vorhandenen Quellen ist

Hartmanns Haltung zum Nationalsozialismus nur unzureichend nachvollziehbar, seine Entlassung als Breslauer Intendant im Zuge der Machtergreifung 1933 unter dem Vorwurf, er sei »seit langer Zeit ein starker Gegner der nationalsozialistischen Bewegung«[3], sprach zwar für sich; die genauen Umstände der Entlassung blieben aber undurchschaubar, deuteten jedoch darauf hin, dass es sich um eine Intrige handelte, die lediglich ideologisch aufgeladen wurde. Letztlich wurde Hartmann durch das Regime weder deutlich gefördert noch behindert, so dass er an verschiedenen Häusern weiterarbeiten und auf diese Weise ausreichenden Abstand zum Nationalsozialismus bewahren konnte, um nach 1945 als politisch unbedenklich zu gelten. 1946 wurde er zunächst von der sowjetischen Besatzungsmacht aus der Kriegsgefangenschaft entlassen, um die Städtischen Theater Dessau zu leiten, bevor er 1947 nach München berufen wurde. Die Vertragsverhandlungen begannen im Mai 1947. Aufgrund des Wegfalls der Generalintendanz wurde Hartmann größere Selbstständigkeit im Theaterbetrieb zugesichert.[4] Auch Solti sprach sich für die sofortige Beschäftigung Hartmanns persönlich aus, »da es sich um einen bereits nach jeder Richtung bewährten Mann handle.«[5] Als Alternative hatte Solti zwar auch Rudolf Hartmann als möglichen Intendanten ins Gespräch gebracht, wogegen sich der Erste Kapellmeister Leitner »mit Rücksicht auf die Haltung Rudolf Hartmann's während der nazistischen Zeit« entschieden aussprach.[6] Dass Rudolf Hartmann zu dieser Zeit schon als umstrittene Personalie galt, verdeutlicht eine Eingabe von namentlich nicht genannten Mitgliedern der Oper im Juli 1947 an Kultur-Staatssekretär Dieter Sattler, die die Entscheidungsträger im Ministerium eindringlich vor der Wiedereinstellung Rudolf Hartmanns – im Wortlaut »einen der übelsten Nutzniesser des dritten Reiches und willfährigsten Vollstrecker der Nazi-Kulturpolitik« – warnte: »Uns kleine Chorsänger und Musiker hat man einfach auf die Strasse geworfen und diesen gerissenen, charakterlosen Hitler-Trabanten will man in Ehren wieder aufnehmen. Wir werden gegen dieses Unrecht mit allen Mitteln kämpfen.«[7]

Georg Hartmann, der bereits in Verhandlungen mit Leipzig gewesen war, entschied sich schnell für München: Möglich wurde dies erst durch einen wahren Staatsakt, indem der bayerische Ministerpräsident brieflich sowohl beim sächsischen Ministerpräsidenten als auch beim Leipziger Oberbürgermeister um »Freigabe« Hartmanns bat. Bereits im Juni 1947 bedankte sich Hartmann für die Zusage »der von mir so sehr geliebten Bayerischen Kunstzentrale«.[8]

Hauptregisseur der Intendanz Georg Hartmanns und auch noch darüber hinaus war Heinz Arnold, der prägende Bühnenbildner wurde Helmut Jürgens (vgl. Porträt Helmut Jürgens, S. 324). Ein planvoller innerer und äußerer Aufbau von Ensemble und Spielplan wurde durch die Notsituation der Nachkriegszeit zwar erschwert, ging es in erster Linie doch um die Sicherung von Heizmaterial und die Wiederinstandsetzung von Kostümen und Dekorationen (insgesamt nur vier gesicherter Inszenierungen).

Trotzdem – und das ist bezeichnend für die Haltung des jungen Freistaats Bayern 1948 – wurde gut ein Viertel des bayerischen Kulturetats an die Münchner Staatstheater, allen voran die Staatsoper (2,6 Millionen DM) verteilt, die somit das »Repräsentationsbedürfnis der neuen Demokratie«[9] bediente. Georg Hartmann unternahm zahlreiche Dienstreisen durch die Besatzungszonen, um ein festes neues Ensemble zusammenzustellen, organisierte Gastspiele und baute zusammen mit Musikdirektor Solti das Repertoire wieder auf. Wie in den unmittelbaren Nachkriegsjahren dominierte auch unter Georg Hartmann bis 1952 das italienische Repertoire. Die Hausgötter Mozart

Heinz Arnold, Oberspielleiter ab der Spielzeit 1950/51.

und Richard Strauss wurden traditionsgemäß gepflegt, für die ersten Wagner-Aufführungen der Nachkriegszeit setzte sich 1947 mit *Walküre* und *Tristan* besonders Georg Solti ein: In seiner Eigenschaft als Regisseur wurde dem neu angetretenen Intendanten Hartmann nach der Premiere von *Tristan und Isolde* von der *Süddeutschen Zeitung* durchaus ein künstlerischer Neubeginn für München attestiert:

Mit dem Intendanten Dr. Georg Hartmann ist ein neuer Geist in der Spielleitung lebendig geworden. Verschwunden sind die hilflos leeren großen Operngesten, verschwunden die nichtssagenden konventionellen Bewegungen. Man fühlt, mit diesen Sänger-Darstellern ist gearbeitet worden [...]. Hier ist jede Einzelheit bewegungsmäßig, im Ausdruck, in der Tonfärbung aufs feinste durchgestaltet. Eine neuartige, ganz unbayreutherische, aber wohl doch ganz im Sinn Wagners zwischen Sprech- und Gesangston schwebende Ausbildung des Sprechgesangs wirft kühn die Fesseln einer erstarrten Tradition ab.[10]

Georg Hartmann experimentierte also auch bühnenästhetisch mit neuen Inszenierungsstilen. In ihrer weiteren gemeinsamen Spielplangestaltung setzten Solti und Hartmann zudem verstärkt auf das Anknüpfen an Münchens Wagner-Pflege, ab 1949 stets im Bühnenbild von Helmut Jürgens: Bis zum Ende der Ära Georg Hartmann wurden *Lohengrin* und *Meistersinger* (1949), *Tannhäuser* und *Der fliegende Holländer* (1950) und der komplette *Ring* neueinstudiert, *Siegfried* und *Götterdämmerung* (jeweils 1951)

Szenenbild aus *Siegfried* (Premiere 12. 2. 1951), Regie: Heinz Arnold, Bühnenbild: Helmut Jürgens.

unter der Leitung von Knappertsbusch, *Das Rheingold* und *Die Walküre* (1952) unter Georg Solti, Regie führte stets Heinz Arnold. Wie Kritiken belegen, wagten Arnolds *Ring*-Inszenierungen eine szenisch-bildliche Reduktion:

Die Neuinszenierung des »Siegfried« in der Staatsoper war beispielhaft dafür, wie man heute dem theatralischen Symboliker Wagner gerecht wird. Sie wurde zu einem bis über das Sinken des eisernen Vorhangs gefeierten Theaterereignis, weil sie die genial szenischen Vorschriften Wagners erfüllte und in ihrer großangelegten Führung zur hymnischen Schluß-Steigerung auf das Wesentlich zielte, die Wagner-»Gesten« mied und Wagners Absichten verdeutlichte. Der Regisseur Heinz Arnold hatte weder psychologisiert, noch pathetisiert. Von gleicher Eindringlichkeit und Einfachheit waren die wuchtigen Bühnenbilder, die Helmut Jürgens über einem festen Aufbau angelegt hatte. [...] Eine Wagner-Aufführung, die der Münchner Tradition gerecht wurde. Ein Festspiel-Tag während der Saison.[11]

Wie Karl Schumann, so hob auch der Rezensent der *Neuen Zeitung* die Abkehr vom Realismus hervor:

Im Bühnenbild Helmut Jürgens' und Regie (Heinz Arnold) machte sich die Tendenz zur Vereinfachung geltend[,] ohne dass jedoch der gerade im »Ring« als Ergänzung der naturalistischen Musikdramatik unentbehrliche optische Realismus unterdrückt worden wäre.[12]

Und Helmut Schmidt-Garre verglich München mit Bayreuth:

In Bayreuth unternahm Wieland Wagner dieses Jahr das Wagnis, mit dem Illusionsnaturalismus älteren Wagnerstils, mit seinem Heldenbrimborium und seiner Speerfuchtelei radikal zu brechen. Auch Heinz Arnold versucht bei der Neuinszenierung der Staatsoper, weitgehend zu stilisieren, zu vereinfachen, pathetische Gesten nach Möglichkeit auszuschalten. [...] Aber Arnold ist beileibe kein Puritaner. Er gönnt den Darstellern immer wieder realistische Momente, lässt die Männerchöre sich wild durcheinandertummeln und arbeitet wie ehedem mit einem ganzen Arsenal von Helmen, Speeren und Schilden.[13]

Entgegen der heute tradierten Wahrnehmung betonte Hartmann bis auch die intensive Auseinandersetzung mit moderner wie zeitgenössischer Oper respektive neuem Ballett, auch wenn das Münchner Publikum dafür noch nicht bereit zu sein schien. Unter Bauckners und Hartmanns Direktionen kam es im Opernbereich bereits zu insgesamt elf Ur- bzw. Erstaufführungen: gleich 1947 Carl Orffs »bairisches Stück« *Die Bernauerin* und Richard Strauss' während der NS-Zeit untersagte *Schweigsame Frau* (zum Libretto des jüdischen Dichters Stefan Zweig) und 1948 Laoš Janáčeks *Katja Kabanowa* als Auftakt zur nun wieder breiteren slawischen Opernlinie am Haus. Das Jahr 1948 wurde besonders bedeutsam aufgrund zweier Neuproduktionen: Das medienwirksame Politikum um die Uraufführung von Werner Egks Faust-Ballett *Abraxas*, das sowohl zum Verkaufsverbot des Librettos als auch zum Aufführungsverbot selbst führte, sollte den Erfolg von Egks Werken im Spielplan erst recht auf viele Jahre im Prinzregententheater begründen und sichern.[14] Mit der Münchner Erstaufführung von Hindemiths zur NS-Zeit verfemtem Werk *Mathis der Maler* 1948 begründete Hartmann eine Trias von Künstleropern, die mit der Neuinszenierung von Pfitzners *Palestrina* 1949 und mit *Tobias Wunderlich* von Joseph Haas, gleichfalls als Münchner Erstaufführung, 1949 ihre Fortsetzung fand.[15] Im selben Jahr kam es zur deutschen Erstaufführung von Heinrich Sutermeisters *Raskolnikoff*. Das Interesse des Publikums an den Erstaufführungen (des Weiteren Orffs *Die Kluge* und *Antigonae*, Karl Amadeus Hartmanns *Des Simplicius Simplicissimus Jugend*, Benjamin Brittens *Der Raub der Lukretia* sowie Egks *Peer Gynt*)[16] war jedoch äußerst begrenzt, die gängigen Repertoire-Opern waren an der Theaterkasse um ein Vielfaches attraktiver. Intendant und Regisseur Georg Hartmann hingegen stand vehement für seine fordernde Programmatik ein und ließ sich nicht zu Kompromissen verleiten. Sein Vorwort zum Begleitheft der Presse-Ausstellung 1948 beendete er mit dem Credo:

Darum sehe ich es als meine vordringlichste Aufgabe an, alles, was auf dem Gebiete der Musikbühne an wertvollem Neuen geschaffen wurde, an deren Freunde zur Bereicherung ihres geistigen Bildes der Zeit heranzutragen und ihnen das Unvergängliche unserer kulturellen Besitztümer in Darbietungen zu erschließen, die aus unserem heutigen Erleben geformt sind. Denn nicht im Ressentiment zu verharren, sondern ein Spiegel der Zeit zu sein ist mehr denn je die Aufgabe des Musiktheaters und einer Bühne, die der großen Tradition des Bayerischen Staatstheaters würdig sein will![17]

Im Sinne dieser Tradition fanden fünf Jahre nach Kriegsende unter Hartmann bereits 1950 im Prinzregententheater, dessen Bau seinerzeit von der Festspielidee Wagners inspiriert gewesen war, die ersten Opernfestspiele der Nachkriegszeit statt. Nachdem 1939 die Festspiele kriegsbedingt hatten eingestellt werden müssen, konnte man nun wieder an die seit 1875 bestehende Münchner Tradition anknüpfen. Der Zuspruch des internationalen Publikums nahm von Jahr zu Jahr zu. Zur Amtszeit Georg Hartmanns wurden die Festspiele sehr gelobt, und der Opernleiter konnte für sein Verdienst gar nicht genug gefeiert werden. Entsprechend irritierend und bezeichnend liest sich daher die Einschätzung der künstlerischen Qualität und Gesamtanlage aus der Sicht des Folgeintendanten Rudolf Hartmann in dessen Autobiografie: »Was ich vorfand, war wenig ermutigend. Zwar hatte man ab 1950 versucht, an die Vergangenheit anzuknüpfen, aber mit ziemlich negativem Ergebnis. […] Tatsache ist, daß die Münchner Festspiele im Bewußtsein der musikinteressierten Welt nicht mehr existierten, daß ich ganz von Anfang aufbauen mußte.«[18] Bereits an früherer Stelle in diesem Buch konstruierte Rudolf Hartmann eine blanke Erfindung als Tatsache: »Die maßgebenden Stellen hatten den namensgleichen Georg Hartmann, einen von mir geschätzten älteren Kollegen, als Intendanten verpflichtet. Nicht zu seinem Heil, da er sich offenbar mit den schwirigen und verwirrenden Verhältnissen im damaligen München, zu dem er nie Beziehungen gehabt hatte, nicht zurechtfand.«[19] Diese zweifelhaften Aussagen des Nachfolgers verweisen nicht nur auf die Überheblichkeit, mit der Rudolf Hartmann ab 1952 die Leitung der Staatsoper übernahm – er wusste, dass er sich der Zustimmung des Bayerischen Ministeriums für Unterricht und Kultus stets sicher sein konnte. Besagte Äußerungen verdeutlichen auch das Dilemma des Zwischenintendanten Georg Hartmann, der als angesehener Theatermann zum grundlegenden Wiederaufbau der Staatsoper unter schwirigen Bedingungen engagiert wurde. Dabei musste er wesentlich mehr kämpfen als sein gefeierter Nachfolger, der auf der geschaffenen Basis direkt aufbauen konnte. Dies lässt sich nicht nur auf grundlegende Infrastruktur, finanzielle Mittel und Personalverhandlungen beziehen, sondern genauso auf Georg Hartmanns eigene Vertragskomplikationen, seine frühzeitige Entlassung wie auch auf die Vernachlässigung der offiziellen Erinnerung und Wertschätzung seiner Person im Gedächtnis des Hauses, der Stadt und des Freistaats.

Für die finanziellen Engpässe, kalkulatorischen Bedenken und Rücksichtnahmen im Theater- und Behördensystem der Nachkriegszeit stehen bei Georg Hartmann die langwierigen Vertragsverhandlungen zwischen Kultusministerium, Finanzministerium und der Verwaltung der Bayerischen Staatstheater. Die Verhandlungen kamen erst im Januar 1949 zum Abschluss, eineinhalb Jahre nach dem tatsächlichen Beginn von Hartmanns Intendanz. Beinahe wäre in dieser Zeit das vage Vertragsverhältnis komplett aufgelöst worden, weil sich der Finanzminister weigerte, Hartmann im Falle einer unverschuldeten und kurzfristigen Kündigung seitens des Freistaats Ruhe- und Wartegeld zuzugestehen. Der Generaldirektor der Bayerischen Staatstheater Wilhelm Diess plädierte im März 1948 gegenüber dem Kultusminister vehement für die Gewährung des Pensionsgelds, um Hartmann nicht zu verlieren:

Ich darf darauf hinweisen, dass Dr. Hartmann heute der angesehenste Opernintendant der deutschen Bühnen ist. Er gilt nicht nur als ausgezeichneter Opernleiter, sein Ruf als Opernregisseur steht auf einsamer Höhe. Seine bisherige Tätigkeit bei der Staatsoper hat gezeigt, dass sein Ansehen wohl begründet ist. Sollte er aus der Behandlung seines Dienstvertrags die Konsequenz ziehen [...] und einer Berufung nach auswärts Folge leisten, wäre das ein heute nicht zu ersetzender Verlust für die Bayer. Staatstheater – ganz abgesehen von der Wirkung in der Öffentlichkeit.[20]

Hartmanns Bedeutung für das künstlerische Niveau und damit auch das repräsentative Potential der Oper wurde von Diess erkannt. Auf die Künstlerpersönlichkeit Hartmanns nahm er hingegen kaum Rücksicht. So musste Diess zwei Monate später intern nachdrücklich bemerken: »Wenn er den Schluss zieht, daß das Kultusministerium an seiner Person als Leiter der Staatsoper nur geringes Interesse hat, so wäre das schwer zu widerlegen.«[21] Doch selbst ein halbes Jahr später war noch keine Einigung in Sicht. Eine Notiz zum Wartegeldpassus in Hartmanns Vertrag an Kultusminister Alois Hundhammer, Staatsrat Hans Meinzolt und Staatssekretär Dieter Sattler trieb die Klärung endlich voran:

[Es] besteht erneut Gefahr, daß [...] der so erfolgreich begonnene Neuaufbau der Staatsoper gefährdet wird. Wenn das Finanzministerium auf diese Weise die kulturpolitischen Bestrebungen des Kultusministeriums weiterhin hemmt, dann wird es bald nicht mehr möglich sein, die bisherige Spitzenstellung der Münchener Oper im gesamten Kulturleben der Westzonen zu halten. Die Münchener Staatsoper ist mit der beste Werbefaktor für Bayern und es müßte versucht werden, in jeder Weise diesen zu erhalten. [...] Die Frage erscheint also weniger rechtlicher als politischer Natur und müßte unter diesem Gesichtspunkt endgültig gelöst werden.[22]

Kultusminister Hundhammer bat daraufhin Ministerpräsident Hans Ehard, den Vertrag »trotz der Bedenken des Finanzministeriums«[23] in Kraft zu setzen, Sattler setzte Finanzminister Hans Kraus schließlich auch noch aus monetärer Perspektive unter Druck:

Ich möchte daran erinnern, dass Dr. Hartmann zu den ganz wenigen erstklassigen Kräften gehört, die auf seinem Gebiet in Deutschland zu finden sind. Es wird im Moment unmöglich sein, einen auch nur annähernd ebenbürtigen Ersatz zu finden und dieser Ersatz würde höchstwahrscheinlich noch viel höhere Kosten verursachen.[24]

Im November 1948 erklärte sich Finanzminister Kraus mit dem Vertragsentwurf einverstanden – eben jener Finanzminister, der im selben Jahr 1948 in der Staatsoper das kulturelle Aushängeschild Bayerns erkannte und den größten Anteil des Kulturetats eben in die Staatsoper stecken wollte. Im Januar 1949 kam es zum Abschluss des Dienstvertrages mit Georg Hartmann.

Nach diesen langwierigen Anstellungsverhandlungen und den Fürsprachen, die Hartmanns künstlerische Bedeutung für die Oper und den Freistaat gar nicht genug unterstreichen konnten, erscheint der bereits zwei Jahre später offiziell kommunizierte Entschluss des Ministeriums, einen Intendantenwechsel vorzunehmen, als verfrüht, zumal Hartmann vom Ministerium schon im Sommer des Jahres vertraulich vorgewarnt worden war.[25] Im Juli 1951 folgte die offizielle Vertragskündigung zum September 1952, die Begründung lautete »Neuordnung der Bayerischen Staatstheater«.[26] Offiziell sollten Kosten im Theaterwesen reduziert und daher Staatsoper und Staatsoperette (Gärtnerplatztheater), wie im vorigen Kapitel beschrieben, zusammengelegt werden.[27] Zunächst war Georg Hartmann noch für die Position als Leiter der fusionierten Oper und Operette vorgesehen und sogar vertraulich über die mögliche Kündigung Curth Hurrles und zukünftige Neuordnung informiert worden.[28] Erst Hartmanns Ablehnung der Fusions-Pläne hatte den Intendantenwechsel nach Auslegung des Ministeriums zwingend notwendig gemacht. Ein anderer offizieller Grund für Hartmanns Kündigung wurde nicht verschriftlicht: Weder künstlerische noch persönliche Bedenken waren dem Intendanten gegenüber erhoben worden. Im Gegenteil wurde ihm sogar bescheinigt, dass »Dr. Hartmann gerade in letzter Zeit ausgezeichnete künstlerische Leistungen an seinem Theater zeigen konnte.«[29] Auf die Kündigung der Intendantenverträge reagierte die Presse, allen voran die *Süddeutsche Zeitung*, verständnislos: »Die Staatsoper war unter Hartmann, Solti und Arnold auf dem besten Wege, ihren alten Rang wieder zu gewinnen. Die vergangene Spielzeit bewies dies eindeutig genug.«[30] Grund für Georg Hartmanns plötzlichen Weggang war jedoch offensichtlich auch die nach außen hin überraschende Personalentscheidung für Rudolf Hartmann, die per Pressemitteilung bekannt gegeben wurde. Die *Abendzeitung* kommentierte die verfahrene Situation zwischen Georg Hartmann und Hurrle einerseits und Rudolf Hartmann und dem Kultusministerium andererseits: »So wurde der Abschied der beiden Männer, die – jeder auf seine Weise – viel für das Münchner Theaterleben getan haben, zu einer unwürdigen Farce.«[31] Seitens des Ministeriums wurde noch versucht, eine frühestmögliche Entlassung im Lauf der Spielzeit 1951/52 zu erreichen oder ein Abkommen mit Georg Hartmann zu schließen, seinem Nachfolger frühzeitig die Leitung des Hauses zu übertragen.[32] Nachdem ihm ein längerer Urlaub im Rahmen eines Gastspiels nicht gewährt worden war, weigerte sich Georg Hartmann jedoch, seine Kompetenzen frühzeitig aufzugeben und berief sich stattdessen auf sein vertragliches Dienstverhältnis, das ihm »die verantwortliche Leitung der Oper zur Pflicht macht.«[33] In einer Besprechung im September 1951 gab er dazu an, »die ganze bisherige Behandlung seiner Kündigung und die Sicherung der künftigen Auseinandersetzung lasse sehr wohl die Frage der künstlerischen Schädigung aufwerfen.«[34] Vorschläge des Kultusministeriums, beispielsweise Gastspiele Rudolf Hartmanns bereits gegen Ende der Spielzeit 1951/52 oder die Abgabe der Leitung der Opernfestspiele an den Nachfolger und eine persönliche Aussprache mit Rudolf Hartmann wurden von Georg Hartmann abgelehnt.[35] Staatsrat Meinzolt bat Rudolf Hartmann diesbezüglich um Verständnis: »Wohl nicht so sehr durch Ihr eigenes Verhalten als durch das Verhalten der maßgebenden Herren des Ministeriums ihm gegenüber seit 1949 ist Herr Dr. Georg Hartmann von einer gewissen Bitterkeit erfüllt.«[36]

Zum Dienstende 1952 rekapitulierte die *Abendzeitung* Hartmanns Verdienste:

Die Aufbauarbeit des Instituts nach dem Krieg ging vor allem zu seinen Lasten. München verdankt ihm eine Reihe ausgezeichneter Inszenierungen, die Verpflichtung erster Sänger, die Heranziehung hervorragender Gäste, und damit den Ruf, den seine Oper heute wieder genießt. Gerade die zu Ende gegangenen Festspiele waren die Probe aufs Exempel.[37]

Auch der Dank- und Abschiedsbrief des neu ernannten Kultusministers Josef Schwalber an Georg Hartmann würdigte dessen Schaffen umfassend:

Im Verlauf Ihrer fünfjährigen Tätigkeit widmeten Sie sich mit Hingebung und Tatkraft der Aufgabe, die Münchner Staatsoper nach ihrem kriegsbedingten Niedergang wieder auf den hohen Stand zu bringen, dessen sie sich seit je erfreute. In Überwindung vielfacher Schwierigkeiten haben Sie diese Aufgabe vorbildlich gelöst. Es gelang Ihnen, ein erlesenes Ensemble heranzubilden, das Sie in den Stand versetzte, nahezu alle wesentlichen Werke der Opernliteratur in das Repertoire der Staatsoper aufzunehmen.[38]

In seinem Antwortschreiben blieb Hartmann freundlich-diplomatisch: »Als ich seinerzeit das Amt des Leiters der Münchener Staatsoper übernahm, ahnte ich die Schwierigkeiten, die sich bei meiner Aufbauarbeit ergeben würden. Wenn Sie, sehr geehrter Herr Staatsminister, mir jetzt nach fünfjähriger Tätigkeit bestätigen, daß ich diese Aufgabe vorbildlich gelöst habe, so erfüllt mich dies mit stolzer Freude.«[39] Der Presse gegenüber hatte er indes im Zuge des Weggangs von Georg Solti zuvor schon rückblickend verlautbart, dass er »in seiner 30jährigen Theatertätigkeit nirgends so schwierige Verhältnisse gefunden habe«[40] wie in München. Die zahlreichen Ehrungen Hartmanns noch in den 1960er Jahren legen nahe, dass die leitenden Stellen der Ministerialbürokratie dessen unwürdigen Abgang wieder auszugleichen versuchten: 1963 wurde dem 72-jährigen die Leitung des Gärtnerplatztheaters angeboten (die er ablehnte, weil er kein Operettenfachmann sei), im darauffolgenden Jahr wurde Hartmann mit dem Bayerischen Verdienstorden ausgezeichnet, im Frühjahr 1967 wurde ihm das Große Bundesverdienstkreuz verliehen, begründet mit dem Wiederaufbau der Bayerischen Staatsoper als Hartmanns eigentlicher Leistung.[41] Bezeichnend ist, dass Georg Hartmann spätestens mit der Wiedereröffnung des Nationaltheaters 1963 rasch in Vergessenheit geriet, seine Verdienste, die von ihm gestellten Weichen bzgl. Programminnovation, Ensemblequalität und Opernfestspiele, seine systematische Aufbauarbeit wurden kaum nachhaltig gewürdigt. Der Nachruf der *Süddeutschen Zeitung* 1972 monierte dies pointiert:

In München, wo er seit fast zwei Jahrzehnten totgeschwiegen wurde, ist der Opernregisseur und einstige Staatsintendant Georg Hartmann fast 81 Jahre alt, am 9. Januar verstorben. Es war sein Wunsch, seinen Tod erst nach der Beisetzung bekannt zu geben; er rechnete nicht mehr mit einer Trauergemeinde.[42]

Lediglich Erich Valentin kommt 1984 in seiner Chronik des Prinzregententheaters zu einer Würdigung des »Bewerkstellers« Hartmann: »[Der Betrachter] wird feststellen müssen, wie erstaunlich, wie eigentlich unfaßbar schnell, aus Willen, Tatkraft, Begeisterung und auch ein wenig Sichbescheiden, das für damalige Verhältnisse fast unbeschädigte, noch lebensfähige Haus mit Leben erfüllt wurde.«[43] In der Ahnengalerie im Nationaltheater hing bis 2017 kein Porträt von Hartmann, genauso wenig im Prinzregententheater.

Auch der Ausweichspielstätte der Nachkriegszeit blieb ein ehrendes Andenken an die insgesamt 18 Jahre Staatsoperngeschichte völlig verwehrt. Als *das* Opernhaus Münchens in den Jahren 1945 bis 1963 vom Publikum noch bejubelt und gefeiert, wurde das Theater mit Fertigstellung des Nationaltheaters sofort für unbespielbar erklärt. Durch die bauliche Rekonstruktion am Max-Joseph-Platz und dem damit einhergehenden Rückbezug auf die Hof- und Nationaltheaterzeit hatte das Prinzregententheater als Notspielstätte und Zwischenlösung im Bayern der 1960er Jahre ausgedient. Eine kulturpolitische Funktion, Legitimation und Sinnstiftung erhielt es erst durch August Everdings Realisation der Theaterakademie in den 1990er Jahren. Allerdings wurde im Zuge der konsequenten Rekonstruktion des Hauses in seine ursprüngliche Gestalt der

Jahrhundertwende auch der erst 1958 im Stil der Zeit neu errichtete, damals so stolz präsentierte Foyertrakt abgerissen und als pseudohistorischer Gartensaal von 1901 wiedererrichtet. Durch diese kompromisslose Restauration wurden die historischen Spuren des 20. Jahrhunderts am Prinzregententheater überschrieben, d.h. dem Blickfeld des Betrachters entzogen: Nicht nur die Mahnung an die NS-Vergangenheit des Hauses, sondern genauso eine mögliche Anerkennung der für München und die Staatsoper bedeutsamen Geschichte der 1940er und 1950er Jahre wurde mit dem Abriss des Foyers verwehrt, stattdessen ein Anachronismus geschaffen. Das zentrale Moment jedoch für das Verblassen von Georg Hartmann und dem Prinzregententheater in der kollektiven Wahrnehmung liegt wohl in der Wiedereröffnung des Nationaltheaters durch Rudolf Hartmann: Das Großereignis, mit welchem dieser sich als Ermöglicher in der Öffentlichkeit positionierte, stellte 1963 sofort das Prinzregententheater in den Schatten, ebenso auch die Erinnerung und Wertschätzung der dort geleisteten Aufbauarbeit seines Amtsvorgängers, der bereits elf Jahre zuvor rüde verabschiedet worden war. Bei all dem Glanz, der in der Öffentlichkeit seit 1963 von Rudolf Hartmann und dem wiedererrichteten Nationaltheater ausging, verkamen die Wegbereiter allerdings zum Provisorium, zur Interims- oder Verlegenheitslösung. Weder dem Bau am Prinzregentenplatz noch dem Opernleiter Georg Hartmann wird so für die 1940er und 1950er Jahre heute die Bedeutung beigemessen, die sie in der besagten Zeit für sich selbst beanspruchen konnten. Dagegen protegierten die Vertreter der bayerischen Kulturpolitik zielstrebig den Nutznießer der Nationalsozialisten Rudolf Hartmann, indem sie ihn an der Institution Bayerische Staatsoper reinstallierten. Rudolf Hartmann profitierte ein zweites Mal, diesmal als Nutznießer einer Ministerialbürokratie im jungen Freistaat Bayern, die persönliche Willkür und Protektion nicht zu unterbinden vermochte.

RC

# AKTEURE VOR UND NACH 1945

Krauss

Sievert

Orff  K. A. Hartmann

Strauss

Egk

R. Hartmann

Jürgens

Morena

Knappertsbusch

# Clemens Krauss

**Die Intendanz Clemens Krauss in München wird in Dirigenten-Biografien** als Zeit des vollendeten Musiktheaters und der großartigen Ensemblepolitik stilisiert, der politische Hintergrund dabei aber weitestgehend ausgeblendet. Allerdings war Krauss' Wirken in der Hauptstadt der Bewegung durchaus ambivalent: Als genialer Künstler im Hitler-Deutschland gefeiert, diente er dem Nazi-Regime als hochdotierter Staatsopernintendant mit Enthusiasmus, unterstützte es so mit seinen Erfolgen, setzte sich aber auch schützend für sein Ensemble ein. Richard Strauss war sein väterlicher Mentor, Göring war ein Freund und Hitler hielt Krauss nach Furtwängler für den besten Dirigenten und erteilte ihm den Auftrag, das beste Opernhaus aufzubauen – für Krauss die Erfüllung aller Opernträume (vgl. Das Prestige-Projekt des Führers, S. 123). Die braunen Machthaber belohnten den Visionär und seine engsten Mitarbeiter mit besten Arbeitsbedingungen, Geldgaben, Orden und Ehrenzeichen. Als das Nationaltheater 1943 durch Bomben zerstört wurde, war sein Projekt zunichtegemacht. Die Bewertung der künstlerischen Leistung des am politischen Tagesgeschehen wenig interessierten Krauss, der die politischen Rahmenbedingungen jedoch sehr wohl für sich zu nutzen wusste, wird eben durch die Besonderheiten der Zeit, in der er wirkte, erschwert. Für seine bereitwillige Kooperation mit der NS-Führung musste er nach dem Krieg die Konsequenzen tragen, wurde er doch als vermeintlich unpolitischer Mitläufer zum Inbegriff des problematischen NS-Nutznießers: Krauss gab der Oper sein Gesicht und machte sich durch seine Stellung und Handlungen als Intendant nicht nur zu einem künstlerischen, sondern auch politischen Akteur. Umfangreiches, erstmals ausgewertetes Material aus Archiven in München, Wien und Berlin ermöglicht die Reflexion dieser persönlichen Verstrickung und die Dokumentation seines kometenhaften Aufstiegs als Vorzeige-Opernintendant und -Generalmusikdirektor der NS-Zeit bis zum jähen Fall in die öffentliche Verdrängungsgrube der Nachkriegszeit.

Bildnis Clemens Krauss von Paul Mathias Padua, 1939. Im Bestand der Gemäldegalerie im Nationaltheater, EG Parkett rechts.

### Berufung nach München

Für die künstlerische Leitung der Oper in München hatte man gut zwei Jahre nach einer Dirigentenpersönlichkeit gesucht, bis man sie schließlich in dem gebürtigen Wiener Clemens Krauss fand. 1913 hatte dieser mit gerade einmal 19 Jahren in Brünn seine erste Oper dirigiert. Über Riga, Nürnberg und Stettin führte ihn der Weg nach Graz, wo er 1921 Operndirektor wurde. Von dort holten ihn Richard Strauss und Franz Schalk als Kapellmeister nach Wien, später wechselte er als Opernintendant und Leiter der Museumskonzerte nach Frankfurt. 1926 dirigierte Krauss erstmals bei den Salzburger Festspielen, 1929 wurde er auf Anraten von Strauss Direktor der Wiener Staatsoper. Dazu Krauss selbst:

Richard Strauss bestärkte mich in meinen Plänen und in dem immer lebendiger werdenden Wunsch, selbst ein Operntheater zu leiten. […] Ich sah plötzlich eine Lebensaufgabe vor mir: aus der damaligen »Hörbühne« der Oper eine Musik-»Schaubühne« zu machen. Unter dem Primat der Musik im Zusammenwirken von Bild, Architektur, Aktion und Persönlichkeit der Darsteller vollendete Aufführungen musikdramatischer Werke zu schaffen. Dieser Vision des Musiktheaters folgte ich, und wie unter einem Zwange war mein ferneres Leben auf das eine Ziel gerichtet: der von Richard Strauss geschaffenen psychologischen Oper den Weg zu bahnen.[1]

Aufgrund von Intrigen der austrofaschistischen »Heimwehr« in Bezug auf Krauss' Spielplangestaltung (diese führten zur Absage der Uraufführung des Auftragswerks *Karl V.* von Ernst Krenek) und wegen verzögerter Vertragsverhandlungen zu einem Folgevertrag an der Wiener Staatsoper nahm Krauss 1934 das von Adolf Hitler angeordnete Angebot Hermann Görings an, die Nachfolge des unmittelbar zuvor zurückgetretenen Wilhelm Furtwängler als Operndirektor der Berliner Staatsoper zu übernehmen.[2] Krauss folgte damit seiner Frau, der Sopranistin Viorica Ursuleac, die schon zuvor in das Ensemble der Berliner Staatsoper verpflichtet und von Göring sogleich zur Preußischen Kammersängerin ernannt worden war. Der Umzug ins »Altreich« mit mehreren prominenten Sängern wurde nach 1945 in der Öffentlichkeit mitunter als Indiz einer nationalsozialistischen Gesinnung oder Sympathie des Dirigenten gedeutet.[3] Gegen den Generalintendanten der Preußischen Staatstheater Heinz Tietjen konnte Krauss sich jedoch nicht lange halten, es kam zu Differenzen: »Er gehört weder der NSDAP noch einer ihrer Gliederungen an … [es] kann dem Intendanten Professor Krauss die politische Eignung für eine Berufung […] nicht zugesprochen werden«, heißt es in einem geheimen NS-»Gesamturteil« aus dem Jahr 1935.[4] Tietjen selbst hingegen versicherte: »Der Grund war eine verantwortungslose Bevorzugung von Frau Ursuleac und eine damit verbundene ebenso verantwortungslose Benachteiligung der anderen Künstlerinnen der Staatsoper.«[5]

Die Vertragssondierungen für München ab 1935 zwischen Krauss und Generalintendant Oskar Walleck, einem überzeugten und linientreuen Parteigenossen der NSDAP, erwiesen sich als äußerst schwierig. Wie aus einem Rundschreiben an sämtliche führenden Amtspersonen im NS-Theatersystem ersichtlich ist, stellte Krauss Forderungen, die den künstlerischen Kompetenzbereich des Operndirektors umfassend – und damit zu Ungunsten des Generalintendanten – aufwerten sollten, bestand er doch auf absolute Eigenständigkeit in allen Fragen bzgl. der Engagements, der Spielpläne und der Annahme von Werken zur Aufführung.[6] Trotzdem sollten im Herbst 1935 auf Hitlers ausdrücklichen Wunsch die Vertragsverhandlungen mit Krauss intensiviert werden, auch wenn Walleck auf der Behauptung bestand, Hitler hätte ihm gegenüber den Wunsch geäußert, Furtwängler als Operndirektor einzusetzen.[7] Krauss indes verharrte stur auf seinen horrenden Forderungen und drohte mit einer Absage. Sein Freund und Förderer Richard Strauss selbst stellte gegenüber der Generalintendanz klar, dass Krauss nur als »unabhängiger Operndirektor« nach München gehen würde. Frustriert berichtete Walleck dem kommissarischen Innenminister Adolf Wagner, Gauleiter des Traditionsgaues der NSDAP München: »Professor Krauss hätte Dr. Strauß erklärt, München käme für ihn, solange ein Generalintendant da sei, nicht in Frage.«[8] Daraufhin formulierte Wilhelm Furtwängler auf Bitte des alarmierten Generalintendanten Walleck seine Einschätzung der künstlerischen Personalie Krauss als potentieller Opernleiter:

Wer Krauss unvoreingenommen auf sich wirken läßt, dem wird die Einstellung des Publikums sofort klar; er hat ausser einer gewissen kühlen Eleganz und einer für Fachleute nicht uninteressanten Technik nichts, aber auch gar nichts zu geben, es fehlt ihm jede Spur von Kraft und Wärme. Der Mangel an echter künstlerischer Wirkung ist ihm natürlich, wie immer in solchen Fällen, irgendwie bewußt. Daher von Anfang seiner Laufbahn an das Bestreben, mit persönlichen Mitteln und durch die mit einer Stellung verbundene Machtposition von vorneherein so auftreten zu können, daß dadurch das künstlerische Manko wettgemacht resp. weniger fühlbar gemacht wird. Seine Forderungen in dem Münchner Fall, seine »organisatorischen« Vorschläge, sein Sich-Stützen auf einen Stab von Hilfskräften, Hilfskapellmeistern, Regisseuren usw. hat alles denselben Hintergrund. […] In meinen Augen freilich ist das Schlimmste bei ihm, dass er keinerlei innere Beziehung zur großen deutschen Musik hat. Er ist nicht im Stande, Wagner – von Beethoven und den Klassikern ganz zu schwiegen – auch nur in einem Takt wirklich auszufüllen. Und diesem Mann soll der wichtigste Posten des neuen Deutschland, der Münchner, überantwortet werden! Das wird schlecht ausgehen. […] Er ist ein kalter ausgeleierter internationaler Großstädter, und man wird das in München in kurzer Zeit noch sehr viel mehr bemerken als in Berlin, wo es immerhin gelungen ist, sein künstlerisches Fiasko zu cachieren.[9]

Furtwänglers Urteil fiel, wie Walleck erwarten konnte, vernichtend aus, nachdem Hitler sich offensichtlich für Krauss und gegen ihn als Kandidaten für München entschieden hatte. Wallecks Bemühungen, eine Berufung von Krauss zu vereiteln, scheiterten indes: Bereits im Sommer 1936 wurden erste Vertragsfassungen mit Krauss aufgesetzt. Wer die Entscheidung hierzu letztlich gefällt hatte, lässt sich anhand von Schriftstücken nicht nachvollziehen. In jedem Fall wurde der schon Jahre zuvor geäußerte Wunsch Hitlers in die Tat umgesetzt: Zum Januar 1937 trat Krauss in der Doppelfunktion von Generalmusikdirektor und Operndirektor der Bayerischen Staatsoper sein Amt an. Seine Aufgabe: die Staatsoper modellhaft als hochqualifiziertes Repertoire-Theater künstlerisch und organisatorisch neu zu entwickeln. Die Ausführungen zu seiner geplanten Opernreform verdeutlichen Krauss' Ambitionen, die Gunst der Stunde für sich zu nutzen und sich in eine reichsweite Führungsposition zu bringen.

### Premiumvertrag, Programm, Ensemble, Neuerungen

Zum 1. Januar 1937 übernahm Krauss schließlich die künstlerische Leitung der Münchner Staatsoper. Zum Verdruss Wallecks wurde er in der Tat mit weitreichenden Vollmachten zur Entscheidung ausgestattet: über Engagements für alle im künstlerischen Betrieb arbeitenden Personen, über die Gestaltung des Spiel- und Arbeitsplanes (Besetzung der Partien, Zuteilung der vorzubereitenden Werke an Kapellmeister, Regisseur und Bühnenbildner, Bestimmung der vorzunehmenden Neuausstattungen). Krauss' persönlicher Einstand in München gestaltete sich schwierig: Das Münchner

Publikum verlangte nach Knappertsbusch und empfing den Neuling kühl, die gleichgeschaltete Presse hingegen feierte ihn überschwänglich bereits seit Frühjahr 1936. Am Ende des ersten Direktionsjahres 1937 machte Generalintendant Walleck beim Ministerium Meldung, dass »die Einnahmen ständig zurückgehen, die Ausgaben derartig anwachsen, daß eine Katastrophe schwer vermeidbar sei.«[10] Neben den hohen Sängergagen rührten die gesteigerten Kosten vor allem aus dem ambitionierten Spielplan her.

Die Einflussnahmen des von Hitler auserkorenen Krauss auf den inzwischen zum Kultusminister ernannten Gauleiter Adolf Wagner waren so gewichtig, dass Generalintendant Walleck im Machtgerangel letztlich unterliegen musste. Zum Herbst 1938 kam es sogar zu einer generellen Umorganisation der Bayerischen Staatstheater: Die drei Theaterbetriebe Oper, Schauspiel und Operette wurden verwaltungstechnisch weitgehend verselbstständigt und je einem für den künstlerischen und wirtschaftlich-organisatorischen Betrieb verantwortlichen Intendanten unterstellt. Das Amt der Generalintendanz wurde nach der administrativen Trennung komplett aufgelöst, Walleck vorläufig beurlaubt. Die Intendanten waren nun direkt der »Obersten Theaterbehörde im Bayerischen Staatsministerium des Innern« für die Einhaltung ihrer Etats sowie aller einschlägigen Verwaltungsbestimmungen verantwortlich. Das Ministerium begründete den eiligen Strukturwandel mit der inzwischen faktischen Reduktion der Kompetenzen des Generalintendanten Walleck auf den betriebswirtschaftlichen Bereich: »Es ist ein Ding der Unmöglichkeit, einem Theaterleiter die wirtschaftliche Betriebsführung zu überantworten, wenn er in künstlerischer Beziehung keinen Einfluß hat.«[11] Krauss' Dienstverhältnis wurde per Nachvertrag aufgewertet: An die Stelle aller Vertragsbestimmungen, in denen »künstlerischer Leiter« aufgeführt war, trat vom 1. Mai 1938 an die Bezeichnung »Intendant«.[12] Nur wenige Wochen nach der Annexion Österreichs hatte Krauss zudem beabsichtigt, zusätzlich zur Münchner vorübergehend auch noch die Wiener Staatsoper zu übernehmen: »eine Arbeit, die mich künstlerisch sehr gelockt und mir den Aufbau für München wesentlich erleichtert hätte«[13], schrieb er noch Jahre später an Adolf Hitler, der dies abgelehnt hatte. Um Krauss' engste künstlerische Mitarbeiter an der Oper zu halten, wurden bald auch deren Gagen erhöht: Bereits im Sommer 1939, noch vor Ausbruch des Krieges, hatte Staatsminister und Gauleiter Adolf Wagner eine Anhebung der vertraglichen Bezüge mit Rudolf Hartmann um jährlich 6.000 RM, mit Ludwig Sievert um jährlich 10.000 RM ausgehandelt. Dem Titel nach war Hartmann zum Operndirektor aufgestiegen und leitete 1940/41 zudem die Staatsoperette am Gärtnerplatz.

Trotz des Krieges gastierte die Bayerische Staatsoper 1940 mit mehreren Produktionen in Rom. Im selben Jahr wurde Krauss – zunächst auf fünf Jahre – zum Direktor des Mozarteums in Salzburg berufen. Das Staatsministerium des Innern befürwortete Krauss' Übernahme der Mozarteum-Direktion, kam doch »die personelle Verbindung mit dem Musikleben in Salzburg, die auf diese Weise geschaffen ist, zweifellos auch der Bayer. Staatsoper künstlerisch zugute«.[14] Meinhard von Zallinger, Krauss' Erster Staatskapellmeister in München, wurde als bevollmächtigter Kommissar mit der »Durchführung der vorbereitenden Maßnahmen« für die »Neuordnung des Salzburger Musiklebens«[15] beauftragt. Im März 1943 wurde Krauss' Salzburger Vertrag »unter Berufung in das Beamtenverhältnis auf Lebenszeit durch den Führer« entfristet.[16]

Im Februar 1941 resümierte Krauss stolz die von Goebbels zur Reichsveranstaltung erhobene Münchner Verdi-Festwoche: »Wir haben es hier in München zu einer Aufführungskunst gebracht, die wirklich geeignet ist, kulturpolitisch-propagandistisch ausgewertet zu werden.« Begeistert schlug er jährlich stattfindende winterliche Festvorstellungen unter dem Titel »Musiktheater der Nationen« vor, die »eine Reihe hervorragender Meisterwerke deutscher, italienischer, spanischer, slawischer und, falls dies bis dahin wünschenswert sein könnte, auch französischer Komponisten in mustergültigen Aufführungen sehen und hören lassen. Damit soll den ausserdeutschen europäischen Fachkreisen ein eindringliches Bild von der Vielseitigkeit und Höhe der deutschen Opern-Aufführungskunst gegeben werden.«[17] Der Vorschlag wurde von Goebbels bis auf Weiteres vertagt. Noch im selben Jahr übernahm Krauss per Führerauftrag die Leitung der Salzburger Festspiele und entwickelte seine Vision einer Opernverbindung München-Wien (-Salzburg) weiter, welcher er nach dem Krieg näherzukommen hoffte – die Berliner Staatstheater unter Göring hätten das Nachsehen gehabt. Darüber hinaus erhielt Krauss von Goebbels umfangreiche Gastspielverträge an die Wiener Staatsoper und lukrative Auslandsreisen mit den Berliner und Wiener Philharmonikern.[18]

### Sonderklasse, Sonderetats

Im Hinblick auf seine großangelegte Reform konnte Intendant Krauss 1941 aufgrund der Verselbstständigung der Spielbetriebe endlich seine immensen Sondergelder für Verwaltung, Werkstätten, Solisten und Orchester einfordern und durchsetzen. An Hitler persönlich sandte er dazu eine umfassende Schrift, die Druck ausübte und einen drohenden künstlerischen Stillstand prophezeite:

Ich fühle mich daher verpflichtet […] zum Ausdruck zu bringen, daß meine hiesige Arbeit bezw. die hier in den letzten vier Jahren erzielten Erfolge nunmehr in ein Stadium getreten sind, über das hinaus ich bei gleichbleibenden finanziellen, bühnentechnischen und künstlerisch-administrativen Voraussetzungen, auch bei größter Energieanspannung nicht gelangen kann.[19]

Im Anschluss stellte Krauss sein Maßnahmenpaket vor, dessen Einzelheiten er nur zehn Tage später während eines persönlichen Treffens mit Hitler weiter ausführen konnte: Er bestand auf die Einstufung des Bayerischen Staatsorchesters in die Sonderklasse der Tarifordnung für die deutschen Kulturorchester sowie auf die »Anschaffung einer größeren Anzahl hervorragender Streichinstrumente von größter Klangqualität.«[20] Des Weiteren forderte Krauss die Gleichstellung der Münchner Oper mit den Wiener und Berliner Häusern bezüglich der Gagen des gesamten Personals sowie eine Vermehrung der Planstellen im künstlerischen (Herrenchor, Tänzer) und im technischen Bereich (Bühnen- und Transportarbeiter, Beleuchter). Den Forderungen wurde stattgegeben.

Besondere Sorge und zentrales Anliegen von Krauss seit dem Kriegsausbruch war das Zusammenhalten des Personals und damit die Zurückstellung einzelner Künstler und Mitarbeiter vom Militärdienst. So beharrte er auf der Gleichstellung der Oper mit den Preußischen Staatstheatern in der Frage der notwendigen Unabkömmlich-Stellungen der männlichen Gefolgschaftsmitglieder. Es gelang ihm, nicht nur für das eigene, sondern indirekt auch für das Personal der anderen führenden Opernhäuser letztlich bis zum Herbst 1944 die UK-Stellungen nach wie vor aufrecht zu erhalten und so Häuser und Mitarbeiter vor zahlreichen Einberufungen zu bewahren. Ende 1941 zog der Theaterkritiker und -wissenschaftler Ernst Leopold Stahl in den *Dramaturgischen Blättern* der Staatsoper Bilanz zum fünfjährigen Wirken von Krauss, das er feierlich als »eine der bedeutendsten Epochen« der Münchner Operngeschichte bezeichnete: »Für den noch zu seinen Lebzeiten gleichsam unter die klassischen Repräsentanten unseres deutschen Operntheaters einrückenden Richard Strauß ist die Bayerische Staatsoper jetzt zu einem Bayreuth seines Lebenswerkes geworden.«[21] Und Stahl hatte für Clemens Krauss noch einmal gesteigerte Wertschätzungen parat:

Festspiel im Alltag – dieses Kennwort möchte man über die gesamte, so unendlich produktive Leistung dieses ersten Lustrums der Intendanz Clemens Krauß und seiner Mitarbeiter Hartmann und Sievert setzen. Wir erleben in höchster Beglückung, wie wir sie kaum noch vom Operntheater des 20. Jahrhunderts erwarten zu dürfen geglaubt hatten, Höchstleistungen von europäischem Rang, welchen der europäische Ruf nicht versagt bleiben wird. Dank Clemens Krauß, dem besessenen Schöpfer einer neuen Opernkultur im neuen Europa.[22]

Für seine »unermüdliche Aufbauarbeit im Dienst der bayerischen Staatsoper«[23] wurde Clemens Krauss 1942 ehrenhalber zum Generalintendanten – lediglich der Oper – ernannt, mit dem Titel hofierte ihn das Regime. Adolf Wagner, Staatsminister des Innern, Reichsverteidigungskommissar und Gauleiter, dem Krauss hingegen zu (eigen-)mächtig geworden war, sah sich im selben Jahr noch dazu veranlasst, dem SS-Gruppenführer Julius Schaub, dem persönlichen Adjutanten Hitlers, mitzuteilen:

Die steigenden Erfolge, die Einschaltung in Salzburg und Wien, insbesondere der unmittelbare Weg zum Führer lassen Clemens Krauß immer häufiger vergessen, daß an seinem Aufstieg Sievert und

Hartmann sehr wesentlich mitbeteiligt sind. […] Es scheint mir aber doch, insbesondere jetzt, nachdem Clemens Krauß Generalintendant geworden ist […] notwendig Sievert und Hartmann ebenfalls herauszuheben und […] noch mehr an München zu ketten. Sie wollen auch beide eine Sicherung, falls Clemens Krauß wirklich einmal in seiner explosiblen Art etwas tut, was nicht mehr zu kitten ist. […] Auf Clemens Krauß würde es auch sehr heilsam wirken, wenn er bei Schreiben an den Führer oder Reichsleiter Bormann zunächst an mich verwiesen würde bzw. wenn ich vor der Bearbeitung von dort aus eingeschaltet würde. […] Krauss fühlt sich anscheinend zu sehr über München hinausgewachsen, obwohl hier seine eigentliche Lebensarbeit liegt.[24]

Hartmann und Sievert wurden daraufhin »im Einvernehmen mit dem Führer und Reichskanzler«[25] zu Professoren an der Akademie der Tonkunst (Opernschule) bzw. der Akademie für angewandte Kunst (Bühnenbildnerklasse) ernannt, und Krauss war angehalten, dass sie »baldigst langjährige, wirklich günstige Verträge bekommen, damit auf jeden Fall beide der Münchener Oper erhalten bleiben.«[26] Im April 1942 schrieb Krauss an Hitler:

Dank Ihrer großzügigen Förderung auch in dieser schweren Zeit können und werden wir hier unermüdlich weiterarbeiten, um Ihnen nach dem siegreichen Ende dieses Krieges ein Operntheater vorführen zu können, wie Sie es sich wünschen. Dies ist unser aller Ziel und Streben. In tiefster Dankbarkeit und Verehrung, Ihr ergebenster CK.[27]

### Zerstörung des Nationaltheaters, Verlängerung der Dienstverträge, Bleibeverhandlungen und Abreise

Im Oktober 1943 wurde Krauss' Münchner Schaffen jäh unterbrochen durch die Zerstörung des Münchner Nationaltheaters. Für den Tag nach dem nächtlichen Luftangriff, der das Haus zerstörte, waren unter Krauss die *Meistersinger von Nürnberg* angesetzt. Wie aus einem Schreiben eines Mitarbeiters von Martin Bormann an Gauleiter Paul Giesler, den Nachfolger von Innen- und Kultusminister Wagner, ersichtlich wird, hatte Krauss schon im August die Staatsoper verlassen wollen. Hitler aber hatte auf dem Verbleiben des Ensembles und Weiterspielen im Nationaltheater bestanden:

Ich unterrichtete den Führer am 25.8., daß Clemens Krauß am liebsten schon heute mit der Staatsoper nach Salzburg ginge. Daraufhin betonte der Führer, dergleichen käme keinesfalls in Frage; werde das Gebäude der Staatsoper bei einem Luftangriff zerstört, so würde die Oper eben im Residenztheater weiterspielen; werde dieses zerstört, werde sie ins Deutsche Theater umsiedeln usw. usw.[28]

Programmblatt eines Opernkonzertes im Deutschen Museum, November 1943.

Also musste Krauss, anstatt sich auf die Salzburger Festspiele zu konzentrieren, vor Ort bleiben und arrangierte sodann Opernkonzerte im Großen Saal des Deutschen Museums. Nur eine Woche nach der Zerstörung, bereits am 10. Oktober 1943, fand das erste Konzert statt. In dieser Spielzeit teilten sich die Kapellmeister des Hauses, Meinhard von Zallinger, Bertil Wetzelsberger und Heinrich Hollreiser, mit Krauss die Leitung dieser Konzertabende. »Mit Bitterkeit« aber meldete Giesler dem Reichsleiter Bormann im Januar 1944, »daß unsere Interessen vernachlässigt werden. Die verantwortlichen Herren, der Generalintendant an der Spitze, haben plötzlich furchtbar viel an anderen Bühnen zu tun, angeblich im Auftrag des Führers, oder sie gehen Verpflichtungen für Konzerte pp. ein. München, das die hohen Gehälter zahlt, hätte gerade nun in dieser Zeit Anspruch auf besondere Treue zu stellen.«[29]

Bereits im Sommer 1943 war das Kultusministerium beauftragt worden, Krauss' künstlerische Persönlichkeit für weitere zehn Jahre an München zu binden (im Sommer 1944 lief der erste Vertrag aus). Dieser hingegen war nur an einer Neuverpflichtung auf weitere fünf Jahre bis zum 31. August 1949 interessiert, eine dauernde Bindung an München darüber hinaus verneinte er ausdrücklich. Auch wenn der Neubau der Großen Oper kriegsbedingt hatte verschoben werden müssen, forderte der Generalintendant – letztlich vergeblich – noch mehr Befugnisse und Sonderstellungen, die ihm Hitler schon Jahre zuvor in Bezug auf die neue Oper zugesagt hatte. Krauss strebte an, der Aufsicht des Propaganda-Ministeriums entzogen und unter das direkte Protektorat Hitlers gestellt zu werden, ähnlich wie die Preußischen Staatstheater dem Ministerpräsidenten Reichsmarschall Göring untergeordnet waren. Damit bezweckte er weniger die Loslösung von Reichsfachminister Goebbels, vielmehr wollte er freigestellt werden von Einzelanweisungen des Leiters der Theaterabteilung, Reichsdramaturg Rainer Schlösser, und des Leiters der Musikabteilung Heinz Drewes im Reichspropagandaministerium. In Gauleiter Giesler sah er lediglich den Vermittler der Anweisungen Hitlers und seiner eigenen Wünsche an diesen.[30] Um dem Kultusministerium die erbetene Sonderstellung abzutrotzen, ließ Krauss die Anfrage bezüglich seiner Gagenwünsche lange unbeantwortet und strapazierte so die Verhandlungen. Diese kamen monatelang zu keinem Ergebnis, bis Krauss seiner Tätigkeit in München am 31. August 1944 nach einer heftigen Auseinandersetzung mit dem Gauleiter und Reichsverteidigungskommissar Giesler abrupt ein Ende setzte: Der Generalintendant, der seine Mitarbeiter im Kriegsdienst für den Rundfunk eingesetzt wissen und vor der Fabrikarbeit bewahren wollte, verweigerte Giesler die Unterschrift mit der Begründung: »Er [Giesler] fordert, dass alle wehrfähigen Männer unter 40 J. im Orchester zur Wehrmacht einberufen werden. Ebenso alle wehrfähigen Männer des Opernpersonals. Alle anderen Mitglieder des Ensembles (auch Frauen) kommen in Rüstungsbetriebe. Ich unterzeichne einen neuen mir vorgelegten Vertrag (ab 1.IX.44) nicht mehr.« Ihm wurde dringend davon abgeraten, die Stadt zu verlassen, dennoch zog er sich als Generalintendant der Salzburger Festspiele und Direktor des Mozarteums in seine Dienstwohnung nach Leopoldskron bei Salzburg zurück. Den ihm angebotenen Folgevertrag als Generalintendant der Münchner Oper bei erhöhten Bezügen (Gagenerhöhung von 60.000 auf 80.000 RM) und einer Pensionszusicherung von 20.000 RM lehnte er kategorisch ab. Bis dato waren seine Bezüge sogar noch über das aktuelle Vertragsende hinaus weitergezahlt worden, um ihn halten zu können.

### Nach dem Aufstieg kommt der Fall

Nach Inkrafttreten der Viermächte-Verwaltung in Wien erhielt Krauss, der nicht Mitglied der NSDAP, aufgrund seiner Stellung aber Teil der wichtigen Kulturgremien gewesen war, vom amerikanischen »Theatre and music officer« im Herbst 1945 ein Berufsausübungsverbot. Die Begründung lautete, er sei ein Profiteur des Nazi-Systems gewesen, habe in gemeinsamen Aussprachen mit Hitler die künstlerische Gestaltung und den Bau eines großen deutschen Opernhauses beraten, wiederholt für Nazi-Offizielle dirigiert und sei ein persönlicher Freund von Hitler und Göring gewesen. Einzelne Freunde und Kollegen versuchten, ihn zu entlasten, u.a. die Sängerin ohne gesicherten Ariernachweis Hilde Güden, die beteuerte, dass Krauss sie während ihrer Münchner Tätigkeit »gegen die Angriffe der Gestapo und der Reichskulturkammer unter Einsatz seiner persönlichen Geltung verteidigt hat, trotzdem ihm [ihre] Abstammungsschwierigkeiten genauestens bekannt waren.«[31] Krauss selbst spielte seine führende Stellung im Theater- und Musikleben Deutschlands während des nationalsozialistischen Regimes in seiner Verteidigungsschrift vom Oktober 1946 herunter:

Persönlichen Zutritt zu Hitler hatte ich nicht. Ein privater Verkehr hat nicht stattgefunden. Dienstliche Ansuchen, die Münchner Oper betreffend, gingen stets an die Gauleitung München oder an die Kanzlei Bormann. [...] Verurteilt man mich, dann müßte man schließlich auch jeden Künstler verurteilen, der

Clemens Krauss, Foto undatiert. Vermutlich 1953.

während der Naziherrschaft in Deutschland oder Österreich tätig gewesen ist. Daß ich als einer der prominenten Dirigenten von internationalem Ruf selbstverständlich auch eine andere Stellung einnehmen mußte und eingenommen habe als ein einfacher Künstler, ist klar. [...] Aus meiner überall bewiesenen heraustretenden Stellung im Musikleben kann mir doch nicht deshalb ein Vorwurf gemacht werden, weil ich diese Stellung auch während der Nazizeit – unbeeinflußt von Politik – beibehalten habe.[32]

Zum 1. Mai 1947 wurde das Dirigierverbot für Krauss aufgehoben, offiziell war er nun rehabilitiert. Im August schrieb er an seinen 1938 nach New York zwangsemigrierten Freund Joseph Reitler: »Das, was ich in der theatralischen Kunst in München erreicht hatte – kann ich wohl niemals mehr erreichen. Wir hatten Aufführungen von einer Vollkommenheit und Reinheit im Stil, deren Kraft und inneren Wert ich nicht so ohne weiteres ausdrücken kann.«[33]

In München konnte Krauss aufgrund der Art und Weise seiner Berufung und wegen der Beziehungen, die er während seiner Amtszeit als vermeintlich unpolitischer Künstler – und dennoch als Opportunist – mit höchsten Parteikreisen unterhalten und ausgenützt hatte, nicht wieder Fuß fassen, galt er doch als sehr belastet.[34] Die künstlerischen Möglichkeiten im Hitler-Deutschland hatte er komplett ausgenutzt, nach dem Krieg zahlte er für dieses Wagnis den für ihn bitteren Preis: Die Münchner Jahre während des Nationalsozialismus sollten seine erfolgreichsten bleiben, sein früher Tod 1954 während eines Konzertes in Mexiko City indes führte zu seiner rauschhaften Verklärung: »Kein Künstler kann sich die Zeit aussuchen, in die hinein er geboren und vor seine Aufgaben gestellt wird. Entscheidend bleibt, wie er diese Aufgaben meisterte, was er geleistet und vollbracht hat«[35], meinte noch 1969 sein ehemaliger Kollege Rudolf Hartmann zur Enthüllung von Krauss' Porträtbüste im Nationaltheater, um diesen stellvertretend für viele andere und sich selbst zu entschuldigen.

RC

# Ludwig Sievert

**Es las sich wie eine Erkenntnis aus unseren Tagen:** »Mehr als je steht heute das Szenische im Mittelpunkt des Interesses. Es ist ein Faktor geworden, den man nicht mehr ausschalten kann.«[1] Mit diesen Worten charakterisierte Ludwig Wagner 1925 die künstlerische Arbeit des Theatermalers und Bühnenbildners Ludwig Sievert, der zu diesem Zeitpunkt bereits die deutsche Theaterbühne grundlegend verändert hatte. Sievert war 1918 an die Oper in Frankfurt am Main engagiert worden, trat seinen Dienst freilich wegen des noch laufenden Vertrages mit dem Mannheimer Nationaltheater erst 1919 an und hatte dort in den ersten sechs Jahren seines Engagements rd. 120 Opern- und Schauspielinszenierungen ausgestattet.[2] Sievert war die herausragende Instanz der deutschen Bühnenkunst, die den modernen Stil der Raumgestaltung und des Bildhaften der Bühne stückgerecht erarbeitete wie kein Zweiter. Ludwig Wagner apostrophierte ihn deshalb auch in der ersten umfassenden literarischen Studie über sein Schaffen als den »unbestrittenen Führer« der szenischen Moderne, der begriffen habe, »daß die Szene nicht um ihrer selbst willen da [sei], sondern ganz Ausdruck des Dramatischen [werde], Resonanz für seelische Vorgänge.«[3]

Eigentlich hätte Ludwig Wagners Text 18 Jahre später wörtlich in die zweite große Publikation über Sieverts Schaffen und seine Bedeutung als Bühnenbildner übernommen werden können; vieles erreichte an Sieverts letzter Arbeitsstelle, der Bayerischen Staatsoper in München, die künstlerische wie theaterdramaturgische Vollendung dessen, was in Frankfurt vorgedacht und erstmals auf der Bühne realisiert worden war. Aber zum einen hatten sich die Zeiten und die politischen Rahmenbedingungen gehörig verändert, zum andern entstand aus der Zusammenarbeit mit Clemens Krauss und Rudolf Hartmann im berühmten Münchner Triumvirat (vgl. Personalpolitik. Trium-

Ludwig Sievert, Fotografie aus den frühen 1940er Jahren.

virat und Starensemble, S. 162) eine entschiedene Vertiefung und Präzisierung der künstlerischen wie theoretischen Grundlagen für Sieverts Bühnenraumgestaltungen, so dass nun, 1943, ein Berufener wie der angesehene Theaterwissenschaftler und Zeitungskritiker Ernst Leopold Stahl das Leben und Werk des Bühnenbildners würdigte und das Münchner Engagement als den Höhepunkt eines unvergleichlichen Schaffens apostrophierte. Der Band *Ludwig Sievert. Lebendiges Theater*, erschienen 1944 im Münchner Verlag Bruckmann, ist eine einzige Eloge auf den Münchner Chefbühnenbildner. Die Nähe aller Beteiligten dieser Publikation zum NS-Regime war unverkennbar. Stahl resümierte die sieben Münchner Jahre:

> In einer Reihe von Fällen ist in diesen Jahren eine bis zum Idealgrad vollkommene Verflechtung der vier nachschaffenden Komponenten des Opernkunstwerks: Bild, Spiel, Gesang, Orchester gelungen. Im Gegensatz etwa zu einem Opernwesen, das sich, wie in Frankfurt a. M., das Ziel gesetzt hat, der jüngeren Generation der Opernschaffenden den Weg zu bereiten, ist der Spielplan der Bayerischen Staatsoper sowohl von der besonderen festumrissenen Auftragstellung her [das Optimum einer konservativen Interpretation auf höchstem Niveau zu erreichen, wie es Adolf Hitler formuliert hatte] wie von der künstlerischen Haltung ihres Leiters [Clemens Krauss] andersartig bestimmt. Seine Aufgabe lautete: Bewahrung des Bewährten in vollkommenster und vorbildgebender Art.[4]

Man war damals daran gewöhnt, solche Formulierungen auf mancherlei Weise zu verstehen und auch gegen den Strich zu lesen: »Bewahrung des Bewährten« spielte der NS-Kunstideologie in der Rückversicherung an eine ruhmreiche deutsche Vergangenheit geradenwegs in die Hände und wirkte bei allem beruhigenden Konservatismus restriktiv gegen jeden Versuch, modern zu sein. Und diese rückwärtsgewandte Ästhetik wurde selbstverständlich in höchster künstlerischer Vollendung und handwerklicher Präzision erwartet, um der Welt demonstrativ die kulturelle Qualität und Überlegenheit des NS-Staates zu beweisen. Diesen Standard sicherte vor allem die überzeugende Raum- und Bildgestaltung des neuen Chefausstatters Ludwig Sievert.

Resümiert man, wie Ernst Leopold Stahl, die drei Stationen in Sieverts Karriere vor der Münchner Zeit, dann lassen sich die Wandlungen zum konservativen Stil an der Bayerischen Staatsoper mit Händen greifen. Mit Freiburg im Breisgau (1912–1914), Mannheim (1914–1919) und Frankfurt am Main (1919–1937) verband sich in den Opernleitungen und -ensembles wie im Publikum eine engagierte Aufgeschlossenheit gegenüber der zeitgenössischen Oper und den zur Abstraktion neigenden expressionistischen Raum- und Bilddarstellungen auch des älteren Opernrepertoires. Von der symbolistischen Flüchtigkeit und Unschärfe der Unterwasserszenerie in Lortzings *Undine* (Mannheim 1916) und dem auf ein Minimum an Bildwirkung reduzierten expressionistischen Ausdruck einer *Parsifal*-Einöde in Schwarz und Grau (Freiburg 1913, vgl. Abb. S. 185) über das gänzlich in Farbflächen aufgelöste Zimmer der Gräfin in Mozarts *Figaros Hochzeit* (Nürnberg 1924, als Gastinszenierung) und die totale Abstraktion von Goldhaars grellbunter Dachkammer in Kreneks *Der Sprung über den Schatten* (Frankfurt 1924) bis hin zur rostroten expressionistischen Massenregie der belagerten Festung in Hindemiths *Mörder, Hoffnung der Frauen* (Frankfurt 1922) und der bilderbuchreifen kubistischen Urlandschaft in Rudi Stephans *Die ersten Menschen* (Frankfurt 1920) – um nur einige Beispiele zu nennen – war es auch für einen exzeptionellen Künstler wie Ludwig Sievert ein weiter Weg zurück zur realistischen Pseudowirklichkeit der Ausstattungen an der Bayerischen Staatsoper. Sievert hob mit zurückhaltenden Formulierungen die Höhepunkte seiner Frankfurter Zeit in der biografischen Skizze der zweiten Publikation über sein Schaffen hervor:

Bertil Wetzelsberger, der in den letzten Jahren meiner Frankfurter Tätigkeit der musikalische Leiter der Oper war, hat sich in besonderem Maße der Pflege zeitgenössischer Opernliteratur gewidmet. Unter seiner Leitung kam vor allem die Oper »Dr. Johannes Faust« von Hermann Reuter und das Tanzspiel »Die Kirmes von Delft« heraus. Eine besondere Tat war die Uraufführung der »Carmina Burana« von Carl Orff. Dieses interessante Werk wurde vor allem auch szenisch zu einem großen Erfolg. Die Anregungen, die der Bühnenbildner durch das neue Opernschaffen erhält, sind äußerst wertvoll, zumal wenn es sich um so einmalige Opernwerke handelt, wozu auch »Die ersten Menschen« [von 1914] von Rudi Stephan gehören. Dieses bedeutende Frühwerk des leider im [Ersten] Weltkrieg gefallenen Komponisten habe ich ganz zu Beginn meiner Frankfurter Zeit mit Richard Weichert als Regisseur zur Uraufführung gebracht. Große Verdienste um das Zustandekommen dieser Uraufführung hat sich der bekannte Musikschriftsteller Dr. Karl Holl [bei der *Frankfurter Zeitung*, 1918–1922 als Musikreferent, 1922–1943 als Musikschriftleiter] erworben. Diese Aufführung wird stets ein Denkstein in der Geschichte der modernen Oper bleiben.[5]

Nichts von alledem, kein einziger der hier erwähnten und teilweise grandiosen Bühnenbildentwürfe war in der 1944 erschienenen Publikation vertreten – ein deutlicher Hinweis des Verlages und des Textautors Ernst Leopold Stahl, dass diese Phase der deutschen Opernproduktion vom NS-Regime nicht zur Kenntnis genommen wurde. Sievert selbst tat deshalb gut daran, die Bilanz seiner Frankfurter Jahre vorsichtig und unverfänglich zu formulieren:

Im Ganzen gesehen waren die Frankfurter Jahre sehr fruchtbar und arbeitsreich, wenn auch die problematische Zeit mit ihren Wirrungen einen häufigen Wechsel von negativen und positiven Ereignissen zeitigte.
Ein gleichbleibender Rhythmus des Erfolges wird wohl kaum einem Strebenden und Suchenden geschenkt, der in eine Epoche, die so voller Widersprüche war, gestellt wurde.[6]

Begeisterung und emphatisches Engagement für politische Ziele einer künstlerischen Präsentation hätten wohl anders geklungen.

Seinen Einstand in München gab Sievert 1937 mit der Ausstattung zu Giuseppe Verdis *Aida* – einem der prominenten Repertoirestücke der Bayerischen Staatsoper und wegen des orientalischen Kolorits allemal eine große Herausforderung für jeden engagierten Bühnenbildner. Von der überbordenden Massenszene am Beginn und im Finale des 2. Aktes bis zur intimen Sterbeszene für drei Figuren sind alle Konstellationen vorhanden, an denen sich der Einfallsreichtum eines Bühnenbildners entzünden könnte. Sievert apostrophierte diesen Münchner Start denn auch entsprechend als besonderes Ereignis:

Die Oper »Aïda« sollte meine erste Münchner Arbeit werden; sie war besonders geeignet, mein Können zu erproben und meine Phantasie anzuregen. Ich bediente mich sämtlicher Möglichkeiten, die die heutige Szenenkunst zuläßt; materiell waren mir keine Grenzen gesetzt. So entstanden Bilder, die den Reiz und die Atmosphäre der Verdischen Musik ausstrahlten und ihren Farben- und Klangzauber widerspiegelten. Jede Szene, jedes Kostüm und jedes Requisit war bis ins kleinste durchdacht und durchgearbeitet, nicht klassisch-historisch gesehen, jedoch fundiert auf der Basis eingehender Vorstudien, die in mir Visionen erweckten, die ich nach 2 Jahren auf einer Mittelmeerreise zum größten Teil bestätigt fand.[7]

Kein Wort zur psychologischen Brisanz der Handlung, kein Gedanke an die offensichtliche Verwerflichkeit und Despotie des ägyptischen Pharaonenregimes, kein einziger Hinweis auf die Symbolkraft der Handlung in Bezug auf das herrschende politische System in Deutschland. Stattdessen die Bestätigung der erfundenen Szenarien durch die zwei Jahre später wahrgenommene Anschauung der Bildsprache im Mittelmeerraum und in Nordafrika – mithin die »Bewahrung des Bewährten in vollkommenster und vorbildgebender Art«, als wär's ein Lehrstück für die geforderte Werktreue auf den nationalsozialistischen Opernbühnen im Gewand einer scheinbar lupenreinen historischen Wirklichkeit.

Ernst Leopold Stahl fühlte sich, im selben Bildband wie Sievert, offenbar bemüßigt, ganz andere sprachliche Register zur Beschreibung dieses theatralen Großereignisses zu ziehen als der Bühnenbildner selbst. Stahl propagierte in seiner Lobeshymne alle Merkmale und Vorzüge jener Werktreue, die im Nationalsozialismus zum herausragenden Kunstprogramm stilisiert wurde und zweifelsfrei das Nonplusultra der Bühnenkunst in der NS-Ideologie repräsentierte:

Mit einem in seiner scheinbaren Unüberbietbarkeit zunächst gefährlich bedünkenden Fortissimo setzte Clemens Krauß ein: mit einer in einer solchen Prachtfülle in München seit den Tagen des Jesuitenbarock nicht mehr erlebten Inszenierung. Ausgewählt war für diese Eröffnung [des ersten gemeinsamen beruflichen Auftritts von Clemens Krauß und Ludwig Sievert] das Meisterwerk Verdis: »Aïda«, neben »Rienzi« die einzige Große Oper von unvergänglichem Werte, die ebenso viele Möglichkeiten zur Entfaltung größter Schauwirkungen wie andererseits des intimsten kammermusikalischen Klangzaubers bietet, also eine gleich dankbare Aufgabe für Dirigenten, Regisseur und Szeniker darstellte. Archäologische und geographische Echtheit in der großen Architektur wie in der Einzelheit des Figürlichen, der Waffen, Möbel, Requisiten, der Maske jedes Einzelnen unter den Aberhunderten von Mitwirkenden verband sich mit einer geschmacklich höchst kultivierten Farb- und Formgebung durch eine bewunderungswürdige räumliche Aufgliederung auf die verschiedensten Spielebenen. So erhob sich das Ganze über seinen einzigartigen ausstattungsmäßigen Reichtum hinaus zu einem großartigen, in Deutschland vorher noch nie gesehenen lastenden Zeit- und Kulturbild der Pharaonenherrschaft. Es war also eine durchaus vergeistigte und organisch gebundene, nicht auf äußerliches Gepränge abgestellte Szenengestaltung, bei der neben den großen Szenen (vor allem dem 1. und 4. Bild) gerade auch den übrigen vier intimeren eine Dichte der Atmosphäre von feinster Wirkung eignete. Im 2. Bilde war es der Tempel mit der raumbeherrschenden Götterstatue, im 3. das lichte, von Bambusstäben getragene Lager der Amneris, im 5. das Dickicht der Nillandschaft, im letzten Akt mit einer glücklichen regielich-szenischen Neuerung ein unmittelbarer optischer Kontrast von Amneris' Schicksal und Aïdas Schicksal unter dem überschattenden Monumente der ewigen Sphinx.[8]

Stahl erwähnte mit keinem Satz zwei Generationen der französischen, italienischen und auch deutschen Grand Opéra aus der ersten Hälfte des 19. Jahrhunderts und hatte damit nicht nur die vermeintlich indiskutablen jüdischen Komponisten dieser herausragenden Operngattung wie Meyerbeer und Halévy aus dem aktuellen Diskurs gestrichen, sondern seine Betrachtung festgelegt auf die beiden einzigen, nach seiner Meinung diskussionswürdigen Exemplare dieser Gattung, in denen das heldenhafte Todesopfer eines Kämpfers für soziale Gerechtigkeit und Herzensbildung die Zuschauer zu tiefer Rührung stimulierte. Der römische Volkstribun Rienzi stirbt für seine Idee eines von Adelswillkür befreiten Volks, das ihn gleichwohl wegen seines Führungsanspruchs hinrichtet – immerhin Adolf Hitlers Lieblingsoper. Und der ägyptische Feldherr Radamès büßt seinen unfreiwilligen Verrat an seinem Volk und die unbotmäßige Liebe zu einer feindlichen Sklavin standhaft mit dem Tod als Landesverräter. In beiden Opern steht das singuläre Individuum gegen einen enragierten Pöbel respektive ein gnadenloses

Sieverts Bühnenbildentwurf für die Massenszene im 2. Akt von Verdis *Aida*, Bayerische Staatsoper München 1937.

politisch-religiöses Machtsystem. Stahls manipulierendes Geschichtsbild auf die Historie der Gattung und Sieverts Bühnenkunst offerierte den Leserinnen und Lesern einen vermeintlich symbolträchtigen Blick auf eine monumentale Bühnenproduktion, die in Wahrheit an der unverfänglichen Oberfläche der szenischen Ausstattung haften blieb.

In Ludwig Sieverts *Aida*-Bildern offenbarte sich der tiefgreifende Wandel seines interpretierenden Zugriffs auf Handlungsräume und dramatisch-theatrale Augenblicke aus früheren Arbeiten zu einem nun geglätteten und routinierten neuen Stil für München. Für das Finale des 2. Aktes, die Rückkehr des siegreichen ägyptischen Heeres zum Defilee vor dem Pharao und dem Hohepriester hatte Sievert einen vielfach gegliederten Frei-Raum entworfen, in dem die Palast- oder Tempelarchitektur nicht nach architektonischen Aspekten gegliedert war, sondern nach den Aufmarsch- und Aufstellungsmöglichkeiten für Chor, Solisten und Statisterie. Die Gebäudeteile selbst waren gerade nicht nach einem historisch beglaubigten Vorbild entworfen, sondern der freien Fantasie entsprungen, freilich mit scheinbar geschichtsgetreuer Nachbildung von Figuren und Bewegungsstills, die Authentizität des Bildes suggerierte. Das Dekor der Palastwände und des Obelisken entsprach jener Vorstellung von altägyptischer Malerei, die noch in den 1930er

Sieverts Bühnenbildentwurf für das letzte Bild in Verdis *Aida*, Bayerische Staatsoper München 1937.

Jahren vorherrschte, obgleich man die Originale aus Forschung und gemalten Abbildungen damals bereits besser hätte kennen können. Sievert setzte wohl auch nicht auf Authentizität von Architektur und Freskenmalerei, sondern auf die symbolische Anordnung der Dekorationen, die allein durch die unterschiedliche Höhe der Bauten die Blickrichtung von links nach rechts gemäß dem Einzug des Heeres und der Gefangenen suggerierte, obgleich noch keine Massenszene entstanden war. Im Zentrum des Bildes stand gerade nicht der bühnenartige Vorbau des Palastes für die Auftritte der Hauptfiguren und somit für die Verhandlung des Dramas in dieser Szene, sondern der Obelisk als Zeichen der göttlichen Macht und der politischen Herrschaft durch die Priesterkaste. Neben dem Obelisken ein verdorrter Baum, im Kontrast zur steinernen Architektur wohl Symbol für die Widernatürlichkeit der Gesamtszenerie. Von »archäologischer und geographischer Echtheit«, wie Stahl glauben machen wollte, mithin keine Spur. Eher die camouflierte Kritik an einem Repräsentationsereignis.

Noch aufschlussreicher für Sieverts gleichsam verdeckte Erzähl- und Darstellungsweise in Bildern dann das Schlussbild der Oper, in dem Sievert tatsächlich eine »regielich-szenische Neuerung«, wie Stahl behauptete, zur Wirkung brachte, aber eben nicht

# Richard Strauss

**Im Falle Richard Wagners hat sich weitgehend die Meinung durchgesetzt**, dass Person und Werk getrennt voneinander zu betrachten seien. Wagners Charakter gilt als egomanisch und herrschsüchtig, seine antisemitische Hetzschrift *Das Judentum in der Musik*[1] wird allgemein kritisiert und verachtet, seine Opern werden dennoch weltweit (mit der markanten Ausnahme Israel) aufgeführt, geliebt und verehrt.

Bei Richard Strauss stellt sich die Lage anders dar: Obwohl die Forschung in den letzten Jahren viele dokumentierte Fakten über sein opportunistisches und egoistisches Verhalten während des Nationalsozialismus zu Tage förderte, hat sich in der breiten Öffentlichkeit, gestützt unter anderem durch die Richard-Strauss-Gesellschaft, das Bild des unpolitischen, nur für seine Kunst lebenden und über dem politischen Alltagsgeschäft schwebenden Komponistengenie verstärkt. Symptomatisch dafür mag ein Zitat von Kurt Wilhelm sein. Der Autor des *Brandner Kaspar* und Strauss-Biograf schrieb: »Über die NS-Epoche wurde viel geschrieben, angesichts dessen man fragen darf, was politische Betrachtungen und Urteile mit dem Komponisten Strauss und seiner Musik zu tun haben sollen.«[2] Dagegen steht Adornos Diktum, dass jedes Artefakt eo ipso als gesellschaftlich bedingte Antithesis zur Gesellschaft zu betrachten sei.[3] Gerade die künstlerisch beabsichtigte Harmlosigkeit ist in Wirklichkeit am politischsten. Gerhard Splitt, der mit seiner Strauss-Studie erstmals dessen NS-Verwicklungen im größeren Maßstab betrachtete, hält Strauss' Werke von 1933 bis 1945 für systemstabilisierend, da sie implizit von einer Ordnung sprächen, welche wie eine Harmonie über einer gewalttätig beherrschten Gesellschaft hing.[4]

Im Abgleich der prägnantesten Kollaborationen von Richard Strauss mit dem NS-Regime und der ästhetischen Analyse der beiden an der Bayerischen Staatsoper uraufgeführten Opern *Friedenstag* (1938) und *Capriccio* (1942) erhärtet sich die These der systemstabilisierenden Wirkung von Strauss' Schaffen.

Das Strauss-Porträt in der Gemäldegalerie des Nationaltheaters. Gemälde von Wilhelm Damian, datiert 1944.

### Präsident der Reichsmusikkammer und Nazi-Kollaborateur

Richard Strauss war der führende Repräsentant des Musiklebens im Dritten Reich und damit ein Aushängeschild für die ideologische Inszenierung der Machthaber als Kulturfreunde. (Abbildungen S. 238) Strauss selbst war sich über diese Rolle im Klaren. Am 25. März 1936 schrieb er an seine Frau Pauline über seine Verdienste für das Ansehen des Deutschen Reiches im Ausland: »Dafür verdiene ich eigentlich schon die goldenste Medaille des Propagandaministeriums.«[5] Dass Strauss keine Hemmungen hatte, sich den NS-Machthabern auch durch seine Kunst anzubiedern, belegen zwei Beispiele. Zum einen das Huldigungsgedicht *Wer tritt herein* aus Strauss' Feder an den als »Polenschlächter« bekannt gewordenen Hans Frank (Abb. S. 239), in dem Strauss den NS-Politiker ideologiekonform in eine Reihe mit Wagners Schwanenritter setzte:

Wer tritt herein?
Es ist der Freund Minister Frank
Wie Lohengrin von Gott gesandt,
hat Unheil von uns abgewandt,
Drum ruf ich Lob und tausend Dank
dem lieben Freund Minister Frank.[6]

Richard Strauss beim Kegeln.
Richard Strauss, Ehrenbürger der Stadt München, ist zur Feier seines 75. Geburtstags im repräsentativen Empfangshaus »Tannhof« bei NSDAP-Oberbürgermeister Karl Fiehler eingeladen.

Der Grund für diese überschwängliche Lobhudelei war eine Kohlenlieferung aus Krakau nach Garmisch. Übertroffen wird diese Lyrik von einer kompositorischen Akklamation, die Strauss nach seiner Ernennung zum Präsidenten der Reichsmusikkammer Hitler und Goebbels persönlich widmete. Es handelt sich um die Vertonung des Gedichtes *Das Bächlein*⁷. Die Wahl eines vermeintlich unproblematischen Goethe-Gedichts und dessen Verwendung im politischen Kontext zeugt von politischem Inszenierungsbewusstsein, die kompositorische Erweiterung der letzten Zeile zu »der denk ich wird mein Führer, mein Führer, mein Führer sein« mit großer musikalischer Ausmalung akklamiert emphatisch einen der Adressaten. Die propagandistische Beziehung zwischen Strauss und Hitler war für beide Seiten vorteilhaft: Hitler, der gerne auf die Geschichte verwies, wie er sich als mittelloser Student die Fahrt nach Graz und die Stehplatzkarte für die Uraufführung der *Salome* vom Mund abgespart habe, konnte sich als Kunstfreund präsentieren und seinen Ruf bei den bürgerlichen Schichten aufbessern. Strauss konnte im Gegenzug darauf zählen, endlich auch offiziell als der führende und bedeutendste deutsche Komponist angesehen zu werden, was ihm seiner Meinung nach selbstverständlich zustand.

Schon vor seiner Ernennung zum Präsidenten der Reichsmusikkammer und der damit verbundenen offenen Parteinahme für das NS-Regime hatte sich Strauss bei zwei offiziellen Gelegenheiten den Nationalsozialisten vorteilhaft präsentiert: 1933 wurde der jüdische Dirigent und ehemalige Generalmusikdirektor der Bayerischen Staatsoper Bruno Walter aufgrund von Morddrohungen eines SA-Mobs daran gehindert, ein

Richard Strauss mit Generalgouverneur Hans Frank und Gattin in seiner Villa in Garmisch.

Konzert in Berlin zu dirigieren. Durch Vermittlung von Hugo Rasch, einem Musikkritiker, der bevorzugt in SA-Uniform zu Konzerten erschien, und Julius Kopsch, einem NSDAP-Mitglied der ersten Stunde und später langjährigem Präsidenten der Richard-Strauss-Gesellschaft, übernahm Strauss das Dirigat von Walter, was in der gleichgeschalteten NS-Presse als »Sieg über fremdblütige« Dirigenten gefeiert wurde.[8]

Die Reichsmusikkammer-Politik unter Strauss folgte dem aus einer falschen Darwin-Interpretation abgeleiteten Elitedenken des Nationalsozialismus[9] und ging dabei sogar noch über die Ideologie der Nationalsozialisten hinaus: Was Strauss vorschwebte, war eine Adelung und Verbesserung der »deutschen Kunst«. Sie bestand für ihn vor allem in einer »Verbannung« der Operetten und der von ihm verachteten atonalen Musik – das Vokabular, mit dem er über Schönberg schrieb (»soll lieber Schneeschaufeln«, »gehört zum Irrenarzt«, »Papiervollkritzler«, »Bockmist«), nimmt die Haltung der NS-Musikpolitik voraus – aus den staatlich finanzierten Theatern sowie einer strengen Leistungsprüfung für Berufsmusiker.[10] Nur mit der Verbannung der Atonalität war Strauss erfolgreich, das Operettenverbot und die Leistungsprüfung wurden von Propagandaminister Goebbels kassiert. Gerhard Splitt kommt in seiner Analyse zu dem Schluss, dass Strauss mit jedem diktatorischen Regime zusammengearbeitet hätte, denn seine eigenen Gedanken (das Selektionsprinzip, das »Ausmerzen von Schlechtem«, die Erziehung des Volkes zum »Wahren«) tragen faschistische Züge.[11] Es ist deshalb nicht überraschend, dass Strauss auch bei der Eröffnung der Ausstellung »Entartete Musik« im Rahmen der Reichsmusiktage anwesend war und diese durch sein Erscheinen als Präsident der Reichsmusikkammer legitimierte. Sein Zynismus ging so weit, dass er dem Kurator der Ausstellung, Hans Severus Ziegler, »halb grimmig, halb schalkhaft [sagte, dieser habe] den ganzen Franz Lehár […], die Entartung der Operette [und] die vier Juden in seiner Salome, die rein atonal sängen«[12], vergessen.

Die NS-Propaganda hatte unter diesen Voraussetzungen gerade an der Bayerischen Staatsoper, dem Vorzeigehaus des NS-Musiktheaters, Schwierigkeiten mit den beiden Werken von Strauss, die teilweise die Grenze der Tonalität überschreiten, mit *Salome* und *Elektra*. Während *Salome* von der linientreuen Presse als Geschichte eines »entarteten Judenmädchens«[13] interpretiert und damit in eine NS-konforme Linie gestellt wurde, hat man *Elektra*, in der auch noch der Mord an einem illegitimen Herrscher auf die Bühne gebracht wird, nicht gespielt (vgl. zum politischen Kontext, S. 170).

Zum Verhängnis wurde Strauss schließlich seine Arroganz gegenüber den Machthabern und sein Beharren auf seiner Sonderstellung und seinen Vorrechten. Nach dem Tod Hugo von Hofmannsthals war Strauss sehr glücklich, in Stefan Zweig einen renommierten Autor und seinen Wünschen entsprechenden Librettisten für die Komödie *Die schweigsame Frau* gewonnen zu haben. Doch schon die Dresdner Uraufführung konnte – wegen Zweigs jüdischer Abstammung; er hatte einen jüdischen Vater und galt deshalb als Halbjude – nur mit Sondergenehmigung stattfinden. Strauss versuchte trotz der politischen Probleme Zweig als Autor zu halten und zu weiterer gemeinsamer Arbeit zu bewegen. Reichlich taktlos schlug er eine anonyme Mitarbeit Zweigs vor und verstieg sich wegen der anhaltenden Weigerung Zweigs zu dem Kommentar: »Dieser jüdische Eigensinn! Da soll man nicht Antisemit werden!« In diesem Brief vom 17. Juni 1935 an Zweig, welcher von der Gestapo abgefangen wurde, versuchte er auch sein politisches Engagement für den Nationalsozialismus zu rechtfertigen und kleinzureden: »Wer hat Ihnen denn gesagt, dass ich politisch so weit vorgetreten bin? Weil ich für den schmierigen Lauselumpen Bruno Walter ein Concert dirigiert habe? […] Das hat mit Politik nichts zu tun. Dass ich den Präsidenten der Reichsmusikkammer mime? Um Gutes zu tun und grösseres Unglück zu verhindern. Einfach aus künstlerischem Pflichtbewusstsein! Unter jeder Regierung hätte ich dieses ärgerliche Ehrenamt angenommen. Aber weder Kaiser Wilhelm noch Herr Rathenau haben es mir angeboten.«[14] Und seine wahre Einstellung formulierte er in seinen Tagebuchnotizen: »[…] was sind das für Zeiten, in denen ein Bübchen von Minister [Goebbels] einem Komponisten von meinem Rang sagen darf, was er zu componieren hat und was nicht.«[15] Die Reaktion kam prompt: Strauss musste seinen Rücktritt als Präsident der Reichsmusikkammer einreichen, der vorgeschobene Grund war die angeblich angeschlagene Gesundheit des Komponisten. Auch ein eilfertig an Hitler in untertänigstem Ton verfasstes Entschuldigungsschreiben konnte den erzwungenen Rücktritt nicht mehr verhindern:

»Mein Führer! […] In dem genannten Brief sind drei Stellen beanstandet und mir so ausgelegt worden, als ob ich wenig Verständnis für den Antisemitismus sowie für den Begriff der Volksgemeinschaft und die Bedeutung meiner Stellung als Präsident der Reichsmusikkammer hätte. […] Ich brauche angesichts der für mich als deutschen Komponisten sprechenden Reihe meiner Lebenswerke wahrlich nicht zu beteuern, daß dieser Brief und alles, was an improvisierten Sätzen er birgt, nicht irgendeine weltanschauliche oder auch für meine wahre Gesinnung charakteristische Darlegung bedeutet. Mein Führer! Mein ganzes Leben gehört der deutschen Musik und unermüdlichen Bemühungen um Hebung der deutschen Kultur – als Politiker habe ich mich niemals betätigt oder auch nur geäußert, und so glaube ich bei Ihnen als dem großen Gestalter des deutschen Gesamtlebens Verständnis zu finden […].[16]

Und während die Nationalsozialisten Strauss offiziell in allen Ehren verabschiedeten und auch weiter als Vorzeigekomponisten behandelten, war Goebbels in seinem Tagebuch eindeutiger: »Leider brauchen wir ihn noch – aber eines Tages werden wir unsere eigene Musik haben und brauchen dann diesen dekadenten Neurotiker nicht mehr. […] Die Künstler sind doch politisch alle charakterlos. Von Goethe bis Strauss. Weg damit!«[17] Strauss war desillusioniert, seine Allianz mit den neuen Machthabern schien gescheitert. Doch trotz der Verstimmungen blieb die Verbindung bestehen: Die Nazis beließen Strauss den großen Lebensstil und Ruf, sahen von öffentlichen Verunglimpfungen ab und konnten dafür weiterhin auf ihn als Propagandakomponisten und Aushängeschild des Regimes zählen.[18] Zynischer Weise wurden genau die beiden Opernentwürfe Stefan Zweigs, die dieser für Strauss geliefert hatte, zu den beiden großen Strauss-Uraufführungen an der Bayerischen Staatsoper während der NS-Zeit. Aus den unter den Arbeitstiteln *1648* und *Prima la musica, poi le parole* diskutierten Werken[19] wurden schließlich *Friedenstag* und *Capriccio*.

### Capriccio

Im Kapitel Die Staatsoper in den dreißiger Jahren. Spielplanpolitik (S. 152) ist die kulturpolitische Dimension der Oper *Friedenstag* ausführlich dargestellt. Diese Oper war ein Propagandawerk für die nationalistisch-militaristische Selbstinszenierung des Dritten Reiches.

Das offenbare Gegenstück zu *Friedenstag* bildete das 1942 uraufgeführte *Capriccio*, ein Einakter wie *Friedenstag*, dessen Entwurf auf Stefan Zweig zurückging. Nach dem endgültigen Rückzug von Zweig brachte sich Clemens Krauss als Mitautor und Librettist von *Capriccio* ins Spiel. Strauss und Krauss entwickelten mit dieser Oper eine oberflächlich völlig unpolitische Fabel, die der Frage nachgeht, ob das Wort oder die Musik in der Kunst das Vorrecht habe. Dies wird anhand einer Familienaufstellung in adligen Kreisen im Frankreich Diderots höchst manierlich in Szene gesetzt und endet – unentschieden. Die Gräfin (Sopran) kann sich nicht zwischen dem Dichter (Tenor) und dem Komponisten (Bariton) entscheiden. Flankiert wird das Ganze von den Proben für eine Theatervorstellung unter der Leitung des komischen Theaterdirektors (Bass-Buffo), in dessen Rede Strauss gegen den Willen seines Librettisten Krauss ein Lieblingsthema von sich unterbrachte, das er als Präsident der Reichsmusikkammer nicht hatte durch-

Szenenfoto der Uraufführung von *Capriccio*.

setzen können: die Abschaffung der Operette. Nachdem Krauss anmerkte, eine solche Polemik sei unter der Würde des Altmeisters Strauss, antwortet dieser in NS-geschulter Rethorik: »Ein paar Ohrfeigen austeilen an Lumpen und Schädlinge der Kunst würde ich nie [für] unter meiner Würde halten! Denken Sie an Richard Wagners polemische Schriften!«[20] Aufgrund der absoluten Politikferne des Sujets, der Musik sowie der Inszenierung von Rudolf Hartmann mag man geneigt sein, der Interpretation von Kurt Wilhelm recht zu geben, wenn er behauptete: »Hätten jene recht, die behaupten, Kunst sei ein Spiegel der Zeit, ein Reagieren auf Politik, die Essenz von gesellschaftlichen Stimmungen – die Arbeit an [*Capriccio*] hätte unterbrochen oder gar eingestellt werden müssen.«[21] Das Gegenteil ist wahr. Mit *Capriccio* versuchten Strauss und Krauss zweierlei: Zum einen stilisierten sie ihr Bild als unpolitische Künstler für die Nachwelt, zum anderen erfüllten sie ein weiteres Mal die Vorgaben der NS-Kulturpolitik, die mit Einsetzen des Krieges eine apolitische, unterhaltende und ablenkende Funktion der Kunst einforderte.[22] Genau dies leistete *Capriccio*. Zieht man dann noch in Betracht, dass für die Uraufführung an der Bayerischen Staatsoper Propagandaminister Goebbels als Schirmherr fungierte und ein letztes Mal das große Aufgebot von NSDAP-Prominenz im Zuschauerraum saß[23], lässt sich der Eindruck einer unpolitischen Oper nicht mehr aufrecht erhalten.

Richard Strauss begleitete während der NS-Zeit alle Phasen der nationalsozialistischen Kulturpolitik und bediente sie mit seiner Kunst: Während der Etablierung und Stabilisierung des braunen Regimes fungierte er als Präsident der Reichsmusikkammer und verhalf damit den Nationalsozialisten zu einer höheren Weihe durch seine Autorität auf dem Gebiet der Opernkomposition. Als sich das Regime stabilisiert hatte und die Zeichen auf Propaganda standen, war Strauss mit dem deutsch-ideologisch interpretierten *Friedenstag* zur Stelle. Und als das Gegenteil gefordert war, die unpolitische Kunst zur Ablenkung der Bevölkerung in schwierigsten Kriegszeiten, lieferte Strauss mit *Capriccio* auch hier das gewünschte Musterbeispiel.

Obwohl also das Schaffen von Strauss als absolut politisch gewertet werden muss, hat sich bis heute, gestützt von Strauss-Verehrern und Freunden, das Bild des apolitischen, über den Dingen stehenden Komponisten gehalten, der – u. a. aufgrund seines Freigeistes und seiner jüdischen Schwiegertochter – selbst ein Opfer der Nationalsozialisten gewesen sei. Dieses Bild und die damit verbundene Antithesis zwischen Kunst und Weltgeschehen wurde auch von dem persönlichen Kreis um Strauss an der Bayerischen Staatsoper ehrfürchtig gehegt und gepflegt. Ein besonders krasses Beispiel für diese Art der verzerrten Realitätswahrnehmung und die Nichtwahrnehmung der Zusammenhänge zwischen Politik und Kunst war der Brief von Hilde Hartmann, der Ehefrau des Operndirektors Rudolf Hartmann an Strauss. Sie schrieb am 23. März 1944 an den »verehrten Meister«:

Unzählige Male habe ich Ihre Werke gehört und gesehen, habe Raum und Zeit vergessen, losgelöst vom Alltag war ich dann wunschlos glücklich. – Unsere Oper ist zerstört und das Radio ein schwacher Ersatz. Und doch erlöste es mich gestern nachmittag aus einer schweren Depression, die mich seit dem Bombenangriff am Samstag befallen hatte. (Meines Mannes Sekretärin aus der Oper wurde mit ihrer Mutter getötet.) Ich hörte das Terzett aus dem Rosenkavalier »Hab's mir gelobt« […]. Mir kamen die erlösenden Tränen und ich fand mein seelisches Gleichgewicht wieder. Mag der schreckliche Krieg uns alles kaputt machen, dachte ich, das ist unsterblich und bleibt uns als Trost und Heiligtum.[24]

Das geschilderte Erlebnis mag die Briefschreiberin immerhin so empfunden haben. Es kultivierte freilich das Verdrängungssyndrom bei schweren Schicksalsschlägen in einer besonders eindrucksvollen Weise. Vergleichbares gilt für die Personalie des Komponisten: Strauss war Teil des NS-Systems. Dass eine umfassende biografische Verortung und Aufarbeitung sowie eine fundamentale Bewusstseinsänderung in der Wertschätzung des Komponisten trotz bekannter Fakten nicht stattgefunden hat und von weiten Kreisen der Strauss-Apologeten auch nicht gewünscht wurde und wird, macht auf eklatante Weise das System der Verdrängung und Verklärung deutlich, das nach dem Zusammenbruch des Nationalsozialismus vorherrschte und bis heute wirksam ist. Aber apolitische Kunst in diesem staatlichen und gesellschaftlichen Rahmen gibt es nicht und jeder Hinweis auf Apolitisches bei Richard Strauss geht in die Irre.

DF

## Jüdische Sänger und verstummte Stimmen

**Um ein Bild davon zu zeichnen**, wie in den Jahren 1933 bis 1945 unter Einfluss rassistischer Gesetzgebungen wie dem Gesetz zur Wiederherstellung des Berufsbeamtentums (vgl. Personalpolitik. Jüdisches Personal und arisierte Wohnungen, S. 173) und im rapide sich verdichtenden antisemitischen Klima (vgl. Kennmarken der Weimarer Republik, S. 104) die Bayerische Staatsoper mit jüdischen und aus anderen ideologischen Gründen unerwünschten Mitarbeitern umging, stehen Einzelschicksale im Fokus. Denn die Aktenrecherche im Bayerischen Hauptstaatsarchiv, im Staatsarchiv München und im Bundesarchiv Berlin brachte nicht hervor, was für eine repräsentative Darstellung dieser Thematik bedeutsam gewesen wäre: Übersichten über die Gesamtheit von künstlerischen wie nicht-künstlerischen Angestellten der Staatsoper für jede Spielzeit, anhand derer man systematisch die Entlassungen (oder gar Entlassungswellen) von jüdischen oder aus anderen Gründen verfolgten Mitarbeitern hätte nachvollziehen und auch quantitativ bewerten können. Ob solche Listen möglicherweise entweder noch im Zuge des Kriegsendes oder schlicht über die Jahrzehnte hinweg unabsichtlich abhandenkamen, bewusst aus dem Verkehr gezogen und unterschlagen wurden oder aber nie existierten, lässt sich nicht feststellen. Die einzige Möglichkeit, in Bezug auf Personalpolitik valide Aussagen über die Rolle der Staatsoper in der antisemitischen, nationalistischen und politischen Verfolgung durch die Nationalsozialisten zu treffen, besteht daher in der Darstellung von einzelnen Schicksalen, welche die Mechanismen und die Bandbreite im Umgang mit solcherart gefährdeten Mitarbeitern zeigen. Zusammengetragen wurden Informationen zu einigen Sängern und Sängerinnen an der Bayerischen Staatsoper, die jüdisch waren oder im Verdacht standen jüdisch zu sein oder die mit einem Juden bzw. einer Jüdin verheiratet oder liiert waren. »Jüdisch« meint in diesem Kontext lediglich die Zuschreibung der Nationalsozialisten, die den

Begriff in einem rassistischen Sinne verwendeten – unabhängig davon, ob die Betroffenen dem Judentum überhaupt nahestanden, möglicherweise christlich getauft waren und sich selbst als Juden bezeichnet hätten. Entsprechend ist hier nicht die Rede von Juden als Opfern von Verfolgung, sondern von als jüdisch verfemten Menschen. Problematisch sind in der Auswertung dieses Aktenmaterials zwei Aspekte: Eine Verallgemeinerung von einem Fall auf eine generelle, von der Leitungsebene gefahrene »Linie« verbietet sich insofern, als die Handlungen und Entscheidungen der Operndirektion bzw. Generalintendanz oft widersprüchlich sind und teilweise keinen eindeutigen Rückschluss auf Handlungsmaximen zulassen. Darüber hinaus sind in den Aktenverläufen sehr häufig die Motive für Entscheidungen im Personalbereich nicht oder nicht hinreichend dokumentiert, und es bedeutet einen hohen Grad an Mutmaßung, Kausalzusammenhänge zu postulieren, wo nur eine lose Abfolge von Fakten und Aktionen belegt ist.

KF

# Berthold Sterneck

Berthold Stern war 1887 in Wien in eine jüdische Familie hineingeboren worden und gehörte nach seiner Konversion 1918 der evangelischen Konfession an. Ab September 1923 war der Sänger in Buffo- und seriösen Basspartien an der Bayerischen Staatsoper engagiert, 1926 wurde er zum Bayerischen Kammersänger ernannt. Ein Jahr darauf wurde sein Künstlername Sterneck zum offiziellen Familiennamen. Bereits drei Wochen vor der Machtübernahme durch die Nationalsozialisten schrieb ein Zuschauer an die Generalintendanz der Bayerischen Staatstheater:

Berthold Sterneck. Postkarte. Undatiert.

> Als jahrelanger überaus eifriger Theaterbesucher der Oper und als über 30 Jahre lang anzusprechendes Abonnementsmitglied unserer Familie in einer Platzmiete, sowie Freund und Sprecher vieler jüngerer Ausländer und Münchner erlaube ich mir auf einen Umstand aufmerksam zu machen, der es mir un[d] vielen jungen deutsch oder germanisch empfindenden Leuten »verleidet« weiterhin unsere schliesslich auch von der Stadt unterstützte Oper zu besuchen. Es ist in unserem Ensemble[,] de[ss]en künstlerische Fähigkeit in allen Ehren bemerkt sei, eine derartige Fülle von nichtdeutschen Künstlern engagiert, dass man glauben möchte in einem Theater nicht in Deutschlands Grenzen zu sein. Gerade die Hauptdarsteller sowie die Damen Nezadal und Ranczak und die Herren Patzak und Sterneck, die fast täglich beschäftigt sind[,] verdrängen am Theaterzettel die Namen Feuge und Schellenberg oder Krauss usw.[1]

Im Mai 1933 wurde Sterneck vom noch amtierenden Generalintendanten Franckenstein »im Vollzuge des Gesetzes zur Wiederherstellung des Berufsbeamtentums« aufgefordert, einen Fragebogen bzgl. seiner antikommunistischen und antisozialdemokratischen Gesinnung auszufüllen. Urkunden zu seiner Abstammung und zum Einsatz im Ersten Weltkrieg waren entsprechend vorzulegen. Zwei Monate später wurde dem Kammersänger nahegelegt, seinen Sitz im Betriebs- und Angestelltenrat der Staatsoper mit sofortiger Wirkung niederzulegen. Sternecks Nachweis über seine Verwendung als österreichischer Frontkämpfer im Ersten Weltkrieg war schwer zu erbringen und amtlich zu belegen, der Verwaltungsprozess zog sich bis ins Frühjahr des Jahres 1935 hin: Hätte er die »ausständige amtliche Bestätigung« über seine Angaben nicht bis September 1935 erbracht, wäre das Kultusministerium gezwungen gewesen, aufgrund der Bestimmungen des Gesetzes zur Wiederherstellung des Berufsbeamtentums das Dienstverhältnis zu lösen. Der seit September 1934 amtierende Generalintendant Oskar Walleck selbst half im März 1935 bei der Absicherung seines Ensemblemitglieds, indem er versicherte, dass aufgrund der ihm vorliegenden Urkunde über Sternecks Frontkämpfereigenschaft »einem Verbleiben des Kammersängers im Verbande der Bayerischen Staatstheater nichts im Wege stehe.«[2]

Im Herbst desselben Jahres allerdings verhielt sich Walleck gegenüber dem Reichsdramaturgen und stellvertretenden Präsidenten der Reichstheaterkammer Rainer Schlösser im Propagandaministerium linientreu, als die Vertragsverlängerungen seiner mit jüdischen Frauen verheirateten Ensemblemitglieder Paul Bender und Heinrich Rehkemper und des jüdischen Sängers Berthold Sterneck anstanden:

Ich enthalte mich jeder künstlerischen Wertung der genannten Künstler, da ich der Auffassung bin, dass eine generelle Regelung der Frage der Weiterbeschäftigung von Künstlern, die mit nichtarischen Frauen verheiratet sind, nur vom Rasse- und weltanschaulichen Standpunkt, nicht aber vom künstlerischen Gesichtspunkt aus diktiert werden kann.«[3]

Der Fall Sterneck wurde vom Propagandaministerium im November 1935 gesondert behandelt. In einem hausinternen Schreiben an Reichskulturverwalter Hans Hinkel heißt es: »In München ist heute noch der Volljude Sterneck an der Oper engagiert. Sein Vertrag läuft Ende der Spielzeit ab. Ich habe Generalintendant Walleck wissen lassen, daß eine Verlängerung des Vertrages unter keinen Umständen in Frage kommt.«[4] (Abb. S. 248) Bereits im Januar 1936 wurde Sterneck von Walleck per Einschreiben über seine Nichtverlängerung aufgrund seiner jüdischen Abstammung in Kenntnis gesetzt:

Die Generalintendanz ist zu ihrem Bedauern nicht in der Lage, einer Verlängerung Ihres mit der Spielzeit 1935/36 ablaufenden Vertrages näherzutreten. Die durch die neue Gesetzgebung geschaffene Lage macht es der Generalintendanz unmöglich, eine Verlängerung Ihres Vertrages in Betracht zu ziehen. Die Dienste, die Sie, sehr geehrter Herr Kammersänger, der Münchener Staatsoper unter anderen Verhältnissen geleistet haben, werden unvergessen bleiben. Ihnen dafür Dank zu sagen, ist mir eine angenehme Pflicht. Die beiderseitigen Verbindlichkeiten erlöschen also mit 31. August 1936.[5]

**Berthold Sternecks Eintrag in der Kartei der NSDAP: »Volljude«.**

Die Reichstheaterkammer schloss Sterneck mit dem Schreiben vom 25. Februar 1937 aus und erteilte ihm somit das offizielle Berufsverbot im In- und Ausland, »da Sie die nach der Reichskulturkammergesetzgebung erforderliche Zuverlässigkeit im Sinne der nationalsozialistischen Staatsführung nicht besitzen. Durch diese Entscheidung verlieren Sie das Recht zur weiteren Berufsausübung auf jedem zur Zuständigkeit der Reichstheaterkammer gehörigen Gebiet.«[6]

Nach letzten Gastspielen im Ausland zwischen 1936 und 1938 wurde Sterneck zur Hilfsarbeit beim Lagerbau und in einer Kunstharzpresserei gezwungen. Da er kein geregeltes Einkommen mehr hatte, musste er 1938 sein Haus in Pasing verkaufen. Sternecks Antrag auf Ruhegeld wegen Berufsunfähigkeit »auf Grund der Ariergesetzgebung« wurde von Seiten der Bühnenversorgung bei der Bayerischen Versicherungskammer stattgegeben, nachdem von den zuständigen politischen Stellen überprüft und bestätigt worden war, »daß er sich nicht in staatsfeindlichem Sinne betätigt«.[7] Seine 15-jährige Tochter Johanna wurde 1939 mit einem der letzten Kindertransporte nach London geschickt und in Sussex von einer Familie aufgenommen. Ab dem 19. September 1941 waren alle Juden durch Reichserlass gezwungen, den Judenstern zu tragen, so auch die Sternecks.[8] Am 1. März 1943 erhielt die Familie in München von der Geheimen Staatspolizei die Ankündigung der Deportation (»Abwanderung«) und der Enteignung. Berthold Sterneck selbst starb am 25. November 1943 infolge einer Krebserkrankung im Nymphenburger Krankenhaus. Sein Sohn Kurt wurde 1944 aufgrund seiner jüdischen Abstammung ins KZ Dachau gebracht, dann ins Zwangsarbeitslager Wolmirsleben in Sachsen-Anhalt überstellt, wo er bis Kriegsende gefangen blieb. Sternecks Ehefrau, die Opernsängerin Margarethe Cäcilia Gerth, floh im Januar 1944. In

Schwenningen bei Stuttgart lebte sie unter falschem Namen in einem Pfarrhaus. In einem Beitrag zum Sammelband über jüdisches Leben in München resümiert Bernhard Möllmann: »Ihr Mann war tot, ihre Tochter bei fremden Leuten im Ausland, ihr Sohn im KZ. In ihrer Angst vor Entdeckung und unter der Belastung, die Schutzbieterin zu gefährden, sah Margarethe Sterneck keinen Ausweg mehr. Am 22. Februar 1945 nahm sie sich das Leben.«[9]

Das Landesentschädigungsamt erkannte Margarethe Sterneck 1958 als Opfer der nationalsozialistischen Verfolgung an, für die »Freiheitsentziehung – Freiheitsbeschränkung von 27 vollen Monaten« ihrer Mutter erhielt die Tochter eine Entschädigung in Höhe von 4.050,– DM.[10] Bezüglich des Verdienstausfalls von Berthold Sterneck bescheinigte Nachkriegsintendant Georg Hartmann im Jahr 1951 dessen Erben in seiner »Bestätigung zur Vorlage bei der Wiedergutmachungsbehörde«:

Bei seinem Ausscheiden aus dem Verband der Bayerischen Staatsoper am 31. August 1936 war Kammersänger Sterneck auf der Höhe seiner künstlerischen Leistungen und ein beliebter Künstler, der viel von auswärtigen Bühnen zu Gastspielen herangezogen wurde, für die ihm jährlich ein fünfwöchiger Urlaub ohne Gagenabzug zur Verfügung stand. Es ist mit Sicherheit anzunehmen, daß ein Künstler vom Format des Herrn Sterneck in den Jahren 1936 bis 1943 eine Gage von jährlich mindestens 24.000.- Mark bezogen hätte, zumal die Gagen für erstklassige Sänger in diesen Jahren ständig erhöht wurden. Ferner hätte sicherlich die Möglichkeit bestanden, durch Gastspiele einen Nebenverdienst von jährlich ca. 6.000.- Mark zu erzielen.[11]

# Maria Reining

Ihren ersten Vertrag an der Bayerischen Staatsoper erhielt die lyrische und jugendlich dramatische Sopranistin Maria Reining, geboren 1903, für die Spielzeit 1934/35. Der Dienstvertrag wies aus: »Fräulein Reining ist arischer Abstammung (Fragebogen liegt vor, die Urkunden werden noch nachgebracht). Gegen ihre nationale Gesinnung und Zuverlässigkeit bestehen keine Bedenken.«[12] Reinings Karriere an der Staatsoper entwickelte sich gut, schon im Sommer 1935 richtete Walleck ihr für ein Gastspiel persönliches Lob vom stellvertretenden Präsidenten der Reichstheaterkammer aus: »Herr Dr. Schlösser hat mich beauftragt, Ihnen seine ganz besondere Hochachtung vor Ihrer

Maria Reining, Postkarte. Undatiert.

Leistung und seinen persönlichen Gruß zu übermitteln.«[13] Reining war eine Vorzeigepersonalie der Staatsoper. So lud etwa der Volksbund für das Deutschtum im Ausland sie und Heinrich Rehkemper im Frühjahr 1936 ein, bei einer »Veranstaltung für das Grenz- und Auslandsdeutschtum« als Sänger »durch ihr Mitwirken die volksdeutschen Belange zu fördern«.[14]

Ein Jahr später fiel Reining bei der Hausleitung in Ungnade: Eine Eingabe des Wieners Franz Ripper an die Direktion der Münchner Staatsoper im Mai 1936 verlautbarte:

Es dürfte für die werte Direktion von Interesse sein, dass Ihr Mitglied Frau Maria Reining aus Wien, hierselbst seit 4 Jahren bei einem jüdischen Arzt Dr. Hans Stein, Wien V, Schumanngasse 5, im gemeinsamen Haushalt wohnt, bei ihren derzeitigen Besuchen stets immer lebt. Es dürfte auch der Direktion bekannt sein, dass obengenannter Herr Frau Reining einige Male in München besucht hat. [...] Beide Teile sind eher Feinde des nationalsozialistischen Deutschland, denn Dr. Stein war langjähriger

Parteigenosse bei der sozialdemokratischen Partei. Diese Mitteilung lasse ich auch aus bestimmten Gründen nach Berlin ergehen.[15]

Intendant Walleck leitete den Fall sofort ans Innenministerium weiter und erhielt die Anweisung: »Herr Staatsminister bittet Sie, Frau Maria Reining auf dem Dienstwege über die Angelegenheit zu befragen, und ist der Ansicht, daß, wenn sich die Angaben bestätigen würden, die entsprechenden Konsequenzen gezogen werden müßten.«[16] Die Bayerische Politische Polizei teilte mit, dass die gegen Reining erhobene Beschuldigung, »rassenschänderische Beziehungen«[17] zu unterhalten, auf Weisung des Staatsministers auf dem Disziplinarwege zu behandeln sei. Entsprechend kündigte Walleck Maria Reining das Dienstverhältnis nur einen Tag nach erfolgter Aussprache. Am 24. Oktober 1936 erfolgte per Einschreiben an Maria Reining das Berufsverbot durch die Reichstheaterkammer.[18] Das Fehlen der Sängerin Reining und anderer Kollegen blieb auch bei einzelnen Zuschauern nicht unbemerkt, wie ein Schreiben an das Platzmietebüro eindringlich belegt:

Als langjährige Abonnentin und das dadurch bedingte Interesse, gestatte ich mir heute eine kurze Anfrage. Es ist mir aufgefallen, dass sowohl Herr Sterneck, wie Frau Reining nicht mehr in Erscheinung treten. Ich nahm an, dass es auf Urlaubs-Gründe zurückzuführen sei, entnahm aber einer Zeitungsnotiz, dass dieser Zustand für dauernd gedacht ist. Da in 1. Reihe der Abonnent leidet, wenn das Niveau sinkt, möchte ich die Gelegenheit nicht vorbei gehen lassen, ohne zu reklamieren.[19]

Walleck vermerkte zu diesem Schreiben: »Nachdem der wahre Grund über die Ausscheidung Frau Reinings im gegenwärtigen Zeitpunkt besser nicht erörtert wird, bleibt der vorstehende Brief ohne Antwort.«[20] Bereits im November ersuchte Maria Reining Hilfe bei ihrem Vertrauten Hanns Thierfelder, dem Direktor der Löwenbräu-Aktienbrauerei, der sich für sie einsetzte. Ein Brief an ihn, in dem Reining die Verbindung zu Dr. Stein bestreitet, befindet sich in der Korrespondenz des Innenministeriums. Unverzüglich forderte dieses von der Obersten Theaterbehörde die Klärung der Angelegenheit. Eine nochmalige ministerielle Prüfung endete mit der Einschätzung:

Es dürfte einwandfrei hervorgehen, daß die jetzigen Interventionsgesuche Reinings einfach aus der Notlage, eine Beschäftigung zu finden, entspringen, und daß die Reining bei der ziemlich geringen Intelligenz, die sie hatte, auf den schlechtesten Ausweg verfällt, nämlich den, ihr Verhältnis zu dem Juden Dr. Stein, das sie seinerzeit weder Herrn Staatsminister Wagner noch dem Unterzeichneten gegenüber geleugnet hat, in Abrede zu stellen.[21]

Durch Vermittlung ihres Anwalts konnte Maria Reining beim Ministerium des Innern immerhin noch eine Abfindung sowie die Wiederaufnahme in die Fachschaft Bühne

**Erklärung.**

1.) Ich erkläre, dass ich keinen Rechtsanspruch gegen den Bayerischen Staat aus meiner Tätigkeit als Opernsängerin habe.
2.) Ich erkläre ferner, dass ich im Laufe des morgigen Tages München und das Land B a y e r n verlasse.
3.) Ich verpflichte mich in B a y e r n ohne Genehmigung des Staatsministeriums des Innern niemals mehr künstlerisch tätig zu sein.

Maria Reinings »Erklärung«, München, 2. März 1937. Abends 20 Uhr.

der Reichstheaterkammer erwirken, so dass sie zumindest außerhalb Bayerns wieder als Sängerin berufstätig sein konnte. Am 2. März 1937 unterschrieb sie die hierzu geforderte Erklärung.

Am 12. April 1937 wurde ihr Berufsverbot vom Präsidenten der Reichstheaterkammer aufgehoben. Das streng beschiedene Auftrittsverbot für Bayern wurde am selben Tag von Staatsminister Wagner wieder zurückgenommen. Reining verließ München und wechselte ins Ensemble der Wiener Staatsoper, auf Geheiß von Hitler wurde ihr 1938 der Titel Kammersängerin verliehen. Hanns Thierfelder wurde ihr Ehemann. Er stand in persönlichem Kontakt zu Julius Schaub in der Berliner Reichskanzlei und setzte sich ab 1938 an höchster Stelle für seine Ehefrau ein, damit diese Engagements u. a. in Berlin bekäme.[22] Reinings Querelen an der Bayerischen Staatsoper in den Jahren 1936 und 1937 müssen zumindest halbpublik gewesen sein, anders lässt sich nicht erklären, dass eine Postkarte an die Opernleitung 1940 einschlägig Bezug darauf nahm.

**Postkarte an die Opernleitung, München, 14. Feb. 1940.**

> München, 14. Feb. 1940
>
> Die Sängerin Maria Reining wurde s. Zt. wegen Rassenschande aus dem Verbande der Bay. Staatstheater ausgeschlossen. Vergang. Monat sang diese Frau in einem hies. Lazarett vor die durch Judenblut gehetzten Feinde verwundeten deutschen Soldaten. So etwas gibt es im heutigen Deutschland nicht. Wir verzichten auf die Kunst dieser Judenmatratze.
> Wenn höhere Partei-Persönlichkeiten glauben, Ihrer Leidenschaft an von Juden abgelegter Ware zu fröhnen, ist es Jhre Sache. Jm Aufbau-Programm steht es auf jeden Fall nicht. Diese Frau aber hat Jhr Auftreten vor dem deutschen Volke verwirkt. Die Maria kann uns nicht erschüttern, wir aber werden Jhr das Leben in München verbittern. Darum auf zur Saalschlacht am 17. ds. im Konzertsaal Bay. Hof.
>
> " Deuschland erwache"
> & nicht Verein zur Hebung gefallener Mädchen

An der Bayerischen Staatsoper sang Maria Reining erst wieder nach dem Krieg in den Jahren 1951 bis 1953. Im Januar 1985 wurde sie für den Verdienstorden der Bundesrepublik Deutschland vorgeschlagen, die Stellungnahme der Intendanz vermerkte bzgl. ihres Wirkens am Haus während der NS-Zeit: »Ihr Vertrag mit der Bayerischen Staatsoper endete vorzeitig mit fristloser Kündigung wegen einer Verbindung zu einem jüdischen Wiener Arzt.«[23]

Am Beispiel der Fälle Sterneck und Reining ist eine Rekonstruktion der bewusst getroffenen Entscheidungen seitens der leitenden Stellen gut möglich, eine Reihe weiterer Personalfälle allerdings macht deutlich, dass eine klare Haltung insbesondere der Operndirektion zu Mitarbeitern, die von Verfolgung bedroht oder betroffen waren, schwierig herauszuarbeiten ist: Viele personelle Entscheidungen wurden zwar faktisch dokumentiert, die Gründe jedoch selten formuliert. Das oft lückenhafte Aktenmaterial lässt Rückschlüsse auf die Kausalität von Vorgängen in vielen Fällen nicht zu.   RC

# Walter Ries

Walter Ries, als Bassbuffo seit 1926 an der Münchner Oper, erhielt im September 1932 die Nachricht, dass sein Vertrag über den August 1933 hinaus nicht verlängert werden würde.[24] Ob ein aktenkundiger Vorfall im Februar 1932 zwischen Ries und seinem Kollegen Emil Grifft, bei dem es zu Beschimpfungen und Tätlichkeiten in der Garderobe kam, den Grund oder Auslöser für die Nichtverlängerung darstellte, wurde weder in diesem Schreiben noch in einem anderen Dokument erwähnt. Ries gab im Mai 1933 im Fragebogen zur Vollstreckung des Gesetzes zur Wiederherstellung des Berufsbeamtentums »mosaisch« (jüdisch im Sinne der Lehre der Thora) als Konfession an. Nach seinem – noch vor der nationalsozialistischen Machtübernahme beschlossenen – Ausscheiden aus dem Dienst der Bayerischen Staatsoper geriet er in massive finanzielle Not, da er keine Folgeanstellung fand; die Operndirektion setzte sich für Unterstützungszahlungen durch das Kultusministerium ein: »Ries ist mosaischer Religion, aber Frontkämpfer und ist im Besitz des Verwundetenabzeichens«, seine »Vermögenslosigkeit und dadurch gegebene Bedürftigkeit [sind] amtsbekannt«.[25] Wiederholt wurden solche »einmaligen Unterstützungen« durch Staatsrat Ernst Boepple gewährt. Die Oper setzte Ries bis 1935 zuweilen als Aushilfe auch in wichtigen Partien ein, z. B. als Falstaff in den

Walter Ries als Falstaff in Nicolais *Die lustigen Weiber von Windsor*, Postkarte. Widmung datiert auf 16. 5. 1933.

*Lustigen Weibern von Windsor* und als Beckmesser in den *Meistersingern*. Oskar Walleck lehnte 1936 weitere Unterstützungsgesuche von Ries schließlich ab. Im Personalaktenbestand der Oper verliert sich danach die Spur von Ries; Korrespondenzen mit dem Vertreter der Witwe Johanna Ries in Sachen Rentenansprüche belegen Walter Ries' Deportation und seinen Tod im Lager Auschwitz am 10. März 1943. Der für die Witwe zuständige Berufspfleger versuchte 1957 den Hergang der Verfolgung von Walter Ries zu rekonstruieren und bat den damaligen Intendanten der Bayerischen Staatsoper, Rudolf Hartmann, um Verifizierung seiner Recherchen, die u. a. beinhalteten, Ries sei bei der Staatsoper »aus rassischen Gründen entlassen«[26] worden. In seiner Antwort ließ Hartmann diesen Aspekt unkommentiert. Als drei Jahre später das Kultusministerium im Zuge der »Wiedergutmachung nationalsozialistischen Unrechts« ähnliche Nachfragen an die Direktion stellte, verwies Hartmann auf die basalen Fakten aus den Verträgen im Personalakt Ries und schloss: »Über die Gründe der Nichtverlängerung des Vertragsverhältnisses über den 31. 8. 1933 hinaus kann hier nichts mehr festgestellt werden.«[27] Hartmanns Aussage deckt sich, in einem faktischen Sinne, mit dem Aktenbestand zu Walter Ries, wie er heute im Bayerischen Hauptstaatsarchiv vorliegt. Ob es je Unterlagen zur Begründung von Ries' Nichtverlängerung gab und ob oder wie solche Unterlagen möglicherweise aus dem Personalakt herausgelöst worden sein könnten, muss Mutmaßung bleiben.

# Hilde Güden

Die Sängerin Hilde Güden, geborene Geiringer, war nach ihrer Verheiratung mit dem türkischen Presseattaché Emin Güden 1938 türkische Staatsbürgerin. Im Personalakt der Reichstheaterkammer im Bundesarchiv liegt kein Abstammungsnachweis vor. Eine Karteikarte, offenbar aus der Mitgliederkartei der Reichstheaterkammer, kategorisiert die Sopranistin jedoch als »Mischling 1. Grades« (ohne nähere Angaben).[28] 1941 zog die NSDAP-Gauleitung München-Oberbayern Erkundigungen über Güdens etwaige politische Bedenklichkeit ein, die jedoch ergebnislos blieben, abgesehen von der Feststellung, dass Güden in keinerlei Organisationen der Partei Mitglied war. Aufgrund der spärlichen Aktenlage bleibt vieles im Unklaren, was Hilde Güdens Engagement an der Münchner Oper und dessen Ende betrifft; valide Informationen dazu gibt es kaum. Ministerialrat Richard Mezger von der Obersten Theaterbehörde im Bayerischen Innenministerium schrieb im November 1943 an die Reichstheaterkammer:

Hilde Güden als Ännchen im *Freischütz*. Undatiert.

Hilde Güden war bis 31.8.1943 an der Bayer. Staatsoper engagiert und stand dort einige Zeit wegen ihrer stimmlichen und spielerischen Begabung im Vordergrund des Interesses; sie hat z. B. bei der Mozart-Gedächtniswoche 1941 in Wien bei dem Ensemblegastspiel der Bayer. Staatsoper die »Despina« gesungen und in dieser Rolle besonderen Beifall geerntet. Später ist sie dann angeblich wegen Erkrankung in den Hintergrund getreten, verlebte den Winter 1942/1943 in Italien und ist bis zu dem Ablauf ihres Engagements am 31.8.1943 im Verband der Bayer. Staatsoper nicht mehr aufgetreten.[29]

Im September 1943 wurde Hilde Güden aus der Reichstheaterkammer ausgeschlossen. Da sie sich zu dieser Zeit nicht in Deutschland aufhielt, konnte ihr der Ausschluss offenbar nicht postalisch mitgeteilt werden, weswegen im November 1943 eine entsprechende Notiz im Mitteilungsblatt der Reichskulturkammer veröffentlicht wurde, wonach die Betroffene einen Monat lang die Möglichkeit zur Beschwerde hatte. Es ist wahrscheinlich, dass Güden aufgrund ihrer Abwesenheit im Laufe dieser Frist gar nicht von ihrem Ausschluss aus der Reichstheaterkammer erfuhr. Am 10. Januar 1944 schrieb die Reichstheaterkammer an die Fachschaft Bühne:

Die Genannte ist am 21. September 1943 auf Grund des § 10 der 1. Durchführungsverordnung zum Reichskulturkammergesetz vom 1. November 1933 (RGB1.I,797) aus der Reichstheaterkammer ausgeschlossen worden. Der Beschluss ist rechtskräftig geworden. Damit ist das Recht zur weiteren Berufsausübung auf dem Gebiet der Reichstheaterkammer erloschen.[30]

Der Personalakte hält darüber hinaus keine weiteren Informationen zum genauen Aufenthalt und weiteren Verbleib von Hilde Güden bereit. Etwas Aufschluss sowie Anlass zu weiteren Fragen bietet jedoch ein Schreiben der Sängerin aus dem Jahr 1946 aus Mailand, in welchem sie im Zuge des Entnazifizierungsverfahrens von Clemens Krauss ein entlastendes Votum abgab:

[E]s ist mir eine Gewissenspflicht Ihnen mitzuteilen, dass Clemens Krauss mich während meiner Münchner Tätigkeit in jeder Weise gefördert hat und mich gegen die Angriffe der Gestapo und der Reichskulturkammer unter Einsatz seiner persönlichen Geltung verteidigt hat, trotzdem ihm meine Abstammungsschwierigkeiten genauestens bekannt waren.
Nach meiner Flucht aus Deutschland hat er mir durch grosszügige, [k]ünstlerische Unterstützung und Behebung aller Vertragsschwierigkeiten den Wiederaufbau einer [k]ünstlerischen Existenz im Ausland ermöglicht.[31]

Es liegen keine Dokumente vor, die Güdens Verteidigungsrede konkretisieren oder die angedeutete Fürsprache und Protektion von Krauss für sie belegen würden. Auch über die Umstände ihrer Flucht ist nichts Näheres bekannt. Hilde Güden war von 1946 bis 1973 an der Wiener Staatsoper engagiert, verfolgte eine internationale Gastspielkarriere und wurde für ihre Erfolge mit mehreren Auszeichnungen gewürdigt.

# Heinrich Rehkemper

Andere Angehörige der Staatsoper waren zwar auch von den Mechanismen der rassischen, nationalistischen oder politischen Verfolgung betroffen, dennoch konnten einige ihre Position am Haus halten: In zwei Fällen, für Heinrich Rehkemper und Paul Bender, fragte Intendant Franckenstein 1934 dezidiert beim Kultusministerium nach, ob von den Anordnungen zur Durchführung des Gesetzes zur Wiederherstellung des Berufsbeamtentums in Bezug auf die nichtarische Abstammung von Ehepartnern Ausnahmen zulässig seien.[32] Für den Bariton Heinrich Rehkemper schien dies möglich, denn obwohl seine Ehefrau Lydia Rehkemper jüdischer Abstammung war, wurde der Vertrag des Sängers mehrfach erneuert. Dem dürfte zuträglich gewesen sein, dass Rehkemper Mitglied der Nationalsozialistischen Volkswohlfahrt und des Reichsluftschutzbundes war (wenn er auch nicht der NSDAP angehörte)[33] und regelmäßig Konzerte im Rahmen von NS-Organisationen oder äußerst ideologiekonformen Vereinen gab. Zudem war Intendant Walleck spätestens im Frühjahr 1934 über eine bevorstehende oder bereits vollzogene Trennung der Ehepartner informiert. Ein Beispiel für die perfide und widersprüchliche Mischung aus Antisemitismus, persönlichem Wohlwollen gegenüber einzelnen Betroffenen und einer gängigen Praxis des Anschwärzens stellt ein Schreiben des Oberbürgermeisters von Coburg, Otto Schmidt, an Oskar Walleck aus dem April 1935 dar, nachdem Rehkemper an einer Benefizveranstaltung für erwerbslose SA-Männer in Coburg mitgewirkt hatte:

Auf Grund von Gerüchten in der Bevölkerung wurde nach der Vorstellung Herr Rehkemper gefragt, ob es den Tatsachen entspreche, dass seine Frau Jüdin sei. Rehkemper hat dies bejaht. Ich halte mich in Ihrem Interesse für verpflichtet, Ihnen diese Tatsache vertraulich auf diesem Wege mitzuteilen. [...] Ich war übrigens über diese Feststellung aufs Tiefste betroffen, da Frau Rehkemper, mit der wir den ganzen Abend zusammensaßen, ein absolut arisches Aeussere [sic] besitzt. Ich habe es gar nicht glauben wollen, dass sie Jüdin sei.[34]

Für Walleck stellte dies nur insofern eine neue Information dar, als er die Trennung der Eheleute bereits als vollzogen angenommen hatte, Folgen für Rehkemper schien das Schreiben jedoch nicht zu haben.[35] In Innsbruck allerdings hatte ein Konzert vor dem »vollständig nationalsozialistisch[en]«[36] Männergesangsverein ein Nachspiel: Ein Denunziant sagte Rehkemper nach, er hätte sich im Anschluss »in der unerhörtesten Weise über Deutschland und die herrschenden Zustände«[37] geäußert, was dieser allerdings den alarmierten Stellen gegenüber glaubwürdig dementieren konnte. Schwerlich festzustellen ist Rehkempers eigentliche Gesinnung und Motivation: Möglicherweise sympathisierte er tatsächlich mit der NS-Ideologie, oder aber er betrieb sein Engagement für die NS-nahen Gliederungen und Vereine eher aus karrieristischen Gründen. Darüber hinaus mochten regimekonforme Aktivitäten ausgleichen, was seine »Mischehe« an Gefährdung mit sich brachte. Ebenfalls ist ungewiss, wie lange angesichts der zunehmenden Verschärfung antisemitischer Maßnahmen die Ausnahmeregelung für Rehkempers Anstellung trotz jüdischer Ehefrau Bestand gehabt hätte, denn die Ehe wurde im Januar 1939 geschieden. Rehkemper blieb weiter Angestellter der Bayerischen Staatsoper und ging 1944 in den Ruhestand.

Ehepaar Rehkemper mit Berthold Sterneck. Postkarte. Undatiert.

## Hildegarde Ranczak und Fritz Schaetzler

Die Sopranistin Hildegarde Ranczak war seit 1928 an der Bayerischen Staatsoper engagiert. Bei NS-fanatischen Publikumsgruppen war ihr offensichtlich nicht deutsch klingender Nachname auf Besetzungszetteln nicht gerne gesehen.[38] Vor ihrer Eheschließung mit Fritz Schaetzler 1931 war Ranczak tschechische Staatsbürgerin gewesen.[39] Dass Schaetzler Jude war, wurde 1934 Gegenstand mehrerer diffamierender Hetzbriefe, die bei der Operndirektion bzw. im Ministerium eingingen; Ranczak wurde Berechnung sowie die Absicht vorgeworfen, das Jüdischsein ihres Ehemannes zu verschleiern. Zwei unterschiedliche schriftliche Angriffe:

Hildegarde Ranczak-Schaetzler. Postkarte. Undatiert.

Ist es Ihnen bekannt, dass Frau Kammersängerin Rankzak-Schätzler durch einen Juden die Staatsangehörigkeit erworben hat? In ihrem Bekanntenkreis soll sie äussern, dass er dazu gut genug war und nunmehr soll die Trennung betrieben werden. Kann diese Tam-Tam-Sängerin nicht durch eine gute deutsche Kraft ersetzt werden? Die Reinigung am Deutschen Theater dürfte auch diesen Fall nicht ausser Acht lassen.[40]

Das neue Theater Programm meldet Frau Ranczak-Schaetzler ohne den jüdischen Doppelnamen Schaetzler. Sollte die Künstlerin den Namen aus Berechnung weglassen? Doch war er gut genug, um wenigstens damit die DEUTSCHE Staatsangehörigkeit zu erwerben.[41]

Ihrem Ehemann gelang es nicht, einen Nachweis über seine arische Abstammung vorzulegen. Schaetzler war an der Oper Stuttgart engagiert; der fehlende Abstammungsnachweis kostete den Kammersänger beinahe seine Anstellung und gefährdete auch die Weiterbeschäftigung von Ranczak in München: Hier setzte sich die Generalintendanz allerdings in einem Schreiben vom 3. Dezember 1934 verstärkt für sie ein. Sie erklärte, ein mögliches Ausscheiden von Ranczak, einer der »hervorragendsten Vertreterinnen ihres Faches«, bedeute einen »großen künstlerischen Verlust für die bayerische Staatsoper«[42] – mit Erfolg: Ranczaks Vertrag an der Münchner Oper wurde verlängert, wie auch der von Fritz Schaetzler an der Staatsoper Stuttgart. Wohl aufgrund seiner Verdienste und erheblichen Verwundungen im Ersten Weltkrieg, die er nach Beginn des Zweiten Weltkriegs in einer Art Ratgeber für invalide Soldaten verarbeitete, erhielt Fritz Schaetzler schließlich 1942 von der Reichskanzlei die Bescheinigung, dass er mit »deutschblütigen Personen gleichzusetzen« sei – eine Einzelfallentscheidung, getragen von Hitler persönlich.[43] Dieser zählte im Übrigen zu den Bewunderern von Hildegarde Ranczak: Nach einer *Aida*-Aufführung 1937, die Hitler besuchte und in der Ranczak die Titelrolle gab, hatte er ihr hundert Nelken und 1.000 Reichsmark zukommen lassen. Fortan bevorzugte er bei Künstlerempfängen ihre Gesellschaft.[44] Zurzeit von Schaetzlers »Einordnung als Deutschblütiger im Sinne der Nürnberger Gesetze« war er nicht mehr mit Ranczak verheiratet, die Ehe war im Juni 1935 gelöst worden. Die zuvor als »nicht reichsdeutsch« und »jüdisch verheiratet« angefeindete Sopranistin ging im Mai 1941 ihre zweite Ehe mit Hans Travaglio ein, einem Major der deutschen Luftwaffe.

## Rudolf Gerlach

Um den Umgang mit ideologiegemäß unerwünschten Künstlern an der Bayerischen Staatsoper zu illustrieren, muss auch ein umgekehrter Fall beleuchtet werden, der die teilweise inkonsequente Umsetzung von gesetzlichen Vorgaben durch Operndirektion und behördlichen Stellen illustriert. Mit Rudolf Gerlach geriet mindestens ein Sänger nicht in Schwierigkeiten, obwohl Lebenslauf und Abstammung dies nahegelegt hätten:

Der Tenor Rudolf Gerlach, bürgerlicher Name Orest Rusnak, war 1895 bei Czernowitz als österreichischer Staatsbürger geboren worden. Durch Militärdienst und Gefangenschaft erhielt er die ukrainische, später die rumänische Staatsbürgerschaft.[45] Zu Beginn der 1930er Jahre versuchte auch Gerlach – mit der Unterstützung der Generaldirektion der

Rudolf Gerlach als Manrico (Verdis *Der Troubadour*), 1936. Postkarte. Undatiert.

Bayerischen Staatsoper, die ihn am Haus halten wollte – deutscher Reichsbürger zu werden, was ihm 1933 jedoch verwehrt wurde, da er »einer fremden Rasse angehöre«.[46] Diese Aussage wurde allerdings in keinem vorliegenden Dokument näher spezifiziert – dass Gerlach Jude war, mag im Hinblick auf seinen Geburtsort bei Czernowitz, als eine der Hochburgen des osteuropäischen Judentums, nahe liegen, ist aber nicht belegt. Offenkundig war jedoch amtsbekannt, dass Gerlach nicht arisch war. Bezeichnenderweise hatte dies keine Konsequenzen für seine Anstellung: In den nachfolgenden Verträgen gab er an staatenlos zu sein; ein Nachweis über seine Abstammung findet sich ebenso wenig wie ein Aufforderungsschreiben, diesen zu erbringen. Erst als zur Spielzeit 1937/38 der neue Intendant Clemens Krauss sein Ensemble zusammenstellte, musste Gerlach aus künstlerischen Gründen gehen, da »die von Professor Krauß für die kommende Spielzeit beabsichtigte Tenorkonstellation so beschaffen ist, daß die Operndirektion mit Ihrem weiteren Verbleiben im Verband der Bayerischen Staatsoper nicht rechnet«.[47] Aus den Akten geht hervor, dass sich Gerlach zu diesem Zeitpunkt, wie bereits zuvor, mit anderen Theatern in Verhandlungen um mögliche Engagements befand – auch dort, scheint es, stellte seine Abstammung kein Hindernis dar. Das Münchner Publikum war über den Verlust von Rudolf Gerlach an der Bayerischen Staatsoper herb enttäuscht, wie zahlreiche Eingaben und Zuschriften v. a. von Zuschauerinnen belegen.

KF

# Berta Morena

1933 markiert mit der Machtübernahme der Nationalsozialisten den Zeitpunkt, da dem Antisemitismus eine gesetzliche Verankerung geschaffen wurde und jüdische Angestellte offen aufgrund ihrer Rasse entlassen werden konnten. Ob oder inwieweit bereits in den 1920er Jahren an der Bayerischen Staatsoper jüdische Künstler und Mitarbeiter seitens der Direktion oder seitens anderer Mitglieder des Hauses diskriminiert wurden oder ob gar unter der Hand eine antisemitische Säuberung in breiterem Ausmaß stattfand, lässt sich nicht leicht feststellen oder belegen. Denn falls bei einer Kündigung antisemitische Beweggründe eine Rolle spielten, wären diese schwerlich in den Akten formuliert, sondern hinter (ggf. vorgeschobenen) sachlichen Argumenten verborgen worden. Die am Theater auch damals gängige Praxis, die Solisten mit befristeten Verträgen über meist nur eine bis maximal drei Spielzeiten ans Haus zu verpflichten, verwischt die Spuren zusätzlich, da es in aller Regel keiner Kündigung bedurfte, um die Zusammenarbeit mit einem Künstler zu beenden, sondern die regelmäßig auslaufenden Verträge lediglich nicht erneuert zu werden brauchten – ein Vorgang, der stets weit weniger einer stichfesten Begründung bedurfte als eine Kündigung und der leicht mit »künstlerischen Gründen« gerechtfertigt werden konnte. Auch ein Rückschluss aufgrund quantitativer Daten ist erschwert, weil sich Übersichten über Entlassungen jüdischer Mitarbeiter, oder auch nur über den allgemeinen Personalbestand von Spielzeit zu Spielzeit, in den Akten nicht finden. Der Fall der nicht jüdischen, doch zeitweise fälschlich als Jüdin stigmatisierten Sängerin Berta Morena soll exemplarisch die problematische und uneindeutige Quellenauswertung hinsichtlich ihrer Entlassung an der Bayerischen Staatsoper darlegen. Grundlage dieser Überlegungen sind auch neuere Forschungsansätze, die zwar nicht die vorhandenen Fakten, aber die Möglichkeiten der gesellschaftlichen Einflussnahme in spezifischen Zusammenhängen luzider machen und punktuelle historische Ereignisse in einen konkreteren Rezeptionsrahmen stellen.[48]

## Oper als Herrschaftsraum

Die Herrschaft eines vermeintlich einheitlich agierenden Regimes, das über andere mit Unterdrückung und Gewalt, mit Machtmissbrauch oder Propaganda verfügt, hat sich lange Zeit als Erklärungsmuster für die NS-Diktatur gehalten. Inzwischen

Die Sängerin Berta Morena, dramatischer Sopran, an der Münchner Oper beschäftigt von 1898 bis 1923.

haben sich die Forschungen zur NS-Zeit aber erheblich ausdifferenziert. Die Zahl der Täter, Mittäter und Profiteure ist stark angewachsen; die Grenze zu den »Opfern« ist weicher geworden. Vor allem hat sich der Blickwinkel auf die Funktionsweisen des NS-Regimes gewandelt. NS-Herrschaft begreift man nicht mehr nur in seiner Wirkung von oben nach unten bzw. von den Parteiinstanzen auf Staat und Gesellschaft. Stattdessen werden die Wechselwirkungen und gegenseitigen Beeinflussungen von Herrschenden und Beherrschten betont. Begreift man »Herrschaft als soziale Praxis«[49], richtet sich der Blick also auf zahlreiche Akteure und Räume dieser Herrschaft, die zuvor unbeachtet blieben. In diesem Paradigmenwechsel fällt der Blick nicht nur auf Städte und Gemeinden, sondern auch auf Behörden und kulturelle Institutionen. Denn sie agierten nicht nur als ausführende Verwaltungsinstanz des Reichs oder der Partei, sondern als eigenständige Akteure, etwa bei der Verfolgung unliebsamer Volksgruppen. So stellte auch die Bayerische Staatsoper einen bisher kaum beachteten Raum dar, in dem sich nationalsozialistische Herrschaft konstituierte; und zwar in der spezifischen Wechselwirkung zwischen den Opernsängerinnen und -sängern, dem Intendanten, dem Bühnenbildner und seinen Raumlösungen, den Texten, der Musik und vor allem auch dem Publikum. Gerade dann, wenn Inszenierungen nicht offensichtlich propagandistisch daherkamen, bot die Oper (wie im übrigen auch das Sprechtheater) einen solchen Raum der eigenständigen Interaktion. Denn dann wurde nationalsozialistische Herrschaft »veralltäglicht«[50] und trug somit zur Stabilität des Systems bei.

### Das Narrativ des »Unpolitischen«

Künstler wie Werner Egk oder Clemens Krauss, auch Rudolf Hartmann präsentierten sich während und vor allem nach dem Dritten Reich als dezidiert »unpolitisch« und nur der Kunst »dienend«. Natürlich war das ein Rechtfertigungskonstrukt. Die Faktenlage zur Staatsoper zeigte, wie scheinbar unpolitische Inszenierungen durch den Kontext, also die Beschreibungen in Programmheften oder Zeitungsberichten, gezielt politisch aufgeladen wurden und dass gerade die vermeintlich unpolitische Werktreue einen totalitären Charakter hatte, der dem NS-System entsprach. Kunst und Künstler waren gerade in der NS-Zeit nie unpolitisch. Es ist bezeichnend, dass eines der folgenschwersten Gesetze, nämlich die gesamte Regierungsgesetzgebung unter die Überwachung des Führer-Stellvertreters Rudolf Heß zu stellen, von Adolf Hitler ausgerechnet in einer Opernpause bei den Bayreuther Festspielen am 27. Juli 1934 unterzeichnet wurde.[51]

Gerade in Stadtverwaltungen und anderen nachgeordneten, auch staatlichen, Behörden entstand durch derlei Maßnahmen das Narrativ des »Unpolitischen«. Zum einen begünstigte eine solche festgeschriebene Geschichtserzählung und Faktendeutung, eben das Narrativ eines »unpolitischen Beamtentums« am Anfang bzw. während der NS-Zeit den Anschein des reibungslosen Übergangs zwischen Weimarer System und Drittem Reich. Dieses »unpolitische Beamtentum« wurde von der neuen Münchner Stadtführung eingefordert: ausdrücklich am 22. März 1933 vom damaligen Bürgermeister Hans Küfner, der dem national-konservativen Milieu zuzuordnen und zunächst im Amt geblieben war. Das Rathaus sei nicht der Platz, wo die große Politik geformt werde, so Küfner, sondern lediglich der, wo die Richtlinien zu vollziehen seien. Einen Tag später knüpfte auch der Münchner NSDAP-Ortsgruppenleiter Karl Fiehler in seiner ersten Rede als kommissarischer Bürgermeister daran an. Er verlange von den Beamten unter keinen Umständen einen Beitritt zur Partei und von niemandem »irgendein Kriechertum«[52]. Jedoch erwarte er, so Fiehler, die Bereitschaft, sich dem »Geist und Sinn der Anordnungen« einzufügen.

Erst später – etwa ab 1937/38 – formulierten Fiehler und andere Stadtvertreter dann auch in öffentlichen Äußerungen genau das Gegenteil. Um eine bessere »Verzahnung«

Berta Morena als Rachel in Fromental Halévys Grand Opéra *Die Jüdin*, Premiere am 31.1.1914.

von Staat und Partei zu erreichen, sollte der »unpolitische Beamte« durch den »politischen Beamten« ersetzt werden.[53] Gerade vor dem Hintergrund dieser späteren Aussagen lassen sich die frühen Äußerungen als bewusste Integrationsangebote deuten: Integrationsangebote der neuen nationalsozialistischen Stadtführung an die traditionellen Verwaltungseliten. Denn auch die Nationalsozialisten wussten, dass ein erfolgreicher Umschwung nicht ohne einen funktionierenden Beamtenapparat zu bewerkstelligen war.

Die meisten Beamten nahmen dieses Angebot bereitwillig an, blieben im Dienst und stellten fortan ihre Fachexpertise in den Dienst des Regimes. Für sie fungierte die Rede vom »unpolitischen Beamtentum« als wirkungsvolle Rechtfertigungsformel für ihr eigenes Tun. Selbst jene Beamten, die anfangs möglicherweise skeptisch waren oder Probleme mit der NSDAP und deren längst bekannten Vorstellungen eines neuen Deutschland hatten, führten unter Berufung auf den angeblich unpolitischen Charakter ihrer Arbeit ihren Dienst weiter – und konnten sich somit auch etwaige Gewissensbisse »schönreden«.

Zum andern erlebte nach der NS-Zeit das Narrativ des »Unpolitischen« eine neue Konjunktur als Entlastungsformel. Hunderttausende von Beamten der Reichs-, Landes- und auch der Kommunalbehörden beriefen sich darauf, zuvor nur ihren Dienst gemacht zu haben: so etwa vor den Militärmächten, wenn es um die Sperrung der Beamtenbezüge ging, oder im Rahmen der Spruchkammerverfahren, als die Kategorisierung von Schuld in fünf Abstufungen vorgenommen wurde. Tatsächlich gingen die Tätigkeitsbereiche der Beamten in vielen Fällen weit über den reinen Vollzug von Richtlinien hinaus. Viele politische Initiativen gingen von ihnen aus, insbesondere auch im Hinblick auf die effiziente Umsetzung von Verfolgungsmaßnahmen gegenüber jüdischen Bürgern.[54] Diese Initiativen von unten nach oben trugen maßgeblich zu Dynamisierung und Radikalisierung bei, in besonderem Maße bei den Kommunalbeamten in der Hauptstadt der Bewegung. »Unpolitisch« war das freilich alles nicht.

Aus einem anderen Blickwinkel hatte schon vor knapp 20 Jahren der Münchner Historiker Martin Geyer überzeugend dargelegt, dass in den frühen 1920er Jahren die vermehrten Ausweisungen und Enteignungen jüdischer Mitbürger in München zwar als Verbeugung vor den Nationalsozialisten und den Deutschnationalen begriffen wurden, aber dadurch diese Bevölkerungsgruppe zum Opfer einer populistischen Politik wurde.[55] Was allenthalben in der historischen Aufarbeitung der NS-Zeit als Skandalon auch im künstlerischen Umfeld, konkret: in der Bayerischen Staatsoper erwartet wurde, war in Wahrheit von langer Hand vorbereitet und kein singuläres Signum der Jahre zwischen 1933 und 1945 (vgl. Die Staatsoper in den dreißiger Jahren. Kennmarken der Weimarer Republik, S. 104). Der »Fall« Berta Morena ist weniger interessant wegen einer dezidierten Judenverfolgung, die es nicht geben konnte, als vielmehr wegen der Beispielhaftigkeit von absichtsvoll erzeugter Pogromstimmung, die auch jenseits aller gesicherten Fakten von einer breiten Öffentlichkeit unterstützt wurde.

### Der »Fall« Morena

Berta Morena, geboren 1878 in Mannheim mit dem bürgerlichen Namen Meyer, sang seit 1898 an der Münchner Hofoper; ab spätestens 1907 war sie in Gastverträgen verpflichtet, die ein- bis dreijährige Laufzeiten hatten und zunächst zehn Vorstellungen, später bis zu 25 Vorstellungen pro Spielzeit festlegten.[56] Offenbar litt Morena etwa ab diesem Zeitpunkt immer wieder unter Stimmproblemen, die auch von der Presse wahrgenommen wurden.[57] Um 1911 nahm sie erneut Unterricht, um eine neue Technik zu lernen, wobei in der Folgezeit ihr sängerischer Erfolg nach Meinung von Presse und Dirigenten noch weiter schwand.[58] Beim Publikum war und blieb sie jedoch stets außergewöhnlich beliebt. Sie sang in zahlreichen Repertoirevorstellungen die großen Partien des dramatischen Sopranfachs: Senta, Elsa, Isolde, Brünnhilde, Sieglinde,

Leonore / Fidelio, Aida, auch Elisabeth (*Tannhäuser*). In Premieren trat die Morena in Felicien Davids *Lalla Roukh* (Premiere am 6. Mai 1900), in Felix Weingartners *Orestes* (Münchner Erstaufführung am 6. November 1904) und in der Titelrolle der Oper *Theophano* von Paul Graener (Münchner Uraufführung am 5. Juni 1918) auf. Ihr vermeintlich größter Erfolg in München war die Rachel in der *Jüdin* von Fromental Halévy (Premiere am 31. Januar 1914).

1919 und 1922 versuchte Berta Morena, aus einem laufenden Vertrag mit der Münchner Oper auszusteigen, da sie andernorts mehr Entwicklungspotential für sich sah, doch wurde ihr der außerplanmäßige Ausstieg nicht gewährt.[59] Immer wieder wurden zwischen ihr und der Operndirektion kleinere und größere Auseinandersetzungen teils durch Rechtsanwälte geführt; Gründe des Anstoßes waren etwa von der Morena selbst abgesagte Vorstellungen, Verstöße gegen die Hausordnung oder ein Dienstunfall, nach dem Morena Schadensersatz einklagte. Zum Eklat kam es Ende 1922, als Hans Knappertsbusch (zu diesem Zeitpunkt Operndirektor) Morenas Leistung für »sowohl gesanglich als auch musikalisch so völlig unzulänglich« einschätze, dass er für eine fristlose Entbindung von ihren Verpflichtungen plädierte.[60] Bruno Walter, Max von Schillings (Generalintendant der Berliner Staatsoper) sowie zwei Stimmgutachter bestätigten letztlich die mangelhafte Stimmdisposition der Morena, die sich auch auf Musikalität und Ausdruck niederschlage. Morenas Vertrag, der 1923 auslief, wurde nicht verlängert. Presse und Publikum reagierten darauf sehr irritiert; der mit der Hilfe von Rechtsanwälten geführte Protest der Sängerin blieb erfolglos.[61]

Bis zu diesem Zeitpunkt finden sich in den Akten keinerlei Hinweise auf eine tatsächliche oder unterstellte jüdische Abstammung der Morena. Am 24. Juni 1923 schrieb allerdings der *Völkische Beobachter* in einer sehr positiv gehaltenen Kritik über Morenas Isolde bei ihren letzten Festspielen:

> Die letzte Vorstellung von »Tristan und Isolde« gewann eine hervorragende Bedeutung durch die Haltung des Publikums unserer bedeutenden Wagnersängerin Berta Morena gegenüber. Sie gab die Isolde wie immer gesanglich und darstellerisch überzeugend, allerdings traditionell. Das heißt, wie wir sie von ihr gewohnt sind und schätzen. [...] Das Publikum wollte eben offenkundig zeigen, daß es kein Verständnis für die Leitung unserer Staatsbühnen hat, die sich in letzter Zeit durch den Abschied Morenas von der Münchener Bühne, wie uns scheint, wieder einmal vergriffen hat. Wir kümmern uns jetzt nicht darum, ob die M. Jüdin ist oder nicht, vermutlich ist sie keine, wir geben nur lediglich zu bedenken, welche Rolle Berta Morena am Münchener Theater gespielt hat.[62]

Im selben Artikel findet sich an späterer Stelle eine unmissverständlich antisemitische Äußerung, die allerdings nicht explizit mit Morena in Verbindung gebracht wird, sondern vermeintliche Fehlentscheidungen seitens der Operndirektion kritisiert:

Die Verdrängung dieser großen Künstlerin von ihrer Wirkungsstätte ist ein Akt unverständlicher Undankbarkeit. Eine neue »Heldentat« derjenigen Stelle, welche einen Spielbariton ohne Stimme der Münchener Staatsbühne verpflichtete [...], welche letzten Endes auch jüdische Bühnenmitglieder im höchsten Grade protegiert, gleichviel ob die Stimmen für die vielen, und vor allem vielgearteten Partien tauglich sind oder nicht.

Eine jener unpräzisen und kaum zu widerlegenden Äußerungen, mit denen die einschlägige Presse Stimmung machte, ohne anzuecken. Zum Sturz der Morena an der Münchner Oper kann diese eine Anspielung nicht beigetragen haben, allein schon wegen des späten Erscheinungstermins. Die diversen Künstler-Urteile über Morenas sängerischen Leistungsabfall hingegen sind so erdrückend, dass die sachliche Begründung der Nichtverlängerung ihres Vertrages glaubhaft ist. Eine interne, verdeckt antisemitisch motivierte Intrige gegen Morena ist mit Blick auf die Rolle von Bruno Walter unwahrscheinlich, der selbst mit antisemitischen Anfeindungen konfrontiert war. Jedoch können andere Zeitungsartikel oder Dokumente schon vor 1923 den »Vorwurf« gegen Morena, Jüdin zu sein, angefacht haben, obgleich er in die Personalakte nie Eingang fand oder nachträglich entfernt wurde. Bekannt ist er derzeit nicht.

Durch Familie und Freunde von Berta Morena liegt eine Darstellung ihres sängerischen Wirkens in München sowie dessen Beendigung vor, in der die Rede ist von folgenreicher Denuntiation und massivem Antisemitismus:

Durch ihre hervorragende Rollen-Interpretation der Rachel in der Oper *Die Jüdin* von Jacques Fromental Halévy unterstellte man ihr bereits zu Beginn der zwanziger Jahre, selber Jüdin und damit unerwünscht zu sein, was sie aber erfolgreich widerlegen konnte. Trotzdem nahm der Druck auf sie in der Art zu, so dass sie sich 1923 entschloss, das Nationaltheater zu verlassen. Sie machte weiter Karriere in New York und Kopenhagen. Ein einziges Abschiedskonzert konnte sie 1933 noch in München gegen den Willen der Machthaber durchsetzen, wobei ihre Verehrer nur durch ein Spalier von grölenden Nationalsozialisten das Odeon betreten konnten. Immerhin erinnern heute im Nationaltheater ein Bronze-Relief und ein Gemälde an diese großartige, einst zum Schweigen verurteilte Sängerin. (Jean Louis Schlim).

Berta Morena feierte tatsächlich Erfolge in Kopenhagen und New York, wie in den Akten auch angedeutet wird.[63] Darin belegt ist auch ein wohl letztes Konzert von Morena in München, das 1933 im Odeon stattfand. Die Kritiken sind jubelnd bis verklärend, das Publikum war offenbar begeistert. Scheinbar ohne Zusammenhang zum Konzert findet sich aber eine sehr kleine Notiz in den *Münchner Neuesten Nachrichten* vom 2. Mai 1933, dass Morena sich wegen immer wieder aufkommender Gerüchte gezwungen sah, dem Kampfbund für deutsche Kultur den Nachweis ihrer arischen Abstammung vorzulegen. Ende 1935 wehrte Morena sich mit einer einstweiligen Verfügung durch das Landgericht München gegen Hans Brückner, da dieser sie in seinem diffamierenden Buch *Das musikalische Juden-ABC* fälschlich aufgeführt habe.[64] Mit Morenas Vertragsende an der Bayerischen Staatsoper 1923 stehen diese Auseinandersetzungen zehn Jahre später in keinem Zusammenhang. Berta Morenas Personalakte der Staatsoper endet an dieser Stelle. Ein Abstammungsnachweis liegt im Akt nicht vor, was aber nicht verwundert, da die Sängerin nach der nationalsozialistischen Machtübernahme kein Ensemble-Mitglied mehr war.

Das Beispiel Berta Morena illustriert, wie antisemitische Vorbehalte gegen Künstler in den 1920er Jahren öffentlich in der Presse verhandelt wurden, wenngleich Berta Morena zu diesem Zeitpunkt noch »wohlmeinend« ausgenommen wurde. Deutlich wird zudem, dass trotz der Praxis der Abstammungsnachweise ab 1933, die (zumindest vermeintlich) faktische Information belegen sollten, sich Gerüchte hartnäckig halten und offenbar von Betroffenen nur schwer öffentlich dementiert werden konnten. Die »veralltäglichte« nationalsozialistische Herrschaft und die Berufung der Akteure in dieser Szene auf ihre unpolitische Agitation setzten sich, blieben ungeprüft und vor allem unwidersprochen. Ob und in welchem Umfang Morena unter der vermutlich unrichtigen Kolportation einer jüdischen Abstammung Konsequenzen zu tragen hatte, die sie in ihrer beruflichen Tätigkeit einschränkten, ist aus dem Aktenbestand in München nicht rekonstruierbar. Es bleibt der Nachwelt das Andenken an eine große Sängerin, der man zumindest in menschlicher Hinsicht großes Unrecht antat.

# Werner Egk

»**Egk mich am Orff!**« – dieses von mehreren Zeitzeugen[1] überlieferte Bonmot war in den Zuschauerkreisen der Bayerischen Staatsoper in den 1950er und 1960er Jahren ein geflügeltes Wort, wenn es um die Frage nach der Moderne in diesem Haus ging. Impliziert wurde dabei zweierlei: Zum einen die Dominanz der beiden Komponisten Carl Orff und Werner Egk im Spielplan der Staatsoper, zum anderen die Verwunderung darüber, dass bis auf Ausnahmen sehr wenige andere Vertreter der musikalischen Moderne im Spielplan zu finden waren. Orff und Egk waren zwei Komponisten, die bereits im Dritten Reich deutschlandweit, aber eben auch speziell an der als Vorzeigehaus des Nationalsozialismus hofierten Bayerischen Staatsoper Karriere machten. Anders als Carl Orff (vgl. Porträt Carl Orff, S. 283) blieb sich Werner Egk in der Ästhetik seines Schaffens vor und nach 1945 treu, was in der Rückschau auf die 1950er und vor allem die 1960er Jahre schier unverständlich ist.

Zu Beginn des Nationalsozialismus lieferten sich die Kulturpolitiker der NSDAP einen erbitterten Streit um die in ihren Augen angemessene Kunst der neuen Ideologie.[2] Alfred Rosenberg, der Leiter des Kampfbundes für deutsche Kultur wetterte gegen Egk, Propagandaminister Goebbels nahm ihn in Schutz und sah in ihm einen Kandidaten für die Repräsentation des Nationalsozialismus auf musiktheatralem Gebiet. In seinem Tagebuch notierte Goebbels: »Egk ist ein ganz großes, originales Talent. Geht eigene und auch eigenwillige Wege. Knüpft an nichts und niemanden an. Aber er kann Musik machen. Ich bin ganz begeistert und der Führer auch. Eine Neuentdeckung für uns beide. Den Namen muss man sich merken.«[3] Und von Hitler persönlich ist gar der lobhudelnde Ausspruch überliefert: »Egk, ich freue mich, in Ihnen einen würdigen Nachfahren Richard Wagners kennenzulernen!«[4], mithin das höchste Lob in der nationalsozialistischen Kunstpolitik.

Erfolgreich in der Bundesrepublik angekommen: Werner Egk posiert vor seinem Haus mit Pool.

Egk kollaborierte bereitwillig mit den Nationalsozialisten. Er komponierte propagandistisch ausschlachtbare Musik für die Olympiade 1936, übernahm 1941 das relativ einflussreiche Amt des Leiters der Fachschaft Komponisten in der Reichsmusikkammer und ließ sich auch in der Öffentlichkeit ganz im Sinne der Nationalsozialisten vernehmen. So hielt er etwa 1941 in München eine – wie es in der *Zeitschrift für Musik* hieß – »beinahe programmatische Rede«, in der er sich parteiliniengemäß gegen die Atonalität und ihren Hauptvertreter Arnold Schönberg wandte und diese als »letzte und tiefste Stufe der im Laufe der letzten Jahrzehnte immer stärker sich vordrängenden chaotischen und zersetzenden Kräfte«[5] bezeichnete. In seiner 1973 erschienenen Autobiografie *Die Zeit wartet nicht* klingt Egks Haltung deutlich gemäßigter: »Als mich ein Schweizer Kritiker fragte: ›Wie verhält sich Ihr Werk [*Irische Legende*] zur Zwölftonmusik?‹, gab ich ihm heraus: ›Mein Werk ist ein freundlicher Gruß in Richtung Dodekaphonie, aber kein Parteieintritt.‹«[6] In diesem Werk versuchte Egk, wie viele seiner Kollegen, sich zum unpolitischen Künstler zu stilisieren, und beharrte auf einer Trennung von Kunst und Politik. Im diametralen Gegensatz dazu stand ein Artikel Egks im *Völkischen Beobachter*, in welchem er den Expressionismus mit Nihilismus gleichsetzte und weiter ausführte, dass die nationalsozialistische Kulturpolitik bemüht sei, »diesen Nihilismus auszurotten, nicht nur in der Malerei, der Plastik, der Baukunst und der Literatur, sondern auch in der Musik, und man sieht daran, dass die Kunst und die

Politik wohl etwas miteinander zu tun haben.«[7] An der Bayerischen Staatsoper debütierte Egk 1937.

### *Die Zaubergeige*

Das Werk, geschrieben nach einer Marionettenkomödie von Franz Graf von Pocci, ist vordergründig eine klassische Märchenkomödie: Der Knecht Kaspar ist des Lebens als Diener überdrüssig und möchte hinaus in die Welt ziehen. Die Magd Gretl verbürgt sich bei seinem Dienstherren für seine Schulden und bleibt am Hof. Kaspar gibt seine letzten Ersparnisse dem als Bettler verkleideten Erdgeist Cuperus, welcher ihm dafür einen Wunsch erfüllt. Unter der Bedingung des Liebesverzichts erhält er eine Zaubergeige, mit der er sich seine Umwelt gefügig machen kann. Nach zahlreichen Abenteuern – und nachdem er nur knapp der Todesstrafe entronnen ist – verzichtet Caspar auf die magische Geige und erkennt, dass er nur im einfachen Leben mit Gretl glücklich werden kann.

Die Handlung ist der NS-Ideologie gemäß gestaltet: Einer von Kaspars Gegenspielern in der Oper ist »Guldensack, ein Bösewicht und Wucherer« eine Figur, die leicht als Judenkarikatur dechiffriert werden kann – übrigens die einzige offen antisemitische Figur in einer Opernuraufführung während des Nationalsozialismus.[8] Dass diese Interpretation von Egk und seinem Librettisten, dem Leiter des Schott-Verlags Ludwig Strecker (unter dem Pseudonym Ludwig Andersen) bewusst gewählt ist, macht auch die Textzeile des Kaspar deutlich, in welcher dieser ruft: »Brav getanzt, du Geldwolf, du unchristlicher!«[9] Darüber hinaus wird die nationalsozialistische Blut-und-Boden-Ideologie des einfachen ländlichen Lebens verherrlicht. Der Musikhistoriker Michael H. Kater weist darauf hin, dass Egk damit dem Hang der Nationalsozialisten zum Antiintellektualismus Vorschub leistete[10], indem er sein Werk selbst als »kraftvoll derb […] und himmelweit entfernt von einer intellektuellen geistreich verspielten Lustigmacherei«[11] charakterisierte. Egks Komponistenkollege Heinrich Sutermeister nannte das Werk sehr präzise und zu Recht eine »Konjunkturkonstruktion«[12]. In der ersten von Clemens Krauss verantworteten Spielzeit (seit Januar 1937) an der Bayerischen Staatsoper stand die *Zaubergeige* in München auf dem Spielplan, nachdem sie 1935 in Frankfurt am Main (Uraufführung), Bremen und Augsburg und 1936 in Hamburg gespielt worden war.

Der Verlag B. Schott's Söhne warb in einem Faltblatt explizit mit Bezug auf die »neue Zeit« und mit aus der nationalsozialistischen Evolutionstheorie entlehnten Begriffen: »Endlich eine lebenskräftige Oper: […] ein neuer wertvoller Beitrag zur Neugestaltung der deutschen Oper. Eine wirkliche Volksoper. Volkstümlich nicht nur im Text, sondern auch in der Musik. Im gehobenen Sinne natürlich. Sie wird die Opernbühnen erobern.«¹³ Es schien selbstverständlich, dass diese Oper an der Bayerischen Staatsoper nicht im Spielplan fehlen durfte. In seinem Gutachten für die Generalintendanz fasste Kapellmeister Drost das Werk aus nationalistischer Perspektive zusammen: »Es ist das erstemal in meiner langjährigen Laufbahn, dass ich über eine Oper berichten kann, die aus dem bodenständigen musikalischen Deutschtum herausgewachsen ist. […] Eines steht aber für mich fest, dass die Bayerische Staatsoper nicht daran vorübergehen darf.«¹⁴ Und Egk selbst ergänzte in einem Brief an den SS-Offizier und Generalintendanten Walleck: »[Ein Werk …], welches durch Haltung und Stil dem Aufbau einer neuen, der Zeit in ihrem Fühlen und in ihren gedanklichen Grundlagen entsprechenden Kunst dienen will. Ich hoffe auch, dass die Aufführung dieses Werkes mithelfen wird, die von Ihnen so

Antisemitische Karikatur: Georg Hann als Wucherer Guldensack in Egks *Zaubergeige*, 1937.

zielbewusst vertretenen Absichten wirksam zu unterstützen.«¹⁵ Die Münchner Aufführung unter der musikalischen Leitung des Komponisten wurde von der gleichgeschalteten Presse NS-konform interpretiert. So schrieb Oscar von Pander über Renate von Aschoff als Gretl:

Sie führte diese Rolle etwas zarter durch als die Darstellerin der [Münchner] Premiere [Gertrud Riedinger], betonte weniger das Bäurische, mehr das hingebungsvolle Mädel. […] In der Flucht dieses bewegten Stücks ist es für den Zuschauer förderlich, bei der Gretl etwas wie einen ruhenden Pol zu finden, um den das Abenteuerleben Kaspars und der übrigen Figuren kreist. Keine Solveig zwar, aber doch Einkehr und friedvolle Sicherheit. Denn was sollte aus den zahlreichen Kaspars werden, wenn sie nicht von ihren wilden Spagatinifahrten immer wieder in die stets offenen Arme Gretls zurückfinden könnten?¹⁶

Und Heinrich Stahl ergänzte im *Völkischen Beobachter* über Trude Eipperle als Ninabella:

[Sie lässt] in äußerst pikanter Weiße [sic!] die weiblichen Reize einer vielumworbenen Schönheit spielen […]. Im Zwielicht kühler Berechnung und glühender Sinnlichkeit befriedigte sie ihre Launen und

**Das prototypische deutsche Mädel:** Gertrud Riedinger als Gretel in der Münchner Erstaufführung der *Zaubergeige*.

Finale der *Zaubergeige* 1937.

sang sie ihre lyrisch-dramatischen Szenen, klug-verführerisch und in Haltung und Gebärde schlangenhaft gewandt. Für einen ›künstlichen‹ Geigenvirtuosen wie den Kaspar eine wirkliche Gefahr, auch schon durch den Zauber eines Soprans.[17]

Indem das vom Nationalsozialismus gewünschte weibliche Rollenbild herausgearbeitet wurde, ohne jedoch direkt auf dessen politische Brisanz zu verweisen, war die Interpretation der Oper ideologiekonform.

Auch die Inszenierung von Rudolf Hartmann, die – davon ist aufgrund der engen Arbeitsbeziehung von Egk und Hartmann auszugehen – Egks volle Zustimmung fand, ist ideologisch aufgeladen. Drei Aspekte: Erstens führte das Rollenporträt von Georg Hann als Guldensack durch eine Überlagerung des pseudo-historischen Kostüms mit klischeehaft jüdischen Elementen wie der dunklen Locke, dem grimmigen, durch die Augenlieder leicht gebrochenen Blick sowie den heruntergezogenen Mundwinkeln (vgl. Abb. S. 275) zu einer unterschwelligen Schärfung eines nationalsozialistischen Feindbildes – des fremden, geldgierigen Juden. Zum zweiten wurde das in den Kritiken erwähnte Frauenbild im Kostüm von Gretl deutlich: Mit den blonden Locken, der einfachen Tracht und dem Blumenkorb steht die Figur für Bäuerlichkeit und Biederkeit und symbolisiert das hinlänglich bekannte NS-Propagandaideal der deutschen Frau. Drittens ist das Schlussbild von Ideologie durchsetzt: Nach der Rettung Kaspars durch

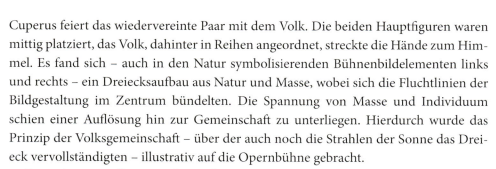

Schlussapplaus zu *Zaubergeige* 1966. Guldensack (2. v. r.) trägt nurmehr ein höfisch konnotiertes Kostüm.

Finale der *Zaubergeige* 1966 in der Inszenierung von Rudolf Hartmann.

Cuperus feiert das wiedervereinte Paar mit dem Volk. Die beiden Hauptfiguren waren mittig platziert, das Volk, dahinter in Reihen angeordnet, streckte die Hände zum Himmel. Es fand sich – auch in den Natur symbolisierenden Bühnenbildelementen links und rechts – ein Dreiecksaufbau aus Natur und Masse, wobei sich die Fluchtlinien der Bildgestaltung im Zentrum bündelten. Die Spannung von Masse und Individuum schien einer Auflösung hin zur Gemeinschaft zu unterliegen. Hierdurch wurde das Prinzip der Volksgemeinschaft – über der auch noch die Strahlen der Sonne das Dreieck vervollständigten – illustrativ auf die Opernbühne gebracht.

Besonders signifikant erscheint diese Deutung, wenn man die Inszenierung von 1937 mit der ebenfalls von Rudolf Hartmann geleiteten Neueinstudierung im Jahre 1966 vergleicht. Der produktionsspezifische Bühnenvorhang verdoppelte das Portal des Nationaltheaters und damit die Theatersituation, als wollte er noch einmal spezifisch auf den theatral-spielerischen und damit unpolitischen Charakter des Stückes hinweisen. Die Figurengestaltung des Guldensack verzichtete diesmal ganz auf die klischeehaften Juden-Typisierungen und betonte nur mehr die höfische Komponente. Ebenfalls schien die starke Kontrastbildung zwischen der Manieriertheit der höfischen und der Einfachheit der bäuerlichen Sphäre im Vergleich von Ninabella und Gretl sowie von Kaspar zu Guldensack weniger ausgeprägt. Auffällig sind auch die nunmehr betont dunklen Haare von Kaspar und Gretl – 1936 waren sie wie selbstverständlich mit blonden Perücken ausgestattet. Das Schlussbild organisierte die Volksmasse nun nicht mehr durch eine ideologische Aussage, sondern durch die Tanzbereitschaft der Figuren in einer Kreisformation. Dabei waren innerhalb der Masse einerseits Abgrenzungen durch die Paarbildung auszumachen, andererseits wurde die Individualität von Kaspar und Gretl nicht mehr im Kollektiv absorbiert.

Dass Egk mit seinem »Konjunkturprodukt« zwar bei der Intendanz, nicht jedoch bei den NS-Zuschauerorganisationen Erfolg hatte, zeigte ein Schreiben von Ludwig Schrott, Gauobmann der NS-Kulturgemeinde. Er schrieb am 10. April 1937 an die Operndirektion:

Ihrem Wunsch gemäss möchte ich im Nachfolgenden ganz kurz begründen, warum es der NS Kulturgemeinde in München nicht möglich ist, in grösserem Umfang Mitglieder in ›Die Zaubergeige‹ [...] zu schicken. Schon das Textbuch der Oper erscheint nicht sehr glücklich. [...] Warum lässt sich der Librettist z. B. die Komik der Szene mit dem Juden Mauschel [in der Oper »Guldensack«] entgehen? War ihm das vielleicht zu [Unterstreichung i.O.] antisemitisch? [...] Man wird hier auch erst recht keine Aufnahmebereitschaft für eine Oper erwarten können, in der oberbayerische Volksmelodien, in Harmonik und Instrumentation hochmodern auffrisiert, eine so entscheidende Rolle spielen. Ich kann es [...] nicht verantworten, meinen Mitgliedern ein derartig zweifelhaftes Ergebnis einer Mischung von Strawinsky und Oberbayerntum vorzusetzen, namentlich dann, wenn mir die nichtoberbayerischen Partien des Werkes [...] in der musikalischen Erfindung ausgesprochen dünn erscheinen.[18]

Die NS-Besucherorganisationen erwarteten von der Oper mehr und augenscheinlich auffälligere Propaganda, als – völlig den zurückhaltenden und zur Mäßigung mahnenden Richtlinien des Reichsdramaturgen Rainer Schlösser zur NS-Oper entsprechend[19] – auf der Bühne des Nationaltheaters geboten wurde. Die Musiktheaterpolitik sah vor, auf der Bühne auf zu starke Ideologisierung und allzu platte Propaganda, wie sie etwa in den Massenmedien Rundfunk und NS-Wochenschauen geboten wurden, zu verzichten und stattdessen eine scheinbare Liberalität und politikfreie Ästhetik der Oper zu demonstrieren, um subtil und damit wirkungsvoller beim bürgerlichen Opernpublikum punkten zu können. Diese Linie bediente Egk mit der *Zaubergeige* perfekt. Deutlich wurde ein Phänomen, das symptomatisch für die NS-Kulturpolitik war: ein Übereifer der niedrigeren Parteiränge in ideologischen Fragen, welcher der vom Propagandaministerium und der Reichsdramaturgie vertretenen Linie der ausgestellten Liberalität widersprach.[20] Unter anderem diese Anfeindungen aus den unteren Parteigliederungen konnte Egk nach dem Krieg nutzen, um sich selbst als Opfer des Nationalsozialismus zu stilisieren.

### Entnazifizierung und Karriere im Nachkriegsdeutschland

Aufgrund seiner engen Verflechtung mit dem nationalsozialistischen Regime musste sich Werner Egk wie viele seiner Kollegen einem Entnazifizierungsverfahren stellen, in welchem die Anklage der Spruchkammer München-Land Mitte 1946 auf »nazistischer Nutznießer«, die Verteidigung auf »aktiver Antifaschist« plädierte.[21] Nachdem die Anklage ein fünfjähriges Berufsverbot sowie die Einziehung von Egks halbem Vermögen gefordert hatte, konterte Egk mit der Gegenforderung, das Strafmaß auf zehn Jahre und Einziehung seines ganzen Vermögens zu erhöhen, wenn irgendein ursächlicher Zusammenhang zwischen seiner beruflichen Tätigkeit und den KZ-Verbrechen nachgewiesen werden könnte.[22] Mit dieser aus heutiger Sicht je nach Blickwinkel extrem pragmatischen bzw. zynisch-infamen Strategie machte Egk auf den wunden Punkt der Nachkriegsgesellschaft aufmerksam: Keiner hatte scheinbar etwas mit den eigentlichen Verbrechen des Nationalsozialismus zu tun, alle hatten nur ihren Beruf ausgeübt. Das gerade durch die Aufrechterhaltung der Normalität dem Verbrechen Vorschub geleistet wurde, blieb unbedacht. Aus heutiger Sicht stand Egk dem Nationalsozialismus bereitwillig zur Verfügung, ohne je ein überzeugter Nationalsozialist gewesen zu sein. Schlimmer: Aus finanziellen und karrieristischen Gründen passte er seine Werke der herrschenden Ideologie an. Egk wurde schließlich – aus Mangel an Beweisen, nicht wegen überzeugender Entlastung[23] – freigesprochen und konnte seine steile Karriere im Nachkriegsdeutschland beginnen.

Zu dieser Karriere gehörte vor allem die Dreistigkeit des Komponisten, sein künstlerisches Schaffen nach dem Zusammenbruch des Dritten Reichs radikal umzudeuten. Seine Oper *Peer Gynt* nach dem gleichnamigen Drama von Henrik Ibsen, als nationalsozialistisches Auftragswerk 1938 in Berlin uraufgeführt, wurde von Egk nachträglich gar zum Widerstandsstück stilisiert. In seiner Autobiografie beschrieb er die Pressekonferenz zur Uraufführung und zitierte sich selbst:

»Stecken Sie einen fetten Statisten in Generalshosen, ziehen Sie ihm ein Netzhemd über und dekorieren Sie das mit einer Menge Orden und Ehrenzeichen, dann haben Sie ein perfektes Kostüm [für den Obertroll].« […] Der Frager war bedient. Alle dachten das Gleiche: ›Hermann heest [sic!] er!‹.[24]

Die Trolle sollten laut Egk also eine Karikatur der Nationalsozialisten, der Obertroll das satirische Porträt Hermann Görings gewesen sein, mehr noch, seiner eigenen Aussage nach hätte Egk dies auch in der Pressekonferenz öffentlich so geäußert. Dieser Interpretation der Historie sind mehrere Argumente entgegenzuhalten:

Zum einen handelt es sich bei Ibsens *Peer Gynt* um einen im Nationalsozialismus sehr beliebten Stoff, der zum nordischen Faust deklariert wurde. Zum anderen ist die Interpretation der Trolle in mindestens zwei Varianten denkbar[25]: Selbstverständlich könnten die Trolle als Karikatur der Nationalsozialisten gedacht sein, eine Regieanweisung Egks deutet sogar darauf hin. Die Trolle werden wie folgt beschrieben: »Eine Versammlung von Strebern, Pedanten, Beschränkten, Rohlingen, Sadisten und Gangsters [sic!] aller Schattierungen. Sie tragen heruntergekommene […] Amtstrachten und Uniformstücke.«[25] In der selben Regieanweisung findet sich jedoch auch die Bezeichnung »erschreckende Verkörperung menschlicher Minderwertigkeit«, die sich an den NS-Sprachgebrauch für sogenannte Asoziale anlehnt. In dieser Logik wurden die Trolle auch in NS-Presse und Rezeption gedeutet: Die Trolle als Verkörperung der »asozialen« Juden und »Neger«. In dieser Hinsicht wurde die atonale Kompositionsweise samt Jazz-Zitaten, die Egk für die Trollwelt komponierte, als Zitat der »entarteten Musik« aufgefasst, womit die gesamte Oper für die NS-Ideologie kompatibel wurde. Und wenn in der Zweitinszenierung der Oper in Frankfurt am Main der Trollkönig als Farbiger mit Judenstern dargestellt und damit ein expliziter Zusammenhang zum Plakat der Ausstellung »Entartete Musik« hergestellt war, wurde diese Stoßrichtung vollkommen offensichtlich.[27]

Dennoch setzte sich Egks »widerständige« Version der Stückinterpretation durch, seine Verständnisversion von *Peer Gynt* war damit für die Spielpläne der Nachkriegszeit rehabilitiert und wurde wie selbstverständlich ab 1952 auch auf den Spielplan der Bayerischen Staatsoper gesetzt.

In München stieg Egk zu einer Art Hauskomponist auf. Gegeben wurden neben *Peer Gynt* und der ebenfalls wieder in den Spielplan aufgenommenen *Zaubergeige* auch *Abraxas, Joan von Zarissa, Die chinesische Nachtigall, Irische Legende, Der Revisor, Begegnung, Danza* und *Columbus*. Bei den meisten Aufführungen hatte Egk zudem auch selbst die musikalische Leitung. Der *Münchner Merkur* lieferte 1960 eine entlarvende Spielplanzusammenfassung: »Egk-Premiere folgt unmittelbar auf Egk-Premiere. […] Dieses Zusammentreffen zeugt nicht gerade von besonders phantasievoller Planung der Staatsoper.«[28] Einer der Gründe war Egks Verhandlungsgeschick nach der Absetzung seines Balletts *Abraxas* durch die Bayerische Staatsregierung aufgrund der als »unmoralisch« eingestuften Szene »Schwarze Messe«.[29] Dem NS-Profiteur Egk gelang es, sich in der Öffentlichkeit als Opfer der Zensur und Vertreter einer unbeschränkten Kunstfreiheit zu inszenieren, die Rolle des Zensors fiel dem bayerischen Kultusminister Alois Hundhammer, einem ehemaligen KZ-Häftling, zu. Zusätzlich zu dieser öffentlichen Image-Korrektur erhielt Egk, quasi als Entschädigung für die entgangenen Einnahmen aus der *Abraxas*-Produktion, eine Carte blanche für die nächsten Jahre. In dem entsprechenden Vertrag vom 3. Januar 1952 zu *Peer Gynt* hieß es:

Die Bayerische Staatsoper bemüht sich das Werk in jeder Weise zu fördern und aufzuführen. [...] Werner Egk wird die musikalische Leitung aller Vorstellungen des Werkes an der Bayerischen Staatsoper bis zum 31. August 1955 zugesichert. Er erhält Mitbestimmungsrecht bei der Wahl des Regieteams, der Solisten und der Orchestermitglieder.[30]

Die Staatsoper garantierte dem Komponisten in diesem Vertrag eine Pauschale von 10.000 DM sowie eine Abendgage von 800 DM[31]; zusätzlich verpflichtete sich die Staatsoper, zwei weitere Opern von Egk in ihren Spielplan aufzunehmen. Werner Egk avancierte damit zum herausragenden Vertreter der musikalischen Moderne der Nachkriegszeit in der Bayerischen Staatsoper, wobei die Definition des Begriffs Moderne kontrovers diskutiert wurde und wird. Laut einer schlichten Formel von Ernst Krenek aus dem Jahre 1937 müssten Dissonanzen in einem »modernen« Tonsatz qualitativ und quantitativ überwiegen. Eck zählt nach diesen Kriterien nicht zur Moderne.[32] Am Beispiel der Oper *Irische Legende* wird klar, dass Egk weder inhaltlich noch musikalisch zur zeitgenössischen Avantgarde gehörte. Die simple Moral des Librettos (eine Bearbeitung des 1899 uraufgeführten Stückes *The Countess Cathleen* von W. B. Yeats), an dessen Ende der Dichter Alieel der Versuchung durch den Totalitarismus abschwört, bewegte sich in einem eng abgesteckten Rahmen der Weltliteratur mit internationaler Gültigkeit und war wohl für jeden Zuschauer anschlußfähig.[33] Egk blieb damit einem denkbar konventionellen, vielfach unpräzisen und von Hilflosigkeit gezeichneten Illusionstheater verhaftet, das eben nicht zur theatralen Avantgarde der 1950er Jahre gehörte:

Musikalisches Theater der 50er Jahre erwies seine Modernität, ja seinen avantgardistischen Zug auch im veränderten Umgang mit dem Bühnenraum und in der Wandlung des Verhältnisses von Raum, dargestellter Figur und musikalischem Ausdruck. Das Aufbrechen traditionell illusionistischer Raumvorstellungen, aber auch die Anfänge des szenischen Komponierens kennzeichnen die Modernität des musikalischen Theaters dieser Dekade – für Werner Egks Bühnenwerke allesamt keine zutreffenden Merkmale.[34]

Auch die musikalische Umsetzung blieb denkbar konventionell: im dritten Bild der *Irischen Legende*, einer Szene im Dämonenwald, die zur denkbar grellsten musikalischen Umsetzung herausfordert, komponierte Egk eine dreiteilige, rhythmisch strukturierte Reprisenform. Die Szene beruht auf einem tonalen Entwurf, der »schlichteste funktionalharmonische Verhältnisse des spätromantischen Stils« reproduziert. »Einzig das Klangkontinuum ist durch Reibungsdissonanzen aufgerauht und erhält dadurch den Anschein von Modernität.«[35] Auch weitere Merkmale der musikalischen Moderne wie etwa die dramaturgische Funktionalisierung des Tonsatzes fehlen bei Egk völlig. Trotz oder – aus Sicht der Intendanz der Bayerischen Staatsoper – wegen der fehlenden Modernität seiner Bühnenwerke wurde Egk zum prägenden Vertreter des aktuellen Musiktheaters an der Bayerischen Staatsoper. »In einer Situation, in der sich die radikale Moderne und insbesondere die Avantgarde der 1950er Jahre rund ein Jahrzehnt lang vom musikalischen Theater fern hielt, gar bisweilen programmatisch distanzierte, füllten Egks Opern die entstandene Lücke. Oft genug gespielt, mochten sie einem ästhetisch und stilgeschichtlich verunsicherten Publikum wie die Moderne ihrer eigenen Zeit erscheinen. So schlägt Quantität in Qualität um.«[36]

Egk war im Spielplan der Bayerischen Staatsoper so dominant vertreten, dass die einzige Opernuraufführung im Eröffnungsprogramm des wiedereröffneten Nationaltheaters wie selbstverständlich von Werner Egk stammte: *Die Verlobung in San Domingo*. Mit dieser Oper nach der Novelle von Heinrich von Kleist versuchte Egk erneut, den (internationalen) Markt zu bedienen: Im Jahr 1963 widmete er sich – wiederum reichlich holzschnittartig – dem Thema Rassenkonflikte und bestätigte damit, wie schon mit der antisemitischen Akzentuierung in der *Zaubergeige*, das Urteil, »Konjunktur-Komponist« gewesen zu sein (vgl. Das neue Haus. Die Eröffnungsfestwochen. *Die Verlobung in San Domingo*, S. 65).[37]

DF

# Carl Orff

**Das Zwielicht, in dem der Münchner Komponist Carl Orff** Jahrzehnte hindurch mit Blick auf seine vermeintlich künstlerische wie politische Nähe zum Nationalsozialismus erschien, lichtet sich. Man weiß inzwischen, dass er nach dem Krieg niemals behauptete, Mitglied der Widerstandsgruppe »Weiße Rose« gewesen zu sein. Solch ein Aspekt hätte bei der Entnazifizierung nach 1945 seine Distanzierung vom NS-Regime prominent bewiesen.[1] Orff blieb bei der Wahrheit. Er nutzte seine langjährige intensive Freundschaft mit Kurt Huber, dem Gründer der »Weißen Rose«, nicht, um daraus nach dem Zusammenbruch der NS-Diktatur persönlichen Vorteil zu schlagen. Man weiß inzwischen auch, dass er den staatlich erteilten Kompositionsauftrag, für die Olympischen Spiele 1936 in Berlin den »Kinderreigen« zu schreiben, sehr distanziert ausführte, weil er ihn erfolgreich von einem Staatsauftrag der NS-Führung umwandeln ließ in einen Auftrag des Olympischen Komitees und nicht einmal neue Musik komponierte; stattdessen stellte seine langjährige Mitarbeiterin Gunild Keetman für diesen Anlass Stücke aus dem *Schulwerk* zusammen.[2] (Abb. S. 284) Beide Aspekte scheinen für Orffs Distanz zum NS-Regime zu sprechen, wenngleich er den Auftrag zur Mitwirkung an der Eröffnungsfeier der Olympiade annahm und sich dafür bezahlen ließ. Schließlich wurde auch seine Musik gespielt. Wie in vielen Fällen dieser Zeit, war es eine Gratwanderung zwischen offenbarer Notwendigkeit, nicht zu krass gegen das Regime zu opponieren und einer unzweideutigen Kollaboration.

Eine durchaus ernst zu nehmende Gefährdung war während der NS-Zeit für Orff der jüdische Glaube seiner Großmutter mütterlicherseits, Maria Köstler geb. Aschenbrenner (1845–1906), durch die er nach den Nürnberger Rassegesetzen als Vierteljude galt. Auch dieses Indiz weist auf Orffs bewusst unauffällige Haltung während der NS-

Carl Orff und Gunild Keetman, um 1937.

Zeit hin, in der er die sich bietenden Gelegenheiten zu einer künstlerischen und wirtschaftlichen Karriere ergriff, sie nicht durch Anbiederung oder Gesinnungsgenossenschaft beförderte und vor allem nicht durch Brüskierung der Machthaber gefährdete. Orff, so scheint es, wollte partout nicht auffallen.

Dennoch tat er vieles, was ihn der Kollaboration verdächtig erscheinen ließ und die Einstufung als »grau« im Rahmen der Entnazifizierungsverfahren im Frühjahr 1946, mithin als Nutznießer des Regimes, aber nicht als »nazistisch« verdächtig, sehr wohl begründete. Etwa die Komposition der Bühnenmusik zu Shakespeares Komödie *Ein Sommernachtstraum*. Der Kompositionsauftrag der Oper Frankfurt am Main erwies sich für Orff als bemerkenswert lukrativ. Das Honorar von 5.000 RM, zu verrechnen mit den zu erwartenden Aufführungstantiemen, und ein zweijähriger Werkvertrag (vom 1. April 1940 bis zum 31. März 1942) an der Frankfurter Oper, dotiert mit monatlich 500 RM[3], verschafften dem Komponisten auf einen Schlag 17.000 RM in zweieinhalb Jahren. Die Zusammenarbeit mit der Frankfurter Oper, dem damals führenden Avantgarde-Institut der szenischen Theaterkunst im Deutschen Reich, zahlte sich für Orff nachhaltig aus: Am 10. Juni 1937 bot Frankfurt die Uraufführung der *Carmina Burana*, am 14. Oktober 1939 folgte dort die Erstaufführung der *Sommernachtstraum*-Musik und am 20. Februar 1943, kurz vor Auslaufen des Werkvertrags, die Uraufführung der Oper *Die Kluge*. Der Weg zum erfolgreichen und angesehenen Komponisten des nationalsozialistischen Deutschland war geebnet. Freilich ließ sich Orff mit dem Kompositionsauftrag der Bühnenmusik zum *Sommernachtstraum* von nationalsozialistischen Elementen wie dem Frankfurter Oberbürgermeister Friedrich Krebs instrumentalisieren und für die rassistische Regime-Hetze gegen den Juden Felix Mendelssohn-Bartholdy und seine prominente Orchestermusik zu Shakespeares Komödie mit seiner Neukomposition als Steigbügelhalter ausnutzen. Diese durchsichtigen Zusammenhänge musste man als wacher Komponist auch am Beginn der Karriereleiter erkennen. Orffs späte Entschuldigung, den Kompositionsauftrag angenommen zu haben, sei ein Fehler gewesen[4], kann den Fehltritt weder ungeschehen machen noch Orffs Handeln in ein milderes Licht rücken. Im Vergleich mit konsequenter innerer Emigration im Nationalsozialismus, wie sie etwa

Karl Amadeus Hartmann zur selben Zeit betrieb (vgl. Porträt Karl Amadeus Hartmann, S. 310), war Orffs Verhalten inakzeptabel.

Im Übrigen liefert die *Sommernachtstraum*-Musik eines der überzeugendsten Argumente gegen die berühmteste autobiografische Legende, die Orff nach 1945 in die Welt setzte, um in der Rückschau seine künstlerische Karriere im nationalsozialistischen Deutschland und vor allem an der Bayerischen Staatsoper zu verharmlosen. Orff wurde nach 1945 nicht müde zu behaupten, die Uraufführung der *Carmina Burana* sei der eigentliche Beginn seines kompositorischen Werkes. Alles zuvor Geschriebene habe keine Gültigkeit. Doch zugleich sei die umjubelte Uraufführung am 10. Juni 1937, mehr noch die zweite Aufführung am 12. Juni, eigens für die NSDAP angesetzt, ein wahrer Pyrrhussieg gewesen. Die Widerstände in der Partei und die kritischen Stimmen hätten eine Vielzahl von bereits disponierten Aufführungen verhindert. Das Werk sei für »unerwünscht« erklärt worden, was einer Indizierung gleichgekommen sei.[5] Die Tatsachen ließen ein anderes Bild entstehen. Die *Carmina Burana* wurden 1938 in Bielefeld gespielt, 1939 in Leipzig und zum zweiten Mal in Frankfurt am Main, 1940 in Essen, 1941 in Stuttgart, Münster, Aachen und Berlin, in der Spielzeit 1941/42 konzertant in Köln und München, Hannover, Hamburg und Görlitz, 1942/43 ebenfalls konzertant in Göttingen, Köln und Wuppertal sowie Dresden, Leipzig und München. Dann setzte, mit Dresden 1940 (Leitung: Karl Böhm), Aachen (Leitung: Herbert von Karajan), Wien, Mailand und Hamburg (1941) die nationale und internationale Erfolgsserie der szenischen Produktionen ein. München war mit der Erstaufführung dieser szenischen Version am 2. Februar 1944 fast schon ein Nachzügler, aber ein äußerst prominenter: Nach der Zerstörung des Nationaltheaters im Oktober 1943 musste die Bayerische Staatsoper ins Deutsche Museum ausweichen, wo im Februar 1944 mit den *Carmina Burana* die erste der beiden letzten Neuinszenierungen der Staatsoper vor Ende des Krieges stattfand. (Die andere war die Münchner Erstchoreografie des Balletts *Joan von Zarissa* von Werner Egk am 2. Juli 1944.) Beide Produktionen wurden dirigiert von Bertil Wetzelsberger, der schon in Frankfurt die szenische Uraufführung der *Carmina Burana* geleitet hatte, in der nationalsozialistischen Theaterszene bestens vernetzt war und Carl Orff die Türen in die Frankfurter Oper öffnen half. Sowohl für die *Carmina Burana* wie für *Joan von Zarissa* besorgte Ludwig Sievert, damals seit sieben Jahren Chefausstatter der Bayerischen Staatsoper, die Bühnenbilder und Kostüme, nachdem er 1937 schon die Uraufführung der *Carmina Burana* in Frankfurt, seinem vormaligen Wirkungsort, ausgestattet hatte. Regisseur der Münchner Erstaufführung war Oberspielleiter und Operndirektor Rudolf Hartmann. Den Zusammenbruch des Deutschen Reiches vor Augen, sollte die höchstrangige Besetzung der Verantwortlichen für diese Produktion offensichtlich für die Zuschauer den dringend benötigten moralischen und emotionalen Schub durch ein herausragendes Kunstereignis auslösen. Im ersten Halbjahr 1944 (vom 2. Februar bis 16. Juni) wurden die *Carmina Burana* 13-mal gegeben. Die letzte Aufführung war eine geschlossene Veranstaltung für die Volksorganisation Kraft durch Freude. Von einem finanziellen Flop – und dies meinte Orff mit dem Pyrrhussieg – konnte nicht die Rede sein.

Neben dieser neuen Theaterkomposition verarbeitete Orff bei der Schauspielmusik zum *Sommernachtstraum* 20 Jahre altes Material, denn schon 1917 hatte er sich mit einer programmatisch unromantischen Schauspielmusik für diese Komödie beschäftigt. Auch die in Frankfurt aufgeführte Fassung war noch nicht letzter Stand der Dinge: 1952 und schließlich 1962 folgten weitere Neufassungen jener Musik, die Orff als 22-jähriger bereits erfunden hatte. Ähnlich verfuhr er mit seinen Monteverdi-Adaptationen. Der *Orfeo*, der *Lamento d'Arianna* und der *Ballo delle Ingrate*, entstanden 1924/25 im Zuge der ausgedehnten Beschäftigung mit Barockmusik und -theater, überarbeitete Orff 1939/40 zum Triptychon *Lamenti* ähnlich den späteren *Trionfi*, von denen die *Carmina Burana* den ersten Teil bilden. Und schließlich beschäftigte er sich mit seiner älteren Komposition *Entrata* für Orchester (nach dem Cembalostück *The Bells* von William Byrd), geschrieben 1928, in einer Neufassung 1941, die mehr als 20 Jahre später noch einmal zu Ehren kam: als Teil eines der Ballett-Abende in den Eröffnungsfestwochen des wiedererbauten Nationaltheaters Anfang Dezember 1963 (vgl. Die Eröffnungsfestwochen. *Entrata – Nänie – Dithyrambe*, S. 74). Auch die ostentativ propagierte Verwerfung früherer Kompositionen gehörte mithin ins Reich der Legenden.[6]

Carl Orff durchlief nach seinem Erfolg mit den *Carmina Burana* im Dritten Reich eine glanzvolle Komponistenkarriere, wenngleich sich der einfache Rückschluss auf eine typisch nationalsozialistische Kompositionsweise und Thematik seiner Bühnenwerke aus dem kaum entwirrbaren Geflecht widersprüchlicher Fakten verbietet. Einerseits sahen ihn viele als pronationalsozialistischen Künstler, der mit seiner Musik dem Regime in die Hände spielte; andererseits fanden sich immer wieder Stimmen und etwa in der *Klugen* auch Textpassagen, die Orffs politische Unbotmäßigkeit belegten und der Behauptung Vorschub leisteten, er habe das Hitler-Regime von Anfang an durchschaut.[7] Ungeachtet der Unmöglichkeit, stichhaltige Kriterien für eine faschistische Musik zu benennen und damit einen Stil, einen Werkcharakter oder eine unmissverständliche Rezeptionsweise des kompositorischen Werks widerspruchsfrei zu benennen, bleibt die ambivalente Haltung des Komponisten selbst, durch Faktenverschleierung, Verfälschung von biografischen Details und eine strikte Abkehr von einst erfolgreichen Kompositionsstrategien der 1930er und frühen 1940er Jahren nach Beendigung des Krieges, ein Problem, das sich kaum eindeutig lösen lässt. Vergleicht man die beiden Sensationserfolge vor und nach dem Krieg, *Carmina Burana* und *Antigonae*, ergeben sich freilich Aspekte und Perspektiven, die dem politisch agitierenden Komponisten Carl Orff und seiner Charakterisierung doch sehr nahekommen, auch wenn die musikalischen Analysen nicht immer zweifelsfrei den politisch-ästhetischen Standpunkt pro NS-Regime stützen.

### Vitalistischer Kollektivismus: *Carmina Burana*

Die *Carmina Burana* repräsentierten kompositorisch-satztechnisch die entscheidenden Unterschiede zur hochkomplexen Musikkultur der Weimarer Republik: Orff verzichtete auf alle satztechnischen Experimente und auf jede konstruktivistische Komplexität sowohl der Satztechnik als auch der Harmonik. Bedeutungsvolle Chromatik und motivisch-thematische Entwicklungen sucht man ebenso vergebens wie eine sinnstiftende Verknüpfung von Text und Musik, die auf Abbildung außermusikalischer Empfindungen und Handlungen in einer sensibilisierten musikalischen Sprache dargestellt würden. Zwangsläufig kultivierte Orff damit auf geschmäcklerische Weise tonale Grundlagen älterer Musik, was im Umkehrschluss den programmatischen Verzicht auf atonale Schockwirkungen und ausdifferenzierte sinfonische Prozesse bedeutete. Der Eindruck von künstlerisch durchorganisiertem Neoprimitivismus drängte sich auf[8], koordiniert mit einem schlichten sprachlich-gesanglichen und theatralen Vermittlungskonzept. Die extreme Erweiterung der instrumentalen Klangspektren durch generelle Dreifachbesetzung der Blasinstrumente, einen ins Extrem getriebenen Schlagwerk-Apparat mit für sinfonische Musik ungewöhnlichen Geräten wie Ratsche, Kastagnetten, Schlittenglocken, Röhrenglocken, drei Glockenspielen, Xylophon und zwei Klavieren bewirkten einen zugleich brillant-exotischen und doch volkstümlichen Klang, der an Eingängigkeit kaum Wünsche offenließ. Wie selbstverständlich entfaltete sich ein Klangbild, das auf vitalistischem Kollektivismus der Musik basierte und zugleich ein ebenso überwältigendes Kollektiverlebnis der Rezipienten evozierte. Die Individualität der figürlichen Präsentationen auf der Bühne und im Orchestergraben war rundweg ausgeblendet und durch ein übersteigertes Gemeinschaftserlebnis verdrängt.

Am prägnantesten trat dieser strukturelle Gedanke der Komposition gegen Ende des III. Teils, *Cours d'amours*, hervor. Nach dem Naturerlebnis, das in den körpersprachlichen, also tänzerischen Überschwang mündete (Teil I: *Primo vere* und *Uf dem anger*) und dem Gemeinschaftserlebnis der Schank-Wirtschaft mit der Integration unterschiedlichster Individuen in das kollektive Sozialgefüge (Teil II: *In taberna*) explodiert im III. Teil gleichsam das überwältigende Lebenselixier der (auch sexuellen) Liebe. Ein junges Mädchen schreit seine Lust und seine Hingabe an den auserwählten Knaben heraus (»Dulcissime!«, Abb. S. 289) – in einem halsbrecherischen Sopranaufschwung über eineinhalb Oktaven und einer abwärtsgleitenden ausgedehnten Koloratur, mithin eine äußerst anspruchsvolle Sopranpartie –, eine grandiose Charakterisierung des individuellen Gefühls, aber beschränkt auf gute 40 Sekunden; dann setzt mit Fortissimo-Gewalt der kollektive Jubelchor ein, in dem mit der hochmittelalterlichen französischen Frauenfigur Blancheflor bzw. Blanziflor und der antiken Göttin und Kurtisane Helena zwei geschichtsträchtige noble Liebesgöttinnen verherrlicht wurden.

Diesmal war das Glück die Kaiserin der Welt – *Fortuna Imperatrix Mundi*, der Schlusschor, der den Anfang wiederholte und den Kreislauf der Welt auf immer festschrieb. Die im Sinne des Wortes atemberaubende technische Schwierigkeit dieses Sopran-Auftritts und die Kürze seiner musikalischen Exploration standen in einem grotesken Missverhältnis, das die dramaturgische Struktur dieser szenischen Kantate *Carmina Burana* präzis formulierte: die Unterdrückung und Ausschaltung aller individualistischen Vielfalt von Gesellschaft und Leben zugunsten eines deklamierenden Kollektivs. Die vitalistische Grundhaltung dieses Kollektivs entsprach gewiss der Erwartungshaltung der Nationalsozialisten an die neue Musik im neuen nationalsozialistischen Deutschland, und eben diese auf der Bühne ausgestellte bewusste Primitivität des Klanggewands und die beständige Grundierung der Musik durch rhythmische Ostinati evozierte beim Publikum eben jenes Kollektiverlebnis, das die Nähe einer Gebrauchskunst für Massen kaum verleugnen konnte.[9] Dass gerade in der Münchner Erstaufführung von 1944 die Strukturen des gesamten Werkes und nicht die einzelnen theatralen Augenblicke von Bedeutung waren, belegt die Ausstattung von Ludwig Sievert. Die Bühnenerzählung war in weite historische Ferne gerückt, eben in ein noch klobiges und durchaus befremdliches Mittelalter, das keinerlei optische Verknüpfung mit der Gegenwart zuließ. Die Wirkung konzentrierte sich allein auf die musikalische Faktur der szenischen Kantate. Aber auf den zweiten Blick sind die Rückbindung an die mittelalterliche Geschichte und somit die Rückversicherung bei ihren gesellschaftlichen Werten allerdings unverkennbar. Hatte Sievert sieben Jahre zuvor bei der Frankfurter Uraufführung noch ein spiegelsymmetrisches Totalbild mit dem Rad der Fortuna und der Göttin selbst als Symmetrieachse und verschwenderischer Farbenpracht entworfen, so konzentrierte er sich 1944, wohl auch wegen der beengten räumlichen Verhältnisse im Deutschen Museum und der leidigen Kostenfrage am Ende eines Ressourcen verschlingenden Krieges auf die Kargheit der bildlichen Aussage und transformierte das sexuell explodierende junge Mädchen auf die Ebene einer angesehenen, gesellschaftlich hochstehenden Edelfrau. Widerspenstige Anstößigkeit war nicht gefragt; historisches Bewusstsein als Basis einer gesellschaftlichen Haltung hieß die Parole.

Um Missverständnisse zu vermeiden: Die zuvor erläuterten Funktionsmechanismen in Orffs Komposition und ihre denkbare Nähe zum herrschenden politischen System und seinen Doktrinen lassen sich nicht widerspruchsfrei behaupten. Da es keine grundlegende musikalische Funktionsbeschreibung im Nationalsozialismus gab und selbst mit Kulturfragen beschäftigte Institutionen wie die Reichskulturkammer und der Kampfbund für deutsche Kultur respektive das spätere Amt Rosenberg über ästhetische Merkmale einer nationalsozialistischen Kunst uneins waren, blieb das ästhetische Urteil über die *Carmina Burana* selbst in Führungskreisen der NSDAP umstritten. Adolf Hitler und Joseph Goebbels, Präsident der Reichskulturkammer, waren von

Trude Eipperle bei ihrem Sopran-Solo »Dulcissime!« im III. Teil der *Carmina Burana* von Orff 1944 bei der Münchner Erstaufführung im Deutschen Museum. Das Szenenfoto täuscht eine Soloszene nur vor. Es funktioniert wie ein Zoom, weil im nächsten Augenblick, beim Choreinsatz, die Bühne mit einer hochmittelalterlichen Gesellschaft gefüllt ist.

Orffs Komposition begeistert. Herbert Gerigk, der Leiter der Hauptstelle im Amt Rosenberg, hingegen entlarvte die strukturelle Schlichtheit der musikalischen Komposition und erklärte Orffs szenische Kantate als »problematisches Opernwerk« und diesen musikalischen »Stil« wegen seines uneindeutigen Rezeptionsangebots jenseits aller Kunst-Fragen zu einer Angelegenheit der Kulturpolitik und der Weltanschauung[10], was einem Verriss aus der Perspektive seines Amtes sehr nahekam. Die Ambivalenz der Werksubstanz wurde zwar in NS-Kreisen längst nicht in allen Aspekten problematisiert, aber sie war dennoch vorhanden: Die Texte der *Carmina Burana* sind religiösen Ursprungs, der freilich eher durch die große zeitliche Distanz zum hohen Mittelalter zutage trat als durch religiöse Bedeutung des Textes, aber dennoch wirksam blieb, vor allem in Orffs Position als Katholik, die er gerade für seine kompositorischen Werke immer wieder reklamierte und mit diesem Hinweis eine scheinbar untrügliche Gegenposition zum herrschenden Regime einnahm. Im zeitgenössischen ästhetischen Diskurs über die *Carmina Burana* war dies freilich kein Aspekt der politisch-künstlerischen Bewertung.

Die *Carmina Burana* waren auch weniger ein problematisches Kunstwerk als vielmehr ein rezeptionsästhetisches Problem, dessen künstlerische Qualität sich je nach Standpunkt des Hörers unterschiedlich bewerten ließ. Die Orchesterbesetzung mit massivem Schlagwerk, die Dominanz des Rhythmischen, die Simplizität der theatralen »Handlung«, die Archaik und Monumentalität der musikalischen Sprache sowie das in dieser szenischen Kantate entworfene Geschichtsbild sind für sich genommen kaum als ästhetische Charakteristika einer NS-Kunst zu begreifen. Aber die hinter diesem Werk stehende Grundüberzeugung und ihre kompositorische Umsetzung weisen sehr wohl gemeinsame Aspekte mit der nationalsozialistischen Weltanschauung auf wie die Auflösung individueller Vielfalt in eine exklamatorische Funktion der Masse, die maschinenhaft-rhythmisch gedachten Abläufe, denen sich das Individuum in der trivialen Handlung übergeordneten Strukturen unterwirft, die Einbindung des Einzelnen in Kollektive und die Reduktion des subjektiven Ausdrucks auf eine unpersönliche Entäußerung. Die intendierte Überwältigungsabsicht durch das Gemeinschaftserlebnis, die Hervorkehrung einer trivialisierten Monumentalität und die Anbindung der dramatischen Momente dieser Kantate an ein vermeintliches Volksgut mit der Absicht, die Volksgemeinschaft als Erlebnisraum zu verklären, lassen die *Carmina Burana* »als musikalische Verkörperung der nationalsozialistischen Weltanschauung begreifen«.[11] Dass der Erfolg dieser Komposition nach 1945 eher noch größer und zugleich weltumspannend war und ist, erklärt sich aus der Jahrzehnte hindurch unterdrückten Bereitschaft eines breiten deutschsprachigen Publikums, sich mit den beständig komplexer werdenden kompositorischen Strukturen der Musik zwischen 1947 und den späten 1950er Jahren auseinander zu setzen und stattdessen ein scheinbar volkstümliches Kunstwerk in seiner raffinierten Simplizität als willkommene Gegenposition zur aktuellen Avantgarde zu empfinden.[12] Nicht von ungefähr griff Orff beim *Trionfo di Afrodite*, dem dritten Teil der *Trionfi* von 1953, auf eben den Stil der *Carmina Burana* und der *Catulli Carmina* (1943) zurück, obgleich er kompositorisch wie dramaturgisch und weltanschaulich mit seiner *Antigonae* seit Jahren einen neuen musikdramatischen Stil entwickelt hatte, den er auch weiterhin verfolgte. Symptomatisch für die überwiegend verharmloste Rezeptionsweise der *Carmina Burana* und mit ihr der gesamten dreiteiligen *Trionfi* war die prominente Platzierung dieser Kompositionen im exemplarischen Programm der Festwochen zur Wiedereröffnung des Nationaltheaters 1963. Der Generaleindruck verfestigte sich, dieses Werk sei für das neu entstandene Haus am Max-Joseph-Platz wie geschaffen (vgl. Das neue Haus. Die Eröffnungsfestwochen. *Carmina Burana – Catulli Carmina – Trionfo di Afrodite,* S. 84) – welch eine Geschichtsklitterung!

### Flucht in den Ästhetizismus: *Antigonae*

Die Uraufführung der *Antigonae* am 9. August 1949 bei den Salzburger Festspielen war trotz der Pannen und organisatorischen Unzulänglichkeiten[13] ein großer Erfolg. In der Öffentlichkeit wurde der »Neuansatz als ›Rückverwandlung‹ der Tragödie in das Bewußtsein der Gegenwart verstanden und von seiten der Geisteswissenschaften als ›epochale Zäsur‹ in der Rezeptionsgeschichte der griechischen Tragödie empfunden.«[14] Drastischer als in dieser konventionellen Einschätzung vor mehr als 25 Jahren klang nur knapp zehn Jahre später die Überzeugung, man habe »dieses Werk zum programmatischen Neubeginn eines humanistisch geläuterten Komponisten stilisiert«[15], nachdem Orff selber in der *Antigonae* seine als Autor neu erworbene Tragikfähigkeit diagnostiziert hatte. Die Spanne zwischen systemkonformer und systemkritischer Kunst charakterisierte auch nach Ende des Zweiten Weltkriegs sein Schaffen. Die

Werkgenese der *Antigonae* legte in viel eklatanterer Weise als etwa die *Carmina Burana* die Zwiespältigkeit des künstlerischen Ansatzes mit Blick auf die ästhetische wie vor allem auf die politische Wirkung offen.

Orffs Überlegungen einer kompositorischen Neuformulierung der *Antigonae* nach Sophokles gehen auf das Jahr 1914 zurück, als er in München die Sophokleische *Elektra* als Musikdrama von Richard Strauss und Hugo von Hofmannsthal hörte und sah und ebenso wie die beiden Autoren[16] zu der festen Überzeugung gelangte, dass das tradierte Konzept der satztechnisch wie harmonisch höchstentwickelten Vertonung von dramatischem Text, genauer: von Tragödienliteratur ausgereizt war und an seine Grenzen stieß. Orff musste neue Ansätze finden, um dem Wort auf der Bühne seine zentrale Rolle wiederzugeben und dennoch eine suggestive musikalische Sprache formulieren zu können. Mit Spannung erwartete er deshalb die *Antigone*-Aufführung 1916 in den Münchner Kammerspielen. Die Übersetzung von August Mayer und der Verzicht auf jegliche Musikalisierung ließen in Orff aus Enttäuschung über die uninspirierte Abspulung allein des Textes den Plan einer neuen Strukturierung von Tragödientheater reifen, zu dem der entscheidende Anstoß 1918/19 in Darmstadt kam. Orff war damals dort als Kapellmeister engagiert und lernte den am selben Theater arbeitenden Schauspieler und späteren Regisseur Lothar Müthel kennen.[17] Müthel war die zentrale Figur der Antiken-Vermittlung in Deutschland zwischen 1922 und 1945. Den Anfang machte er mit Sophokles-Inszenierungen in Darmstadt 1922, die er vielfach wiederholte, unter anderem am 1. Oktober 1940 in Wien am Burgtheater, an dem Müthel damals seit einem Jahr durch Einsetzung durch das NS-Regime Burgtheaterdirektor war. Dieser Aufführung lag die deutsche Übersetzung des griechischen Originals durch Friedrich Hölderlin zugrunde, was für Carl Orff durch die Sprachgewalt der Hölderlinschen Adaption zum überwältigenden Erweckungserlebnis wurde. Seit dieser Aufführung wusste er, dass die *Antigonae* in der Übersetzung von Hölderlin die Grundlage seiner neuen Tragödienkomposition sein würde.[18] Den Kompositionsauftrag für die Wiener Staatsoper und das vereinbarte Honorar erhielt Orff vom NS-Reichsstatthalter in Wien.[19] Seit 1941 beschäftigte sich Orff konkret mit der Komposition der *Antigonae* in der Übersetzung von Hölderlin; er übernahm den Hölderlin-Text wortwörtlich und ungekürzt. Endlich war die Basis gefunden, die schon Jahre zuvor entworfenen Skizzen in ein tragfähiges Theaterkonzept zu wandeln.

Der Kontext, in dem Orffs Sophokles-Komposition reifte, stand im diametralen Gegensatz zum Salzburger Erfolg vier Jahre nach Kriegsende und dem Zusammenbruch des NS-Regimes. Lothar Müthel hatte mit seiner Theaterarbeit vor allem an den Sophokles-Dramen und deren Hölderlin-Übersetzungen die politische Aktualität dieser Stoffe demonstriert – freilich in anderer Weise als man es nach 1945 wahrhaben wollte. Schon 1936 hatte sich Müthel als der »richtige« Regisseur für die politische Vereinnahmung antiker Tragödien erwiesen. Er erhielt den Auftrag, im Rahmenpro-

vorgekehrt wurde. Antigone geht, wie vor dem Auftritt des Teiresias angekündigt, in den Freitod – des Sehers Mahnung an Kreon zur Umkehr scharf konterkarierend. Dieser dramaturgische Kunstgriff verstellt nicht nur alle Wege zu einem Handlungsumschwung, sondern konzentriert Kreons letzte (und vielleicht schwerste) Schuld am Freitod seiner Ehefrau Eurydike auf einen grellen Finaleffekt im V. Akt, der in eine schwere Katastrophe mündet. Die im antiken Original als Läuterung des Herrschers dramaturgisch signifikante und dramatisch erforderliche Läuterung wurde in Hölderlins Adaptation allein durch das Gliederungsarrangement der Akte ins Zwielicht getaucht. Orff übernahm nicht nur diese Fassung ohne jegliche Veränderung, sondern verlieh dem Schlussmonolog des Kreon durch seine Vertonung eine Nebensächlichkeit, ja musikalisch-klangliche Wirkungslosigkeit, die im krassen Gegensatz zur Erkenntnis der antiken Theaterfigur steht:

Führt Schritt vor Schritt den eitlen Mann.
Der ich dich Kind, doch gerne nicht, getödtet,
sie, auch sie; –
ich Armer weiß nicht, wen ich ansehn soll,
und nicht, wohin ich gehe.
Denn alles Schiefe hat hier in den Händen
und hier mir auf das Haupt
ein wüst Schicksaal gehäufet.[24]

Mit diesem Schuldbekenntnis schlug der musikalische Ton endgültig ins Pianissimo um. Selbst der Auftakt der beiden Klaviere zu dieser letzten Kreon-Äußerung (Ziffer 361) war – im krassen Unterschied zu vergleichbaren früheren Aktionen des Orchesters – Pianissimo gefordert und verdämmerte fortan auf einem Tonus-currens-C in Xylophonen, Pauke, Klavieren und Kontrabässen. Kreons Geständnis erklang in entwicklungs- und ziellosen Drehbewegungen der Baritonstimme in verschiedenen Terzräumen. Vollends bewegungslos rezitierte der Chor seine Schluss-Sentenz auf dem immergleichen C des Orchesters, bis der Klang in den mit Gummischlägeln angeschlagenen Klaviersaiten vollends im Diffusen verebbte (ab Ziffer 365). Das Verdämmern der Klangaura stand in krassem Gegensatz zur Schwere und Schärfe der selbsteingestandenen Schuld. Von (Selbst-)Anklage und reuiger Verzweiflung keine Spur. Stattdessen Verdämmerung der Erkenntnis im Unkenntlichen. Orffs Ausführungsvorschrift »con rassegnata demenza« (mit resignierendem Wahnsinn/Altersschwachheit; drei Takte nach Ziffer 361) präzisierte die gewollte Unschärfe. Man mag diesen musikalischen Effekt als Ausdruck einer grenzenlosen seelischen Erschütterung begreifen; gemeint und gefordert vom Text war damals wie heute das schreiende Eingeständnis der schwersten Schuld – nicht nur des Einzelnen, sondern eines ganzen Volkes. Eben

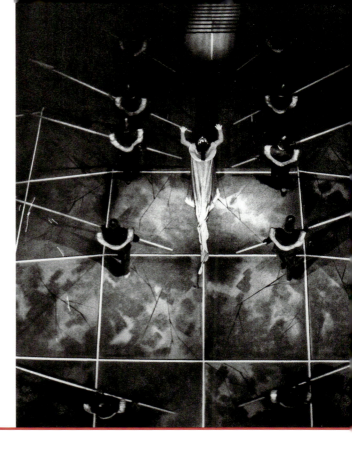

Helmut Jürgens gestaltete die Bühne für die *Antigonae*-Inszenierung von Heinz Arnold als Schachbrett, auf dem Figuren gemäß den Konstellationen verschoben wurden – einer der ersten Schritte in die theatrale Abstraktion der gesamten Bühne.

dies komponierte Orff nicht. Sein Tragödien-Schluss verdämmerte im Unkonturierten, Vagen und Irrealen.

Die Münchner Erstaufführung im Herkulessaal am 10. Januar 1951 setzte durch eine eigenwillige Bühnenkonstruktion präzise Interpretationszeichen, die freilich auch eher auf eine quasi moderne Adaptation der antiken Tragödie zielte als auf eine individuelle szenische Interpretation dieses die Hybris eines Diktators anklagenden Dramas. Auf dem Schachbrett-artig gegliederten Bühnenboden wurden die Figuren, unfähig zur selbstbestimmten Aktion, wie Schachfiguren hin- und hergeschoben – gleichsam als Abbild von Menschen, die dem Schicksal hilflos ausgeliefert waren. Regisseur dieser Aufführung war der damals an der Bayerischen Staatsoper neu engagierte Oberspielleiter Heinz Arnold, der vom Württembergischen Staatstheater Stuttgart nach München kam und schon ein Jahr zuvor, im Januar 1950, die Erstaufführung der *Antigonae* in Dresden, also in der DDR, besorgt hatte. Das Urteil in der DDR-Presse fiel vernichtend aus, etikettiert als »zutiefst asoziales Werk«[25]. In München wurde diese Produktion bis zum Juli 1955 vierzehn Mal gegeben und war damit eine der erfolgreichsten Neuproduktionen der fünfziger Jahre an der Bayerischen Staatsoper. Sie dekorierte als Festveranstaltung 1955 auch Orffs sechzigsten Geburtstag.

Im Unterschied zum Sprechtheater, in dem beispielsweise Wolfgang Borchert schon im Februar 1947 mit seinem Stück *Draußen vor der Tür* in aller Schärfe die Brutalität des soeben untergegangenen faschistischen Regimes wie auch die Schuld der gesamten deutschen Gesellschaft am politischen Desaster und seinen unfassbaren Folgen vorgeführt und gegeißelt hatte, zog sich das Musiktheater bis weit in die 1950er Jahre hinein auf eine ästhetisierende Betrachtungsweise von Thematik und Dramaturgie neuer Stücke zurück. Die allgemein positive, ja begeisterte Reaktion auf Orffs *Antigonae* fand ihre Parallelen in der philologischen Forschung zur antiken Tragödie, in der man »jenseits einer Konfliktdramatik moralischer, rechtlicher und politischer Art das Affektive, das Pathetische, das Rituelle, das Dämonische als den Urgrund der Tragödie zu begreifen«[26] suchte – literarisch-künstlerisches und nicht gesellschaftspolitisches Interesse, eine Flucht in den unproblematischen Ästhetizismus. Auch Karl Amadeus Hartmann, der mit einer widerständigen Ästhetik und deren unnachsichtiger Proklamation bestens vertraut war, machte seinen Frieden mit Orff: Im Oktober 1950 standen die *Carmina Burana* auf dem Programm des ersten Saisonkonzerts der Musica-viva-Reihe in der Großen Aula der Ludwig-Maximilians-Universität. Im Oktober 1958 folgte *Antigonae* in gleicher Funktion im Herkulessaal der Residenz. Beides Entscheidungen, die von Hartmanns Menschlichkeit und Harmoniesucht zeugten, in ihrer politischen Widersprüchlichkeit aus heutiger Sicht jedoch unverständlich scheinen.

Carl Orff ist eine ambivalente Figur der deutschen Kompositionsgeschichte zwischen 1930 und 1982. Bis heute wird die Debatte um die Nähe des Komponisten und seiner Werke zu Überzeugungen und ästhetischen Maximen des NS-Regimes in zahlreichen Facetten einseitig geführt – für oder gegen Orff. Schlussfolgerungen in die eine wie die andere Richtung allein auf das Faktische zu beziehen[27], machen die verzweigten und doppelbödigen Wahrheiten auch nicht annähernd begreiflich. Vor allem die bruchlose Fortsetzung von kompositorischen Erfolgen und künstlerischen Strategien über das Jahr 1945, also die Grenze zwischen Nationalsozialismus und Bonner Demokratie, hinaus wirft auch heute noch unbeantwortete Fragen auf. Dies gilt nicht nur für die Erfolgsstücke aus den *Trionfi*, das *Schulwerk* und die sechs Fassungen der *Sommernachtstraum*-Musik, sondern auch für Orffs bruchlose Integration in die bayerische Nachkriegsgesellschaft. Die Frage nach dem Verhältnis des kompositorischen Werks zu seinem politisch-weltanschaulichen Umfeld lässt sich mit subjektiven Überzeugungen nicht beantworten.[28] Aber allzu häufig mangelt es (noch) an plausiblen Kriterien der Begründung für eine ungebrochene kompositorische Erfolgsgeschichte in zwei gänzlich unterschiedlichen politischen Gesellschaftsordnungen.           JS

# Rudolf Hartmann

**Rudolf Hartmann symbolisiert wie kein anderer die Kontinuität** an der Staatsoper von der NS-Zeit in die Bundesrepublik: Für fünfzehn Jahre von 1952 bis 1967 wurde mit Hartmann ein Intendant berufen und rehabilitiert, der bereits in der NS-Zeit als Operndirektor und erster Regisseur des Hauses mit Intendant und Generalmusikdirektor Clemens Krauss und Ausstattungsleiter Ludwig Sievert die Regime-Vorstellungen eines Reichs-Musiktheater-Konzepts für das große Flaggschiff Bayerische Staatsoper federführend umgesetzt hatte. Der »Alt-Parteigenosse« Rudolf Hartmann setzte seine exzellenten Kontakte zu hochrangigen Nationalsozialisten ein, um seine Karriere voranzutreiben. Dessen scheinbar ungeachtet konnte er nur wenige Jahre nach Kriegsende in die Vertragssondierungen für die führende Position des Hauses gehen und fortan die Ästhetik der Staatsoper über eineinhalb Jahrzehnte prägen. Im Bayern der 1950er und 1960er Jahre avancierte Hartmann zur Staatspersonalie: Durch Eigen- und Fremdzeugnisse (Autobiografie, Ministerialakten, Presseberichte, Ehrungen) wurde er als Schlüsselfigur für die Rehabilitierung der Staatsoper als Kulturstätte von Weltrang absichtsvoll umworben. Die ihm hoch angerechnete Wiedererstehung der Originalspielstätte Nationaltheater im Jahre 1963 und die von ihm forcierte Wiedereinführung der Ehrentitel Bayerischer Kammersänger/Bayerische Kammersängerin ließen den Eindruck des nahtlosen Anschlusses an die Vorkriegstradition zu. Seine Autobiografie *Das geliebte Haus. Mein Leben mit der Oper*[1] galt Jahrzehnte hindurch als entscheidende historische Darstellung der Vorkriegs- und Nachkriegsgeschichte der Bayerischen Staatsoper. Anhand seiner zweiphasigen Karriere wird heute deutlich, wie die Personalie Rudolf Hartmann letztlich als Personifikation schlechthin für die glorreiche Geschichte und Nachkriegs-Restauration der Staatsoper zu verstehen sein sollte.

Laut der Rede des Pressereferenten der Oper, Herbert Stolzenburg, anlässlich des

Bildnis von Staatsintendant Prof. Rudolf Hartmann in dessen Abschluss-Spielzeit 1966/67.

65. Geburtstags des Staatsintendanten 1965 war Professor Rudolf Hartmann »in dieser Stadt eine Institution«[2], fiel in seine Ära doch die Wiedererrichtung des Cuvilliéstheaters 1958 und die Wiedereröffnung des Nationaltheaters 1963. In München verantwortete Regisseur Hartmann nahezu 100 Inszenierungen, als Intendant holte er führende Künstler, insbesondere Dirigenten und Sänger in die Stadt: »München avancierte zu einem Hauptumschlagplatz [...] im internationalen Verbund- und Konkurrenzsystem der Opernhäuser«, so der Geburtstags-Laudator; die Bayerische Staatsoper unter Hartmann wurde »zu dem in jedem Sinne dieses Wortes repräsentativen Musiktheater Deutschlands«. Hartmanns Regiestil und Opernverständnis wurden gefeiert als »moderne aber gültige, phantasievolle aber vernünftige Darstellungen der Werke der internationalen Opernliteratur«. Der Geburtstagsgruß der *Süddeutschen Zeitung* huldigte seinem psychologisch motivierten, dezenten Realismus, wobei Hartmann sich bereitwillig zum »Recht der Oper auf dekorative Prachtentfaltung« bekannte. Vom Kultusministerium wurde Hartmanns Arbeit überschwänglich gewürdigt als »werkgetreue Pflege des Opernschaffens von Richard Strauss, dem grossen Sohn der bayerischen Landeshauptstadt. Wenn heute in der Welt von Musterinszenierungen der Strauss'schen Werke gesprochen wird, dann wird in gleichem Atemzuge der Name Rudolf Hartmann genannt.«[3]

In der Tat setzte Hartmann sich ab 1952 für den Ausbau und die Pflege des Repertoires seines Freundes Richard Strauss in München ein, inszenierte selbst zahlreiche seiner Werke, während des Kriegs sogar die Münchner Uraufführungen *Friedenstag* 1938 und *Capriccio* 1942, und 1944 in Salzburg auch *Die Liebe der Danae* in Tarnung einer geschlossenen Generalprobe, deren offizielle Münchner Erstaufführung er 1952 ebenfalls betreute. 1964 setzte Hartmann zum 100. Geburtstag von Strauss einen Festzyklus mit zwölf seiner Bühnenwerke an.

Ein Jahr später wurde Hartmann zu seinem 65. Geburtstag die Goldene Ehrenmünze der Landeshauptstadt München verliehen: »Die Landeshauptstadt hat Professor Hartmann eine bedeutende Mehrung ihres Rufes als Musik- und Theaterstadt zu verdanken«, hieß es in der Rede von Oberbürgermeister Hans-Jochen Vogel.[4] Zwei Jahre später wurde Hartmann für seine hervorragenden Verdienste zum Ehrenmitglied der Bayerischen Staatstheater ernannt. Bereits 1960 hatte er das Große Bundesverdienstkreuz erhalten, die Begründung dafür stammt von Kultusminister Theodor Maunz:

Professor Rudolf Hartmann ist eine international anerkannte Künstlerpersönlichkeit. Als Staatsintendant der Bayer. Staatsoper hat er es verstanden, die große Tradition dieses Theaters fortzuführen und sein künstlerisches Ansehen im In- und Ausland zu heben. Besondere Hervorhebung verdienen seine Bemühungen und Verdienste um die Münchner Festspiele.[5]

Mitte der 1960er Jahre konnten Lob und Preis für Hartmanns Verdienste in dessen Nachkriegslaufbahn gar nicht begeistert genug ausfallen. Seine erste Phase am Haus zwischen 1937 und 1945, in der er als Regisseur und Operndirektor tätig war, wird in den Kommentaren vernachlässigt und abgetan oder uminterpretiert als Phase der »Vorarbeit an sich selbst und an seinem Institut«[6], in der er als Oberspielleiter eine »hervorragende künstlerische Laufbahn«[7] aufbauen konnte. In Herbert Stolzenburgs Geburtstagsfestrede 1965 hieß es:

Rudolf Hartmann ist sozusagen eine der Säulen, die aus einer früheren Epoche in die neue Zeit hineinragen und die sich im speziellen Fall als tragfähig genug erwies, um den Wandel der Zeiten in München so modifiziert erscheinen zu lassen, daß man hier auch heute – und zwar als einziger deutscher Stadt, in der Spitzensänger tätig sind – noch von einem Ensemble sprechen kann.[8]

### Die NS-Karriere

Im Gesamtbild dieser ruhmreichen Künstler- und Intendantenkarriere fällt Hartmanns Werdegang an der Bayerischen Staatsoper vor 1945 politisch schwerer ins Gewicht als bislang angenommen respektive eingestanden. Nach dem Landestheater Altenburg und Gera, den städtischen Bühnen Nürnberg und der Staatsoper Berlin war München für den 37-jährigen Hartmann die vierte Position als Regisseur und Spielleiter. Ab 1937 war er auf Clemens Krauss' Betreiben unter Oskar Wallecks Generalintendanz an der Bayerischen Staatsoper engagiert, bis 1945 besorgte er hier insgesamt 44 Operninszenierungen. Dass Hartmann auch persönlich Kontakt zu Adolf Hitler hatte und sich als Teil der von Hitler neu eingesetzten Opernleitung begriff und ideologietreu positionierte, verdeutlichen seine postalischen Glückwünsche an den Führer zum Jahreswechsel 1937/38:

Mein Führer!
Gestatten Sie, dass ich Ihnen anlässlich des bevorstehenden Jahreswechsels meine ergebensten Glückwünsche ausspreche. Gleichzeitig möchte ich Ihnen, mein Führer, von ganzem Herzen für die Auszeichnung danken, dass ich im Verlauf der Unterredung auf der Fahrt von Nürnberg nach München am 24.12. Kenntnis von Ihren Plänen über die Neugestaltung der Münchener Oper erhielt.
Das mir damit bewiesene Vertrauen war mein schönstes Weihnachtsgeschenk und ich darf der Hoffnung Ausdruck geben, dass mir in nicht zu ferner Zeit Gelegenheit gegeben werden möge, meine Kraft und meine praktischen Erfahrungen im Zusammenhang mit den bühnentechnischen Fragen zur Verfügung stellen zu können.
In dankbarer Verehrung und treuer Ergebenheit.
Rudolf Hartmann[9]

Bereits ein Jahr nach Dienstantritt feierte 1938 der *Völkische Beobachter* den neuen Oberspielleiter als »die treibende Regiekraft, das künstlerisch-szenische Gewissen der Neuformung des Repertoires unserer Staatsoper.«[10] Als Generalintendant Walleck im selben Jahr durch Krauss als Intendant der Oper ersetzt wurde, übernahm Hartmann sofort die Operndirektion. Nach eigener Aussage erhielt der dem Titel nach aufgestiegene Hartmann zwar nicht mehr Kompetenzen und Einblicke in alles Entscheidende, vor allem in Korrespondenzen[11], aber doch mehr Gage: Bereits im Sommer 1939 handelte Staatsminister Gauleiter Adolf Wagner eine Anhebung von Hartmanns Bezügen um jährlich 6.000 RM aus. In der Spielzeit 1940/41 wurde Hartmann zusätzlich mit der Leitung der Staatsoperette am Gärtnerplatz betraut.[12] Hartmann wurde mit Gastspielen und -inszenierungen beauftragt, 1942 sollte er im Auftrag Hitlers den *Tannhäuser* am Landestheater Linz inszenieren; »die Inszenierung dieser Aufführung soll nach dem Wunsche des Führers Operndirektor Hartmann übernehmen«, hieß es im Schreiben von Reichsleiter Martin Bormann an Krauss, damit dieser Hartmann und Sievert unbedingt freigebe.[13] »Diese Vorstellung sollte aus Sondermitteln des Führers bezahlt und reich ausgestattet werden«, hob Hartmann 1947 in seiner Rechtfertigungsschrift im Entnazifizierungsverfahren hervor[14], um sich letztlich als Opfer »der unumschränkten Befehlsgewalt der Partei«[15] darzustellen. Briefe diverser Parteigrößen bezeugen jedoch deren persönliche Verbundenheit mit Hartmann (Geburtstagsgrüße beispielsweise vom Gauleiter und vom Staatsminister) und betonen Hitlers hohe Meinung von Hartmann; so sollte dieser 1942 auf Wagners respektive Hitlers Betreiben hin »baldigst langjährige und wirklich günstige Verträge«[16] erhalten. Auf Hitlers Wunsch sollte Hartmann 1942 durch eine Professur an der Musikhochschule München längerfristig

»enger und fester an München geknüpft werden.« Neben dieser Professur im Beamtenverhältnis auf Lebenszeit erhielt er auf Anweisung Adolf Wagners einen Dienstwagen, der von der Staatsoper bezahlt wurde[17], und als Hartmann die Leitung der Staatsoperette übernahm, spendete die NSDAP an dieses Institut für »soziale Zwecke« 20.000 RM.[18] Hartmann selbst verdiente äußerst gut, seine Bezüge wurden auch in den Kriegsjahren noch erhöht, für die Jahre 1943 bis 1948 wurde ein Verlängerungsvertrag mit einer nochmals gesteigerten jährlichen Gage zuzüglich jährlicher Dienstaufwandsentschädigung in Höhe von 46.000 RM ausgehandelt, die Reichsminister Goebbels persönlich zur Befürwortung vorgelegt wurde.[19] Der an Hartmann ergangene Einberufungsbefehl wurde aufgrund seiner Position des stellvertretenden Betriebsführers im Herbst 1944 wieder zurückgenommen.[20] (vgl. Personalpolitik. Triumvirat und Starensemble, S. 162). Bereits unmittelbar nach Kriegsende ging Hartmann davon aus, dass er die Leitung der Staatsoper übernehmen werde.[21] Im Gespräch mit Kultusminister Otto Hipp am 26. Juni 1945 bestand er darauf, er sei von der amerikanischen Theaterkontrolle »ausdrücklich vorläufig mit der Weiterführung seines Amtes betraut worden«.[22] Am folgenden Tag ernannte ihn der Minister zum »Berater in künstlerischen und organisatorischen Fragen für Staatsoper und -operette«.[23] Kurz darauf wurde er aufgrund seiner Tätigkeit während des Nationalsizoalismus und seiner NSDAP-Mitgliedschaft seines Amtes enthoben und erhielt Berufsverbot.[24]

In der Rechtfertigungsschrift vom Juli 1945 stellte Hartmann sich selbst als Künstler und Opfer dar, welcher versucht hatte, sich den schwierigen politischen Bedingungen anzupassen. 1933, drei Monate nach der Machtübernahme, war Hartmann der NSDAP beigetreten, was laut eigener Aussage nicht politisch-ideologisch motiviert war, sondern nur die Möglichkeit schaffen sollte, weiterhin in gehobener Position am Theater tätig sein zu können:

Als […] der Umschwung eingetreten war, galt […] die oft wiederholte Losung: »Alle öffentlichen Ämter und leitenden Stellungen können in Zukunft nur mit Parteigenossen besetzt sein«. […] In den ersten Maitagen gelang es einem nationalsozialistischen Stadtrat […] nach zweistündiger Unterhaltung, mich zum Eintritt in die Partei zu bewegen.[25]

Den Status als unpolitischen, naiven Künstler reizte er in seiner Verteidigungsstrategie umfassend aus: »Die ausschließliche Beschäftigung mit künstlerischen Dingen erschien mir als eine so verpflichtende Daseinsform, daß weder der innere, noch der äußere Ablauf meines Lebens durch irgendwelche andere Umstände beeinflußt werden konnte.« Seine Münchner Jahre 1937 bis 1944 hob er hervor als »dauernde Periode ungeheurer künstlerischer Arbeitsleistung, welche mir keine Zeit ließ, die Tagesereignisse mit der vielleicht notwendig gewesenen kritischen Schärfe zu betrachten.« Die

Position als Krauss' Stellvertreter habe ihn allenfalls systembedingt gezwungen, repräsentativen Veranstaltungen beizuwohnen, bei denen er sich niemals als politische Person, sondern stets als eine Künstlerpersonalie begriffen habe, aufgrund allein derer er Aufmerksamkeit und Status erlangt haben sollte: »Der künstlerische Erfolg meiner Inszenierungen war die Ursache, daß auch Adolf Hitler von mir Kenntnis nahm, doch blieb es bei formellen Begegnungen.« Sein unmittelbar anschließendes Pauschalargument: »Ich glaube mit Recht behaupten zu können, daß ich die äußeren Erfolge meines Lebens auf Grund meiner Entwicklung vor 1933 und meiner späteren Leistungen unter jeder Regierung in gleicher Weise erreicht hätte« zeugt von der unbeugsamen Selbstgefälligkeit eines Opportunisten, dessen Parteimitgliedschaft und persönliche Verbindung zur Gauleitung ihm die steile Karriere am Münchner Haus ermöglicht hatte. Ebenso wenig kann – wenn zwar rhetorisch, aber doch nicht inhaltlich – seine Selbstentlastung überzeugen: »Es ist kein Verdienst, eine Gefahr zu überstehen, wenn man ihr nicht begegnet; aber es ist schwer, in beständiger Gefahr sich zu befinden und ihr nicht zu erliegen.« Mit seinem – spärlich belegbaren – Einsatz für andere Künstler, die Schwierigkeiten mit dem Regime hatten, soll er negativ bei der NSDAP aufgefallen sein. So positionierte er sich also mehr als heldenhaftes Opfer des NS-Regimes denn als Mitläufer und schon gar nicht als Kollaborateur: »Ich habe all dies nicht getan, um ›Nazikultur‹ zu betreiben, sondern um ein so ruhmreiches Institut wie die Bayerische Staatsoper, in wenn auch noch so bescheidener Form, unter allen Umständen und durch alle eintretenden Katastrophen hindurch am Leben zu erhalten.« Seine Schilderungen sind freilich darauf ausgelegt, ihn zu entlasten; sein Talent könne ihm nicht zum Vorwurf gemacht werden, schrieb er in seiner Verteidigungsschrift: »Mit Politik und politischer Betätigung hatte ich nichts zu tun. Wenn mein berufliches Können mich in den Vordergrund gerückt hat, so ist dies eine Tatsache, die ich nicht als Schuld betrachten kann.«

Unbestritten bleibt dennoch, dass Hartmann als Günstling der obersten politischen Führungskreise und durch seine Anpassung an die Gegebenheiten durchaus umfassend persönliche Vorteile erfuhr und somit eine große Karriere begründen und sichern konnte – auch wenn er darauf bestand, nie Vorteile aus seiner Parteizugehörigkeit und der Nähe zur politischen Führung gezogen zu haben. Während seines Entnazifizierungsverfahrens lehnte Hartmann Angebote anderer Bühnen zunächst mit der Absicht ab, so bald als möglich wieder an die Staatsoper zurückzukehren.[26] Aufgrund seiner Parteizugehörigkeit seit April 1933 und der Sperre als Regisseur und Theaterleiter hatte er an der Staatsoper nicht nahtlos weiterarbeiten können. Aus dem Briefverkehr der Jahre 1945 bis 1949 mit dem langjährigen Freund Richard Strauss ist nachvollziehbar, wie sehr er sich nach München zurücksehnte. So schrieb er bereits 1947: »[N]och sitzt irgendwo jemand im Dunklen und hat mein Wiederkommen, das schon von Presse und Radio befürwortet wurde, vereitelt. Ich warte also weiter und denke mir nur, wie schade es im Interesse der Oper um die verlorene Zeit ist.«[27] Für Hartmann stellten die

Jahre 1945 bis 1952 eine nur schwer erträgliche Lücke in seinem Staatsopern-Lebenslauf dar. Bis zur erneuten Zusammenarbeit zwischen dem renommierten Regisseur und dem Freistaat galten auch für Hartmann die Maßnahmen des Entnazifizierungsverfahrens bei Personen, die im nationalsozialistischen Regime Schlüsselpositionen besetzt hatten. Die Operndirektion der Bayerischen Staatsoper war eine solche Schlüsselposition. Am 6. Juli 1945 wurde Hartmann zunächst auf Anordnung der amerikanischen Militärregierung aufgrund seiner leitenden Tätigkeit während des Nationalsozialismus und seiner NSDAP-Mitgliedschaft aus dem Staatsdienst entlassen und erhielt Berufsverbot. Den bis 1948 bestehenden Vertrag als Operndirektor, zu dem er durch Verfügung von Gauleiter und Kultusminister Adolf Wagner am 1. Mai 1938 ernannt worden war, erklärte man somit für ungültig. Auch die Professur an der Münchner Musikhochschule ließ man nicht wiederaufleben. Doch auch nachdem er 1946 von der Spruchkammer des Landkreises Wolfratshausen mit Wirkung vom 13. November 1946 als »Mitläufer« und damit in die zweitniedrigste Kategorie eingestuft wurde, bestanden 1947 noch Bedenken gegen seine Wiedereinstellung: Bei der Suche nach einem Nachfolger für Arthur Bauckner wurde auch der »beim Theater sehr bewährte Rudolf Hartmann, der in den vergangenen Jahren unter Clemens Krauß diese Stelle innehatte« bedacht. Allerdings wurde hinzubemerkt: »Rudolf Hartmann ist aber durch seine frühere Tätigkeit politisch belastet und wird deswegen nicht zu verwenden sein.«[28] Damit besaß er vorerst keinerlei Ansprüche auf etwaige Leistungen oder auf eine Wiedereinstellung. Weder die umfangreiche Rechtfertigungsschrift, die Hartmann am 7. Juli 1945 verfasst und am 6. August desselben Jahres an Arthur Bauckner, den Generalintendanten der Bayerischen Staatstheater, geschickt hatte, noch die drei Jahre später erfolgte Anfrage seines Rechtsanwalts Dr. Walther Schwink vom 11. August 1948 beim Kultusministerium betreffs der Bezüge als Professor und Operndirektor konnten die Sachlage ändern: Eine Wiederverpflichtung an die Staatsoper kam, wie es schien, nicht in Betracht, weil die Position des Operndirektors nicht mehr existierte. Der Wiederverwendung als Hochschul-Professor stand nach Maßgabe des Referats 26 (Hochschulen) im Kultusministerium die »politische Belastung des R. Hartmann« und die Unmöglichkeit, den Hochschuletat auszudehnen, entgegen. München blieb dem ehemaligen Operndirektor vorerst versperrt.

### Die Lebensleistung des Repräsentationskünstlers

Die Personalentscheidung fiel schließlich doch, schon 1951, für ihn, das ehemalige NS-Parteimitglied, als frühzeitigen Nachfolger von Georg Hartmann, der das Theater zwischen 1947 und 1952 leitete. Freilich liegt die Vermutung nahe, dass Hartmann schon gleich in den ersten Jahren nach Kriegsende, entgegen aller Jahrzehntelang kolportierter Chancenlosigkeit, als konkreter Kandidat gehandelt wurde.[29] (vgl. Das Dilemma der strukturellen Organisation, S. 182) Fest steht, dass *SZ*-Redakteur und Kunstmäzen Heinz Pringsheim[30] ihn schon 1947 vorgeschlagen und auch Generalmusikdirektor Solti sich im selben Jahr für ihn ausgesprochen hatte.[31] Im Sommer 1948 wurde Hartmann wieder als Regisseur, nicht aber als Oberregisseur oder Theaterleiter für Bayern zugelassen.[32] Ab 1949 erfuhr er nachweislich von Richard Strauss Unterstützung mit Kontakten ins Kultusministerium. Strauss beteuerte ihm brieflich: »[D]ie Hauptsache ist, Sie wieder nach München zu bringen, dagegen müssen alle anderen Pläne wenn nötig zurückstehen.«[33] Zum Sommer 1949 gab es den ersten Plan zur Umorganisation der Bayerischen Staatstheater: Alois Johannes Lippl, Intendant des Bayerischen Staatsschauspiels, sollte nach Kultusminister Hundhammers Plänen Generalintendant werden, Rudolf Hartmann die Leitung der Oper übernehmen und Solti Generalmusikdirektor bleiben.[34]

Zwischen Hartmann und dem Ministerium bestand eine kontinuierliche Korrespondenz. Entspannung im beiderseitigen Verhältnis stellte sich aus Hartmanns Sicht erst zu Beginn des Jahres 1950 ein, nachdem Generalmusikdirektor Georg Solti laut Protokoll der Intendantensitzung vom 15. Februar Rudolf Hartmann als Regisseur für die Aufführung von Lortzings Oper *Zar und Zimmermann* ins Gespräch gebracht hatte. Zwar kam das Engagement nicht zustande, der Kontakt zwischen Hartmann und Generaldirektor Dr. Wilhelm Diess, dem Leiter der später aufgelösten »Generaldirektion der Staatstheater«, riss aber nicht mehr ab. Wegen der Landtagswahlen am 26. November 1950 konnte Diess konkrete Entscheidungen erst für den Dezember des Jahres in Aussicht stellen. Nachdem die CSU als stärkste Fraktion im neuen Landtag feststand, fragte Diess telegrafisch bei Hartmann an, ob er über eine Verpflichtung nach München zu verhandeln bereit sei.[35]

Ein weiter zurückreichendes Dokument, welches konkret die Planung der Intendanz mit der Person Rudolf Hartmann ausdrückt, ist im Aktenbestand nicht vorhanden. Die Einzelheiten der Kontaktaufnahme und der Meinungsbildung in Staatsregierung und zuständigem Ministerium lassen sich kaum rekonstruieren, weil darüber keine Protokolle geführt wurden. Die Berufung des Intendanten wurde im Freistaat Bayern im Ministerium entschieden und mit der Staatsregierung abgesprochen. Weder der Landtag noch einer seiner Ausschüsse war, anders als heute, an der Meinungsbildung beteiligt. Sicher wog das inzwischen wieder international gewachsene Renommee des einstigen Münchner Operndirektors schwer, weil man ihn nach Zürich, Neapel, London, Wien, Paris und Bayreuth rief, um sich des Glanzes seiner Bühnenkunst zu vergewissern. Da mochte München nicht zurückstehen. Ein Repräsentationskünstler wie Hartmann passte ins Konzept.

Grundlage der Verhandlungen mit Rudolf Hartmann war die organisatorische Neuordnung der Staatstheater, vor allem die Zusammenlegung von Staatsoper und Ope-

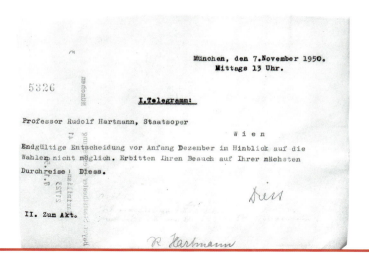

Telegramm im November 1950 von Ministerialrat Wilhelm Diess an Rudolf Hartmann als frühester Schriftbeleg einer möglichen Wiederanstellung an der Bayerischen Staatsoper.

rette (am Gärtnerplatz) in der Hand eines einzigen Intendanten, der freilich nicht mehr Generalintendant heißen sollte (vgl. Das Dilemma der strukturellen Organisation, S. 182). Dem amtierenden Staatsintendanten Georg Hartmann wurde 1951 abrupt gekündigt. In den darauffolgenden Monaten übte sein angedachter Nachfolger Rudolf Hartmann im weiteren Verlauf der Vertragsanbahnung sowie -verhandlung vermehrt Entscheidungsdruck auf das Ministerium aus. Erste Verhandlungen führte man am 5. Juni 1951 im Hotel Vier Jahreszeiten, drei Tage später erfolgte im Bewusstsein, man werde Einigkeit erzielen, die offizielle Anfrage durch Kultur-Staatssekretär Dr. Eduard Brenner, am 14. Juni gab Hartmann seine generelle Zusage. Da er sich am 3. Juli bereit erklärte, Intendant der zusammengelegten Institutionen Staatsoper und Gärtnerplatztheater zu werden ohne die Position eines Generalintendanten zu bekleiden, stand seiner Ernennung nichts mehr im Wege. Die nachfolgend ausgefertigten schriftlichen Vertragsunterlagen belegen das Übliche: enervierend langwierige Debatten um Honorare, steuerfreie Aufwandsentschädigungen und Erstattung von Umzugskosten, keineswegs aber, wie Hartmann später gern glauben machen wollte, die euphorische Annahme des Rufs nach München unter Hintanstellung aller übrigen Bedenken.[36] Was die Vergangenheit von Rudolf Hartmann betraf, so zählte für das Bayerische Kultusministerium vorrangig dessen Status als »Entlasteter«. Zudem versicherte der neue Staatssekretär Eduard Brenner 1951 im internen Schriftverkehr des Ministeriums seine Aufgeschlossenheit für größte Kompromisse: »Ausserdem bin ich bereit, bei Künstlern, wenn es notwendig sein sollte, einen anderen Masstab anzulegen als bei Professoren. Das Wesentliche scheint mir zu sein, dass wir schnell handeln«.[37] 1952 äußerte sich Kultusminister Josef Schwalber in ganz ähnlicher Weise sogar öffentlich: »Im übrigen solle man keinen allzu strengen Maßstab an das frühere politische Verhalten der Künstler legen«, ließ er sich in den *Nürnberger Nachrichten* in Bezug auf seinen neuen Staatsintendanten zitieren.[38] Aufgrund seines Künstlerdaseins konnte Hartmann in der heiklen Frage seiner politischen Vergangenheit folglich nach anderem Gradmesser bewertet werden, auch wenn der Anspruch der Entnazifizierung vorsah, nach dem Krieg die führenden Posten nicht mit vormaligen NS-Kollaborateuren zu besetzen. Dass Rudolf Hartmann als Intendant zweier Häuser Teil von kulturpolitischen Entscheidungen war, wurde somit bei dieser Personalie bewusst vernachlässigt und zeigt, wie kompromisslos die Ministerialbürokratie auf die Künstler-Persönlichkeit Hartmann setzte. Gegen dessen Wiederanstellung in eine führende Position des Kulturbetriebs wurde lediglich vereinzelt Einspruch erhoben; allen skeptischen Stimmen zur Intendanz Rudolf Hartmanns ist jedoch gemeinsam, dass sie noch vor dem Beginn seiner ersten Spielzeit datiert sind. Nach Hartmanns Amtsantritt verliert das Argument der NS-Schuld gänzlich an Bedeutung.[39]

In die Besetzungsfrage des Generalmusikdirektors wurde Hartmann im Zuge seiner eigenen Vertragsverhandlungen einbezogen: Als Nachfolger Soltis, der laut ministerieller Einschätzung 1951 »für München noch einer grösseren Erfahrung bedarf«[40], wurde in den Vertragsvormerkungen zunächst Erich Kleiber als Generalmusikdirektor gehandelt.[41] Zu einer möglichen Wiederberufung seines vormaligen Förderers Clemens Krauss sprach sich Hartmann bezeichnenderweise entschieden abweisend aus.[42] Die weiteren Verhandlungen führten über Knappertsbusch, von Karajan und Keilberth 1952 schließlich – für nur zwei Jahre – zu Rudolf Kempe, auf den – ebenfalls nur für zwei Jahre – 1956 bis 1958 Ferenc Fricsay folgte. Ab 1959 übernahm die Position des Generalmusikdirektors der schon früher gewünschte Joseph Keilberth, der auch der erste GMD im wiederaufgebauten Nationaltheater sein sollte.

Zu den führenden Regiekräften des Hauses zählten neben Hartmann weiterhin Heinz Arnold und später Oberspielleiter Hans Hartleb. In seiner Autobiografie schrieb Hartmann:

Es war kein gemachtes Bett, in das ich hinein kam. Ich konnte mir gut vorstellen, was mein Vorgänger in seinen vier Jahren zu leisten und zu leiden hatte, um überhaupt erst einmal das Chaos zu lichten. Mir blieb genug davon übrig; dazu zwei fehlende Theatergebäude […] und die Aufgabe, im Prinzregententheater und im Gärtnerplatztheater jeden Abend zu spielen, natürlich immer in »höchster Qualität«, jede Aufführung »ein künstlerisches Ereignis«, und dazu ein »hochinteressanter, wechselvoller Spielplan«.[43]

Seine Intendanz begann Hartmann 1952 mit einer Neuinszenierung des *Fidelio*. Kempe dirigierte, das Bühnenbild stammte von Emil Preetorius, der wie Hartmann auch schon während der NS-Zeit am Haus gearbeitet hatte. Im Sinne einer »Bewahrung des ruhm-

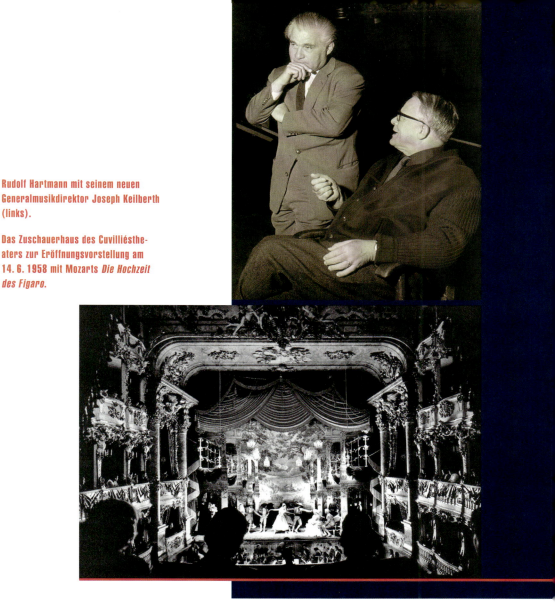

Rudolf Hartmann mit seinem neuen Generalmusikdirektor Joseph Keilberth (links).

Das Zuschauerhaus des Cuvilliéstheaters zur Eröffnungsvorstellung am 14. 6. 1958 mit Mozarts *Die Hochzeit des Figaro*.

reichen Erbes« und der »Restaurierung der Vergangenheit«[44] knüpfte Hartmann bruchlos an das Grundrepertoire eines großen Opernhauses an, wie er es auch schon als treibende Kraft neben Clemens Krauss in den 1930er und 1940er Jahren aufgebaut hatte – und das in den Nachkriegsjahren vor 1952 bereits Hartmanns Vorgänger Arthur Bauckner und Georg Hartmann wieder etabliert hatten. Mit (beinahe) allen großen Standard-Repertoirewerken von Mozart, Wagner und Strauss wurde ein auf Repräsentation angelegter Spielplan fundamentiert und erweitert, der zusammen mit Hartmanns Ensemblepolitik einen hohen Standard setzte. Hinzu kam die intensivierte Pflege des Verdi-Kanons als Gegengewicht zur Wagner-Linie. Georg Hartmann hatte zudem eine Erweiterung bzw. Überarbeitung des seit 1945 angelegten Puccini-Bestands vorgenommen und die bereits begonnene slawische Opernlinie ausgebaut (u. a. mit *Jenůfa*, *Chowanschtschina*, der deutschen Erstaufführung von Janáčeks *Die Ausflüge des Herrn Brouček*). Die seit 1938 begründete Orff-Tradition wurde unter Hartmann weitergepflegt (mit der Münchner Erstaufführung von *Oedipus der Tyrann*), ebenso wurden umfassend Werke von Werner Egk aufgeführt und dessen Werkekanon durch die Münchner Erstaufführungen *Irische Legende*, *Der Revisor*, *Columbus* und *Die Verlobung in San Domingo* (Uraufführung 1963) komplettiert. Repertoire-Besonderheiten wie Korngolds *Die tote Stadt*, Charpentiers *Louise*, Meyerbeers *Afrikanerin*, Glucks *Orpheus und Eurydike*, Händels *Julius Cäsar* oder Monteverdis *Krönung der Poppea* (Münchner Erstaufführung 1963) fanden Beachtung im Spielplan. Zudem kam es unter Rudolf Hartmann mit Henri Tomasis musikalischem Drama *Don Juan de Mañara* (1956), Hindemiths *Harmonie der Welt* (1957) und Henzes *Elegie für junge Liebende* (Schwetzingen, dann im Cuvilliéstheater 1961) zu vielbeachteten Uraufführungen durch die Bayerische Staatsoper. Gleichfalls brachte Hartmann eine Reihe von längst überfälligen Münchner Erstaufführungen und wichtigen zeitgenössischen Novitäten heraus: Honeggers *Johanna auf dem Scheiterhaufen*, Marcel Mihalovicis *Heimkehr* zusammen mit Bartóks *Herzog Blaubarts Burg*, Gottfried von Einems *Dantons Tod*, Bergs *Wozzeck* und Strawinskys *Oedipus Rex*.

Der Großteil der Aufführungen fand bis 1963 in der vorläufigen Hauptspielstätte Prinzregententheater statt, ab 1958 stand der Oper auch das im Apothekenstock der Residenz wiedererrichtete Cuvilliéstheater zur Verfügung (Abb. S. 307). Während seiner Doppelintendanz mit dem Gärtnerplatztheater (bis 1955) bezog Hartmann diese Spielstätte in seine Planung dadurch ein, dass hier nun erstmals regelmäßig auch Volks- und Spielopern auf dem Programm standen, weil die ins Prinzregententheater ausgewichene Staatsoper dringend eine weitere, geeignetere Bühne für derlei Aufführungen benötigte. Das Gärtnerplatztheater war also beides zugleich: sowohl Staatsoperette als auch die zweite, intimere Spielstätte der Staatsoper. Dies gelang besonders repräsentativ und gleichermaßen publikums- wie pressewirksam durch die Einbeziehung des Hauses mit Mozart- und Strauss-Aufführungen in die Münchner Opernfestspiele. Im Opernbereich brachte Hartmann hier eine ganze Reihe von Münchner Erstaufführungen stilistisch besonders profilierter Werke, gelegentlich mit deutlichem Zug zur Moderne: Menottis *Der Konsul*, die Münchner Erstaufführung von Strawinskys *The Rake's Progress* und Hans Erismanns *Don Pedros Heimkehr* nach Mozart. Was die Aufführungszahlen betrifft, lag der Schwerpunkt hingegen häufiger auf dem Bereich der Spieloper (*Der Wildschütz*, *Fra Diavolo*, *Der Barbier von Sevilla*). Wie Staatsminister August Rucker 1955 feststellte, hatte sich die »Personalunion Theater am Gärtnerplatz und Staatsoper in der Person von Rudolf Hartmann […] künstlerisch-sachlich für das Theater am Gärtnerplatz als besonders förderlich erwiesen.«[45] Zum September 1955 ließ sich Hartmann dennoch gänzlich von seinen Aufgaben am Gärtnerplatz entbinden, um ausreichend Ressourcen für den verstärkten Ausbau der Münchner Opernfestspiele und die Planung des Wiederaufbaus des Nationaltheaters zur Verfügung zu haben, für dessen Durchführung 1959 erneut sein Gehalt aufgestockt wurde.[46]

Den sängerbezogenen künstlerischen Neubeginn verschaffte Hartmann der Staatsoper mit einem schrittweise ausgewechselten und überdurchschnittlich jungen neuen Ensemble. Ihm wurde hoch angerechnet, Sänger und Sängerinnen wie Hertha Töpper, Lisa della Casa, Astrid Varnay, Erika Köth, Howard Vandenburg, Kieth Engen, Hermann Prey und Dietrich Fischer-Dieskau entdeckt, gefördert und geformt zu haben. Die Staatsoper und auch die Opernfestspiele erlangten so wieder mehr überregionale Beachtung als noch in den Jahren unmittelbar zuvor. Durch die von Hartmann forcierte Kammersängertitel-Offensive wurden die Ehren-Bezeichnungen zum Prädikat erhoben sowohl für Sänger, die die NS-Zeit überdauert hatten und ihre Titel als Altersdekoration, Jubiläums-, Geburtstags- oder Abschiedsgeschenk erhielten, als auch für diejenigen aufstrebenden Nachwuchskräfte, die ihre Karriere erst in der jungen Bundesrepublik begannen. Das Bedürfnis der Opernführung nach Sängerprestige, großen Namen und staatstragenden Qualitätssiegeln kannte kaum Grenzen: Über 50 Sänger und Sängerinnen wurden zwischen den Jahren 1955 und 1963 in den Staatsopern-Adelsstand erhoben. Rudolf Hartmann wollte und sollte dafür gefeiert werden, dass er die Staatsoper im großen Format wieder in alte Würden zurückführte. Auch der Wiederaufbau des Nationaltheaters, den er unterstützte bis zur tatsächlichen Rekonstruktion der alten Staatsopernhülle und feierlichen Wiedereinweihung mit internationalem Glanz und Gloria, spiegelt die Selbstwahrnehmung Bayerns in den 1960er Jahren: Paradigmatisch für die Losung »Wir sind wieder wer« in der Zeit des Wirtschaftswunders thront als Hartmanns Stein gewordenes Vermächtnis das Nationaltheater am Max-Joseph-Platz und lässt sich lesen als die Verkörperung des lang ersehnten Anschlusses an die Vorkriegszeit und der Rückkehr in die Normalität des Opernbetriebs von Weltrang. Über die NS-Vergangenheit des Ermöglichers sahen Vertreter der Kulturpolitik und die Öffentlichkeit für dieses Ergebnis gerne großzügig hinweg. Bei allem Verdienst um die künstlerische Qualität der Bayerischen Staatsoper in den 1950er und 1960er Jahren ist die Intendanz Rudolf Hartmanns mit einem Widerhaken behaftet: Hartmanns nachweisliche Zusammenarbeit mit dem nationalsozialistischen Regime wurde bewusst übersehen, indem man stattdessen auf äußerliche Reputation von Institution und Leitung setzte. Aus heutigem Blickwinkel, 65 Jahre nach Hartmanns Wiederantritt, bleibt festzustellen, dass die Entscheidung für einen derart belasteten Kollaborateur nur aufgrund mangelnder historischer Sensibilität erfolgen konnte und aus heutiger Sicht inakzeptabel war. RC

# Karl Amadeus Hartmann

**Die sogenannte Stunde Null, die sich im Sinne** einer durchgreifenden Erneuerung des politischen und kulturellen Selbstverständnisses weder in der jungen Bundesrepublik noch im neuen Freistaat Bayern wirklich ereignete, war für den Münchner Komponisten Karl Amadeus Hartmann – ganz im Gegenteil – der Start zu einem neuen Leben und einer zweiten künstlerischen Karriere. Hartmann galt der amerikanischen Militärregierung in Bayern als der weißeste unter den deutschen Musikschaffenden der damals vergangenen zwölf Jahre. Die (inoffizielle) Klassifizierung bezog sich auf die Einstufung für Kunstschaffende im Entnazifizierungsverfahren, in dem beispielsweise Werner Egk bis zum Oktober 1947 als »schwarz«, also als »belastet« galt und Carl Orff im April 1946 bereits als »grau« geführt wurde, mithin als Nutznießer des Regimes, aber nicht als »nazistisch« verdächtig.[1] Die beiden amerikanischen Gutachter Arthur C. Vogel und Leutnant Van Loon erkannten hingegen in Hartmann »einen Mann von äußerster Integrität« (»a man of the utmost integrity«[2]) und hielten ihn deshalb für den »am besten geeigneten Kandidaten«, um im *Re-Education*-Programm für München und Bayern als Musikdirektor bei Radio München die von der Besatzungsmacht erwartete kulturelle Aufklärungs- und Bildungsarbeit für die bayerische Bevölkerung zu leisten.[3] Dass Hartmann nicht Musikorganisator, sondern Komponist sein wollte, bewog die Militärregierung zwar zu einem gelinden Kurswechsel in ihrer Kulturpolitik, aber die Lösung fand sich rasch in der Anstellung Hartmanns als Konzertdramaturg bei der Bayerischen Staatsoper. Vom 15. September 1945 bis 31. August 1946 wurde der Komponist in einem Vertrag mit der Generalintendanz der Bayerischen Staatsoper zum Dramaturgen mit einem Monatsgehalt von 700 RM bestallt.[4] Die wie improvisiert anmutende Berufung des Münchner Komponisten erwies sich als äußerst glückliche Entscheidung: Hartmann behielt diesen Dramaturgen-Vertrag, Jahr um Jahr verlän-

Karl Amadeus Hartmann am Klavier in seinem Arbeitszimmer, um 1958.

gert, bis zum Ende seines Lebens im Dezember 1963. Sein (zweites, nunmehr offizielles) Leben für die Neue Musik und ihre Präsentation in der Konzertreihe Musica viva ist eine unvergleichliche Erfolgsgeschichte.

Die extrem frühe Entscheidung zugunsten Hartmanns in dem zunächst von den Amerikanern betriebenen und später nur noch beaufsichtigten kulturellen Säuberungs- und Umerziehungsprogramm erhielt nämlich erst am 5. März 1946 seine gesetzliche Grundlage, der die drei Länderregierungen der amerikanischen Besatzungszone per Unterschrift zustimmten.[5] Am 13. Mai nahmen die sogenannten Spruchkammern ihre Arbeit auf, in denen deutsche Laienrichter die Säuberungsaktion unter Aufsicht der amerikanischen Behörden einleiteten. Dass Hartmann zu diesem Zeitpunkt bereits seine erste Spielzeit als Konzertdramaturg der Bayerischen Staatsoper nahezu hinter sich hatte, belegt hinlänglich die Glaubwürdigkeit des Komponisten und das Vertrauen, das die Amerikaner ihm entgegenbrachten.

Ausschlaggebend für die äußerst positive Beurteilung Hartmanns durch die amerikanische Militärregierung, vor allem durch deren »Music Section«, waren die kompromisslose innere Emigration, die Hartmann während des NS-Regimes von 1933 bis

1945 betrieben hatte, und die unzweifelhafte musikalisch-kompositorische Qualität seiner Werke, die er vor und während der NS-Herrschaft schrieb. Zu beiden Aspekten nahm Hartmann in seinen gelegentlichen Texten Stellung, die postum im Mainzer Schott-Verlag 1965 als *Kleine Schriften* veröffentlicht wurden.[6] Bezeichnend ist seine Beschreibung der kompositorischen Wurzeln und seiner autodidaktischen Aneignung von unterschiedlichen Stilen und Techniken der Gegenwart:

Die Epoche der zwanziger Jahre drückte meinem Leben den Stempel auf. Futurismus, Dada, Jazz und anderes verschmolz ich unbekümmert in eine Reihe von Kompositionen. Ich schlug mich nacheinander zu verschiedenen Strömungen, die sich in jenen erregenden Jahren ebenso schnell an der Spitze der Moderne ablösten wie heute [1963].[7]

Sein »Wegweiser« war der Dirigent Hermann Scherchen, der nicht zuletzt mit seinem Szenarium für Hartmanns Oper in der ersten Fassung als *Des Simplicius Simplicissimus Jugend* (1934/35) entscheidenden Anteil an des Komponisten musikdramatischem Denken hatte.

Ebenso nüchtern aber, wie er den über mehr als zehn Jahre reichenden künstlerischen Reifeprozess darstellte, skizzierte Hartmann auch seine innere Emigration:

Dann kam das Jahr 1933, mit seinem Elend und seiner Hoffnungslosigkeit, mit ihm dasjenige, was sich folgerichtig aus der Idee der Gewaltherrschaft entwickeln mußte, das furchtbarste aller Verbrechen – der Krieg. In diesem Jahr erkannte ich, daß es notwendig sei, ein Bekenntnis abzulegen, nicht aus Verzweiflung und Angst vor jener Macht, sondern als Gegenaktion. Ich sagte mir, daß die Freiheit siegt, auch dann, wenn wir vernichtet werden – das glaubte ich jedenfalls damals.[8]

Mit diesem Text war Karl Amadeus Hartmann ein für alle Mal festgelegt auf die historische Berufung, Bekenntnismusiker und Gegenaktivist gegen den deutschen Faschismus (gewesen) zu sein. Der Text lässt sich nicht genau datieren, ist jedoch mit größter Wahrscheinlichkeit nach Ende des Zweiten Weltkriegs geschrieben, vielleicht auch erst Mitte der 1950er Jahre. Jedenfalls wurde der Begriff des Bekenntnismusikers für Hartmann selbst auf zweierlei Weise zum künstlerischen und menschlichen Alleinstellungsmerkmal: zum einen in Abgrenzung zu seinen komponierenden Zeitgenossen der 1930er und 1940er Jahre, vor allem zu Egk und Orff, die als Profiteure des Regimes bei den Nationalsozialisten künstlerische Karriere machten; zum andern als Kontraposition zu den jungen Zeit- und Zunftgenossen der Adenauer-Ära, vornehmlich des Darmstädter Kreises, die kaum eine Brücke schlagen mochten zwischen komponierter Musik und Lebensrealität; die sich auch nicht für emotionale Spiegelung von Erlebnissen und persönlichen Haltungen als musikalisches Programm erwärmen konnten, sondern sich eher für konstruktivistische Modelle der Klangentwicklung und Musikformung interessierten. Damit nahmen sie eine völlig andere Haltung zur Komposition als Kunstwerk ein als Hartmann.[9] In diesem Spannungsfeld des emotionalen Engagements im neuen Beruf als Konzertdramaturg, also als Vermittler der bislang in Deutschland verpönten Musik des 20. Jahrhunderts an eine weitgehend unerfahrene und vielleicht auch unverständige Öffentlichkeit, und der eigenen schöpferischen Tätigkeit als Komponist, der sich in Themenwahl und musikalischem Ausdruck keine Beschränkungen mehr auferlegen musste, waren Hartmanns Äußerungen und Handlungsweisen sehr ambivalent. Erstaunlich ist das nicht, weil der Komponist in zwölf Jahren des Schweigens in Deutschland sich selbst künstlerisch weiterentwickelte und deshalb nach dem Krieg nicht umstandslos dort wieder anknüpfen konnte, wo er vor dem Krieg aufgehört hatte, und weil das Umfeld seiner Kunst, die Neue Musik des neuen Deutschland und der kulturelle Anspruch des Nachkriegspublikums, nun ein völlig anderes geworden waren. Dass aber auch die persönlichen, gleichsam außermusikalischen Stellungnahmen zur gesellschaftlichen Situation Deutschlands in Briefen und Aufzeichnungen eben diese Ambivalenz aufweisen, umreißt die für uns Nachgeborenen kaum noch vorstellbare Problematik, zwei Hälften eines Lebens übergangslos miteinander verbinden zu dürfen und doch nicht den Knoten knüpfen zu können.

### Der Komponist der inneren Emigration

Zwischen 1928 und 1932 konnte der junge Karl Amadeus Hartmann (Jahrgang 1905) in seiner Heimatstadt München immerhin acht Kompositionen zur Uraufführung bringen: zwei Klavierwerke, vier unterschiedlich besetzte Kammermusiken, eine Jazz-Toccata mit anschließender Fuge und eine von fünf kleinen Opern, die Hartmann unter dem Sammeltitel *Wachsfigurenkabinett* auf Bestellung des 1930 neu gegründeten Opernstudios für junge Komponisten, Sänger und Regisseure an der Bayerischen Staatsoper schrieb. Aufbruchstimmung war angesagt, auch in der Staatsoper. Sie zeigte sich in diesen Jahren programmatisch und stilistisch auf der Höhe der Zeit: mit Uraufführungen u. a. von Krenek und Malipiero sowie mit Münchner Erstaufführungen von Hindemith, Wolf-Ferrari und Janáček (vgl. Kennmarken der Weimarer Republik, S. 104) Diese unverkennbare Internationalität und Modernität des Staatsopernrepertoires war jedoch nicht von Dauer. Schon 1932 machten die Uraufführung von Robert Hegers *Bettler Namenlos* (im April) und die Münchner Erstaufführung von Paul Graeners *Friedemann Bach* (im Dezember) sehr deutlich, dass schon vor der Machtübernahme durch die Nationalsozialisten auf der Bühne des Nationaltheaters die politischen Weichen auf faschistischen Konformismus gestellt waren.

In diesem intellektuellen und kulturellen Umfeld entschied sich Karl Amadeus Hartmann trotz seiner Erfolge und guten Beziehungen in München für die innere Emigration. Er stellte das Komponieren nicht ein, aber seine Musiksprache und seine außermusikalischen Themen hatten nun längst die Unbekümmertheit und Unschuld der ersten Komponistenjahre verloren. Hartmann wurde zum Kommentator der sozialen und politischen Katastrophen, die er in seiner unmittelbaren Umgebung erlebte. Klugerweise verzichtete er auf jegliche öffentliche Aufführung seiner Musik in Deutschland, was seine Ehefrau Elisabeth in der Rückschau bestätigte.[10] Er profitierte von seinen internationalen Kontakten. 1933 wurde sein Concerto für Solotrompete und Bläser-Kammerorchester in Straßburg uraufgeführt, 1936 sein 1. Streichquartett beim Kammermusikwettbewerb »Carillon« in Genf (mit einer Wiederholung 1938 beim Fest der Internationalen Gesellschaft für Neue Musik [IGNM] in London). 1937 zeichnete die Wiener Emil-Hertzka-Stiftung[11] seine Kantate *Friede – Anno '48*, die Hartmann kurz vor dem Wiener Wettbewerb umbenannte zu *In memoriam Alban Berg*, mit einem großen Lob aus und empfahl diese Kantate in einem Brief vom Mai 1937 zur Aufführung bei Konzertveranstaltungen.[12] 1939 folgte die Uraufführung der Sinfonie *L'œuvre* auf der Weltausstellung in Lüttich, nur ein Jahr später die Premiere seines *Concerto funebre* in St. Gallen. Dann brach die Reihe der Aufführungen auch im Ausland ab. Auslöser für eine nachdrückliche Verfolgung des Komponisten durch den nationalsozialistischen Verwaltungsapparat war wohl die sehr erfolgreiche Uraufführung seiner Sinfonischen Dichtung *Miserae* beim Fest der IGNM im September 1935 in Prag. *Miserae* war die erste von mehreren Kompositionen, die Hartmann den Opfern der Nazi-Unterdrückung widmete – mit den Worten: »Meinen Freunden, die hundertfach sterben mußten, die für die Ewigkeit schlafen, wir vergessen Euch nicht. Dachau 1933/1934.«[13] Zu den im Spätsommer und Herbst 1935 immer dringlicheren Aufforderungen, der Reichsmusikkammer beizutreten und seine (arische) Abstammung zweifelsfrei nachzuweisen, gehörte auch der am 21. September überstellte Befehl der Reichsmusikkammer, seine Eindrücke vom Prager Musikfest detailliert zu beschreiben. Die Reaktion auf seinen Bericht bedeutete, künftig vor Reisen ins Ausland die Erlaubnis der Reichsmusikkammer einholen zu müssen, und dies mindestens 14 Tage vor Antritt der Reise.[14] Die Warnung war deutlich genug. *Miserae* wurde zwar im Oktober 1938 als Brüsseler Erstaufführung noch einmal gespielt. In Deutschland aber verzichtete Hartmann fortan auf jede öffentliche Wirksamkeit. Das nennt man für gewöhnlich innere Emigration, weil er sich in der Folgezeit zwar häufig bei seinem in der Emigration lebenden Bruder Richard in der Schweiz aufhielt, die Heimat München aber zu keinem Zeitpunkt dauerhaft verließ.

Hartmanns Kommentare zu derartigen Vorgängen in Deutschland sind in ihrer Drastik und Klarheit einerseits eindeutig, andererseits bis zur Unverständlichkeit widersprüchlich, vor allem in der rückblickenden Bewertung der Kriegszeit und ihren Folgen für seine eigene Arbeit ab 1945. Am 30. Dezember 1946 schrieb er dem dänischen Komponisten Knutåge Riisager:

Ich habe mich wie Sie wissen als Antifaschist von allem kulturellen Leben ferngehalten. Ich war, um es kurz zu sagen in keiner Parteiorganisation, noch Militär, Volkssturm, Arbeitseinsatz – nirgends habe ich mitgetan. Es war deshalb sehr schwer für mich, aber ich habe heute die Gewissheit, an einem furchtbaren Unglück nicht mit Schuld zu sein.[15]

Gegen diesen Optimismus in eigener Sache stehen resignative Briefe an den österreichischen Musikschriftsteller Hans Ferdinand Redlich und den österreichischen Komponisten und Musikforscher Egon Wellesz aus den Jahren 1947 und 1948:

Das Publikum denkt mit Sehnsucht an die vergangenen 12 Jahre Kunst dem Volke: Das war schön, das konnte der Spießbürger mitmachen. Deshalb wird ein vollständig unkünstlerischer Mensch, wie Orff, heute mit Ehren überschüttet. Wenn man all diese Unmöglichkeiten sieht, dann glauben Sie mir sehr geehrter Herr Professor, ist es zum verzweifeln und erscheint es als fürchterlich mit diesem deutschen Volke zu leben.«[16]

Nur wenige Monate zuvor war er in zwei Briefen an Redlich gegen Orff und Egk sprachlich zu Felde gezogen: »In diesem Sommer wurde ein bayerisches Stück aufgeführt ›Die Bernauerin‹ […] böse Zungen, zu denen ich auch gehöre, sagen die ›Braunauerin‹. Immerhin eines ist zu bewundern, tüchtig ist dieser Herr in allen Lebenslagen.«[17] Und zehn Wochen später: »Doch auch heute haben wir noch einen sehr schweren Stand. Es wird nicht mehr lange dauern, so ist Herr Egk auch wieder in Amt und Würden, gar nicht zu reden von Herrn Orff. Es ist alles sehr schwer.«[18] Solche Verbalinjurien erscheinen in anderem Licht, wenn man weiß, dass Hartmann 1944 mit einem von Werner Egk, dem damaligen Leiter der Fachschaft Komponisten in der Reichsmusikkammer, ausgestellten »Persilschein« vom Arbeitseinsatz freigestellt wurde und Egk ihm auch die unbehelligten Reisen in die Schweiz zu Bruder Richard ermöglichte – wohl wissend, dass Richard Hartmann als Kommunist und glühender NS-Gegner einzustufen war. Der Text des Schreibens hielt auf eigentümliche Weise die Waage zwischen institutioneller Förmlichkeit, persönlicher Anteilnahme an Hartmanns Geschick und einer drastischen ironischen Schlusswendung:

Zur Vorlage bei dem zuständigen Arbeitsamt wird Ihnen hiermit bestätigt, dass ich als Leiter der Fachschaft Komponisten Ihre Freistellung vom Arbeitseinsatz aufs wärmste befürworte, nicht allein wegen Ihrer Bedeutung als schaffender Musiker, sondern auch in Anbetracht Ihres Gesundheitszustandes, der Ihnen wie uns bekannt ist, ja schon in Ihrem eigenen Beruf hinderlich ist. Eine Verwendung im totalen Kriegseinsatz würde Ihre eigene Arbeit zwar völlig unmöglich machen, andrerseits aber nur minimalen Nutzen bringen.[19]

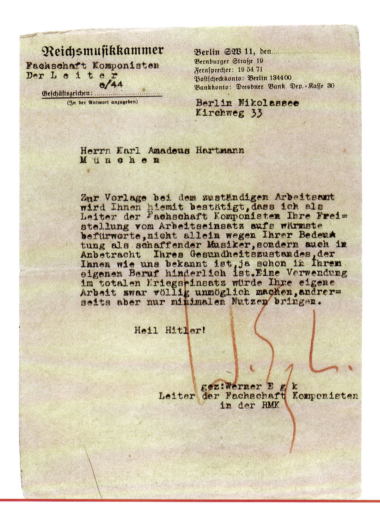

**Freistellungsempfehlung von Werner Egk (Leiter der Fachschaft Komponisten in der Reichsmusikkammer) von 1944.**

Auch die ungewöhnlich häufige Berücksichtigung von Orff- und Egk-Kompositionen in den Musica-viva-Konzerten lässt sich mit Hartmanns politischen Bekenntnissen und seiner zutiefst ablehnenden Haltung zum neuen deutschen Musikbetrieb nach 1945 nur schwer in Einklang bringen. In der Saison 1950/51 beabsichtigte Hartmann gar, die beiden vor dem Zweiten Weltkrieg sehr Erfolgreichen schwerpunktmäßig aufzuführen.[20] Tatsächlich disponierte Hartmann in seinen Konzertprogrammen zwischen 1949 und 1963 in sieben Konzerten Musik von Werner Egk und in fünf Konzerten Kompositionen von Carl Orff – von jenen beiden Zunftgenossen, die er aus politischen, künstlerischen und menschlichen Gründen noch kaum ein Jahr zuvor heftig geschmäht hatte. Das wenig später neutralisierte Verhältnis zu Werner Egk und die sich immer besser gestaltende persönliche Zuwendung zu Carl Orff stehen auch aus heutiger Perspektive noch quer zu Hartmanns humanistischen Idealen (vgl. Porträt Carl Orff, S. 283). Freilich leitete das neue gesellschaftliche wie künstlerische Umfeld im Freistaat Bayern bei Hartmann selbst auch Umdenken und Neuorientierung ein. Den Beweis dafür erbrachte Hartmann durch seine Arbeitsweise: Er ließ keines seiner sinfonischen Werke, die er in der Kriegszeit als unzweifelhafte Bekenntniswerke gegen die Gräuel des Faschismus komponiert hatte, nach dem Krieg in diesen Fassungen aufführen. Zwischen 1947 und 1955 arbeitete er seine ersten sechs Sinfonien und das Concertino für Trompete und Bläser teilweise grundlegend um, weil der neue künstlerische und gesellschaftliche Kontext die ästhetische Neuorientierung nahe zu legen, ja zu fordern schien. Das von ihm selbst mehrmals als »Gegenaktion« bezeichnete Konzept der Bekenntnismusik gegen den Faschismus wandelte sich hörbar in die Überzeugung, die Autonomie der musikalischen Mittel auch ohne außermusikalische Anlässe oder idealistische Fluchtpunkte zur Sprache und Wirkung bringen und damit nach dem Krieg seine sehr individuelle künstlerische Stunde Null formulieren zu können.[21]

Aber auch die persönlichen, schließlich gar familiären Beziehungen zwischen Hartmann und Orff änderten sich seit Ende 1948 grundsätzlich und führten zu einer engen Freundschaft, die noch fast 15 Jahre, bis zu Hartmanns Tod, währte. Von besonderer Bedeutung in dieser persönlichen Entwicklung waren sicherlich zwei hilfreiche Aktionen von Orff, die Hartmanns Integration in das musikalische und kulturelle Leben nicht nur Münchens und Bayerns, sondern ganz Deutschlands beförderten. Im Februar 1950 empfahl Orff seinem Hausverlag Schott in Mainz, die 3. Sinfonie von Hartmann ins Verlagsprogramm aufzunehmen, was Ende Februar 1950 zu einem ersten Verlagsvertrag zwischen Hartmann und Schott führte. Für Hartmann war der Durchbruch zum erfolgreichen Komponistenleben geschafft. Orff fand die 3. Sinfonie »ausgezeichnet« und qualifizierte Hartmann in seinem Empfehlungsschreiben an Schott als einen Komponisten, der »heute wirklich zu den markanten Erscheinungen« gehöre.[22] Orff ahnte sicher nicht, welch verschlungene Wege diese 3. Sinfonie während der Jahre ihrer Entstehung (1940–1949) gegangen war. Die beiden selbstständigen, aber trotz größter Bemühungen des Komponisten nicht zur Aufführung gebrachten sinfonischen Kompositionen *Klagegesang* und *Sinfonia tragica* wurden zu einer Sinfonie mit grundsätzlich veränderter musikalischer Haltung und Aussage verschmolzen.[23] In seinem Urteil gegenüber dem Schott-Verlag bezog sich Orff vor allem auf die Uraufführung der 3. Sinfonie im Februar 1950 im Bayerischen Rundfunk. Noch im selben Monat unterbreitete er der Bayerischen Akademie der Schönen Künste als Vorschlag für die Zuerkennung des erstmals von ihr ausgelobten Musikpreises seinen Komponistenkollegen Karl Amadeus Hartmann mit einer erstaunlichen Eloge, die Hartmann zugleich als bedeutenden Komponisten charakterisierte und im deutschen Musikleben der sehr frühen 1950er Jahre positionierte[24]:

Als d a s Werk Hartmanns, das im Besonderen mit dem Preis zu bedenken wäre, benenne ich seine 3. Symphonie, die am 10. Februar 1950 am Bayerischen Rundfunk zur Uraufführung kam.
Dieses Werk ist eine fraglos bedeutende künstlerische Aussage in hervorragend gekonnter Form, – ich möchte die Satztechnik meisterlich bezeichnen. –
Der nun völlig ausgeprägte, höchst persönliche Stil von Karl Amadeus Hartmann verspricht nach der vorausgegangenen konsequenten und konzessionslosen Entwicklung (es liegt bereits ein stattliches oeuvre vor) noch weitere Entfaltung. Aber es ist heute schon zu sagen, dass Hartmann unbedingt den massgeblichen Komponisten zuzuzählen ist. Ausser anerkannten Meistern weiss ich keinen anderen lebenden deutschen Komponisten von nur annähernd gleicher Bedeutung zu nennen.
Karl Amadeus Hartmann's Verdienste um die Musik der Gegenwart durch Schaffung der »Musica viva«, eine auch im Ausland anerkannte Leistung, sind in München so bekannt, dass sie kaum er Erwähnung bedürfen. Hingegen ist zu betonen, dass Hartmann zu den wenigen lebenden deutschen Komponisten gehört, die auch im Ausland geschätzt und aufgeführt werden und dessen Name ein heute schon feststehender Begriff ist.

Carl Orff hatte offene Ohren für die musikalische Sprache des engagierten Humanisten Karl Amadeus Hartmann, der unverhohlen an die Ausdruckskunst der Zweiten Wiener Schule anknüpfte und von dort aus zu seiner ganz eigenen Musiksprache fand mit dem Ziel, Verständigung unter Menschen auf der Basis emotionaler Erfahrung mit Musik zu vermitteln. Eben dieses Musikkonzept konnte Orff freilich für sein eigenes musikalisches Theater, für die Renovierung der musiktheatralen Tragödie nicht gebrauchen. An diesem Punkt schieden sich die beiden Komponisten-Geister, aber augenscheinlich ohne Groll.

### Der Bildungsarbeiter und dramatische Theatraliker

Trotz aller kompositorischen und ästhetischen Neuorientierung nach 1945 und trotz der unverkennbar ambivalenten persönlichen Haltungen durch 35 Berufsjahre hindurch verbinden sich mit dem Komponisten und Konzertdramaturgen Karl Amadeus Hartmann zwei beispielhafte Leistungen, die in ihrer Integrität und gesellschaftlichen Wirkung bis heute ihres Gleichen suchen. Zum einen imponiert die weitsichtige und kenntnisreiche Organisation jener Konzertmatineen der Bayerischen Staatsoper, deren erste am 7. Oktober 1945 mit Musik von Busoni, Mahler und Debussy, also mit den noch wenige Monate zuvor verfemten musikalischen Vätern des 20. Jahrhunderts stattfand. 18 Jahre später waren Musik von Nono und Boulez und elektronische Kompositionen ebenfalls zur Selbstverständlichkeit geworden. Schon zur zweiten Spielzeit 1946/47 wurde ein Abonnement eingeführt, ab der dritten Spielzeit trug die Konzertreihe den Namen »MUSICA VIVA«. Ein halbes Jahr vor seinem Tod, in einem

Brief an Samuel Beckett 1963, formulierte Hartmann rückblickend das künstlerische Programm dieser Konzerte: »Es ging mir darum, auf vielfältige Weise zu zeigen, wie wenig Musik eine Sache ästhetischer Abstraktion und wie sehr sie eine Sprache unter Menschen der Gegenwart sei, die verstanden und mit anderen Erfahrungen in Beziehung gesetzt werden will.«[25] Die Öffnung der Konzertreihe zum Rundfunk, die ursprüngliche *Re-Education*-Idee der Musiksektion in der amerikanischen Militärregierung, begann im Oktober 1948 mit der Schirmherrschaft von Radio München, das sich wenig später, im Januar 1949, als Bayerischer Rundfunk in eine Anstalt des öffentlichen Rechts wandelte. Seitdem betrieben die Staatsoper und der Rundfunk die erfolgreiche Bildungsarbeit in Sachen Gegenwartsmusik gemeinsam, mit zwei großen, ausgezeichneten Klangkörpern, dem Bayerischen Staatsorchester und dem Orchester des Bayerischen Rundfunks, und ihren prominenten Dirigenten.

Fokussiert auf den Spielplan der Staatsoper in den 18 Jahren zwischen 1945 und 1963, leistete Hartmann wertvolle und mutige Ergänzungsarbeit zum Opernrepertoire. Schon am 7. Juli 1946 ging Strawinskys *Geschichte vom Soldaten* in einem Musica-viva-Konzert szenisch über die Bühne im Brunnenhof der Residenz. Diese Inszenierung wurde im Bühnenbild von Hartmanns Bruder Adolf fünfmal wiederholt. Die »offizielle« Münchner Erstaufführung der *Histoire* in der Staatsoper (Cuvilliéstheater) fand erst 30 Jahre später, am 19. Dezember 1976 statt.

Ein ähnlicher Coup gelang Hartmann mit den beiden Berg-Opern. Er hatte konzertant Fragmente aus *Wozzeck* gleich zweimal im Programm, im November 1950 und im Mai 1955. Die szenische Münchner Erstaufführung des *Wozzeck* gab die Staatsoper erst im Mai 1957. Das zweiaktige *Lulu*-Fragment spielte Hartmann konzertant schon im Mai 1961, während die szenische Erstaufführung dieser Fassung in der Staatsoper erst im Juli 1967 stattfand. Hindemiths Oper *Die Harmonie der Welt* hatte während der Festspiele 1957 in der Staatsoper ihre Uraufführung, aber die dreisätzige Sinfonie gleichen Titels konnte man schon ein Jahr nach ihrer Fertigstellung, am 15. Februar 1952 als deutsche Erstaufführung in einem Musica-viva-Konzert hören. Und als Programmergänzung gab es die Uraufführung von Hermann Reutters Kammer-Oratorium *Die Rückkehr des verlorenen Sohnes*. Trotz seiner Parteimitgliedschaft in der NSDAP galt Reutters Musik bei führenden Nationalsozialisten als entartet und wurde auch als solche auf der Düsseldorfer Ausstellung »Entartete Musik« angeprangert. Die Bayerische Staatsoper hatte während der NS-Herrschaft (noch unter der Generalintendanz Oskar Wallecks) Reutters Oper *Doktor Johannes Faust* (Münchner Erstaufführung im November 1936) im Programm, sonst nichts. Wolfgang Fortners Ballett *Die weiße Rose* hatte Hartmann im März 1950 konzertant für die Musica viva in München reserviert. Das Ballett wurde in der Staatsoper szenisch nie aufgeführt. Auch Wolfgang Fortner war Partei-Mitglied und unternahm mit dem von ihm 1935 gegründeten Heidelberger Kammerorchester Konzertreisen zur Wehrmachtsbetreuung. Gleichwohl wurde er nach Kriegsende nur als »Mitläufer« eingestuft und setzte seine Karriere als Sachwalter zeitgenössischer Musik erfolgreich fort. Aber erst in den späten 1960er und Mitte der 1970er Jahre zeigte die Bayerische Staatsoper drei seiner Werke: die beiden Opern *In seinem Garten liebt Don Perlimplin Belisa* (Dezember 1965) und *Elisabeth Tudor* (Januar 1973) sowie das Ballett *Triplum* (Mai 1969). Wie in der Annäherung an Orff und Egk sind auch diese Programmentscheidungen mit Werken von Reutter und Fortner aus der Rückschau zumindest überraschend, wenn nicht unverständlich. Hartmanns konsequente Abwendung von politischen und ideologischen Mitläufern des Systems hatte im Kreis seiner Zunftgenossen ihre Grenzen. Da der Konzertdramaturg der Staatsoper nicht jedes Programm in seiner Zusammensetzung ausführlich schriftlich kommentierte, blieben viele Entscheidungen rätselhaft. Mit diesen Widersprüchen muss man vorerst leben, aber der humanistische Grundzug in Hartmanns Empfinden und Denken ließ ihn offensichtlich auch den politischen Spagat bewältigen zwischen aufrecht standhaften und kollaborierenden Komponisten. Insgesamt präsentierte Hartmann in seinen Konzerten neben Kammer- und Orchestermusik der Gegenwart, zumeist konzertant, drei Dutzend Bühnenwerke, Opern und Ballette und leistete auf diese Weise eine ideale Ergänzung zum Staatsopern-Repertoire. Hartmann betrieb in viel umfassenderem Sinn, als es sich die Amerikaner vorstellen konnten, das *Re-Education*-Programm für die Münchner Musikfreunde, die sich unmittelbar nach dem Zusammenbruch des Nationalsozialismus für fast zwei Jahrzehnte im Zentrum der zeitgenössischen Musik des 20. Jahrhunderts wähnen durften. Und dies unter dem Lable einer weitsichtigen dramaturgischen Arbeit in der Bayerischen Staatsoper.

Neben dieser Bildungsarbeit im besten Sinne leistete Hartmann mit seiner eigenen Oper *Des Simplicius Simplicissimus Jugend* als Komponist einen herausragenden Beitrag zu Geschichte und Ästhetik der modernen Oper des 20. Jahrhunderts. Die beiden Fassungen, in denen diese Oper existiert, und ihre Aufführungsgeschichte spiegeln in ihrem Unterschied ganz auffällig Hartmanns Entwicklung vom Bekenntniskomponisten zum dramaturgisch akzentuierenden und präzis zuspitzenden Dramatiker. Sie dokumentieren exemplarisch den Wandel vom Gegenaktions-Musiker zum Theaterkomponisten mit sozialem Ethos. Natürlich repräsentieren beide Fassungen eine radikale Kritik an Krieg und menschenverachtender Unterdrückung. Zentrales Thema ist (wie im ersten Teil von Grimmelshausens Roman, der literarischen Vorlage für die Oper) die Todeserfahrung in Zeiten des Krieges, denn jede der drei Szenen endet in beiden Fassungen mit dem Tod von handelnden Figuren. Die erste Fassung von 1934/36 vermittelt freilich wegen der langen Passagen gesprochenen Textes und der konkret an den ästhetischen Maximen des epischen Theaters orientierten Präsentationsweise jenen politischen Aktivismus, den sich Hartmann mit seiner Entscheidung zur inneren Emigration zu eigen gemacht hatte. Dass jene Bauern, die (im 1. Bild) von marodierenden Landsknechten ausgeplündert und erschlagen werden, am Ende (im 3. Bild) sich an der Obrigkeit, am Adel mit Mord und Totschlag rächen, gehört zum aktionistischen Mechanismus, der den Formen des epischen Theaters gemäß ist. Die für das Frühjahr 1940 im belgischen Rundfunk geplante konzertante Uraufführung dieser Fassung scheiterte an der zwischenzeitlich brenzlig gewordenen politischen Situation in Westeuropa: Die im Rahmen der Westoffensive erfolgte deutsche Besetzung Belgiens im Mai 1940 machte die für den 29. Mai geplante Ausstrahlung dieses Agitationsstücks zunichte. Paul Collaer, der Direktor des belgischen Rundfunks, teilte die Absetzung brieflich bereits am 15. April mit.[26] Nach Kriegsende waren die Bemühungen um eine Aufführung zunächst nicht erfolgreicher. Eine für 1947 geplante Aufführung in München kam nicht zustande, weil das Stück vom Programm der Münchner Kunstwoche 1947 kommentarlos gestrichen wurde.[27] Konzertant wurde die erste Fassung erst am 2. April 1948 in Radio München gesendet. Die szenische Uraufführung fand am 20. Oktober 1949 in den Kölner Kammerspielen statt. Die Bayerische Staatsoper spielte diese Fassung am 6. März 1951 im Brunnenhof-Theater – pikanterweise dirigiert vom ehemaligen NSDAP-Parteimitglied Robert Heger.

Zu diesem Zeitpunkt trug sich Hartmann möglicherweise schon mit Überlegungen zu einer Umgestaltung des Werks, die er 1955 realisierte: eine Ouvertüre, die schon 1939 geschrieben wurde; ein Vorspiel zur II. Szene, in der das für ihn programmatische Gryphius-Gedicht *Tränen des Vaterlandes* zitiert wird; und eine Apotheose am Ende der III. Szene, in der Hartmann nach eigenen Angaben seinen Glauben an eine bessere Zukunft zum Ausdruck bringen wollte.[28] Zur Revision gehörte freilich auch die Streichung des ursprünglich 5. Bildes in der II. Szene, die kriegsbedingte Zerstörung der Stadt Gelnhausen – eine symptomatische Reaktion auf Hartmanns Erkenntnis, dass sich seine Mitmenschen mit derartigen Kriegsgräueln nicht mehr konfrontieren lassen wollten. Tatsächlich ist der *Simplicius Simplicissimus*, wie die neue Fassung nun betitelt ist, sehr viel konkreter auf die Bedürfnisse eines großen Opernhauses und eines repräsentationsbewussten Opernpublikums abgestellt – mit all jenen szenischen Wirkungen, die dem Agitationsstück der mittleren 1930er Jahre noch abgingen, die aber 20 Jahre später wie selbstverständlich zum Genre des Musiktheaters gehörten, bis hin zur lebensgroßen Realisation des Ständebaums, um den Grad des Realismus in der Darstellung der hierarchisch geordneten Gesellschaft so weit wie möglich zu treiben. (Abbildungen S. 322) Die Staatsoper spielte die Neufassung als Münchner Erstaufführung am 25. Februar 1960, im Cuvilliéstheater inszeniert von Oberspielleiter Heinz Arnold und dirigiert von Heinrich Bender. 15 Jahre später, am 19. Dezember 1976 folgte an gleicher Stelle eine Neuinszenierung von Hans Korte unter der musikalischen Leitung von Miltiades Caridis.

Karl Amadeus Hartmann hat tiefe Spuren im ersten Nachkriegsjahrzehnt in der Münchner Musikszene hinterlassen. Noch einmal: Re-Edukation, wie sie sich die ame-

rikanischen Besatzer dachten, war für ihn Programm, und der Vergleich musikalischer Kulturen, den man in seinen Musica-viva-Konzerten immer wieder betreiben konnte, schuf rund um die Bayerische Staatsoper eine musikalische Offenheit und Lauterkeit, die man zu gleicher Zeit auf der Bühne des großen Hauses mitunter vermissen musste. Freilich brachte gerade Hartmanns sinfonische Musik die kaum lösbare Problematik zu Bewusstsein, dass sich sinfonische Werke nicht selbstverständlich mit konkreten theatralen Bildern verknüpfen lassen, um den mahnenden oder trauernden oder tröstenden Appell auf einer weiteren Werkebene zu intensivieren. Hartmanns sinfonische Musik wollte konkret und für sich genommen rezipiert, erlebt und verstanden werden. Die Abneigung des Komponisten gegen eine Verknüpfung seiner Sinfonik mit choreografischen Präsentationen wie im Falle seiner 6. Sinfonie belegt nachdrücklich die nicht lösbare Spannung zwischen hören und schauen: Im Finale des Balletts *Triptychon* war dem Choreografen Heinz Rosen eben der Zusammenklang von sinfonischer Musik und choreografischem Ausdruck 1963 in den Festwochen zur Wiedereröffnung des Nationaltheaters gerade nicht gelungen (vgl. Die Eröffnungsfestwochen. *Triptychon*, S. 78 und hier vor allem die kritische Einschätzung von Karl Heinz Ruppel). Zur innovativen theatralen Wirkung bedurfte es des modifizierten Theaterkonzepts etwa Carl Orffs.

Zwei Szenenbilder aus *Simplicius Simplicissimus. Drei Szenen aus seiner Jugend,* der Erstfassung von Hartmanns Oper aus der Aufführung der Bayerischen Staatsoper im Theater am Brunnenhof (1951).

# Helmut Jürgens

**Kein Zweifel, er war, wie von Presse und Theaterleitung** gleichermaßen betont wurde, eine »Säule der Staatsoper«, der Chefbühnenbildner und Ausstattungsleiter Helmut Jürgens. Für die Nachkriegszeit bis zur Wiedereröffnung des Nationaltheaters und noch darüber hinaus eine »Säule«, deren künstlerische Kontinuität und Bedeutung bislang nur in Bildunterschriften zu seinen Bühnenbildern ersichtlich wird. Eine umfassende Würdigung seiner Theaterästhetik fehlt bislang.

Der 1902 in der Nähe von Paderborn geborene Helmut Jürgens wurde konventionell als Dekorationsmaler ausgebildet und begann seine berufliche Tätigkeit als Theatermaler an den Städtischen Bühnen Düsseldorf. Von 1926 bis 1945 arbeitete Jürgens als Bühnenbildner und Ausstattungsleiter in Krefeld, Mönchengladbach, Aachen, Düsseldorf und Frankfurt am Main. Während der Zeit des Nationalsozialismus war Jürgens aufgrund seiner ablehnenden Haltung und öffentlichen Opposition gegen die NSDAP wiederholten Bespitzelungen, Hausdurchsuchungen, Angriffen und Anfeindungen ausgesetzt, was neben Repressalien im Beruf und im Privatleben auch zu physischer und psychischer Schwächung führte.[1] Zur Verlängerung seines Vertrages an den Städtischen Bühnen Düsseldorf war er zum Parteieintritt gezwungen worden. Der spätere Vorwurf des dortigen Generalintendanten Otto Krauß, Jürgens' Kunst sei »artfremd und nicht im Sinne des Nationalsozialismus«[2], rechtfertigte im Sinne des Regimes schließlich seine Entlassung. Laut Eigenaussage hielt Jürgens an Qualität, Ausdruck und ästhetischer Funktion seiner künstlerischen Arbeit fest und verurteilte die »Vergewaltigung der deutschen Kultur [durch die Nationalsozialisten] aufs Schärfste«.[3]

Nachdem Jürgens in der Spielzeit 1947/48 gastweise an der Bayerischen Staatsoper bereits die Inszenierungen *Mathis der Maler* von Paul Hindemith und *Die Kluge* von

Carl Orff ausgestattet hatte, berief ihn Intendant Georg Hartmann 1948 als Chefbühnenbildner und Ausstattungsleiter an das Münchner Haus. Er blieb Chefausstatter bis zu seinem Tod Ende August 1963. Ab 1953 leitete er als Nachfolger von Emil Preetorius die Bühnenbildklasse der Akademie der Bildenden Künste in München, zunächst als Vertrags-Professor und später als Beamter auf Lebenszeit. Eine weitere wichtige Tätigkeit stellte, insbesondere während der 1950er Jahre, die Gestaltung der Plakate für die vom Komponisten und Staatsoper-Dramaturgen Karl Amadeus Hartmann ins Leben gerufene Musica-viva-Konzertreihe dar. Für das Zusammenspiel dieser drei Arbeitsfelder erhielt Jürgens 1962 den von der Stadt München ausgelobten Kulturellen Förderpreis der interpretierenden Kunst.

Bühnenbildner Helmut Jürgens, München 1949.

Während seiner 16-jährigen Schaffensphase an der Bayerischen Staatsoper stattete Jürgens knapp 120 Inszenierungen aus. Sein wiedererkennbarer Stil prägte Optik und Ästhetik der Staatsoper viele Jahre hindurch. Im Nachruf der *Süddeutschen Zeitung* hieß es über seine Bühnenbilder:

Jedes von ihnen ließ seine Handschrift deutlich erkennen, obgleich Jürgens niemals um jeden Preis einen eigenen »Stil« kultiviert hat. Etwas von bester Handwerks-Gesinnung war in diesem ruhig und sicher planenden, jedes eitle Experiment verschmähenden, auch in seinen schwächeren Arbeiten niemals von den Guten Geistern des Geschmacks verlassenen Westfalen. Er ist sich immer bewußt geblieben, daß das Bühnenbild eine durchaus dienende Funktion zu erfüllen, daß es sich dem Geist des Werkes, dem Stil der Partitur, den Intentionen der Regie unterzuordnen hat. Kaum wird man erlebt haben, daß eine seiner Szenerien schon beim Aufgehen des Vorhangs Extra-Applaus erhalten hätte. Er wäre wahrscheinlich sogar unglücklich darüber gewesen: was er entworfen hatte, sollte sich nicht vordrängen, sondern auf leise, unauffällige Weise wirken. So schuf er fürs Prinzregententheater bald monumentale und visionär ekstatische Bilder [...], bald poetisch verträumte und anmutig verspielte.[4]

Bei den Kritikern galt Jürgens als »Proteus der szenischen Phantasie«, als »Verwandlungskünstler der Opernbühne, der festlich glänzenden Barock (*Julius Cäsar*), Symbol-Szenerie (*Elektra*) und imposante Abstraktion mit gleicher Entschiedenheit in den Griff bekam und nur einen Generalnenner für sein künstlerisches Schaffen kannte, den der Qualität.«[5] In der Nürnberger Boulevard-Zeitung *8-Uhr-Blatt* wurde dem Münchner Ausstattungschef 1962, ein Jahr vor seinem Tod, bescheinigt, »›Form und Farbe aus Musik‹ lautet sein Leitmotiv«[6]. Ludwig Wismeyer charakterisierte ein Jahr später in seinem Nachruf auf Jürgens den Bühnenbildner als einen »der ganz wenigen, die aus dem Geist der Musik der Oper das Bild zu geben vermögen.«[7] Das Bühnenbild als eine Interpretation der Oper, als dramaturgisch begründetes Element der Inszenierung und nicht mehr nur als illustrierendes, eigenständiges Kunstwerk zu sehen, führte gleichzeitig zu einer nachhaltigen Veränderung der Aufgaben eines Bühnenbildners,[8] Jürgens' Bühnenbilder »dokumentieren auf exemplarische Weise die dramaturgische Funktion, die das Bühnenbild der Oper heute hat – im Gegensatz zu der dekorativen, die es früher ausschließlich zu erfüllen hatte.«[9] Auch in seiner kurz vor seinem Tod verfassten »Programmatik« führte Jürgens diesen Anspruch an sich selbst aus: »Geistige Auseinandersetzung mit dem Werk« und die daraus resultierende »bildhafte Gestaltung« sollten zu einem »lebendige[n] künstlerische[n] Theater«[10] führen.

Sowohl die Kritiker als auch die Leitung der Bayerischen Staatsoper erkannten früh den unschätzbaren Wert von Helmut Jürgens für das Haus. Georg Hartmann schrieb 1948, Jürgens sei ein

hervorragender Künstler, der in Fachkreisen allgemein bekannt ist. Seine Verpflichtung bedeutet für die Bayerische Staatsoper einen Gewinn und [es] wird ein Bühnenbildner von seinem Format für ein erstrangiges Kulturinstitut, wie es die Münchner Oper ist, dringend benötigt. Die Intendanz kann auf die Mitarbeit des Herrn Helmut Jürgens nicht verzichten und bittet aus dienstlichen Gründen, ihm die Zuzugsgenehmigung [sc. nach München] erteilen zu wollen.[11]

Wie sehr Jürgens sich während der kommenden 16 Jahre für das Theater einsetzen und wie maßgeblich er an dessen Wiederaufbau beteiligt sein würde, war zu diesem Zeitpunkt noch nicht absehbar. Seine organisatorischen Fähigkeiten und einfallsreichen sowie kostengünstigen Lösungen machten ihn nicht nur im Bereich Bühnenbild, sondern als Allround-Organisations-Talent unersetzlich für die Arbeit der Bayerischen Staatsoper in der Nachkriegszeit bis zur Wiedereröffnung des Nationaltheaters, die Helmut Jürgens allerdings nicht mehr erleben durfte. Am 28. August 1963, drei Monate vor der Wiedereröffnung, verstarb Jürgens an den Folgen eines Herzinfarkts.

#### Die Abstraktion

Zweifellos entwickelte Helmut Jürgens während seines Schaffens an der Bayerischen Staatsoper eine szenische Handschrift, aus der sich viele Bühnenbilder und Bühnenraumlösungen rasch wiedererkennen ließen. Vor allem die immer wieder erprobte Mischung aus weitestgehend abstrahierten Räumen, in denen reale Figuren handelten, wirkten zeitgemäß und konkret auf das jeweilige Opernwerk bezogen – am auffälligsten wohl im *Ring des Nibelungen*, den Jürgens erstmals 1951/52 für die Bayerische Staatsoper ausstattete. Der Wechsel in der Zuständigkeit für Räume und Bilder von Ludwig Sievert zu Helmut Jürgens bescherte der Bayerischen Staatsoper eine neue Bühnenästhetik. Während Sievert 1925 in Frankfurt kompromisslos expressionistische Raum- und Bildlösungen präsentierte und diese Dekorationen für das Münchner Haus 1939 bis 1941 mit unverkennbaren Realismen kaschierte und ins Monumentale steigerte, konzentrierte sich Jürgens auf eine durchgreifende Abstraktion der Dekorationsteile, die gleichwohl an glückliche und überzeugende Lösungen schon der 1920er Jahre angelehnt, also in die historische Entwicklung zumindest der *Ring*-Bilder integriert waren. In *Rheingold* (Premiere am 20. Mai 1952) blieb die neuerbaute Machtzentrale Walhall ein Schemen, wenngleich ein kolossales, vor dem sich die Felsplatten in luftiger Höhe säuberlich schichteten und zugleich als Treppenabgang gedeutet und benutzt werden konnten. Sowohl der Bau als auch die Naturgegend waren abstrakt gedacht und deshalb eher als theatrale Spielfläche mit Dekoration genutzt denn als situationsbeschreibende und Wirklichkeit vortäuschende Kulisse für eine dramatische Handlung. Die Stufung der Felsen ging wohl zurück auf Entwürfe von Alfred Roller (Wien 1907), die in München erstmals in geringer Abwandlung von Leo Pasetti (1921) für die abstrakte Darstellung des Walküren-Felsens am Ende der *Walküre* gezeigt wurde. Auch Helmut Jürgens orientierte sich an diesem bahnbrechenden und stilbildenden Roller-Entwurf in seinem Walküren-Felsen und setzte eben diese abstrakte Felsendarstellung auch in der Schlussszene des 1. Aktes der *Walküre* (Premiere 8. Juni 1952) als Präsentationsbühne für den Zweikampf zwischen Siegmund und Hunding ein (Abb. S. 328). Das Abstraktionsprinzip beherrschte auch die beiden anderen Teile der Tetralogie, *Siegfried* (Premiere 13. Februar 1951) mit einem ebenfalls geschichteten Walküren-Felsen und *Götterdämmerung* (Premiere 12. Dezember 1951), auch in weiteren Naturdarstellungen wie den abstrahierten, wie Lianen gewundenen Baumformationen etwa in Hundings Hütte oder in Fafners Wald. Deshalb stellte Walter Eichner seiner *Siegfried*-Vorschau auf die bildliche Einheitslösung ab (vgl. Anm. 8), die Jürgens für den *Ring* gefunden habe. Oberspielleiter Heinz Arnold inszenierte diesen ersten Nachkriegs-*Ring* im Prinzregententheater, der 1951 mit *Siegfried* und *Götterdämmerung* begann, im darauffolgenden Jahr die beiden ersten Opern nachschob und bei den ersten Opernfestspielen nach dem Zweiten Weltkrieg im August 1952 in korrekter Rei-

Helmut Jürgens erfand 1952 für die Inszenierungen von *Rheingold* und *Walküre* eine abstrakte Schichtung von Felsen, die eher ein Spielplateau als eine realistisch dargestellte Gegend präsentierten (hier der Zweikampf zwischen Hunding und Siegmund in der *Walküre*). Diese Schichtung von Platten nutzte Jürgens als Einheitsbühnenbild für den gesamten Ring der frühen 1950er Jahre.

henfolge als erste Gesamtaufführung dieser Produktion gezeigt wurde. Arnold verlegte sich in seiner Regie ebenfalls, wie sein Bühnenbildner, auf die kontrastreiche Vermischung von Abstraktion und tradiertem darstellerischen Realismus, um sich von den Vorkriegs-Vorbildern zu lösen und dennoch keinen szenischen Eklat mit einem grundlegenden Neubeginn, also auch mit keiner szenisch-interpretatorischen »Stunde Null« zu provozieren.

Helmut Jürgens entwickelte derlei Schichtformationen nicht nur aus der Kenntnis früherer Bühnenbilder zu denselben Opernszenen, sondern aus einem grundsätzlichen Verständnis für die Schichtung und offensichtliche Gliederung einer großen Bühne. Treppenstufen und Treppenabsätze und deren geometrisch geordnete Zusammenführung aus mehreren Richtungen auf ein Darstellungszentrum hin lieferten ihm häufig den Bildrahmen und die Raumordnung für seine Inszenierungen. In den *Meistersingern* von 1963 und in einigen Bildern der *Frau ohne Schatten* aus demselben Jahr sind diese Alliterationen an einen plakativen und zugleich ökonomischen Raum-Ord-

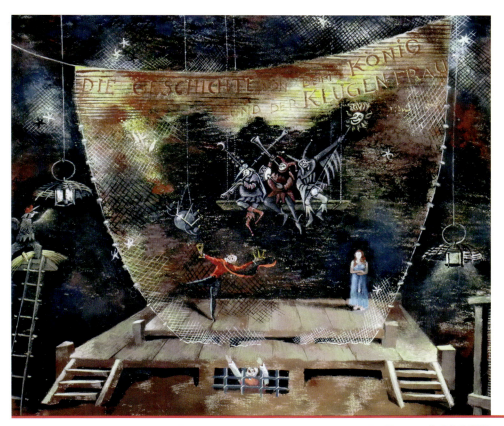

Die dreifach gestufte Bühne von Helmut Jürgens für die Aufführung der *Klugen* von Carl Orff 1948.

nungsstil mit Händen zu greifen (vgl. Die Eröffnungsfestwochen. *Die Frau ohne Schatten* und *Die Meistersinger von Nürnberg*, S. 45 und 56). Jürgens unternahm erste Versuche mit dieser Raumordnung schon in seinen Entwürfen für die *Aida* 1948 und führte dieses Verfahren dann in der umjubelten Festwochen-Inszenierung von 1963 (Regie: Hans Hartleb) mit einer ausgeklügelt interpretierenden Lichtregie zur Vollendung (vgl. Die Eröffnungsfestwochen. *Aida*, S. 72). Dass sich aus einer solchen Raumdisposition weitere Bühnenarrangements generieren lassen, liegt auf der Hand – etwa mit der Metapher des Theaters auf dem Theater. Die Münchner Erstaufführung von Carl Orffs *Die Kluge* (Premiere 15. April 1948, Regie: Günther Rennert) setzte dafür bereits sehr früh die Maßstäbe. Gewiss schrieb Orffs Partitur vor, das Werk werde auf einer Simultanbühne gespielt, Vor- und Hauptbühne seien seitlich durch Stufen miteinander verbunden und auf der Vorbühne befinde sich das Gefängnis für den eingekerkerten Bauer, den Vater der Klugen. Jürgens interpretierte die Szenenanweisung des Komponisten besonders extrem, denn er entwarf eine dreifach gestufte Bühne (im Stil der

Bühnenbildentwurf von Helmut Jürgens zum 2. Bild in der Oper *Raskolnikoff* von Heinrich Sutermeister (1949).

Vagantenbühnen) im Prinzregententheater. Und es zählt zu den werkübergreifenden Standards der Raumdisposition bei Jürgens, dass zentrale Kerkerszenen präzis in der Mitte der Bühne als Minimalräume angelegt sind, in *Fidelio* nicht anders als in beiden *Aida*-Produktionen und eben in der *Klugen*. Aus diesem Blickwinkel repräsentierte das Raumarrangement eine unverkennbare architektonische und damit auch interpretierende Handschrift des Bühnenbildners.

Freilich konnte Helmut Jürgens auch ganz anders, etwa in der Münchner Erstaufführung von Heinrich Sutermeisters sozialem Psychodrama *Raskolnikoff* (Premiere 30. April 1949), das in der Theaterfassung des Dostojewski-Romans *Schuld und Sühne* die Bedeutung des Namens Raskolnikoff und die erzählte Kriminalgeschichte ernst nimmt: Die Titelfigur besteht aus zwei einander entgegengesetzten Charakter-Hälften – ein theatrales Experiment, wie es das damals zeitgenössische epische Theater dutzendfach produzierte. Selbst Städtebilder wurden auf der Bühne zu sozialpsychologischen Studien, wie im 2. Bild von *Raskolnikoff*, das den Petersburger Heumarkt zeigte mit der Verkaufsbude der Wucherin im Vordergrund und dem Eingang zum Vergnügungspark im Hintergrund. Jürgens verschränkte beide Sphären in einem virtuosen

Bildarrangement, das die im doppelten Sinne gräuliche Sphäre der Wucherin und der am Existenzminimum vegetierenden Mitbewohner transponierte in die ebenso grauen und freudlosen Häuser der Stadt, vor denen die Jahrmarktartisten und das Riesenrad die skurrile Welt der Verblendung und des erbärmlichen Fluchtpunkts des Lebens symbolisierten, während mit der von Raskolnikoff geliebten Prostituierten nicht nur das Symbol, sondern auch die Werbung für diesen Berufszweig schon an der Hauswand prangte. In den wie zum Tribunal geordneten Tribünenreihen erregte der mahnende und kommentierende Chor weitere Schauereffekte. Jürgens' Raum und die Inszenierung von Georg Hartmann riefen Sutermeisters Begeisterung hervor, was durch die Leistung des Bayerischen Staatsorchesters unter der virtuosen Stabführung von Georg Solti noch überboten wurde.

### Das Vermächtnis

Für die Bayerische Staatsoper war der unerwartete Tod von Helmut Jürgens noch vor der Eröffnung des wiedererbauten Nationaltheaters ein herber Verlust. Präzision, Zuverlässigkeit, Einfallsreichtum und theatrale Qualität seiner Entwürfe und deren Realisationen schienen unerreicht. Sein Vermächtnis an die Nachwelt waren die rd. 120 Ausstattungen, die er entwarf und die bis in die 1970er Jahre hinein auf der Bühne bespielt wurden. Diese Qualitäten hoben Presse und Ministerium gleichermaßen hervor. Besonders seine Bedeutung als »treuer, selbstloser, guter Geist im Theater«[12] wurde immer wieder betont. »Dem Theater, an dem er engagiert ist, fühlt er sich in des Wortes umfänglichster Bedeutung verpflichtet«, hieß es in einer Würdigung zu seinem 60. Geburtstag. »Zersplitterung der Arbeit gibt es für ihn nicht; kein zweiter Bühnenbildner seines Ranges gastiert so wenig wie er. Seine Unermüdlichkeit, seine Zuverlässigkeit und Pünktlichkeit – auch in der technischen Planung – sind im gesamten deutschen Theaterbereich bekannt und fast legendär«.[13] »Fleiss – Ausdauer – Gleichmass« sowie der Anspruch, »alles von sich selbst [zu] erwarten«[14], bestimmten Jürgens' Arbeitsweise, wie er auch selbst schrieb. Das »Ein- und Unterordnen in das Gesamtwerk« sowie »Sachlichkeit in verbindlicher Form« und die Forderung, »Achtung und Verständnis für jeden« aufzubringen, »vom Transportarbeiter bis zum Intendanten ohne Anbiederung«, stellten weitere Arbeitsgrundlagen dar. »Er war zeitlebens viel zu fleißig, um je Zeit zu haben, eitel zu sein. Mürrisch wies er einen zurecht, wagte man ihm zu sagen, daß er eine Säule der Staatsoper sei«, hielt Karl Schumann in der *Abendzeitung* fest.[15] Die Schaffenskraft des von seiner Aufgabe erfüllten Künstlers sowie seine treue, der Oper und dem Werk dienende Haltung wurden von den Kritikern hervorgehoben. Auch der Regierungsbeamte Walter Keim betonte in seinem Beileidsschreiben an Jürgens' Ehefrau:

Professor Jürgens war für uns nicht bloß ein Künstler, der hervorragende Repertoire-Vorstellungen und Festspiel-Vorstellungen ausstattete, sondern er war vor allem eine große und noble Persönlichkeit, die mit höchster Selbstkritik, unermüdlichem Eifer und größter Künstlerschaft jede Arbeit vollbrachte und dabei mit besonderem Wohlwollen allen seinen Mitarbeitern und Helfern begegnete. Er war dabei ein heute so selten gewordenes Vorbild eines nur der Sache und der Kunst dienenden Schaffenden, dass [er] schon deswegen eine unvergeßliche Lücke bei uns hinterläßt.[16]

Ganz freiwillig wird die genannte Treue allerdings nicht gewesen sein: Nach mehreren zweijährigen Dienst-Verträgen folgte nach Jürgens' Berufung als Leiter der Bühnenbildklasse an die Akademie der Bildenden Künste ein jahrelanges Hin und Her zwischen der Theaterleitung und dem Kultusministerium bzgl. seines Vertragsverhältnisses und der Höhe der Vergütung an der Staatsoper. Schriftlich musste Jürgens dabei zusichern, keine Gastspiele anzunehmen, um, wie es in den Korrespondenzen heißt, »mich nur meinen hiesigen Aufgaben zu widmen.«[17] Zusätzlich hatte er für jede Spielzeit eine Aufstellung der ausgestatteten Inszenierungen an das Kultusministerium zu schicken. An den Vertrags-Verhandlungen war er selbst gar nicht beteiligt. Eine erste Einigung erfolgte schließlich dahingehend, die Leitung der Bühnenbildklasse als Haupt- und die eigentlich arbeits- und zeitintensivere Arbeit an der Staatsoper bezeichnenderweise als Nebentätigkeit festzusetzen. Festgelegt und über viele Jahre hinweg verhandelt wurde dabei eine Gage von 2.000 bis 2.300 DM pro Bühnenbildentwurf – in einem Brief vom 8. April 1958 schrieb Rudolf Hartmann an das Kultusministerium, dass Helmut Jürgens für seine Entwürfe sogar einen niedrigeren Lohn als normale Gastbühnenbildner erhalte,[18] ein späteres Schreiben aus dem Jahr 1962 vom Kultusministerium an das Finanzministerium sieht ein durchschnittliches Honorar für einen Bühnenbildentwurf bei 4.500 DM vor.[19] Auch eine Limitierung der Ausstattungen von fünf Inszenierungen pro Spielzeit wurde zwar festgelegt, realiter arbeitete Jürgens aber durchschnittlich für sieben bis acht Inszenierungen. Sein Arbeitseifer war offensichtlich auch durch unsichere Anstellungsverhältnisse bedingt: Der Druck, mehr zu arbeiten, und finanzielle Knappheit aufgrund der unangemessenen Vergütung könnten zusätzlich zur völligen Vereinnahmung durch die Arbeit geführt haben, was auch von den Kritikern nicht unbemerkt und in den Nachrufen nicht unkommentiert blieb. »[Bis] zum letzten Atemzug diente«[20] Jürgens der Münchner Oper, bis schließlich »dieses Übermaß an Arbeit den Künstler überwältigte.«[21]

VR / JS

# Heinz Rosen

**Als der Choreograf Kurt Jooss im Spätsommer 1933** kurz vor dem Beginn der offiziellen Tournee mit seiner Kompanie Deutschland in Richtung Niederlande verließ, war ein Grund für diesen überstürzten Aufbruch: Heinz Rosen. Der als Heinz-Levy Rosenthal am 3. Juli 1908 in Hannover geborene jüdische Tänzer hatte bei Harald Kreutzberg, Yvonne Georgi, Rudolf von Laban und Victor Gsovsky gelernt. Er hatte in der Kammertanzbühne Laban und bei Kurt Jooss getanzt, gehörte zur Urbesetzung von Jooss' Erfolgsstück *Der grüne Tisch*. Da sich Jooss beharrlich geweigert hatte, seinen jüdischen Mitarbeitern zu kündigen, agitierte die nationalsozialistische Presse gegen ihn und forderte: »In Deutschland jedenfalls dürfte auch nicht im entlegensten Dorfe Platz mehr sein für Joossche Kunstoffenbarungen.«[1] Die Attacken richteten sich hauptsächlich gegen den Komponisten Fritz Cohen, mit dem Jooss kontinuierlich zusammenarbeitete, aber auch gegen die jüdische Tänzerin Ruth Harris und die beiden jüdischen Ensemblemitglieder Edgar Frank und Heinz Rosen. Gemeinsam mit ihren Kollegen verließen alle kurz vor dem offiziellen Beginn ihrer Tournee in einem Bus Essen. Rosen sollte bei dem Gastspiel eigentlich nicht dabei sein: »Seinetwegen gab es immer wieder Scherereien in der Gruppe. Im letzten Moment, vor dem Hintergrund der politischen Situation, hat er [Jooss] sich dann doch entschieden, Rosen mit auf die Tournee zu nehmen.«[2] Rosen reiste mit nach New York, wo im Oktober 1933 eine sechswöchige Gastspielserie der Ballets Jooss begann. 1934[3] ging Rosen in die Schweiz, arbeitete als Tänzer und Ballettmeister zuerst am Stadttheater in St. Gallen (1934–36), danach in Zürich (1936–45) und Basel (bis 1951). Anschließend kehrte er nach Deutschland zurück, choreografierte für Schauspiel, Oper und Musical, inszenierte für Tournee-Ensembles und Filme (u. a. *Das tanzende Herz*, 1953, *Der Stern von Rio*, 1955).

Einen durchschlagenden internationalen Erfolg konnte Rosen 1953 in München verbuchen, allerdings nicht an seiner späteren Wirkungsstätte, sondern am Staatstheater am Gärtnerplatz, für dessen Ensemble er *Die Dame und das Einhorn* choreografierte: zu Musik von Jacques Chailley und zu einem Libretto von Jean Cocteau, der auch die Ausstattung übernommen und Rosen als Choreografen ausgewählt hatte. Die Uraufführung fand internationale Beachtung, gerade weil Rosen in seiner Choreografie sehr wohldosiert ausdrucksstarke Valeurs (nur im Tanz des sterbenden Einhorns) mit ökonomisch eingesetztem, klassischem beziehungsweise neoklassischem Bewegungsmaterial kombinierte. Die »seltsame Kühle der Erzählweise Rosens«[4] wurde als beispielhaft und wegweisend für eine neue Form des Balletts und ein zeitgenössisches Modell der Märchenerzählung angesehen. Dieser Erfolg, den Rosen dann auch 1954 beim Ballett der Städtischen Oper Berlin einstudierte, am Teatre Colón in Buenos Aires, 1955 bei den Ballets de Monte-Carlo, 1959 an der Opéra Paris und 1965 an der Mailänder Scala, war für den Choreografen Rosen der Türöffner zur Bayerischen Staatsoper. Auch dort wurde, 1958, seine *Dame und das Einhorn* aufgeführt. Im selben Jahr erhielt er von der Staatsoper den Auftrag, *Josephslegende* zur Musik von Richard Strauss für die Opernfestspiele zu choreografieren. »Der Kandidat für die Position des Ballettdirektors sollte damit sein Einvernehmen mit der künstlerischen Richtung und der Spielplanpolitik der Bayerischen Staatsoper unter Beweis stellen.«[5] Rosen galt in den Augen der Intendanz als geeigneter Kandidat, der »mit dem deutschen Musiktheater vertraut war«.[6] Rudolf Hartmann verordnete Rosen 1959 die Inszenierung von Kompositionen Carl Orffs als Testballon, und der Choreograf reüssierte mit *Carmina Burana* und *Catulli Carmina*:

Was Rosen an diesem Abend zeigte in der Verbindung von eindringlichstem Werkverständnis und gleichzeitiger schöpferischer Freiheit in der Werkgestaltung war so mitreißend und überzeugend, daß es in der Frage, wer der künftige Choreograph und Ballettdirektor der Staatsoper werden soll, vom künstlerischen Blickpunkt aus keinerlei Debatte mehr geben müßte: Kein anderer sollte es sein als Heinz Rosen.[7]

Rosen schwebte ein »Balletttheater«[8] vor, mit einem »eigenständigen Münchner Ballettstil«.[9] Geschickt kombinierte er klassische Stoffe mit Stücken zu zeitgenössischen Kompositionen, setzte Werner Egks *Danza* und *Joan von Zarissa* auf den Spielplan, Killmayers *La Buffonata* und *La Tragedia di Orfeo* sowie Boris Blachers *Orfeo*. 1962 programmierte er einen Abend zu Stücken von Strawinsky, die für die Ballets Russes entstanden waren: *Der Feuervogel, Les noces, Renard*. Er brachte Jooss' *Der grüne Tisch* und immer wieder Orff. Mit Orff verband Rosen eine langjährige Korrespondenz, aus der hervorgeht, dass Rosen auch auf eine Uraufführung von Orff hoffte.[10] Als prägende Weichenstellung für die Entwicklung der Münchner Kompanie und die Rezeption des

Tanzes in München erwies sich die von ihm eingeführte Ballettfestwoche: mit Gastspielen nicht nur von internationalen Stars, die er teils auch in Münchner Produktionen integrierte, sondern auch maßgebenden Ensembles wie das American Ballet Theatre, das Royal Ballet, und New York City Ballet. 1961 inszenierte Rosen für den Süddeutschen Rundfunk das Musical *Die Schelminnen* (Buch: Tankred Dorst).

Seine letzte Spielzeit an der Bayerischen Staatsoper begann Rosen mit Gastspielen in Berlin und Leipzig, dann nahm sein Ensemble am Quatrième Festival International de Danse de Paris teil und wurde für den Auftritt im Théâtre des Champs Elysées mit Stücken von George Balanchine, Winfried Krisch und Rosens eigenen Choreografien *Der Mohr von Venedig* und *Renard* mit dem ersten Platz geehrt. Auch die Münchner Premiere seiner *Symphonie fantastique* im Februar 1967 war ein großer Erfolg. Er plante noch bis zum Jahresende 1968 das Repertoire, realisiert wurde es jedoch nicht mehr. Rosen brach, »für Außenstehende unverständlicherweise, seine Tätigkeit an der Bayerischen Staatsoper« ab.[11] Warum, darüber wurde spekuliert: War es die mangelnde Anerkennung, die ihm trotz aller Erfolge zu gering war, oder der internationale Siegeszug, den John Cranko im benachbarten Stuttgart seit 1961 angetreten hatte und der Rosen an die Wand zu drücken schien, wie Pia und Pino Mlakar in ihrer Ballettgeschichte der Oper in München insinuieren?[12] Pikanterweise übernahm Cranko nach Rosens Weggang zusätzlich zu seinem Stuttgarter Posten für zwei Jahre die Ballettdirektion in München, wurde also Rosens Nachfolger.

Rosen selbst nennt in einem Brief an Carl Orff vom 11. Mai 1967 andere Gründe:

Hier passieren viele Dinge. Nachdem man mir erst dadurch die »Sympatie« [sic] bezeugte, dass man andauernd Hakenkreuze auf den Tisch legte, gab man mir zum Gastspiel in Paris 42 Hefte mit dem Horst-Wessel-Lied (neben dem Deutschlandlied und Hakenkreuzen) mit. Glücklicher – oder unglücklicher – Weise entdeckte ichs frühzeitig, sodass die Franzosen uns nicht hinauswarfen – wir bekamen sogar den ersten Preis unter fünf Nationen. Na schön.
Darnach [sic] bat man mich hier einen Gesundheitstest machen zu lassen. Ich wollte erst nicht, weil ich neue ›Hintergründe‹ vermutete. Erst als man mir sagte: man wolle mir die Pensionsberechtigung in den Vertrag schreiben, habe ich eingewilligt. Nachdem man bei dieser Gelegenheit feststellte, dass ich einen erhöhten Blutdruck habe (genau seit 1936) bekomme ich keine Pension sondern mein jetziger Vertrag, der noch mehr als zwei Jahre läuft wird aufgehoben.
Nun habe ich im Grunde nichts dagegen, weil dieses Theater mich nach Allem an ---------, aber ich habe etwas gegen die wirtschaftliche Schädigung, weil mir hier in di[e]ser Beziehung u. A. sehr viel passiert ist.[13]

Was genau passierte, ist ein Desiderat der Forschung. War Rosen entmutigt und enttäuscht, dass er seine Ziele nicht verwirklichen konnte? Litt Rosen unter Wahnvorstellungen? Oder war er seitens der Staatsoper antisemitischen Anfeindungen ausgesetzt und wurde so gemobbt, dass er in München alles hinwarf? In seinem Nachruf in der *Süddeutschen Zeitung* auf den am 25. Dezember 1972 in einem Sanatorium bei Kreuzlingen (Thurgau) gestorbenen Rosen verband Karl Heinz Ruppel physische und psychische Erkrankungen und Kränkungen. Er verwies auf den »Dämmerzustand«, in dem er seine letzten Jahre verbracht hatte, und schrieb: »1967 ließ man ihn gehen, ohne ihm [...] den Dank mitzugeben, der seiner Persönlichkeit wie seinen Leistungen als Ballettdirektor und Choreograph gebührt hätte.«[14]     KS

# Hans Knappertsbusch

**Hans Knappertsbusch, der über Jahrzehnte hinweg als einzigartiger »Zeuge«** die Geschichte und Geschicke der Bayerischen Staatsoper intern miterlebte oder extern betrachtete und mitgestaltete, war mit dem Münchner Haus weit mehr als die Jahre des Untersuchungszeitraums eng verbunden: von 1922, als er zum ersten Mal in München dirigierte, bis zu seinem Todesjahr 1965. Knappertsbusch prägte in diesen mehr als vier Jahrzehnten die Generalintendanz Clemens von Franckensteins, erlebte dessen vorzeitige Ablösung 1934 durch NSDAP-Parteimitglied Oskar Walleck, seine eigene Zwangsversetzung in den Ruhestand nur wenig später, die Instrumentalisierung der Staatsoper durch das NS-Regime in der sogenannten Ära Clemens Krauss nebst der Verselbstständigung der Staatstheater, 1943 die Zerstörung des Nationaltheaters, das Kriegsende, die Nachkriegszeit und Spielzeiten im Prinzregententheater unter der Leitung der Intendanten Arthur Bauckner, Georg und Rudolf Hartmann, die Debatten um den Wiederaufbau des Nationaltheaters, dessen feierliche Wiedereröffnung 1963 und die ersten Spielzeiten an der traditionellen Stelle im rekonstruierten Theaterbau. Als »der Kna« 1965 starb, hing sein Bild bereits seit zwei Jahren in der Porträtgalerie des Hauses (Abb. S. 349). Kein Wunder also, dass bei der Betrachtung der Künstlerpersonalie Knappertsbusch allzu oft die Grenzen zwischen Realität, Legende und Personenkult verwischen. Fragen werden aufgeworfen: Wie muss man mit Blick auf eine historische Darstellung der Staatsoper damit umgehen? Welche Haltung hatte Knappertsbusch nachweisbar in den unterschiedlichen Zeitabschnitten respektive politischen Systemen oder welche Haltungen hat er bewusst demonstriert? Inwiefern ist er durch Anekdoten und Presseberichterstattung zur Legende avanciert und was muss für 1933 bis 1963 nach heutigem Faktenwissen korrigiert werden? Mithilfe von Knappertsbusch-Fundstellen in unterschiedlichen Archivbeständen lässt sich eine Geschichtsperspektivierung vornehmen: Es bietet sich an, die Personalie in den Kontext der 30 Jahre Staatsoperngeschichte von 1933 bis 1963 zu stellen und den vielleicht berühmtesten, sicher aber populärsten Leiter des Staatsorchesters als Seismografen für ein halbes Jahrhundert Kulturgeschichte zu nehmen. Weniger im Zentrum steht also, was es über Knappertsbusch im Sinne einer Einzelbiografie selbst zu sagen gibt, als vielmehr, was mittels Knappertsbusch-Akten Neues über die künstlerische Situation und Entwicklung der Oper, über Macht- und Entscheidungsmechanismen an Schnittstellen zwischen den Jahren 1933 und 1963 festzustellen gibt – sei es zwischen den Zeilen oder explizit, als Ausgleich und Ergänzung von so manch anderer Sach- und Personalaktenlücke. Drei Zeitabschnitte sind signifikant:

- 1933 – 1945: die Machtübernahme der Nationalsozialisten, die Pläne des Regimes und Hitlers bzgl. der Staatsoper und des Theaterwesens im Reich generell bis zum Kriegsende;
- 1945 – 1952: die Querelen und Herausforderungen der Nachkriegszeit;
- 1952 – 1963: die Auseinandersetzungen und Entscheidungen über den Spielbetrieb und den Wiederaufbau des Nationaltheaters.

Zum Einstieg bieten sich drei Schlüsseljahre und Schlüsselmomente zur Betrachtung an.

### 1935: Die Knappertsbusch-Krise

Die sogenannte Knappertsbusch-Krise, d.h. zunächst sein viermonatiges Auftrittsverbot und 1936 die frühzeitige Versetzung in den Ruhestand, lässt Rückschlüsse zu sowohl auf die Generalintendanz von NSDAP-Parteimitglied Oskar Walleck als auch auf den Gauleiter und Innenminister Adolf Wagner und deren beider unbedingte Linientreue zum System, allerdings in gleicher Weise auf Knappertsbuschs Absolutheit und Unbequemlichkeit, aber auch auf sein Taktieren mit einem System, dessen leitende Stellen sich bedenkenlos aller entledigen konnten, die unbeugsam waren, um einen Radikalschnitt zu schaffen. Ferner zeigt sich die Ohnmacht von Presse, Zuschauern und Mitarbeitern, hier insbesondere der Orchestermusiker, also Mitgliedern der Musikalischen Akademie, und auch deren uneingeschränkte Verbundenheit mit ihrem »Kna«.

Während Knappertsbusch 1933 von den Nationalsozialisten noch als blonder, blauäugiger Germane gefeiert wurde, seine Leistungen und sein »nordisches Blut« vom *Völkischen Beobachter* noch hervorgehoben wurden, war er selber nach dem »im Namen des Reichs« erfolgten Rausschmiss von Clemens von Franckenstein schon ein Jahr später 1935 als nächster an der Reihe. Seine letzte Opernvorstellung war am 24. November 1935 *Die Walküre*. Auf Weisung und durch Urkunde des Reichsstatthalters in Bayern musste er unter Berufung auf das sogenannte Berufsbeamtengesetz verrentet seinen Abschied nehmen, weil er – so explizit ein Zitat aus der Wiedergutmachungsakte – »in seiner Münchener Stellung den ehrgeizigen, stark politisch gefärbten Plänen Hitlers für den Aufbau ›seiner‹ Grossen Oper in München im Wege stand«.[1] Als Nachfolger war bereits seit 1934 Clemens Krauss im Gespräch; bis zu dessen Amtsantritt 1937 wurden Mitglieder der Musikalischen Akademie nicht müde, für Knappertsbusch einzutreten. Ein Orchestermusiker schrieb an seinen Kollegen in der Reichstheaterkammer Berlin, zuständig für den Bühnennachweis:

Hans Knappertsbusch, im Archiv der Musikalischen Akademie. Maler unbekannt.

Die Differenzen, die der Grund zu dem Rücktritt unseres Knappertsbusch sind, bestehen zwischen dem Generalintendanten Walleck und ihm. Welche Kräfte dahinter stehen, vermag ich leider nicht zu erkunden. Was Furtwängler für Euch in Berlin ist, ist Knappertsbusch für uns in München. Und so ersuche ich Dich, nehme Dich dieser Sache doch an und sehe hier einmal nach dem Rechten, damit nicht hier durch persönliche Intrigen oder Ungerechtigkeiten der Kunst ein Schaden zugefügt wird, der besonders für München von unabsehbarer Tragweite wäre.[2]

Die Sorge war berechtigt: Die Knappertsbusch-Krise rekurrierte auf Kompetenzstreitigkeiten in der Zusammenarbeit zwischen dem amtsälteren GMD und dem neu bestellten Generalintendanten, insbesondere bei Fragen der Spielplangestaltung und Künstlerauswahl. Eine »Stellungnahme« von Knappertsbusch belegt zum einen seinen Eigensinn und Konfrontationswillen, zum anderen führt sie auch seine nicht zu leugnende Anpassung an den »Schriftjargon« des neuen Regimes vor:

Nach all dem Ausgeführten kann bei bestem Willen Niemand [sic] behaupten, dass i c h einen Streit zwischen dem Generalintendanten und mir verursacht habe – oder gar, dass i c h die Kompetenzkonflikte heraufbeschworen habe – Jeder sachlich Urteilende wird zu der Überzeugung kommen, dass das Vorgehen des Herrn Walleck von dem Willen dictiert [sic] war, meine Stellung zu untergraben und damit unmöglich zu machen. [...] So gehen die Dinge nicht weiter, soll nicht die Oper der Stadt der Bewegung auf Provinzniveau herabsinken! Dies allein ist die Richtschnur für mein Handeln, zu dem ich mich verpflichtet fühle dem Führer gegenüber, der in München die Stadt der deutschen Kunst wissen will.[3]

Dass Knappertsbusch mit den Vorstellungen und Plänen des Regimes partiell konformging, zeigt der reaktionäre *Protest der Richard-Wagner-Stadt München*, der Thomas Mann als Verfasser der Schrift *Leiden und Größe Richard Wagners* ins Exil getrieben hatte. Der Betreiber war eindeutig Knappertsbusch: Wer es wage, »den Mann, der deutsche Geistesmacht wie ganz wenige der Welt dargetan hat, öffentlich zu verkleinern, soll seine blauen, hier weiß-blauen Wunder erleben!«[4], hatte der Operndirektor 1933 geschrieben und das Sammeln von Unterschriften angeregt, was ihm später als »nazifreundliche Haltung« ausgelegt wurde, auch wenn er indessen darauf bestand, nur Richard Wagner und dessen Musik verteidigt zu haben.[5] Die Ereignisse nahmen ihren Lauf. Aktenkundig ist ebenfalls, dass Knappertsbusch seine Position als vom Regime anerkannter Dirigent später soweit ausbauen konnte, dass er 1944 in die »Gottbegnadeten-Liste« aufgenommen wurde und anlässlich des Führer-Geburtstags auf Einladung von Goebbels bei der Reichsfeier der Partei dirigierte[6] – auch wenn er stets nur als, so die spätere Entschuldigung, »berufsmäßiger Musiker und nie als Sprecher oder Vertreter des Propagandaministeriums« aufgetreten sein soll.[7]

Zurück zur Krise 1935: Wallecks umso ausführlichere Entgegnung auf Knappertsbuschs Stellungnahme verrät viel über den Verfasser und Macht- und Systemmenschen Oskar Walleck, der ein Disziplinarverfahren gegen Knappertsbusch beantragte: »Ein Mann, dessen vollkommen subjektiv eingestellte Art in der ganzen Theaterwelt bekannt ist, darf es nicht wagen, gegen einen seiner Pflicht bewußten, stets ehrlichen Mann eine solche Behauptung zu erheben«,[8] schrieb Walleck einleitend und zählte zunächst heroisch auf, was er selbst als Teilnehmer des Ersten Weltkriegs, Parteigenosse und SS-Führer bereits geleistet hat, um dann breit zum Vernichtungsfeldzug auszuholen:

Ich halte den Operndirektor Knappertsbusch für vollständig unfähig, die Aufgaben zu erfüllen, die das neue Deutschland und die im besonderen [sic] der Führer und die Stadt München von der Münchner Staatsoper erwarten. Die dem Operndirektor seit einem Jahrzehnt in München zuteil gewordene Verwöhnung hat ihn zu einer Art «enfant terrible« gemacht, seinen sprunghaften, aus starken Sympathien und Antipathien gespeisten Launen wurde stets nachgegeben, zum Schaden des Spielplans [...]. Der große Dirigent Knappertsbusch ist im Endurteil [...] ein unfähiger Operndirektor. [...] Den sämtlichen Stellen ist bekannt, dass der Führer aus künstlerischer Abneigung gegen den Dirigenten Knappertsbusch das Opernhaus München seit geraumer Zeit nicht mehr betrat. [...] Abschließend muss ich erklären, Herr Knappertsbusch hat Recht, so gehen die Dinge nicht weiter. Er hat keinen Künstlerruf als Dirigent einzubüßen, den als Operndirektor hat er Wissenden gegenüber nie besessen. Ich lehne eine Zusammenarbeit

Hans Knappertsbusch in Aktion.
Rudolf Kempe, Generalmusikdirektor
1952–1954

mit dem Operndirektor Knappertsbusch unter allen Umständen ab, eine Zusammenarbeit mit dem Dirigenten Knappertsbusch wäre nur nach einer öffentlichen Ehrenerklärung von seiner Seite möglich [...].[9]

Knappertsbuschs Frontalangriff führte zu seiner Beurlaubung. Um seine Ausreise zu verhindern, wurde ihm der Pass abgenommen. Die »Getreuen von der Musikalischen Akademie« versicherten ihm noch zu Neujahr 1936:

Die meisten Wünsche bleiben unerfüllt, zerrinnen wie im Spiel.
Macht nichts. – Es sollen alle flöten gehen bis auf e i n e n :
K n a – – – – – oder – – – – – K e i n e n ![10]

Im Januar 1936 wurde Knappertsbusch bis auf weiteres jedes öffentliche Auftreten in München und außerhalb Münchens untersagt. Die ausländische Presse berichtete, was die deutschen Zeitungen nicht bringen durften: Knappertsbusch sei den Nazi-Machthabern wegen seines unbeugsamen Charakters ausgesprochen verhasst; es sei zu Demonstrationen in der Oper und im Konzertsaal gekommen.[11] Der eigensinnige

GMD veranlasste im Frühjahr 1936 sogar noch den Innenminister und Gauleiter Adolf Wagner höchstpersönlich zu harschen Drohgebärden:

Der Presse ist zu entnehmen, daß Sie trotz Ihrer Beurlaubung von Ihrer Tätigkeit an der Bayer. Staatsoper beabsichtigen, öffentlich als Dirigent aufzutreten. Aus Gründen, die in Ihrem eigenen Verhalten liegen, ist dies vom polizeilichen Standpunkt aus gesehen, unerwünscht. Weder der Konzertsaal, noch die Straße sind für Sie dazu da, Reden zu halten. […] Ich ersuche Sie deshalb unter allen Umständen von einem öffentlichen Auftreten Abstand zu nehmen, und ferner in jeder Beziehung künftig äußerste Zurückhaltung zu üben. Ich würde es persönlich bedauern, wenn ich bei einer Zuwiderhandlung gegen diese meine Weisung mit anderen Mitteln gegen Sie vorgehen müßte.[12]

Wagner bezog sich explizit auf Knappertsbuschs Bemerkungen über den nationalsozialistischen Staat während eines Gastspiels in Mailand, die Wagner von einem Diplomaten als »Schädigung des Reiches« gemeldet worden waren: »[…] in Bayern haben wir ja den reinen Nationalbolschewismus[,] das Volk ist damit zufrieden, denn damit hat die Masse ja, was sie wollte. […] in der Regierung sitzen ja Phantasten, die nicht wissen, was um sie vorgeht, da sie von allen Seiten belogen werden.«[13] Schon einen Monat später wurde Knappertsbusch im Alter von 47 Jahren nach §6 des Gesetzes zur Wiederherstellung des Berufsbeamtentums in den Ruhestand versetzt, dieser lautete: »Zur Vereinfachung der Verwaltung können Beamte in den Ruhestand versetzt werden, auch wenn sie noch nicht dienstunfähig sind.«[14] Der Gesamtvorstand der Musikalischen Akademie hoffte dennoch weiter, wie ein Brief im Akademie-Archiv bezeugt: »Es vergeht kein Tag, da wir nicht in herzlicher Verbundenheit Ihrer gedenken, und wenn sich nur die Hälfte unserer Wünsche erfüllen sollte, dann werden Sie bald der gefeiertste Künstler Europas sein.«[15] Hier handelte es sich um naives, verdrängendes Wunschdenken: Als zum Januar 1937 Clemens Krauss die Opernleitung übernahm, war die Knappertsbusch-Ära ein für alle Mal beendet. Krauss' persönlicher Einstand war kein leichtes Unterfangen: Die Münchner begruben erst spät ihre Hoffnung auf eine Wiederkehr des von den Machthabern entlassenen Knappertsbusch und empfingen Krauss kühl. Zusammen mit Regisseur Rudolf Hartmann und Bühnenbildner Ludwig Sievert blieb Krauss bis zur Zerstörung des Hauses 1943 für die Opernkunst des Dritten Reichs in München zuständig. Das Verschwinden der Personalie Knappertsbusch 1935/36 wurde in der Öffentlichkeit mit keinem Wort erwähnt. Allerdings hieß es für 1936, dass Walleck als Leiter der neu eingerichteten Obersten Theaterbehörde nunmehr die Betreuung des gesamten Theaterwesens in Bayern obliege. Dem geforderten Theaterideal als »Abbild und Vorbild des geistigen Lebens der Volksgemeinschaft«[16] hatte Knappertsbusch zur Jahreswende 1935/36 jedenfalls nicht entsprochen. Die maßgeblichen Akten über die genauen Vorgänge (Gestapo-Akten, kompletter Personalakt des Kultusministeriums,

Akten des Innenministeriums) waren bereits Anfang der Fünfziger Jahre im Wiedergutmachungsprozess nicht auffindbar bzw. vernichtet oder verbrannt. Entsprechend gab es keine ausreichenden Anhaltspunkte dafür, ob Knappertsbusch durch eine nationalsozialistische Verfolgungsmaßnahme »wegen seiner den Nationalsozialismus ablehnenden Haltung« vorzeitig in den Ruhestand versetzt wurde. Deswegen mussten für die offizielle Argumentation widersprüchliche Stellungnahmen ausreichen: Oskar Walleck bestand 1952 auf diesen Sachverhalt: »Prof. Hans Knappertsbusch ist nicht aus politischen Gründen außer Dienst gesetzt worden, sondern aus rein künstlerischen Gründen, über die der damalige Reichsminister Dr. Göbbels [sic] mit der damaligen höchsten Staatsstelle entscheidend urteilte.«[17] Theaterreferent a. D. Richard Mezger hingegen erklärte – wohlgemerkt »nach bestem Wissen und Gewissen«:

Dass K. in den Jahren 1933 bis Januar 1936 bei den politischen Machthabern des dritten [...] Reiches allmählich zu einer «persona ingrata« geworden ist, steht für mich nach allem, was ich erlebte, fest. [...] Um das Ziel, K. aus München zu entfernen, trotz dessen Leistungen in seiner Münchner Stellung und trotz dessen Beliebtheit in der Öffentlichkeit zu erreichen, wurde bewusst mit den Mitteln politischer Diffamierung gegen K. gearbeitet und wurden Protestversuche der öffentlichen Meinung planmässig mit politischen Mitteln unterdrückt. [...] der Antrag lautete nicht etwa auf Entlassung aus dem Amt wegen »politischer Unzuverlässigkeit« [...], sondern auf Ruhestandsversetzung [...] »zur Vereinfachung der Verwaltung oder im Interesse des Dienstes.« Man wählte diese Lösung offensichtlich zu dem Zweck, mit dem angeblichen Material des Innenministeriums gegen die politische Haltung K.'s nicht an die Öffentlichkeit treten zu müssen und um den Unwillen der Öffentlichkeit über die Ausbootung K.'s nicht durch eine Entlassung ohne Versorgungsbezüge noch zu vergrössern.[18]

Musste man schon bei Mezgers Aussage aufhorchen, so wird die Persilschein-Attitüde in der »Dienstlichen Äußerung« der langjährigen Sekretärin von Knappertsbusch, Amtsrätin Berta Buchenberger, 1952 umso deutlicher:

Ich weiss aus dieser Zusammenarbeit, dass er den Nationalsozialismus von Anfang an erkennbar ablehnte und diese seine Einstellung im Dienst und darüber hinaus äusserte. [...] Es kann mit Bestimmtheit angenommen werden, dass seine vielfachen Äusserungen und seine gegnerische Einstellung zum Nationalsozialismus sehr bald in massgebenden Kreisen der NSDAP bekannt geworden ist. Ich glaube auch, dass das Verhalten von Prof. Hans Knappertsbusch den Persönlichkeiten des 3. Reiches bereits bei der Machtergreifung im Jahre 1933 bekannt war und dass er daher von vornherein in diesen Kreisen nicht beliebt war. Dadurch wurde die Entwicklung seiner Verhältnisse bis zu seiner Ruhestandsversetzung im Jahre 1936 sicherlich wesentlich beeinflusst. Ich glaube, dass er nur wegen seiner damaligen Popularität und seiner grossen Anhängerschaft in allen Kreisen der Bevölkerung und der Theaterbesucher nicht öffentlich verfolgt wurde.[19]

Unter Verweis auf die spärliche Aktenlage, die Zeugenaussagen sowie die bekannten Schriftstücke zur Knappertsbusch-Krise schloss der Wiedergutmachungsbescheid 1955 lapidar: »Alle Gründe zusammen reichen aus.«[20] Somit galt Knappertsbusch als ein Opfer des Nationalsozialismus. Offensichtlich hatte man so entschieden, weil er unter hohen rückwirkenden Rentenzahlungen weiterhin verfügbar sein sollte: Die Kunst in Bayern musste weitergehen – und zwar mit ihm. Der nach Aktenlage intransparente Prozess der »Wiedergutmachung des nat.soz. Unrechts für Angehörige des öffentlichen Dienstes« am Beispiel Knappertsbusch ist ein Indiz für die Ohnmacht der Nachkriegszeit, Vergangenes sachgerecht zu rekapitulieren und zu bewerten.

### 1948: Die Knappertsbusch-Resolution

Für die unmittelbare Nachkriegszeit zeugen auf den Fall Knappertsbusch bezogene Akten von der Überforderung auch der amerikanischen Militärregierung, im Theaterbereich schnellstmöglich wieder stabile Verhältnisse zu schaffen, also Stellen zu besetzen, indem auf vermeintlich unbelastete Personen der Vorkriegszeit zurückgegriffen wurde, um dann doch wieder ins Schwanken zu kommen und Sperrungen zu veranlassen.[21] Nicht nur die Position der Generalintendanz der Bayerischen Staatstheater, sondern auch die des GMD der Staatsoper konnte 1945 vorrangig behandelt werden: Auf ihre Nachfrage hin wurden den Besatzern Arthur Bauckner, einst Direktor der Kunstverwaltung und Justitiar der Bayerischen Staatstheater, und Hans Knappertsbusch direkt von Franckensteins Witwe empfohlen.[22] Am 17. August 1945 erfolgte das erste Akademiekonzert des Bayerischen Staatsorchesters nach dem Weltkrieg unter der Leitung von Knappertsbusch. Bereits im November desselben Jahres wurde dieser von den Besatzungsbehörden seines just angetretenen Dienstes enthoben. Das Berufs-Ausübungsverbot der Amerikaner betraf alle prominenten Dirigenten, die nicht emigriert waren und unter dem Generalverdacht standen, »Nutznießer« des NS-Systems gewesen zu sein, also auch Furtwängler, Böhm und Karajan. Der Mangel an erstklassigen Dirigenten ließ 1947 dann darüber großzügig hinwegsehen und mahnte zur Eile: Die Sperrung von Knappertsbusch wurde nachträglich als Versehen tituliert. Generalintendant Bauckner, der sich für ihn eingesetzt hatte, schrieb 1947 nach Aufhebung der Sperrfrist an Knappertsbusch:

An den Staatstheatern war die letzten sechs Monate mehr als eine stürmische Zeit; Näheres mündlich! Vorerst nur eines: ich verstehe, daß Du Dich nicht gerade mit Eilzugsgeschwindigkeit an die Staatsoper zurückgezogen fühlst. Immerhin, bei ruhiger Überlegung wirst Du Dir sagen, daß schließlich die Staatstheater und die Münchener wirklich nichts dafür können, daß die Dinge so gelaufen sind. Jedenfalls hier nur die Bekräftigung der Selbstverständlichkeit, daß Du bei uns dirigieren kannst, was Du willst und soviel Du willst, je öfter desto lieber![23]

Das Scharren und Werben um die hochrangige Personalie ging in die nächste Runde: Ende 1948 wurde »im Namen zahlloser begeisterter Knappertsbusch-Anhänger« dem ersten gewählten Kultusminister Alois Hundhammer, Oberbürgermeister Thomas Wimmer, dem seit Herbst 1947 amtierenden Opernintendanten Georg Hartmann, den Tageszeitungen und Radio München eine Resolution vorgelegt, die vehement die Wiedereinsetzung von Knappertsbusch auf dem Posten des Generalmusikdirektors forderte, um das Ansehen der Bayerischen Staatsoper wieder zur alten Geltung zu bringen:

Eine Stadt wie München kann auf die Mitwirkung eines Knappertsbusch, der seit Jahrzehnten das Münchener Kulturleben richtunggebend beeinflußt und die Münchener Oper zu einem einmaligen Aufschwung geführt hat, nicht verzichten.
Sollen wir noch so lange warten, bis uns Knappertsbusch, der bereits im Jahre 1923 in München einen lebenslänglichen Vertrag als Generalmusikdirektor ausgestellt erhalten hat, vom Ausland für immer wegverpflichtet wird?
Es ist eine Ehrenpflicht, das in den Jahren 1936 und 1945 begangene Unrecht bzw. Versehen wieder gutzumachen und Knappertsbusch zu bitten, den 1950 freiwerdenden Posten wieder übernehmen zu wollen.
Nur durch die Wiedereinsetzung dieser einmaligen künstlerischen Persönlichkeit, die den gesamten Opernbetrieb überlegen beherrscht, ist die Gewähr dafür gegeben, daß München wieder die Stelle im kulturellen Leben Deutschlands einnehmen wird, die es kraft alter Tradition einmal besessen hat.[24]

Wie Ministeriumskorrespondenzen nahelegen, scheiterte die offiziell verstärkte Fühlungnahme, wenn auch Knappertsbusch sich 1950 nach einem »Hinweis auf die ausserordentlich schwierige Finanzlage« der Staatsoper immerhin bereiterklärte, mehr Gastspiele bei weiterhin niedrig angesetzter Gage anzunehmen.[25] 1950 schrieb Oberbürgermeister a. D. Karl Scharnagl eindringlich an Staatssekretär Sattler: »bitte […] lassen Sie das ungemünzte Gold, das eine Zusage Knappertsbusch' bedeutet, nicht liegen, sondern führen Sie es der Kasse der Staatstheater zu – sie kann es brauchen!«[26] Noch im selben Jahr wurde »der Kna« anlässlich seines 60. Geburtstags durch den Kultusminister zum Ehrenmitglied der Bayerischen Staatstheater ernannt.[27] Offizielle, Vorgesetzte und Mitarbeiter zollten in höchster Verehrung Knappertsbusch Tribut und wollten schnellstmöglich wieder eine Konstante der bürgerlich-konservativen Vorkriegszeit re-etablieren wissen. Ehrungen und Sympathiebekundungen kannten kaum Grenzen, die Bayerische Staatsoper als wieder aufstrebende Vorzeige-Institution des Freistaats war Nutznießer dieser Glorifizierung: Knappertsbusch zu nobilitieren bedeutete, die Oper zu nobilitieren.

Ferenc Fricsay, Generalmusikdirektor 1956–1958.

### 1958: Der Knappertsbusch-Streik

Die mittleren Fünfziger Jahre waren an der Staatsoper geprägt vom kurzfristigen Wechsel der GMDs Rudolf Kempe (Abb. S. 341), Ferenc Fricsay und Joseph Keilberth. Knappertsbusch fungierte hier stets als Wunsch- und Vorzeige- bzw. auch rettende Einspringer-Personalie höchster künstlerischer Güte und Anerkennung, und er wusste den Prozess mitzugestalten, indem er blockierte oder dynamisierte. Ehrungen blieben weiterhin nicht aus, um einer unangefochtenen Instanz von Staatsoper und Öffentlichkeit der 1950er und 1960er Jahre Raum zu geben und gleichfalls von Missverhältnissen abzulenken, die bis in die Eröffnungswoche des wiedererrichteten Nationaltheaters 1963 bestehen sollten. Der in Rudolf Hartmanns Autobiografie zitierte Ausspruch von Knappertsbusch: »Ich nehme in München keine feste Position mehr an. Erst haben mich die Nazis rausgeschmissen, dann die Amerikaner. Das reicht mir«[28], erscheint zwar glaubwürdig genug, jedoch verweisen Ministerialakten darauf, dass Knappertsbusch bereits 1951 ohnehin nicht mehr als regulärer GMD-Kandidat erachtet wurde, v. a. weil er »nicht die Probenarbeit mit dem Orchester im gewünschten Masse intensiviere«.[29] Rudolf Hartmann indessen hielt es für eine »sehr glückliche Lösung«, wenn Knappertsbusch neben Karajan oder Keilberth »als Aushängeschild«[30] für zwei bis drei Neuheiten pro Spielzeit gewonnen würde.

Als Knappertsbusch 1954 von Rudolf Kempe die musikalische Oberleitung für die Spielzeit 1954/55 übernahm, feierten ihn die Zeitungen als Retter in der Not. So schrieb die *Abendzeitung*: »Die gegenwärtige Dirigentenkrise findet den fast 66-jährigen Knappertsbusch zum dritten Male bereit, aus echtem Verantwortungsgefühl und unverbrüchlicher Kurwenalstreue die musikalischen Geschicke der Münchner Oper in die Hände zu nehmen.«[31] Nur zwei Tage später wurde hochtrabend in der *Abendzeitung* vermeldet: »Das Wesentliche ist, daß die nach Kempes Ausscheiden entstandene Situation durch die Vorzüge einer Dirigentenpersönlichkeit überbrückt werden kann, um die uns das ganze musikalische In- und Ausland beneidet.«[32] Die *Süddeutsche Zeitung* titelte: »Ein Souverän kehrt zurück«: »Die Rückkehr Knappertsbuschs gehört in jeder

Hinsicht zu der ›Wiedergutmachung‹, die die Bayerische Staatsoper ihm wie sich selber schuldig war.«[33]

Auch beim Reizthema Wiederaufbau des Nationaltheaters spielte Knappertsbusch eine tragende Rolle: Er übte Druck aus, indem er streikte. Solange der Staat das bereits 1953 gegebene Versprechen des Wiederaufbaus nicht umsetzte, würde Knappertsbusch nicht mehr an der Oper dirigieren, in jedem Fall das gesamte Jahr 1958. Das Ministerium war alarmiert und befürchtete bei einem Nichtauftreten von Knappertsbusch in der Öffentlichkeit »grosse Unruhe und Kritik«.[34] Knappertsbuschs Plan ging pressetechnisch auf: »Im Jubiläumsjahr werden viele andere Dirigenten am Pult stehen, nur er nicht, der wie kein zweiter ein Stück Münchner Operngeschichte verkörpert«, vermeldete Walter Panofsky in der *Süddeutschen*, und weiter:

Man wird Knappertsbuschs Entschluß schon deshalb begrüßen, weil hier endlich einmal eine große Persönlichkeit den Lemuren, den Anonymussen entgegengetreten ist, die sich gar zu gern mit seinem Namen geschmückt hätten. Was aber die Bayerische Staatsoper betrifft, so wird ihre chronische Dirigentenmisere durch das (hoffentlich vorübergehende) Fernbleiben Knappertsbuschs nur noch fühlbarer werden. Und was das Publikum anlangt, so wird es unverdientermaßen der Leidtragende sein – der Leidtragende einer dennoch höchst notwenigen Demonstration.[35]

Zudem ahnte das Kultusministerium, dass ein ganz anderer Grund »massgebend« war für die Blockade: nämlich der dienstsäumige GMD Ferenc Fricsay. In einer internen Vormerkung wurden Streik, Wiederaufbau und die Dirigentenkrise in direkte Verbindung zueinander gesetzt: »Es ist ein offenes Geheimnis, dass GMD Knappertsbusch nicht bloss wegen des vorläufig noch nicht beschlossenen Wiederaufbaus des Nationaltheaters im Jahre 1958 nicht dirigiert, sondern praktisch gesehen keinen Lückenbüsser für GMD Fricsay abgeben will! (Wie dies bereits in der Presse gestanden hat).«[36] Der Knappertsbusch-Streik setzte im Dezember sogar den Landtag unter Druck, der das anstehende Stadtjubiläum gebührend feiern musste. Kultusminister Theodor Maunz plädierte im Dezember 1957 für eine Sonderfinanzierung des Wiederaufbaus, um somit »den hochverehrten Meister« zur Zurücknahme seiner Absage zu bewegen.[37] Die von Maunz angesprochenen »Spielplanerschwerungen« bezogen sich indessen vielmehr auf die durch Fricsay verursachte Schieflage in den Diensten der allabendlichen musikalischen Leitung der Aufführungen als auf den Wiederaufbau selbst, der mittlerweile längst zugesagt war.

Wieder also wurde Knappertsbusch umschmeichelt, um das Image von Kulturstadt und Kulturstaat nicht zu beschädigen, um über die peinliche Generalmusikdirektoren-Situation hinwegzublenden: Zum 70. Geburtstag 1958 verständigten sich Intendanz, Ministerium und Stadt auf eine kollektive Ehrung per Ehrenbildnis. Knappertsbusch durfte selbst weitere Wünsche äußern, er forderte den Dr. h.c. von der Ludwig-Maximilians-Universität, deren Ehrenmitglied er war, von der Stadt eine andere Wohnung (Bürgermeister Hieber kümmerte sich) sowie die Verleihung des Großen Verdienstkreuzes der Bundesrepublik mit Stern (Urkundenverleihung am 6. März 1958).[38] Das Auftragsporträt von Hans-Jürgen Kallmann fürs Opernfoyer wurde im Juni 1959 fertiggestellt. 1963 ernannte ihn die Stadt zum 75. Geburtstag zum Ehrenbürger – unter Hervorhebung seiner »entschiedenen Ablehnung des nationalsozialistischen Regimes«.[39]

Dass Knappertsbusch nach seinem widersprüchlichen Verhalten bei den GMDs Kempe und Fricsay ausgerechnet unter dem von ihm geschätzten Joseph Keilberth, der ab 1959 als Generalmusikdirektor übernahm, ein drittes Mal zur Personalie eines Opernpolitikums wurde, lässt sich fast schon sinnbildlich verstehen für die Schwierigkeit der Münchner Oper in den Fünfziger und Sechziger Jahren, sich bei allem öffentlichen Druck endlich wieder auf die eigenen festen Füße zu stellen. Beim Programm der Eröffnungswoche 1963 fühlte sich der 76-jährige »Kna« undankbar übergangen: Nach über 1.200 dirigierten Abenden an der Staatsoper[40] übernahm er ausschließlich beim Festakt Beethovens Ouvertüre *Die Weihe des Hauses*. Zur Neueinstudierung des *Lohengrin* kam es nicht, *Elektra* und *Rosenkavalier*, beides Übernahmen aus dem Prinzregententheater, lehnte er kategorisch ab, das Angebot zu *Fidelio* kam als Wiedergutmachung zu spät – die feierlichen Eröffnungswochen, Glanz und Gloria des ›wieder(auf)erstandenen‹ Münchener Nationaltheaters und seiner Tradition waren leicht überschattet. Die empörte Presse kommentierte und verabsolutierte: »Bei Knappertsbusch geht es nicht um künstlerische Fragen allein, die ohnehin längst beantwortet sind. Er ist das einzige Ehrenmitglied der Staatsoper.«[41] Ohne den Glanz und Segen von Knappertsbusch schöpfte die Oper ihr Potential nicht vollkommen aus.

Genauso wie die Staatsoper im Nationaltheater ist Hans Knappertsbusch letztlich eine unangefochtene Institution in der Landeshauptstadt und im Kultur-Freistaat: Der in der Öffentlichkeit höchstbeliebte »Kna« hat das gefährliche Spiel im NS-System nicht nur ertragen und darunter gelitten, sondern er hat es auch mitgespielt. Sein Verhalten blieb allerdings ambivalent: Zum einen zeigte er persönlich Eigensinn und Konfrontationswillen, zum anderen passte er sich dem offiziellen Habitus nach an, umschmeichelte schriftlich das Regime und berief sich auch einstweilen anbiedernd auf den Führer, dem er sich »verpflichtet fühle«. Auch wenn es in Bezug auf die Staatsoper auf personeller Ebene zu einem Bruch kam, konnte Knappertsbusch an anderer Stelle im Deutschen Reich prominent weiterdirigieren und stand als vom Regime anerkannter Dirigent auf der »Gottbegnadeten-Liste«. Der Ruf war zwar beschädigt, dennoch konnte er nach dem Krieg – in einer Umbruchszeit der systembezogenen Überforderung – gerade von einem vermeintlichen Opferstatus (als der von den Nationalsozialis-

Bildnis Knappertsbusch von Hans-Jürgen Kallmann, 1959. Im Bestand der Porträtgalerie im Nationaltheater.

ten geschasste Generalmusikdirektor) profitieren: Seine Beliebtheit und sein Ruf als prinzipientreuer Künstler machten ihn in der Nachkriegszeit beim Münchner Konzert- und Opernpublikum zu einer derart einflussreichen und öffentlichkeitswirksamen Person, dass die jeweilige Opernleitung, Stadt- und Staatsregierung seine Macht, sein Wort, seinen Druck ernst zu nehmen hatte, um in der öffentlichen Gunst nicht zu unterliegen. Knappertsbuschs künstlerische Verdienste stehen für sich. Die Funktion des »Kna« als Konstante und Brücke zum Anschluss an die »gute, alte Zeit« vor Kriegsbeginn erhebt ihn hingegen beinahe schon in den Status einer für die Münchner Operngeschichte einzigartigen Identifikationsfigur, die über alles erhaben sein sollte, um sie ohne Bedenken repräsentativ zu zelebrieren.   RC

# DIE ÄSTHETISCHE DIMENSION DER AUFFÜHRUNGEN 1933 bis 1963

# Die Spielpläne

**Spielplananalysen besitzen ihre eigene Dynamik**, aber auch ihre unverwechselbare Problematik: Quantitative und qualitative Analysen lassen sich in den meisten Fällen nicht widerspruchsfrei miteinander verknüpfen. Ein einziges Beispiel aus dem Spielplan der Bayerischen Staatsoper mag dieses Dilemma beleuchten: Zu Silvester 1931 gab es im Cuvilliéstheater mit der Operette *Caramba* eine Novität der lockeren Jahresendunterhaltung. Der Untertitel verwies in der deutschen Fassung schon eher als der sparsame Originaltitel auf die komödiantische Belustigungsstrategie: »Dolores und die Parallelen«, im spanischen Original *Los extremeños se tocan* (Gegensätze ziehen sich an), von Pedro Muñoz Seca und Pérez Fernández. Die deutsche Übersetzung besorgte H. Haberer Helasco, und da es sich um eine »opereta sin musica« handelte, mussten die vorgesehenen Liedtexte ebenfalls (von Theo Halton) übersetzt und das Ganze noch vertont werden. Die Musik entstand also bei jeder Produktion dieser Opereta sin musica neu. Komponist in München war der vor allem durch Filmmusik zu mäßiger Bekanntheit gelangte Hansheinrich Dransmann, der 1934 Freiheitsgedichte des westfälischen NS-Kulturfunktionärs Carl Maria Holzapfel[1] vertonte und zwischen 1939 und 1943 Direktor des Lessingtheaters in Berlin war. *Caramba* war natürlich eine Münchner Erstaufführung, also bestens eingepasst in den sehr innovationsfreudigen Spielplan der Weimarer Republik, aber die Operette wurde nur ein einziges Mal gespielt, obgleich diese Premiere nicht wenig prominent besetzt war: Regie führte Alfons Pape, bis 1943 zehn Jahre hindurch Leiter der Schauburg Hannover und ein prominenter Schauspiel-Regisseur, die musikalische Leitung hatte Robert Tants, Direktor der Bühnenmusik am Münchner Residenztheater, und Bühnenbild und Kostüme besorgte Leo Pasetti, von 1920 bis zu seinem Tod 1937 Ausstattungsdirektor der Bayerischen Staatstheater. Viel

Aufwand, so will es scheinen, für einen einzigen Theaterabend, aber immerhin eine Novität unter den 15 Premieren-Produktionen in der Spielzeit 1930/31. Von ihnen gehörten nicht weniger als drei weitere zum Operettengenre (Franz von Suppés *Fatinitza* und zwei Kompositionen von Jacques Offenbach, *Die Verlobung beim Laternenschein* und *Herr und Frau Denis*), zwei davon ebenfalls als Münchner Erstaufführungen. Diese Premieren stehen in einer Reihe mit der Uraufführung von Robert Hegers Oper *Der Bettler Namenlos* (am 8. April 1932) und der konzertanten Münchner Erstaufführung von Hugo Wolfs *Manuel Venegas* (am 24. April 1932). Die vier Operetten und die Uraufführung waren sämtlich ausgestattet von Leo Pasetti. Welche Bedeutung also hatte *Caramba*, das die Innovationsquote der Staatsopern-Neuheiten in den Jahren zwischen 1914 und 1931 um 15 Prozent steigerte, aber rezeptionsgeschichtlich völlig belanglos blieb?

Zugegeben: Das Beispiel ist schräg, aber es illustriert die Problematik mit quantitativen und qualitativen Spielplananalysen. Statistische Ergebnisse sind mit den ästhetischen Aspekten der Spielpläne abzugleichen, um daraus eine Wertschätzung der dispositiven wie künstlerischen Leistung von Theaterleitern über einen mehrjährigen Zeitraum formulieren zu können – etwa für die Leistung der beiden Intendanten Georg und Rudolf Hartmann zwischen 1945 und 1963. Zu prüfen ist die Berechtigung der seinerzeit schlagwortartig wiederholten Formulierungen vom alten Glanz und der internationalen Geltung, zu der die Bayerische Staatsoper in den frühen 1950er Jahren zurückgefunden habe (Stichwort: Wir sind wieder wer). Zu gewichten ist andererseits auch der unverhohlen kritische Blick der Öffentlichkeit auf das vermeintlich ungenügende Innovationspotential des Hauses in der Zeit zwischen 1933 und 1963, in dem der typisch bayerische Konservativismus und das nicht auszurottende Repräsentationsbedürfnis aufschienen. Dann lässt sich eine Antwort auf die Frage finden, ob Rudolf Hartmann seine ästhetischen Maxime und Arbeitsziele aus der nationalsozialistischen Zeit in der Bonner Republik respektive im Freistaat Bayern unverändert fortschreiben konnte.

### Das Innovationspotential

Absichtsvolle und geradezu diffamierende Fehleinschätzungen der künstlerischen und organisatorischen Kompetenz Georg Hartmanns, mit der er die Staatsoper von 1947 bis Frühjahr 1952 leitete, sind seinem Nachfolger Rudolf Hartmann immer wieder unterlaufen. Der Intendant der Jahre zwischen 1952 und 1967 ließ an seinem Vorgänger, der aus den Kriegstrümmern heraus hochqualifiziertes Opertheater zu machen versuchte, kein gutes Haar.[2] Weder die Führung des Hauses in immerhin sechs Spielzeiten, noch die Reorganisation und Rekonstruktion der sommerlichen Opernfestspiele fanden in Rudolf Hartmanns Augen Gnade – obgleich ein Blick in die Einschätzungen der künstlerischen Leistungen und der Spielplangestaltung ihn leicht eines Anderen hätten belehren können (vgl. Georg Hartmann und die verhinderte Moderne, S. 199). Nimmt man die Innovationsgeschwindigkeit und -häufigkeit zum Maßstab der Spielplanqualität – und nach wie vor gilt die Erneuerung und Erweiterung des Repertoires als einer der herausragenden Gradmesser für Aktualität von Theater –, dann fällt der Vergleich zwischen der unmittelbaren Nachkriegszeit und der beginnenden Freistaat-Epoche längst nicht immer zu Rudolf Hartmanns Vorteil aus. Georg Hartmann bot seinem Publikum vom November 1945 bis zum Juli 1952 insgesamt, vokale (Oper und Operette) und instrumentale (Tanz) szenische Produktionen zusammengenommen, 93 Aufführungen neuer, bis dato in München nicht gespielter Werke, was einen Durchschnitt von gut 13 neuen Inszenierungen pro Jahr bedeutete. Rudolf Hartmann stellte seinem Publikum in elf Spielzeiten bis 1963, also bis zur Wiedereröffnung des Nationaltheaters, 171 Premieren vor, mithin einen Jahresdurchschnitt von über 15 neuen Produktionen. Freilich ist das statistische Mittel nicht ganz aussagekräftig, denn in seiner ersten Amtszeit als neuer Intendant 1952/53 klotzte Rudolf Hartmann 26 Produktionen heraus, um Freunde wie vor allem Feinde allein quantitativ zu beeindrucken. Schon die statistische Reduzierung um zehn Aufführungen auf den in allen anderen Jahren üblichen Durchschnitt nimmt dieser scheinbaren Herkules-Tat die Beweiskraft; dann pendelt sich Rudolf Hartmanns Innovationspotential bei gut 14 Aufführungen ein, also durchschnittlich eine mehr pro Spielzeit als bei Georg Hartmann. Andererseits bleibt auch die unzweifelhafte Behinderung einer fantasievollen wie quantitativ überzeugenden Programmatik in den ersten drei Nachkriegsjahren in der Statistik für Georg Hartmann unberücksichtigt. Zum Vergleich, um die Maßstäbe zurecht zu rücken: Zwischen 1933 und 1944 wurden in Hitlers Vorzeigehaus Bayerische Staatsoper, in dem Rudolf Hartmann immerhin Operndirektor und leitender Regisseur war, 129 neue Produktionen gezeigt, mithin durchschnittlich knapp elf (10,8) pro Jahr – deutlich weniger als in den ersten 18 Nachkriegsjahren mit den kaum zufriedenstellend gelösten räumlichen und wirtschaftlichen Schwierigkeiten. Und im oftmals so hochgelobten Theater der Weimarer Republik, das vermeintlich mit einer »gefühlt« hohen Innovationsgeschwindigkeit aufwartete, gab es 196 neue Produktionen in 19 Spielzeiten von 1914 bis 1932,[3] mithin durchschnittlich gut zehn pro Jahr (10,4). Die Innovationshäufigkeit wurde nach dem Zweiten Weltkrieg also um etwa ein Drittel gesteigert.[4]

### Der Spartenvergleich

Aufschlussreich für die ästhetische Botschaft eines großen Mehrspartenhauses ist der Spartenvergleich zwischen Oper / Operette und Ballett / Tanz. Anders als heute mit der Existenz eines eigenen Staatsballetts in München, das institutionell seit 1988 existiert und somit der Opernsparte gleichgestellt wurde, waren die Tanzkompagnien früherer Jahrzehnte in das Königliche Hof- und Nationaltheater integriert und wurden damit viel stärker als Teil der Opernkultur und des Spielplans des Opernhauses wahrgenommen als heutzutage. Deshalb verrät der Spartenvergleich zwischen Oper und Bühnentanz viel über das Innovationspotential eines Hauses. Körperästhetik und Bewegungsabläufe sowie die daraus resultierenden Effekte der Raumaufteilung und der Positionierung der Figuren im Raum sind seit Beginn des 20. Jahrhunderts im Bühnentanz entschieden konsequenter weiterentwickelt und radikalisiert worden als in der Operninszenierung. Ballett- und Tanz-Produktionen bilden nicht selten den entscheidenden Modernitätsfaktor eines Opernhauses.

In der Epoche von 1914 bis 1932 betrug das Verhältnis der Premierenproduktionen des Königlichen Hof- und Nationaltheaters zwischen den Sparten beinahe ein zu sechs. Von den 196 Neuproduktionen galten 165 der Opernsparte und 31 dem Ballett (84,2 zu 15,8 Prozent). Im Dritten Reich sank die Bedeutung des Balletts im Gesamtrepertoire der Staatsoper auf 13,2 Prozent des Spielplans (17 Ballette bei 129 Premieren). Diese Verhältniszahlen der Sparten änderten sich schlagartig nach Ende des Zweiten Weltkriegs. Unter der Intendanz von Georg Hartmann wurden 31 von 93 Premierenproduktionen (33,3 Prozent) vom Ballett bestritten; unter Rudolf Hartmann waren es 32,1 Prozent (55 Ballette von 171 neuen Produktionen). Das Ballettangebot wurde in den Nachkriegsjahren also um rund 150 Prozent im Vergleich zu früheren Jahren gesteigert, was einem künstlerischen und ästhetischen Umsturz gleichkam.

Noch interessanter als dieser quantitative Spartenvergleich ist die Fülle der Neuheiten in den jeweiligen Repertoires. Addiert man Uraufführungen (UA), deutsche Erstaufführungen (DE) und Münchner Erstaufführungen (ME) rein statistisch als Novitäten im Spielbetrieb des Königlichen Hof- und Nationaltheaters bzw. der Bayerischen Staatsoper, dann entfallen in den Jahren 1914 bis 1932 gar 21 von 31 Ballettproduktionen, mithin 67,7 Prozent dieser Sparte, auf die Neuheiten. Die Opernsparte hatte hingegen nur 41,2 Prozent (68 von 165) an Novitäten zu bieten – signifikant hoch im Vergleich zu den folgenden Jahrzehnten, aber erheblich niedriger als das Innovationspotential des Balletts. Insgesamt nahmen in den Jahren der Weimarer Republik die programmatischen Neuheiten mit 45,4 Prozent knapp die Hälfte des gesamten Spielplans über 19 Jahre ein – mit unverkennbarem Schwerpunkt auf dem Bühnentanz der 1920er Jahre: *Josephslegende* von Richard Strauss (ME 19. August 1921), *Der holzgeschnitzte Prinz* von Béla Bartók (ME 20. Februar 1924), die Strawinsky-Ballette

*Pétrouchka* (ME 23. Mai 1925) und *Pulcinella* (ME 21. November 1925), sowie die expressionistischen »Aushängeschilder« *Tango* von Darius Milhaud (ME 19. Juni 1927), Kreneks *Mammon* (UA 1. Oktober 1927), John Alden Carpenters *Skyscrapers* (ME 10. Februar 1928) und der mitreißend-düstere Seelenschocker *El amor brujo* von Manuel de Falla (ME 4. Mai 1927).

Zum Vergleich: Die Novitäten im Opern- und Ballettrepertoire zusammen genommen liegen im Dritten Reich mit 23,3 Prozent deutlich unter den Quoten der Zwischenkriegszeit und den Hartmann-Intendanzen nach dem Zweiten Weltkrieg. In den 18 Spielzeiten zwischen 1945 und 1963 gab es insgesamt 264 Premieren, davon 42 Novitäten in der Oper (fünf UA, vier DE und 33 ME) und 49 im Ballett (12 UA und 37 DE und ME). Diese 91 Produktionen repräsentieren mehr als ein Drittel (34,5 Prozent) aller Spielpläne, es gibt also immer noch eine herausragende Quote an Novitäten, die zum größten Teil auch stilistisch das Prädikat Innovation verdient. Der Mut zum Wagnis war bei Georg Hartmann nicht geringer als bei seinem Namensvetter Rudolf. Mit den Uraufführungen von Werner Egks *Abraxas* (1948), Georges Aurics *Weg zum Licht* und Gottfried von Einems *Pas de cœur* sowie der Münchner Erstaufführung *Pas d'action* von Hans Werner Henze (alle 1952) setzte Georg Hartmann in seiner letzten Spielzeit an der Bayerischen Staatsoper auffällige Akzente. Rudolf Hartmann war in der Vergabe von Ballett-Uraufführungen sparsamer, präsentierte aber mit *Mister Scrooge* von Josef Suk (1955) und zwei Uraufführungen des Münchner Komponisten Wilhelm Killmayer (*La Buffonata* und *La Tragedia di Orfeo*) sowie der Münchner Erstaufführung von Francis Poulencs *Aubade* (alle drei im Juni 1961) und Hans Werner Henzes *Undine* (1959) tatsächlich zeitgenössische Moderne. Im Übrigen orientierte sich Rudolf Hartmann in seinen Spielzeitplanungen an der eher klassischen Moderne mit zwei jeweils dreiteiligen Strawinsky-Programmen 1957 und 1962, mit Darius Milhauds *Salade*, 1957 kombiniert mit der Münchner Erstaufführung von Strawinskys *Oedipus Rex*, und mit Benjamin Brittens *The prince of the Pagodas* (1958).

Rudolf Hartmanns Novitäteninteressen lagen eher bei Ur- und Erstaufführungen von Opern, auch wenn er für sich selbst als Regiearbeiten nur die gleichsam »klassischen« Werke auswählte. Bei Arthur Honeggers *Johanna auf dem Scheiterhaufen* (1953), Paul Hindemiths *Die Harmonie der Welt* (1957), Alban Bergs *Wozzeck* (1957) und Frank Martins Tristan-Oper *Der Zaubertrank* (1962) fühlte er sich offenbar als szenischer Interpret wohler als bei allen Strawinsky-Opern, Prokofieff und dem französischen Impressionismus von Ravel und Ibert. Selbst die deutsche Erstaufführung von Janáčeks *Die Ausflüge des Herrn Broucek* (1959) überließ er anderen. Seine eigentliche Aufgabe als Regisseur sah Rudolf Hartmann in der Pflege des erprobten deutschen Opernrepertoires von Richard Strauss und Richard Wagner, mit einigen Ausflügen in das große italienische Repertoire von Verdi und Puccini. Dafür, so mochte er glauben, hatte man ihn in München auch als Staatsintendanten berufen.

### Der Mythos Qualitätssicherung

Gegen den Vorwurf, nicht innovativ und aktuell genug zu sein, wetterte Rudolf Hartmann verschiedene Male, in besonders drastischer und bezeichnender Form in seiner Autobiografie am Beispiel der Spielzeit 1958/59,[5] und legte dann zu seiner Verteidigung nach:

Ein gelegentlich von uns aufgestellter Spielplanvergleich mit der als »vorbildlich modern« gerühmten Opernbühne in Hamburg ergab hinsichtlich der Anzahl neuer Werke ein für uns günstigeres Bild [was Hartmann nicht nachwies, sondern als Behauptung stehen ließ]. Aber es blieb bei der einmal verliehenen Spitzmarke: München ist nur traditionell eingestellt – obwohl jedermann sich überzeugen konnte, daß beide Komponenten des Spielplanes, das sogenannte »klassische« Repertoire *und* die Moderne in überlegter Abwägung berücksichtigt wurden. Daß ein Opernhaus nur mit »Neuerscheinungen« nicht zu führen ist, gehört zu den Binsenweisheiten des Theaters.[6]

Gemessen an der spärlichen Novitäten-Präsentation seiner ersten Münchner Jahre als leitender Regisseur und Operndirektor von 1938 bis 1944 präsentierte Rudolf Hartmann in seinen Intendanten-Jahren einen reizvollen Spielplan, freilich in Fortsetzung der Aufbauarbeit, die sein Vorgänger Georg Hartmann mit großem Erfolg eingeleitet hatte. Gleichwohl orientierte sich Hartmanns Selbstverständnis als Regisseur wie als Intendant offensichtlich intuitiv an der 150-jährigen Geschichte des Münchner Nationaltheaters. Die Hofoper war zu keiner Zeit ein typisches Uraufführungstheater wie etwa das Teatro San Carlo in Neapel oder das Fenice in Venedig. Dafür aber hatte sich die Münchner Oper schon im 19. Jahrhundert sehr rasch als ausgezeichnetes Repertoire-Theater erwiesen. Nach der Revolution 1848/49 entwarf der aus Berlin berufene Intendant Karl Theodor von Küstner in nur drei Jahren ein mustergültiges Repertoire aus erprobten Produktionen der Vergangenheit und sehr rasch, schon nach wenigen Monaten nachgespielten europäischen Novitäten, wenn sie sich am Uraufführungshaus als erfolgreich erwiesen hatten. Diese Strategie schrieb man in München bis ins frühe 20. Jahrhundert fort, und das Bewusstsein für derartige Bewahrung einer pflegenswerten Hochkultur setzte sich ungebrochen fort. Auch die Entscheidung, Opernfestspiele nicht als Novitäten-Börse zu begreifen, sondern als hochkarätige Versammlung von Musteraufführungen aus dem laufenden Repertoire, wurde in München als Vermächtnis und Auftrag an die Zukunft fortgeschrieben. Musteraufführungen, also qualitativ herausgehobene Interpretationen längst bekannter Werke entstehen in dem Bewusstsein, optimale künstlerische und theatertechnische Aufführungen kreieren zu müssen, um einem emphatischen Anspruch an die Kunst gerecht zu werden. Diese Funktion von Kunst im gesellschaftlichen Leben geht zurück auf einen gleichsam mythologischen Ursprung, Kunst sei der Ausdruck des Volkes und damit ein Garant für die Einheit einer Nation. Richard Wagner komponierte über diese Vorstellung und Anforderung ein ganzes Opernfinale, die Festwiese in den *Meistersingern von Nürnberg*. Diese Botschaft war und ist in München nicht vergessen. Rudolf Hartmann verstand sich offensichtlich als ihr ergebenster Verfechter, denn die Formel vom Ursprünglichkeitswert eines Werkes, die Hartmanns künstlerisches Denken prägte wie keine zweite Maxime[7], ist in seinen Regiearbeiten, seinen Spielplankonzepten und seinen Verteidigungen gegen die Vorwürfe, nicht aktuell genug zu sein, mit Händen zu greifen. Musikalisches Theater galt ihm – und nicht nur ihm, sondern vielen Meinungsbildnern im öffentlichen Diskurs über Theater – als eine Wirklichkeit des schönen Scheins, als eine autonome Welt, wie sie die Gräfin in *Capriccio* von Richard Strauss (und Clemens Krauss als Librettisten) programmatisch affirmierte. Aus diesem Bewusstsein speiste sich ein Verständnis von Theaterleitung, das auf optimale Konservierung der einmal erreichten Standards zielte – die Integration von zeitgenössischer Moderne nicht ausgeschlossen, aber auch nicht als vorrangige Kunstauffassung affirmiert. Deshalb wohl traf Rudolf Hartmann mit Präzision ein Repräsentationsbedürfnis, das den Wert von Kultur und Kunst in unveränderlichen Ausprägungen festschrieb. Dies war nicht der Ansatz seines Vorgängers Georg Hartmann, aber sehr wohl das Kunstverständnis einer Zeit, in der mit Kunst und ihrer Perfektionierung eine Volksgemeinschaft zur Nation geschmiedet werden sollte. Internationale Innovationen waren in diesem Kunstverständnis nur wenige geduldet, stattdessen aber eine auffällige Konzentration auf ein deutsches Repertoire präferiert.

### Das »Deutsche« im Spielplan vor und nach 1945

Die knapp 35 Jahre zwischen 1933 (der Machtergreifung der Nationalsozialisten) und 1967 (der Ablösung des charismatischen Theaterleiters Rudolf Hartmann durch seinen Nachfolger Günther Rennert) schienen eine lange Phase der künstlerischen wie kulturpolitischen und ästhetischen Kontinuität zu repräsentieren. Der vage und multivalente Begriff des Deutschen charakterisiert, so könnte man meinen, jenen Zeitraum der dreieinhalb Jahrzehnte und ihren inneren Zusammenhalt, für den sich viele künstlerisch-ästhetische und personalpolitische Kontinuitäten und kaum signifikante Brüche nachweisen lassen. Dass das vermeintliche Wendepunkt-Jahr 1945 in dieser politisch umstürzlerischen Phase eben keine durchgreifende Neuorientierung im Bereich der Musiktheater-Geschichte auslöste, gehört zu den signifikanten Merkmalen dieser Zeitspanne. Nicht wenige Deutsche registrierten und empfanden diese denkbare Stunde Null gerade nicht als Neubeginn, sondern als Fortsetzung einer abrupt und radikal zwölf Jahre zuvor unterbrochenen ästhetischen und künstlerischen Offenheit und Weltläufigkeit. Einer der berühmtesten Fürsprecher für diese Anschauung war Thomas Mann, der in seiner letzten im amerikanischen Exil für deutsche Hörer aufgenommenen Rundfunksendung eben dies formulierte:

Ich sage: es ist trotz allem [gemeint war das Elend und Leid des deutschen Volkes] eine große Stunde, die Rückkehr Deutschlands zur Menschlichkeit. Sie ist hart und traurig, weil Deutschland sie nicht aus eigener Kraft herbeiführen konnte. Furchtbarer, schwer zu tilgender Schaden ist dem deutschen Namen zugefügt worden, und die Macht ist verspielt. Aber die Macht ist nicht alles, sie ist nicht einmal die Hauptsache, und nie war die deutsche Würde eine bloße Sache der Macht. Deutsch war es einmal und mag es wieder werden, der Macht Achtung, Bewunderung abzugewinnen durch den menschlichen Beitrag, den freien Geist.[8]

In ähnlicher Weise artikulierte der Münchner Theater- und Musikkritiker Joachim Kaiser seine Empfindung für das Jahr 1945, freilich entschieden konkreter als Thomas Mann und mit Blick auf die Kunstproduktion noch positiver:

[…] für die intellektuell oder musisch Bewussteren brach nicht erst 1945 die Welt zusammen. Das Jahr 1945 […] war ja nicht mehr der Schicksalsmoment des Zusammenbruchs (den hatte man zwei, drei Jahre vorher in vielen bangen Nächten durchexerziert und sich imaginiert), sondern 1945 war der Augenblick der Rettung für alle, die damals irgendwie neuanzufangen noch den Impuls hatten. Es gab also durchaus etwas wie eine Stunde Null.[9]

Kaiser empfand und beschrieb deshalb im selben Zusammenhang die Nachkriegszeit in Erinnerung und Rekapitulation der Theaterkultur der Weimarer Republik als »unsere Zwanziger Jahre«, was historiografisch zumindest für den Bereich der Opernkomposition nicht korrekt war, aber für den Neuansatz in der Kompositionsgeschichte und das mit ihm verknüpfte Erlebnispotential als eine einleuchtende Denkfigur dienen mochte.[10] Der vage Begriff »deutsch« versammelte eine Palette von unterschiedlichen Merkmalen politischer wie ästhetischer und historischer Provenienz im Opernrepertoire. Gleichwohl sind Kompositionen, die sich unter diesen Begriff rubrizieren liessen, quantitativ wie vor allem qualitativ charakteristisch für den gesamten Zeitraum zwischen 1933 und 1967, mithin im Wesentlichen für die künstlerische wie dispositive Arbeit von Rudolf Hartmann vor und nach dem Zweiten Weltkrieg.

Richard Strauss galt dabei mit seinen Opern als das herausragende Aushängeschild des NS-Regimes, das schon die Uraufführung der *Arabella* als die neue deutsche Oper im neuen deutschen Reich propagierte (vgl. Spielplanpolitik. Der ästhetische Repräsentationsgedanke – *Arabella*, S. 143). Rudolf Hartmann übertrug die Wertschätzung der Strauss-Opern und die Sorgfalt bei ihrer vermeintlich werkgetreuen theatralen Interpretation aus den Jahren vor 1945 ungebrochen in die Jahre seiner Intendanz ab 1952. Diese deutschen Opern waren aufgrund ihrer Provenienz unverfänglich und unproblematisch. Anders im Falle Mozarts. Von Ende November bis zum 5. Dezember 1941 fand in Wien anlässlich des 150. Todestages des Komponisten die Mozart-Woche des Deutschen Reiches statt, eine nicht nur musikalische, sondern vor allem auch nationalistische und propagandistische Inszenierung des »deutschen« Komponisten Mozart, verantwortet und geleitet vom zuständigen Minister Joseph Goebbels und vom Reichsstatthalter und Gauleiter in Wien Baldur von Schirach. Alle im Deutschen Reich und in den besetzten Gebieten angesetzten Festveranstaltungen, vor allem aber die Wiener Mozart-Woche dienten nur einem Ziel: »Mozart zur Galionsfigur eines in kultureller als auch militärischer Hinsicht allen anderen Ländern des ›neuen Europas‹ überlegenen Deutschen Reiches herauf zu stilisieren, um dadurch die musikalische, aber auch die politische Größe Deutschlands zur Schau zu stellen.«[11] Fraglos verfolgten von Schirach und Goebbels unterschiedliche Ziele mit ihrer Propaganda-Show zu Mozarts 150. Todestag: Der Reichsstatthalter und Gauleiter förderte mit der Galionsfigur Mozart die Stadt Wien als Kulturzentrum ersten Ranges im Deutschen Reich, der Minister für Volksaufklärung und Propaganda stärkte hingegen die Hegemonie Berlins, also der Zentrale des Deutschen Reiches, und rechtfertigte politisch wie kulturell den Anschluss Österreichs ans Deutsche Reich. Die internationalen Gäste und auch die Presse sprangen auf Joseph Goebbels' Strategie offensichtlich eher an als auf die lokal begrenzte Politik Baldur von Schirachs.[12] In jedem Fall aber wurde Mozart mit seinen musikalischen Werken 150 Jahre nach seinem Tod als Deutscher vereinnahmt und öffentlich ausgestellt. Mit fünf der letzten sieben großen Opern war Mozart auf den Münchner Spielplänen im Nationaltheater vor wie nach dem Krieg äußerst prominent vertreten.

Freilich ist der Begriff »deutsch« nicht produktionsästhetisch zu begreifen als lokal begrenzte und künstlerisch-stilistische Signatur von Kunstwerken, die einer unverwechselbar nationalen Eigentümlichkeit folgten, sondern rezeptionsästhetisch, institutionsgeschichtlich und soziologisch. Die Vokabel »deutsch« stand um 1930 für das Selbstverständnis des Bildungsbürgertums deutscher Sprache, das sich im 19. Jahrhundert herausbildete und im beginnenden 20. Jahrhundert, erst recht nach dem Kulturschock des Ersten Weltkriegs in eine schwere, nicht mehr beherrschbare Krise geriet. Das Bildungsbürgertum hatte sich in den Ländern, die sich ab 1871 zu einem deutschen Nationalstaat zusammenschlossen, ohne kulturell auch ein solcher zu sein, als Führungselite entwickelt. Die Leitlinien der Kunstproduktion und die existenzbegründenden und -sichernden neuen Wirtschaftsstrukturen wurden durchgängig vom Bildungsbürgertum bestimmt. Im Wertekanon des bürgerlichen Mittelstandes verknüpfte sich modernes mittelständisches Unternehmertum mit der über ein Jahrhundert hinweg tradierten künstlerisch-philosophischen Idee der Weimarer Klassik Goethes, Schillers, Herders und Wielands. Das Bürgertum erhob den geforderten Ausgleich zwischen Vernunft und Gefühl als zentralen Kategorien der Kunstproduktion, eben die klassischen Errungenschaften der Spätaufklärung, ebenso zum Programm wie das Verständnis von Theater als der komplexesten und deshalb in einer virtuellen Werteskala höchstwertigen und prominentesten Kunstform überhaupt[13] – eine signifikant deutsche Position auf dem europäischen Weg in die Moderne.

Eben dieses Verhältnis von sozialem und künstlerischem Führungsanspruch durch die bürgerliche Klasse bildet die dramaturgische Basis für Richard Wagners Oper *Die Meistersinger von Nürnberg*. Zum Ausgleich der konfrontativen Spannungen zwischen den Gesellschaftsschichten hatte der Adelige (Walther von Stolzing) sein Hab und Gut verkauft, um ins Bildungsbürgertum integriert zu werden. Dort findet er die Frau seiner Träume (Eva Pogner). Zugleich aber vertritt der Neu-Bürger (Walther) die moderne Sprache der Kunst, die zugunsten des intensivierten Gefühls mit den klassischen Regeln der (Dichtungs- und Gesangs-)Form der Meistersinger bricht. Weil Walther kein Bildungsbürger im tradierten Verständnis sein und deshalb auch kein Meister werden will, muss der prominenteste aller bürgerlichen Kunstschaffenden, Hans Sachs, in seiner Schlussansprache auf der Festwiese die traditionsverhafteten Regeln der Kunstproduktion selbst und zugleich die Gefahren ihrer allzu freizügigen Auslegung ausdrücklich formulieren: Wenn die Kunst als Leitidee einer Gesellschaft den Modernismen fremder, ausländischer Provenienz verfällt, vergeht das (deutsche) Volk und mit ihm das deutsche Reich[14] – obgleich es Ende der 1860er Jahre institutionell noch gar nicht Realität geworden war. Gleichwohl wurde die Debatte um den Führungsanspruch des Bildungsbürgertums und seine Reaktion auf die Sprengkraft der künstlerisch-kulturellen Moderne vor allem französischer Provenienz spätestens seit Beginn der 1860er Jahre öffentlich geführt. Wie präzis Wagner die Gemengelage der diffusen Argumentationsstrategien in dieser Debatte mit seiner Opernszene getroffen hatte, beweist der Briefwechsel zwischen König Ludwig II. und Wagner unmittelbar nach der Uraufführung der *Meistersinger*, denn der bayerische König, damals immer noch erster Thronanwärter eines deutschen Kaiserreichs, suchte in seinem Selbstverständnis als Monarch doch die Nähe zu seinem Volk und identifizierte sich von Anbeginn in diesem Briefwechsel mit der Opernfigur Walther (bis hinein in die Unterzeichnung von Briefen und Telegrammen an Wagner); Wagner selbst übernahm in diesem Brief-Dialog die fingierte Rolle des Hans Sachs.[15] Vorerst galt – das suggeriert auch der teils offene, teils begütigend-harmlose Schluss der *Meistersinger* – die einheits- und identifikationsstiftende kulturelle Leitidee des traditionalistischen oder gar reaktionären Bildungsbürgertums als kulturelles Programm, das die Krise der Konfrontation mit der Moderne bereits in sich trug. Die bürgerlich-deutsche Selbsttäuschung, man könne ein Kulturmensch auch fernab von jeder politischen Positionierung sein, erlebte in der Kunstmoderne des beginnenden 20. Jahrhunderts dann ihr Menetekel. Kunst war nun politisch, mehr und heftiger als man es jemals für möglich gehalten hätte. Der aus dieser konservativen Position entspringende öffentliche Eklat zwischen Wertbeständigkeit und Fortschritt in der Kunstanschauung war programmiert. Im Frühjahr 1933 wurde er gerade in München offenbar. Dennoch blieben die *Meistersinger* in den Jahren zwischen 1933 und 1967 Wagners meistgespielte Oper mit gleichbleibender Rezeptionsdichte in den drei historischen Abschnitten 1933–1944 (76-mal in drei Inszenierungen), 1945–1952 (37-mal in einer Inszenierung) und 1952–1967 (83-mal in zwei Inszenierungen). Man mied selbst unmittelbar nach Kriegsende nicht die extrem politisch belastete Oper, die im NS-Staat die szenische Vergegenwärtigung der Nürnberger Reichstagspropaganda repräsentierte. Die erste Neuinszenierung nach dem Krieg besorgte 1949 der nachmalige Münchner Oberspielleiter Heinz Arnold, und diese Aufführung galt wohl eher der Bekräftigung einer Tradition, weil diese Oper in München uraufgeführt worden war, und nicht der kritischen Auseinandersetzung mit einem nationalsozialistischen Propaganda-Werk. Die Kernstücke der ungebrochenen Aufführungstradition seit 1928 lieferte freilich während der NS-Zeit und gegen Ende seiner eigenen Nachkriegs-Intendanz Rudolf Hartmann, 1943 mit Ludwig Sievert als Bühnenbildner, 1963 mit Helmut Jürgens. Nach den suggestiven und politisch unzweideutigen Bildern von Ludwig Sievert setzte Helmut Jürgens zwar auf harmlose optische Effekte, auf eine hochgradig ästhetisierte, aber inhaltsleere Schmiedeeisen-Dekoration des Kirchenraums im 1. Akt und auf eine räumlich vage, abstrakte Festwiese im Finale des 3. Aktes, in dem pittoreske Zunftbilder der 1960er Jahre das eher heitere Dekor bestimmten. In den Zunftbildern der Handwerkergruppen formierte sich zwar eine Gesamtansicht der Nürnberger Stadtkulisse (vgl. Die Eröffnungsfestwochen. *Die Meistersinger von Nürnberg*, Abb. S. 57), aber von einer programmatischen Kulisse, von einer rekapitulierenden und kommentierenden Sicht auf die prekäre Vergangenheit dieser Oper und ihrer Benutzung im NS-Staat konnte bei dieser verspielten Lösung durch Helmut Jürgens nicht die Rede sein. Aber die unpolitische Aussage dieser Festinszenierung zur Wiedereröffnung des Nationaltheaters war in ihrer Verdrängungs- und Verharmlosungsabsicht eben auch eine krasse politische Aussage: gegen die Auseinandersetzung mit der jüngst erst vergangenen deutschen Politikphase. Von Neu-München im Sinne von Neu-Bayreuth (die *Meistersinger* brachte Wieland Wagner in Bayreuth 1956, hinlänglich oft kommentiert als »Die Meistersinger ohne Nürnberg« zumindest in innovativen szenischen Lösungen) damals an der Bayerischen Staatsoper keine Spur! Aber die verharmlosenden Ansätze sah man damals in Bayreuth wie in München: das Ausblenden des politischen Sprengstoffs in der Opernhandlung selbst und in ihrer Instrumentalisierung durch die NS-Propaganda. In beiden Häusern galt's der puren Kunst, nicht der gesellschaftlichen Debatte in und mit der Kunst.

### Die Top 15 zwischen 1933 und 1967

Die meistgespielten Opern zwischen 1933 und 1967 sind mit großem Abstand Mozarts Werke, von denen fünf unter den ersten 15 rangieren. Mag Mozart allenthalben als deutscher Komponist gelten, so sind seine Werke alles andere als deutsch im stilistisch engeren Sinne. Der *Figaro*, die *Così* und *Don Giovanni* sind italienische Komödien, und mit der *Entführung* mogelte der Komponist seinem Auftraggeber Kaiser Joseph II. zur Eröffnung des deutschen Nationalsingspiels an der Wiener Hofburg eine weitere dreiaktige italienische Komödie ins Programm, die in dieser Form im deutschen Sprachraum weder auf der Musik- noch auf der Schauspielbühne verbreitet war. Sie ging zurück auf Goldonis italienischen Komödientyp. Einzig die *Zauberflöte* ist eine im engeren Sinne deutsche Oper, freilich innovativ wie keine zweite, weil die Stilmischung dieses Werks, initiiert durch die Unterhaltungsform des Wiener Singspiels der Aufklärungszeit, die deutsche romantische Oper des 19. Jahrhunderts inaugurierte. Die 1000. Vorstellung der *Zauberflöte* im Münchner Nationaltheater (respektive seiner Ausweichspielstätte Prinzregententheater) fand am 21. Mai 1987 statt – übertroffen nur von der 1000. Vorstellung des *Figaro*, die schon am 2. November 1977 erreicht war:

|     |             |                      | 1933–1944 | 1945–1952 | 1952–1967 |
|-----|-------------|----------------------|-----------|-----------|-----------|
| 1.  | Mozart      | *Zauberflöte*        | 75        | 108       | 211       |
| 2.  |             | *Figaro*             | 75        | 75        | 205       |
| 3.  |             | *Entführung*         | 78        | 7         | 170       |
| 4.  | Beethoven   | *Fidelio*            | 39        | 98        | 186       |
| 5.  | Weber       | *Freischütz*         | 99        | 83        | 153       |
| 6.  | R. Strauss  | *Rosenkavalier*      | 39        | 50        | 144       |
| 7.  | Mozart      | *Così fan tutte*     | 43        | 16        | 124       |
| 8.  | Verdi       | *Aida*               | 81        | 87        | 101       |
| 9.  | Puccini     | *Tosca*              | 18        | 100       | 101       |
| 10. | Mozart      | *Don Giovanni*       | 54        | 39        | 94        |
| 11. | Rossini     | *Barbier von Sevilla*| 28        | 67        | 96        |
| 12. | Wagner      | *Meistersinger*      | 76        | 37        | 83        |
| 13. | R. Strauss  | *Arabella*           | 41        | 17        | 35+5*     |
| 14. |             | *Salome*             | 47        | 38        | 64        |
| 15. | Wagner      | *Fliegender Holländer* | 23      | 24        | 67        |

\* Die fünf Vorstellungen waren Londoner Gastspiele, mit denen die Bayerische Staatsoper in den 1950er Jahren gleichsam diplomatische Aufgaben in der Normalisierung des Verhältnisses zum Kriegsfeind England erfüllte. Vor allem *Arabella* war nationalsozialistisch belastet als Vorzeigeoper der neuen NS-Zeit und wurde in London als harmlose Gesellschaftsoper aufgeführt, aus der alle politischen Implikationen der jüngsten Vergangenheit eliminiert waren.

Die traditionelle Ausrichtung des internationalen Spielplans offenbarten in dieser Übersicht die drei italienischen Opern (von Verdi, Puccini und Rossini), denn sie repräsentierten im Ranking der Top 15 knapp 22 Prozent aller Aufführungen dieser 15 Opern. Vor dem Krieg bewährte sich die Achse Berlin-Rom neben den wirtschaftlichen Vereinbarungen (Stichwort Stahlpakt) auch im Kulturellen. Die Bayerische Staatsoper spielte *Aida* im eigenen Haus sowohl zum Tag der deutschen (!) Kunst am 17. Juli 1937 als auch zu Giuseppe Verdis 125. Geburtstag am 9. Oktober 1938. Mit Rudolf Hartmanns Inszenierung gastierte die Staatsoper am 17. Juni 1937 an der Mailänder Scala.

Die wegen ihrer monströsen architektonischen Dimensionierung vor allem im Finale des 2. Aktes berühmt-berüchtigte *Aida*-Inszenierung von 1937 bot auch in den Bühnenbildern keineswegs interpretatorische Individualität, sondern jenen glatten Repräsentationsstil, der eher durch Monumentalität als durch historisch akzeptable Rekonstruktion des ägyptischen Reiches und seiner politisch-religiösen Strukturen wirkte. Die auf die Bühne geklotzten Bauten wiesen keinerlei Ähnlichkeiten mit historischen ägyptischen Tempel- oder Herrschaftsarchitekturen auf, obgleich dieser Anschein suggeriert werden sollte. Ludwig Sievert stellte Fantasiefassaden auf die Bühne, die durch dekorativ wirkende Wandmalereien ägyptisches Originalkolorit vortäuschten und nur durch den Obelisken den Anschein von Authentizität vermittelten. Die Entwurfszeichnung (Abb. S. 232) spiegelt präzis die eigentliche Deutungsintention, die mit diesem Dekor beabsichtigt war: die extreme Präsentation von politischer Macht – es handelt sich um die Kulisse für den Triumphmarsch –, in der das Verhältnis der Machtzentrale zu den menschlichen Figuren auf extreme Weise verzerrt ist (vgl. Porträt Ludwig Sievert, S. 227).

Ganz ähnlich verfuhr Sievert bei seinem Entwurf des Wartburgsaals für die Festaufführung von Wagners *Tannhäuser* zum Tag der deutschen Kunst 1939. Details des Originals wie die auf Säulen gestützten Bogenkonstruktionen von Emporen, Balkonen und Durchgängen oder die gewaltige Ausdehnung der eisernen Deckenleuchter suggerierten auch in diesem Bild historische Authentizität, ohne sie jedoch herzustellen. Die bildhaft-räumliche Anordnung der Dekoration zielte auf die Demonstration von überwältigender Größe des Saales, der für einen schier unüberschaubaren Aufmarsch der Festgesellschaft zum bevorstehenden Sängerwettstreit wie geschaffen schien. Die Stufung der seitlichen Loggia bietet den gestaffelt aufgestellten Menschengruppen ausreichend Raum zum dekorativen Arrangement. Die Koordination der Gruppen ist bis in kleinste Details durchorganisiert. Auch hier wurde der pompöse Repräsentationscharakter dieser Massenszene aufdringlich hervorgekehrt. Die Wartburgwelt wurde als nationales Fest, eben zum Tag der deutschen Kunst, in den Vordergrund gerückt.

Derlei pompöse Ausstattungen waren nach 1945 nur noch die Ausnahme, obgleich sich das Repertoire nicht wesentlich wandelte. Der Kernbestand blieb von 1933 respektive vom Beginn der Hartmann-Ära 1937/38 bis zu Hartmanns Abschied als Intendant

Das von Ludwig Sievert entworfene, streng durchorganisierte Bühnenbild zum 2. Akt *Tannhäuser*, das als Teil eines propagandistischen Spektakels zum Tag der deutschen Kunst 1939 den Repräsentationscharakter der Inszenierung unverhohlen hervorkehrte.

im Sommer 1967 weitestgehend unverändert. Der Trend zu außergewöhnlich hohen Aufführungszahlen setzte sich nach dem Zweiten Weltkrieg auch bei *Aida*, *Tosca* und dem *Barbier von Sevilla* fort. Intendant Rudolf Hartmann schrieb seine Spielpläne aus der NS-Zeit nahezu unverändert auch in den 1950er Jahren fort, freilich mit erheblicher Erweiterung des zeitgenössischen Repertoires. Allerdings blieb er als Regisseur seinem Ruf und seinem Selbstverständnis als Lordsiegelbewahrer der Tradition[16] auch in diesem Spielplansegment treu. Von den drei Dutzend Münchner Erstaufführungen während seiner 15-jährigen Intendanz übernahm er selbst nur sechs: die *Liebe der Danae* von Richard Strauss (1953) und die Neufassung von Werner Egks *Zaubergeige* (1954) – gleichsam Fortschreibungen seines Interesses aus der NS-Zeit; daneben ältere Opern wie Mozarts *Thamos* (1961) und Händels *Agrippina* (1966), als internationales Werk Frank Martins Tristan-Oper *Der Zaubertrank* (1962) und als mutige Herausforderung Alban Bergs *Wozzeck* (1957), mit dem der einstige »Kulturbolschewismus« der Neuen Wiener Schule relativ frühzeitig im Vergleich mit anderen deutschen Opernbühnen in die Münchner Staatsoper Einzug hielt. Schon Bergs zweite Oper *Lulu* überließ Hartmann seinem Nachfolger Günther Rennert (1966). Mit drei weiteren Egk-Opern (zwischen 1957 und 1960), mit Orffs *Antigonae* (1951) und *Oedipus der Tyrann* (1961), auch mit Henzes *Re cervo* (1964), Kreneks *Karl V.* und Fortners *Don Perlimplin* (beide 1965) betraute Hartmann seine beiden Hausregisseure Heinz Arnold und Hans Hartleb. Von den sieben Uraufführungen seiner Intendantenzeit inszenierte er selbst immerhin drei Werke, neben der Neufassung von Orffs *Bernauerin* (1954) Hindemiths *Harmonie der Welt* (1957) und Henri Tomasis *Don Juan de Mañara* (1956), die beide zu den Verdrängungsversuchen einer lastenden NS-Vergangenheit gehörten. Vor allem Hindemiths *Harmonie der Welt* thematisierte die Vision einer geordneten Welt, die in der Sterbeszene der Hauptfigur Johannes Kepler als visionäre Sphärenmusik mit Planetenballett erschien und eine Welt suggerierte, in der irdische, menschliche Brutalität und diktatorische Machtpolitik keinen Platz fanden. Die Verdrängung der jüngsten Vergangenheit wäre mit Händen zu greifen gewesen, wenn man sie hätte wahrnehmen wollen.

Das während der NS-Zeit indizierte Repertoire der sogenannten Zeitoper aus den Jahren der Weimarer Republik, etwa Hindemiths *Hin und zurück* (UA 1927 in Baden-Baden) oder seine »lustige Oper« *Neues vom Tage* (UA 1929 in der Berliner Krolloper) sowie Kreneks *Jonny spielt auf* (UA 1927 in Leipzig) war an der Bayerischen Staatsoper kein Thema. Gleiches galt für Schönbergs Bühnenwerke *Erwartung* und *Glückliche Hand*; sie wurden in München nie szenisch aufgeführt, und *Moses und Aron* zeigte die Staatsoper als eigene Inszenierung erst im Juli 1982. Die Münchner Erstaufführung dieses Kernstücks der seriellen Opernkomposition besorgte im Juni 1962 die Deutsche Oper am Rhein Düsseldorf / Duisburg als Gastspiel. Rudolf Hartmann öffnete sein Haus mit rund 50 Opern aus dem zeitgenössischen Repertoire durchaus der Gegenwart. Er selbst aber engagierte sich als Regisseur und Intendant eher für die repräsentativen Aufgaben wie die Strauss-Pflege und Gastspiele. Nicht von ungefähr orientierten sich die Auslandsvorstellungen der Staatsoper, politisch opportun, nicht mehr an Italien, sondern an den neuen »Verbündeten« England (mit drei Strauss-Opern 1952 in London an Covent Garden) und Frankreich (mit der französischen Erstaufführung von *Capriccio* 1957 in Paris).

Fraglos erarbeiteten Heinz Arnold und Hans Hartleb, die nach dem Zweiten Weltkrieg vor allen anderen die musiktheatrale Gegenwart an der Staatsoper als Regisseure vertraten, auch ästhetisch innovative Bühnenlösungen. In der Zusammenarbeit mit Helmut Jürgens, seit 1948 Chefbühnenbildner der Staatsoper, entstanden sehr unterschiedliche szenische Entwürfe, gewiss auch Monumentales (wie zur *Aida*-Neuinszenierung 1963 in den Wiedereröffnungswochen des Nationaltheaters), aber in einer stets abstrahierenden Form, die gerade nicht den vordergründigen Monumentalrealismus der Vorkriegszeit als künstlerische Interpretation der Handlung präsentierte,

Der Bühnenbildentwurf zur Sphärenmusik in Paul Hindemiths *Harmonie der Welt* (1957). Helmut Jürgens schuf auf der mehrfach geteilten, abstrakten Bühne die Möglichkeit für modernes Theater der 1950er Jahre, das freilich durch die Handlung der Oper in keinster Weise eingelöst wurde.

sondern nach individuellen Lösungen suchte. Wenn das Repertoire der Bayerischen Staatsoper eine visuelle Aktualisierung und ästhetische Modernisierung in den Jahren bis 1967 erfuhr, dann sicherlich in der Bühnengestaltung durch Helmut Jürgens. Als auffälligstes Beispiel für diesen Fortschritt in eine neue Gegenwartsbetrachtung galt die Münchner Erstaufführung von Carl Orffs *Antigonae*, in der Heinz Arnold und Helmut Jürgens das von Orff angestrebte neue, romantikferne Tragödienmodell mit einer Schachbrett-Strategie beantworteten: Auf der Bühne des Prinzregententheaters wurden die Figuren wie im Schachspiel in vorgezeichneten Feldern verschoben (vgl. Porträt Helmut Jürgens, S. 324) – eine Interpretation der antiken, durch Friedrich Hölderlin frei übersetzten Sophokles-Tragödie des Widerstands gegen diktatorische Staatsmacht, die seit der Uraufführung 1949 in Salzburg und erst recht nach Arnolds Inszenierungen in Dresden (1950) und München (1951) zur kritischen Auseinandersetzung mit antiken Dramen wie ihren zeitgenössischen Anverwandlungen herausforderte (vgl. Porträt Carl Orff, S. 283). Die Inszenierung blieb ein singuläres Ereignis in den Spielplänen der Bayerischen Staatsoper bis 1967. Das Münchner Repertoire war trotz solcher Ausnahmen konservativ in der Werkauswahl, in den Aufführungszahlen erprobter älterer Kompositionen und in der ästhetischen Präsentation. Die Kontinuität eines Opernbegriffs, der sich am Übergang von der Weimarer Republik zum NS-Staat verfestigte, wenn nicht radikalisierte, und der die klassische Vorstellung des Bildungsbürgertums von großer musiktheatraler Literatur bestätigte, ist in den dreieinhalb Jahrzehnten zwischen 1933 und 1967 unverkennbar. Freilich wurde dieser Opernstil durch personales Charisma, eben die Leitungsmaximen des Operndirektors (vor 1945) und Intendanten Rudolf Hartmann (seit 1952) kreiert und gepflegt. Kontinuitätsmerkmale in der Pflege des renommierten internationalen Repertoires überwiegen bei weitem die wenigen innovativen und kritischen Ansätze auch in der Spielplangestaltung. Von Brüchen mit der belasteten politischen Vergangenheit, von radikaler Abkehr vom Vergangenen und kritischer Auseinandersetzung mit der eigenen Geschichte konnte bis 1967 an der Bayerischen Staatsoper nicht die Rede sein, wohl aber von Oper als einem ästhetisch herausragenden und musikalisch erstklassigen Kulturereignis. Die »deutsche Farbe« spiegelte eine bunte internationale Opernpalette, so dass »deutsch« als Begriff und als soziologisches Qualitätsmerkmal überzeitlich gültig und angeblich unpolitisch erschien. Wer mit dem Standard-Repertoire der NS-Zeit unmittelbar nach Kriegsende ästhetische Verharmlosung betrieb, erteilte nicht nur jeder kritischen Auseinandersetzung mit der politischen Vergangenheit eine harsche Absage, sondern stellte die nationalsozialistische Theaterpolitik auf eine Stufe mit der Kulinarik der beginnenden Adenauer-Ära. Für diese Geschichtsfälschung stand der Intendant und Regisseur Rudolf Hartmann.  JS

# Starensemble und Kammersänger-Offensive

**Zu Beginn seiner Intendanz 1952 konnte Rudolf Hartmann** aus dem Vollen schöpfen und Neuinszenierungen wie selbstverständlich als Doppelpremieren herausbringen.[1] Zum einen hatte sein Vorgänger Georg Hartmann bereits einen beachtlichen Stamm an Sängern und Sängerinnen an der Staatsoper im Prinzregententheater etabliert, zum anderen verstand es Rudolf Hartmann, sein Ensemble und seinen Gästebestand fortlaufend hochkarätig zu erweitern. Hierbei spielte Hartmann direkt ab 1952 die durch den Kultusminister neu aufgekommene Grundsatzdiskussion zur Wiedereinführung des Kammersänger-Titels in die Hände, die sich alsdann für die Staatsoper und deren künstlerische Leitung als äußerst lukrativ im Sinne von grundlegend prestigefördernd erweisen sollte: Sängerpersönlichkeiten zu finden und zu binden wurde in dem Moment leichter, als Hartmann seine Wunschkandidaten mit dem Titel »Bayerischer Kammersänger« / »Bayerische Kammersängerin« locken konnte. Dieser sollte nicht als Dienst- oder Amtsbezeichnung, sondern als »dekorativer (Ehren-)Titel« für besondere künstlerische Leistungen gelten, »als Auszeichnung für persönliche Verdienste«.[2] Gegenüber dem Ministerium sprach er sich im Sommer 1954 daher nachdrücklich für die Wiedereinführung der titelähnlichen Dienstbezeichnung aus, seien diese doch »im Interesse des Zusammenhaltens und der weiteren Heranbildung des Ensembles«.[3] Seiner Erfahrung nach legte bei Vertragsverhandlungen »eine Reihe von Sängern und Sängerinnen auf derartige Dienstbezeichnungen bzw. Titel großen Wert«.[4] Für die laufenden Vertragsverhandlungen und Neuabschlüsse reichte er gleich eine erste Vorschlagsliste für die neu einzuführende Dienstbezeichnung ein. Wenig später bekräftigte er erneut, dass bei den Vertragsverhandlungen insbesondere für Erika Köth und Hertha Töpper die Wiedereinführung des Titels eine außerordentliche Hilfe bedeuten würde.[5] Bei seiner genaueren Auflistung der Kandidaten im Frühjahr 1955 unterschied Hartmann zwischen zwei Gruppen von Sängern: Die erste sollte die Dienstbezeichnung ehrenhalber verliehen bekommen, hier handelte es sich um Ensemblemitglieder wie Cäcilie Reich, Hans Hotter oder Helena Braun, die bereits während der NS-Zeit am Hause tätig gewesen waren. Die Genannten der zweiten Gruppe waren Sänger, die noch auf längere Zeit der Bayerischen Staatsoper zugehörig sein sollten mit laufenden oder neu abzuschließenden Verträgen: Maud Cunitz (seit 1943 im Ensemble) und Franz Klarwein (Ensemblemitglied seit 1941), Annelies Kupper, Erika Köth, Hertha Töpper, Marianne Schech, Lorenz Fehenberger, Gottlob Frick und Paul Kuën.[6]

Zum November 1954 verkündete Kultusminister Schwalber offiziell, dass die Dienstbezeichnungen »Bayer. Kammersänger« und »Bayer. Kammersängerin« nun geführt werden dürften, Voraussetzungen dafür waren hervorragende künstlerische Leistungen und eine mindestens fünfjährige Zugehörigkeit zur Bayerischen Staatsoper.[7] Im Zuge dieser neuen Regelung wurde in den folgenden Jahren, beginnend ab Herbst 1955 beinahe alljährlich vom Staatsministerium für Unterricht und Kultus einer stattlichen Anzahl von Sängern und Sängerinnen die neue Dienstbezeichnung verliehen:

- 1955 an Helena Braun, Maud Cunitz, Erika Köth, Annelies Kupper, Ruth Michaelis, Cäcilie Reich, Marianne Schech, Hertha Töpper; Walter Carnuth, Lorenz Fehenberger, Gottlob Frick, Richard Holm, Hans Hopf, Hans Hotter, Franz Klarwein, Paul Kuén, Benno Kusche, August Seider, Georg Wieter;[8]
- 1956 an Irmgard Barth, Lilian Benningsen, Elisabeth Lindermeier, Leonie Rysanek; Bernd Aldenhoff, Ferdinand Frantz, Max Proebstl; ehrenhalber, teils zum Abschied aus der Staatsoper: Ina Gerhein, Käthe Nentwig, Gerda Sommerschuh, Anny van Kruyswyk; Karl Ostertag, Hans Hermann Nissen, Karl Schmitt-Walter, Emil Graf;[9]
- 1957 an Josef Knapp, Marcel Cordes, Albrecht Peter, Karl Hoppe, Howard Vandenburg, Rudolf Wünze;[10]
- 1959 an Dietrich Fischer-Dieskau;
- 1961 an Antonie Fahberg, Hildegard Hillebrecht, Hanny Steffanek, Claire Watson; Kieth Engen, Karl Christian Kohn, Hermann Prey, Fritz Uhl, Otto Wiener, Fritz Wunderlich;[11]
- 1963 an Sári Barabás, Inge Borkh, Lisa della Casa, Anneliese Rothenberger, Astrid Varnay, Kurt Böhme, Jess Thomas;[12]
- 1964 an Ingrid Bjoner.

Benno Kusche gab 1955 nach Erhalt der Urkunde der *Abendzeitung* zu verstehen:

Das Netteste und Angenehmste daran ist, daß man nun endlich keinem Menschen mehr sagen muß, daß man kein Kammersänger ist. Man kam recht oft in die Lage, das tun zu müssen. Am wenigsten

# URKUNDE

Der Opernsänger

Karl Ostertag

ist berechtigt, für die Dauer seiner Zugehörigkeit
zur Bayerischen Staatsoper in München die Dienstbezeichnung

"Bayerischer Kammersänger"

zu führen.

MÜNCHEN, DEN  1. Juni 1956

BAYERISCHER STAATSMINISTER
FÜR UNTERRICHT UND KULTUS

**Kammersänger-Urkunde 1956 für Karl Ostertag.**

**1962 kürte Kultusminister Theodor Maunz wieder Kammerschauspieler und Kammersänger. Titelträger der Staatsoper in dieser Runde: Otto Wiener, Hildegard Hillebrecht, Antonie Fahberg, Claire Watson, Hanny Steffanek (vorne), Fritz Uhl, Hermann Prey, Kieth Engen, Karl Christian Kohn und Fritz Wunderlich (hinten).**

Spaß machte es dann, wenn man gastierte und von kleineren Theatern die Kammersänger nur so angeschwirrt kamen, während sich unsereiner als simpler Opernsänger aus München vorstellen mußte.[13]

Wenig verwunderlich ist also, dass Rudolf Hartmann auch in den Folgejahren gegenüber dem Ministerium immer wieder das dringliche Argument anführte, die Titelverleihungen stellten »eine gute Ausgangsposition für künftige Vertragsverhandlungen«[14] dar, so 1961 bezüglich Hermann Prey und Claire Watson, wollte Hartmann letztere doch »durch den zu verleihenden Titel mit einem neu abzuschließenden längeren Vertrag an unser Haus binden.«[15] Das Qualitätsprädikat wurde somit zur neuen Währung bei Vertragsbelangen.

Dass der Freistaat Bayern die Tradition des Kammersängers wiederbelebte, die anfangs nur ein Titel für Mitglieder von Hofbühnen gewesen war, mag noch bayerisch-monarchisch-traditionalistisch anmuten. Man knüpfte aber mit der Titelverleihung auch an eine große Tradition der nationalsozialistischen Kulturpolitik an und beförderte damit restaurative Verdrängungsabsichten: Im Dritten Reich hatte die Regelung der Vergabe eine umfassende Grundlage erhalten in dem »Gesetz über Titel, Orden und Ehrenzeichen« vom 1. Juli 1937 und Folgeverordnungen von Oktober 1937 und Juni 1939. Nach § 2 dieses Gesetzes oblag die Verleihung der Titel ausschließlich Adolf Hitler und war mit einer Sondervergütung verbunden, wie sie auch Sänger an der Staatsoper zahlreich erhalten hatten.[16] Nach dem Krieg war das Titelgesetz in Bayern durch »Gesetz Nr. 17 über den Entzug der unter der nat. soz. Herrschaft verliehenen Titel vom 20.5.1946« ausdrücklich aufgehoben worden, in der Verfassung des Freistaats Bayern wurde verfügt, dass Titel nur verliehen werden können, wenn sie tatsächlich mit einem Amt oder einem Beruf in Verbindung stehen. Die 1954 herausgegebenen Verleihungsbegründungen wie »Bühnenkünstler, die sich in hervorragender Weise ausgezeichnet haben« waren jedoch dem Reichsgesetz über Titel, Orden und Ehrenzeichen von 1937 beinahe wortwörtlich entlehnt.[17]

# Rückzug in die Tanzmoderne?

»**Provokateure gesucht« lautete der Titel eines Beitrags**, in dem eine neue Tanzästhetik gefordert wurde, die »nicht länger im Schlepptau der musikalischen Entwicklung einhersegelt […], sondern […] die auf der gleichen Bewußtseinsebene operiert wie die für unser heutiges Sehen, Erleben und Denken repräsentativen Hervorbringungen der Nachbarkünste. Die unter Umständen auch den Mut hätten, sich vom Theater in seiner heutigen Form loszusagen.«[1] Das schrieb der Dramaturg und Kritiker Horst Koegler 1968, zu einer Zeit, in der sich die von ihm aufgerufenen »progressiven Unruhestifter« schon bereithielten oder sich bereits mit provokativen Statements in Stellung gebracht hatten. Koegler publizierte den Beitrag im Jahrbuch *Ballett 1968* und zog darin polemisch Bilanz über eine Kunstform, welche sich nicht mehr auf der Höhe der Zeit befand. Sein Text beschrieb drei wesentliche Merkmale des Tanzes in der (erweiterten) Nachkriegszeit:

1. die enge Verbindung zwischen Tanz und Musik,
2. der Nichtvollzug eines ästhetischen Wandels in der Gegenwart, was im Umkehrschluss bedeutete, dass die Tanzästhetik mit dem Zeitgeist der Nachkriegszeit konform ging, aber nun als überholt und rückwärtsgewandt gilt, weil sie avancierte Wirk- und Wahrnehmungsweisen der zweiten Hälfte der 1960er Jahre nicht bediente (wie die Nachbarkünste, und hier könnte man an bildende Kunst, Performance Art und Film denken),
3. die starke Implementierung des Tanzes in die Ästhetik des Theaters und dessen Organisationen, wie sie sich in der Nachkriegszeit herausgebildet hatte.

Hier – wie in anderen Sparten auch – gab es keine sogenannte Stunde Null, weder was die Ästhetik betraf, noch die Häuser oder das Personal. Man machte so weiter, wie man 1944 bei der Schließung aufgrund des »totalen Kriegseinsatzes« aufgehört hatte. Ob in den Theatern in Berlin, Hamburg, Köln, Leipzig und Düsseldorf oder auf den Podien, auf denen die großen Namen der 1920er und 1930er Jahre wieder auftraten – Palucca in Dresden, Mary Wigman in Leipzig, wo sie auch bald ihre Schule wiedereröffnete. Harald Kreutzberg gab seinen ersten Tanzabend nach dem Krieg im November 1945 in München, mit seinen Gastspielen war er genauso erfolgreich wie Anfang der 1940er Jahre. An der Berliner Staatsoper erarbeitete Tatjana Gsovsky die erste Nachkriegspremiere. Vorher hatte sie 1943 in Leipzig Egks *Joan von Zarissa* und Orffs *Catulli Carmina* choreografiert, 1944 in Dresden von Einems *Prinzessin Turandot* uraufgeführt sowie im selben Jahr in München im Kongreßsaal des Deutschen Museums eine Version ihres *Joan von Zarissa* präsentiert. Horst Koegler, bei Kriegsende 18 Jahre alt, beschrieb diese frühe Zeit:

Denke ich an jene ersten Jahre nach 1945 zurück, erinnere ich mich an Ballettabende in Kiel, Halle, Görlitz und Berlin, meist in irgendwelchen Ersatztheatern, die früher Kinos oder Vergnügungsetablissements gewesen waren, häufig in Programmkombinationen mit irgendeinem Operneinakter (»Bajazzo«, »Gianni Schicchi«, sehr früh auch schon die »Spanische Stunde«).
Dort hatte ich meine Erstbegegnung mit solchen Klassikern der Diaghilew-Ära wie »Feuervogel« und »Petruschka«, »Nachmittag eines Fauns« und »Daphnis und Chloé«, »Dreispitz« und »Zauberladen«, auch mit der damals noch unvermeidlichen »Puppenfee«, immer in der Choreographie des jeweiligen Ballettmeisters (der meist eine Ballettmeisterin war [...]).[2]

Sechs der aufgezählten Ballette und Kompositionen, Strawinskys *Feuervogel*, Debussys *L'Après-midi d'un faune*, Ravels *Daphnis und Chloé*, de Fallas *Dreispitz* sowie Bayers *Puppenfee*, hätte Horst Koegler in den Nachkriegsjahren bis 1950 auch in München sehen können. Dazu aus dem Repertoire der Ballets Russes noch *Polowetzer Tänze*, *Les Sylphides*, *Carnaval*, *Scheherazade* und *Le Sacre du printemps*. Choreografiert von den Ballettmeistern Marcel Luipart (1946 bis 1948) und Rudolf Kölling (1948 bis 1950). Letzterer hatte den Posten im zweiten Anlauf erklommen, schon einmal nämlich, im Jahr 1930, stand er auf der Liste für die Ballettmeisterposition an der Bayerischen Staatsoper, mit Mitbewerbern wie Jens Keith, Victor Gsovsky (den man dann 1950 für zwei Jahre holte), Kurt Jooss und George Balanchine. Mit Jooss hätte man einen jungen Protagonisten der Moderne bekommen, der 1932 mit seinem Ballett *Der grüne Tisch* den internationalen Ballettwettbewerb in Paris gewonnen hatte und 1933 emigriert war. Mit Balanchine wäre eine direkte Anknüpfung an die Ballets Russes gegeben gewesen. Doch man hatte sich damals nicht für den Meister des modernen Tanzes entschieden, auch nicht für den Russen, der in New York das amerikanische Ballett begründen und zu Weltruhm führen sollte. Stattdessen wurde ein solider Reformer, der Tänzer und Ballettmeister Willy Godlewski, ans Haus geholt.

### *Abraxas* als Katalysator

In der Fokussierung auf die Programmpolitik an den Theatern im Nachkriegsdeutschland auf die Moderne im Gestus der international erfolgreichen Ballets Russes, griffen Ballettmeister und Choreografen thematisch und musikalisch Jahrzehnte zurück. Strawinsky wurde quasi wiederentdeckt. Während Vaslav Nijinskys revolutionäre Choreografie nach wenigen Aufführungen 1913 nie mehr zu sehen war, wurde Strawinskys Musik *Le Sacre du printemps* konzertant zum Signaturstück der Moderne (und in der Folge zur meistchoreografierten Musik der Tanzgeschichte[3]). Die deutsche Erstaufführung brachte 1930 am Kölner Opernhaus Intendant Max Hofmüller heraus, der nach dem Krieg bis 1949 Oberspielleiter an der Münchner Staatsoper war. Dort choreografierte 1949 Rudolf Kölling den *Sacre*.

Der programmpolitische Rückgriff in München schloss an die internationale Moderne an, von der sich die Deutschen im Nationalsozialismus größtenteils ausgeschlossen hatten, und wurde kombiniert mit international erfolgreichen kubistischen, surrealistischen, abstrakten und existentialistischen Bühnenbildern, was wiederum auf den Stilpluralismus seit den 1930er Jahren verweist (der sich auch in die 1950er Jahre fortsetzte). Präsentiert wurde das Primat des freien Spiels von Formen, Farbwerten, Rhythmen, die in Dialog miteinander traten.

Interessanterweise trat dieser Rückgriff nicht in Dialog mit den Choreografen der Moderne. Dabei ist nicht der metaphorische Dialog gemeint, der sich in einer Rekonstruktion eines Stücks hätte äußern können, sondern der tatsächliche, nämlich der Bezug auf den Autor der Uraufführung oder wenigstens dessen Nennung. Auf dem Münchner Programmzettel zu den Stücken *Daphnis und Chloé*, *Der Dreispitz* sowie *Der Feuervogel* sind der jeweilige Komponist und Marcel Luipart als Choreograf verzeichnet, nicht aber der Choreograf der Uraufführung, im ersten und dritten Fall: Michail Fokin. Der vermerkte solches – etwa im Fall des *Feuervogels* – bitter. Denn Fokin verstand sich dezidiert als »Autor«[4] seiner Werke, der nicht nur Schritte stellte, sondern das Stück konzipierte, die Dramaturgie erfand, den Kompositionsauftrag erteilte. Er schrieb an Strawinsky:

Das Ballett »Feuervogel« übergab ich Ihnen, damit Sie die Musik dazu schreiben. Es ist die Frucht einer meiner großen Arbeiten. Es ist kein als Ballett bearbeitetes Märchen, es gibt kein solches, vielmehr ein Sujet, auf Studium und Vereinigung vieler Märchen beruhend. Ich habe meine Vorstellungskraft darein gelegt, meine Vision von neuer Form des Balletts, meinen Zugriff, die Handlung auf besondere

Weise zu führen. Als ich Ihnen den Entwurf übergab und alle Details der Handlung vorzeichnete, war ich überzeugt, daß unsere Arbeit unzertrennlich ist [...].[5]

Dass es jahrhundertelang kein Copyright im Tanz gab (was im Wesentlichen bis heute gilt), erklärt die pragmatische Dimension dieser Neuschöpfungen und auch, warum der Ballets-Russes-Boom der Nachkriegszeit ohne »Dialog« mit den ursprünglichen Choreografen möglich sein konnte. Bruchlos wurde hier eine Praxis fortgesetzt, die den Theatertanz seit dem 19. Jahrhundert prägte: die umstandslose Benutzung von Partitur und Libretto für die eigene choreografische Neuschöpfung. An das Selbstverständnis des Choreografen als Autor eines Stücks, wie es die Künstler und Künstlerinnen der Moderne außerhalb der Theater im Tanz erstmals an den Tag legten, knüpften die Verantwortlichen nach dem Zweiten Weltkrieg in München wie auch anderswo erst einmal nicht an. In diesem Zusammenhang ist es bezeichnend, dass ein Protagonist der deutschen Tanzmoderne, der schon erwähnte Kurt Jooss, im September 1951 wegen Plagiats gegen den Film *Sensation in San Remo* klagte, in dem Marika Rökk in einem Setting auf dem Tisch stand, das kineto-szenisch sehr an sein Stück *Der grüne Tisch* erinnerte. Jooss bekam Recht gegen die Choreografin der Szene, Sabine Ress, Ballettmeisterin der Komischen Oper in Berlin.[6]

Bislang fehlen Untersuchungen, ob es ein Bewusstsein für dieses Thema an den Theatern gab, das Einfluss auf die Programmgestaltung gehabt hätte; offensichtlich bestimmt wurde diese von der Musik, der Komposition. Dies galt auch für Kompositionsaufträge und Uraufführungen, wie das Beispiel *Abraxas* zeigte. Das Ballett zu Libretto und Musik von Werner Egk und in der Choreografie von Marcel Luipart, das am 6. Juni 1948 mit dem Ballett der Bayerischen Staatsoper im Prinzregententheater Premiere feierte, galt als das erste große Ballettereignis der Nachkriegszeit. Die Uraufführung versprach mit den Gastsolistinnen aus Paris und Berlin besonderes Flair: Egk, der 1942, während der deutschen Besatzung in Frankreich, an der Pariser Oper seinen *Joan von Zarissa* in der Choreografie des Startänzers und -choreografen Serge Lifar herausgebracht hatte, galt trotz seiner NS-Verstrickungen als etablierter und beliebter Künstler. Die Münchner Inszenierung war mit ihrem Skandal, den die Absetzung durch den CSU-Politiker und Kultusminister Alois Hundhammer verursacht hatte, in die Geschichte eingegangen (vgl. Porträt Werner Egk, S. 272). Die Publicity sorgte für weitere – unbeanstandete – Inszenierungen des Stücks an der Städtischen Oper Berlin (durch Janine Charrat) und durch die Tourneetruppe unter Helge Peters-Pawlinin, der wiederum Luipart als Tänzer in der Rolle des Faust (die er auch in der Uraufführung übernommen hatte) verpflichtete. Der Skandal prägte die Rezeption des Balletts bis heute, und sicherlich war die Entscheidung in München, das Stück abzusetzen, nicht als ästhetisch-kulturpolitische zu verstehen, sondern als moralisch-gesellschaftspolitische.[7] Insofern dominierte diese Rezeption die Frage nach etwaigen ästhetischen Neuerungen.

Was hatte Luipart choreografiert? Wie oft in der Tanzhistoriografie, muss man auf Paratexte des künstlerischen Prozesses zurückgreifen, wenn Zeitzeugen über korporale Zugänge keine Auskunft mehr geben können. Es gibt den Hinweis auf einen »akrobatischen Überschlag der Tänzerin Kladivova«[8], der nicht zum Bewegungsrepertoire des klassischen Tanzes gehört, zu einem modern erweiterten Repertoire hingegen schon. Pia und Pino Mlakar bemerken in ihrer Geschichte des Tanzes an der Münchner Oper, dass Luiparts Interesse an einer Synthese aus Ballett und Ausdruckstanz, das er im Umfeld der Premiere im *Münchner Merkur* und der *Rheinischen Zeitung* bekundete[9] und in *Abraxas* umsetzte, von der Kritik gar nicht wahrgenommen wurde: »Merkwürdigerweise berichten die Kritiker fast durchweg nur von klassischem Ballett und behandeln damit Luiparts ABRAXAS-Inszenierung zu einseitig, fast parteiisch, indem sie die wirklich modernen Elemente seiner Lösung nicht als solche erkennen wollen.«[10] Der Satz bezog sich auf den öffentlichen Druck Egks, der sich auf das klassische Ballett festgelegt habe. Tatsächlich war Egks erklärtes Feindbild der moderne Tanz einer Isadora Duncan, am modernen deutschen Tanz sah er nichts, was von beständigem Wert gewesen wäre, sein Ideal hingegen verkörperte Serge Lifar, über den er schrieb:

Als unerlässliche Grundlage verlangt er nach wie vor die klassische Ballett-Technik. […] ebenso wie für das Drama oder die Oper hält er für das Ballett eine durchgehende Handlung von dramatischem Interesse und von dramatischer Wirkung für notwendig. Die Musik als ein Wesensbestandteil des Balletts muß formal klar und überschaubar gegliedert sein und mit den Formgesetzen des klassischen Bewegungskodex harmonieren.«[11]

In der Münchner *Abraxas*-Inszenierung waren Elemente eines modernen klassischen Stils (mit parallel gestellten Füßen und »freien« Armen) kombiniert mit Formationsmotiven aus der Zeit der Ballets Russes (wie die Zweidimensionalität in manchen Werken Nijinskys und die Revuereihen) sowie bewegungschorischen Aktionen (wie die Masken im 5. Bild, auch mal mit expressiv gespreizten Fingern). Schauwerte einer verhaltenen, kanonisierten Moderne wurden hier augenscheinlich in klassische Technik und akademischen Duktus integriert.

Diese Praxis, die auf Synthesebemühungen zwischen klassischem und modernem Tanz zielte, setzte man an den Häusern noch eine Weile in unterschiedlichen Graden fort. Sie stellte die Tanzschaffenden vor ein ästhetisches Problem, das theoretisch diskutiert wurde: Auf dem 2. Tänzerkongress nach dem Krieg, der im Sommer 1952 in Recklinghausen stattfand, stellte Kurt Jooss, wieder als Leiter der von ihm 1928 gegründeten Folkwang-Schule in Essen installiert, noch einmal die zentrale Frage: »Wie soll man tanzen, klassisch oder modern oder wie?«[12]

Wie schon beim Essener Tänzerkongress 1928 plädierte Jooss auch nun wieder für ein System möglichst vielseitiger Kombinationsmöglichkeiten. Dass dieses Problem jedoch nicht nur ein ästhetisches war und die Anknüpfungen an die tänzerische Moderne der Vorkriegszeit bald keine Rolle mehr spielte, das erfuhren die Protagonisten dieser Zeit, die noch choreografierten, tanzten, lehrten, nach und nach. Sie wurden zunehmend ins Abseits gedrängt. Denn das klassische System als stark kodifiziertes, leistungsorientiertes, hierarchisch gegliedertes und ordnungsfixiertes System ging konform mit der Ideologie des Wiederaufbaus. Dies galt für die beiden Deutschlands gleichermaßen: »hampelten« die Ausdruckstänzer dem westlichen Kritiker zu viel und suhlten sich allzu sehr im Gefühl, so verurteilte der ostdeutsche Kritiker das Abgleiten ins Esoterische, Hermetische und Formalistische.

Durch die Gastspiele der großen Kompanien aus der Sowjetunion, den USA, England und Frankreich zwischen 1949 und 1958 wurde klar, woran sich der deutsche Tanz zu orientieren hatte: am klassischen Tanz. Dieser Paradigmenwechsel etablierte sich und hielt sich bis weit in die 1960er Jahre, bis er dann wiederum vom Tanztheater abgelöst wurde.

### Zurück in die Zukunft

In diesen ersten Jahren nach dem Zweiten Weltkrieg zeigten sich hier und da interessantere choreografische Positionen in diesem »kunterbunten Flickenteppich«[13] der deutschen Tanzszene. Koegler resümiert die Münchner Situation:

Einen völlig erratischen Kurs steuerte [...] das Ballett der Münchner Staatsoper. Hier die Ballettmeisterfolge: Luipart 1945–48, Rudolf Kölling 1948–50, Victor Gsovsky 1950–52, Pia und Pino Mlakar 1952–54, Alan Carter 1954–59. So viele Namen, so viele künstlerische Programme. In Erinnerung geblieben ist außer Luiparts skandalumwittertem »Abraxas« die kurze, ganz klassisch ambitionierte Gsovsky-Ära, mit Irène Skorik als Primaballerina und der herausragenden Uraufführung von Boris Blachers »Hamlet« und, nicht zu vergessen, dem ersten deutschen Nachkriegsversuch einer »La Sylphide«-Produktion zur Musik von Schneitzhoeffer.[14]

Koegler bilanzierte drei wichtige Referenzen, die nicht nur für München, sondern auch für die gesamte deutsche Tanzlandschaft galten:

Wichtig wurde der Rückgriff ins 19. Jahrhundert, auf die großen Klassiker, die über Jahrzehnte nicht mehr gespielt worden waren und nun häppchenweise ins Repertoire zurückkehrten. In einem für die Zeit typischen Dreierabend brachte Victor Gsovsky 1950 einen weißen Akt aus *Schwanensee* heraus, etwas später das erwähnte romantische Ballett *La Sylphide*. Alan Carter choreografierte 1955 den zweiten Akt von *Nussknacker* und den Pas de trois aus *Schwanensee* sowie 1956 *Giselle*, die damit nach 62 Jahren wieder auf dem Münchner Spielplan stand.

Der Name Gsovsky stand für eine eigenständige Art des Choreografierens und Inszenierens: Victor Gsovsky, der in Berlin, London und Paris tätig war, bevor er für zwei Jahre nach München kam, führte zuerst den 1949 entstandenen *Hamlet* von Boris Blacher auf. Folgenreicher und erfolgreicher aber wurden die Choreografien seiner Frau Tatjana Gsovsky.

Sie präsentierte ihre *Hamlet*-Inszenierung 1951 in Buenos Aires, 1953 bei den Berliner Festwochen und 1954 am Württembergischen Staatstheater Stuttgart. Tatjana Gsovsky arbeitete mit erweiterter klassischer Technik, kreierte bildhafte Momente und betonte die Diagonale. Auf Blachers *Hamlet* folgte Hans Werner Henzes *Der Idiot* mit Klaus Kinski in der Titelrolle. Sie brachte Luigi Nonos *Der rote Mantel* heraus (1954), *Signale* zu Musik von Giselher Klebe (1955), Blachers *Der Mohr von Venedig* (1956), *Medusa* zu einer Komposition von Gottfried von Einem (1958). Tatjana Gsovskys Berliner Spielplan programmierte konsequent zeitgenössische Komponisten. 1954 schrieb Luigi Nono im Vorfeld der Uraufführung von *Der rote Mantel* an Gsovsky: »Berlin ist zu früh für neue Musik – dort leben alte Könige von vorgestern – […] Also unser Ballett muß wie eine Bombe sein.«[15]

Nicht nur in Berlin lebten alte Könige von vorgestern. In München hatte Victor Gsovsky zwar mit Blacher seinen Einstand gegeben, brachte danach aber nicht konsequent zeitgenössische Komponisten, ebenso wenig wie seine Nachfolger, die Mlakars und Alan Carter.

Eigene Akzente konnte noch einmal Heinz Rosen setzen (vgl. Porträt Heinz Rosen, S. 333), der von 1959 bis 1968 das Münchner Ballett leitete. Seine tänzerische Sozialisation erhielt er im Ausdruckstanz, bei Harald Kreutzberg, Rudolf von Laban und Kurt Jooss, mit dem er 1933 emigriert war.

Am Staatstheater am Gärtnerplatz choreografierte er 1953 mit international positiver Resonanz die Uraufführung *Die Dame und das Einhorn* zu einem Libretto von Jean Cocteau. Als Ballettchef brachte er durch die von ihm 1960 begründeten Ballettfestwochen internationalen frischen Wind nach München. Sein Spielplan für die Staatsoper zeugte von einem interessanten Mix aus Uraufführung zeitgenössischer Komponisten (wie Egk, Killmayer, Blacher, Orff, Karl Amadeus Hartmann und Copland), Klassikern (*Giselle*) und einem Strawinsky-Abend (1962). Dabei griff er auf die Werke zurück, die Strawinsky für die Balletts Russes beigesteuert hatte, nicht auf die der jüngeren Zeit, wie es George Balanchine in New York tat, der mit Strawinsky zusammen 1957 mit *Agon* ein Maßstäbe setzendes Ballett schuf, das noch von einem späteren Erneuerer des Tanzes ins Repertoire genommen wurde: 1991 von William Forsythe in einem Abend beim Ballett Frankfurt neben zwei eigenen Werken.

Ein ästhetischer »Unruhestifter« war jedoch keiner der Choreografen, die an die Bayerische Staatsoper engagiert worden waren. Doch die von Horst Koegler beschworenen Erneuerer des Tanzes waren schon in den Theatern am Werk: Gerhard Bohner agitierte gegen die Hierarchie im Ballett der Deutschen Oper Berlin, Johann Kresnik zeigte mit *O sela pei* 1967 und *Paradies?* 1968 an den Bühnen der Stadt Köln, in welche Richtung er mit seinem Choreografischen Theater gehen würde. Dass jedoch der von Koegler mit durchschlagender ästhetischer Kraft begabte und erhoffte »Jeune homme à provoquer«, der dem Tanz in Deutschland internationale Abstrahlung und eine zeitgenössische Dimension verleihen könnte, weder in Berlin noch in München wirkte, dennoch aus der Jooss-Schule kommen und eine Frau sein würde, das ließ sich damals vielleicht erahnen, aber noch nicht wissen: diese Frau war – Pina Bausch. KS

# Die Ästhetik der Inszenierungen

**Fragen nach dem Zusammenhang von Politik und Ästhetik**, nach dem Einfluss nationalsozialistischer Kulturpolitik auf die Inszenierungen der Bayerischen Staatsoper im Dritten Reich sowie nach Kontinuitäten und Brüchen über das Jahr 1945 hinaus lassen sich nicht einfach und schnell beantworten. Wie es 1945 keine Stunde Null gab, so kamen Hitler und der Nationalsozialismus 1933 nicht aus dem Nichts. Sie fanden gewachsene Strukturen vor, welche ihnen die Machtergreifung erleichterten. Schon dabei achteten die Nationalsozialisten auf Inszenierungsstrategien, auf ein sogenanntes Branding.[1] Der Begriff »Machtergreifung« ist de facto inkorrekt, da die NSDAP bei regulären Wahlen die parlamentarische Mehrheit erreichte und in einer Koalitionsregierung mit der bürgerlichen DNVP regierte. Der Begriff »Machtübernahme« ist deshalb zutreffender. Der inoffizielle Terminus »Machtergreifung« wurde jedoch von der NSDAP-Führung bewusst gewählt und in eigener Propaganda sowie den Medien lanciert, um die scheinbare revolutionäre Kraft, die Brutalität und Entschlossenheit der Nationalsozialisten sowie den deutlichen Bruch mit dem bisherigen System zu akzentuieren. Bekanntermaßen ist München die Geburtsstadt der NSDAP, hier hatte Hitler seine ersten Erfolge, hier erlitt er seine Niederlagen und hier war er bis zu seinem Tod gemeldet. Mit München verband ihn eine Art der Zuneigung, die bis auf seine Zeit als mittelloser Postkartenmaler zurückging, eine Zeit, in der das Nationaltheater zu seinen bevorzugten Motiven gehörte.

Auf Hitlers Zuneigung zur bayerischen Landeshauptstadt beruhte deren Herausstellung durch die Bezeichnungen »Hauptstadt der Bewegung« und »Hauptstadt der deutschen Kunst«. Doch die Zuneigung blieb nicht einseitig: Auch Teile der Münchner Gesellschaft waren von Hitler angetan. Gerade die extrem konservativ geprägten, bürgerlichen Salons Münchens erlaubten und ermöglichten Hitler den Aufstieg aus dem

Proletariat in die bürgerliche Sphäre, mithin die Kontaktaufnahme mit der Welt der Politik. Diese konservativen Strukturen gab es zwar in ganz Deutschland, in München waren sie jedoch aus historischen Gründen besonders ausgeprägt[2] – machtpolitisch, gesellschaftlich und ästhetisch. Die Wechselwirkungen zwischen Politik und Ästhetik, konkret: zwischen der Bayerischen Staatsoper im Speziellen, den Inszenierungen auf der Bühne und dem politisch-gesellschaftlichen Umfeld der Aufführungen spiegelte sich in den Inszenierungsstrategien des nationalsozialistischen Faschismus.

### Oper als Zwitter zwischen Politik und Kunst

Verboten war im NS-Staat – mehr oder weniger explizit – die Interpretation von den Opern zugrundeliegenden Themen, Subtexten und verdeckten Bedeutungen oder gar deren über die konkrete Textebene hinausgehende theatrale Weiterführung. Inszeniert werden sollte und durfte nur die Oberfläche, die vordergründige Handlung. Kulturpolitisch legitimiert wurde diese Art der Oberflächenregie mit dem pervertierten Begriff Werktreue, der Ende des 19. Jahrhunderts im Rahmen musikalischer Interpretation aufkam, von den Nationalsozialisten auf das Theater ausgedehnt, groß gemacht und zum bis heute benutzten Kampfbegriff stilisiert wurde.[3] Diese Werktreue ist ein Neologismus, wie er typisch für den Sprachgebrauch der Nationalsozialisten ist:[4] Er bedeutet das Gegenteil von dem, was er behauptet.[5] Müsste eine ernst gemeinte »Treue zum Werk« – der Begriff ist an sich problematisch, da die »Treue« zu Abstrakta gerade durch den totalitären Sprachgebrauch vorbelastet ist – zumindest den Anspruch erheben, alle Ebenen einer Vorlage zu erkennen und zu analysieren (ob sie dann auch auf der Bühne umgesetzt werden, ist eine andere Frage), so verlangt die nationalsozialistische Werktreue exakt das Gegenteil: Den Verzicht auf die Interpretation der Gedanken und Grundlagen von Libretto und Partitur und die möglichst konventionelle, biedere Oberflächenbebilderung der vordergründigen Handlungsebene.

Diese Oberflächenbebilderung, die repräsentative Komponente, nützten die Nationalsozialisten für ihre Inszenierung von Politik, mithin für die Ästhetisierung der Gewaltherrschaft. Auf Fotografien und in Filmaufnahmen des Reichsparteitags, etwa im Propagandafilm *Triumph des Willens* von Leni Riefenstahl,[6] wurde deutlich, wie sehr sich die Nationalsozialisten von der Opernästhetik des späteren 19. und frühen 20. Jahrhunderts beeinflussen ließen. Zentrale Informationsstrategien der Überwältigung bildeten der Einsatz von Menschenmassen und das Verhältnis des Individuums zur Masse.

Spätestens seit der Grand Opéra (im zweiten Viertel des 19. Jahrhunderts) setzte die Kunstform Oper auf die schiere Überwältigung des Publikums durch die Kraft der Masse. Ein großer Chor und Extrachor, viele Solisten, ein mehr als hundert Musiker umfassendes Orchester waren an der Tagesordnung. Einerseits steigerten die Nationalsozialisten diese Größe in den schieren Größenwahn. Tausende marschierender Menschen vermittelten suggestiv das intendierte Bild einer »Bewegung des Volkes«, die dem NS-Regime als Botschaft besonders wichtig war. Andererseits fand die Ausrichtung einer riesigen Menge von Volksstatisten auf den Führer Adolf Hitler ihr künstlerisches Vorbild im Verhältnis von Chor und Solist auf der Opernbühne. Hitler selbst beschrieb in seiner autobiografischen Schrift *Mein Kampf* seine Faszination für Wagners *Rienzi*. Neben der thematischen Passgenauigkeit des Volkstribuns hatte ihn offensichtlich die Inszenierung dieses Bombastes – gemeint ist das Füllen einer leeren Hülle mit inhaltsfreiem Material, um dem mangelhaften Gedankengerüst der Hülle Gewicht zu verleihen – tief beindruckt.[7]

Weitere opernhafte Aspekte der Reichsparteitags-Regie waren der Einsatz von Musik als emotionalem Verstärker, überdimensionierte Symbole, vor allem Hakenkreuze, sowie die strikte Farbregie in rot, weiß, schwarz und braun. Hinzu traten ein ausgeklügeltes Lichtdesign – bekannt geworden ist vor allem Albert Speers sogenannter Lichtdom aus hunderten von Flakscheinwerfern (Abb. S. 384) – und eine gesteuerte Sympathielenkung durch den Einsatz von personalisierten emotionalen Verstärkern, etwa Kindern und Tieren. Bilder von Hitler mit seinem Schäferhund Blondie sowie mit vorzugsweise blonden, kleinen, lachenden Kindern wurden in der Berichterstattung über Hitlers öffentliche Auftritte gezielt lanciert. (Abb. S. 384) Oper und ihre spezifische Wirkungsästhetik beeinflussten die Inszenierung von nationalsozialistischer Politik, allerdings gab es auch Rückwirkungen der politischen Inszenierung auf die Opernbühne. Einige Beispiele:

Eine besonders oft zu Propagandazwecken eingesetzte Oper im Dritten Reich waren Wagners *Meistersinger von Nürnberg* – mit 76 Aufführungen in zwölf Jahren nationalsozialistischer Herrschaft in der Bayerischen Staatsoper im Durchschnitt deutlich häufiger angesetzt als in den unmittelbaren Nachkriegsjahren unter der Leitung von Georg Hartmann und in den 16 Intendantenjahren von Rudolf Hartmann. Musikalisch wurden die *Meistersinger* von der gleichgeschalteten Presse schon zu Beginn des Dritten Reiches linientreu interpretiert. So schrieb der *Völkische Beobachter* schon 1933 über diese Wagner-Oper: »Vom ersten bis zum letzten Takte atmete alles freudige Hingabe an das Werk, das uns Deutschen ein Symbol des Lebenswillens, ein Symbol künstlerischer Weltanschauung geworden ist.«[8]

Ein Jahr später, im Sommer 1934, hatte sich die Sprache der Kritiken vollends der Propaganda für den Aufbau des nationalsozialistischen »tausendjährigen Reiches« angeglichen. In einer Kritik hieß es:

[Das Vorspiel] umfasst [...] ein Jahrtausend deutschen Wesens. [...] Aller Hang zur Ordnung, zur Klarheit, das Bemühen, immerfort zu bilden, zu bauen, jeden seelischen Raum mit Form auszu-

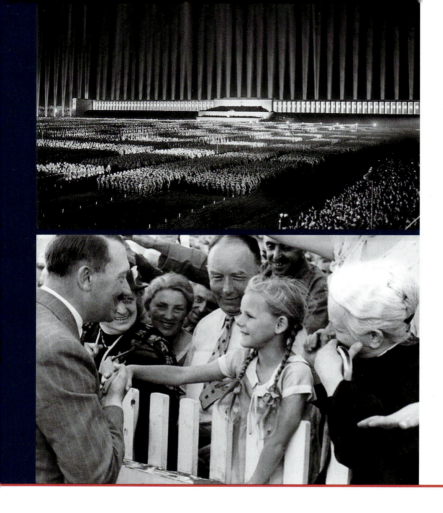

**Albert Speers Lichtdom für den Reichsparteitag 1935.**

Eines der bekannten Bilder aus Adolf Hitlers volksnahen Auftritten, hier mit einer inszenierten Begrüßungsszene mit einem kleinen blonden Mädchen.

füllen, den Affekt aus tiefer Menschenliebe zu zügeln, damit seine Kraft Jahrtausende überdauere: alle diese Hintergründe unseres Wesens, die den Eros immer als heldischen Gott erkennen lassen, der opfert, um zu leben, und leidet, um zu lieben, bringt uns diese Ouvertüre [sc. Vorspiel] nahe.[9]

Dies allein über das Vorspiel. Über das Finale war – nach ausführlichen Lobgesängen auf alle Beteiligten der Münchner Produktion (musikalische Leitung: Hans Knappertsbusch, Inszenierung: Oberspielleiter Kurt Barré) folgerichtig zu lesen: »Alles, was an wohlverstandener Bürgerlichkeit im dritten Akt sich uns darbietet, das ist in seiner Gänze ein Bild von der Formung des inneren Reiches.«[10]

Die *Meistersinger* boten sich aus mehreren Gründen als Propaganda-Werk für den Nationalsozialismus an: Zum einen waren sie das auch dem breiten Publikum zugänglichste Werk von Richard Wagner – ein Grund dafür, bei den sogenannten Kriegsfestspielen in Bayreuth ausschließlich diese Oper auf den Spielplan zu setzen und Soldaten als Zuschauer zwangszuverpflichten. Diese Zugänglichkeit ergab sich vor allem aus der vordergründigen Komödienhandlung, die mehrere charakteristische Plot-Elemente aufgriff: Die Liebeshandlung des hohen Paares Walther und Eva, die Spiegelung derselben in der Sekundarier-Ebene mit David und Magdalena, der Ritus der »passage«[11] ins Erwachsenenleben, den Walther durchlaufen muss, sowie das vergebliche, potentiell komische Werben der beiden älteren Männer Beckmesser und Sachs um Eva. Dass es sich bei Sachs gleichzeitig um Walthers väterlichen Mentor handelte, der auf Eva verzichtete, verlieh dieser Dreieckskonstellation eine gewisse menschliche Fallhöhe. Als Gründe für diesen Verzicht könnten Sachs' Zuneigung zu Walther ebenso wie dessen Angst vor Lächerlichkeit gelten. Für genau diese Lächerlichkeit stand Beckmesser, der alberne, pedantische Schreiber, der – zu Wagners Zeiten genauso wie im Nationalsozialismus – als Judenkarikatur gedeutet wurde und im zweiten Akt die vermeintlich wohlverdienten Prügel bezog. Neben diesen klassischen Komödienelementen bedienten die *Meistersinger* zum andern ein Bild von Volksgemeinschaft, das den Nationalsozialisten gelegen kam: Das letzte Bild, die Festwiese, stellte ein großes Nürnberger Volksfest dar, das in der NS-Kulturpolitik mit dem Reichsparteitag am selben Ort parallel gesetzt wurde, und Sachs besang in seinen Schlussworten die Vorzüge »deutscher Kunst«.

Weil die *Meistersinger* zum Auftakt jedes Parteitages im Nürnberger Opernhaus gegeben wurden, betonte man die Parallelen zwischen Kunst und Leben besonders deutlich. Für diese Festaufführungen standen im Übrigen nicht die Mitglieder des Nürnberger Haus-Ensembles, sondern die großen Opernstars des Deutschen Reiches auf der Bühne. Akten belegen, dass Hitler persönlich hierbei seine Wunschbesetzung zusammenstellte. Die Intendanten der jeweiligen Häuser mussten ihre Dispositionen auf die Sonderwünsche des Führers abstimmen.[12] Auch der Chor bestand aus Sängerinnen und Sängern der Chöre unter anderem der Bayerischen sowie (ab 1938) der Wiener Staatsoper. Letzteres wurde von der gleichgeschalteten Presse als künstlerischer Erfolg und symbolische Bekräftigung des Anschlusses Österreichs ans Deutsche Reich gefeiert.

Bühnenästhetisch ähnelten sich die Inszenierungen in Berlin, München und Nürnberg bis ins Detail, wurden sie doch alle vom Reichsbühnenbildner Benno von Arent ausgestattet. Dieser betonte in der NS-Presse, dass er seine »als richtig erkannten« Lösungen nun für die Inszenierungen in allen Städten benutzen werde:

> [I]ch huldige auch gar nicht dem Grundsatz: Neues um jeden Preis, sondern bemühe mich auch hier in München nur um Verwirklichung meiner als richtig erkannten Inszenierungsprinzipien. Es ist nicht nur meine [Hervorhebung i.O.] Meinung, sondern vor allem auch die Ansicht des Führers, der aufs innigste mit allen künstlerischen und technischen Bühnenbildfragen vertraut ist. [...] Viele Volksgenossen, die erst jetzt mit der Oper in Berührung kommen, werden durch einen einprägsamen Bühnenbildeindruck am einfachsten zum Verständnis solcher Schöpfungen herangeführt.[13]

**Die Ästhetik der Inszenierungen**

Einmal mehr drängte sich die Idee auf, es gäbe eine richtige Inszenierungsweise für ein Werk, eine Mischung aus ideologischer Werktreue und typisch nationalsozialistischem Größenwahn. Ebenfalls auffällig ist der Gebrauch des Begriffes Inszenierung, der hier von der NS-Presse für den Bühnenbildner Benno von Arent benutzt wurde (z.B.: »Benno von Arent inszeniert die Meistersinger«).[14] Die Nationalsozialisten betonten sehr stark den Anteil der räumlich-szenischen Setzung für den Theaterabend. Dem untergeordnet erschien der Begriff der Spielleitung, was u. a. daraus deutlich wurde, dass etwa in München die alte *Meistersinger*-Inszenierung von 1928 in neuen Bühnenbildern bis 1937 ohne Erneuerung der Figurenregie weitergespielt wurde.

Die Bühnenbilder von Benno von Arent präsentierten vor allem im letzten Bild, der Festwiese, typische NS-Kennzeichen.[15] Die perspektivisch gestaffelte Bannerreihe spielte auf Präsentationsformen der Reichsparteitage in Nürnberg an. Das in die Tiefe des Bühnenraums gestaffelte Bild bot 1936 bei der Neuinszenierung anlässlich der Theaterfestwoche angeblich Platz für 1000 Mitwirkende.

Auch in der Inszenierung von Richard Strauss' Oper *Friedenstag*, die 1938 ihre Uraufführung an der Bayerischen Staatsoper erlebte und als Propagandastück interpretiert wurde (vgl. Porträt Richard Strauss, S. 236) fielen die Ähnlichkeiten zu Reichsparteitagsinszenierungen auf: Kulisse war eine scheinbar historische Burg. Durch die vielen Treppen und Podeste im Bühnenbild ergab sich die Möglichkeit, den Chor und die Statisterie eindrucksvoll zu positionieren. Durch eine Vielzahl von Fahnen und Bannern sowie die oben beschriebene Wechselwirkung von Volkskollektiv und Solist (hier: der namenlose und damit prototypische Kommandant der deutschen Festung) ergab sich wiederum eine Vielzahl von Bezügen zur inszenierten Ästhetik der Reichsparteitage.

In fast allen anderen Fällen wurde jedoch eine überdeutliche Politisierung der Opernästhetik vermieden, belegbare Beispiele für offensichtliche NS-Propaganda auf der Bühne der Bayerischen Staatsoper gab es nur wenige. Ein Zeitzeuge berichtete, dass man sich in Münchner Opernkreisen einige Zeit die Geschichte von »Kna und dem Wedel« erzählte[16], die sich 1932 oder 1933 zugetragen haben soll (vgl. Porträt Hans Knappertsbusch, S. 337), also knapp vor oder kurz nach der Machtübernahme der Nationalsozialisten. Im dritten Akt einer Vorstellung der *Meistersinger* habe ein NS-begeisterter Statist eigeninitiativ eine Hakenkreuzflagge mit auf die Festwiese gebracht. Knappertsbusch habe daraufhin abgeklopft und auch im Publikum gut vernehmbar auf die Bühne gerufen: »Solange dieser Wedel hier hängt, dirigiere ich nicht weiter.« Die Fahne sei entfernt worden, die Vorstellung ging weiter. Leider konnte noch kein schriftlicher Beleg für diesen Vorfall gefunden werden, weder in den Abendprotokollen noch in der Presse. Beides beweist jedoch nicht, dass der Vorfall nicht stattgefunden hat: Der Abenddienst könnte ihn – aus Empörung über Knappertsbusch oder um diesen vor NS-Verfolgung zu schützen – nicht protokolliert haben. Die Presse könnte schlichtweg

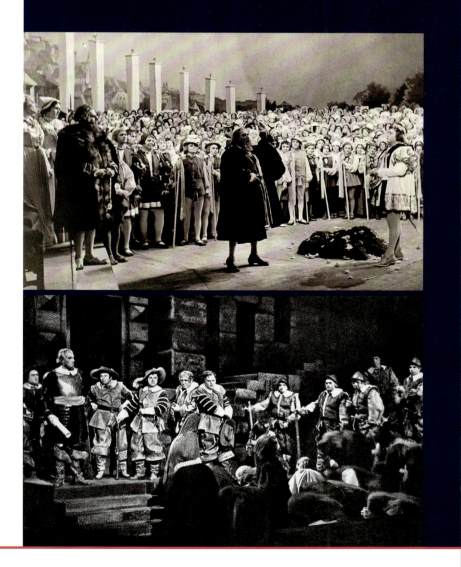

Die *Meistersinger*-Festwiese in der Inszenierung von Benno von Arent. Dieses von Adolf Hitler selbst autorisierte Bühnenbild wurde auch in der Bayerischen Staatsoper gezeigt.

Szene aus der Oper *Friedenstag* von Richard Strauss, deren politische Propaganda-Absichten offen zu Tage traten. Szene in der Festung, links der deutsche Kommandant.

nicht anwesend gewesen sein (offenbar handelte es sich um eine Repertoirevorstellung) oder – falls sich der Vorfall 1933 ereignete – bewusst nicht über Kritik an den neuen Machthabern berichtet haben. Auf der anderen Seite ist es ebenso gut vorstellbar, dass sich diese Anekdote niemals zugetragen hat und zur späteren Stilisierung von Hans Knappertsbusch als NS-Gegner diente. Eine letztgültige Wahrheit ist nicht mehr zu eruieren, die Analyse des Diskurses (das jahrelange Kursieren der Geschichte und deren Verankerung im kollektiven Gedächtnis) zeigt jedoch, welcher Ausnahme-Status einem solchen Verhalten – sowohl dem Mitbringen der Hakenkreuzflagge auf die Bühne als auch der öffentlichen Kritik durch Knappertsbusch – zugesprochen wurde.

### Ambivalente Bilddetails

Ansonsten war von offener Ideologisierung der Operninszenierungen nichts zu sehen. Dies lässt sich unter anderem durch die Direktiven der nationalsozialistischen Kulturpolitik, vertreten durch das Reichspropagandaministerium und hier im speziellen die Abteilung der Reichsdramaturgie unter Dr. Rainer Schlösser, begründen, die ein Verbot der Darstellung der »nationalsozialistischen Revolution« oder gar des Führers auf der Bühne erlassen hatte.[17] Auf der Opernbühne war – mehr noch als im Schauspiel – eine deutlich subtilere Strategie zu beobachten als etwa bei der offensichtlich ideologisierten Massenpropaganda, die im Rundfunk und den Wochenschauen im Kino zum Einsatz kam. Auf den ersten Blick wurde die vielbeschworene Werktreue gepflegt, die zum Ziel haben sollte, »die musikalischen Kunstwerke […], erfasst aus der Zeit ihrer Entstehung, neugestaltet und neu [zu sehen]. Man [dürfe] nie vergessen, daß nicht die Partitur das Werk sei, sondern die Aufführung«, so der von Hitler persönlich bestellte Generalmusikdirektor und Operndirektor Clemens Krauss zu seinem Amtsantritt 1937. Und weiter: »In diesem Sinne betrachte ich es als meine Aufgabe, Werke, die ewige Kunstwerke in sich tragen, in vorbildlicher Werktreue neuzugestalten, mit erkennendem Eindringen in die Zeit, in der das Werk geschaffen worden ist.«[18] Hier wurde deutlich, wie Krauss, der stellvertretend für die Haltung der Institution stand, die nationalsozialistische Linie bediente, indem er leugnete, dass Oper etwas mit tagesaktueller Politik zu tun haben könnte. Er berief sich auf ein »Eindringen« in die Entstehungszeit – was paradox anmutet, da die realisierten Inszenierungen eher auf ein Eindringen in die Handlungszeit hindeuteten – und suggerierte damit – trotz der bemerkenswert modern anmutenden Aussage, dass nicht die Partitur, sondern die Aufführung das Werk sei – eine Art vorbildlicher, »richtiger« Inszenierung, wie sie auch Benno von Arent für die *Meistersinger* proklamierte. Diese Linie sollte auch Krauss' Oberspielleiter und späterer Nachfolger Rudolf Hartmann in seiner künstlerischen Arbeit wie einen Schutzschild vor sich hertragen (vgl. Porträt Rudolf Hartmann, S. 297). Die Linie der nur für die Kunst lebenden »Diener des Werkes« benutzten Krauss und Hartmann auch in ihren Verteidigungsschriften im Zuge ihrer Entnazifizierungsverfahren (vgl. Rudolf Hartmann- und das Clemens Krauss-Porträt, S. 216).

In anderen Inszenierungen wurde sehr wohl der deutliche Versuch unternommen, NS-Ideologie zu bedienen. Zum einen wurde die Titelfigur in Wagners *Fliegendem Holländer* eindeutig als Ahasver, der ewige Wanderer beziehungsweise der ewige Jude, interpretiert, wie Vergleiche von Aufführungsfotos mit gängigen Ahasver-Darstellungen in der bildenden Kunst zeigen. Auch hier konnte sich die Inszenierung auf eine vorgebliche Werktreue berufen: Richard Wagner war laut seinen autobiografischen Aufzeichnungen bei der *Holländer*-Komposition von der Legende des ewigen Juden inspiriert. Auch in seiner antisemitischen Hetzschrift *Das Judentum in der Musik*

Der Bariton Hans Hermann Nissen als Fliegender Holländer, 1937.

schrieb Wagner als Schlusswort und Aufruf an die Juden: »Aber bedenkt, daß nur Eines Eure Erlösung von dem auf Euch lastenden Fluche sein kann, die Erlösung Ahasvers: Der Untergang!«[19] Im Kontext dieser damals prominenten Schlussworte und dem antisemitischen Terror im Dritten Reich bekommt die werktreue Bühneninterpretation des Holländers als Jude – die exakt so natürlich auch schon vor 1933 stattgefunden haben könnte – einen propagandistischen Beigeschmack.

Das zweite Beispiel zeigt Bilder aus den Inszenierungen von *Aida* und der *Zauberflöte*. In beiden Fällen wurde der Herrscher – der Pharao beziehungsweise Sarastro – mit erhobenem Arm gegrüßt, in *Aida* wurde unübersehbar der rechte Arm benutzt, in der *Zauberflöte* grüßte man mit der linken Hand. Handelte es sich um einen mehr oder weniger verkappten Hitlergruß? Auch hier lässt sich eine vermeintliche Werktreue konstruieren, ist die Geste des sogenannten deutschen Grußes doch in etwa so alt wie die Kulturgeschichte der Menschheit.[20] Im Kontext einer Aufführung während des Dritten Reiches, in denen diese Grußgeste für die Menschen im Alltag omnipräsent war, scheint die werktreue Interpretation jedoch als Chimäre. Vielmehr wurde hierdurch Einverständnis mit der Politik des Nationalsozialismus suggeriert, mehr noch: die alltäglichen Inszenierungen des NS in eine Linie mit den ewigen Werten des Opernrepertoires, mithin der Hochkultur gestellt. Anders formuliert: Dass die Bilder so oder ähnlich schon vor 1933 auf der Opernbühne vorgekommen sein könnten und nicht speziell nationalsozialistisch zu deuten waren, nimmt ihnen nicht die Propagandafunktion. Die scheinbar werktreuen Inszenierungen ließen sich im Lichte des ebenfalls inszenierten gesellschaftlichen Alltags in der Diktatur nicht als politikfrei interpretieren.

Es ist auffällig, dass die Inszenierungen zwar suggestiv und sublim mit der NS-Ideologie konformgingen, dabei jedoch nie die Grenze zur Eindeutigkeit überschritten, demnach also auch als unpolitische Kunstwerke rezipiert werden konnten. Dies erklärt sich aus der Linie der Reichsdramaturgie, zielgruppenspezifische Propaganda zu machen: Das Opernpublikum – so das Kalkül von Propagandaminister Goebbels und

Der Gruß der Sieger vor ihrem Herrscher, dem König, und dem Pharao in der *Aida*-Inszenierung von Rudolf Hartmann mit den Bühnenbildern von Ludwig Sievert, 1937.

Die Grußgeste (mit dem ausgestreckten linken Arm) in der *Zauberflöte*-Inszenierung von Rudolf Hartmann in Bühnenbildern und Kostümen von Ludwig Sievert, 1937.

Reichsdramaturg Schlösser – gehörte eher einer gebildeten Bevölkerungsschicht an, wäre mithin durch simple und damit relativ leicht zu durchschauende Überwältigungspropaganda – wie sie etwa bei den Reichsparteitagen oder den propagandistisch aufbereiteten Wochenschauen im Kino eingesetzt wurde – nicht zu gewinnen gewesen. Deshalb arbeitete man in der Oper mit subtileren Propagandamitteln. Auch das Darstellungsverbot von Hitler oder dem Nationalsozialismus wird so noch einmal neu beleuchtet: Hätte man erlaubt, Hitler auf der Bühne darzustellen, wäre auch der scheinbar authentische Hitler nur als inszenierte Kunstfigur erschienen, die man leicht durch einen Schauspieler hätte ersetzen können. Deshalb die Flucht in eine scheinbar unpolitische Kunst ohne Zeitbezug, für die es mehrere Zeugnisse gab:

Eröffnet wurde die Intendanz des von Hitler persönlich berufenen Clemens Krauss mit einer pompösen Inszenierung von Giuseppe Verdis *Aida*. Diese schon im Vorfeld von der linientreuen Presse zum Ereignis hochstilisierte Premiere in der Regie von Rudolf Hartmann und der Ausstattung von Ludwig Sievert sollte den Beginn der ausgerufenen »Renaissance der Münchner Oper«[21] einleiten. Der *Völkische Beobachter* schrieb:

Nun werde [Krauss] es als seine Aufgabe ansehen, die Münchner Oper im Sinne ihrer alten Tradition weiter auszubauen, die alte Glanzzeit wiederzubringen und im Rahmen seiner Arbeit ein Ensemble von Sängern, Chor, Orchester und Bühnentechnik zusammenzustellen, das später einmal würdig sei, in das vom Führer geplante große neue Münchner Opernhaus einzuziehen.[22]

Dafür wurden alle Mittel der Oper in Bewegung gesetzt, Überstunden wurden scheinbar ungeprüft genehmigt, der Kostenrahmen für Bühnenbild und Kostüme weit überschritten. So sah sich Generalintendant Walleck kurzfristig genötigt, die Kartenpreise elf Tage vor der Premiere um 25 Prozent zu erhöhen, um das zu erwartende Defizit im Haushalt der Oper abzufedern.[23] Die Aufführungsbilder zeigen eine bis zum Rand gefüllte, überladene Bühne, die historisierenden ägyptischen Bauten und Landschaften maßen das Bühnenportal in Höhe und Breite komplett aus. Durch den Obelisken im Bild des Triumphzuges wurde eine schier monumentale Größe angedeutet, neben der die Menschen auf der Bühne klein und unbedeutend erschienen – der gleiche Effekt, den Reichsparteitagsarchitekt Albert Speer mit seiner monumentalen Architektur in Nürnberg erzielen wollte.[24] Der Fokus in der Bilddokumentation war auf die großen Massenszenen, vor allem den Triumphmarsch und den König als übermächtigen Herrscher gerichtet, was der dramaturgischen Bedeutung von Szene und Figur konträr entgegensteht. Einige Zitate aus der gleichgeschalteten Presse verdeutlichen, wie der Abend rezipiert wurde und wohl auch konzipiert war. So lobte etwa der *Stettiner Anzeiger* – allein die Tatsache, dass auch kleine Lokalblätter aus dem ganzen Reich Berichterstatter entsandten, macht die propagandistische Größenordnung des Ereignisses klar – nach der Aufzählung der anwesenden NS-Prominenz:

Mit dem ganzen Prunk ägyptischer Königsmacht, mit der ganzen Grausamkeit eines Krieges der damaligen Zeit gegen die Äthiopier (die zur Bühne hereingepeitscht wurden) verband der Gestalter des Werkes das pompöse Auftreten des Königlichen Gefolges und die unbewegliche Ruhe des göttlichen Pharao zu ungeheuer wirksamen Ergänzungen und Gegensätzen.[25]

Auch die NSDAP-Zeitung *Der Völkische Beobachter* lobte die Aufführung erwartungsgemäß in den höchsten Tönen. Der Kritiker Heinrich Stahl betonte in seiner dreiseitigen (!) Besprechung die Hervorhebung des Pharaos:

Die Macht der Pharaonen in ihrer Gottähnlichkeit, ihr unbegrenzter Reichtum, Strenge und Unbeugsamkeit ihrer Herrschaft gewinnen hier Ausdruck in der Wucht der von ihnen befohlenen Bauten, der Paläste, der Pyramiden, Obelisken, Sphinxe, in der raffinierten Anlage »luftiger« Ruheplätze unter heissem Himmel, der alles zu versengen scheint, in der einzigartig geregelten Verwendung der Ornamente und Farben in der Bekleidung und der Wandbemalung, und vor allem in der kultischen Gesetzmässigkeit, über die eine mächtige Priesterkaste wacht. […] Wenn das lichte Zauberbild aus »Tausend und einer Nacht« sich verflüchtigt hat, entwickelt sich ein Panorama, das an Grossartigkeit alles in den Schatten stellt, was die Staatsaktion dieses Aufzugs je hat sehen lassen. Es musste Raum gewonnen werden. Raum für das Riesenaufgebot von Chören (samt einem Nebenchor), Bläsern, Gefangenen, den ganzen Siegeszug, für den »unerreichbaren« Thron des Pharao. Und er wurde gewonnen durch eine zunächst fast verwirrende Schichtung und Überlagerung der Zugangswege und Podeste, die aber die Illusion ungezählter, herbeiströmender Waffen vollständig machen und nach der endgültigen Ausstellung ein phantastisches Bild der unumschränkten Macht des hoch über dem Volk, dem Heer und dem besiegten Feind sitzenden Herrschers ermöglichen.[26]

Und die Augsburger *National Zeitung* besprach den neuen inszenatorischen Ansatz unter dem Titel »Triumph einer Neuinszenierung«:

Clemens Krauss, zu Beginn der Aufführung freundlich begrüsst, wurde schon nach der ersten Pause, als er wieder zum Dirigentenpult trat, stürmisch gefeiert […] Ludwig Sievert, dem Augsburger Publikum durch seine Bühnenbilder für den »Holländer«, die »Meistersinger« und zahlreiche Mozartopern bestens bekannt, hat die sieben Bilder vor allem einmal in ihrer architektonischen Wirkung sprechen lassen. Er brachte zahlreiche neue Auffassungen, von denen eine die Verlegung des dritten Bildes in einen Hof des Pharaonenpalastes, die imposante, ebenfalls an diesen Palast angelehnte Formung des Triumphaftes [sic] mit ihrer geradezu überwältigenden Gliederung, und die neue Gestaltung des Niltales mit ihren phantastischen Stimmungsmomenten, sowie die Raumteilung der Gerichtsszene besonders auffielen. Und diese Bühnenbilder gaben Rudolf Hartmann Gelegenheit, im Großen und Ganzen weit von den üblichen Aida–Inszenierungen abzurücken. Er bewegte Menschen voller Leidenschaft in diesem gewaltigen Rahmen, der die ungeheure Machtstellung, Prachtentfaltung und Reichtum des Königsgeschlechtes und der Priesterkaste einmal als den wesentlichen Hintergrund der Handlung betonte.[27]

Inszeniert und von der Presse für wichtig befunden wurden also das bildliche Grandioso und die repräsentativen Szenen, welche Gelegenheit zu einer unterschwelligen Parallelisierung des allmächtigen Pharaos mit dem ebenfalls als allmächtig inszenierten Führer Hitler boten. Auf die Inszenierung im Sinne der Figurenpsychologie von Radamès, Amneris oder Aida oder gar einer Frage nach den politischen Strukturen, die den Triumphzug, der nichts anderes war als ein Jubel über die Versklavung der Feinde, erst ermöglichen, wurde in der Berichterstattung mit keinem Wort eingegangen. Auch die Aufführungsfotos sowie die autobiografischen Erinnerungen des Regisseurs Rudolf Hartmann legten nahe, dass man solche Aspekte schlichtweg für nicht relevant hielt.

Nicht erwähnt wurde in den Kritiken die deutliche Markierung der Figur von Aidas Vater Amonasro durch Kostüm und Maske als exotischer Fremder mit grau melierten, toupierten Haaren, dunklem Teint, kriegerischer Gesichtsbemalung, großen Ohrringen und kurzem Krummschwert. Aufgerufen wurde das Klischee eines wilden Kriegers, der, im Gegensatz zu den hellhäutigen Ägyptern, als gefährlich und bösartig präsentiert wurde, aber eben auch das tradierte Bild des edlen Wilden verkörpern konnte. Die Ambivalenz des Bildes machte es interpretierbar.

Der Erfolg der *Aida* gab Krauss, Hartmann und Sievert recht: Hitler persönlich war begeistert, schickte Extra-Gagen (vgl. Porträt Clemens Krauss, S. 216) samt einer Einladung für das gesamte Ensemble zu einem persönlichen Empfang in Berlin. Der Erfolg bei den NS-Granden wurde durch den Verzicht auf jegliche Deutung von Verdis *Aida* erkauft, die das Potential gehabt hätte, auf ebenjene Verbindung von pompös-überladener Inszenierung und politischer Gewaltherrschaft inklusive der Verblendung der Bevölkerung hinzuweisen.

In der kurz darauf entstandenen Inszenierung von *Fidelio* wurde dieses Prinzip bestärkt: Auch Beethovens Oper hat das eindeutige Potential, als Anti-Diktatur-Oper gedeutet zu werden. Nicht umsonst war sie in der Nachkriegszeit die erste Oper, die viele deutsche Bühnen, so auch die Bayerische Staatsoper in einer Inszenierung von Günther Rennert im Prinzregententheater[28], wiedereröffnete. Nicht so 1937. Damals wurde die Handlung, scheinbar werktreu, in die Zeit der Spielhandlung, mithin in ein pseudo-historisches Spanien verlegt, das durch den kitschig-traditionellen Bühnenprospekt von Ludwig Sievert keine Fragen nach zeitgenössischer Interpretation aufkommen ließ. Den Gedanken, dass Pizarro, aber auch der scheinbar rettende Minister Don Fernando mit guten Gründen als selbstherrliche Gewaltherrscher gelesen und interpretiert werden konnten, ließ die Inszenierung bewusst nicht aufkommen. Folgerichtig wurde *Fidelio* auch an hohen NS-Feiertagen wie am Führer-Geburtstag oder am Heldengedenktag auf den Spielplan gesetzt.[29] Die linientreue Presse konnte sich mithin getrost auf dieses »Lob der deutschen Treue«, wohlgemerkt von Spaniern, stürzen.

Dass es mit der so oft und groß proklamierten Werktreue in Wirklichkeit jedoch nicht weit her war, belegten zwei Beispiele aus der Eröffnungsspielzeit von Clemens Krauss: Über Ausstattung und Inszenierung von Mozarts *Così fan tutte* im alten Residenztheater (heute Cuvilliéstheater) schrieb der *Kölner Stadtanzeiger*:

Die Bühnenbilder von Ludwig Sievert nicht minder wie die vom gleichen Autor entworfenen Kostüme schmiegten sich in vorbildlicher Einpassung dem besonderen Stil des Hauses an, sie entbehrten nicht jener feinen Ironie, die der Musik Mozarts entblitzt, um zugleich aber auch dem Glanz mediterraner Schönheit, der über vielen Stücken der Partitur liegt, in naturpolitischer Haltung gerecht zu werden.[30]

Auffällig war die Erwähnung der »naturpolitischen Haltung«, die suggerierte, dass jede Landesregion eine spezielle Art Menschen hervorbringe, deren Eigenschaften in einem Akt der Personifikation auf die Region rückübertragen werden können. Der Verweis auf die Rassenlehre der Nationalsozialisten war unverkennbar. Weiterhin fiel auf, dass, dem Prinzip von Werk- bzw. Texttreue völlig widersprechend, die Handlung offensichtlich von Neapel nach Venedig verlegt wurde:

Obwohl aus dem [...] Material selbst nichts zu dieser inszenatorischen Entscheidung hervorgeht, können zentrale Venedig-Klischees mit der Narration von *Così fan tutte* verknüpft werden: Die Verkleidung der Männer greift auf den Karneval, die Tändeleien der beiden Liebespaare auf die frivolen Beschreibungen des ›Casanova-Venedig‹ des Rokoko zurück. Die Gesamtschau der Fotografien zu *Così fan tutte* zeigt eine Tendenz der Inszenierung, die in der Stereotypisierung Abstraktion erreichen will, doch sich nicht von der Realität lösen kann. Legitimiert wird diese paradoxe Konstellation, die inhärente Spannung einer solchen stilisierten Realität, also Stereotypisierung, durch die Vorstellung, dies verwirkliche Einheitlichkeit und Idealität im Sinne der Werktreue. Dass gleichzeitig die Umsetzung des Werkes nach gesellschaftlichen Vorstellungen funktioniert [...] die das ›kriminelle‹ Neapel durch das ›verspielte‹ Venedig ersetzt, entlarvt, dass auch die Bühnenästhetik der NS-Zeit von einer der Polykratie analogen Struktur geprägt war.[31]

Noch krasser war die Inszenierung von Verdis *Don Carlos* im Dezember 1937. Der Stoff, der später als Schauspiel den NS-Machthabern Probleme bereiten sollte, bot sie doch dem Publikum bei dem Vers »Geben Sie Gedankenfreiheit, Sire!« Gelegenheit zum Applaus[32], war in der Opernversion deutlich NS-affiner. Schon im November 1936, also kurz vor Krauss' Amtsantritt, ging ein Brief des offenbar kulturpolitisch engagierten NSDAP-Leiters Rudolf Maerz bei Staatsminister und Gauleiter Wagner ein. Darin hieß es:

Das Genie und die Freiheitsleidenschaft eines Schiller deckt die Tücken der schwarzen Mächte in diesem Drama so kühn und unerschrocken schonungslos auf, daß dieses Schauspiel als eine der schöpferischsten kühnsten Freiheitstaten eines deutschen, dichterischen Genius bewertet werden sollte. Gerade in München, wo der schwarze Verrat am 9. November 1923 so erschreckend sichtbar war, und von unserem Führer so unvergleichlich schöpferisch verewigt wurde, müßte eine ungekürzte wirklich künstlerische Wiedergabe dieses Werkes [...] von ungeheurer Wirkung sein, zumal die wirklichen Hintergründe des damaligen Verrates noch nicht gelüftet sind.[33]

Wohlgemerkt: Maerz forderte eine ungekürzte Aufführung von Schillers Schauspiel, die Gauleiter Wagner wohl zu heikel war, auch wenn sich Maerz in seinem Schreiben bemühte, Schillers Text als perfektes Beispiel für ein NS-Drama zu stilisieren. Stattdessen wurde Ende 1937 die Oper *Don Carlos* zur Premiere gebracht, aber eben nicht werktreu, sondern mit geändertem Schluss. Das *Fränkische Volksblatt* schrieb dazu:

> Wenn wir Verdis Oper »Don Carlos« [...] gerecht beurteilen wollen, dürfen wir sie nicht als Vertonung der Schillerschen Tragödie betrachten. Wohl hat die Verehrung, die Verdi dem deutschen Dichter entgegenbrachte, den Anstoß zu diesem drittletzten Opernwerke des italienischen Meisters gegeben. [...] Aber den Textverfassern der Opern Verdis lag es fern, den Geist und die Dramatik des deutschen Dichters ins Italienische zu übersetzen. Sie schufen mit handwerklichem Zugriff daraus Libretti nach ihrem Geschmack, und die Mängel ihrer Textbearbeitungen, die natürlich in Deutschland weit empfindlicher störten als in Italien, sind der Grund, warum die »Schiller-Opern« Verdis an den deutschen Bühnen bis heute weit weniger Fuß fassen konnten, als an italienischen. Ein nicht genannter Bearbeiter hat sich nun bemüht, für die Münchner Aufführung einen vom italienischen Beiwerk wie den Unbeholfenheiten der alten Ricordi-Übersetzung gereinigten Text herzustellen. [...] Im großen und ganzen [sic] kann man mit dem neuen Textbuch zufrieden sein, namentlich in Hinsicht der sprachlichen Natur und gesanglichen Treffsicherheit. Auch der neue Schluß des Dramas ist zu billigen: Don Carlos ersticht sich, statt (wie bei Ricordi) durch den Geist Karls V. in das Kloster St. Just entführt zu werden.[34]

Damit wurde das Prinzip der Werktreue vollends ad absurdum geführt: Die von der Staatsoper in Auftrag gegebene Neuübersetzung durch Hans Swarowsky (sein Name durfte in Programmheft und Presse nicht genannt werden, die Gründe sind in den Akten nicht genannt, zu vermuten sind politische Differenzen mit dem NS-Regime) entsprach weder der Intention Verdis noch der Vorlage von Schillers Drama, sondern näherte die Figur des Carlos auf verquere Weise einem NS-Ideal an, das verlangte, für seine Ideale einzustehen und auch zu sterben, idealerweise durch einen heroischen Selbstmord.

Geringere Probleme bereitete die selbstauferlegte Pflicht zur Werktreue bei weniger ideologisch aufgeladenen Werken: Für *Die verkaufte Braut* wurden Rudolf Hartmann und Ludwig Sievert 1940 gleich mehrere Dienstreisen nach Böhmen genehmigt, um dort Originaltrachten studieren und Stoffe kaufen zu können. Dass hierfür massive Geldmittel vorhanden waren, während an allen anderen Posten kriegsbedingt gespart werden musste, zeigte einmal mehr, wie wichtig der NS-Politik und Hitler persönlich das Vorzeigehaus Bayerische Staatsoper mit seinem Leitungstriumvirat Krauss, Hartmann und Sievert war.

### NS-Propaganda im Opernkontext

Auf der Opernbühne war eine scheinbare Werktreue Pflicht. Dagegen wurde rund um die Theaterbühnen hemmungslos der NS-Ästhetik gehuldigt. Wenn Hitler oder andere NS-Granden zu Gast in der Staatsoper waren, wie etwa bei einer *Tristan*-Festaufführung zum Tag der deutschen Kunst, wurde das Haus mit großen Hakenkreuzfahnen geschmückt. Simuliert wurde dadurch der Einklang der NS-Sphäre

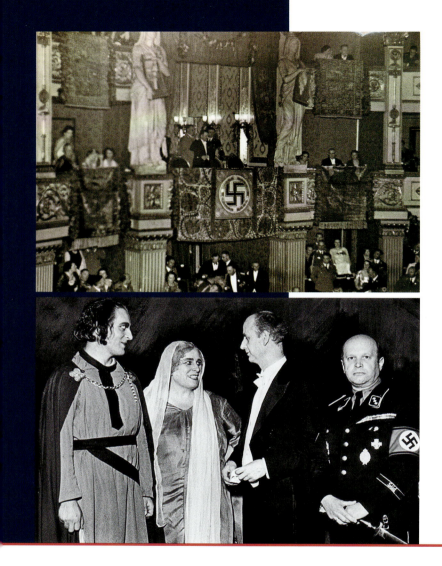

Hitler in der Königsloge bei einer Festvorstellung von *Tristan und Isolde* im Nationaltheater zum »Tag der deutschen Kunst«.

Generalintendant und SS-Mitglied Oskar Walleck in Uniform mit (v. l.) den beiden Hauptdarstellern Julius Pölzer und Gertrud Rünger in der *Tristan*-Vorstellung zum »Tag der deutschen Kunst« 1937 sowie dem Gastdirigenten Wilhelm Furtwängler.

sowohl mit der mythischen Welt von Wagners Oper (die beiden Darsteller tragen Kostüme und sind ausdrücklich nicht als Sänger zu sehen) als auch mit der Sphäre der Kunst auf Meta-Ebene, repräsentiert durch Furtwängler in Berufskleidung, also Frack. Auch von außen und in den Foyers wurde das Nationaltheater zu hohen NS-Feiertagen propagandistisch geschmückt mit einer Hakenkreuzflagge auf dem Dach des Hauses sowie großen Bannern zwischen den Säulen des Haupteingangs. Auch eine Gruppe von sogenannten Ehrenjungfrauen, die im Foyer als lebende Zierde eingesetzt wurden, zeugte vom kitschigen Kunstverständnis der Nationalsozialisten. Kontextualisiert man die scheinbar unpolitischen Opern auf der Bühne des Nationaltheaters mit dem nationalsozialistischen Pomp, der um sie herum inszeniert wurde, dann sollten die Artefakte auf der Bühne alles andere als unpolitisch interpretiert werden, ganz im Gegenteil: Intendiert war eine Interpretation als Teil eines geschlossenen, nationalsozialistischen Weltbildes, in dem die Kunst ihren Teil zur Festigung der Volksgemeinschaft beitrug: die ästhetische Erhebung der faschistischen Machthaber in den Rang von Geistesgrößen, Kunst-Freunden, ja sogar von »Künstlern« – eine Interpretation, die vor allem Hitler liebte: der Führer als Künstler der Politik.

Auch die Programmhefte der Bayerischen Staatsoper waren auf die Propaganda-Linie des Nationalsozialismus eingestellt. In den Hauspublikationen war die nationalsozialistische Lesart der Bühneninszenierungen unmissverständlich intendiert. Lag dies unter der Intendanz von Oskar Walleck, dem SS-Offizier und NDSAP-Mitglied der ersten Stunde, noch nahe, so ist doch bemerkenswert, dass auch Intendant Clemens Krauss, der sich später als dezidiert unpolitisch einstufte, ab 1937 diese NS-konforme Linie weiterbetrieb, was freilich auch zu seinem sonstigen opportunistischen und karrieristischen Verhalten passte (vgl. Porträt Clemens Krauss, S. 216). Die Leitung der Blätter lag zunächst in den Händen des dem Kampfbund für deutsche Kultur verbundenen, ehemaligen Schauspielers Friedrich Forster (unter Walleck), später des Dramaturgen Dr. Otto Hödel (unter Krauss). Besonders unter Forster wurde eine aggressive NS-Propaganda betrieben, Hödel legte den Fokus eher auf eine historische Operngeschichte, ohne jedoch die NS-treue Linie aufzugeben. In Ausgabe 4 der *Blätter der Bayerischen Staatstheater* in der Spielzeit 1937/38 war auf der Titelseite ein Gedicht von Reichsdramaturg Dr. Rainer Schlösser abgedruckt, der Titel: *Feldherrnhalle 1924*. Darin heißt es mit Bezug auf die von den Nationalsozialisten so bezeichnete Revolution, den geplanten Marsch auf Berlin, der von der Polizei niedergeschlagen wurde:

In München am Novemberplatz,
da fielen deine Brüder,
und ob du rufst und rufst und rufst –
du findest sie nicht wieder.

In München am Novemberplatz,
da hab ich sie verloren.
Doch leben keine Kämpfer mehr:
Dann werden sie geboren![35]

In Heft 10 des gleichen Jahrganges, der April-Ausgabe, wurde der Bezug zu den Feiertagen des nationalsozialistischen Regimes weiter bestärkt: Zum Geburtstag Hitlers konstruierte man unter einem seitenfüllenden Porträt des Führers eine Parallele zu Wagners Schwanenritter Lohengrin. Abgedruckt war das Librettozitat: »Erkenn' ich recht die Macht, / Die dich in dieses Land gebracht, / So kommst du uns von Gott gesandt.«[36] Daneben wurde ein Artikel von Johannes Stark republiziert (angeblich bereits 1930 verfasst, was die Visionskraft des Autors verdeutlichen sollte). In diesem Essay, betitelt »Der Baumeister Groß-Deutschlands«, hieß es unter anderem über Hitler: »Für die Millionen seiner Anhänger ist er aber schon heute mehr als ein Staatsmann; er ist ihnen der Führer, dem sie begeistert folgen in dem Kampfe um des deutschen Volkes Freiheit und Zukunft.«[37] Die Frage, weshalb ein solcher Propaganda-Essay in einem Opernprogrammheft abgedruckt wurde, fand ihre Antwort nach Logik des Nationalsozialismus in der alle Lebensbereiche überspannenden, integrativen Kraft der Ideologie, die durch das *Lohengrin*-Zitat scheinbar beglaubigt wurde. Es entstand eine nur schwer erträgliche Führer-Verherrlichung mit Berufung auf Wagner.

Gesteigert wird diese krude Melange im Festspielprogrammheft des Jahres 1938. Auf der ersten Seite wurde Hitler diesmal direkt zitiert. Im Mittelpunkt standen der Bezug zur Kunst sowie eine kaum verhohlene Drohung:

Das deutsche Volk dieses 20. Jahrhunderts ist das Volk einer neuerwachten Lebensbejahung, hingerissen von der Bewunderung des Starken und Schönen und damit des Gesunden und Lebensfähigen. Kraft und Schönheit sind die Fanfaren dieses Zeitalters. Klarheit und Logik beherrschen das Streben. Wer in diesem Jahrhundert aber Künstler sein will, muß sich auch diesem Jahrhundert weihen. – Der Führer am 10.7.1938[38]

Auf Seite 2 folgte dann ein Artikel des Presse- und Propagandachefs der Staatsoper Adolf Rettich unter dem Titel »Die künstlerische und kulturpolitische Bedeutung der Münchener Opernfestspiele«, in welchem die Kulturpolitik des Nationalsozialismus propagandistisch ausgeschlachtet sowie die Entscheidung, Clemens Krauss als Generalintendanten einzusetzen, einem breiten Publikum ideologiekonform mitgeteilt wurde:

Es war selbstverständlich, daß in dem Augenblick, in dem der Führer München zur »Stadt der deutschen Kunst« erklärte, auch den traditionellen Münchener Opernfestspielen eine erhöhte Bedeutung, gleichzeitig aber auch eine gesteigerte Verantwortung zukam. Aus den ehemaligen [Festspielen] mußten nunmehr Musterleistungen des deutschen Opernschaffens überhaupt herauswachsen. […] Gauleiter Adolf Wagner, der ebenso zielbewußte, wie feinsinnige Betreuer der Kunst in Bayern, berief Clemens Krauss. […] Mit [ihm] kam dessen bewährtester, künstlerisch auf das engste mit ihm verbundener Mitarbeiter, Opernspielleiter Rudolf Hartmann, nach München. Weitschauend erkannte Staatsminister Wagner bald, daß den beiden Künstlern zur Lösung ihrer Aufgabe auch die absolute Verantwortung übertragen werden musste.[39]

Es folgten detaillierte Ausführungen über die neue Struktur der Staatstheater, Porträts von eben jenem Gauleiter Adolf Wagner und Clemens Krauss sowie ein programmatischer Artikel. Nachdem in den letzten Ausgaben wohl auch den Mitarbeitern der Staatsoper aufgefallen sein musste, dass die nationalsozialistischen Propagandaartikel etwas unverbunden neben den Inhaltsangaben der Opern standen, versuchte man nun im Festspielheft, die Verbindung überdeutlich klar zu machen. Das Ergebnis war der Artikel »Richard Wagner und der Nationalsozialismus« von Max von Millenkovich-Morold.[40] Der Autor versuchte in seinem Text, die Wesenszüge des Nationalsozialismus als von Wagner geprägt und visionär vorausgeahnt zu beschreiben:

Der von ihm [Wagner] als »egoistisch« bezeichneten Vereinzelung der Künste stellt er das Allkunstwerk oder Gesamtkunstwerk gegenüber. [...] Er kennt und will nur eine Kunst fürs Volk, das heißt: die Kunst als höchste Lebensäußerung der im Volke wirksamen Kräfte. [...] Er erkannte aber auch die Erreger und Nutznießer völkischer Zerrissenheit und die schlauen Fälscher des Echten: die Juden. Man könnte sagen: er wußte alles, was wir heute wissen. Und er war der Erste, der in einem Zeitalter des heimlichen Krieges aller gegen alle den Begriff der wahren Volksgemeinschaft klar erfaßt und den »herrschenden« Kreisen den Vorwurf ins Gesicht geschleudert hat, daß sie nur Diener des Eigennutzes seien. Für die Wiedergeburt des deutschen Volkes sah er als unerläßliche Voraussetzung Reinheit des Blutes und schonungslosen Kampf gegen alles Artfremde und dem angestammten Wesen Feindliche. [...] Zur Volksgemeinschaft gehört bei Wagner auch der Führer [...]. Im »Parsifal« hat er uns das Bild des Führers gezeigt, wie wir es heute verstehen, den Mann der aus eigener Kraft das Führertum gewinnt und von dem Vertrauen aller getragen wird, denen er sich auch verpflichtet fühlt.[41]

Den meisten Opernbesuchern war klar, wie die scheinbar unpolitischen Opern auf den Bühnen von National- und Prinzregententheater (während der Zeit des Nationalsozialismus: »Theater des Volkes«) zu begreifen waren: als Bekräftigung der nationalsozialistischen Ideologie und Herrschaft. Die *Blätter der Bayerischen Staatstheater*, ab 1939 unter dem Namen *Dramaturgische Blätter* weitergeführt, verfolgten auch in der Folgezeit eine offensiv nationalsozialistisch-akklamatorische Strategie. Im Mai 1941 nahm es damit jedoch ein abruptes Ende. Das Schlusswort der Ausgabe 14 der Spielzeit 1940/41 lautete:

Die Kriegswirtschaft erfordert stärkste Konzentration aller Kräfte. Diese Zusammenfassung macht es notwendig, dass die ›Dramaturgischen Blätter‹ mit dieser Nummer bis auf weiteres ihr Erscheinen einstellen, um Menschen und Material für andere kriegswichtige Zwecke freizumachen. Am 31. Mai werden die Hefte zum letzten Male im Theater aufliegen.[42]

### Nach dem Krieg

Nach der Zerstörung des Nationaltheaters und dem erzwungenen Ende des Notfallspielbetriebs im Deutschen Museum durch die Ausrufung des totalen Krieges und die damit verbundene Schließung aller Theater musste sich die Bayerische Staatsoper im Herbst 1945 neu aufstellen (vgl. Die Staatsoper in der frühen Nachkriegszeit, S. 180). Nach einer kurzen Interimsphase unter der Leitung von Dr. Arthur Bauckner wurde ab 1947 Georg Hartmann, ein NS-unbelasteter, sehr erfahrener Regisseur Intendant der Staatsoper (vgl. Georg Hartmann und die verhinderte Moderne, S. 199). Hartmann versuchte, mit den bescheidenen, ihm zur Verfügung stehenden Mitteln die Staatsoper wiederaufzubauen und wagte dabei ästhetische Experimente mit einer neuen Bühnensprache und einem anspruchsvollen Spielplan. Doch schon Bauckner hatte bei der Wiedereröffnung der Staatsoper durch personelle Entscheidungen auch auf einen Neuanfang in ästhetischer Hinsicht gesetzt. Die Eröffnungspremiere *Fidelio* wurde von Günther Rennert, dem späteren Intendanten der Staatsoper, inszeniert und von Caspar Neher, dem Freund und langjährigen Bühnenbildner von Bertolt Brecht, ausgestattet. Der Bruch mit der Ästhetik der Vorkriegs-Inszenierungen von Rudolf Hartmann in der Ausstattung von Ludwig Sievert war unverkennbar. Eindrucksvoll wurde der Stilwandel in Inszenierungen von Georg Hartmann selbst kenntlich. Der Bühnenbildentwurf zu seiner *Aida* aus dem Jahr 1948 in der Ausstattung von Helmut Jürgens zeigte eine riesige, den Raum im Hintergrund beherrschende Isis-Statue, die von einem abstrahierten Planetensystem umgeben war. An den Seiten schoben sich schräggestellte Säulen ins Bild, der Boden war mit niedrigen, dreieckigen Podesten aufgeteilt, bot aber dennoch den Eindruck einer weitgehend leeren Spielfläche. Dadurch wurde ein maximaler Gegensatz zur überladenen Ästhetik der Inszenierung von Rudolf Hartmann / Ludwig Sievert von 1937 sichtbar: War dort das oberste Gebot, die Bühne bis zum letzten Winkel mit Pracht und Pomp in historisierender ägyptischer Manier zu füllen, wirkte der Entwurf von Jürgens wie ein symbolistisch orientiertes, dem Spiel der Sängerdarsteller und -darstellerinnen viel Raum bietendes Arrangement. Dies wurde durch die durchaus kritische Besprechung von Heinz Pringsheim in der *Süddeutschen Zeitung* belegt:

Alle Bewegungen sind nach dem Vorbild alt-ägyptischer Wandgemälde stilisiert und ebenso ein großer Teil der Gewandungen (Elly Ohms), wie denn überhaupt stärkerer Nachdruck auf eindrucksvolle Bildwirkungen gelegt ist, als auf naturalistische Belebung der Massenszenen. Manchmal scheint die Stilisierung fast zu weit zu gehen, so etwa im Gralsritter-Gleichschritt der Priester im 6. Bild, die unendlich langsam und feierlich die Bühne überqueren. [...] Im Programmheft ist Jürgens mit dem Modell der Isis-Statue, die das stimmungsvolle Bühnenbild des ersten Aktes beherrscht, abgebildet. Das ist nicht von ungefähr geschehen. Denn die Inszenierung Hartmanns ist sichtlich bestrebt, das Walten der ›Aida

Bühnenbildentwurf von Helmut Jürgens zur *Aida*-Neuinszenierung 1948. Regie führte Georg Hartmann.

immer feindlichen› Gottheit so viel wie möglich symbolisch zum Ausdruck zu bringen: durch die Statue, um die sich die Exposition gruppiert und die auch am Schluß über dem Grabe Aidas und Radamès' aufleuchtet, durch einen überlebensgroßen Isiskopf, der auf die Rückwand des Ptah-Tempels und des Gefängnishofbildes projiziert ist (und gegen den sich mein ägyptologisches Gewissen sträubt).[43]

Besonders auffällig war die unveränderte Grunddisposition des Bühnenraums in allen Bildern: schräggestellte, in ihrer Verkleidung optisch wechselnde Seitenwände, durch die eine trichterartige Strebigkeit zum Hintergrund der Bühne hin entstand, um dort effektvoll, entweder die komplette Isis-Statue oder den von Pringsheim erwähnten gewaltigen Statuenkopf, im Nilbild aber auch eine grelle, feindliche Mondscheibe über einer nahezu kahlen Bodendekoration als symbolische Stimmungsträger zu präsentieren. Der weitgehend naturalistische, historische Realität in wechselnden Dekorationen vortäuschende Ansatz von Sievert und Rudolf Hartmann war nun, gut zehn Jahre später, einer symbolischen Ausdeutung in einer tendenziell gedachten Einheitsdekoration gewichen – die weitestgehende räumliche Absage an die realitätsbezogenen Bilder der

Vorkriegszeit in dieser frühen Zusammenarbeit von Georg Hartmann und Helmut Jürgens. Das positive Echo nicht nur der Fachpresse, sondern auch bei den Kollegen des Metiers belegte die Überzeugungskraft dieser neuen Ästhetik. Man sah und erlebte ein Kunstwerk, eine »große malerische und gestalterische Tat«, die »die Aera Clemens Krauss weit überflügelt«.[44]

Besonders gewürdigt wurde auch mehrfach Georg Hartmanns Personenregie, die sich wohltuend von dem pathetischen Stil während der NS-Zeit abhob. So schrieb etwa Pringsheim in der *Süddeutschen* im November 1947 über Hartmanns Inszenierung von *Tristan und Isolde*:

Mit dem Intendanten Dr. Georg Hartmann ist ein neuer Geist in der Spielleitung lebendig geworden. Verschwunden sind die hilflos leeren großen Operngesten, verschwunden die nichtssagenden konventionellen Bewegungen. Man fühlt, mit diesen Sänger-Darstellern ist gearbeitet worden […]. Hier ist jede Einzelheit bewegungsmäßig, im Ausdruck, in der Tonfärbung aufs feinste durchgestaltet. Eine neuartige, ganz unbayreutherische, aber wohl doch ganz im Sinn Wagners zwischen Sprech- und Gesangston schwebende Ausbildung des Sprechgesangs wirft kühn die Fesseln einer erstarrten Tradition ab.[45]

Und Helmut Schmidt-Garre sekundierte im *Münchner Merkur:*

Dieses mythische Moment eines unentrinnbaren und abwendbaren Geschickes, dem Tristan und Isolde verfallen sind, war in der von Dr. Georg Hartmann geleiteten Neuinszenierung zu hohem Maße außer acht gelassen zugunsten einer möglichst weitgehenden Vermenschlichung des Dramas im modernen Sinn. Auf diesen naturalistischen Stil war auch das Spiel der einzelnen Darsteller, dem häufig ein Zuviel an Bewegungen anhaftete, abgestimmt.[46]

Auch der von Georg Hartmann ans Haus geholte Regisseur Heinz Arnold zeigte eine vorsichtige Modernisierung des Inszenierungsstils. Auch hier betonen die Kritiken die Abkehr vom Stil unter der NS-Herrschaft. So schrieb die *Abendzeitung München* am 14. Februar 1951 über Arnolds Inszenierung von *Siegfried*:

Die Zeiten, da patriotisch unbefriedigte Gemüter den Helden Siegfried in Gedanken mit der jeweils modernen Uniform und den zugehörigen Angriffsgelüsten bekleidet als Vertreter ihrer Weltanschauung sahen, sind vorbei. Tendenziöser Missbrauch hat den Symboliker Wagner nicht entwertet. Ihm war der germanische Mythos nicht nationaler Urnebel, sondern Instrument pessimistischer Weltdeutung. Die Neuinszenierung des »Siegfried« in der Staatsoper war beispielhaft dafür, wie man heute dem theatralischen Symboliker Wagner gerecht wird. Sie wurde zu einem bis über das Sinken des eisernen Vorhangs gefeierten Theaterereignis, weil sie die genial szenischen Vorschriften Wagners erfüllte und in ihrer großangelegten Führung zur hymnischen Schluß-Steigerung auf das Wesentliche zielte, die Wagner-»Gesten« mied und Wagners Absichten verdeutlichte. Der Regisseur Heinz Arnold hatte weder psychologisiert, noch pathetisiert. Von gleicher Eindringlichkeit und Einfachheit waren die wuchtigen Bühnenbilder, die Helmut Jürgens über einem festen Aufbau angelegt hatte. [...] Eine Wagner-Aufführung, die der Münchner Tradition gerecht wurde. Ein Festspiel-Tag während der Saison.[47]

Und die *Götterdämmerung* wurde vom *Münchner Merkur* als mildere Variante des »Neu-Bayreuther« Stils von Wieland Wagner gewürdigt:

In Bayreuth unternahm Wieland Wagner dieses Jahr das Wagnis, mit dem Illusionsnaturalismus älteren Wagnerstils, mit seinem Heldenbrimborium und seiner Speerfuchtelei radikal zu brechen. Auch Heinz Arnold versucht bei der Neuinszenierung der Staatsoper, weitgehend zu stilisieren, zu vereinfachen, pathetische Gesten nach Möglichkeit auszuschalten. Selbstverständlich verzichtet auch er auf das leibhafte Vorführen des Rosses Grane, dessen ungeschicktes Benehmen so manche frühere Aufführung störte. Aber Arnold ist beileibe kein Puritaner. Er gönnt den Darstellern immer wieder realistische Momente, lässt die Männerchöre sich wild durcheinandertummeln und arbeitet wie ehedem mit einem ganzen Arsenal von Helmen, Speeren und Schilden.[48]

Trotz der wohlwollenden Presseberichterstattung war die Intendanz Georg Hartmanns nur eine Interimslösung, denn 1952 kehrte der frisch entnazifizierte ehemalige Oberspielleiter Rudolf Hartmann an die Staatsoper zurück. Er stilisierte sich in seiner Rechtfertigungsschrift im Entnazifizierungsverfahren wie auch in seiner Autobiografie *Das geliebte Haus* als unpolitischer Künstler, der in jedem System diese Karriere gemacht hätte.[49] Sein Hauptanliegen sei es stets gewesen, den Werken zu dienen. Vor dem Hintergrund der NS-Geschichte und der ideologischen Aufladung des Begriffs Werktreue bekam diese Interpretation seiner künstlerischen und politischen Vergangenheit einen besonders perfiden Beigeschmack. Dennoch traf Hartmanns scheinbar unpolitische Art der Opernregie den Zeitgeschmack der 1950er und frühen 1960er Jahre. Schon 1943 war er als Regisseur und dramaturgischer Berater beteiligt an der Uraufführung von Richard Strauss' letzter Oper *Capriccio*. Dieses Werk konnte damals schon als großes Ausrufezeichen gelesen werden: »Seht her! Wir sind unpolitisch und interessieren uns ausschließlich für kunstimmanente Fragen!« *Capriccio* verhandelt in der Tat die in den letzten Kriegsjahren wahrlich nicht tagesrelevante Frage nach dem Vorrang von Musik oder Text in der Oper und gab Hartmann wie dem Librettisten Clemens Krauss ein Argument an die Hand, dass er sich immer ausschließlich als Diener der Kunst verstanden und begriffen habe. Allerdings bediente *Capriccio* perfekt die Linie der NS-Kulturpolitik. In den letzten Jahren des Krieges waren solche Ablenkungsstücke gefordert, die die Bevölkerung in keiner Weise an den Krieg erinnern sollten. An diese Art der scheinbar unpolitischen Biedermeier-Regie – die Szenenbilder zeigen reich dekorierte und detailliert-historisierend ausgeführte Bühnenbilder und Kostüme – knüpfte Hartmann als inszenierender Intendant ab 1952 nahtlos an. Er selbst beschrieb diese Phase in seiner Autobiografie sinngemäß als die Entdeckung der psychologischen Personenregie. Laut Zeitzeugen-Berichten von Sängerinnen und Sängern, die mit Hartmann gearbeitet haben, war es nach heutigen Maßstäben jedoch lediglich die Organisation von Gängen und Positionen – und fiel damit weit hinter die unter Georg Hartmann erreichten Standards des Sängerdarstellerischen zurück. Ein Blick in die von Rudolf Hartmann selbst herausgegebenen Regiebücher zu seinen Strauss-Inszenierungen bestätigt: Seine Art der psychologischen Regie bestand darin, die Figur des Dichters Olivier in *Capriccio* eine pseudo-psychologische Aktion ausführen zu lassen: »Olivier steht auf, geht überlegend nach rechts hinten, sichtlich mit dem Problem beschäftigt.«[50] In solchen Aktionsanweisungen des Regisseurs offenbarte sich schlaglichtartig das kaum lösbare Problem, dass jeder Sänger dieser Rolle Hartmanns Anweisung unterschiedlich interpretieren und gestalten konnte, aber auch jeder Zuschauer die dann angebotene theatrale Gestaltung mit durchaus unterschiedlichen Wahrnehmungen und Sichtweisen zu füllen vermochte. Eindeutigkeit der Aktion war jedenfalls nicht gegeben, und auf diese aus heutiger Perspektive schwammige oder beliebige Position zog sich Rudolf Hartmann in seiner Figurenregie immer wieder zurück.

Diese 1943 als letztes großes NS-Kultur-Propaganda-Ereignis entstandene Inszenierung von *Capriccio* übernahm Hartmann nach 1952 quasi unverändert in seine Intendanz mit.

Die Opernregie der zweiten Arbeitsphase Rudolf Hartmanns an der Bayerischen Staatsoper, die seine Zeitgenossen gern als Ära bezeichneten, setzte zwar auf Interpretation der Werke, allerdings nur mit Blick auf das Verhalten der Figuren, ihrer Konflikte, meist Liebeskonflikte, nicht jedoch auf die den Opern zugrundeliegenden Themen oder deren politische Subtexte. Versuche, dem Münchner Publikum auch modernes Repertoire vorzustellen, gingen in vielen Fällen auf Vorarbeiten und Ideen des Amtsvorgängers Georg Hartmann zurück, wie aus den Akten ersichtlich wird.[51] De facto war zeitgenössische Moderne an der Staatsoper nur durch die einschlägigen, schon zur NS-Zeit geförderten und mehr oder weniger in das NS-System verstrickten Komponisten Carl Orff und Werner Egk vertreten. Rudolf Hartmanns Hauptaugenmerk lag auf dem Werk von Richard Strauss und den großen Mainstream-Werken des internationalen Opernrepertoires.

Die Rückkehr zur scheinbaren Werktreue – diesen Begriff benutzte Rudolf Hartmann weiterhin exzessiv – fand ihr exaktes Spiegelbild in der vermeintlich originalgetreuen Rekonstruktion des Nationaltheaters. Eine Alternative nach dem Konzept der sogenannten Wunden-Architektur, welche die Zerstörungen und Rekonstruktionen deutlich macht, stand nicht zur Debatte. Wie in den Inszenierungen auf der Bühne, so wurde auch die Bühne selbst und das Haus zum Sinnbild eines geschichtsverdrängenden Anknüpfens an die Vergangenheit. Der streng-konservative Geist, der im Bayern der 1950er Jahre herrschte, wollte möglichst direkt an die Zeit des Königreichs Bayern anknüpfen, idealerweise ohne auf die dunklen Jahre 1933 bis 1945 einzugehen. Das Nationaltheater ist das Denkmal gewordene Zeugnis dieses Denkens. Dass die konservativen Eliten Münchens und Bayerns in den Jahren vor 1933 entscheidend zum Aufstieg Hitlers und der NSDAP beitrugen, blieb dabei unerwähnt. Freilich erlebte die Kunstform Oper in den ersten zwei Jahrzehnten nach Kriegsende ihren großen Rückhalt auch außerhalb der Eliten, in der breiten Bevölkerung. Und die programmatische Hilfe etwa der Freunde des Nationaltheaters bei der Entscheidung für die Rekonstruktion des Nationaltheaters und deren Finanzierung bewies den neuen Bürgergeist der jungen Bundesrepublik in München gerade an der Kunst und in der Kunst. Somit war es nur folgerichtig, dass das neue Nationaltheater 1963 mit einem Programm eröffnet wurde, das sich in keiner Weise kritisch mit der Vergangenheit auseinandersetzte. Vielmehr rekapitulierte Hartmann seine eigene Karriere an der Bayerischen Staatsoper der 1930er und 1940er Jahre mit den Inszenierungen der Eröffnungsfestwochen. Die Oper diente im Zeitraum von 1933 bis 1963 als Repräsentationsfundus des Bürgertums – ein Umstand, den die Nationalsozialisten vor dem Zweiten Weltkrieg rigoros für ihre Propaganda ausnutzten, die aber nach dem Krieg zum Identifikationspotential mit Kunst und künstlerischer Freiheit mutierte. Theaterpraktisch und opernästhetisch gelang die Neuorientierung nicht ganz so spontan und überzeugend: Es sollte bis zum Amtsantritt Günther Rennerts 1967 dauern, bis auch an der Bayerischen Staatsoper die Praxis des sogenannten Regietheaters Einzug hielt und die Oper sich neben der repräsentativen Komponente auch auf ihre analytische, gesellschaftskritische Wirkung befragt wurde.

DF

# Die Innovation

**Dass auch ein erfolgreicher Intendant**, natürlich unter Würdigung seiner Verdienste, an der Altersgrenze in den Ruhestand versetzt würde, kam für Rudolf Hartmann völlig unerwartet. Vielleicht war auch der Zeitpunkt für die Pensionierungsmitteilung von der Kultusbürokratie ungeschickt gewählt – am 25. Februar 1964 bei einer Mitarbeiter-Einladung in Hartmanns Privathaus zum Dank für all die Hilfe bei der Wiedereröffnung des Nationaltheaters –, so dass die Betroffenheit beim Intendanten groß war. Aber Kultus-Staatssekretär Dr. Konrad Pöhner wollte die Debatte über Hartmanns Nachfolger in der Leitung der Bayerischen Staatsoper rechtzeitig in Gang setzen.[1] Freilich hat wohl niemals wieder ein Gespräch zu diesem Thema mit Hartmann stattgefunden. Er schloss noch einen Vertrag bis Ende August 1967, um die erfolgreiche Arbeit im Nationaltheater fortzusetzen, aber in die Berufung seines Nachfolgers war Hartmann nach eigener Darstellung nicht mehr involviert.[2] Am Abend des 23. Januar 1966 teilte ihm Kultusminister Dr. Ludwig Huber die Entscheidung über seinen Nachfolger telefonisch mit. Von Günther Rennert erhielt Hartmann einen Tag später einen kollegialen Brief, in dem sich Rennert für die Offenheit bedankte, mit der Hartmann ihn über die Verhältnisse an der Staatsoper informiert hatte.[3] Die letzten eineinhalb Jahre waren geprägt von viel Arbeit und einigen herben Verlusten im Künstlerkreis. Hartmann inszenierte selber eine umstrittene *Walküre* (Premiere im April 1966), die den Auftakt zum neuen, mit Rennert abgesprochenen *Ring* bilden sollte. Im Cuvilliéstheater folgten bis zum Jahresende *Zauberflöte*, Glucks *Armida* und *Don Giovanni* und zum Beschluss der Intendanz als Regisseur 1967 die *Liebe der Danae* und die *Entführung aus dem Serail*. Es war sein seit drei Jahrzehnten gepflegtes Standardrepertoire.

Als Gast inszenierte Rudolf Hartmann an der Bayerischen Staatsoper nach seiner Intendanz noch *Oberon* von Carl Maria von Weber (Premiere am 14. Mai 1968), die

Münchner Erstaufführung von Joseph Haydns *Untreue lohnt nicht* (*L'infedeltà delusa*; Premiere am 24. Juli 1968), *Capriccio* von Richard Strauss (Premiere im Cuvilliéstheater am 17. Juli 1970) und Wagners *Lohengrin* (Premiere am 28. Februar 1971). Ein gutes Jahr später zog er sich aus der Opernregie gänzlich zurück.

Sein Nachfolger Günther Rennert hatte schon früh seine Arbeitsweise an der Bayerischen Staatsoper vorgestellt. Den Spielbetrieb nahm man nach Kriegsende im Prinzregententheater schon am 15. November 1945 wieder auf – mit Beethovens *Fidelio*, einer unverkennbaren Antikriegs- und Antidiktatur-Botschaft. Regie führte eben Günther Rennert. Mit ihm arbeitete bereits ein neues Ausstattungsteam mit Caspar Neher (Bühne) und Liselotte Erler (Kostüme). Die Rollenbesetzung war künstlerisch hochrangig: Franz Völker als Florestan, Hans Hotter als Pizarro und Helena Braun als Leonore – eines jener zahlreichen Beispiele dafür, dass Top-Sängerinnen und -Sänger der NS-Zeit ihre Karriere nach dem Krieg ohne jede Beeinträchtigung fortsetzen konnten, wie auch viele Dirigenten: Musikalische Leitung dieser Produktion hatte der aus den NS-Jahren bestens bekannte und vor allem vernetzte, auch in München vielbeschäftigte Bertil Wetzelsberger.

Die zentrale ästhetische Aussage dieser Aufführung war wohl Caspar Nehers Entwurf für die Kerkerszene, der die gewohnten Naturalismen weitgehend genommen und durch abstraktere Lösungen des szenischen Problems ersetzt wurden. Neher arrangierte die Zisterne, den Treppenaufgang heraus aus dem Gefängnis und den Platz des angeketteten Gefangenen in eine räumliche Dreieckkonstellation (Abb. S. 408), die sich scharf konturiert vom Kellergewölbe abhob. Der Verzicht auf eine naturalistische Ausführung des Kerkerraums konzentrierte die dramatische Aktion auf das Dreieck im Vordergrund und leistete doch zugleich die über eineinhalb Jahrhunderte tradierte Vorstellung von der Unentrinnbarkeit aus diesem Gefängnis, ohne diesen Zustand auf der Bühne auszuformulieren. Das einzige realistische Ausstattungsmoment lieferte das ominöse Folterinstrument im Zentrum des Szenenvordergrunds und akzentuierte auf diese Weise die brachiale Gewalt des Augenblicks. Die Reaktion der Kritik zielte auf den unübersehbaren Neubeginn in der szenischen Präsentation auch älterer Opern:

> In zwei Aufführungen wurde […] bisher ein junger Stilwille und eine neue Stilform spürbar und sichtbar: im Beethovenschen »Fidelio« und im »Othello« von Verdi […] Entschlossene Abkehr vom bürgerlichen, prächtig-musealen Opernstil. Nicht etwa asketische, aber geistig bestimmte szenische Form, die vor allem mit starken Raumspannungen arbeitet (wozu z.B. das aus gleicher Gesinnung entworfene Bühnenbild zum »Fidelio« von Caspar Neher reiche Möglichkeiten bietet), – strenge, verknappende Ziselierung des Dialogs (im »Fidelio«), Konturierung des Spiels, der Gebärde. […] Hier ist bereits klar, wo und wie die Oper am theatralischen Stil der Gegenwart teilnehmen wird.[4]

Caspar Nehers Entwurf für die Kerkerszene in der *Fidelio*-Inszenierung von Günther Rennert zur Wiederaufnahme des Spielbetriebs an der Bayerischen Staatsoper im November 1945.

Den theatralischen Stil der Gegenwart hatte Günther Rennert schon einige Jahre früher theoretisch zu Papier gebracht und mit seinen Vorstellungen und Intentionen von Opernregie die Abkehr vom Werktreue-Ideal der NS-Machthaber programmatisch formuliert:

[Der Regisseur] hat die Aufgabe, unter Zugrundelegung [des] Handlungsvorwurfs dem Zuschauer den Eindruck der Spontanität des Bühnengeschehens zu geben. Das vom Autor oder Komponisten gedichtete bzw. komponierte Wort muß dem Zuschauer so nahe gebracht werden, als ob es das Werk des Darstellers oder Sängers wäre, es muß von ihm spontan unter Eingebung des Augenblicks geäußert werden. Für den Zuschauer entsteht so gleichsam der Eindruck, als seien Handlungsvorgabe und Text nicht Ursache des Bühnengeschehens, sondern vielmehr die Folge desselben, das sich für ihn jetzt erstmalig vollzieht. Das sich abrollende Bühnengeschehen muß darauf ausgerichtet sein, den Eindruck unbedingter Notwendigkeit zu erwecken. Gebärde und Wort des Darstellers müssen ein sinnvoller Ausschnitt aus der darzustellenden Persönlichkeit sein, ebenso wie auch die übrige Szenengestaltung, Bewegung und Ausdruck sowie Aufbau eines Ensembles, einer Massenszene, Bühnenbild, Kostüm,

Requisit, Beleuchtung mit zwingender Notwendigkeit gerade den hier geforderten Inhalt der darzustellenden Situation wiederzugeben hat. Jede Zufälligkeit scheidet aus.[5]

Die Kontradiktion zum Münchner Aufführungsstil einer Oper war unverkennbar, denn nicht die musikalische Ebene sollte bei der Aufführung die Priorität innerhalb des Regiekonzepts beanspruchen, sondern die Textebene – ein zunächst vor allem theoretisch formulierter fundamentaler Neuansatz der theatralen Interpretation im Vergleich zur Ästhetik des nationalsozialistischen Theaters. Eben dieser Neuansatz basierte auf Rennerts Einsicht in die Irrealität der Oper als Kunstform:

Ich meine [...], das Geheimnis der Überzeitlichkeit der Oper liegt in ihrer bewußten Irrealität. Eine Welt, in der gesungen getanzt und musiziert wird, ist durch ihre Ausdrucksmittel von vorneherein eine Übersetzung, eine Überhöhung. Nicht die reale Story interessiert, d. h. der Anlaß, der reale, akute Vorgang, sondern immer nur das Gleichnis, d. h. der zum gültigen Beispiel neutralisierte Vorgang, – ›die Geschichte‹, das ›Märchen‹. Mit den legitimen Mitteln des musikalischen Theaters wird daher eine Welt des Irrealen aufgebaut, die nicht etwa obwohl, sondern weil sie irreal ist, als ›Beispiel‹ Gültigkeit hat.[6]

Und Rennert komplettierte seine Argumentation:

Die Bühne verlangt knappe Andeutungen, gewissermaßen »szenische Signale«, und rechnet mit der Phantasie des Publikums, die zu einer fruchtbaren Mitarbeit angeregt werden soll. Die Illusion soll nicht mit den Mitteln einer naturalistischen Technik, sondern mit den echten Mitteln des Theaters erzeugt werden, die *a priori* nicht naturalistisch, sondern irreal sind.[7]

Die innovativen Konsequenzen aus dieser theoretisch-ästhetischen Reflexion über die immer noch herausragende theatrale Kunstform Oper sicherte Rennert klugerweise durch eine historische Beweisführung ab, die den Gegnern einer Irrealitätsthese allen Wind aus den Segeln nahm:

[Man sollte] nicht vergessen, daß die Oper um 1600 sozusagen ›erfunden‹ worden ist, als ›Ueberhöhung‹ und gleichzeitig Intensivierung der griechischen Tragödie. Sie war also zunächst ein literarisches, höfisches Produkt. Und dieses Artifizielle, Stilisierte, die Uebersetzung ist ihr vordringlichstes Merkmal. Ich glaube sogar, daß das Wesen der Oper in ihrer Un-Natur besteht und das Geheimnis der Ueberzeitlichkeit der Oper in ihrer Unwirklichkeit liegt. Denn ›Natürlichkeit‹ ist der Feind aller wahren Kunst. Das muß mit allem Nachdruck ausgesprochen werden.[8]

Den probaten Modus der Bühnendarstellung lieferte in dieser grundlegend neuen Vorstellung von musikalischem Theater der sogenannte psychologische Realismus als die für Rennert einzig akzeptable Form des stimmigen Interaktionsmusters der Bühnenfiguren, also einer psychologischen Glaubwürdigkeit, mithin einer Glaubwürdigkeit der Rollencharakteristik, in der der Realismus der Aufführung seinen Niederschlag fände, und nicht das figürliche Handeln als schematische Abbildung einer empirischen Wirklichkeit.[9] Wenn die Denkfigur der Stunde Null in den frühen Nachkriegsjahren irgendwo fassbar wurde, dann wohl in dieser theoretisch-methodischen Innovation der Bühneninterpretation, wie sie von Günther Rennert noch vor Kriegsende formuliert und dann in den 1950er Jahren argumentativ ausgebaut wurde.

Fraglos war Rennerts Ansatz ästhetisch motiviert und nicht politisch. Seine Inszenierungen der späten dreißiger und frühen vierziger Jahre bedeuteten keine kritische Auseinandersetzung mit einem diktatorischen Regime und seinen moralischen Auswüchsen, parabelhaft erzählt an prominenten Opernstoffen. Rennert konzentrierte sich auf eine neue Art des Theaters und damit auch auf eine Figurenregie fernab von aller realitätsnahen Wahrscheinlichkeit. Theoretisch und stilistisch lagen Rennert und Wieland Wagner durchaus auf derselben Linie: in der Schaffung eines Theaters als Raum für ästhetische Ereignisse, die keine explizit politischen Botschaften formulierten, schon gar keine Auseinandersetzung mit der herrschenden Politik. Doch auch dieser primär ästhetische Ansatz hätte in der NS-Zeit genügend Sprengstoff geliefert, wenn er prominenter propagiert worden wäre. Rennert hatte möglicherweise das Glück, in seinen ersten Engagements als Regisseur nicht an beständig im Focus der Öffentlichkeit stehenden Häusern gearbeitet zu haben. Nach dem vielversprechenden Einstieg in Frankfurt am Main (1935–1937) mit *Hänsel und Gretel* von Humperdinck und Wagners *Parsifal* folgten Engagements in Wuppertal (1937–1939), Oberhausen (als Gast 1938), Mainz (1938–1940) und Königsberg (1940–1943). Auf der Inszenierungsliste standen weit überwiegend Werke des traditionellen internationalen Repertoires.[10] Dann freilich wies der Weg steil bergan, und es mehrte sich die öffentliche Aufmerksamkeit für seine Arbeit: 1943 Verdis *Othello* in Stuttgart und die Uraufführung der *Klugen* von Carl Orff in Frankfurt am Main, von 1942 bis 1944 ein festes Engagement in Berlin mit zwei Mozart- und zwei Puccini-Opern und unmittelbar nach Kriegsende München mit der *Fidelio*-Premiere, Puccinis *Bohème* (24. November 1945) und erneut Verdis *Othello* (24. Februar 1946).

Der konsequenten Verfolgung dieser ästhetisch innovativen Ansätze standen freilich gegenläufige Interessen in der politischen und ministeriellen Führung der Bayerischen Staatsoper entgegen. Rennert hatte 1945 an der Staatsoper einen Jahresvertrag als Oberspielleiter abgeschlossen, konnte freilich nur zwei Neuinszenierungen, den *Fidelio* und den *Othello*, und eine Neueinstudierung (*La Bohème* im November 1945) realisieren. Dann erteilte ihm die amerikanische Besatzungsbehörde ein Berufsverbot wegen seiner Mitarbeit an einem zentralen Theater der ehemaligen Reichshauptstadt Berlin – eben der Focus auf die prominentere Öffentlichkeit von künstlerischer und kultureller Arbeit. Die unübersichtliche Verquickung von Opernintendanz / Generalintendanz der Staatstheater, Kultusministerium und der amerikanischen *Theater Control Section* (vgl. Die Staatsoper in der frühen Nachkriegszeit. Das Dilemma der strukturellen Organisation, S. 182) führte in München zwar zur zwischenzeitlichen Intendanz von Georg Hartmann, ließ jedoch keinen Raum für die Weiterverpflichtung von Günther Rennert. Dieser wurde am 1. Juli 1946 neuer Direktor der Hamburgischen Staatsoper, nachdem im Frühjahr dieses Jahres der englische Kulturoffizier für Hamburg Rennert an die neu aufgestellte Hamburger Oper berufen hatte.[11] Die in München vor der amerikanischen Kontrollbehörde geführte Diskussion über einen Denunziationsverdacht in Berlin, dem Rennert zum Opfer gefallen sei, und die offensichtlich in Hamburg unbekümmerte Freiheit in derlei politisch-rechtlichen Fragen illustrierte die Freiräume, die die Besatzungsmächte in ihren personellen Entscheidungen damals hatten. Rennert legte in seinem Münchner Verfahren eine eidesstattliche Erklärung zu seinen Gunsten ab und verhandelte unterdessen in Hamburg mit dem Regierenden Bürgermeister Petersen über seine Neuverpflichtung an das Hamburger Haus. Dass Caspar Neher in Hamburg die Neuorganisation von Bühne und Zuschauerraum im schwer beschädigten Opernhaus organisiert hatte, gab den Ausschlag für Rennerts Entscheidung zugunsten Hamburgs.[12] Während die Hamburger Staatsoper in den folgenden zwei Jahrzehnten in der öffentlichen Wahrnehmung zum modernsten Opernhaus Deutschlands avancierte, setzte in München mit der Bestallung Rudolf Hartmanns zum Opernintendanten der ästhetische wie theatertheoretische Rollback ein. Hartmann betrieb fortan werktreue Interpretationen des historischen Repertoires und fegte auch Rennerts *Fidelio*-Deutung 1952, in seiner ersten Spielzeit als Intendant, aus dem Spielplan. Der ästhetische Traditionalismus beförderte die Absicherung eines generellen Inszenierungsstils in München, wie ihn Hartmann mit seiner Arbeit vor dem Zweiten Weltkrieg an der Bayerischen Staatsoper formuliert hatte.

Rennert inszenierte bis zu seinem Intendanz-Beginn in München vier Opern, Strawinskys *Rake's Progress* (im November 1962), Egks *Verlobung in San Domingo* (während der Eröffnungsfestwochen des neuen Nationaltheaters im November 1963), Rossinis *Liebesprobe* [*La pietra del Paragone*] (im Juli 1965) und die Münchner Erstaufführung des zweiaktigen *Lulu*-Fragments von Alban Berg (im Juli 1967). Als neuer Intendant stellte er sich dem Münchner Publikum mit einer Neuinszenierung von Glucks *Orpheus und Eurydike* (im Oktober 1967) in der französischen Fassung, aber in deutscher Sprache und mit der seinerzeit noch üblichen Besetzung des Orpheus als Bariton-Rolle vor, sowie mit der deutschen Erstaufführung von *Napoleon kommt* [*A Penny for a Song*] des englischen Komponisten Richard Rodney Bennett (im Januar 1968). Neben *Salome* von Richard Strauss (Juli 1968) und Rossinis *Türke in Italien* (Oktober 1968) galt jedoch die ganze Aufmerksamkeit fürs erste der Komplettierung des *Ring des Nibelungen*, der mit einer am Ende der Vorstellung ausgebuhten *Walküre* von Rudolf Hartmann[13] begann und von Günther Rennert zu Jahresbeginn 1969 komplettiert wurde. 1975/76 lieferte Rennert *Rheingold*, *Siegfried* und *Götterdämmerung* neu nach.

Wie weit der Weg von Rudolf Hartmanns werktreuem Regieverständnis zu Günther Rennerts Innovationen der Figurenregie und der ästhetisch erneuerten Bühne für das Publikum sein mochte, illustriert am ehesten die umstrittene Inszenierung der *Zauberflöte* aus dem Jahr 1970. Die nahezu leere Bühne des Nationaltheaters gab Raum für die von Rennert anvisierte sinnfällige Figurenregie, aber eben auch für einige das Publikum offensichtlich irritierende Bild-Wirkungen des Bühnenbildners Josef Svoboda. Der Priesterchor glich einem aufklärerisch verbrämten antiken Tragödienchor, Pamina trat in elegantem kostbarem Abendkleid auf und der Auftritt der Königin der Nacht im ersten Akt war als Sonnenfinsternis inszeniert – eine heftige symbolische Deutung des dramatischen Augenblicks, der die vorübergehende Verstörung des gesellschaftlichen Gefüges als Naturkatastrophe sichtbar machte und den Untergang der Königin der Nacht gleich zu Beginn antizipierte. Heftigen Widerspruch gab es bei der Feuer- und Wasser-Probe im zweiten Akt, in der eine Laser-Installation das Unwirkliche des Augenblicks mit den modernsten technischen Mitteln illustrierte. Rennert resümierte Jahre später seine grundsätzlichen Überlegungen zu dieser modernen Technifizierung der Ausstattung:

Ein Werk wie die »Zauberflöte« bietet musikalisch und thematisch heute die Möglichkeit, szenische »Räume« zu verwenden, die gleichsam anonym nur aus Licht und Farbe bestehen. Das sollte in der mit Svoboda erarbeiteten Lösung zu letzter Konsequenz geführt werden. Das Einweihungs- und Läuterungsmysterium, psychologisch gesprochen der Individuationsprozeß zweier Menschen, der wohl als dramaturgische Achse des Spiels angesehen werden kann, sollte im Mittelpunkt stehen und bedürfte daher nicht der herkömmlichen Szene. Mit Farbe und Beleuchtung, u.a. durch die Verwendung von Laserstrahlen bei der zentralen »Feuer- und Wasserprobe« sollten auch dreidimensionale Lichträume geschaffen werden.[14]

Dieser Laser-Effekt zählte zu den »echten Mitteln des Theaters, die *a priori* nicht naturalistisch, sondern irreal sind«, wie Rennert schon 1954 proklamiert hatte.[15] Die Erfahrungen des Regisseurs im Umgang mit Bühnenräumen und -ereignissen offenbarte sich in den völlig konträren Lösungen für eine *Zauberflöten*-Inszenierung innerhalb von nur drei Jahren. In New York erarbeitete Rennert 1967 gemeinsam mit Marc Chagall eine völlig andere, auf bildende Kunst gestützte räumliche und stimmungsmäßige Deutung der Mozart-Oper, die nicht weniger irreal war als die Münchner von 1970, aber sich in ihrer szenischen Virtualität gänzlich anderer Mittel bediente. Rennerts Publikum in München – das zeigte die kontroverse Aufnahme seiner *Zauberflöte* – hatte damals noch nicht durchgehend seinen ästhetischen Standard erreicht.

Der Auftritt der Königin der Nacht in der *Zauberflöte* von 1970 wurde auf der leergeräumten Bühne als Sonnenfinsternis, mithin als kosmisches Gefährdungspotential ausgestellt.
Für die Feuer- und Wasserprobe ließ sich Rennert von seinem Bühnenbildner Josef Svoboda eine Laser-Installation auf die Bühne zaubern, die das Virtuelle und Irreale des dramatischen Augenblicks auch auf der Bühne sichtbar machte.

Günther Rennert war nach Georg Hartmann einer der bedeutenden Erneuerer des Operntheaters in München nach dem Zweiten Weltkrieg. Die innovativen Ansätze seiner künstlerischen Arbeit sind aber keineswegs eine Folge des gesamtgesellschaftlichen Umbruchs am Ende der 1960er Jahre, der heute gern als '68er-Phänomen benannt wird. Rennert war seiner Zeit gleichsam um eine halbe Generation voraus, weil er die theoretischen Grundlagen seiner Inszenierungskunst schon in den frühen 1940er Jahren literarisch formulierte und mit der Uraufführung von Carl Orffs Oper *Die Kluge* (am 20. Februar 1943) in der Frankfurter Oper die Messlatte für alles Folgende legte. Dass er 1963 zur Wiedereröffnung des Nationaltheaters Werner Egks *Verlobung in San Domingo* besorgte, in seiner Hamburger Zeit die deutsche Erstaufführung von Egks *Irischer Legende*, bei den Schwetzinger Festspielen 1957 mit dem Stuttgarter Ensemble die Uraufführung von Egks *Revisor* präsentierte, ihn anschließend in Hamburg vorführte und mit dem *Revisor* und der Württembergischen Staatsoper Stuttgart drei internationale Gesamtgastspiele bestritt (1957, kurz nach der Uraufführung, in Venedig, 1958 in Paris und 1961 in Helsinki), mag verstehen wer will. Von musikalischem und dramatischem Qualitätsbewusstsein und politischem Fingerspitzengefühl zeugte es nicht. Auch die auffällige Häufung von Orff-Inszenierungen in seinem Gesamtwerk[16] ist ein untrügliches Merkmal für die unpolitische Haltung des Regisseurs und Intendanten Günther Rennert. Aufarbeitung der nationalsozialistischen Phase in der deutschen Theater- und Kulturgeschichte interessierte ihn ebenso wenig wie die Auseinandersetzung mit politisch-propagandistisch ausgeschlachteten Werken dieser Zeit. Rennert konzentrierte sich von Anfang an auf die theoretische Reflexion des Phänomens Oper und seiner Bühnentauglichkeit. Bühnengesang war für ihn nicht zu hinterfragende Voraussetzung des musikalischen Theaters, die kompositorische Struktur nahm er als gegeben hin. Aus dieser Haltung heraus wird die Abneigung gegen die radikaleren Formen des Regietheaters in den 1970er Jahren verständlich[17], denn die Theatralisierung von musikalischen Strukturen – und nicht nur von textlich-handlungstechnischen Aspekten – zählte zu den bevorzugten Vorzeigemomenten dieses Regietheaters. Dem mochte Rennert nicht folgen.

Dennoch hatte die Bayerische Staatsoper mit Günther Rennert jenen Standard erreicht, den man mit internationaler Qualität und als modernes Opernthater bezeichnen konnte. Von hier aus setzte eine neue Phase der künstlerischen Orientierung am Münchner Haus ein, die folgerichtig ins 21. Jahrhundert führte, und nach Günther Rennert wusste man in München, wie man wurde, was man damals schon war.

# Anmerkungen

## DAS NEUE HAUS

### »Der neue Glanz und der alte«

1. »Vorhang auf im Nationaltheater. Münchens Oper wieder eröffnet«. *Münchner Abendzeitung*, 23./24.11.1963.
2. Vgl. Schallweg, Paul: »Bürger dieser Stadt – Freunde des Nationaltheaters«. Ders.: *Festliche Oper. Geschichte u. Wiederaufbau d. Nationaltheaters in München*. Hg. Freistaat Bayern unter Mitw. d. Freunde d. Nationaltheaters u. d. Landeshauptstadt München. München 1964, S. 33–43, hier S. 33.
3. Für die Untersuchung wurde von sieben Zeitungen für den Zeitraum Oktober bis Dezember 1963 ein lückenloser Pressespiegel erstellt und ausgewertet. Die Aussagen dieses Kapitels zur Tagespresse der Wiedereröffnungsphase stützen sich auf diese Auswertung.
4. Wiesmeyer, Ludwig: »Weihe des Hauses«. *Münchner Merkur*, 22.11.1963.
5. Wessel, Kurt: »Mehr als ein Theater«. *Münchner Merkur*, 21.11.1963.
6. Die gesamte Chronik wurde 1963 auch als Monografie verlegt: Panofsky, Walter: *Musiker, Mimen und Merkwürdigkeiten im Hof- und Nationaltheater. Eine Chronik der berühmten Münchner Oper*. München 1963. Abdruck der ersten Folge in der *Süddeutschen Zeitung* am 19./20.10.1963.
7. Erste Folge: Federschmidt, Dorothea: »Bretter, die die Welt bedeuten. Vorhang auf im neuen Münchner Nationaltheater«. *Münchner Abendzeitung*, 19./20.10.1963.
8. Erste Folge: Wismeyer, Ludwig: »Die großen Tage unserer Oper. Zur Wiedereröffnung des Nationaltheaters am 21. November 1963«. *Münchner Merkur*, 26./27.10.1963.
9. Erste Folge: Müller, Michael: »Das alte Nationaltheater-Ensemble«. *Münchner Merkur*, 05.11.1963.
10. Wessel: »Mehr als ein Theater«.
11. Eichholz, Armin: »Vorhang auf im Nationaltheater«. *Münchner Merkur*, 21.11.1963.
12. Ebd.
13. Beide Zitate ebd.
14. Bayerische Staatsoper: »Die Bayerische Staatsoper«. Online in: <https://www.staatsoper.de/index.html>, letzter Zugriff 30.01.2017.
15. Fisch, Ludwig: »Das Schauspiel vor dem Opernhaus«. *Süddeutsche Zeitung*, 22.11.1963.
16. »Zur Auswahl der Premierengäste«. *Süddeutsche Zeitung*, 28.11.1963.
17. »Das Satyrspiel« [gez. E.]. *Münchner Merkur*, 22.11.1963.
18. Pfister, Rudolf: »Um den Wiederaufbau des Nationaltheaters. Ein Wettbewerb«. *Baumeister*, Jg. 52, Heft 4 (1955), S. 228 f. und 238 f.
19. Süskind, Wilhelm Emanuel: »Der neue Glanz und der alte«. *Süddeutsche Zeitung*, 23./24.11.1963.
20. Ebd.
21. Vgl. z.B. Schallweg: »Bürger dieser Stadt«, S. 33.
22. Meitinger, Karl: *Das neue München. Vorschläge zum Wiederaufbau*. München 1946, S. 7 f.
23. Der Aktenbestand Landtag im Staatsarchiv beinhaltet keine Akten für diesen Zeitraum. Publikationen belegen jedoch den Vorgang sehr detailliert und seriös, vgl. Walter Keim: »Wie es zum Wiederaufbau des Nationaltheaters kam«. *Der Zwiebelturm. Monatsschrift für das bayerische Volk und seine Freunde*, Jg. 18, Heft 11: Sonderheft Nationaltheater. Regensburg 1963, S. 237–241, hier S. 237. Walter Keim war zur Zeit des Wiederaufbaus Ministerialrat im Kultusministerium.
24. Brixner, W.: »Die private Initiative der ›Freunde des Nationaltheaters E.V.‹«. *Der Zwiebelturm*, ebd., S. 245. In anderer Variante überliefert bei Schallweg: »Bürger dieser Stadt«, S. 40.
25. Schallweg (Red.): *Festliche Oper*.
26. Vgl. Schallweg: »Bürger dieser Stadt«, S. 37.
27. Vgl. ebd., S. 42.
28. Später stellte sich heraus, dass die Fassade zur Maximilianstraße doch abgerissen und neu konstruiert werden musste, da zugunsten der eingeschobenen Foyerzone Zuschauerhaus und Bühne Richtung Osten verschoben wurden.
29. Zit. nach: Bayerische Akademie der Schönen Künste (Hg.): *Berufung und Tätigkeit des künstlerischen Beirats für die Planungen des Architekten Professor Graubner zum Wiederaufbau des Bayerischen Nationaltheaters*. München 1956, S. 1.
30. Ebd., S. 3.

31  Zit. nach: Pfister: »Wiederaufbau des Nationaltheaters«, S. 238.
32  Ebd.
33  Resolution der Freunde des Nationaltheaters am 25.04.1955. Staatsarchiv München: Bestand Landbauämter, Nr. 2682.
34  Pfister: »Wiederaufbau des Nationaltheaters«, S. 228.
35  Vgl. Weber, Clemens: »Die Planungen für den Wiederaufbau des Nationaltheaters«. Schallweg (Red.): *Festliche Oper*, S. 48.
36  Pfister: »Wiederaufbau des Nationaltheaters«, S. 239.
37  Weber: »Die Planungen«, S. 48.
38  Vgl. Keim: »Wiederaufbau«, S. 238.
39  Vgl. Bayer. Akademie der Schönen Künste (Hg.): *Berufung und Tätigkeit*, S. 5.
40  Pfister: »Wiederaufbau des Nationaltheaters«, S. 239.
41  Vgl. Althen, A.W.: »Großes Stimmengewirr vor dem Opernbau«. *Süddeutsche Zeitung*, 28./29.01.1956.
42  Zit. nach: ebd.
43  Informationen hierzu stammen teils aus einem vom Forschungsteam geführten Gespräch am 23.10.2013 mit Dr. Franz Simm, der die Pläne seinerzeit gefunden und vorgelegt hatte. Vgl. auch Franz Simm: »Karl von Fischer – seit 1963 wieder im Nationaltheater«. Münchener Architekten- und Ingenieur-Verein e.V. (Hg.): *MAIV Jubiläums-Festschrift 1833–2008*. München, 2008, S. 111–113.
44  Vgl. Bayerische Akademie der Schönen Künste (Hg): *Berufung und Tätigkeit*.
45  Flügel, Rolf: »Auf die Barrikade für die Oper!«. *Münchner Merkur*, 04.04.1957.
46  Vgl. Keim: »Wiederaufbau«, S. 238.
47  Vgl. BayHStA, MK 50380: »Wiederaufbau Nationaltheater, Eröffnung. Bd. 1«.
48  »Laßt dem Intendanten zwei Jahre Zeit«. *Abendzeitung*, 01.10.1960.
49  Roth, Eugen: »Richtspruch für den Rohbau des Nationaltheaters«, zit. nach: Schallweg (Red.): *Festliche Oper*, S. 250.
50  Baur-Callway, Karl: »München hat sein Nationaltheater wieder ...« [o. T., Rubrik »Aktualitäten«]. *Baumeister*, Jg. 60, Heft 12 (1963), o. S.
51  Schmidt-Grohe, Johanna: »Reise in die Vergangenheit?«. *Süddeutsche Zeitung*, 11.12.1963, S. 21.
52  Ebd.
53  Peters, Paulhans: »National-Theater«. *Baumeister*, Jg. 60, Heft 12 (1963), o. S.
54  Ebd.
55  Vgl. auch Bayerische Akademie der Schönen Künste (Hg.): *Berufung und Tätigkeit*, S. 4.
56  Vgl. Haberman, Sylvia und Nerdinger, Winfried: »Nationaltheater am Max-Joseph-Platz«. *Carl von Fischer*. Katalog zur Ausstellung in der Neuen Pinakothek, Dez. 1982 bis Feb. 1983, München 1982, S. 50–54, hier S. 54.
57  Peters: »National-Theater«.
58  Eichholz, Armin: »Vorhang auf im Nationaltheater«. *Münchner Merkur*, 21.11.1963.
59  Vgl. z.B. folgende Bildunterschrift: »Die wiedererbaute Staatsoper erlebt heute abend, 20 Jahre nach ihrer Zerstörung im Bombenkrieg, ihre erste glanzvolle Aufführung«. Vgl. Wessel: »Mehr als ein Theater« (Anm. 5).
60  Betz, Rudolf und Zuckmantel, E.: »1825 Reconstructed. Munich's State Opera Rises from the Ashes«. *The New York Times*, 22.12.1963.
61  Die Widmung war im Übrigen, ebenso wie der Fries am unteren Giebel, zum Zeitpunkt der Wiedereröffnung noch nicht am Portal des Hauses angebracht.
62  In einem frühen Entwurf von 1804 hatte Fischer folgende Inschrift vorgesehen: »MAXIMILIANUS JOSEPHUS ELECTOR ANNO REG. S: MDCCCIII / APOLLINI ET MUSIS HOC TEMPLUM EXSTRUXIT« – »Kurfürst Max Joseph erbaute im Jahr seiner Regentschaft 1803 Apoll und den Musen diesen Tempel«. Auf keinem der Bildzeugnisse des alten Nationaltheaters ist jedoch etwas von dieser Inschrift am Portal zu sehen.

## Die Eröffnungsfestwochen

1  Hartmann, Rudolf: *Das geliebte Haus. Mein Leben mit der Oper*. München ²1977, S. 246.
2  Vgl. ebd., S. 335.
3  Vgl. Schläder, Jürgen: »Quantität als Qualität. Werner Egks Opern und die gemäßigte Moderne der fünfziger Jahre«. Schläder, Jürgen (Hg.), *Werner Egk: Eine Debatte zwischen Ästhetik und Politik*. München 2008, S. 147–161.
4  Vgl. zur Wertung der Thematik und der Ausführung dieses Themas durch Werner Egk: Kanzog, Klaus: »›... und dazu ein nicht zu übersehendes, höchst aktuelles Element.‹ Werner Egks Oper *Die Verlobung in San Domingo* zum Zeitpunkt ihrer Uraufführung am 27. November 1963«. Ebd., S. 162–180.
5  Schmidt-Garre, Helmut: »Eröffnungswoche im Nationaltheater: Frau ohne Schatten«. *Münchner Merkur* 23./24.11.1963.
6  Ruppel, Karl Heinz: »Das Münchner Opernfest beginnt«. *Süddeutsche Zeitung* 23./24.11.1963.
7  Ruppel: »Opernfest«.
8  Razumovsky, Andreas: »Der Schatten der Kaiserin«. *Frankfurter Allgemeine Zeitung* 23.11.1963.

9 Ebd.
10 Schmidt-Garre: »Frau ohne Schatten«.
11 Mingotti, Antonio: »Märchen-Strauss für die Gäste«. *Abendzeitung* 22.11.1963.
12 Ebd.
13 Ruppel: »Opernfest«.
14 Schmidt-Garre: »Frau ohne Schatten«.
15 Mingotti: »Märchen-Strauss«.
16 Schmidt-Garre: »Frau ohne Schatten«.
17 Ruppel: »Opernfest«.
18 Razumovsky: »Schatten der Kaiserin«.
19 Cardus, Neville: »Opera in State«. *The Guardian*, 23.11.1963.
20 Schmidt-Garre: »Frau ohne Schatten«.
21 Cardus: »Opera in State«.
22 Mingotti, Antonio: »Ernste Fest-Meistersinger«. *Abendzeitung* 25.11.1963.
23 Schmidt-Garre, Helmut: »Eröffnungswochen im Nationaltheater: Die Münchner ›Meistersinger‹«. *Münchner Merkur* 25.11.1963.
24 Unser Dank gilt Uwe Jürgens, dem Sohn von Helmut Jürgens, der uns freundlicherweise den Nachlass seines Vaters zur Auswertung überlassen hat.
25 Mingotti: »Ernste Fest-Meistersinger«.
26 Ebd.
27 Schmidt-Garre: »Münchner ›Meistersinger‹«.
28 Ebd.
29 Ebd.
30 Eiswaldt, Edith: »Wir fassen es als ernste Feier auf«. *Süddeutsche Zeitung* 25.11.1963.
31 Wiesner, Hans-Joachim: »›Schusterstube‹ verwandelt sich in 60 Sekunden zur ›Festwiese‹«. *Abendzeitung* 16./17.11.1963.
32 o. A.: »Die ›Meistersinger‹ für das Jahr 2000«. *Münchner Merkur* 19.11.1963.
33 o. A.: »›Meistersinger‹ für Funk und Fernsehen«. *Abendzeitung* 23./24.11.1963.
34 Michael: »Ich war der Prügelknabe. AZ-Reporter als Statist in den ›Meistersingern‹«. *Abendzeitung* 25.11.1963.
35 Die Bildunterschrift lautet vollständig: »›Befehlsstand‹ – von höherer Warte aus dirigieren Regisseur Rudolf Hartmann und Ballettdirektor Heinz Rosen die Tanzeinstellung bei der Festwiese.« Wiesner: »›Schusterstube‹.
36 Nennecke, Charlotte: »Auch kein Meistersinger fällt vom Himmel«. *Süddeutsche Zeitung* 19.11.1963.
37 Mayr-Falkenberg, Uta: »Modeschauspiel in der Oper«. *Münchner Merkur* 25.11.1963.
38 Schmidt-Garre: »Münchner ›Meistersinger‹«.
39 Eiswaldt: »Ernste Feier«.
40 Razumovsky, Andreas: »Meistersinger ohne innere Wärme«. *Frankfurter Allgemeine Zeitung* 25.11.1963, S. 20.
41 Ruppel, Karl Heinz: »Musikalische Variationen über Kleist-Novelle. Uraufführung von Werner Egks ›Verlobung in San Domingo‹ im Nationaltheater«. *Süddeutsche Zeitung*, 29.11.1963
42 Kanzog: »Werner Egks Oper«, S. 177.
43 Egk, Werner: *Die Verlobung in San Domingo*. Oper nach einer Novelle von Heinrich von Kleist. Textbuch. Mainz: B. Schott's Söhne 1963, S. 5 f.
44 Egk, Werner: »Über die Oper.« Programmheft der Bayerischen Staatsoper zur Uraufführung von *Die Verlobung in San Domingo*.
45 Ruppel: »Musikalische Variationen«.
46 o. A.: »Egk-Uraufführung. Gustav unmöglich«. *Der Spiegel* 49/1963.
47 Kulturamt. Akten nach 1945. Akt 927: Kulturelle Ehrenpreise.
48 Panofsky, Walter: »Herbert von Karajan am Münchner Opernpult«. *Süddeutsche Zeitung* 03.12.1963, S. 12.
49 Schmidt-Garre, Helmut: »Karajan und sein Münchner Fidelio«. *Münchner Merkur* 03.12.1963, S. 13.
50 Vgl. Nennecke, Charlotte: »Leonore und Pizarro – durchaus harmonisch«. *Süddeutsche Zeitung* 30.11./01.12.1963, S. 11.
51 Vgl. Panofsky, Walter: »›Fidelio‹ unter Karl Böhm«. *Süddeutsche Zeitung* 14./15.12.1963, S. 24, und Lohmüller, Helmut: »Der dritte Fidelio«. *Münchner Merkur* 14./15.12.1963, S. 7.
52 Panofsky: »Karajan am Münchner Opernpult«.
53 Vgl. Hartmann: *Das geliebte Haus*. S. 349 f.
54 Ruppel, Karl Heinz: »›Aida‹ als Oratorium mit Bildern«. *Süddeutsche Zeitung*.
55 Karl Viktor Prinz zu Wied: »Ballett-Theater«. *Ballett Theater*. […]. Hg. von Rosen, Heinz. München 1963, S. 162–173, hier S. 171. Der Imageband erschien zur Wiedereröffnung des Nationaltheaters und würdigt das Ballett der Bayerischen Staatsoper unter der Direktion von Heinz Rosen.
56 Eiswaldt, Edith: »Der große Auftritt des Balletts« [Bericht zur Ballett-Pressekonferenz im Vorfeld der Nationaltheater-Eröffnung]. *Süddeutsche Zeitung* 22.11.1963.
57 Lindlar, Heinrich: »Münchner Ballettstil«. *Deutsche Zeitung und Wirtschaftszeitung*, Düsseldorf, 07.12.1963. »Egk entfiel, wiewohl Ballettkomponist Nummer eins für München, weil er mit seinem Auftragswerk, seiner Domingo-Oper nach Kleist, bereits zum Zug gekommen war.« (ebd.) – Hartmann, seit 1945 Dramaturg der bayerischen Staatstheater, war Begründer und Leiter der von BR und Staatsoper koproduzierten Musica viva. Er starb in der Nacht vom 5. auf den 6. Dezember 1963, was in den Premierenkritiken nicht berück-

58 So Rosen auf der Pressekonferenz. Eiswaldt, Edith: »Der große Auftritt«. In Wahrheit hatte Hartmann erhebliche Bedenken gegen Rosens Choreografie, vgl. unten *Triptychon*.
59 Brief Rosen an Orff, 14.01.1963, München, Typoskript, Blatt 1 von 2, Orff-Zentrum, München. – »Vielleicht gelingt es mir ein zweites Mal den Münchner Bann für Sie zu brechen, so wie es glücklicherweise bei den ersten Aufführungen der ›TRIONFI‹ geschah.« Brief Rosen an Orff, 11.02.1963, München, Typoskript, Blatt 1 von 2, Orff-Zentrum München.
60 Brief Rosen an Orff, 08.04.1963, München, Typoskript, Orff-Zentrum, München.
61 Orff: »Meine Bemühungen, mit der Intendanz der Bayerischen Staatsoper in ein gutes, fruchtbares Einvernehmen zu kommen, waren immer wieder vergebens und ergaben nur Enttäuschungen.« So forderte Orff für die Wiederaufführung der *Trionfi* einen »prominenten Dirigenten«, Solisten entsprechend »dem sonstigen Festspiel-Niveau«, genügend Chorproben sowie eine Serie von Vorstellungen, um das Niveau zu halten. Brief Orff an Rosen, 27.12.1962, o. O. [Dießen], Typoskriptdurchschlag, Blatt 1 von 2, Orff-Zentrum, München.
62 Ruppel, Karl Heinz: »Der Einzug des Balletts ins Nationaltheater«. *Süddeutsche Zeitung* 05.12.1963, S. 13.
63 »Ein Abend der Avantgardisten«, so betitelt das *8-Uhr-Blatt*, Nürnberg, 05.12.1963, die Rezension von G. Ebert, der die Programmierung als »Tollkühnheit« qualifizierte.
64 Programmheft Musica viva, Saison 1954/55.
65 18.10.1942, Münchner Philharmoniker, Festsaal Deutsches Museum; 29.10.1954, Symphonieorchester des BR, Herkules-Saal der Residenz; 09.05.1955, 11.07.1960, Programm wiederholt am 05.02.1962 und 14.10.1963, Symphonieorchester des BR.
66 Reindl, Ludwig Emanuel: »In alter Form und neuem Glanz«. *Südkurier*, Konstanz, 01.12.1963.
67 Ebd.
68 Lehmann, H.: »Kühle Klassik und getanzte Not«. *Weser-Kurier*, Bremen, 06.12.1963.
69 Für die Kostüme zeichnete Charlotte Flemming in allen drei Produktionen verantwortlich. Die beiden anderen Bühnenbilder schuf Rudolf Heinrich: ein abstraktes, mit schwebend farbigen, geometrisch-dynamischen Elementen zu Copland, ein expressives, surrealistisch angehauchtes mit symbolischen Formen zu *Triptychon*.
70 Ruppel: »Der Einzug des Balletts«.
71 Vgl. ebd.
72 Lindlar: »Münchner Ballettstil«.
73 Sein Konzept – »dass man für dieses Werk die fahrbare Bühne sowohl in die Höhe als auch in die Tiefe weitgehend nutzbar machen müsste« – hatte Rosen im Januar 1963 Orff und Helmut Jürgens vorgestellt (vgl. Brief Rosen an Orff, 14.01.1963, München, Typoskript, Blatt 1 von 2, Orff-Zentrum, München). Es wurde die letzte Arbeit des Ausstattungsleiters Jürgens, der vor der Premiere († 29.08.1963) starb.
74 Schmidt-Garre, Helmut: »Ballett-Entrée mit drei Rosen-Neuheiten«. *Münchner Merkur* 05.12.1963.
75 Colberg, Klaus: »Ein Ballettabend voller Zufälligkeiten«. *Mannheimer Morgen* 06.12.1963.
76 Ebd.
77 o.A.: »Orff-Premiere«. *Münchner Merkur* 03.12.1963.
78 Im Programmheft und überwiegend auch in der Presse wird der Vorname nicht Konstanze, sondern »Constanze« geschrieben. – Weitere Solisten waren Margot Werner, Heino Hallhuber, Natascha Trofimowa, als Gäste (in *Dance-Panels in seven movements*) Liane Daydé von der Pariser Opéra, Arthur Mitchell vom New York City Ballet, Ray Barra vom Stuttgarter Ballett.
79 Schmidt-Garre: »Ballett-Entrée«.
80 Hartmann, Dominik: »Ballett als geistige Repräsentation«. *Volksblatt*, Wien, 08.12.1963.
81 Schmidt-Garre: »Ballett-Entrée«.
82 Ebd. – Rosen hatte die drei Teile mit »Verfolgung«, »Verzweiflung« und »Hoffnung« betitelt.
83 Prinz zu Wied: »Getanzte Kontraste«. *Abendzeitung* 05.12.1963.
84 Hartmann, Dominik: »Ballett als geistige Repräsentation«.
85 Prinz zu Wied: »Getanzte Kontraste«.
86 Zentner, Wilhelm: »Ballett im Münchner Nationaltheater«. *Main-Post* 06.12.1963. Der Musik- und Theaterwissenschaftler Zentner war Pressechef der Münchner Philharmoniker, Dozent an der Hochschule für Musik und Lektor an der Bayerischen Akademie der Schönen Künste.
87 Ruppel: »Der Einzug des Balletts«.
88 Hartmann: »Ballett als geistige Repräsentation«.
89 Geitel, Klaus: »Um choreographische Effekte selten verlegen«. *Die Welt* 10.12.1963.
90 Rosen (Hg.): *Ballett Theater*.
91 Rosen, Heinz: »Ballett und Fotografie«. Ebd., S. 174–175, hier S. 175.
92 Für Rosens Erfolgsballett *Die Dame und das Einhorn* (1953) schrieb Jean Cocteau, der auch schon für die Ballets Russes gearbeitet hatte, das Libretto und entwarf Kostüme und Bühnenbild.

93 Burg, To: *Weihe des Hauses – getanzt*, in: *Generalanzeiger Wuppertal*, 06.12.1963.
94 Mlakar, Pia und Pino: *Unsterblicher Theatertanz. 300 Jahre Ballettgeschichte der Oper in München. Bd. II: Von 1860–1967*. Wilhelmshaven 1996, S. 249. Das Ehepaar Mlakar war Vorvorgänger Rosens im Amt der Ballettdirektion (1952–1954) und hatte schon 1939 bis Anfang Januar 1944 das Staatsopernballett geleitet.
95 Ebd.
96 Ebd.
97 Vgl. McCredie, Andrew D.: *Karl Amadeus Hartmann. Sein Leben und Werk*. Wilhelmshaven 1980, S. 113 f.
98 Vgl. zu diesem Aspekt Brehler, Christoph Lucas: »Un du akerst un du zeyst«. Betrachtungen zum frühen Schaffen Hartmanns. Dibelius, Ulrich (Hg.): *Karl Amadeus Hartmann. Komponist im Widerstreit*. Kassel u. a. 2004, S. 55–76, hier vor allem das Kapitel »›Politischer Nebensinn‹, Humanismus und Freiheit«, ebd., S. 69–73.
99 Zit. nach: McCredie: *Hartmann*, S. 114 f.
100 Würz, Anton: »Nach den Repräsentationspremieren«. *Bayerische Staatszeitung* 06.12.1963, S. 3.
101 Ruppel: »Der Einzug des Balletts«.
102 Schumann, Karl. *Süddeutsche Zeitung* 19.10.1959.
103 Schmidt-Garre, Helmut. *Münchner Merkur* 19.10.1959.
104 Mingotti, Antonio. *Abendzeitung* 17./18.10.1959.
105 Panofsky, Walter: »›Don Giovanni‹ im neuen Haus. *Süddeutsche Zeitung* 13.12.1963.
106 Wismeyer, Ludwig: »Neue Lesbia für Catull«. *Münchner Merkur* 24./26.12.1963.
107 Mingotti, Helmut: »Tänzerischer Orff in der Staatsoper«. *Abendzeitung* 08.05.1959.
108 *Bayerische Staatszeitung* 15.05.1959.
109 Ruppel, Karl Heinz: »Der Münchner Triumph der Trionfi«. *Süddeutsche Zeitung* 08.05.1959.
110 Süskind, W.E.: »Die ›Trionfi‹ des Carl Orff«. *Hannoversche Presse* 20.05.1959.
111 Zurbruch, Werner: »Modernes und faszinierendes Musiktheater in München«. *Luxemburger Wort* 19.05.1959.
112 Kaiser, Joachim: »Festlicher, schwerer Händel«. *Süddeutsche Zeitung* 24./25.12.1963.
113 Schmidt-Garre, Helmut: »Cäsars zweiter Einzug im Nationaltheater«. *Münchner Merkur* 24./26.12.1963.
114 Schumann, Karl: »Händel am Nil«. *Abendzeitung* 24./26.12.1963, S. 8.

## Wie man wird, was man ist

1 Es ist der Untertitel zu einer der letzten, von ihm selber nicht mehr fertiggestellten und auch nicht publizierten Veröffentlichungen: *Ecce homo*, entstanden 1888, erschienen 1908, also acht Jahre nach Nietzsches Tod.
2 Vgl. zu den vorstehenden Ausführungen Körner, Hans-Michael: *Geschichte des Königreichs Bayern*. München 2006, S. 31 f.
3 Vgl. zum frühen Nationaltheater in München Meienel, Katharina: *Für Fürst und Vaterland. Begriff und Geschichte des Münchner Nationaltheaters im späten 18. Jahrhundert*. München 2003, vor allem Kap. I, S. 1–41 und das Schlusskapitel III. 4.5 »Bayerisches Nationaltheater«, S. 351–355, hier S. 354.
4 Vgl. Fries, Hermann: »Das Schauspiel im Münchner Nationaltheater«. *Nationaltheater München. Festschrift der Bayerischen Staatsoper zur Eröffnung des wiederaufgebauten Hauses*. München 1963, S. 118–130.
5 Vgl. ebd., S. 123.
6 Vgl. Sennefelder, Doris: »›Die Kunst gehört der ganzen zivilisierten Welt‹. Rossini und andere Italiener erobern das Münchner Opernpublikum«. Zehetmair, Hans und Schläder, Jürgen (Hgg.): *Nationaltheater. Die Bayerische Staatsoper*. München 1992, S. 34–47.
7 Vgl. hier und im Folgenden Körner: *Geschichte des Königreichs Bayern*, S. 142–165.

## DIE STAATSOPER IN DEN DREISSIGER JAHREN

### Kennmarken der Weimarer Republik

1 Vgl. Walter, Michael: *Hitler in der Oper. Deutsches Musikleben 1919–1945*. Stuttgart und Weimar 2000, S. 71. Auch das vormals königliche Hof- und Nationaltheater in München wurde im November 1918 in »Nationaltheater« umbenannt. BayHStA, MK 41019, 25.06.1919. Bayerisches Staatsministerium für Unterricht und Kultus an die Verwaltung des Nationaltheaters.
2 Vgl. ebd., S. 87.
3 Vgl. Schläder, Jürgen und Braunmüller, Robert: *Tradition mit Zukunft. 100 Jahre Prinzregententheater in München*. München 1996, S. 103 ff.
4 Vgl. Rode, Susanne: Art. »Violanta« und »Der Ring des Polykrates«. *Pipers Enzyklopädie des Musiktheaters*, Bd. 3, S. 314–317.
5 Vgl. Solms, Friedhelm: Art. »Georg Vollerthun«: *MGG. Zweite, neubearbeitete Ausgabe*, hg. von

Ludwig Finscher, Personalteil Bd. 17. Kassel u. a. 2007, Sp. 215.
6  Vgl. Prieberg, Fred K.: *Musik im NS-Staat*. Frankfurt am Main 1982, S. 171.
7  Vgl Klee, Ernst: *Das Kulturlexikon zum Dritten Reich. Wer war was vor und nach 1945*, Berlin 2007, S. 228.
8  Die folgenden Ausführungen sind der umfassenden Studie *Verkehrte Welt. Revolution, Inflation und Moderne: München 1914–1924* von Martin H. Geyer verpflichtet, erschienen München 1998.
9  Vgl. Geyer: *Verkehrte Welt*. Besonders das Kap. »Von der Rhetorik zur Praxis: Die Ausweisung der Juden«, S. 342–354.
10  Zit. nach: Geyer: ebd., der dieses Zitat als Motto seiner Untersuchung voranstellte (vgl. S. 13).
11  Zit. nach: Heider, Helmut: *Goebbels-Reden*. Bd. I: 1932–1939. München 1971, S. 223.
12  Vgl. Schläder, Braunmüller: *Tradition mit Zukunft*, S. 103 ff.
13  Hitler, Adolf: »Die deutsche Kunst als stolzeste Verteidigung des deutschen Volkes« (Rede auf der Kulturtagung des Parteitages des NSDAP in Nürnberg am 1. September 1933)«. Eikmeyer, Robert (Hg.): *Adolf Hitler – Reden zur Kunst- und Kulturpolitik 1933–1963*. Frankfurt am Main 2004, S. 52.
14  Vgl. etwa Köhler, Franz-Heinz: *Die Struktur der Spielpläne deutschsprachiger Opernbühnen von 1896 bis 1966. Eine statistische Analyse*. Koblenz 1968.

## Die Germanentreue der Bildungsbürger

1  Vgl. etwa den Führer zur Ausstellung *Postwar: Kunst zwischen Pazifik und Atlantik 1945–1965*. Kuratiert von Okwui Enwezor, Katy Siegel, Ulrich Wilmes, München 2016.
2  Vgl. etwa Heister, Hanns-Werner (Hg.): *Geschichte der Musik im 20. Jahrhundert: 1945–1975*, Laaber 2005, mit der bezeichnenden Titelformulierung des 2. Kapitels »Renovierung statt ›Nullpunkt‹. 1945–1953, S. 53 ff.
3  Vgl. Bollenbeck, Georg: *Tradition, Avantgarde, Reaktion. Deutsche Kontroversen um die kulturelle Moderne 1880–1945*. Frankfurt am Main 1999, hier v. a. S. 11–98.
4  *Die Meistersinger von Nürnberg*. Gesammelte Schriften und Dichtungen von Richard Wagner. Siebenter Band, Leipzig 1888, S. 270 f.
5  Mann, Thomas: *Deutschland und die Deutschen*. Rede (in englischer Sprache) am 29. Mai 1945 in der Library of Congress, Washington, anlässlich seines 70. Geburtstags. Gedruckt: *Die Neue Rundschau*, Stockholm, Heft 1 (Oktober 1945). Erste Buchausgabe bei Bermann-Fischer, Stockholm 1947. Außerdem in: Thomas Mann, Politische Schriften und Reden. Dritter Band (Taschenbuchausgabe). Frankfurt am Main 1968, S. 161–178, hier S. 174.

## NS-Gigantomanie

1  Vgl. BayHStA MK 50186/I: 18.06.1934, Staatsrat Ernst Boepple, StMI, an den Stadtrat München, Betreff »Die Stelle des Generalintendanten der Bayer. Staatstheater«.
2  Erik Maschat: »Der Opernleiter Clemens Krauss. Seine Arbeitsweise am Beispiel der Münchner Ära«. Manuskript 7 Bl., hier Bl 1. Quelle: Richard-Strauss-Archiv Garmisch-Partenkirchen.
3  BArch R55/20397: »Bericht des Prüfungsbeamten Amtsrat Krebs über die gemeinsam mit Oberregierungsrat Untermann vom Rechnungshof des deutschen Reichs vorgenommene Prüfung für 1936 der bayer. Staatstheater München und die aus diesem Anlaß durchgeführten örtlichen Erhebungen. Zum Erlaß des Herrn Präsidenten des Rechnungshofes des deutschen Reichs vom 25.10.1937 – Mü-Nr. U 1141-537/37«.
4  Adolf Hitlers »Weiherede« zur Grundsteinlegung des Hauses der Deutschen Kunst am 15. Oktober 1933, zit. nach: Peter Breuer: *Münchner Künstlerköpfe*. München 1937, S. 209 ff, hier S. 211.
5  Vgl. BayHStA MF 70339: Mai 1937. Betreff »Neubau einer Oper in München«, ohne Verfasser.
6  Vgl. StdA München Kulturamt 428: 16.03.1937, Abschrift »Gegenstand: Errichtung eines neuen Opernhauses. Beratungssache für die Ratsherren – nicht öffentlich, I. Vortrag des Oberbürgermeisters«.
7  ÖNB F59.Clemens-Krauss-Archiv.106 Mus: Entwurf von Clemens Krauss zu einer Reform-Denkschrift anläßlich einer geplanten Errichtung eines Operntheaters in München mit Liste von Berliner Solisten als Modell, 1936, Bl. 9.
8  Ebd., Bl. 10–15. Hervorhebungen im Original.
9  BArch R/56/III 1398: 06.10.1936, Nordische Verbindungsstelle Berlin an die Reichstheaterkammer.
10  Ebd. Hervorhebungen im Original.
11  BayHStA Intendanz Bayerische Staatsoper, Personalakt 289 Clemens Krauss II.2 Presseausschnitte, Pressenotizen, Gastspiele 1937–1939.
12  Ebd. MK 70339: 13.03.1940, StMI an RMVP, Betreff »Neubau eines Opernhauses in München«.
13  BArch R/56/III 222: 02.05.1944, Hans Hinkel, Geschäftsführer der Reichskulturkammer Berlin, Vermerk, Betreff »Die ersten Deutschen Opernhäuser«.
14  Die Ausführungen zu Reichstheaterkammer und

Reichsdramaturgie beruhen auf dem Artikel »Reichstheaterkammer und Reichsdramaturgie« von Dominik Frank, erstmals erschienen in: Benz, Wolfgang, Eckel, Peter, Nachama, Andreas (Hg.): *Kunst im NS-Staat. Ideologie, Ästhetik, Protagonisten.* Berlin 2015, 181–190.

15 BayHStA, Bestand Generalintendanz der Bayerischen Staatstheater, Akt 1506 (Reichstheaterkammer).

16 Vgl. Bracher, Karl-Dietrich: »Stufen totalitärer Gleichschaltung. Die Befestigung der nationalsozialistischen Herrschaft 1933/34«. *Vierteljahrshefte für Zeitgeschichte*, 4 (1956), S. 42; sowie Benz, Wolfgang, Graml, Hermann, Weiß, Hermann (Hgg.): *Enzyklopädie des Nationalsozialismus.* München 2007, S. 91 ff.

17 Hitler verweist schon auf Seite 15 der Originalausgabe von *Mein Kampf* auf seinen ersten Opernbesuch und die daraus entstehende lebenslange Verehrung für Richard Wagner. Vgl. Zentner, Christian: *Adolf Hitlers Mein Kampf. Eine kommentierte Auswahl.* Berlin 2007, S. 254.

18 Vgl. Strauss, Helmut K.H.: »Richard Wagners Oper ›Die Meistersinger von Nürnberg‹ anläßlich der Reichsparteitage der NSDAP«. Mitteilungen des Vereins für Geschichte der Stadt Nürnberg, Ausgabe 96 (2010), S. 267 ff.

19 Haken, Boris von: *Der »Reichsdramaturg«. Rainer Schlösser und die Musiktheater-Politik in der NS-Zeit.* Hamburg 2007, S. 25 f.

20 Adolf Hitler begriff sich selbst als auserwählten Künstler, was die offenkundig zur Schau gestellte Verbundenheit mit Künstlerkreisen noch einmal deutlicher erklärt. Vgl. Geiger, Friedrich: *Musik in zwei Diktaturen. Verfolgung von Komponisten unter Hitler und Stalin.* Kassel 2004, S. 141 ff.

21 Vgl. u. a. Fröhlich, Elke: »Die kulturpolitische Pressekonferenz des Reichspropagandaministeriums«. *Vierteljahrshefte für Zeitgeschichte*, 22 (1974), S. 347–381.

22 Vgl. Schlesinger, Robert: *Gott sei mit unserem Führer. Der Opernbetrieb im deutschen Faschismus.* Wien 1997, S. 71.

23 Müller, Walter: »Volksverbundene Kunst«. U. a. *Anhalter-Harz-Zeitung*, o. D. Zit. nach: BayHStA, Bestand Generalintendanz der Bayerischen Staatstheater, Akt 1506 (Reichstheaterkammer).

24 Zit. nach: Schrader, Bärbel: *»Jederzeit widerruflich«. Die Reichstheaterkammer und die Sondergenehmigungen.* Berlin 2008, S. 131.

25 Nach der Übergangszeit als Geschäftsführer der Reichstheaterkammer wurde Frauenfeld mit dem für ihn attraktiveren Posten des Reichskommissars für die Krim bedacht. Vgl. ebd., S. 153.

26 Ebd., S. 151.

27 Ausführliche Fallstudien hierzu bei Schrader: ebd.

28 Vgl. Eicher, Thomas, Panse, Barbara, Rischbieter, Henning (Hg.): *Theater im »Dritten Reich«. Theaterpolitik, Spielplanstruktur, NS-Dramatik.* Seelze-Velber 2000, S. 26 ff.

29 Zit. nach: Hüpping, Stefan: *Rainer Schlösser (1899–1945). Der »Reichsdramaturg«.* Bielefeld 2012, S. 215.

30 Vgl. ebd.

31 Zit. nach: Schlesinger: *Gott sei mit unserem Führer*, S. 98.

32 Vgl. ausführlich zu Schlössers Biographie: Hüpping: *Schlösser*.

33 »Der neue Reichsdramaturg«. *Völkischer Beobachter*, 18.08.1933.

34 Zit. nach: Faustmann, Uwe Julius: *Die Reichskulturkammer.* Bonn 1990, S. 188.

35 Vgl. von Haken: *Der »Reichsdramaturg«*, S. 74 ff.

36 Vgl. ebd., S. 19.

37 Vgl. ebd., S. 80.

38 Ebd., S. 25 f.

39 Vgl. Schlesinger: *Gott sei mit unserem Führer*, S. 74.

40 Vgl. BayHStA, Bestand Bayerische Staatstheater, Akt 1338 und 1339 (Werkakten »Die Zauberflöte« 1+2).

41 Zit. nach: von Haken: *Der »Reichsdramaturg«*, S. 180 f.

42 Lediglich für die Dramen William Shakespeares wurde eine Ausnahme gemacht, denn dieser – so die Argumentation der Nationalsozialisten – sei durch die Übersetzungen Schlegels zu einem deutschen Klassiker geworden. Vgl. von Haken, *Der »Reichsdramaturg«*, S. 168 f.

43 Vgl. ebd., S. 166 ff.

44 Vgl. BayHStA, Generalintendanz der Bayerischen Staatstheater, Akt 1789 u. 1798 (Korrespondenz Clemens Krauss mit NSDAP-Organisationen in Berlin beziehungsweise München).

45 Vgl. Benjamin, Walter: *Das Kunstwerk im Zeitalter seiner technischen Reproduzierbarkeit.* Stuttgart 2011 [ursprünglich Paris 1936], S. 53 ff.

## Spielplanpolitik

1 BayHStA Intendanz Bayerische Staatsoper, Personalakt 289 Krauss II.2 Presseausschnitte, Pressenotizen, Gastspiele 1937–1939: »Renaissance der Münchener Oper. Generalmusikdirektor Krauß entwickelt sein Arbeitsprogramm – Etwa zehn Neueinstudierungen im Jahr«, ohne Zeitung u. Verfasser, 31.12.1936.

2 Ebd.

3   Vgl. Kende, Götz Klaus, Clemens-Krauss-Archiv Wien: »Einige Reformen der Ära Clemens Krauss in der künstlerischen Organisation«. Quelle: ÖNB F59.Clemens-Krauss-Archiv.424/1 Mus, sowie Maschat: »Der Opernleiter Clemens Krauss«, Bl. 4 f.
4   Der zuständige Referent des sächsischen Staatsarchivs, Dr. Jörg Ludwig, bestätigte am 11. Juni 2015 in einem Brief, dass er »eine Personalakte zu Richard Strauss sowie Stück-Akten zur Aufführung der Opern »Friedenstag« und »Daphne« […] in den Findmitteln zu unseren Beständen leider nicht ermitteln [konnte]. Soweit bekannt, sind die in der SemperOper [!] bis 1945 vorhandenen Unterlagen bei der Bombardierung im Februar 1945 weitestgehend vernichtet worden. Dementsprechend setzt die bei uns zum Staatstheater bzw. zur Staatsoper Dresden vorhandene Überlieferung bis auf wenige Ausnahmen erst nach dem Zweiten Weltkrieg ein.«
5   Prof. Platzbecker, H.: »›Arabella‹-Uraufführung in Dresden. Die neue Oper des Meisters Richard Strauß«. *Bayerische Staatszeitung*, 04.07.1933.
6   *Bayerische Staatszeitung*, 29.09.1933, S. 225. Notiz; o. V., o. T.
7   BayHStA Bestand Intendanz Bayerische Staatsoper, Sachakt 659.
8   Vgl. ebd., Korrespondenz 1939.
9   Ebd., Zweig an Strauss, Januar 1934 [genaue Datierung unklar], S. 58.
10  Ebd., Zweig an Strauss, 21.08.1934, S. 74.
11  Potter, Pamela M.: »Strauss's Friedenstag. Ein pazifistischer Versuch zum politischen Widerstand«. *Musical Quarterly*, Ausgabe Sommer 1983, S. 408 ff.
12  Vgl. Axt, Eva-Maria: *Musikalische Form als Dramaturgie. Prinzipien eines Spätstils in der Oper »Friedenstag« von Richard Strauss und Joseph Gregor*. München u. Salzburg 1989.
13  Vgl. BayHStA, Werkakt »Friedenstag«.
14  Die Geschichte von Daphne und Apoll wird in der Fassung von Strauss und seinem Librettisten Joseph Gregor als ausgefallene Mordgeschichte erzählt, weil Apoll sein göttlich verbrieftes Recht auf die schöne Nymphe Daphne gegen deren Geliebten Leukippos mit einem tödlichen Bogenschuss durchsetzt und die Verknüpfung dieses bukolischen Verbrechens mit einer Friedensoper aus dem historischen Fundus der politischen Weltgeschichte sicherlich aufschlussreiche Kommentare provozierte, die wir leider auch nicht kennen.
15  Rettich, Adolf: »Friedenstag. Ein Kunstwerk unserer Zeit.« In: *Sonderpublikation der Bayerischen Staatsoper. Die Münchner Uraufführung der Richard Strauss Oper Friedenstag, Eine Rückschau mit Bildern* (UA 24.07.1938), S. 10. (BayHStA, Personalakt Richard Strauss I).
16  Ebd., S. 11.
17  *Allgemeine Zeitung*, 26.[?]07.1938 »Mißdeuteter Friedenstag«, gezeichnet mit den Initialen hs. (BavHStA, Bestand Intendanz Bayerische Staatsoper, Werkakt Friedenstag 1/3, Nr. 875).
18  Vgl. hier und im Folgenden: Cromme, Rasmus, Frank, Dominik, Frühinsfeld, Katrin: »1937 – Die Pläne der Nationalsozialisten für die Münchner Oper«. *Max Joseph. Das Magazin der Bayerischen Staatsoper*, Ausgabe 1/2014–2015, S. 60–64.
19  BayHStA, Kostümlisten im Ausstattungsakt zu »Friedenstag«.
20  BayHStA, Werkakt »Friedenstag« sowie Deutsches Theatermuseum, Hanns-Holdt-Archiv, Bestand »Friedenstag«.
21  Pressespiegel zur Uraufführung Friedenstag (BayHStA, Werkakt »Friedenstag«).

## Personalpolitik

1   BayHStA Intendanz Bayerische Staatsoper Personalakt 289 Krauss II.1 Allgemein: 08.06.1937, Niederschrift von Krauss' Erklärung vor der Generalintendanz der Bayerischen Staatstheater.
2   Stahl, Heinrich: »Erfüllungen und Verheißungen. Die Bayerische Staatsoper in der Spielzeit 1936«, ohne Zeitung, 31.12.1936.
3   *Capriccio. Ein Konversationsstück für Musik in einem Aufzug* von Clemens Krauss und Richard Strauss Op. 85. Libretto. Mainz 1942, S. 48.
4   Hartmann: *Das geliebte Haus*, S. 200.
5   In diesem Sinne zog Dr. Dr. Walter Keim, Ministerialdirigent im Kultusministerium, nach zehn Jahren Intendantentätigkeit von Rudolf Hartmann 1962 aus Sicht des Staatsministeriums dieses Resümee.
6   Vgl. den Abdruck der offiziellen Aufführungsstatistik für diesen Zeitraum in Hartmann: *Das geliebte Haus*, S. 163.
7   Vgl. zu den Entscheidungen der Behörden BayHStA, Intendanz Bayer. Staatsoper Personalakten 518, Bd. I und II.
8   Ebd.
9   BayHStA MK 45196: §4 des Dienstvertrages Clemens Krauss 1. September 1936 bis 31. August 1944.
10  Vgl. »Neu-Verpflichtungen der Intendanz Krauß. Auszugsweise, in chronologischer Reihenfolge des Dienstantrittes (Vom 1. Januar 1937 bis 31. Dezember 1941)«, in: Bayerische Staatsoper (Hg.): *Dramaturgische Blätter*, 1941/42, Nr. 6, S. 44, sowie StdA München Kulturamt 291: 08.12.1936, Generalintendanz der Bayerischen Staatstheater.

Der Generalintendant an Ratsherrn Max Reinhard, Direktor des Kulturamtes der Hauptstadt der Bewegung München, Betreff »Abdruck eines Berichtes betreffend die Erneuerung der Soloverträge für die Spielzeit 1937/38 [gesamtes Solopersonal]«, S. 12–17. Sängerauflistungen in Monografien sind zu finden bei Pander, Oscar von: *Clemens Krauss in München*. München 1955, S. 62–73, sowie bei Joseph Gregor: *Clemens Krauss. Seine musikalische Sendung*. Bad Bocklet / Wien / Zürich 1953, S. 130.

11 Hermann, Joachim: »Der vollkommene Operndirektor. Zum Andenken an Clemens Krauß«. *Musica* 7, 1955, S. 311 f.

12 BayHStA Intendanz Bayerische Staatsoper Personalakt 289 Krauss II.1 Allgemein: 05.02.1937, Der Bayerische Staatsminister des Innern an GMD Prof. Clemens Krauss.

13 Ebd.: 30.12.1938 »Bekanntmachung« von Clemens Krauss.

14 BArch R/55/20.400: 27.05.1941, Clemens Krauss an RMVP, Oberregierungsrat Thürberg, Betreff »Bereitstellung zusätzlicher Haushaltsmittel für die Bayerische Staatsoper für den Zeitraum vom 1.9.41 bis 31.3.1942 zur Durchführung der vom Führer und Reichskanzler angeordneten weiteren Aufbau-Massnahmen des Instituts«.

15 Vgl. Kende, Götz Klaus, Clemens-Krauss-Archiv Wien: »Anfang, Entwicklung und Ende der Ära Clemens Krauss an der Münchner Staatsoper im administrativen Aspekt«, Ms., 7 Bl., hier Bl. 1. Quelle: ÖNB F59.Clemens-Krauss-Archiv.424/1 Mus.

16 Vgl. StdA München Kulturamt 291: Solistenaufschlüsselungen z. B. für 1942 und deren Gagen und Anschlussverträge, Verzeichnis der mit 31.08.1943 ablaufenden Dienstverträge; Verzeichnis der am 31.08.1944 ablaufenden Dienstverträge von Solomitgliedern und Kunstpersonal der Bayer. Staatsoper.

17 BayHStA MK 45196: 08.09.1944, Richard Mezger, StMI, Oberste Theaterbehörde in Bayern an Oberbereichsleiter Müller, Leiter des Reichspropagandaamtes München-Obb., Betreff: »Arbeitseinsatz bei den Staatstheatern; hier Freistellung von Solisten«.

18 Vgl. BayHStA MK 45351: 13.02.1932, Kultusministerium an Generaldirektion Bayer. Staatstheater. Folgende Zitate ebd. Im derzeit überprüften Aktenbestand gibt es keine weitere Personalaufstellung der Staatsoper für den untersuchten Zeitraum, auch bzgl. des Personalanteils an jüdischen Mitarbeitern liegt keine Übersicht vor.

19 Vgl. zitiertes Schreiben in Kap. Jüdische Sänger, S. 244: BayHStA Intendanz Bayer. Staatsoper 539: 04.01.1933, Dr. Kessler an die Generalintendanz.

20 BayHStA Intendanz Bayer. Staatsoper 435: 24.10.1936, Einschreiben an Reining.

21 BayHStA MK 42625: 08.07.1933, Kultusministerium u.a. an Generaldirektion Bayer. Staatstheater.

22 Ebd.

23 BayHStA Intendanz Bayer. Staatsoper 115: 22.03.1934, Kultusministerium an Generalintendanz Bayer. Staatstheater.

24 Ebd.: 15.05.1930, Franckenstein an den Verein zur Abwehr des Antisemitismus e. V.

25 Vgl. BayHStA Intendanz Bayer. Staatsoper 115: 27.02.1956; Kultusministerium an die Intendanz Bayer. Staatsoper, Betr. Durchführung des Bundesergänzungsgesetzes zur Entschädigung für Opfer der nat.soz. Verfolgung […]; hier: Clemens von Franckenstein.

26 Vgl. BArch R/9361/V/80757: »Heritage of fire« von Friedelind Wagner, S. 134 f.

27 BArch R/55/20397: 22.06.1934, Kultusministerium an Reichsminister für Volksaufklärung und Propaganda [RMVP].

28 BayHStA Intendanz Bayer. Staatsoper 435: 21.03.1937, Walleck an »die gesamte Belegschaft der Bayerischen Staatstheater«.

29 BArch R/55/20398: 21.07.1942, Krauss ans RMVP.

30 Ebd.: 25.07.1942, hausinterne Notiz Reichstheaterkammer.

31 Ebd.: 25.07.1942, Reichsdramaturgie, Referat Lange an Maschat.

32 Vgl. BayHStA: Staatstheater 14600/3, zit. in Valentin: *Die Bayerische Staatsoper im Dritten Reich*, S. 102 f.

33 Hartmann: *Das geliebte Haus*. S. 176.

34 BArch NS 6/269: 24.03.1942, Krauss an Bormann.

35 Ebd.: 21.03.1942, Fiehler an Generaldirektion Bayer. Staatsoper.

36 Ebd.

37 Ebd., Hervorh. im Original.

38 Ebd.: 24.03.1942, Krauss an Bormann.

39 Ebd.: 25.04.1942, Bormann an Fiehler.

40 Vgl. Gruner, Wolf: »Die NS-Judenverfolgung und die Kommunen. Zur wechselseitigen Dynamisierung von zentraler und lokaler Politik 1933–1941«. Bracher, Karl Dietrich, Schwarz, Hans-Peter, Möller, Horst (Hgg.): *Vierteljahreshefte für Zeitgeschichte*. Jg. 48, Heft 1, Januar 2000, S. 75–126, hier S. 117.

# DIE STAATSOPER IN DER FRÜHEN NACHKRIEGSZEIT

## Das Dilemma der strukturellen Organisation

1. BayHStA MK 60186/I: 16.10.1962, Bauckner an Keim.
2. »Georg Hartmann 75 Jahre«, o. V., *Süddeutsche Zeitung* 17.02.1966.
3. Die offizielle Übersetzung der Behörde lautet Nachrichtenkontrolle, ist als solche jedoch viel zu eng gefasst und beschreibt den Aufgabenbereich der *ICD* nur unzureichend.
4. Lange, Wigand: *Theater in Deutschland nach 1945. Zur Theaterpolitik der amerikanischen Besatzungsbehörden.* Frankfurt am Main 1980, S. 158.
5. Ebd.
6. Die Weißen Listen wurden u. a. in den offiziellen Publikationen der Militärregierung wie der *Neuen Zeitung* bekanntgegeben.
7. BayHStA OMGB 10/19-3/14: Brief vom März 1947.
8. BayHStA OMGB 10/66-1/45: 16.07.1947, »Yearly Report of the Theater Control Section, 1 June 1946 to 30 June 1947«.
9. BayHStA OMGB 10/48-2/3: 02.05.1949, Abschnitt 6 der Nachrichtenkontrollschrift Nr. 3, zit. im Brief an Mitglieder des deutschen Bühnenvereins.
10. Vgl. Wilke, Christiane: *Das Theater der großen Erwartungen. Wiederaufbau des Theaters 1945–1948 am Beispiel des Bayerischen Staatstheaters.* Frankfurt am Main u. a. 1992, S. 65.
11. BayHStA OMGB 10/66-1/45: 16.10.1947, »Quarterly History, covering period 1 July – 30 September 1947«.
12. Vgl. Bauer, Fritz: *Die Regierungen 1945–1962. Dokumente zur Geschichte von Staat und Gesellschaft in Bayern.* München 1976, S. 11.
13. Vgl. Gelberg, Karl Ulrich: *Quellen zur politischen Geschichte Bayerns in der Nachkriegszeit. Bd. I. 1944–1957.* München 2002, S. 10.
14. Vgl. BayHStA StK 18415: 29.06.1945, Brief von Schäffer an Hipp.
15. Sattler, Dieter: »Die Aufgaben des Staatssekretärs für die Schönen Künste«, *Bayerischer Staatsanzeiger* 22.02.1947.
16. Vgl. Stoll, Ulrike: *Kulturpolitik als Beruf. Dieter Sattler (1906–1968) in München, Bonn und Rom.* Paderborn 2005, S. 195.
17. Behr, Walter: »Zum Geleit«. Alfred Dahlmann (Hg.): *Der Theater-Almanach 1946/1947. Kritisches Jahrbuch der Bühnenkunst.* München 1946, S. 9.
18. BayHStA OMGB 10/69-3/1: 28.04.1947, »Inclosure No.7 – Influence of the State on the Activities of the State Theaters«.
19. Vgl. Kästner, Erich: »Münchener Theaterbrief«. *Neue Zeitung* 18.10.1945.
20. Vgl. »Amtsübernahme im Kultusministerium«, o. V., *Bayerischer Staatsanzeiger*, 04.01.1947.
21. 18.01.1947, Besprechung bei Minister Hundhammer. zit. nach: Wilke: *Theater der großen Erwartungen*, S. 93.
22. BayHStA MK 45224: 19.05.1952, Protokoll der 26. Sitzung des Ausschusses für Kulturpolitische Angelegenheiten des Bayerischen Landtags.
23. BayHStA MK 60186/II: 14.03.1947, Arthur Bauckner: »Kurzer Überblick über die derzeitige Lage der Bayerische Staatstheater in drei Einzelbetrachtungen«.
24. BayHStA MK 50055: 08.06.1950, Gutachten von Georg Hartmann zur Organisation der Bayer. Staatstheater.
25. BayHStA MK 60427: 22.12.1945, Brief von Verhoeven an Bauckner.
26. BayHStA MK 45224: 19.05.1952, Protokoll der 26. Sitzung des Ausschusses für Kulturpolitische Angelegenheiten des Bayerischen Landtags.
27. BayHStA MK 45116: 04.11.1948, Notiz an Hundhammer, Meinzolt und Sattler.
28. BayHStA MK 45224: 24.07.1952, Protokoll Bayerischer Landtag 103. Sitzung, S. 2604.
29. *Verhandlungen des Bayerischen Landtags 1947–1950. Stenographische Berichte*, Bd. 2, München 1947–1950, S. 425.
30. Brief von Sattler an Ehard, 01.04.1947, zit. nach: Stoll: *Kulturpolitik als Beruf*, S. 158.
31. Dahlmann, Alfred: »Der Theater-Almanach. Anschauung und Umkreis«, in: ders. (Hg.): *Der Theater-Almanach 1946/1947. Kritisches Jahrbuch der Bühnenkunst.* München 1946, S. 11.
32. Vgl. Wilke: *Theater der großen Erwartungen*, S. 22.
33. Sattler, Dieter: *Bildung und Staat – Eine Rede.* München 1947, S. 7.
34. Verfassung des Freistaates Bayern, 08.12.1946, zit. nach: Gelberg: *Quellen zur politischen Geschichte Bayerns in der Nachkriegszeit*, Bd. 1, S. 144–165.
35. Sattler, Dieter: »Die Aufgaben des Staatssekretärs für die Schönen Künste«. *Bayerischer Staatsanzeiger* 22.02.1947.
36. BayHStA MK 60186/II: 01.10.1946, Brief vom Betriebsrat des Staatstheater an den Kultusminister.
37. Bauckner: »Kurzer Überblick«.
38. Vgl. BayHStA MK 45179: 23.09.1952, Richard Mezger an die Verwaltung der Bayerischen Staatstheater.
39. Vgl. BayHStA StK 18415: 13.11.1946, Vormerkung über die durchgeführte Aufhebung der Theaterbehörde.

40 Vgl. Stoll: *Kulturpolitik als Beruf*, S. 152.
41 BayHStA Intendanz Bayerische Staatsoper Personalakt Rudolf Hille 205: 11.03.1946, Nachvertrag.
42 BayHStA MK 60186/II: 22.03.1947, Brief von Ferdinand Leitner. Adressat nicht bekannt.
43 Vgl. ebd.: März 1947, Brief von Bauckner an das StMUK.
44 Vgl. ebd.: 18.03.1947, Schreiben von Keim.
45 BayHStA StK 18415: 01.04.1947, Verfügung von Sattler.
46 BayHStA MK 50054: 15.03.1947, Vormerkung zur Besprechung über die Neuordnung.
47 Ebd.: 26.03.1947, Scharnagl an Sattler.
48 Ebd.: 26.03.1947, Protokoll des Theaterbeirats.
49 BayHStA MK 60427: 22.12.1945, Brief von Verhoeven an Bauckner.
50 BayHStA OMGB 10/121–1/44: 18.02.1947, »Report on the Accomplishments and Problems of the Theatre Control Section«.
51 Ebd., S. 35.
52 Tatsächlich gibt es auch im Militär die Bezeichnung Generalintendant für einen Versorgungsoffizier, der für die Truppenlogistik zuständig ist. Beide Bezeichnungen gehen historisch auf die höfische Verwaltung zurück.
53 BayHStA MK 50186/II: 25.08.1947, Brief von Behr an Diess.
54 BayHStA MK 45116: 08.03.1948, Brief von Diess an das StMUK.
55 Ebd.: 01.09.1947, Dienstvertrag Georg Hartmann, Anlage 3.
56 Ebd., Anlage 4.
57 BayHStA OMGB 10/66-1/45: 16.07.1947, »Yearly Report of the Theater Control Section, 1 June 1946 to 30 June 1947«.
58 BayHStA StK 18415: 13.11.1947, Vormerkung von Kurt Pfister.
59 Vgl. z.B. »Bayerns verfahrener Thespiskarren. Der Kampf um personelle Machtpositionen im bayerischen Kulturleben«, o.V., *Bayerische Landeszeitung* 22.10.1949.
60 Vgl. BayHStA MK 50055: 13.07.1950, Gutachten von Diess.
61 Ebd.
62 BayHStA MK 50054: 15.02.1949, Antwort von Sattler.
63 So beschrieb Diess zumindest die Vorgänge in einer Stellungnahme am 13.07.1951 an die *Abendzeitung*. Vgl. MK 50055.
64 Vgl. BayHStA MF 87351: 24.01.1950, Vormerkung von Sattler.
65 BayHStA MK 50055: 20.01.1950, Sattler an Diess.
66 Vgl. ebd.: 08.06.1950, Gutachten von Georg Hartmann.
67 Ebd.: 13.07.1950, Diess an das Kultusministerium.
68 Vgl. BayHStA Intendanz Bayer. Staatsoper, Personalakt 183 Georg Hartmann: 25.10.1950, Brief von Abgeordnetem Friedrich Zietsch an Georg Hartmann.
69 Vgl. BayHStA MK 50186/II: 22.11.1950, Protokoll über Besprechung mit Staatssekretär Sattler.
70 Vgl. ebd.
71 Vgl. BayHStA MK 50055: 28.06.1951, Ergebnisse der Besprechung von Hundhammer, Sattler, Diess und Meinzolt.
72 Vgl. ebd.: 04.07.1951, Vormerkung über Besprechung mit Rudolf Hartmann am 03.07.1951.
73 BayHStA MF 87351: 10.12.1951, Antwort ans StMUK.

## Georg Hartmann und die verhinderte Moderne

1 Vgl. Köwer, Karl: »Die Geschichte des Prinzregententheaters von Richard Wagner bis zur ›kleinen Lösung‹«. Seidel, Klaus Jürgen (Hg.): *Das Prinzregententheater in München*. Nürnberg 1984, S. 11–37, hier S. 29.
2 StdA München Kulturamt 291: 18.05.1944, Kulturamt Stadt München an den Herrn Bayerischen Staatsminister für Wirtschaft, Preisbildungsstelle, Betreff »Eintrittspreise für die Vorstellungen der Bayer. Staatsoper im Prinzregententheater«.
3 BArch R/9361/V 52136: 10.06.1933, Schreiben von Magistrat Schönwälder, Breslau.
4 Vgl. BayHStA MK 45116: 22.05.1947, Generaldirektor der Bayerischen Staatstheater Wilhelm Diess an Georg Hartmann.
5 Ebd.: 13.05.1947, Betreff »Vormerkung, Protokoll eines Gesprächs von Staatssekretär Sattler, GMD Solti und Kapellmeister Leitner«.
6 Ebd.
7 BayHStA MK 50187: 03.07.1947, Brief an Staatssekretär Sattler, Verfasser unkenntlich.
8 BayHStA MK 45116: 20.06.1947, Georg Hartmann an Staatsrat Hans Meinzolt.
9 Vgl. Schläder, Braunmüller: *Tradition mit Zukunft*, S. 165.
10 Pringsheim, Heinz: »*Tristan und Isolde*. Neueinstudierung in der Staatsoper«. *Süddeutsche Zeitung* 11.11.1947.
11 Schumann, Karl: »›Siegfried‹ in der Staatsoper. Festliche Premiere an Wagners Todestag«. *Abendzeitung* 14.02.1951.
12 »Münchner ›Götterdämmerung‹«, o.V. *Die Neue Zeitung* 14.12.1951.
13 Schmidt-Garré, Helmut: »Beifallsstürme für ›Göt-

14 Vgl. Erich Valentin: »Chronik 1945 bis 1963«, in: Seidel (Hg.): *Das Prinzregententheater in München*, S. 59–85, hier S. 65–68.
15 Vgl. Schläder, Braunmüller: *Tradition mit Zukunft*, S. 162.
16 Eine ausführliche Einschätzung der Neuproduktionen dieser Zeit findet sich in Schiedermair, Ludwig F.: *Deutsche Oper in München. Eine 200jährige Geschichte*. München 1992, S. 217–231.
17 Bayerische Staatsoper München (Hg.): *Sonderheft zur Presse-Ausstellung 5.5.–16.6.1948*. Red. Walter Eichner. München 1948, S. 2.
18 Hartmann: *Das geliebte Haus*, S. 410.
19 Ebd., S. 188.
20 BayHStA MK 45116: 06.03.1948, Generaldirektor Wilhelm Diess an das StMUK, Betreff »Dienstvertrag des Staatsintendanten Dr. Georg Hartmann der Bayer. Staatsoper«.
21 Ebd.: 05.05.1948, Brief von Diess an das StMUK. Vgl. Sturm: *Leitung und Aufbau der Bayerischen Staatstheater*, S. 46.
22 Ebd.: 04.11.1948, StMUK, Notiz an Staatsminister Hundhammer, Staatsrat Meinzolt und Staatssekretär Sattler, Betreff »Dienstvertrag Hartmann«.
23 Ebd.: 05.11.1948, Brief von Hundhammer an Ministerpräsident Ehard.
24 Ebd.: 06.11.1948, Brief von Staatssekretär Dieter Sattler an Staatsminister der Finanzen Hans Kraus, Betreff »Vertrag Staatsintendant Dr. Hartmann«.
25 Vgl. BayHStA MK 50186/II: 14.07.1950, StMUK an Staatsintendant Hartmann.
26 BayHStA MK 45116: 05.07.1951, Kultusminister Josef Schwalber an Georg Hartmann.
27 Vgl. BayHStA MK 50186/I: 22.11.1950, Besprechung mit Staatssekretär Sattler.
28 BayHStA MK 50186/II: 14.07.1950, Vertraulicher Brief an Hartmann im Auftrag des Staatsministers, nicht unterzeichnet.
29 BayHStA MK 60298: 20.07.1951, Vormerkung zu Besprechung mit Hartmann und Hurrle über Abfindung.
30 »Bühnen-Umbau«, o. V., *Süddeutsche Zeitung* 06.07.1951.
31 Hiss, Walter F.: »Das Abgründige in unserer Kulturpolitik. Das Kultusministerium greift ein / Wer zieht an den Fäden? / Fusionsplan ohne Unterlagen«. *Abendzeitung* 12.07.1951.
32 Vgl. BayHStA MK 45116: 07.09.1951, »Zusammenfassung Gespräch mit Georg Hartmann«.
33 Ebd.
34 Ebd.: 01.09.1951, »Vormerkung zu Gespräch mit Georg Hartmann«.

terdämmerung‹ in der Staatsoper«. *Münchner Merkur* 14.12.1951.

35 Vgl. BayHStA MK 50055: 24.09.1951, Protokoll zur Besprechung mit Hartmann.
36 Ebd.: 24.09.1951, Brief von Meinzolt an Rudolf Hartmann.
37 »München hat ihm zu danken. Abschiedsgespräch mit Staatsintendant Dr. Georg Hartmann«. Verf. D. F. *Abendzeitung* 19.08.1952.
38 BayHStA MK 45116: 30.08.1952, Schreiben des Staatsministers Josef Schwalber an Georg Hartmann.
39 Ebd.: 20.09.1952, Antwortschreiben Hartmanns an den Staatsminister.
40 »Warum München Georg Solti verlor. Später Meinungsstreit im Landtag um den Weggang des Generalmusikdirektors«, o. V., *Süddeutsche Zeitung* 23./24.02.1952.
41 Vgl. BayHStA MK 45116: 28.11.1966, Ministerialdirektor Helmut Bachl an die Bayerische Staatskanzlei, Betreff »Verdienstorden der Bundesrepublik Deutschland, hier: Dr. Georg Hartmann, Staatsintendant a. D.«.
42 Schumann, Karl: »Georg Hartmann verstorben«. *Süddeutsche Zeitung* 14.01.1972.
43 Valentin: »Chronik 1945 bis 1963«, S. 84.

## AKTEURE VOR UND NACH 1945

### Clemens Krauss

1 Zit. nach: Österreichische Musikzeitschrift 10/1955, S. 326.
2 Vgl. BArch R/9361/V/145977 Personenbezogene Unterlagen der Reichskulturkammer, Clemens Krauss: 12.01.1949, Schreiben der Intendanz Städtische Oper Berlin, Heinz Tietjen [1927–1944 Generalintendant der Preussischen Staatstheater].
3 Vgl. Müller, Michael: »Clemens Krauss war absolut unpolitisch«. *Münchner Merkur* 13.–15.08.1988.
4 Vgl. Goertz, Harald: »Späte Rehabilitierung von Clemens Krauss« [Buchrezension zu Signe Scanzonis *Der Prinzipal. Clemens Krauss. Fakten, Vergleiche, Rückschlüsse*]. Zit. nach: *Opernwelt* 3/1990, S. 71.
5 BArch R/9361/V/145977 Personenbezogene Unterlagen der Reichskulturkammer, Clemens Krauss: 12.01.1949, Schreiben der Intendanz Städtische Oper Berlin, Heinz Tietjen.
6 Vgl. BayHStA MK 45196: 06.02.1935, Bericht des Generalintendanten der Münchner Staatstheater Oskar Walleck an Ministerialrat Richard Mezger, StMUK München, Reichsminister Goebbels, Innenminister Wagner, Staatsrat Boepple, Präsidenten

7 Vgl. ebd.: 24.10.1935, Vormerkung.
8 StdA München Kulturamt 291: 26.04.1936, Generalintendant der Bayerischen Staatstheater Walleck an Staatsminister Adolf Wagner, Gauleiter des Traditionsgaues der NSDAP München.
9 BayHStA MK 45196: 09.05.1936, Stellungnahme Furtwänglers zu Krauss als Anhang des Schreibens von Generalintendant Walleck an Ministerialrat Richard Mezger, StMUK München.
10 Ebd.: 04.12.1937, Generalintendanz der Bayer. Staatstheater, Vormerkung.
11 StdA München Kulturamt 290: 04.03.1938, StMI an Oberbürgermeister der Hauptstadt der Bewegung Reichsleiter Karl Fiehler.
12 Vgl. BayHStA MK 45196 Personalakt Krauss: 06.1938, Nachvertrag zu dem zwischen dem Land Bayern und dem Staatsoperndirektor Clemens Krauss abgeschlossenen Dienstvertrag vom 1. September 1936.
13 Ebd.: 13.02.1941, Clemens Krauss an den Führer und Reichskanzler Adolf Hitler.
14 Ebd.: 31.01.1941, Abschrift zu Va 2565/40, StMI m537. Dienstvertrag mit Wirkung vom 1. April 1940 als Direktor an der Staatlichen Hochschule für Musik Mozarteum in Salzburg.
15 BayHStA Intendanz Bayerische Staatsoper Personalakt 289 Krauss II.1 Allgemein: 08.11.1938, Mitteilung an Gaupresseamtsleiter Dr. Werner, München.
16 BayHStA MK 45196: 26.03.1943, Betreff »Ernennung zum Direktor des Mozarteums unter Berufung in das Beamtenverhältnis auf Lebenszeit durch den Führer«.
17 BArch R/55/20.400: 11.02.1941, Intendant der Bayerischen Staatsoper an Reichsminister Joseph Goebbels, RMVP.
18 Vgl. BArch R/9361/V/145977 Personenbezogene Unterlagen der Reichskulturkammer, Clemens Krauss: 12.01.1949, Schreiben der Intendanz Städtische Oper Berlin, Heinz Tietjen.
19 BayHStA MK 45196: 13.02.1941, Clemens Krauss an den Führer und Reichskanzler Adolf Hitler. Hervorhebung im Original.
20 Ebd.: 13.02.1941, Clemens Krauss an den Führer und Reichskanzler Adolf Hitler.
21 Stahl, Ernst Leopold: »Fünf Jahre Bayerische Staatsoper unter Clemens Krauß«. Bayerische Staatsoper (Hg.): *Dramaturgische Blätter* 1941/42, Nr. 5, S. 38 f.
22 Ders.: »Fünf Jahre Bayerische Staatsoper unter Clemens Krauß [Schluss]«. *Dramaturgische Blätter* 1941/42, Nr. 6, S. 47.
23 BayHStA MK 45196: 20.01.1942, Richard Mezger, StMI, Oberste Theaterbehörde in Bayern, an Generalintendant, Generalmusikdirektor Professor Clemens Krauss.
24 Ebd.: 13.03.1942, StMI, Reichsverteidigungskommissar und Gauleiter Adolf Wagner an SS-Gruppenführer Julius Schaub, Persönlicher Adjutant des Führers, Führerhauptquartier.
25 BayHStA Intendanz Bayer. Staatsoper Personalakten 1734 (Korrespondenz mit Künstlern oder über Künstler, Buchstabe Ha): 14.04.1942, Generalintendant Clemens Krauss an Operndirektor Rudolf Hartmann.
26 Ebd.: 21.11.1942, Reichsleiter Martin Bormann, Führerhauptquartier, an Generalintendanten Clemens Krauss.
27 BayHStA MK 45196: 06.04.1942, Generalintendant Clemens Krauss an den Führer und Reichskanzler Adolf Hitler, Führerhauptquartier.
28 Karl Schmidt-Römer, Reichsamtsleiter der NSDAP und Mitarbeiter von Martin Bormann, zit. nach: BayHStA MK 45196: 01.09.1943, Reichsleiter Martin Bormann an Gauleiter Giesler.
29 BayHStA MK 45196: 03.01.1944, Gauleiter Giesler an den Leiter der Partei-Kanzlei Herrn Reichsleiter Martin Bormann, München Führerbau, Betrifft: Generalintendant Professor Clemens Krauss.
30 Vgl. ebd.: 22.07.1943, StMI, Oberste Theaterbehörde, Richard Mezger, Aktenvormerkung, Betreff »Erneuerung des Dienstvertrages mit dem Generalintendanten der Bayer. Staatsoper Prof. Clemens Krauss«.
31 ÖNB F59.Clemens-Krauss-Archiv.72 Mus.: Schriftstücke zur »Entnazifizierung« 1946; 08.09.1946, Hilde Güden ans Ministerium.
32 Ebd.: 19.10.1946, Clemens Krauss an die Begutachtungskommission für freischaffende Künstler beim Ministerium für Unterricht Wien, S. 9 f. u. 19.
33 17.08.1947, Clemens Krauss an Prof. Joseph Reitler, abgedruckt in Österreichische Musikzeitschrift 8/1959, S. 316.
34 Vgl. BayHStA MK 45196: 13.12.1946, Generalintendant der Bayerischen Staatstheater Arthur Bauckner an den Generalsekretär des Länderrates des amerikanischen Besatzungsgebietes Erich Roßmann.
35 Vgl. Hartmann: *Das geliebte Haus*, S. 179.

## Ludwig Sievert

1 Wagner, Ludwig: *Der Szeniker Ludwig Sievert. Studie zur Geschichte des Bühnenbildes im letzten Jahrzehnt*. Berlin 1926. Vorwort, S. 11.

2 Vgl. ebd., »Biographische Notiz von Ludwig Sievert«, S. 154–167, hier: S. 164.
3 Ebd., S. 11.
4 Sievert, Ludwig: *Lebendiges Theater. Drei Jahrzehnte deutscher Theaterkunst*. Text von Ernst Leopold Stahl, München 1944, S. 47.
5 Ebd., S. 64.
6 Ebd.
7 Ebd., S. 64 f.
8 Ebd., S. 46 f.
9 Zit. nach: Verdi, Giuseppe: *Aida*. Texte Materialien, Kommentare, hg. von Attila Csampai und Dietmar Holland. Reinbek bei Hamburg 1985, S. 85.
10 Zit. nach: Mozart, Wolfgang Amadeus: *Die Zauberflöte*. Texte, Materialien, Kommentare. Mit einem Essay von Attila Csampai. Reinbek bei Hamburg 1982, S. 87.

## Richard Strauss

1 Vgl. Fischer, Jens Malte: *Richard Wagners Wagners »Das Judentum in der Musik«*. Frankfurt am Main und Leipzig 2000.
2 Wilhelm, Kurt: *Fürs Wort brauche ich Hilfe. Die Geburt der Oper Capriccio von Richard Strauss und Clemens Krauss*. München 1988, S. 5.
3 Adorno, Theodor W.: *Ästhetische Theorie*. Frankfurt am Main 1972, S. 285.
4 Splitt, Gerhard: *Richard Strauss 1933–1935. Ästhetik und Musikpolitik zu Beginn der nationalsozialistischen Herrschaft*. Pfaffenweiler 1987, S. 13.
5 Zit. nach: ebd., S. 18.
6 Vgl. Edwin Baumgartner: »Bilanz eines vergeudeten Jahres.« *Wiener Zeitung* 07.01.2014.
7 Du Bächlein, silberhell und klar,
Du eilst vorüber immerdar,
Am Ufer steh' ich, sinn' und sinn',
Wo kommst du her? Wo gehst du hin?
Ich komm' aus dunkler Felsen Schoß,
Mein Lauf geht über Blum' und Moos;
Auf meinem Spiegel schwebt so mild
Des blauen Himmels freundlich Bild.

Drum hab' ich frohen Kindersinn;
Es treibt mich fort, weiß nicht wohin.
Der mich gerufen aus dem Stein,
Der, denk ich, wird mein Führer sein.

Der Text des Gedichtes stammt von Karoline Christiane Louise Rudolphi, lange wurde es fälschlicherweise Goethe zugeschrieben, so auch von Strauss und Goebbels.

8 Vgl. Splitt: *Richard Strauss*, S. 42 ff.
9 Zum Rasse-, Elite- und Selektionsdenken der Nationalsozialisten vgl. Bermbach, Udo: *Houston Stewart Chamberlain. Wagners Schwiegersohn – Hitlers Vordenker*. Stuttgart und Weimar 2015.
10 Vgl. ebd., S. 124.
11 Vgl. Splitt: *Richard Strauss*, S. 141.
12 Prieberg.: *Musik im NS-Staat*, S. 212.
13 Vgl. BayHStA: Pressespiegel im Werkakt »Salome«.
14 Schuh, Willi (Hg.): *Richard Stauss – Stefan Zweig. Ein Briefwechsel*. Frankfurt am Main 1957, Brief vom 17.06.1935, S. 141 f.
15 Zit. nach: Prieberg: *Musik im NS-Staat*.
16 Zit. nach: Wulf, Joseph: *Musik im Dritten Reich*. Reinbek 1966, S. 198 f.
17 Tagebucheintrag vom 5. Juni 1935. Der Ausspruch »von Goethe bis Strauss« bezieht sich auf das oben erwähnte und fälschlich Goethe zugeschriebene Gedicht »Das Bächlein«.
18 Vgl. auch: Jackson, Timothy: »Historische Anmerkungen und Notizen zu Arabella«. *Programmbuch der Bayerischen Staatsoper zur Neuinszenierung von Arabella*, Premiere am 06.07.2015, S. 96–118.
19 Vgl. Schuh: *Strauss-Zweig*.
20 Strauss an Krauss, Brief vom 24.01.1940, zit. nach Wilhelm: *Fürs Wort brauche ich Hilfe*, S. 163.
21 Wilhelm: *Fürs Wort brauche ich Hilfe*, S. 69.
22 Zur wechselnden Musiktheaterpolitik in der NS-Zeit vgl. von Haken: *Der »Reichsdramaturg«,* sowie Hüpping: *Rainer Schlösser*.
23 Vgl. BayHStA, Werkakt »Capriccio«.
24 Schlötterer (Hg.): *Richard Strauss – Rudolf Hartmann*, S. 15.

## Jüdische Sänger und verstummte Stimmen

1 BayHStA Intendanz Bayer. Staatsoper 539: 04.01.1933, Dr. Kessler an die Generalintendanz. Hervorh. i. Orig.
2 Ebd.: 09.03.1935, Walleck an Genossenschaft Deutscher Bühnen-Angehöriger, Hr. Körner, stellvertr. Präs.
3 Ebd.: 25.09.1935, Walleck an stellvertr. Präs. d. Reichstheaterkammer / RTK Rainer Schlösser, RMVP.
4 BArch R/55/20397: 27.11.1935, Abteilung VI an Reichskulturverwalter Hinkel.
5 BayHStA Intendanz Bayer. Staatsoper 539: 14.01.1936, Einschreiben Walleck an Sterneck.
6 Privatnachlass Sterneck: 25.02.1937, Präsident d. Reichstheaterkammer/ RTK an Sterneck.
7 BArch R/9361/V/62891: 20.06.1938, Bayer. Versi-

cherungskammer Abt. Bühnenversorgung an Gauleitung München-Oberbayern.
8   Vgl. BayHStA 36498: 23.08.1957, Israelitische Kultusgemeinde München: Bescheinigung zur Vorlage beim Bayer. Landesentschädigungsamt / LEA.
9   Möllmann, Bernhard: »Der Opernsänger Berthold Sterneck und seine Familie«. Schoßig, Bernhard (Hg.): *Ins Licht gerückt. Jüdische Lebenswege im Münchner Westen*. München 2008, S. 154.
10  BayHStA LEA 36498: 09.05.1958, Bayer. Landesentschädigungsamt / BayLEA: Bescheid.
11  BayHStA Intendanz Bayer. Staatsoper 539: 07.09.1951, Georg Hartmann: Bestätigung zur Vorlage bei der Wiedergutmachungsbehörde.
12  BayHStA Intendanz Bayer. Staatsoper 435: 09.01.1934, Generaldirektion Bayer. Staatstheater an StMUK.
13  Ebd.: 21.06.1935, Walleck an Reining.
14  Ebd.: 25.03.1936, Akademische Ortsgruppe des Vereins für das Deutschtum im Ausland München an Generalintendanz.
15  Ebd.: 01.05.1936, Franz Ripper an Direktion der Münchner Staatsoper. Hervorh. im Original.
16  Ebd.: 13.05.1936, StMI an Walleck.
17  Ebd.: 13.06.1936, Bayerische Politische Polizei an Generalintendanz.
18  Ebd.: 24.10.1936, Reichstheaterkammer / RTK an Reining.
19  Ebd.: 03.12.1936, An die Generaldirektion Bayer. Staatstheater, Abteilung »Platzmiete«.
20  Ebd.: 12.12.1936, Notiz Walleck.
21  Ebd.: 29.12.1936, an StMI.
22  Vgl. BArch R/9361/V/60800: 04.03.1938, Thierfelder an Schaub, Reichskanzlei.
23  BayHStA Intendanz Bayer. Staatsoper 435: Januar 1984, Intendanz Bayer. Staatsoper: Stellungnahme.
24  BayHStA Intendanz Bayer. Staatsoper 444: 15.09.1932, Generaldirektion Bayer. Staatstheater an Ries.
25  Ebd.: 22.09.1933, Generaldirektion Bayer. Staatstheater an StMUK.
26  Ebd.: 29.01.1957, Berufspfleger Knuth (Bezirksamt Reinickendorf von Berlin) an Intendanz Bayer. Staatsoper.
27  Ebd.: 16.12.1960, Rudolf Hartmann an StMUK.
28  Vgl. BArch R/9361/V/51555, »1.15.44« [sic!], Karteikarte.
29  Ebd.: Ministerialrat Mezger, Oberste Theaterbehörde an Reichstheaterkammer/ RTK [Nov. 1943].
30  Ebd.: 10.01.1944, Reichstheaterkammer/ RTK an Fachschaft Bühne.
31  Österreichische Nationalbibliothek F59.Clemens-Krauss-Archiv.72: 08.09.1946, Hilde Güden an einen nicht näher bezeichneten »Herr[n] Ministerialrat«, Abschrift einsortiert in die Entnazifizierungsdokumente Krauss.
32  Vgl. BayHStA Intendanz Bayer. Staatsoper 433: 10.04.1934, Intendant Franckenstein an StMUK.
33  Vgl. ebd.: Personalbogen 1936.
34  Bay Ebd.: 16.04.1935, Otto Schmidt (Oberbürgermeister Coburg) an Walleck.
35  Vgl. Ebd.: 23.04.1935, Walleck an Schmidt.
36  Ebd.: Okt. 1935, Gauleiter Frauenfeld an Walleck.
37  Ebd.
38  Vgl. BayHStA Intendanz Bayer. Staatsoper 539: 04.01.1933, Dr. Kessler an die Generalintendanz.
39  Vgl. BayHStA Intendanz Bayer. Staatsoper 426: 09.10.1939, Intendanz Bayer. Staatsoper an StMInn, Oberste Theaterbehörde.
40  Ebd.: 26.09.1934, Paul Demeter an Staatsrat Boepple.
41  Ebd.: 13.09.1934, H. Gubner [?] an Walleck.
42  Ebd.: 03.12.1934, Generalintendanz an StMUK.
43  Vgl. BArch R/9361/V/34348: 13.03.1942, Einschreiben des Chefs der Reichskanzlei Lammers an Schaetzler.
44  So Ranzcak in einem Interview, vgl. E. Lindermeier: »Immer auf Tour: Die Ranczak. Die gefeierte Sopranistin wird 85«, *TZ München*, 20./21.12. 1980.
45  BayHStA, Intendanz Bayerische Staatsoper 129: 20.05.1932, Generaldirektion an StMUK.
46  Ebd.: 29.10.1933, Dr. Billmann, StMInn an StMUK.
47  Ebd.: 03.11.1936, Generalintendanz an Gerlach.
48  Die folgenden Ausführungen gehen zurück auf den Vortrag von Paul-Moritz Rabe zur Oper als Herrschaftsraum und zum Narrativ des Unpolitischen, den er im Rahmen des Abschluss-Symposiums des Forschungsprojekts am 24.07.2016 zum Thema »Stadt, Kultur und Nationalsozialismus« vorgetragen und die nachstehend ausgeführten Aspekte dankenswerter Weise für diese Publikation zur Verfügung gestellt hat.
49  Lüdtke, Alf (Hrsg.): *Herrschaft als soziale Praxis. Historische und sozial-anthropologische Studien.* Göttingen 1991; Erläuterungen zum Terminus S. 9–63.
50  Gotto, Bernhard: *Nationalsozialistische Kommunalpolitik. Administrative Normalität und Systemstabilisierung durch die Augsburger Stadtverwaltung 1933–1945.* München 2006, S. 423.
51  Vgl. Reichardt, Sven / Seibel, Wolfgang: »Radikalität und Stabilität: Herrschen und Verwalten im Nationalsozialismus«. Dies. (Hrsg.): *Der prekäre Staat. Herrschen und Verwalten im Nationalsozialismus.* Frankfurt am Main / New York 2011, S. 7–27, hier S. 12.
52  Fiehler, Ansprache an die städtische Beamtenschaft, 23.03.1933. StadtAM, Wohlfahrt 403.

53 In einem Aufsatz der Zeitschrift *Die nationalsozialistische Gemeinde* 17 (01.09.1938), S. 512–513, formulierte Bürgermeister Tempel etwa den »Totalitätsanspruch« des Staates über die »gesamte Persönlichkeit des Beamten«. Er forderte: »Der unpolitische Beamte bzw. der sich der Politik fernhaltende Beamte, ist durch den politischen Beamten ersetzt, durch einen Beamten, der keinen Trennungsstrich mehr ziehen kann zwischen politischem und unpolitischem Denken, da bei der Einheit von Staat und Partei seine Beamtenpflichten politische Pflichten und seine politischen Pflichten Beamtenpflichten sind.«

54 Vgl. Gruner, Wolf: »Die NS-Judenverfolgung und die Kommunen. Zur wechselseitigen Dynamisierung von zentraler und lokaler Politik 1933–1941«. Vierteljahrshefte für Zeitgeschichte 48, 2000, S. 75–125.

55 Vgl. Geyer, Martin: *Verkehrte Welt. Revolution, Inflation und Moderne: München 1914–1924*. München 1998, Besonders das Kap. »Von der Rhetorik zur Praxis: Die Ausweisung der Juden«, S. 342–354.

56 BayHStA Generalintendanz der Bayer. Staatstheater 695: 31.05.1898 erster vorliegender Vertrag, Verpflichtung Morenas zum 01.10.1898 ans Kgl.-Bayer. Hoftheater.

57 Vgl. *Münchner Neueste Nachrichten* 10.12.1907, o.V.: »Gerade Berta Morena, deren Stimme gar sehr der Schonung bedarf!«

58 *Fränkischer Kurier* 01.12.1913 über Liederabend Morenas: »Enttäuschung«, »Die funkelnde Leuchtkraft dieser einst so stolzen, hohen Töne ist stark abgedämpft«.

59 BayHStA Generalintendanz der Bayer. Staatstheater 695

60 Ebd., 27.10.1922 Knappertsbusch an Generalintendant Zeiss.

61 Ebd.

62 *Völkischer Beobachter* 24.06.1923, o.V.

63 Jean Louis Schlim ist ein guter Freund der Familie von Berta Morena. Mail an das Leserforum der *Abendzeitung München*, in der sie am 02.08.2016 zum Betreff »Laute und stumme Stimmen« veröffentlicht wurde.

64 BayHStA Generalintendanz der Bayer. Staatstheater 695.

65 Ebd., 03.12.1935, Rechtsanwälte Schramm, Schramm und Schwink an StMUK.

## Werner Egk

1 Vgl. Cromme, Rasmus, Frank, Dominik, Frühinsfeld, Katrin: »Tränen lügen nicht, oder? Vom Umgang mit erzählter Geschichte«. *Max Joseph. Das Magazin der Bayerischen Staatsoper*, Ausgabe 2 / 2013–2014, S.70–74.

2 Vgl. Piper, Ernst: *Alfred Rosenberg. Hitlers Chefideologe*. München 2005.

3 Zit. nach: Prieberg: *Musik im NS-Staat*, S. 320.

4 Zit nach: Kater: *Komponisten*. Darin: »Werner Egk. Der undurchsichtige Opportunist.«, S. 11–45.

5 Zit. nach: ebd., S. 28.

6 Egk, Werner: *Die Zeit wartet nicht. Künstlerisches, Zeitgeschichtliches, Privates aus meinem Leben*. Mainz 2001, S. 477.

7 Egk, Werner: »Worum es ging und worum es geht«. *Völkischer Beobachter*, 14.02.1943.

8 Vgl. Robert Braunmüller: »Aktiv im kulturellen Wiederaufbau.« Jürgen Schläder (Hg.): *Werner Egk. Eine Debatte zwischen Ästhetik und Politik*. München 2008, S. 33–69, hier: S. 56. Braunmüller weist darauf hin, das »niemand damals gezwungen [wurde], eine Judenkarikatur auf die Bühne zu bringen, denn Judenhaß war im Theater des Dritten Reiches fast ausnahmslos politisch unerwünscht.«, ebd.

9 Werner Egk: *Die Zaubergeige*. Klavierauszug. Leipzig: Peters 1978, S. 88.

10 Vgl. Kater: *Komponisten*, S.15.

11 BayStA, Handschriftenabteilung, Brief von Werner Egk an Oscar Fritz Schuh, 26.03.1936.

12 Vgl. Kater: *Komponisten*, S.15.

13 Werbefaltblatt des Verlags für *Die Zaubergeige*. BayHStA, Bestand Intendanz Bayerische Staatsoper, Akt 1340.

14 Kritische Stellungnahme des Kapellmeisters Drost gegenüber der Generalintendanz der Bayerischen Staatsoper über *Die Zaubergeige* vom 06.11.1935. Ebd.

15 Werner Egk an Oskar Walleck, 20.12.1935. Ebd.

16 Pander, Oscar von: Bericht *zur Zaubergeige*. *Münchener Neueste Nachrichten*, 01.04.1937.

17 Stahl, Heinrich: Bericht zur *Zaubergeige*. *Völkischer Beobachter*, 08.04.1937.

18 Schreiben von Ludwig Schrott an die Operndirektion der Bayerischen Staatstheater, 10.04.1937. BayHStA, Bestand Intendanz Bayerische Staatsoper, Akt 1340. Vgl. auch den Beitrag von Kuchlbauer, Thomas: »Warum lässt sich der Librettist die Szene mit dem Juden entgehen?«. »Die Opernästhetik auf Linie gebracht?«. *Max Joseph* 2/2015–2016, S. 74.

19 Vgl. Frank, Dominik: »Reichstheaterkammer und Reichsdramaturgie«. Wolfgang Benz (Hg.): *Die Reichskulturkammer*. Berlin 2015, S. 181–190.

20 Weitere Beispiele waren etwa die Versuche, die *Zauberflöte* im nationalsozialistischen Sinn umzudeuten oder die Versuche, mit anonymen Briefen

die Intendanz dazu zu bewegen, angeblich »jüdisch versippte« Mitglieder der Bayerischen Staatsoper aus dem Dienst zu entlassen. Vgl. die Beiträge des Forschungsprojektes »Im Ränkespiel der Macht«. *Max Joseph* 1/2015-2016, S. 70–76, sowie »Die Opernästhetik auf Linie gebracht?«. *Max Joseph* 2/2015-2016, S. 72–78.
21 Vgl. Schleusener, Jan Thomas: »Entnazifizierung und Rehabilitierung«. Schläder (Hg.): *Werner Egk.*, S. 103–118, hier S. 111.
22 Ebd., S. 110.
23 Vgl. StAM, Spruchkammer München-Land, Ka 339, Urteilsbegründung. Vgl. Schleusener, »Entnazifizierung«, S. 115.
24 Egk: *Die Zeit wartet nicht*.
25 Die Argumentation folgt hier Risi, Clemens: »Werner Egk's Peer Gynt in Berlin 1938: Opera and Politics.« Fischer-Lichte, Erika, Gronau, Barbara, Walter, Christel (Hgg.): *Global Ibsen. Performing Multiple Modernities*. New York und London 2011, S. 176–187.
26 Egk, Werner: *Peer Gynt*. Klavierauszug. Mainz: Schott 1966, S. 69.
27 Baumgartner, Edwin: »Die Wahrheit im Weichspüler.« *Wiener Zeitung*, 22.06.2012.
28 Schmidt-Garre, Helmut: »Werner Egks Oper im Prinzregententheater. Die große Schau von Christoph Columbus«. *Münchner Merkur*, 05.05.1960.
29 Vgl. Frank, Dominik: »Ballett an der Staasoper«. Hefte zum Forschungsprojekt Bayerische Staatsoper 1933–1963, Heft 3.
30 Vertrag vom 03.01.1952, In: BayHStA, Bestand Intendanz Bayerische Staatsoper, Akt 1113.
31 Zum Vergleich: Das Intendantengehalt im Vergleichszeitraum betrug 1.600 DM monatlich. BHStA, MK 50186/II.
32 Vgl. Schläder: »Quantität als Qualität«, 147–161.
33 Ebd., S. 159.
34 Ebd., S. 155 f.
35 Ebd., S. 155.
36 Ebd., S. 160.
37 Vgl. auch Kanzog, Klaus: »›… und dazu ein nicht zu übersehendes, höchst aktuelles Element.‹ Werner Egks Oper *Die Verlobung in San Domingo* zum Zeitpunkt ihrer Uraufführung am 27. November 1963«. Schläder (Hg.): *Werner Egk*, S. 162–180.

## Carl Orff

1 Rösch, Thomas Rösch: »Orff, Carl«. MGG. Zweite, neubearbeitete Ausgabe, hg. von Ludwig Finscher. Personenteil Bd. 12, Kassel u.a. 2004, Sp. 1400 mit Hinweis auf die Forschungen von Oliver Rathkolb.
2 Vgl. Baumgartner, Edwin: »Orffs späte Rehabilitierung«. Wiener Zeitung vom 18.06.2011, zit. nach der Internetversion http://www.wienerzeitung.at/themen_channel/wissen/geschichte/219107_Carl-Orffs-spaete-Rehabilitierung.html (letzter Zugriff am 14.07.2017).
3 Vgl. Bandur, Markus: »Carl Orff: *Carmina Burana*. In: Albrecht Riethmüller (Hg): *Geschichte der Musik im 20. Jahrhundert: 1925–1945*. Laaber 2006, S. S. 193–199, hier: S. 194 f.
4 Vgl. Rösch: »Orff, Carl«, ebd.
5 Vgl. Bandur: »Carl Orff: *Carmina Burana*«, S. 193 und Barbara Haas: »Die Münchner Komponisten-Trias. Das nicht immer unproblematische Verhältnis zwischen Orff, Egk und Hartmann«. Ulrich Dibelius (Hg.): *Karl Amadeus HARTMANN: Komponist im Widersrtreit*. Kassel u. a. 2004, Aufführungsstatistik S. 230–233.
6 Im Übrigen überarbeitete Orff auch nicht-theatralische Werke aus den 1920er und frühen 1930er Jahre später neu, so die Kantaten auf Texte von Franz Werfel und Bertolt Brecht (1929–1931) in den Jahren 1968 und 1973 und das *Schulwerk* (1930–1935), das er 1950–1954 in einer Neufassung vorlegte.
7 Vgl. Bandur: »Carl Orff: *Carmina Burana*«, S. 198.
8 Vgl. Schreiber, Ulrich: *Opernführer für Fortgeschrittene. Die Geschichte des Musiktheaters. Das 20. Jahrhundert I: Von Verdi und Wagner bis zum Faschismus*. Kassel 2000, S. 672.
9 Vgl. zu diesem Gedanken Schreiber: ebda., S. 678.
10 Vgl. Bandur: »*Carmina Burana*«, S. 198, bes. Anm. 3.
11 Vgl. ebd., S. 199.
12 Da die *Carmina Burana* auch, und nicht selten, als Konzertstück aufgeführt wurden, mag der Hinweis auf die seit 1946 veranstalteten Darmstädter Ferienkurse für Neue Musik als auffälligstes Forum für ästhetische Diskurse der Gegenwart genügen, um ab das problematische Verhältnis selbst der Komponisten und Instrumentalisten zwischen kompositorischer Avantgarde und Oper zu erinnern. Avantgarde und Oper gingen nicht zusammen. Vgl. *Darmstädter Beiträge zur Neuen Musik*, hg. vom Internationalen Musikinstitut Darmstadt, seit 1958.
13 Statt im grossen Festspielhaus, wie versprochen, fanden die Aufführungen in der Felsenreitschule und jeweils am Nachmittag statt. Orff musste kürzen, damit ausreichend Zeit für die jeweilige Abendvorstellung blieb. Der damals noch wenig bekannte Ferenc Fricsay sprang als Aushilfe ein und erhielt einschließlich der Generalprobe drei Proben zugeteilt. Einige Sänger-Absagen erschweren zusätzlich die optimale musikalische

14 Thomas, Werner: »Antigonae«. *Pipers Enzyklopädie des Musiktheaters*, Bd. 4. München 1991, S. 591.
15 Schreiber: *Opernführer*, Bd. III,1, S. 672
16 Vgl. zum Verhältnis von Text und Musik in den Musikdramen des frühesten 20. Jahrhunderts von Strauss: Schläder, Jürgen: »Moderne Musikdramaturgie – konservative Bühnenästhetik, oder: Die theatrale Bedeutung von Richard Strauss' Opern-Orchester«. Krellmann, Hanspeter (Hg.): *Wer war Richard Strauss? Neunzehn Antworten*. Frankfurt am Main und Leipzig 1999, S. 73–91.
17 Vgl. Flashar, Hellmut: *Inszenierung der Antike. Das griechische Drama auf der Bühne der Neuzeit von 1585–1990*. München 1991, S. 193 f.
18 Vgl. ebd., S. 172.
19 Vgl. Schreiber: *Opernführer*, Bd. III,1, S. 672.
20 Vgl. Flashar: *Inszenierungen der Antike*, S. 165–167.
21 Flashar: ebd., S. 164
22 Ebd., S. 169 f.
23 Vgl. ebd., S. 173
24 Orff, Carl: *Antigonae. Ein Trauerspiel des Sophokles von Friedrich Hölderlin*. Studien-Partitur Edition Schott 5025. Mainz 1959, S. 331 f.
25 Vgl. Flashar: *Inszenierung der Antike*, S. 195.
26 Ebd., S. 196.
27 Vgl. als eines der jüngsten umfassenden Beispiele den *MGG*-Artikel von Thomas Rösch, Anm. 1, der in Fragen der biografischen Details (Sp. 1400) und der Werkerläuterungen (Sp. 1404–1407 zum Theaterwerk; Sp. 1407 f. zum Schulwerk) die blanken Fakten aufzählte, während er die Hinweise auf differenzierte Wertungen ausließ.
28 Vgl. Bandur: »*Carmina Burana*«, S. 198.

## Rudolf Hartmann

1 München 1975, 2. Aufl. 1977.
2 BayHStA MK 60282: Herbert Stolzenburg, Bayerische Staatsoper München, 24.09.1965, »Entwurf zu einer Rede anläßlich des 65. Geburtstages von Staatsintendant Professor Rudolf Hartmann«.
3 Ebd.: »Zum 65. Geburtstag von Staatsintendant Professor Rudolf Hartmann«.
4 Zit. nach: *Süddeutsche Zeitung* 27./28.11.1965, ohne Titel u. Verfasser.
5 Ebd.: 06.09.1960, Kultusminister Theodor Maunz, Betreff »Vorschlag auf Verleihung des Großen Bundesverdienstkreuzes an Prof. Rudolf Otto Hartmann, Intendant der Bayer. Staatsoper«.
6 Ebd.: »Entwurf zu einer Rede anläßlich des 65. Geburtstages [...]«.
7 Ebd.: »Zum 65. Geburtstag [...]«.
8 Ebd.: »Entwurf zu einer Rede [...]«.
9 BArch R 9361-V/52155 Personenbezogene Unterlagen der Reichskulturkammer, Rudolf Hartmann: München, 30.12.1937, Direktion der Bayerischen Staatstheater. Der Operndirektor. Rudolf Hartmann an Adolf Hitler.
10 *Völkischer Beobachter* 30.04.1938, ohne Titel u. Verfasser.
11 BayHStA MK 60282: »Rechtfertigungsschrift von Prof. Rudolf Hartmann, Staatsoperndirektor, amtsenthoben am 7.VII.1945«, verfasst am 26.07.1945, 11 Bl.
12 StdA München Kulturamt 290: 21.08.1940, Intendanz der Bayerischen Staatsoper an den Oberbürgermeister der Hauptstadt der Bewegung, Betreff »Personalverhältnisse«.
13 Ebd.: 11.06.1942, Reichsleiter Martin Bormann an Generalintendant Clemens Krauss. – Von Adolf Hitler und den leitenden Theaterstellen wurde Hartmann sehr geschätzt, so durften beispielsweise er und Sievert im September 1941 im Auftrag des Propagandaministeriums dienstlich nach Rom fahren, Reisepässe und Reisegelder wurden für die »äusserst dringliche Dienstreise« anstandslos zur Verfügung gestellt. Vgl. BayHStA Intendanz Bayer. Staatsoper 1734: 18.09.1941, An Herrn Kessler, Reichspropaganda-Amt München, Verf. unbekannt.
14 BayHStA MK 60282: Rechtfertigungsschrift R. Hartmann.
15 Ebd., Bl. 9.
16 BayHStA Intendanz Bayer. Staatsoper 1734: 21.11.1942, Reichsleiter Bormann an Krauss.
17 Vgl. ebd.: 14.02.1942, Betreff »Vormerkung Personenkraftwagen II A 60636«.
18 Vgl. BayHStA Bayerisches Staatstheater am Gärtnerplatz Personalakt 470: 20.12.1940, Reichsschatzmeister der NSDAP an die Intendanz der Bayerischen Staatsoperette z.Hd. von Herrn Staatsoperndirektor R. Hartmann, München, Gärtnerplatz.
19 Vgl. BayHStA Intendanz Bayer. Staatsoper 1734: 05.07.1943: »Auszug (Beilage zum Einlauf Nr. m 2035/1943)«.
20 Vgl. ebd.: 07.10.1944, Ministerialrat Richard Mezger an Hartmann.
21 Vgl. 07.06.1945, Brief von Richard Strauss an Hartmann, in: Roswitha Schlötterer (Hg.): *Richard Strauss – Rudolf Hartmann. Ein Briefwechsel. Mit

22 *Aufsätzen und Regiearbeiten von Rudolf Hartmann.* Tutzing 1984, S. 46.
22 BayHStA MK 50054: 26.06.1945, Betreff »Vormerkung über Gespräch mit Rudolf Hartmann«.
23 Ebd.: 27.06.1945, Schreiben von Dr. Hipp. Vgl. Sturm: *Leitung und Aufbau der Bayerischen Staatstheate* , S. 54.
24 24.07.1945, Brief von Hartmann an Richard Strauss, in: Schlötterer: *Richard Strauss*, S. 51.
25 BayHStA MK 60282: Rechtfertigungsschrift R. Hartmann, auch die folgenden Zitate entstammen diesem Schriftstück.
26 Z.B. hatte Hartmann ein Angebot als Intendant nach Wiesbaden, vgl. 07.05.1946, Brief von Hartmann an Alice Strauss, in: Schlötterer (Hg.): *Richard Strauss – Rudolf Hartmann*, S. 63 f.
27 30.05.1947, Brief von Hartmann an Richard Strauss. Ebd., S. 75 f.
28 BayHStA MK 50054: 14.04.1947, Betreff »Vormerkung über Beratung zum Intendantenposten«. Vgl. auch Sturm: *Leitung und Aufbau der Bayerischen Staatstheater*, S. 54.
29 Vgl. die Ablösung von Georg Hartmann durch Rudolf Hartmann in »Verwendet und vergessen – Das Prinzregententheater und Georg Hartmann zwischen 1945 und 1952«, in: Bayerische Staatsoper (Hg.): *Scharnierjahre nach 1945: Wegbereiter, Lückenbüßer und alte Bekannte.* München: Bayerische Staatsoper, Spielzeit 2015/16 (Ergebnisse des Forschungsprojekts »Bayerische Staatsoper 1933–1963«, Heft 2), insb. S. 8–16.
30 BayHStA MK 50187: 03.07.1947, Brief an Staatssekretär Sattler, Verf. unkenntlich.
31 Vgl. BayHStA MK 45116: 13.05.1947, Betreff »Vormerkung, Protokoll eines Gesprächs von Staatssekretär Sattler, GMD Solti und Kapellmeister Leitner«.
32 Vgl. 03.06.1948, Brief von Hartmann an Richard Strauss. Schlötterer (Hg.): *Richard Strauss – Rudolf Hartmann*, S. 79.
33 17.07.1949, Brief von Strauss an Hartmann. Ebd., S. 87.
34 Vgl. Anmerkung zum Brief 21.08.1949 von Hartmann an Strauss, Ebd., S. 88.
35 Vgl. BayHStA MK 60282: 07.11.1950, Telegramm Wilhelm Diess an Professor Rudolf Hartmann.
36 Hartmann leitete das Kapitel »München 1952-1963« in seiner Autobiografie *Das geliebte Haus* mit den Sätzen ein: »Die für mich wichtigsten Jahre meines Lebens begannen 1952. Der Wiederaufbau der Münchner Oper war, in doppeltem Sinn, eine noch völlig ungelöste Frage. Sie ließ mich alles hintanstellen – Selbständigkeit, finanzielle Vorteile, Übersiedlung ins Ausland für dauernd – und bewog mich, dem ergangenen Ruf zu folgen.« Der nächste Absatz beginnt mit dem prätentiösen Satz: »Wahrscheinlich bin ich für diese Aufgabe geboren worden« (S. 246).
37 BayHStA MK 50187: 17.04.1951, Staatssekretär Eduard Brenner an Staatsminister Josef Schwalber, Betreff »Nachfolge von Dr. Georg Hartmann«.
38 »Angriffe auf Intendant Hartmann. ›Ehemalige Nationalsozialisten‹ engagiert?«, Verf. lb., *Nürnberger Nachrichten* 21.06.1952.
39 Vgl. Kanthak, Sabrina: »Alte Bekannte – Die Rückkehr Rudolf Hartmanns«, in: *Max Joseph* Nr. 4 2015/16 »Kontinuität oder Neubeginn? Die Bayerische Staatsoper in den Jahren 1945 bis 1963«, S. 128–136, hier S. 133.
40 BayHStA MK 50187: 17.04.1951, Betreff »Memorandum über die Frage des Generalintendanten«.
41 Vgl. BayHStA MK 60282: 05.06.1951, Staatssekretär Brenner, Betreff »Vormerkung über die Verhandlungen in Hotel Vier Jahreszeiten mit Prof. Rudolf Hartmann«.
42 Vgl. BayHStA MK 50187: 17.04.1951, Betreff »Memorandum über die Frage des Generalintendanten«.
43 Hartmann: *Das geliebte Haus*, S. 250.
44 Schläder, Braunmüller: *Tradition mit Zukunft*, S. 167.
45 BayHStA MK 60282: Staatsminister August Rucker an das StMF, Betreff »Neuorganisation in der Leitung des Theaters am Gärtnerplatz am 01.09.1955«.
46 Vgl. BayHStA MK 50188: 16.02.1959, Kultusminister Theodor Maunz an Finanzminister Rudolf Eberhard, Betreff »Änderung des Vertrages Freistaat Bayern – Staatsintendant Rudolf Hartmann, Bayer. Staatsoper«.

## Karl Amadeus Hartmann

1 Vgl. das Gutachten des Screening Centers Bad Homburg zu K.A. Hartmann durch Major Bertram Schaffner.
2 Beginn des us-amerikanischen Gutachtens (»…ein Mann von höchster / äußerster Integrität …«), verfasst von Arthur C. Vogel, über Karl Amadeus Hartmann und seine musikalische Karriere zwischen etwa 1928 und 1945 sowie seine Verwendbarkeit für kompositorische oder musikorganisatorische Aufgaben im *Re-Education*-Programm der amerikanischen Besatzungszone. Vgl. Akten des Screening Centers Bad Homburg zu K. A. Hartmann. – Vgl. grundsätzlich zu diesem Fragenkomplex auch:

2. Hass, Barbara: »Die Münchner Komponisten-Trias. Das nicht immer unproblematische Verhältnis zwischen Orff, Egk und Hartmann«. Dibelius, Ulrich (Hg.): *Karl Amadeus Hartmann. Komponist im Widerstreit*, Kassel u. a. 2004, S. 228–250.
3. Vgl. Gutachten über Hartmann.
4. Vgl. Personalakte »Karl Amadeus Hartmann«. Vgl. auch McCredie, Andrew: *Karl Amadeus Hartmann. Sein Leben und Werk*. Wilhelmshaven (deutsche Ausgabe) 1980, S. 67.
5. Gesetz Nr. 104 zur Befreiung von Nationalismus und Militarismus vom 5. März 1946.
6. Auszugsweise als kurze Autobiografie wieder zusammengestellt in: Dibelius (Hg.): *Karl Amadeus Hartmann*, S. 9–19.
7. Ebd., S. 11.
8. Ebd., S. 12.
9. Vgl. Weiss, Stefan: »*Simplicius Simplicissimus* in der Nachkriegszeit. Plädoyer für eine Geschichte der Hartmann-Rezeption«. Tadday, Ulrich (Hg.): *Karl Amadeus Hartmann, Simplicius Simplicissimus* (= Musik-Konzepte. Neue Folge 147), München 2010, S. 112–130, hier S. 113 f.
10. Vgl. die persönlichen Erinnerungen von Hartmann, Elisabeth, in: Haas, Barbara: *Karl Amadeus Hartmann. Zeitzeugen und Dokumente*. Wilhelmshaven 2004, S. 32.
11. Emil Hertzka war von 1907 bis zu seinem Tode 1932 Direktor des Wiener Musikverlages Universal Edition. Für Hartmann war die Verbindung zur UE von großem Wert.
12. Vgl. McCredie: *Karl Amadeus Hartmann*, S. 47.
13. Hartmann, Karl Amadeus: *Miserae*. Poème symphonic für Orchester. Studienpartitur. Mainz [o. J.]
14. Vgl. ebd., S. 39–41.
15. Zit. nach: Haas: *Komponisten-Trias*, S. 234.
16. Brief an Wellesz vom 01.02.1948, zit. nach: ebd., S. 229.
17. Brief an Redlich vom 16.08.1947, zit. nach: ebd.
18. Brief an Redlich vom 29.10.1947, zit. nach: ebd.
19. Quelle: *Gegenaktion. Karl Amadeus Hartmann. Ein Komponistenleben in München (1905–1963)*. Ausstellungskatalog des Münchner Stadtmuseums 2005, Kat-Nr. 283.
20. Vgl. die Chronik der Musica viva in: Ulm, Renate (Hg.): »*Eine Sprache der Gegenwart«. Musica viva 1945–1995*. Mainz 1995, S. 84.
21. Vgl. Mosch, Ulrich: »»Freiheit war es immer, die er meinte‹ – Karl Amadeus Hartmann und die ›Stunde Null‹«, in: Scherliess, Volker (Hg.): »*Stunde Null« – zur Musik um 1945*. Kassel u. a. 2014, S. 111–126.
22. Vgl. Rösch, Thomas: »Karl Amadeus Hartmann und Orff«. Baumgartner, Andreas Hérm (Hg.): *Festschrift. Karl Amadeus Hartmann Jahr 2013*. Karl-Amadeus-Hartmann-Gesellschaft München 2013, S. 148.
23. Vgl. zur Werkgenese Andreas Jaschinski: »»Wachstumsspuren‹ oder Wie kamen Hartmanns Symphonien zu ihren Nummern? Überlegungen zum Gattungsverständnis«. Dibelius, Ulrich (Hg.): *Komponist im Wiederstreit*. Kassel u. a. 2004, S. 123–146, hier: S. 131–134.
24. Zit. nach Rösch: »Hartmann und Orff«, S. 145. Dort Orffs Brief als Originalkopie des Schreibmaschinensatzes.
25. Zit. nach Ulm (Hg.): »*Eine Sprache der Gegenwart*«, S. 43.
26. Faksimile des Briefes bei: Böhmer, Ulrike: »*Simplicius als work in progress. Fragen an die Dokumente seiner Entstehungsgeschichte*. Tadday (Hg.): *Simplicius Simplicissimus*, S. 75, dort (S. 51–81) auch weitere Informationen über gescheiterte Versuche einer szenischen Aufführung in den Dreissiger Jahren.
27. So Heinz Pringsheim in der *Süddeutschen Zeitung* vom 21.08.1947, vgl. Haas: »Komponisten-Trias«, S. 234.
28. Vgl. Hartmann: *Kleine Schriften*, S. 52.

## Helmut Jürgens

1. Vgl. BayHStA MK 60306: Entlastungsantrag »Denazifizierung des Bühnenbildners der Städtischen Bühnen Frankfurt/Main, Helmut Jürgens«, ohne Datum.
2. Ebd.
3. Ebd.
4. Verf. Go: »Helmut Jürgens gestorben«. *Süddeutsche Zeitung* 30.08.1963.
5. Schumann, Karl: »Zum Tode des Bühnenbildners Helmut Jürgens. Ein Magier der Szene«, *Abendzeitung* 30.08.1963.
6. »Gratulation für Helmut Jürgens«, Verf. Ma, *8-Uhr-Blatt* 19.06.1962.
7. Wismeyer, Ludwig: »Abschied von Prof. Helmut Jürgens. Der Chefbühnenbildner der Bayerischen Staatsoper starb 61-jährig in München«. *Münchner Merkur* 30.08.1963.
8. Vgl. Eichner, Walter: »Bühnenbilder sind Sinn-Bilder. Helmut Jürgens fand Einheitslösung für den ›Ring‹«, *Abendzeitung* 08.02.1951.
9. Akademie für das Graphische Gewerbe [Hg.]: *Oper. Essays zeitgenössischer Komponisten. Bühnenbilder von Helmut Jürgens*. München 1962, S. 101.
10. Akademie der Bildenden Künste München, Registratur, Personalakte Helmut Jürgens: [»Program-

matik«], ohne Datum, 1963 kurz vor seinem Tod verfasst.
11 BayHStA MK 60306: 22.04.1948, Schreiben von Georg Hartmann zur Vorlage beim Zuzugsamt mit der Zusage der festen Verpflichtung von Jürgens als Bühnenbildner in München.
12 Karl Schumann: »Zum Tode des Bühnenbildners Helmut Jürgens. Ein Magier der Szene«, Abendzeitung vom 30.08.1963.
13 »Münchner Kulturberichte. Lobrede auf einen großen Bühnenbildner. Zum 60. Geburtstag von Helmut Jürgens«, Verf. Karl Heinz Ruppel, Süddeutsche Zeitung vom 14.06.1962.
14 Akademie der Bildenden Künste München, Registratur, Personalakte von Helmut Jürgens: [»Programmatik«], ohne Datum, 1963 kurz vor seinem Tod verfasst.
15 Schumann: »Zum Tode des Bühnenbildners Helmut Jürgens«.
16 BayHStA MK 60306: 29.08.1963, Beileidsschreiben von Walter Keim an Jürgens' Ehefrau Cläre Jürgens.
17 Ebd.: 24.06.1957, Jürgens an den Regierungsbeamten Walter Keim, StMUK.
18 Ebd.: 08.04.1958, Rudolf Hartmann an das StMUK.
19 Ebd.: 03.01.1962, Walter Keim an das FK.
20 Schumann: »Zum Tode des Bühnenbildners Helmut Jürgen«.
21 Wismeyer: »Abschied von Prof. Helmut Jürgens«.

## Heinz Rosen

1 Jooss-Archiv Amsterdam, zit. nach: Stöckemann, Patricia: *Etwas ganz Neues muß nun entstehen. Kurt Jooss und das Tanztheater*, München 2001, S. 180.
2 Ebd., S. 186.
3 Folgende Angaben stammen von Pellaton, Ursula: [Eintrag] *Heinz Rosen*. Kotte, Andreas (Hg.): *Theaterlexikon der Schweiz*. Zürich 2005, Bd. 3, S. 1524.
4 Brug, Manuel: [Eintrag] *Heinz Rosen*. *Pipers Enzyklopädie des Musiktheaters*, Bd. 5, München 1994, S. 338–339, hier: S. 339.
5 Mlakar, S. 234.
6 Ebd.
7 Ruppel, zit. nach Mlakar, S. 235 f.
8 Mlakar S. 237.
9 Ebd.
10 Die im Orff-Zentrum zugänglichen Briefe Rosens (und wenige Gegenbriefe Orffs) datieren von 1958 bis 1968.
11 Mlakar, S. 267.
12 Mlakar, S. 267.
13 Brief Rosen an Orff, München 11.05.1967, 1 Bl. Typoskript.
14 Zit. nach: Mlakar, S. 271.

## Hans Knappertsbusch

1 BayHStA MK 45196: 23.09.1952, Mitteilung des früheren Theaterreferenten im StMUK, Ministerialrat i. R. Richard Mezger, Betreff »Wiedergutmachung nationalsozialistischen Unrechts für Angehörige des öffentlichen Dienstes; hier: für Professor Knappertsbusch«.
2 BArch R/9361/V/80529 Personenbezogene Unterlagen der Reichskulturkammer, Hans Knappertsbusch: 22.11.1935, Carl Leute an Konrad Geiger, Direktor des Bühnennachweis, Berlin-Steglitz.
3 BayHStA MK 45179b: am 06.12.1935 dem Ministerium übergeben, Betreff »Stellungnahme des bayerischen Staatsoperndirektors zu der durch den Generalintendanten geschaffenen Lage« [6 Bl.], Sperrungen im Original.
4 Vgl. BayHStA, Generalintendanz Bayerische Staatsoper 1359 Sachakte Thomas Mann: 03.04.1933, Brief vom Operndirektor.
5 Vgl. Bockstiegel, Heiko: *»Meine Herren, kennen Sie das Stück?« Erinnerungen an deutschsprachige Dirigenten des 20. Jahrhunderts und ihr Wirken im Opern- und Konzertleben Deutschlands*, Bd. 1. Wolfratshausen 1996, S. 127.
6 Vgl. Rathkolb, Oliver: *Führertreu und gottbegnadet. Künstlereliten im Dritten Reich*. Wien 1991, S. 108.
7 BArch R/9361/V/80529 Personenbezogene Unterlagen der Reichskulturkammer, Knappertsbusch: *Tagesspiegel* 05.12.1946, ohne Titel u. Verfasser.
8 BayHStA MK 45179b: Wallecks Entgegnung zu Knappertsbuschs »Stellungnahme«, 13 Bl.
9 Ebd.
10 Archiv Musikalische Akademie: 01.01.1936, Musikalische Akademie e. V. vormals K. Hoforchester, München. Sperrungen im Original.
11 Vgl. BayHStA MK 45179b: »Dirigierverbot für Knappertsbusch«, o. V., *Wiener Sonn- und Montags-Zeitung* 27.01.1936.
12 Ebd.: 10.01.1936, StMI an Generalmusikdirektor Hans Knappertsbusch.
13 BArch R 43/II/1252 Reichskanzlei, Kunst und Wissenschaft, Theaterwesen: Den Haag, 25.01.1935, Deutsche Gesandtschaft, Attaché Faber an Reichsminister für Volksaufklärung und Propaganda – Abteilung V – Berlin, Betreff »Gastspiel ›Figaros Hochzeit‹ Dirigent Knappertsbusch«.
14 RGBl, 1933, I, S. 176.

15 Archiv Musikalische Akademie: 16.11.1936, Herrn Generalmusikdirektor Prof. Hans Knappertsbusch München.
16 BArch R/56/III 1398: 06.10.1936, Nordische Verbindungsstelle Berlin an die Reichstheaterkammer.
17 BayHStA MK 45179a: Linz, 17.09.1952, Oskar Walleck an Ministerialrat Dr. Keim.
18 Ebd.: 23.09.1952, Richard Mezger, Ministerialrat i. R. an die Verwaltung der Bayer. Staatstheater, Betreff »Wiedergutmachung nationalsozialistischen Unrechts für Angehörige des öffentlichen Dienstes; hier: für Professor Knappertsbusch«.
19 Ebd.: 04.11.1952, Dienstliche Äusserung der Amtsrätin Berta Buchenberger.
20 Ebd.: 06.07.1955, StMUK, Betreff »Wiedergutmachung nat.soz. Unrechts für Angehörige des öffentlichen Dienstes; hier: Antrag des Generalmusikdirektors Professor Hans Knappertsbusch. Wiedergutmachungsbescheid«.
21 Vgl. ebd.: 24 July 1945, Headquarters 6870th District Information Services Control Comand, Films Theatres and Music Control Section, APO 757, US Army, To: Kultusministerium Bavaria (Attention Dr. Hipp), From: Theatre Control Officer, Subject »Positions in Bavarian State Theatres«.
22 Vgl. ebd.: 05.02.1955, Dienstliche Äusserung der Amtsrätin Berta Buchenberger.
23 Ebd.: Brief von Arthur Bauckner, 05.12.1946.
24 BayHStA MK 50187: 30.12.1948, An das StMUK, München, i.A. gez. Bernhard Binswanger, Dr. Fritz Kagerer, Artur Bodenschatz.
25 Vgl. BayHStA MK 45179a: StMUK, Staatssekretär Dieter Sattler, Vormerkung, Betreff »Gastspiele von Prof. Knappertsbusch an der Bayer. Staatsoper, bzgl. Gespräch am 13.01.1950«.
26 BayHStA MK 45179a: 25.02.1950, Karl Scharnagl, Oberbürgermeister a. D., an Staatssekretär Sattler.
27 Vgl. BayHStA MK 50187: 24.07.1950, StMUK an die Verwaltung der Bayer. Staatstheater in München, Betreff »Personalverhältnisse; hier: Generalmusikdirektor Professor Hans Knappertsbusch«.
28 Hartmann: *Das geliebte Haus*, S. 196.
29 BayHStA MK 45179a: 12.07.1951, StMUK, Vormerkung, Betreff »Staatstheater (Generalmusikdirektor)«.
30 BayHStA MK 60282: 26.07.1951, Betreff »Vormerkung über die Besprechung mit Professor Rudolf Hartmann«.
31 BayHStA MK 45179a: »Knappertsbusch wird wieder Generalmusikdirektor«, o. V., *Abendzeitung* 06.02.1954.
32 Ebd.: »Die beste Lösung. Professor Knappertsbuschs künftige Aufgaben«, o. V., *Abendzeitung* 08.02.1954.
33 Ebd.: »Ein Souverän kehrt zurück«, o. V., *Süddeutsche Zeitung* 08.02.1954.
34 BayHStA MK 45179b: Nr. XIII 75460, Betreff »Generalmusikdirektor Hans Knappertsbusch. Vormerkung«.
35 »Knappertsbusch streikt«, o. V., *Süddeutsche Zeitung* 16.10.1957.
36 BayHStA MK 50184: 14.11.1957, StMUK, Nr. XIII 90 193, Betreff »GMD. Fricsay«.
37 Ebd.: 02.12.1957, Kultusministerium, Nr. XIII 91 362, II. Entwurf einer Antwort des Herrn Staatsministers für die Landtagssitzung am 03.12.1957 [Thema: Jubiläumsfeier der Stadt München 1958].
38 BayHStA MK 45179a: 05.03.1958, StMUK an Dr. Herbert Hohenemser, Kulturreferent der Landeshauptstadt München, Betreff »Generalmusikdirektor Professor Hans Knappertsbusch; hier: 70. Geburtstag«.
39 Vgl. ebd.: 06.02.1963, StMUK, Vormerkung, Betreff »75. Geburtstag. GMD Prof. Hans Knappertsbusch«.
40 Vgl. Wolfgang Schreiber: *Große Dirigenten*. München 2007, S. 359.
41 BayHStA MK 50308: »Knappertsbusch und die Nationaltheater-Eröffnung. Die Mitwirkung des Dirigenten noch ungewiß. Neues Angebot: Am dritten Abend ›Rosenkavalier‹«, o. V., *Abendzeitung* 20./21.08.1963.

# DIE ÄSTHETISCHE DIMENSION DER AUFFÜHRUNGEN 1933 BIS 1963

## Die Spielpläne

1 Holzapfel, Carl Maria: *Einer baut einen Dom … – Freiheitsgedichte*. Berlin 1934.
2 Vgl. den Beitrag von Cromme, Rasmus: »Verwendet und vergessen – das Prinzregententheater und Georg Hartmann zwischen 1945 und 1952«. *Ergebnisse des Forschungsprojekts »Bayerische Staatsoper 1933–1963«*, Heft 2: »Scharnierjahre nach 1945: Wegbereiter, Lückenbüßer und alte Bekannte«, S. 4–17.
3 Selbstverständlich zählen die Kriegsjahre 1914–1918 nicht zur Weimarer Republik, aber gerade in diesen wenig günstigen Jahren für eine hochqualifizierte Theaterarbeit wartete das Münchener Hof- und Nationaltheater mit einer erstaunlichen Fülle von Ur- und Münchner Erstaufführungen auf. Um dieser modernen Spielplanpolitik gerecht zu werden, wurde der Untersuchungszeitraum um die Jahre des Ersten Weltkriegs erweitert – was allemal diskutabel ist.

4   Die statistischen Auswertungen der Spielpläne hier und im Folgenden basieren auf den Aufführungsbüchern der Bayerischen Staatsoper, in denen jede Aufführung mit Angaben zum Datum, zum Produktionsteam und zur Besetzung der Hauptrollen handschriftlich verzeichnet ist.

5   Mit Hinweis auf das Konzept, moderne Opern in »Zeitgenössischen Reihen« zusammenzufassen, zählte Hartmann auf: Paul Hindemith, *Die Harmonie der Welt*; Werner Egk, *Irische Legende* und *Die Zaubergeige*; Carl Orff, *Der Mond / Die Kluge*; Arthur Honegger, *Johanna auf dem Scheiterhaufen*; Alban Berg, *Wozzeck*, Béla Bartók, *Herzog Blaubarts Burg*; Igor Strawinsky, *Oedipus Rex*; Benjamin Britten, *The prince of the Pagodas*. Vgl. Hartmann: *Das geliebte Haus*, S. 304.

6   Ebd., S. 305.

7   Vgl. Schläder, Jürgen: »Lordsiegelbewahrer der Tradition. Rudolf Hartmann, *Arabella* und das Triumvirat. *Ergebnisse des Forschungsprojekts »Bayerische Staatsoper 1933–1963*. Heft 1 »Inszenierung der ›politischen Harmlosigkeit‹ – die Bayerische Staatsoper im Nationalsozialismus«, S. 36.

8   Mann, Thomas: *Deutsche Hörer! Fünfundfünfzig Radiosendungen nach Deutschland.* Frankfurt am Main 1968, S. 290.

9   Kaiser, Joachim: »Phasenverschiebungen und Einschnitte in der kulturellen Entwicklung«. Broszat, Martin (Hg.): *Zäsuren nach 1945. Essays zur Periodisierung der deutschen Nachkriegsgeschichte.* München 1990, S. 71.

10  Vgl. zum Begriff »Stunde Null« als Denkfigur vor allem Scherliess, Volker (Hg.): »*Stunde Null« – zur Musik um 1945*. Kassel u. a. 2014, Vorwort S. 8. Dort auch weitere prominente Einschätzungen zur dieser Denkfigur neben den Zitaten von Thomas Mann und Joachim Kaiser.

11  Benoit-Otis, Marie-Hélène: »Eine Wiener Feier für den ›deutschen Mozart‹. Nationale Fragen bei der ›Mozart-Woche des Deutschen Reiches‹ 1941«. Mecking, Sabine / Wasserloos, Yvonne (Hgg.): *Inklusion & Exklusion. »Deutsche« Musik in Europa und Nordamerika 1848–1945*. Göttingen 2016, S. 253–270, hier S. 269.

12  Vgl. ebd., S. 269 f.

13  Vgl. zur Begriffsgeschichte der deutschen Kunst neben zahlreichen anderen Publikationen vor allem: Clemens Knobloch, »»Deutsche Kunst‹ – Versuch einer semantischen Einkreisung«, in: *Kulturelle Enteignung – Die Moderne als Bedrohung*, hg. von Georg Bollenbeck und Werner Köster. Wiesbaden 2003, S. 21–35, und: Georg Bollenbeck, *Tradition, Avantgarde, Reaktion. Deutsche Kontroversen um die kulturelle Moderne 1880–1945*, Frankfurt am Main 1999, vor allem das Kapitel I. Annäherungen, S. 11–43.

14  Wagner fügte in der Schlussredaktion des Librettos und der Komposition die acht Verse ab »Habt acht! Uns dräuen üb'le Streich'« erst ein gutes Jahr vor der Münchner Uraufführung der *Meistersinger* in die Schlussansprache ein, um einer konservativen Kunstauffassung ihr Recht und ihre Gültigkeit zu bewahren. (vgl. Egon Voss, Art. »Die Meistersinger von Nürnberg«, in: *Pipers Enzyklopädie des Musiktheaters*, hg. vom Carl Dahlhaus u. a., Bd. 6, München 1997, S. 582) Die bis auf den heutigen Tag als chauvinistische Invektive gegen Frankreich begriffenen Verse waren Wagners augenscheinliche Reaktion auf die sich zuspitzende Auseinandersetzung der deutschen Staaten mit Frankreich, die Anfang 1867 ins Bewusstsein der Öffentlichkeit trat und mit der militärischen Auseinandersetzung 1870/71 sowie der Gründung des deutschen Kaiserreichs 1871 politische Realität wurde.

15  Vgl. Schläder, Jürgen, »Wagners Theater und Ludwigs Politik. Die *Meistersinger* als Instrument kultureller Identifikation«. *Richard Wagner in München. Bericht über das interdisziplinäre Symposium München 2013*, hg. von Sebastian Bolz und Hartmut Schick, München 2015, S. 63–78.

16  Vgl. Schläder, Jürgen: »Lordsiegelbewahrer der Tradition. Rudolf Hartmann, *Arabella* und das Triumvirat«. *Ergebnisse des Forschungsprojekts »Bayerische Staatsoper 1933–1963«*, Heft 1, S. 32–45.

## Starensemble und Kammersänger-Offensive

1   Vgl. Hartmann: *Das geliebte Haus*, S. 252 f. Übersicht zu Ensemble und Gästen 1952 vgl. S. 251.

2   BayHStA MK 50240: Betreff »Titel- und Dienstbezeichnungen für Künstler (Material)«.

3   Ebd.: 09.07.1954, Staatsintendant der Bayerischen Staatsoper Rudolf Hartmann an das StMUK, Herrn Ministerialrat Dr. Dr. Keim, Betreff »Einführung von Berufsbezeichnungen für Angehörige staatlicher Bühnen«.

4   Ebd.

5   Vgl. BayHStA MK 50240: 13.07.1954, Staatsintendant der Bayerischen Staatsoper Rudolf Hartmann an StMUK, Betreff »Verleihung der Dienstbezeichnung ›Kammersängerin‹ bzw. ›Kammersänger‹«.

6   Ebd.: 17.02.1955 u. 19.02.1955, Staatsintendant der Bayerischen Staatsoper an StMUK, Betreff »Verleihung der Dienstbezeichnung ›Kammersänger‹ bzw. ›Kammersängerin‹«.

7 Vgl. BayHStA MK 50241: 26.10.1954, StMUK an die Bayer. Staatsoper und das Bayer. Staatsschauspiel, Betreff »Verleihung von Dienstbezeichnungen an den Bayer. Staatstheatern«.
8 BayHStA MK 50240: 29.10.1955, StMUK, Betreff »Verleihung der Dienstbezeichnung ›Bayer. Kammersänger‹ bzw. ›Bayer. Kammersängerin‹«.
9 Ebd.: 07.03.1956, Staatsintendant der Bayerischen Staatsoper an das StMUK, Betreff »Kammersänger-Dienstbezeichnung«.
10 Ebd.: 16.03.1957, Staatsintendant der Bayerischen Staatsoper an das StMUK, Betreff »Verleihung der Dienstbezeichnung Bayerischer Kammersänger«.
11 BayHStA MK 50241: 27.09.1961, Staatsintendant der Bayerischen Staatsoper an das StMUK, Betreff »Verleihung der Dienstbezeichnung ›Bayer. Kammersänger‹ bzw. ›Bayer. Kammersängerin‹ an Mitglieder der Bayer. Staatsoper.
12 Ebd.: 24.01.1963, Staatsintendant der Bayerischen Staatsoper Rudolf Hartmann an das StMUK, Herrn Ministerialdirigenten Dr. Dr. Keim, Betreff »Verleihung von Dienstbezeichnungen an Mitglieder der Bayerischen Staatsoper«.
13 »Wie fühlen sie sich als Kammersänger?«, o. V. *Abendzeitung* 03./04.12.1955.
14 BayHStA MK 50241: 28.12.1961, Staatsintendant der Bayerischen Staatsoper an das StMUK, Betreff »Verleihung des Titels ›Bayer. Kammersänger‹«.
15 Ebd.: 31.01.1962, Staatsintendant der Bayerischen Staatsoper an das StMUK, Betreff »Verleihung des Titels ›Bayer. Kammersänger‹«.
16 Vgl. BayHStA MK 50240: 04.06.1952, StMUK, Betreff »Verleihung der Titel ›Kammersänger‹ und ›Kammersängerin‹« sowie ebd., 20.05.1954, StMUK, Betreff »Landtagsdrucksache Beilage 5484, Antrag des Abgeordneten Elsen u.a. vom 06.05.1954 ›Einführung von Berufsbezeichnungen für Angehörige staatlicher Bühnen‹«.
17 Vgl. ebd.: Reichsgesetz über Titel, Orden und Ehrenzeichen vom 01.07.1937 (RG Bl. I S. 725).

## Rückzug in die Tanzmoderne?

1 Koegler, Horst: »Provokateure gesucht«. Ders. (Hg.): *Ballett 1968. Chronik und Bilanz des Ballettjahres*. Velber 1968, S. 46.
2 Koegler, Horst: »Eine vitale Vielseitigkeit. Das Ballett in Deutschland«. Regitz, Hartmut (Hg.): *Tanz in Deutschland. Ballett seit 1945. Eine Situationsbeschreibung*. Berlin 1984, S. 7–29, hier S. 9.
3 Über 200 eigenständige Choreografien wurden bereits 2007 registriert, mit seither ungebrochener Tendenz. Vgl. die von Stephanie Jordan publizierte Datenbank-Website *Stravinsky the Global Dancer. A Chronology of Choreography to the Music of Igor Stravinsky*, http://urweb.roehampton.ac.uk/stravinsky/ (abgerufen am 17.02.2017).
4 Vgl. Mlakar, Pia und Pina: *Unsterblicher Theatertanz. 300 Jahre Ballettgeschichte der Oper in München*, Bd. II: *Von 1860 bis 1967*, mit 204 Bilddokumenten. Wilhelmshaven 1996, S. 165 f.
5 Zit. nach: ebd. S. 165. Fokin problematisierte die Frage der Rechte am Libretto und deren Verwertung und die neue Choreografie von Adolph Bolm: »Eine ganz neue Choreographie, unabhängig von meiner kann sie gar nicht sein. Bolm hat viele Jahre mein Ballett gesehen, er kann es nicht aus seinem Gedächtnis auslöschen. So werden meine Einfälle, meine Gedanken und Gefühle genützt, aber ich werde dabei als nicht existierend behandelt.«
6 Vgl. zu diesem Vorfall Stöckemann, Patricia: *Etwas ganz Neues muß nun entstehen. Kurt Jooss und das Tanztheater*, hg. vom Deutschen Tanzarchiv/SL Stiftung Kultur, München 2001, S. 333–336. – Heinz Rosen zeigte den *Grünen Tisch* in der Ballettfestwoche 1964 mit seinen Münchner Tänzern, in der Einstudierung und Regie von Kurt Jooss und Ulla Söderbaum.
7 Vgl.. ebd., S. 41.
8 Ebd., S. 37.
9 Vgl. Mlakar: *Unsterblicher Theatertanz*, S. 168.
10 Ebd.
11 Egk, Werner: »Ballett und Musik«. Lindlar, Heinrich (Hg.): *Musik der Zeit. Eine Schriftreihe zur zeitgenössischen Musik. Ballett-Heft*, Bonn und London 1952, S. 38–40, hier S. 40.
12 Zit. nach: Stöckemann: *Kurt Jooss*, S. 341.
13 Koegler: »Eine vitale Vielseitigkeit«, S. 12.
14 Ebd., S. 14.
15 Busch, Max W.: *Tatjana Gsovsky. Choreographin und Tanzpädagogin*, Berlin 2005, S. 132.

## Die Ästhetik der Inszenierungen

1 Zur Propagandapolitik der Nationalsozialisten vgl. etwa Bussemer, Thymian: *Propaganda und Populärkultur. Konstruierte Lebenswelten im Nationalsozialismus*. Wiesbaden 2000.
2 Vgl. dazu Geyer, Martin H.: *Verkehrte Welt. Revolution, Inflation und Moderne: München 1914–1924*. Göttingen 1998. Sowie: Bauer, Richard / Hockerts, Hans-Günter / Schütz, Brigitte / Till, Wolfgang / Ziegler, Walter (Hrsg.): *München – »Hauptstadt der Bewegung«. Bayerns Metropole und der Nationalsozialismus*. Wolfratshausen 2002.

3 Vgl. Balme, Christopher: »Werktreue. Aufstieg und Niedergang eines fundamentalistischen Begriffes«. Gutjahr, Ortrud (Hg.): *Regietheaer! Wie sich über Inszenierungen streiten lässt.* Würzburg 2008, S. 43–50, sowie Erken, Günther: »Regietheater und Klassiker«. Ders. (Hg.): *Theaterflimmern. Über die Kunst der Bühne.* Sankt Augustin 2013, S. 309–327.

4 Zum Sprachgebrauch der Nationalsozialisten vgl. Klemperer, Victor: *LTI: Notizbuch eines Philologen.* Berlin 1947, sowie Schmitz-Berning, Cornelia: *Vokabular des Nationalsozialismus.* Berlin 2007.

5 Ein bekanntes Beispiel ist etwa der von den Nationalsozialisten euphemistisch benutzte Begriff »Schutzhaftlager« für die Konzentrations-, Arbeits- und Vernichtungslager.

6 Riefenstahl, Leni [Regie]: *Triumph des Willens.* Deutschland 1935. 114 Minuten.

7 Vgl. Hartmann, Christian (Hg.): *Hitler, Mein Kampf – eine kritische Edition.* München 2016.

8 Neuhaus, Max: »Kritik zu ›Die Meistersinger von Nürnberg‹«. *Völkischer Beobachter* 22.06.1933.

9 o.A.: »Kritik zu Die Meistersinger von Nürnberg«, unbekannte Zeitung 11.07.1934. [Quelle: BayerHStA, Bestand Intendanz Bayerische Staatsoper, Akt 1058.]

10 Quelle ebd.

11 Gennep, Arnold van: Übergangsriten. Frankfurt am Main 1986.

12 BayHStA, Bestand Intendanz der Bayerischen Staatsoper, Akt 176, darin: Schreiben des Intendanten der Staatstheater Nürnberg Johannes Maurach an den Generalintendanten der Bayerischen Staatstheater Oskar Walleck mit »Anordnung des Führers« zur Freistellung von Georg Hann zur *Meistersinger*-Aufführung am Nürnberger Reichsparteitag, 30.07.1936.

13 o.A.: »Benno von Arent inszeniert die Meistersinger – Vorbereitungen zur Reichstheaterwoche«. *Münchner Neueste Nachrichten* 05.05.1936.

14 Ebd.

15 Mungen, Anno: *Musiktheater in Nürnberg 1920–1950: Inszenierung von Macht und Unterhaltung.* Vortrag am 24.07.2016 im Rahmen des Abschlußsymposiums des Forschungsprojekts zur Geschichte der Bayerischen Staatsoper 1933–1963.

16 Zeitzeugengespräch mit Walter Englhard am 21.10.2013, geführt von Katrin Frühinsfeld und Dominik Frank.

17 Vgl. Frank, Dominik: »Reichstheaterkammer und Reichsdramaturgie. Ämterverflechtung und Polykratie«. Benz, Wolfgang (Hrsg.): *Kunst im NS-Staat.* Berlin 2015, S. 181–190.

18 o. A.: »Renaissance der Münchner Oper. Generalmusikdirektor Clemens Krauss entwickelt sein Arbeitsprogramm – Etwa zehn Neueinstudierungen im Jahr«. unbekannte Zeitung 31.12.1936.

19 Neupublikation 1869. Zit. nach: Fischer, Jens Malte: *Richard Wagners »Das Judentum in der Musik«.* Frankfurt am Main / Leipzig 2009, S. 24.

20 Allert, Tillmann: *Der Deutsche Gruß. Geschichte einer unheilvollen Geste.* Frankfurt 2005.

21 vgl. »Renaissance der Münchner Oper« (Anm. 18).

22 Ebd.

23 BayHStA, Intendanz der Bayerischen Staatsoper, Werkakt 636: 20.01.1937: Generalintendanz [ohne Namen] an das gesamte Haus. Betreff: Kartenpreiserhöhung um 25 Prozent.

24 Vgl. Dauerausstellung des NS-Dokumentationszentrums am ehemaligen Reichsparteitagsgelände Nürnberg.

25 o.A.: »Münchner Theater«. *Stettiner Anzeiger* 25.02.1937.

26 Stahl, Heinrich: »Clemens Krauss dirigierte: Die ägyptische ›Aida‹«. *Völkischer Beobachter* 02.02.1937.

27 Weitze, Werner: »Triumph einer Neuinszenierung«. *Augsburger Allgemeine* 02.02.1937.

28 Premiere am 15.11.1945, Musikalische Leitung: Bertil Wetzelsberger, Inszenierung: Günther Rennert, Bühnenbild: Caspar Neher. Mit Franz Völker (Florestan), Hans Hotter (Pizarro) und Helena Braun (Leonore).

29 Vgl. BayHStA, Bestand Intendanz der Bayerischen Staatsoper, Werkakt 847.

30 Zentner, Wilhelm: »Oper in München«. *Kölnische Volkszeitung* 29.04.1937.

31 Gröger, Simon: *Recherchen zur Bayerischen Staatsoper.* Entstanden im Rahmen des Kurses »Aktenzeichen NS: Quellen- und Archivarbeit« unter Leitung von Rasmus Cromme und Dominik Frank. Der Kurs war Teil des Forschungsprojektes zur Geschichte der Bayerischen Staatsoper 1933–1963.

32 Frank: »Reichstheaterkammer«.

33 BayHStA, Bestand Intendanz der Bayerischen Staatsoper, Sachakt 784, darin: Brief von Rudolf Maerz an Staatsminister Wagner vom 17.11.1936.

34 o.A.: »Rezension zu Don Carlos«. *Fränkisches Volksblatt* 11.12.1937.

35 *Blätter der Bayerischen Staatstheater in München*, Heft 4 /1937–1938, S. 1.

36 Ebd., Heft 10 /1937–1938, S. 195.

37 Ebd., S .194.

38 *Festspielprogrammheft* (Opernfestspiele) 1938, S. 1. Quelle: ebd.

39 Ebd., S. 2–4.

40 Der Artikel basierte auf einem Vortrag, den der

41 Millenkovich-Morold, Max von: »Richard Wagner und der Nationalsozialismus.« *Festspielprogrammheft (Opernfestspiele) 1939*, S. 12 f.
42 *Dramaturgische Blätter*, Ausgabe 14/1940–1941.
43 Pringsheim, Heinz: »Verdis ›Aida‹ in Neuinszenierung«. *Süddeutsche Zeitung* 23.10.1948.
44 Aus dem Brief des Regensburger Intendanten Dr. Herbert Decker an Helmut Jürgens, exzerpiert von Jürgens. DTM Helmut Jürgens.
45 Pringsheim, Heinz: »›Tristan und Isolde‹ – Neueinstudierung in der Staatsoper. *Süddeutsche Zeitung* 11.11.1974.
46 Schmidt-Garre, Helmut: »Tristan und Isolde«. *Münchner Merkur* 10.11.1947.
47 o. A.: »›Siegfried‹ in der Staatsoper. Festliche Premiere an Wagners Todestag.« *Abendzeitung* 14.02.1951.
48 Schmidt-Garre, Helmut: »Beifallsstürme für ›Götterdämmerung‹ in der Staatsoper«. *Münchner Merkur* 14.12.1951.
49 Hartmann, Rudolf: *Das geliebte Haus. Mein Leben mit der Oper.* München 1979.
50 Regiebuch zu *Capriccio*. Schlötterer, Roswitha (Hg.): *Richard Strauss – Rudolf Hartmann. Ein Briefwechsel. Mit Aufsätzen und Regiearbeiten von Rudolf Hartmann.* Tutzing 1984, S. 161.
51 BayHStA, Bestand Intendanz der Bayerischen Staatsoper, Akt 957.

## Die Innovation

1 Vgl. Hartmann: *Das geliebte Haus*, S. 351.
2 Vgl. ebd., S. 352.
3 Vgl. ebd., S. 366 f. das Faksimile des Rennert-Briefes.
4 Bach, Rudolf: »Aufführungen, die beachtlich waren«. Rubner, Josef M. und Huster, Theo P.: *Chronik der Neuen Münchener Theatergeschichte.* München 1946, S. 16.
5 Rennert, Günther: »Die Gestaltung der Bühne«. *Königsberger Allgemeine Zeitung* 26.03.1942 – zit. nach: Backöfer, Andreas: *Günther Rennert. Regisseur und Intendant*. Anif/Salzburg 1995, S. 55.
6 Rennert, Günther: »Über die Oper. Die Oper als eine Kunstform des Irrealen«. *Deutsche Universitätszeitung.* Heft IX, Juli 1954, S. 14.
7 Ebd., S. 16.
8 Rennert, Günther: »Idee und Realität der Oper«. *Stuttgarter Zeitung* 23.06.1959. Vgl. zu den letzten Rennert-Zitaten Backöfer: *Rennert*, S. 56–60.
9 Vgl. ebd., S. 61–65.
10 Vgl. die Liste der Opern-Inszenierungen bei Schäfer, Walter Erich: *Günther Rennert – Regisseur in dieser Zeit*. Bremen 1962, S. 111 f.
11 Vgl. ebd., S. 22, sowie Backöfer: *Rennert*, S. 106.
12 Ebd.
13 Vgl. Hartmann: *Das geliebte Haus*, S. 369 f.
14 Rennert, Günther: *Opernarbeit. Inszenierungen 1963-1973. Werkstattberichte, Interpretationen, Bilddokumente*. München 1974, S. 71 f.
15 Vgl. Rennert: »Über die Oper«, S. 14.
16 Vgl. die Auflistung bei Schäfer: *Günther Rennert*.
17 Vgl. Backöfer: *Günther Rennert*, S. 216–221.

# Literaturverzeichnis

Adorno, Theodor W.: *Ästhetische Theorie*. Frankfurt am Main 1972.

Akademie für das Graphische Gewerbe (Hg.): *Oper. Essays zeitgenössischer Komponisten. Bühnenbilder von Helmut Jürgens*. München 1962.

Allert, Tillmann: *Der Deutsche Gruß. Geschichte einer unheilvollen Geste*. Frankfurt 2005.

Axt, Eva-Maria: *Musikalische Form als Dramaturgie. Prinzipien eines Spätstils in der Oper »Friedenstag« von Richard Strauss und Joseph Gregor*. München u. Salzburg 1989.

Bach, Rudolf: »Aufführungen, die beachtlich waren«. Rubner, Josef M. und Huster, Theo P. (Hgg.): *Chronik der Neuen Münchener Theatergeschichte*. München 1946, S. 16.

Backöfer, Andreas: *Günther Rennert. Regisseur und Intendant*. Anif/Salzburg 1995.

Balme, Christopher: »Werktreue. Aufstieg und Niedergang eines fundamentalistischen Begriffes«. Gutjahr, Ortrud (Hg.): *Regietheaer! Wie sich über Inszenierungen streiten lässt*. Würzburg 2008, S. 43–50.

Bandur, Markus: »Carl Orff: *Carmina Burana*. Riethmüller, Albrecht (Hg): *Geschichte der Musik im 20. Jahrhundert: 1925–1945*. Laaber 2006, S. S. 193–199.

Bauer, Fritz: *Die Regierungen 1945–1962. Dokumente zur Geschichte von Staat und Gesellschaft in Bayern*. München 1976.

Bauer, Richard u. a. (Hg.): *München – »Hauptstadt der Bewegung«. Bayerns Metropole und der Nationalsozialismus*. Wolfratshausen 2002.

Baumgartner, Edwin: »Orffs späte Rehabilitierung«. *Wiener Zeitung* vom 18.6.2011, zit. nach der Internetversion http://www.wienerzeitung.at/themen_channel/wissen/geschichte/219107_Carl-Orffs-spaete-Rehabilitierung.html (letzter Zugriff am 14.07.2017).

Baur-Callway, Karl: »München hat sein Nationaltheater wieder ...« [o. T., Rubrik »Aktualitäten«]. *Baumeister*, Jg. 60, Heft 12 (1963), o. S.

Bayerische Akademie der Schönen Künste (Hg.): *Berufung und Tätigkeit des künstlerischen Beirats für die Planungen des Architekten Professor Graubner zum Wiederaufbau des Bayerischen Nationaltheaters*. München 1956.

Bayerische Staatsoper München (Hg.): *Sonderheft zur Presse-Ausstellung 5.5.–16.6.1948*. Red. Walter Eichner. München 1948.

Behr, Walter: »Zum Geleit«. Alfred Dahlmann (Hg.): *Der Theater-Almanach 1946/1947. Kritisches Jahrbuch der Bühnenkunst*. München 1946, S. 9.

Benjamin, Walter: *Das Kunstwerk im Zeitalter seiner technischen Reproduzierbarkeit*. Stuttgart 2011 [ursprünglich Paris 1936].

Benoit-Otis, Marie-Hélène: »Eine Wiener Feier für den ›deutschen Mozart‹. Nationale Fragen bei der ›Mozart-Woche des Deutschen Reiches‹ 1941«. Mecking, Sabine und Wasserloos, Yvonne (Hgg.): *Inklusion & Exklusion. »Deutsche« Musik in Europa und Nordamerika 1848–1945*. Göttingen 2016, S. 253–270.

Benz, Wolfgang u. a. (Hg.): *Kunst im NS-Staat. Ideologie, Ästhetik, Protagonisten*. Berlin 2015.

Benz, Wolfgang/Graml, Hermann/Weiß, Hermann (Hg.): *Enzyklopädie des Nationalsozialismus*. München 2007.

Bermbach, Udo: *Houston Stewart Chamberlain. Wagners Schwiegersohn – Hitlers Vordenker*. Stuttgart und Weimar 2015.

Bockstiegel, Heiko: »*Meine Herren, kennen Sie das Stück?« Erinnerungen an deutschsprachige Dirigenten des 20. Jahrhunderts und ihr Wirken im Opern- und Konzertleben Deutschlands*, Bd. 1. Wolfratshausen 1996.

Böhmer, Ulrike: »*Simplicius* als work in progress. Fragen an die Dokumente seiner Entstehungsgeschichte«. Ulrich Tadday (Hg.): *Karl Amadeus Hartmann, Simplicius Simplicissimus*, München 2010, S. 75.

Bollenbeck, Georg: *Tradition, Avantgarde, Reaktion. Deutsche Kontroversen um die kulturelle Moderne 1880–1945*. Frankfurt am Main 1999.

Bracher, Karl-Dietrich: »Stufen totalitärer Gleichschaltung. Die Befestigung der nationalsozialistischen Herrschaft 1933/34«. *Vierteljahreshefte für Zeitgeschichte*, Jg. 4 (1956), Heft 1, S. 30–42.

Braunmüller, Robert: »Aktiv im kulturellen Wiederaufbau.« Schläder, Jürgen (Hg.): *Werner Egk. Eine Debatte zwischen Ästhetik und Politik*. München 2008, S. 33–69.

Brehler, Christoph Lucas: »*Un du akerst un du zeyst«. Betrachtungen zum frühen Schaffen Hartmanns*. Dibelius, Ulrich (Hg.): *Karl Amadeus Hartmann. Komponist im Widerstreit*. Kassel u. a. 2004, S. 55–76.

Breuer, Peter: *Münchner Künstlerköpfe*. München 1937.

Brixner, W.: »Die private Initiative der ›Freunde des Nationaltheaters E. V.‹«. *Der Zwiebelturm. Monatsschrift für das bayerische Volk und seine Freunde*. Jg. 18, Heft 11: Sonderheft Nationaltheater. Regensburg 1963, S. 245.

Brug, Manuel: »Heinz Rosen«. *Pipers Enzyklopädie des Musiktheaters*, Bd. 5, München 1994, S. 338–339.

Busch, Max W.: *Tatjana Gsovsky. Choreographin und Tanzpädagogin*, Berlin 2005.

Bussemer, Thymian: *Propaganda und Populärkultur. Konstruierte Lebenswelten im Nationalsozialismus*. Wiesbaden 2000.

**C**romme, Rasmus / Frank, Dominik / Frühinsfeld, Katrin: »1937 – Die Pläne der Nationalsozialisten für die Münchner Oper«. *Max Joseph. Das Magazin der Bayerischen Staatsoper*, Ausgabe 1/2014–2015, S. 60–64.

Cromme, Rasmus / Frank, Dominik / Frühinsfeld, Katrin: »Tränen lügen nicht, oder? Vom Umgang mit erzählter Geschichte«. *Max Joseph. Das Magazin der Bayerischen Staatsoper*, Ausgabe 2/2013–2014, S.70–74.

Cromme, Rasmus: »Verwendet und vergessen – Das Prinzregententheater und Georg Hartmann zwischen 1945 und 1952«. Bayerische Staatsoper (Hg.): *Scharnierjahre nach 1945: Wegbereiter, Lückenbüßer und alte Bekannte*. München: Bayerische Staatsoper, Spielzeit 2015/16 (Ergebnisse des Forschungsprojekts »Bayerische Staatsoper 1933–1963«, Heft 2), S. 4–17.

**D**ahlmann, Alfred: »Der Theater-Almanach. Anschauung und Umkreis«. Ders. (Hg.): *Der Theater-Almanach 1946/1947. Kritisches Jahrbuch der Bühnenkunst*. München 1946.

Dünnwald, Rolf: *Die Rechtsstellung des Theaterintendanten*. Rechtswiss. Diss. Universität Köln 1964.

**E**bert, G.: »Ein Abend der Avantgardisten«, *8-Uhr-Blatt*, Nürnberg, 05.12.1963.

Egk, Werner: »Ballett und Musik«. Lindlar, Heinrich (Hg.): *Musik der Zeit. Eine Schriftreihe zur zeitgenössischen Musik. Ballett-Heft*, Bonn und London 1952, S. 38–40.

Egk, Werner: »Über die Oper.« Programmheft der Bayerischen Staatsoper zur Uraufführung von *Die Verlobung in San Domingo*, 1963.

Egk, Werner: *Die Verlobung in San Domingo*. Oper nach einer Novelle von Heinrich von Kleist. Textbuch. Mainz: B. Schott's Söhne 1963.

Egk, Werner: *Die Zaubergeige*. Klavierauszug. Leipzig: Peters 1978.

Egk, Werner: *Die Zeit wartet nicht. Künstlerisches, Zeitgeschichtliches, Privates aus meinem Leben*. Mainz 2001.

Eicher, Thomas / Panse, Barbara / Rischbieter, Henning (Hgg.): *Theater im »Dritten Reich«. Theaterpolitik, Spielplanstruktur, NS-Dramatik*. Seelze-Velber 2000.

Enwezor, Okwui / Siegel, Katy / Wilmes, Ulrich: *Postwar: Kunst zwischen Pazifik und Atlantik 1945–1965* [Ausstellungskatalog]. München 2016.

Erken, Günther: »Regietheater und Klassiker«. Ders. (Hg.): *Theaterflimmern. Über die Kunst der Bühne*. Sankt Augustin 2013, S. 309–327.

**F**austmann, Uwe Julius: *Die Reichskulturkammer*. Bonn 1990.

Fischer, Jens Malte: *Richard Wagners »Das Judentum in der Musik«*. Frankfurt am Main / Leipzig 2009.

Flashar, Hellmut: *Inszenierung der Antike. Das griechische Drama auf der Bühne der Neuzeit von 1585–1990*. München 1991.

Frank, Dominik: »Reichstheaterkammer und Reichsdramaturgie. Ämterverflechtung und Polykratie«. Wolfgang Benz (Hg.): *Die Reichskulturkammer*. Berlin 2015, S. 181–190.

Fries, Hermann: »Das Schauspiel im Münchner Nationaltheater«. *Nationaltheater München. Festschrift der Bayerischen Staatsoper zur Eröffnung des wiederaufgebauten Hauses*. München 1963, S. 118–130.

Fröhlich, Elke: »Die kulturpolitische Pressekonferenz des Reichspropagandaministeriums«. *Vierteljahrshefte für Zeitgeschichte*, 22 (1974), S. 347–381.

**G**eiger, Friedrich: *Musik in zwei Diktaturen. Verfolgung von Komponisten unter Hitler und Stalin*. Kassel 2004.

Gelberg, Karl Ulrich: *Quellen zur politischen Geschichte Bayerns in der Nachkriegszeit. Bd. I. 1944–1957*. München 2002.

Gennep, Arnold van: *Übergangsriten*. Frankfurt am Main 1986.

Geyer, Martin: *Verkehrte Welt. Revolution, Inflation und Moderne: München 1914–1924*. Göttingen 1998.

Gotto, Bernhard: *Nationalsozialistische Kommunalpolitik. Administrative Normalität und Systemstabilisierung durch die Augsburger Stadtverwaltung 1933–1945*. München 2006.

Gregor, Joseph: *Clemens Krauss. Seine musikalische Sendung*. Bad Bocklet, Wien und Zürich 1953.

Gruner, Wolf: »Die NS-Judenverfolgung und die Kommunen. Zur wechselseitigen Dynamisierung von zentraler und lokaler Politik 1933–1941«. Bracher, Karl Dietrich / Schwarz, Hans-Peter / Möller, Horst (Hgg.): *Vierteljahreshefte für Zeitgeschichte*. Jg. 48, Heft 1, Januar 2000, S. 75–126.

**H**aas, Barbara: »Die Münchner Komponisten-Trias. Das nicht immer unproblematische Verhältnis zwischen Orff, Egk und Hartmann«. Dibelius, Ulrich (Hg.): *Karl

Amadeus Hartmann. Komponist im Widerstreit. Kassel u. a. 2004, S. 228–250.

Haas, Barbara: *Karl Amadeus Hartmann. Zeitzeugen und Dokumente*. Wilhelmshaven 2004.

Haberman, Sylvia / Nerdinger, Winfried: »Nationaltheater am Max-Joseph-Platz«. *Carl von Fischer*. Katalog zur Ausstellung in der Neuen Pinakothek, Dez. 1982 bis Feb. 1983, München 1982, S. 50–54.

Haken, Boris von: *Der »Reichsdramaturg«. Rainer Schlösser und die Musiktheater-Politik in der NS-Zeit*. Hamburg 2007.

Hartmann, Christian (Hg.): *Hitler, Mein Kampf – eine kritische Edition*. München 2016.

Hartmann, Rudolf: *Das geliebte Haus. Mein Leben mit der Oper*. München 1975.

Hartmann, Rudolf: *Das geliebte Haus. Mein Leben mit der Oper*. München ²1977 [1975].

Heider, Helmut: *Goebbels-Reden*. Bd. I: 1932–1939. München 1971.

Heister, Hanns-Werner (Hg.): *Geschichte der Musik im 20. Jahrhundert: 1945–1975*, Laaber 2005.

Hermann, Joachim: »Der vollkommene Operndirektor. Zum Andenken an Clemens Krauß«. *Musica* 7, 1955, S. 311 f.

Hitler, Adolf: »Die deutsche Kunst als stolzeste Verteidigung des deutschen Volkes« (Rede auf der Kulturtagung des Parteitages des NSDAP in Nürnberg am 1. September 1933)«. Eikmeyer, Robert (Hg.): *Adolf Hitler – Reden zur Kunst- und Kulturpolitik 1933–1963*. Frankfurt am Main 2004, S. 52.

Holzapfel, Carl Maria: *Einer baut einen Dom … – Freiheitsgedichte*. Berlin 1934.

Hüpping, Stefan: *Rainer Schlösser (1899–1945). Der »Reichsdramaturg«*. Bielefeld 2012.

Jackson, Timothy: »Historische Anmerkungen und Notizen zu Arabella«. *Programmbuch der Bayerischen Staatsoper zur Neuinszenierung von Arabella*, Premiere am 6.7.2015, S. 96–118.

Jaschinski, Andreas: »›Wachstumsspuren‹ oder Wie kamen Hartmanns Symphonien zu ihren Nummern? Überlegungen zum Gattungsverständnis«. Dibelius, Ulrich (Hg.): *Karl Amadeus Hartmann. Komponist im Widerstreit*. Kassel u. a. 2004, S. 123–146.

Kaiser, Joachim: »Phasenverschiebungen und Einschnitte in der kulturellen Entwicklung«. Broszat, Martin (Hg.): *Zäsuren nach 1945. Essays zur Periodisierung der deutschen Nachkriegsgeschichte*. München 1990, S. 69–74.

Kanthak, Sabrina: »Alte Bekannte – Die Rückkehr Rudolf Hartmanns«. »Kontinuität oder Neubeginn? Die Bayerische Staatsoper in den Jahren 1945 bis 1963«, *Max Joseph* Nr. 4 2015/16, S. 133.

Kanzog, Klaus: »›… und dazu ein nicht zu übersehendes, höchst aktuelles Element.‹ Werner Egks Oper *Die Verlobung in San Domingo* zum Zeitpunkt ihrer Uraufführung am 27. November 1963«. Schläder, Jürgen (Hg.): *Werner Egk: Eine Debatte zwischen Ästhetik und Politik*. München 2008, S. 162–180.

Keim, Walter: »Wie es zum Wiederaufbau des Nationaltheaters kam«. *Der Zwiebelturm. Monatsschrift für das bayerische Volk und seine Freunde*, Jg. 18, Heft 11: Sonderheft Nationaltheater. Regensburg 1963, S. 237–241.

Klee, Ernst: *Das Kulturlexikon zum Dritten Reich. Wer war was vor und nach 1945*, Berlin 2007.

Klemperer, Victor: *LTI: Notizbuch eines Philologen*. Berlin 1947.

Knobloch, Clemens: »‚Deutsche Kunst‘ – Versuch einer semantischen Einkreisung«. *Kulturelle Enteignung – Die Moderne als Bedrohung*, hg. von Georg Bollenbeck und Werner Köster. Wiesbaden 2003, S. 21–35.

Koegler, Horst: »Eine vitale Vielseitigkeit. Das Ballett in Deutschland«. Regitz, Hartmut (Hg.): *Tanz in Deutschland. Ballett seit 1945. Eine Situationsbeschreibung*. Berlin 1984, S. 7–29.

Koegler, Horst: »Provokateure gesucht«. Ders. (Hg.): *Ballett 1968. Chronik und Bilanz des Ballettjahres*. Velber 1968.

Köhler, Franz-Heinz: *Die Struktur der Spielpläne deutschsprachiger Opernbühnen von 1896 bis 1966. Eine statistische Analyse*. Koblenz 1968.

Körner, Hans-Michael: *Geschichte des Königreichs Bayern*. München 2006.

Köwer, Karl: »Die Geschichte des Prinzregententheaters von Richard Wagner bis zur ›kleinen Lösung‹«. Seidel, Klaus Jürgen (Hg.): *Das Prinzregententheater in München*. Nürnberg 1984, S. 11–37.

Krauss, Clemens / Strauss, Richard: *Capriccio. Ein Konversationsstück für Musik in einem Aufzug Op. 85. Libretto*. Mainz 1942.

Kuchlbauer, Thomas: »Warum lässt sich der Librettist die Szene mit dem Juden entgehen?«. »Die Opernästhetik auf Linie gebracht?«. *Max Joseph* 2/2015–2016, S. 74.

Lange, Wigand: *Theater in Deutschland nach 1945. Zur Theaterpolitik der amerikanischen Besatzungsbehörden*. Frankfurt am Main 1980.

Lüdtke, Alf (Hg.): *Herrschaft als soziale Praxis. Historische und sozial-anthropologische Studien*. Göttingen 1991.

Mann, Thomas: *Deutsche Hörer! Fünfundfünfzig Radiosendungen nach Deutschland*. Frankfurt am Main 1968.

Mann, Thomas: *Deutschland und die Deutschen*. Rede

(in englischer Sprache) am 29. Mai 1945 in der Library of Congress, Washington, anlässlich seines 70. Geburtstags. Gedruckt: *Die Neue Rundschau*. Stockholm, Heft 1 (Oktober 1945).

Mann, Thomas: *Politische Schriften und Reden*. Bd. 3. Frankfurt am Main 1968.

McCredie, Andrew: *Karl Amadeus Hartmann. Sein Leben und Werk*. Wilhelmshaven 1980.

Meinel, Katharina: *Für Fürst und Vaterland. Begriff und Geschichte des Münchner Nationaltheaters im späten 18. Jahrhundert*. München 2003.

Meitinger, Karl: *Das neue München. Vorschläge zum Wiederaufbau*. München 1946.

Millenkovich-Morold, Max von: »Richard Wagner und der Nationalsozialismus.« *Festspielprogrammheft (Opernfestspiele) 1939*, S. 12 f.

Mlakar, Pia und Pino: *Unsterblicher Theatertanz. 300 Jahre Ballettgeschichte der Oper in München*, Bd. II: *Von 1860 bis 1967*. Wilhelmshaven 1996.

Möllmann, Bernhard: »Der Opernsänger Berthold Sterneck und seine Familie«. Schoßig, Bernhard (Hg.): *Ins Licht gerückt. Jüdische Lebenswege im Münchner Westen*. München 2008, S. 145–158.

Mosch, Ulrich: »›Freiheit war es immer, die er meinte‹ – Karl Amadeus Hartmann und die ›Stunde Null‹«. Volker Scherliess (Hg.): *»Stunde Null« – zur Musik um 1945*. Kassel u. a. 2014, S. 111–126.

Mozart, Wolfgang Amadeus: *Die Zauberflöte*. Texte, Materialien, Kommentare. Mit einem Essay von Attila Csampai. Reinbek bei Hamburg 1982.

Münchner Stadtmuseum (Hg.): *Gegenaktion. Karl Amadeus Hartmann. Ein Komponistenleben in München (1905–1963)*. [Ausstellungskatalog]. München 2005, Kat-Nr. 283.

**O**rff, Carl: *Antigonae. Ein Trauerspiel des Sophokles von Friedrich Hölderlin*. Studien-Partitur Edition Schott 5025. Mainz 1959.

**P**ander, Oscar von: *Clemens Krauss in München*. München 1955.

Panofsky, Walter: *Musiker, Mimen und Merkwürdigkeiten im Hof- und Nationaltheater. Eine Chronik der berühmten Münchner Oper*. München 1963.

Pellaton, Ursula: »Heinz Rosen«. Kotte, Andreas (Hg.): *Theaterlexikon der Schweiz*. Zürich 2005, Bd. 3, S. 1524.

Peters, Paulhans: »National-Theater«. *Baumeister*, Jg. 60, Heft 12 (1963), o. S.

Pfister, Rudolf: »Um den Wiederaufbau des Nationaltheaters. Ein Wettbewerb«. *Baumeister*, Jg. 52, Heft 4 (1955), S. 228 f. und 238 f.

Piper, Ernst: *Alfred Rosenberg. Hitlers Chefideologe*. München 2005.

Potter, Pamela M.: »Strauss's ›Friedenstag‹. A Pacifist Attempt at Political Resistance. [Ein pazifistischer Versuch zum politischen Widerstand]«. *Musical Quarterly*, Vol. 69/3 (Sommer 1983), S. 408-424.

Prieberg, Fred K.: *Musik im NS-Staat*. Frankfurt am Main 1982.

**R**athkolb, Oliver: *Führertreu und gottbegnadet. Künstlereliten im Dritten Reich*. Wien 1991.

Razumovsky, Andreas: »Meistersinger ohne innere Wärme«. *Frankfurter Allgemeine Zeitung* 25.11.1963.

Reichardt, Sven / Seibel, Wolfgang: »Radikalität und Stabilität: Herrschen und Verwalten im Nationalsozialismus«. Dies. (Hgg.): *Der prekäre Staat. Herrschen und Verwalten im Nationalsozialismus*. Frankfurt am Main, New York 2011, S. 7–27.

Rennert, Günther: »Über die Oper. Die Oper als eine Kunstform des Irrealen«. *Deutsche Universitätszeitung*. Heft IX, Juli 1954, S. 14.

Rennert, Günther: *Opernarbeit. Inszenierungen 1963–1973. Werkstattberichte, Interpretationen, Bilddokumente*. München 1974.

Rettich, Adolf: »Friedenstag. Ein Kunstwerk unserer Zeit«. *Sonderpublikation der Bayerischen Staatsoper. Die Münchner Uraufführung der Richard Strauss Oper Friedenstag, Eine Rückschau mit Bildern* (UA 24.07.1938), S. 10.

Risi, Clemens: »Werner Egk's *Peer Gynt* in Berlin 1938: Opera and Politics.« Fischer-Lichte, Erika, Gronau, Barbara, Walter, Christel (Hgg.): *Global Ibsen. Performing Multiple Modernities*. New York und London 2011, S. 176–187.

Rode, Susanne: Art. »Violanta« und »Der Ring des Polykrates«. *Pipers Enzyklopädie des Musiktheaters*, Bd. 3, S. 314–317.

Rösch, Thomas: »Karl Amadeus Hartmann und Orff«. Andreas Hérm Baumgartner (Hg.): *Festschrift. Karl Amadeus Hartmann Jahr 2013*. Karl-Amadeus-Hartmann-Gesellschaft München 2013, S. 148.

Rösch, Thomas: »Orff, Carl«. *MGG*. Zweite, neubearbeitete Ausgabe, hg. von Ludwig Finscher. Personenteil Bd. 12, Kassel u. a. 2004, Sp. 1400.

Rosen, Heinz: »Ballett und Fotografie«. Ders. (Hg.): *Ballett Theater*. München 1963, S. 174–175.

Roth, Eugen: »Richtspruch für den Rohbau des Nationaltheaters«, zit. nach: Schallweg (Red.): *Festliche Oper*, S. 250.

**S**attler, Dieter: *Bildung und Staat – Eine Rede*. München 1947.

Schäfer, Walter Erich: *Günther Rennert – Regisseur in dieser Zeit*. Bremen 1962.

Schallweg, Paul: *Festliche Oper. Geschichte u. Wiederaufbau d. Nationaltheaters in München*. Hg. Freistaat

Bayern unter Mitw. d. Freunde d. Nationaltheaters u. d. Landeshauptstadt München. München 1964.

Scherliess, Volker (Hg.): »*Stunde Null*« – *zur Musik um 1945*. Kassel u. a. 2014.

Schiedermair, Ludwig F.: *Deutsche Oper in München. Eine 200jährige Geschichte*. München 1992.

Schläder, Jürgen / Braunmüller, Robert: *Tradition mit Zukunft. 100 Jahre Prinzregententheater in München*. München 1996.

Schläder, Jürgen: »Lordsiegelbewahrer der Tradition. Rudolf Hartmann, *Arabella* und das Triumvirat – *Ergebnisse des Forschungsprojekts »Bayerische Staatsoper 1933–1963*. Heft 1 »Inszenierung der ›politischen Harmlosigkeit‹ – die Bayerische Staatsoper im Nationalsozialismus«, S. 32–45.

Schläder, Jürgen: »Moderne Musikdramaturgie – konservative Bühnenästhetik, oder: Die theatrale Bedeutung von Richard Strauss' Opern-Orchester«. Krellmann, Hanspeter (Hg.): *Wer war Richard Strauss? Neunzehn Antworten*. Frankfurt am Main und Leipzig 1999, S. 73–91.

Schläder, Jürgen: »Quantität als Qualität. Werner Egks Opern und die gemäßigte Moderne der fünfziger Jahre«. Schläder, Jürgen (Hg.): *Werner Egk: Eine Debatte zwischen Ästhetik und Politik*. München 2008, S. 147–161.

Schläder, Jürgen: »Wagners Theater und Ludwigs Politik. Die *Meistersinger* als Instrument kultureller Identifikation«. *Richard Wagner in München. Bericht über das interdisziplinäre Symposium München 2013*, hg. von Sebastian Bolz und Hartmut Schick, München 2015, S. 63–78.

Schlesinger, Robert: *Gott sei mit unserem Führer. Der Opernbetrieb im deutschen Faschismus*. Wien 1997.

Schleusener, Jan Thomas: »Entnazifizierung und Rehabilitierung«. Schläder, Jürgen (Hg.): *Werner Egk: Eine Debatte zwischen Ästhetik und Politik*. München 2008, S. 103–118.

Schlötterer, Roswitha (Hg.): *Richard Strauss – Rudolf Hartmann. Ein Briefwechsel. Mit Aufsätzen und Regiearbeiten von Rudolf Hartmann*. Tutzing 1984.

Schmitz-Berning, Cornelia: *Vokabular des Nationalsozialismus*. Berlin 2007.

Schrader, Bärbel: »*Jederzeit widerruflich*«. *Die Reichstheaterkammer und die Sondergenehmigungen*. Berlin 2008.

Schreiber, Ulrich: *Opernführer für Fortgeschrittene. Die Geschichte des Musiktheaters. Das 20. Jahrhundert I: Von Verdi und Wagner bis zum Faschismus*. Kassel 2000.

Schreiber, Wolfgang: *Große Dirigenten*. München 2007.

Schuh, Willi (Hg.): *Richard Stauss – Stefan Zweig. Ein Briefwechsel*. Frankfurt am Main 1957.

Sennefelder, Doris: »›Die Kunst gehört der ganzen zivilisierten Welt‹. Rossini und andere Italiener erobern das Münchner Opernpublikum«. Zehetmair, Hans und Schläder, Jürgen (Hg.): *Nationaltheater. Die Bayerische Staatsoper*. München 1992, S. 34–47.

Sievert, Ludwig: *Lebendiges Theater. Drei Jahrzehnte deutscher Theaterkunst*. Text von Ernst Leopold Stahl, München 1944.

Simm, Franz: »Karl von Fischer – seit 1963 wieder im Nationaltheater«. Münchener Architekten- und Ingenieur-Verein e.V. (Hg.): *MAIV Jubiläums-Festschrift 1833–2008*. München, 2008, S. 111–113.

Solms, Friedhelm: Art. »Georg Vollerthun«: *MGG. Zweite, neubearbeitete Ausgabe*, hg. von Ludwig Finscher, Personalteil Bd. 17. Kassel u. a. 2007, Sp. 215.

Splitt, Gerhard: *Richard Strauss 1933–1935. Ästhetik und Musikpolitik zu Beginn der nationalsozialistischen Herrschaft*. Pfaffenweiler 1987.

Stahl, Ernst Leopold: »Fünf Jahre Bayerische Staatsoper unter Clemens Krauß«. Bayerische Staatsoper (Hg.): *Dramaturgische Blätter* 1941/42, Nr. 5, S. 38 f.

Stöckemann, Patricia: *Etwas ganz Neues muß nun entstehen. Kurt Jooss und das Tanztheater*. Hg. Deutschen Tanzarchiv/SL Stiftung Kultur, München 2001.

Stoll, Ulrike: *Kulturpolitik als Beruf. Dieter Sattler (1906–1968) in München, Bonn und Rom*. Paderborn 2005.

Strauss, Helmut K.H.: »Richard Wagners Oper ›Die Meistersinger von Nürnberg‹ anläßlich der Reichsparteitage der NSDAP«. Mitteilungen des Vereins für Geschichte der Stadt Nürnberg, Ausgabe 96 (2010), S. 267 ff.

**T**homas, Werner: »Antigonae«. *Pipers Enzyklopädie des Musiktheaters*, Bd. 4. München 1991, S. 591.

**U**lm, Renate (Hg.): »*Eine Sprache der Gegenwart*«. *Musica viva 1945–1995*. Mainz 1995.

**V**alentin, Erich: »Chronik 1945 bis 1963«. Seidel, Klaus Jürgen (Hg.): *Das Prinzregententheater in München*, Nürnberg 1984, S. 59–85.

Verdi, Giuseppe: *Aida*. Texte Materialien, Kommentare, hg. von Attila Csampai und Dietmar Holland. Reinbek bei Hamburg 1985.

Voss, Egon: »Die Meistersinger von Nürnberg«. *Pipers Enzyklopädie des Musiktheaters*, hg. vom Carl Dahlhaus u. a., Bd. 6, München 1997, S. 582.

**W**agner, Ludwig: *Der Szeniker Ludwig Sievert. Studie zur Geschichte des Bühnenbildes im letzten Jahrzehnt*. Berlin 1926.

Wagner, Richard: *Die Meistersinger von Nürnberg*. Gesammelte Schriften und Dichtungen. 7. Bd., Leipzig 1888.

Walter, Michael: *Hitler in der Oper. Deutsches Musikleben 1919–1945*. Stuttgart und Weimar 2000.

Weber, Clemens: »Die Planungen für den Wiederaufbau des Nationaltheaters«. Schallweg (Red.): *Festliche Oper*, S. 45–77.

Weiss, Stefan: »*Simplicius Simplicissimus* in der Nachkriegszeit. Plädoyer für eine Geschichte der Hartmann-Rezeption«. Ulrich Tadday (Hg.): *Karl Amadeus Hartmann, Simplicius Simplicissimus* (= *Musik-Konzepte*. Neue Folge 147), München 2010, S. 112–130.

Wied, Karl Viktor Prinz zu: »Ballett-Theater«. Rosen, Heinz (Hg.): *Ballett Theater*. München 1963, S. 162–173.

Wilhelm, Kurt: *Fürs Wort brauche ich Hilfe. Die Geburt der Oper Capriccio von Richard Strauss und Clemens Krauss*. München 1988.

Wilke, Christiane: *Das Theater der großen Erwartungen. Wiederaufbau des Theaters 1945–1948 am Beispiel des Bayerischen Staatstheaters*. Frankfurt am Main u. a. 1992.

Wulf, Joseph: *Musik im Dritten Reich*. Reinbek 1966.

**Z**entner, Christian: *Adolf Hitlers Mein Kampf. Eine kommentierte Auswahl*. Berlin 2007.

# Abkürzungsverzeichnis

| | |
|---|---|
| BArch | Bundesarchiv Berlin-Lichterfelde |
| BayHStA | Bayerisches Hauptstaatsarchiv |
| DTM | Deutsches Theatermuseum |
| ÖNB | Österreichische Nationalbibliothek |
| RMVP | Reichministerium für Volksaufklärung und Propaganda |
| StAM | Staatsarchiv München |
| StdA München | Stadtarchiv München |
| StMF | Bayerisches Staatsministerium der Finanzen |
| StMI | Bayerisches Staatsministerium des Innern |
| StMUK | Bayerisches Staatsministerium für Unterricht und Kultus |

# Register

Adam, Adolphe
  Giselle 378–379
  Le postillon de Lonjumeau 108
Adenauer, Konrad 312, 368
Adolph, Friedrich Theodor Paul 146
Aischylos 292
  Orestie 292
Aldenhoff, Bernd 370
Anders, Peter 154, 169
Anton, Karl
  Stern von Rio 333
Arent, Benno von 65, 131, 385–388
Arnold, Heinz 83, 85, 204–207, 210, 295, 306, 321, 327, 362, 366–367, 402–403
Aschoff, Renate von 275
Auber, Daniel-François-Esprit
  Fra Diavolo oder das Gasthaus zu Terracina 108, 308
Auric, Georges 356
  Weg zum Licht (Chemin de lumière) 356

Bahr-Mildenburg, Anna 107
Balanchine, George 335, 374, 379
Barabás, Sári 370
Barré, Kurt 150, 384
Barth, Irmgard 370
Bartók, Béla 108, 308, 355
  Herzog Blaubarts Burg 308
  Der holzgeschnitzte Prinz 108, 355
Bauckner, Arthur 183, 187, 190–195, 207, 303, 307, 337, 344, 400
Baur-Callwey, Karl 37
Bausch, Pina 380
Bayer, Josef
  Die Puppenfee 374
Beckett, Samuel 319
Beethoven, Ludwig van 47, 202, 219, 235, 363, 393, 407
  Fidelio 43–44, 47, 68–72, 85, 202, 235, 269, 306, 330, 348, 363, 393, 400, 407–408, 410–411
  Die Weihe des Hauses 348
Bender, Heinrich 321
Bender, Paul 247
Bennett, Richard Rodney 411
  Napoleon kommt (A Penny for a Song) 411
Benningsen, Lilian 370
Berg, Alban 314, 319, 411
  Lulu 319, 365, 411
  Wozzeck 112, 308, 319, 356, 365
Berlioz, Hector
  Symphonie fantastique 335
Berry, Walter 70
Bjoner, Ingrid 370
Blacher, Boris
  Hamlet 378–379
  Der Mohr von Venedig 335, 379
  Orfeo 286, 334, 356
Boepple, Ernst 254
Böhm, Karl 44, 71, 74, 145, 285
Böhme, Kurt 146, 370
Bohner, Gerhard 379
Bokor, Margit 146
Bollenbeck, Georg 115
Borchert, Wolfgang 296
  Draußen vor der Tür 296
Borkh, Inge 71, 370
Bormann, Martin 139, 178, 223–225, 300
Boulez, Pierre 318
Braun, Helena 169, 177, 202, 370, 407
Braunfels, Walter 108
  Don Gil von den grünen Hosen 108
  Die Vögel 108
Brecht, Bertolt 400
Brenner, Eduard 305
Brinkmann, Woldemar 124
Britten, Benjamin
  The Prince of the Pagodas 356
  Der Raub der Lukretia 207
Brodersen, Friedrich 105–106
Brückner, Hans 271
  Das musikalische Juden-ABC 271
Buchenberger, Berta 343
Buchman, Sidney 91
Busch, Fritz 144–147
Busoni, Ferruccio 318
Byrd, William 76
  The Bells 286

Cardus, Neville 54–55
Carnuth, Walter 169, 370
Carpenter, John Alden
  Skyscrapers (Wolkenkratzer) 108, 356
Carter, Alan 378–379
Casa, Lisa della 89, 151, 309, 370
Cera, Antonio 98
Chagall, Marc 412
Chailley, Jacques 334
  Die Dame und das Einhorn 334, 379
Chamberlain, Neville 152
Charpentier, Gustave
  Louise 308
Charrat, Janine 376
Coates, Albert 108
  Samuel Pepys 108
Cocteau, Jean 80, 334, 379
  Die Dame und das Einhorn 334, 379
Cohen, Fritz 333
Collaer, Paul 321
Copland, Aaron 44, 80, 379
  Dance-Panels in seven movements 44, 74–78
Cordes, Marcel 370
Courvoisier, Walter 108
  Die Krähen 108
  Lanzelot und Elaine 108
Cranko, John 335
Cunitz, Maud 203, 370

Daladier, Édouard 152
David, Félicien
    Lalla-Roukh 269
Debussy, Claude 318
    L'après-midi d'un faune 374
Deller, Alfred 89
Diderot, Denis 241
Diess, Wilhelm 183, 191–197, 201, 209, 304–305
Dingelstedt, Franz von 96
Dorst, Tankred 335
    Die Schelminnen 335
Dostojewski, Fjodor Michailowitsch 330
    Schuld und Sühne 330
Dransmann, Hansheinrich 352
    Caramba 352, 353
Dresler, Adolf 111
Drewes, Heinz 224
Drost, Ferdinand 275
Duncan, Isadora 377

Egk, Werner 5, 19, 44–45, 65–68, 80, 85, 87, 109, 114, 200, 207, 215, 266, 272–282, 285, 308, 310, 312, 315–316, 320, 334, 356, 365–366, 374, 376–377, 379, 404, 411, 413
    Abraxas 45, 207, 280, 356, 375–378
    Begegnung 280
    Die chinesische Nachtigal 280
    Columbus 280, 308
    Danza 280, 334
    Irische Legende 273, 280–281, 308
    Joan von Zarissa 85, 200, 280, 285, 334, 374, 376
    Peer Gynt 207, 279–281
    Der Revisor 308, 334
    Die Verlobung in San Domingo 19, 44, 65–68, 282, 308, 411, 413
    Die Zaubergeige 274–278, 280, 282, 365
    Die Zeit wartet nicht 273
Ehard, Hans 186, 209
Eichholz, Armin 20, 22, 26
Eichner, Walter 327
Einem, Gottfried von 308, 356, 379
    Dantons Tod 308
    Elisabeth Tudor 320
    Medusa 379
    Pas de cœur 356

    Prinzessin Turandot 374
    Triplum 320
Eipperle, Trude 168, 275, 289
Engen, Kieth 309, 370–371
Erb, Karl 105
Erismann, Hans 308
    Don Pedros Heimkehr 308
Erlenwein, Herbert 171
Erler, Liselotte 69, 407
Esterer, Rudolf 33–34
Everding, August 198
Eybisch, Ludwig 146

Fahberg, Antonie 370–371
Falla, Manuel de 108, 356, 374
    El amor brujo 108, 356
    Der Dreispitz 374–375
Fehenberger, Lorenz 203, 370
Feinhals, Fritz 105–106
Fendt, Franz 186
Fernández, Pérez 352
    Los extremeños se tocan 352
Feuge, Elisabeth 168, 246
Fichtmüller, Hedwig 17, 169
Fiehler, Karl 124, 177–178, 238, 266
Fisch, Ludwig 24
Fischer, Karl von 32–34, 38–39, 99
Fischer-Dieskau, Dietrich 54, 151, 309, 370
Fokin, Michail
    Daphnis und Chloé 374–375
    Der Feuervogel 334, 374–375
    Scheherazade 374
    Les Sylphides 374
Forster, Friedrich 397
Forsythe, William 379
Fortner, Wolfgang 319–320, 366
    In seinem Garten liebt Don Perlimplin Belisa 320, 366
    Die weiße Rose 319
Franckenstein, Clemens von 105, 109, 113, 121–122, 174, 183, 246, 258, 337–338, 344
Frank, Edgar 333
Frantz, Ferdinand 370
Fratnik, Stefania 169
Frauenfeld, Alfred Eduard 135
Frick, Gottlob 69, 370
Fricsay, Ferenc 306, 346–348
Fügel, Alfons 169
Furtwängler, Wilhelm 216, 218–219, 339, 396

Geitel, Klaus 79
Georgi, Yvonne 333
Gerhein, Ina 169, 370
Gerigk, Herbert 289
Gerlach, Rudolf 262–263
Gerth, Margarethe Cäcilia (à Margarethe Sterneck) 248
Geyer, Martin 268
Giesler, Paul 132, 223–225
Gliese, Rochus 150–151, 163
Gluck, Christoph Willibald 47
    Armida (Armide) 406
    Orpheus und Eurydike 308, 411
Godlewski, Willy 375
Goebbels, Joseph 111–112, 122, 132, 134, 136, 138, 172–173, 221, 224, 238–241, 272, 288, 301, 340, 360, 389
Goethe, Johann Wolfgang von 189, 238, 241, 360
Goldoni, Carlo 363
Göring, Hermann 144–145, 216, 218, 221, 224–225, 279, 292
Graener, Paul 109, 269
    Don Juans letztes Abenteuer 109
    Friedemann Bach 313
    Hanneles Himmelfahrt 109
    Schirin und Gertraude 109
    Theophano 109, 269
Graf, Emil 169, 370
Graubner, Gerhard 30, 32–36
Grifft, Emil 254
Grimmelshausen, Hans Jakob Christoffel von
    Der Abenteuerliche Simplicissimus Teutsch 207, 312, 320–321, 323
Gryphius, Andreas 321
    Tränen des Vaterlandes 321
Gsovsky, Tatjana 374, 379
Gsovsky, Victor 333, 374, 378–379
Güden, Emin 256
Güden, Hilde 169, 225, 256–257

Halévy, Fromental
    Die Jüdin (La Juive) 106, 267, 270
Hallhuber, Heino 86
Halton, Theo 352
Händel, Georg Friedrich 43, 47, 87, 88
    Agrippina 365

Julius Cäsar (Giulio Cesare in Egitto) 43, 44, 87–91, 308
Hann, Georg 154, 169, 203, 275
Harris, Ruth 333
Harrison, Rex 91
Hartleb, Hans 72–74, 306, 329, 366
Hartmann, Elisabeth 314
Hartmann, Georg 4, 73, 184, 188, 195, 197–200, 203–205, 207–213, 249, 303, 305, 307, 325–326, 331, 337, 345, 353–358, 369, 400–404, 411, 413
Hartmann, Hilde 243
Hartmann, Karl Amadeus 44, 49, 78–83, 110, 202, 285, 296, 310–323, 379, 383
   Concerto für Solotrompete und Bläserkammerorchester 314
   Concerto funebre 314
   Friede-Anno '48 314
   In Memoriam Alban Berg 314
   Kleine Schriften 312
   Miserae 314
   Klagegesang 317
   L'Oeuvre 314
   Des Simplicius Simplicissimus Jugend 81, 207, 312, 320–321, 323
   Sinfonia tragica 317
   1. Streichquartett 314
   7. Symphonie für großes Orchester 75, 78, 80–82
   Wachsfigurenkabinett 313
Hartmann, Richard 315
Hartmann, Rudolf 13, 33, 43, 49, 51–55, 61, 63, 65, 70–72, 85, 87–89, 115, 119, 122, 141–142, 150–151, 157, 160–166, 171, 177, 184–185, 196–200, 204, 208, 210–211, 213, 215, 220, 222–223, 226–227, 242–243, 255, 266, 276–277, 285, 297–309, 337, 346, 353–359, 362, 364–366, 368–369, 372, 388, 390, 392–393, 395, 398, 400–406
   Das geliebte Haus. Mein Leben mit der Oper 162, 177, 403
Haydn, Joseph 407
   Untreue lohnt nicht (L'Infedeltà delusa) 407
Hecht, Ben 91
Hederer, Oswald 34

Heger, Robert 109, 313, 321, 353
   Der Bettler Namenlos 313, 353
Heid, Hans 32
Heinrich, Rudolf 82
Helasco, H. Haberer 352
Henze, Hans Werner 308, 356, 368, 379
   Elegie für junge Liebende 308
   Der Idiot 379
   Pas d'action 356
   Il Re Cervo oder Die Irrfahrten der Wahrheit 366
   Undine 229, 356
Herder, Johann Gottfried von 116–117, 360
   Stimmen der Völker in Liedern 116
Herrmann, Joachim 169
Heß, Rudolf 161
Hieber, Adolf 348
Hille, Rudolf 191
Hillebrecht, Hildegard 370–371
Hindemith, Paul 107, 114, 207, 229, 308, 313, 319, 324, 356, 366–367
   Cardillac 107
   Die Harmonie der Welt 308, 319, 356, 366–367
   Hin und zurück 366
   Mathis der Maler 207, 324
   Mörder, Hoffnung der Frauen 229
   Neues vom Tage 366
Hinkel, Hans 247
Hipp, Otto 186, 301
Hitler, Adolf 8, 112, 120–126, 129, 131–133, 139, 145, 152, 154–155, 164–166, 170–171, 174–175, 178, 200, 204, 216, 218–219, 226, 228, 231, 235, 238, 240, 252, 261, 266, 272, 286, 288, 299–300, 302, 338–339, 354, 372, 381, 383–385, 387–390, 392–393, 395–398, 405
   Mein Kampf 120, 383
Hödel, Otto 397
Hoegner, Wilhelm 196, 193
Höfermayer, Walter 169
Hofmannsthal, Hugo von 45, 51, 53–54, 146, 240, 291
   Die Frau ohne Schatten 45–55, 61, 63, 69, 85, 106, 168, 328

Hofmüller, Max 87, 106
Hölderlin, Friedrich 291–294, 367
   Antigone (Übersetzung) 291–293
Holl, Karl 229
Hollreiser, Heinrich 44, 224
Holm, Richard 370
Holzapfel, Carl Maria 352
Honegger, Arthur 108, 308, 356
   Johanna auf dem Scheiterhaufen 308, 356
   Skating Rink 108
Hopf, Hans 370
Hoppe, Karl 370
Hotter, Hans 154, 156, 168, 202, 370, 407
Huber, Kurt 283
Huber, Ludwig 406
Hummel, Albert 32
Humperdinck, Engelbert 164, 410
   Hänsel und Gretel 410
   Königskinder 164
Hundhammer, Alois 184, 186–187, 193, 196, 209, 280, 304, 345, 376
Hüni-Mihacsek, Felicie 150
Hurrle, Curth 197–198, 210

Ibert, Jacques 356
Ibsen, Henrik Johan 279–280
   Peer Gynt 207, 279–281
Ivogün, Maria 26, 105–106

Jacoby, Georg
   Sensation in San Remo 376
Janáček, Leoš 207, 308, 313, 356
   Die Ausflüge des Herrn Brouček 308, 356
   Jenůfa 107, 308
Jooss, Kurt 80, 333–334, 374, 376–377, 379–380
   Der grüne Tisch 333–334, 374, 376
Jürgens, Helmut 5, 45, 49–52, 54–55, 57–58, 60, 62, 64–65, 70–73, 76, 84–91, 151, 204–207, 235, 295, 324–332, 362, 366–367, 401, 403

Kaiser Friedrich I. 98, 101
Kaiser Joseph II. 126, 363
Kaiser Wilhelm I. 98, 101
Kaiser, Joachim 87, 89
Kallmann, Hans-Jürgen 348

Karajan, Herbert von 44, 47, 49, 69–71, 75, 85, 285, 306, 344, 346
Kästner, Erich 187
Kater, Michael Hans 274
Katz, Wilhelm 177
Keetman, Gunild 283, 284
Keilberth, Joseph 44, 54, 64, 151, 306–307, 346, 348
Keim, Walter 331
Keith, Jens 374
Kempe, Rudolf 151, 306, 341, 346, 348
Kennedy, John F. 19, 63, 64
Kern, Herbert 151
Killmayer, Wilhelm 80, 334, 356, 379
   *Buffonata* 334, 356
   *La Tragedia di Orfeo* 334, 356
Kinski, Klaus 379
Kladivova, Irina 377
Klarwein, Franz 169, 203
Klebe, Giselher 379
   *Signale* 379
Kleiber, Erich 306
Kleist, Heinrich von 66, 68, 282
   *Die Verlobung in St. Domingo* 19, 65, 282, 308
Klenze, Leo von 30, 32–34, 38–39, 92
Knapp, Josef 168, 370
Knappertsbusch, Hans 17, 108, 113, 121–122, 144, 152, 174, 194, 202, 206, 215, 220, 269, 306, 337–349, 386–387
Knöringer, Emil 32
Knoth, Werner 156
Koegler, Horst 374, 379
Kohn, Karl Christian 370–371
Kölling, Rudolf 374–375, 378
König Friedrich Wilhelm II. 98
König Ludwig I. 117
König Ludwig II. (Otto Friedrich Wilhelm von Wittelsbach, König von Bayern) 17, 96, 101, 126, 361
König Ludwig XIV. 126
König Maximilian I. Joseph (Max I. Joseph) 93, 95–100
Kopsch, Julius 239
Korngold, Erich Wolfgang 106, 308
   *Der Ring des Polykrates* 106

   *Die tote Stadt* 107, 308
   *Violanta* 106
Korte, Hans 321
Köstler, Maria (geb. Aschenbrenner) 283
Köth, Erika 309, 369–370
Kraus, Gustav 100
Krauss, Clemens 4, 113, 115, 120, 122–123, 125–126, 132, 139, 141–142, 146–147, 154, 160–161, 164–165, 168, 170–171, 174, 215–227, 241, 257, 263, 266, 274, 297, 299, 307, 337, 339, 342, 358, 388, 390, 392–393, 397–398, 403
Krauß, Fritz 169
Krauß, Otto 324
Krebs, Friedrich 284
Kremer, Martin 146
Krenek, Ernst 107–108, 218, 229, 281, 313, 356, 366
   *Der Diktator* 107
   *Das geheime Königreich* 107
   *Jonny spielt auf* 366
   *Karl V.* 218, 366
   *Mammon* 107–108, 356
   *Der Sprung über den Schatten* 229
Kresnik, Johann 380
   *O sela pei* 380
   *Paradies?* 380
Kreutzberg, Harald 333, 374, 379
Kreutzer, Conradin
   *Das Nachtlager in Granada* 106
Krisch, Winfried 77–78, 335
Kronenberg, Carl 169
Krüger, Emmy 105
Kruttge, Eigel 80
Kruyswyk, Anny van 168, 370
Kubelik, Rafael 75
Kuën, Paul (Paul Kuén) 370
Küfner, Hans 266
Kupper, Annelies 203, 370
Kurfürst Carl Theodor 97
Kusche, Benno 62–65, 203, 370
Küstner, Karl Theodor von 105, 357
Kutzschbach, Hermann 146

Laban, Rudolf von 80, 333, 379
Leigh, Vivien 91
Leitner, Ferdinand 191–192, 195, 204
Leoncavallo, Ruggero
   *Der Bajazzo* 374

Lifar, Serge 376–377
Lindermeier, Elisabeth 203, 370
Linnebach, Adolf 106
Lippert, Franz 34
Lippl, Alois Johannes 184, 304
Lortzing, Albert 229, 304
   *Undine* 229
   *Zar und Zimmermann* 304
Ludwig, Christa 69–71
Luipart, Marcel 374–378

Maag, Peter 75
MacDougall, Ranald 91
Maderna, Bruno 75
Maerz, Rudolf 394
Mahler, Gustav 318
Malipiero, Gian Francesco 108, 313
   *Komödie des Todes* (*Torneo notturno*) 108
Mallad, Bert 46
Malluche, Renate 188
Mamoulian, Rouben 91
Mankiewicz, Joseph L. 91
Mann, Thomas 74, 119, 340, 359
   *Leiden und Größe Richard Wagners* 340
   *Der Zauberberg* 74
Marschner, Heinrich
   *Hans Heiling* 106
Martin, Frank 356
   *Der Zaubertrank* 356
Maschat, Erik 122–123, 126, 142, 171, 176–177
Maunz, Theodor 299, 347, 371
Mayer, August 291
Meitinger, Karl 27
Mendelssohn-Bartholdy, Felix 284
Menotti, Gian Carlo 308
   *Der Konsul* 308
Metternich, Josef 89
Meyerbeer, Giacomo 231, 308
   *Die Afrikanerin* 308
Mezger, Richard 191, 256, 343
Michaelis, Ruth 169, 370
Mihalovici, Marcel 308
   *Die Heimkehr* 308
Milhaud, Darius 108, 356
   *Salade* 356
   *Tango* 108, 356
Milinkovic, Georgine von 169
Mille, Agnes de 76

Millenkovich-Morold, Max von  399
Mingotti, Antonio  56, 84
Mingotti, Helmut  86
Mlakar, Pia  202
Mlakar, Pino  202, 377–379
Molière  126
Möller, Walter  134
Möllmann, Bernhard  249
Monteverdi, Claudio  286, 308
   *Die Krönung der Poppea*  308
Montez, Lola  17
Morena, Berta  9, 215, 264–271
   (geb. Meyer, Berta)
Mottl, Felix  17, 95, 228
Mozart, Wolfgang Amadeus  14, 44–45, 47, 87, 98, 114–115, 126, 136, 143, 205, 220, 225, 229, 235, 256, 307–308, 360, 363, 365, 392–393, 410, 412
   *Così fan tutte*  363, 393–394
   *Don Giovanni*  43, 83–84, 88, 363, 406
   *Die Entführung aus dem Serail*  406
   *Die Hochzeit des Figaro*  229, 307, 363
   *Thamos, König in Ägypten*  365
   *Die Zauberflöte*  47, 54, 98, 138, 235, 363, 389–390, 406, 412–413
Muñoz Seca, Pedro  352
   *Los extremeños se tocan*  352
Mussolini, Benito  152
Mussorgski, Modest Petrowitsch
   *Chowanschtschina*  308
Müthel, Lothar  291–292

**N**eher, Caspar  69, 400, 407, 411
Nennecke, Charlotte  70
Nentwig, Käthe  370
Nezadal, Maria  246
Nicolai, Otto  108
   *Die lustigen Weiber von Windsor*  108
Nijinsky, Vaslav  375, 377
   *Der Nachmittag eines Fauns*  374
Nissen, Hans Hermann  169, 171, 370, 389
Nono, Luigi  318, 379
   *Der rote Mantel*  379

**O**ffenbach, Jacques  108, 138, 353
   *Herr und Frau Denis*  353
   *Hoffmanns Erzählungen*  138
   *Die Verlobung beim Laternenschein*  353
Ohms, Elly  400
Orff, Carl  44, 75–77, 80, 84–87, 114, 214, 229, 272, 283–296, 308, 310, 312, 315–318, 320, 325, 329, 334–335, 367, 379, 404, 410, 414
   *Antigonae*  115, 207, 286, 290–291, 295–296, 366–367
   *Ballo delle Ingrate*  286
   *Die Bernauerin*  207, 315, 366
   *Carmina Burana*  44, 75, 84–87, 115, 200, 229, 284–291, 296, 334
   *Catulli Carmina*  44, 75, 77, 84–87, 290, 334, 374
   *Entrata*  44, 74–78, 286
   *Kinderreigen*  283
   *Die Kluge*  115, 207, 284, 324, 329, 413
   *Lamento d'Arianna*  286
   *Der Mond*  114, 235
   *Nänie und Dithyrambe*  74–78
   *Oedipus der Tyrann*  308, 366
   *Orfeo*  286, 334, 356
   *Ein Sommernachtstraum*  284–286, 296
   *Trionfi*  84–85, 87, 286, 296
   *Trionfo di Afrodite*  44, 75, 77, 84–87, 290
Ostertag, Karl  154, 169, 172, 370–371
Otto, Teo  68

**P**adua, Paul Mathias  217
Palladio, Andrea  99
Palucca, Gret  374
Pander, Oskar von  142, 275
   *Clemens Krauss in München*  142
Panofsky, Walter  16, 35, 69, 81, 83, 347
Pape, Alfons  352
Pascal, Gabriel  91
Pasetti, Leo  87–88, 106–107, 150, 166, 327, 352–353
Patzak, Julius  17, 154, 169, 176, 246
Perfall, Karl von  96
Peter, Albrecht  169

Peters, Paulhans  37, 39
Petersen, Rudolf  411
Peters-Pawlinin, Helge  376
Pfister, Kurt  196
Pfister, Rudolf  25, 29–30, 32–33
Pfitzner, Hans  105–106, 108, 207
   *Das Herz*  108
   *Palestrina*  105–106, 207
   *Die Rose vom Liebesgarten*  106
Piechler, Arthur  108
   *Der Weiße Pfau*  108
Plaschke, Friedrich  146
Pocci, Franz Graf von  274
   *Die Zaubergeige*  274–278, 280, 282, 365
Pöhner, Konrad  406
Pölzer, Julius  169, 396
Possart, Ernst von  17
Potter, Pamela  153
Poulenc, Francis  80, 356
   *Aubade*  356
Preetorius, Emil  33, 306, 325
Prey, Hermann  89, 369, 370–371
Pringsheim, Heinz  304, 400–401
Prinz zu Wied, Karl Viktor  74, 78–79
Prinzregent Luitpold  100, 108
Proebstl, Max  370
Prokofieff, Sergei Sergejewitsch  356
Puccini, Giacomo  67, 107, 166, 308, 356, 363, 410
   *La Bohème*  202, 410
   *Gianni Schicchi*  107, 374
   *Manon Lescaut*  107
   *Tabarro*  107
   *Tosca*  37, 363, 365
   *Turandot*  107, 166, 374

**R**ains, Claude  91
Ranczak-Schaetzler, Hildegarde
   (geb. Ranczak, à Schaetzler, Hildegarde)  168, 171, 246, 260–261
Rasch, Hugo  239
Ravel, Maurice  356, 374
   *Daphnis und Chloé*  374–375
   *Die spanische Stunde*  374
Razumovsky, Andreas  54, 64
Redlich, Hans Ferdinand  315
Rehkemper, Heinrich  169, 247, 258–259
Rehkemper, Lydia  258

Reich, Cäcilie 168, 370
Reining, Maria 175, 250–253
Reitler, Joseph 226
Rennert, Günther 68–69, 202–203,
 329, 358, 366, 393, 400,
 406–414
Respighi, Ottorino
 *Der Zauberladen* 374
Ress, Sabine 376
Rettich, Adolf 398
 *Die künstlerische und kultur-
 politische Bedeutung der
 Münchener Opernfestspiele*
 398
Reucker, Alfred 146
Reuter, Theo 169
Reutter, Hermann 229, 320
 *Dr. Johannes Faust* 229, 319
 *Die Kirmes von Delft* 229
 *Die Rückkehr des verlorenen
 Sohnes* 319
Riedinger, Gertrud 169, 375
Riefenstahl, Leni 382
 *Triumph des Willens* 382
Ries, Johanna 255
Ries, Walter 175, 254–255
Riisager, Knutåge 314
Riphahn, Wilhelm 20
Ripper, Franz 250
Rode, Wilhelm 136
Rökk, Marika 376
Roller, Alfred 106, 327
Rosen, Heinz (alias Rosenthal,
 Heinz-Levy) 49, 75–76, 78–86,
 323, 333–336, 379
 *Die Dame und das Einhorn* 334,
 379
 *Josephslegende* 334, 355
 *Der Mohr von Venedig* 335, 379
 *Renard* 334–335
 *Die Schelminnen* 335
 *Der Stern von Rio* 333
 *Symphonie fantastique* 335
 *Das tanzende Herz* 333
 *Triptychon* 44, 75–85, 87, 296,
 323
Rosenberg, Alfred 108, 139, 272,
 288–289
Rossini, Gioachino 98, 363, 411
 *Der Barbier von Sevilla* 308, 363,
 365
 *Die Liebesprobe* 411
 *Ricciardo e Zoraide (Richard und
 Zoraid)* 98

*Tancredi (Tankred)* 98
*Der Türke in Italien* 411
Roth, Eugen 36
Rothenberger, Anneliese 370
Rucker, August 308
Ruepp, Odo 169
Rünger, Gertrud 168, 396
Ruppel, Karl Heinz 45–46, 49, 65,
 67, 73–74, 76, 79, 82–83, 86,
 323, 336
Rusnak, Orest (alias Gerlach,
 Rudolph) 262
Rysanek, Leonie 370

**S**attler, Dieter 186–188, 190,
 196–197, 204, 209, 345
Schaetzler, Fritz 260–261
Schaetzler, Hildegard (siehe
 Ranczak-Schaetzler)
Schäffer, Fritz 186
Schalk, Franz 217
Scharnagl, Karl 193, 345
Schaub, Julius 222, 252
Schech, Marianne 203, 370
Schellenberg, Arno 246
Schemm, Hans 113, 174
Scherchen, Hermann 312
Schikaneder, Emanuel 45, 235
Schiller, Friedrich von 115–116,
 134, 360, 394–395
 *Don Carlos* 134, 394–395
Schilling, Max von 106, 269
 *Mona Lisa* 106
Schinkel, Friedrich 98, 235
Schirach, Baldur von 360
Schlim, Jean-Louis 370
Schlösser, Rainer 135–139, 224,
 247, 250, 278, 383, 390, 397
 *Feldherrnhalle 1924* 397
Schmalnauer, Rudolf 146
Schmidt, Karl 169
Schmidt, Otto 258
Schmidt-Garre, Helmut 45, 53, 69,
 78, 89, 91, 207, 402
Schmidt-Grohe, Johanna 37–38
Schmitt-Walter, Karl 370
Schmitz, Eugen 147
Schneitzhoeffer, Jean-Madeleine
 378
 *La Sylphide* 378
Schnoor, Hans 147
Schönberg, Arnold 239, 273, 366
 *Erwartung* 366
 *Die glückliche Hand* 366

*Moses und Aron* 366
Schopenhauer, Arthur 105
Schreker, Franz 106, 108
 *Der ferne Klang* 106
 *Die Gezeichneten* 106
 *Das Spielwerk* 108
Schröck, Sophie 72
Schrott, Ludwig 278
Schuch, Ernst von 144
Schultze, Norbert 164
 *Schwarzer Peter* 164
Schumann, Karl 89, 206, 331
Schwalber, Josef 186, 211, 305,
 370
Schwink, Walther 303
Seider, August 370
Seydel, Carl 169
Shakespeare, William 284
 *Ein Sommernachtstraum* 284
 *Der Mohr von Venedig* 335,
 379
Shaw, George Bernard 91
Sievert, Ludwig 72, 122, 142,
 157–158, 160–161, 164–166,
 168, 171, 214, 220, 222–223,
 227–235, 285, 288, 297, 300,
 327, 342, 362, 364–365, 390,
 392–393, 395, 400–401
Skorik, Irène 378
Smetana, Bedřich
 *Die verkaufte Braut* 200, 202,
 395
Solti, Georg 191–192, 195, 202–
 206, 210, 212, 304, 306, 331
Sommerschuh, Gerda 169, 203,
 370
Sophokles 291
 *Antigone* 291–294
Speer, Albert 383–384, 391
Stahl, Ernst Leopold 222, 228–231,
 233–234
 *Ludwig Sievert. Lebendiges
 Theater* 228
Stahl, Heinrich 275, 391
Stark, Johannes 398
 *Der Baumeister Groß-Deutsch-
 lands* 398
Steffanek, Hanny 370–371
Stein, Hans 250–251
Stephan, Rudi 229
 *Die ersten Menschen* 229
Sterneck, Berthold (geb. Stern,
 Berthold) 175, 246–249, 251,
 253, 259

Sterneck, Johanna 248
Sterneck, Kurt 248
Sterneck, Margarethe 248–249
Stolzenburg, Herbert 297
Strauss, Johann (Sohn)
   *Die Fledermaus* 108
Strauss, Richard 15, 43–47, 51–54,
   80, 87, 106, 114–115, 143–146,
   148, 152, 154–156, 159,
   163–164, 166, 170, 172, 205,
   207, 215–218, 236–243, 291,
   298–299, 302, 304, 307–308,
   334, 355, 358–359, 363,
   365–366, 386–387, 403–404,
   407, 411
   *1648* 152, 241
   *Die ägyptische Helena* 107, 144
   *Arabella* 143–152, 359, 363
   *Ariadne auf Naxos* 106, 143–144
   *Capriccio* 143, 162–163, 236,
   241–243, 298, 358, 366,
   403–404, 407
   *Elektra* 45, 144, 170, 240, 291,
   326, 348
   *Feuersnot* 144
   *Die Frau ohne Schatten* 43–55,
   61, 63, 69, 85, 106, 143, 168,
   328–329
   *Friedenstag* 143, 145, 152–159,
   164, 236, 241, 243, 290,
   386–387
   *Intermezzo* 144
   *Josephslegende* 334, 355
   *Die Liebe der Danae* 172, 298,
   365, 406
   *Der Rosenkavalier* 143–144,
   149, 243, 348, 363
   *Salome* 143–144, 238–240, 263,
   411
   *Die schweigsame Frau* 207,
   240
   *Wer tritt herein* 237
Strawinsky, Igor 80, 108, 278, 308,
   319, 334, 355–356, 374–375,
   379, 411
   *Agon* 379
   *Der Feuervogel* 334, 374–375
   *Die Geschichte vom Soldaten*
   319
   *Die Nachtigall* 108, 280
   *Les noces* 334
   *Oedipus Rex* 308, 356
   *Pétrouchka (Petruschka)* 108,
   356
   *Pulcinella* 356
   *The Rake's Progress* 411
   *Renard* 334–335
   *Le Sacre du printemps* 374–375
Strecker, Ludwig (alias Andersen,
   Ludwig) 274
Suk, Josef 356
   *Mister Scrooge* 356
Sullivan, Arthur
   *Der Mikado* 108
Suppés, Franz von 353
   *Fatinitza* 108, 353
Süskind, Wilhelm 25–26
Sutermeister, Heinrich 274
   *Raskolnikoff* 207, 330–331
Svoboda, Josef 412–413
Swarowsky, Hans 395

**T**ants, Robert 352
Taubmann, Horst 169
Taylor, Elizabeth 91
Thaw, David 64
Thierfelder, Hanns 251
Thomas, Jess 54, 63, 370
Thuille, Ludwig 108
Tietjen, Heinz 168, 218
Tomasi, Henri 114, 308, 366
   *Don Juan de Mañara* 308, 366
Töpper, Hertha 309, 369–370
Travaglio, Hans 261
Treptow, Günther 169
Trofimowa, Natascha 86
Trojan-Regar, Josef 169
Tschaikowski, Pjotr Iljitsch
   *Eugen Onegin* 107
   *Der Nussknacker* 378
   *Schwanensee* 378

**U**hde, Hermann 169
Uhl, Fritz 69, 370–371
Ursuleac, Viorica 146–147, 151,
   154, 163, 168, 171–172,
   218
Utzon, Jörn 38

**V**andenburg, Howard 309, 370
Varnay, Astrid 309, 370
Verdi, Guiseppe 44, 73, 87, 114–
   115, 143, 146, 221, 234, 307,
   356, 363–364, 395, 407
   *Aida* 43–44, 71–74, 85, 87–88,
   171, 230–235, 261, 269,
   329–330, 363–366, 389–390,
   392–393, 400–401
   *Don Carlos* 134, 394–395
   *Othello (Otello)* 407, 410
   *Rigoletto* 145
Verhoeven, Paul 184, 188, 194
Vernon, Constanze 77
Vogel, Arthur C. 310
Vogel, Hans-Jochen 299
Völker, Franz 202–203, 407
Vollerthun, Georg 108
   *Island-Saga* 108

**W**agner, Adolf 161, 165, 171, 191,
   218, 220, 222–223, 251–252,
   300–301, 303, 338, 342, 398
Wagner, Ludwig 227
Wagner, Richard 12, 15, 17, 44,
   47, 56–58, 60–61, 64, 87, 101,
   106–107, 114, 117, 120, 126,
   133, 136, 142–143, 165–166,
   205–206, 208, 219, 236–237,
   242, 272, 307, 340, 356, 358,
   361–364, 383–385, 388–389,
   396–399, 402–403, 407, 410
   *Der fliegende Holländer* 205,
   363, 388–389, 382
   *Götterdämmerung* 107, 205,
   327, 403, 412
   *Lohengrin* 106–107, 170, 205,
   237, 348, 397–398, 407
   *Die Meistersinger von Nürnberg*
   19, 43–44, 47, 56–65, 85,
   117, 120, 133, 166, 205, 223,
   255, 328–329, 358, 361–363,
   383–388, 382
   *Parsifal* 106–107, 165–166, 229,
   399, 410
   *Das Rheingold* 101, 206, 327–
   328, 412
   *Rienzi* 120, 133, 231, 383
   *Der Ring des Nibelungen* 56,
   101, 106–107, 205–207,
   327–328, 406, 411
   *Siegfried* 107, 165–166, 205–
   206, 327, 402, 412
   *Tannhäuser und der Sängerkrieg
   auf Wartburg* 107, 205, 269,
   300, 364–365
   *Tristan und Isolde* 205, 269, 356,
   365, 395–396, 402
   *Die Walküre* 101, 160–161, 205–
   206, 327–328, 338, 406, 411
Wagner, Wieland 60, 62, 85, 93,
   207, 362, 403, 410
Wagner, Winifred 120

Walleck, Oskar 113, 122, 138, 160, 174–175, 218–220, 247, 250–251, 255, 258, 275, 299–300, 319, 337–340, 342–343, 391, 396–397
Walter, Bruno 17, 105–106, 110, 238–240, 269–270
Wartisch, Otto 109
   *Kaukasische Komödie* 109
Watson, Claire 63–64, 370–372
Weber, Carl Maria von 98, 132, 363, 406
   *Euryanthe* 106
   *Der Freischütz* 98, 132, 200, 202, 256, 363
   *Oberon* 107, 406
Weber, Clemens 32
Weber, Ludwig 156, 169
Wegner, Johann 177–178
Weichert, Richard 229
Weigl, Joseph 106
   *Die Schweizerfamilie* 106
Weinberger, Jaromír 108
   *Die geliebte Stimme* 108

   *Schwanda, der Dudelsackpfeifer* 108
Weingartner, Felix 269
   *Orestes* 269
Weismann, Julius
   *Gespenstersonate* 109
Wellesz, Egon 315
Werner, Margot 77
Wessel, Kurt 15, 18–20, 26, 335
Wetzelsberger, Bertil 171, 191, 200, 224, 229, 285, 407
Wieland, Christoph Martin 360
Wiener, Otto 370–371
Wieter, Georg 168, 370
Wigman, Mary 78, 374
Wilamowitz-Moellendorff, Ulrich von 292
Wilhelm, Kurt 236, 242
   *Der Brandner Kaspar und das ewig' Leben* 236
Willer, Luise 169
Wimmer, Thomas 345
Wismeyer, Ludwig 15, 17, 84–85
Wolf, Hugo 353

   *Manuel Venegas* 353
Wolf-Ferrari, Ermanno 107–108, 164, 313
   *Das Himmelskleid* 108
   *Sly* 107
   *Die vier Grobiane* 164
Wunderlich, Fritz 89, 370–371
Wünze, Rudolf 370
Würz, Anton 82

**Y**eats, William Butler 281
   *The Countess Cathleen* 281

**Z**allinger, Meinhard von 221, 224
Zanuck, Damyl F. 91
Zentner, Wilhelm 79
Ziegler, Clara 17
Ziegler, Hans Severus 239
Zietsch, Friedrich 198
Zweig, Stefan 152–153, 207, 240–241
   *Die schweigsame Frau* 153, 207, 240
   *1648* 152, 241

## Autorenverzeichnis

DF – Dominik Frank
JS – Jürgen Schläder
KF – Katrin Frühinsfeld
KS – Katja Schneider
RC – Rasmus Cromme
RS – Rebecca Sturm
VR – Verena Radmanić

# Bildnachweis

**Architekturmuseum der TU München**  102, 124
**Bayerisches Hauptstaatsarchiv**
    Bestand Intendanz Bayerische Staatsoper: 155,
        156, 158, 161, 170, 214, 226, 252, 253
    Bestand Generalintendanz der Bayerischen
        Staatstheater: 224
    Bestand MK (Kultusministerium): 305, 371
    Nachlass Hitler: 124
**Bayerische Staatsbibliothek, Bildarchiv**  193
**Bilderbuch Köln**  21
**Bundesarchiv Berlin-Lichterfelde**  122
**Deutsches Theatermuseum München,**
    **Fotosammlung**
    Bestand Rudolf Betz: 13, 32, 40, 66, 90, 192, 200,
        206, 215, 273, 277, 307, 341, 346
    Bestand Hanns Holdt: 126, 150, 163, 242, 246, 254,
        246, 275, 276, 350, 390, 396
    Fotosammlung sonstige: 250, 260, 262, 325, 389
**Deutsches Theatermuseum München, Kritikenarchiv**
    **und Sonstige**  66, 88, 107, 122
**Deutsche Presse-Agentur**  193
**Einzelne Fotografen/Illustratoren: (*Registratur**
    **Bayerische Staatsoper)**
    Rudolf Betz*: 48, 59, 86, 180
    Trude Fleischmann: 122
    Wilfried Hösl: 10, 18, 215, 217, 237, 339, 349
    Kubey-Rembrandt: 122
    Anton Sahm: 250, 260, 262, 389
    Gerda von Stengel: 142
    Felicitas Timpe: 193
    Sabine Toepffer*: 48, 61, 62, 202
    Reng (Altötting): 325
    Elke Wetzig: 21
**Münchner Stadtmuseum, Sammlung Fotografie**  28
**Nachlässe in privatem Besitz:**
    Helmut Jürgens: 50, 57, 58, 60, 70, 73, 328, 329,
        330, 401
    Karl Ostertag: 172, 238, 371
    Berthold Sterneck: 259
**Wikimedia**  144, 215, 265, 384
**Zentralinstitut für Kunstgeschichte, Photothek /**
    **Deutsches Historisches Museum**  164

**Aus Büchern:**
Price, Billy F. (Hg.): *Adolf Hitler als Maler und Zeichner. Ein Werkkatalog der Ölgemälde, Aquarelle, Zeichnungen und Architekturskizzen.* München, 1983. 121
Rudolf Hartmann: *Das geliebte Haus. Mein Leben mit der Oper.* München, Zürich 1975. 106, 161
Seidel, Klaus Jürgen (Hg.): *Das Prinzregententheater in München.* Nürnberg, 1984. 122
Giesler, Hermann: *Ein anderer Hitler. Bericht seines Architekten Hermann Giesler. Erlebnisse, Gespräche, Reflexionen.* Leoni: Druffel-Verlag, 1977. 124
Schallweg, Paul (Red.): *Festliche Oper. Geschichte u. Wiederaufbau d. Nationaltheaters in München,* 1964. 14, 16, 31, 36, 46
Backöfer, Andreas: *Günther Rennert. Regisseur und Intendant.* Anif/Salzburg 1995. 203
Sievert, Ludwig: *Lebendiges Theater.* München 1944. 158, 165, 167, 214, 228, 232, 233
Hessler, Ulrike / Schläder, Jürgen / Braunmüller, Robert / Hösl, Wilfried: *Macht der Gefühle. 350 Jahre Oper in München.* Berlin 2003. 295, 387, 408, 413
Zehetmair, Hans / Schläder, Jürgen: *Nationaltheater. Die Bayerische Staatsoper.* München 1992. 38
Frieß, Hermann: *Nationaltheater München Festschrift der Bayerischen Staatsoper zur Eröffnung des wiederaufgebauten Hauses.* München 1963. 183
Hüpping, Stefan: *Rainer Schlösser (1899–1945). Der »Reichsdramaturg«.* Bielefeld 2012. 134
Kurt Wilhelm: *Richard Strauss persönlich.* München: Kindler 1984. 239
Bauer, Richard: *Ruinen-Jahre. Bilder aus dem zerstörten München 1945–1949.* München 1995. 201
Schläder, Jürgen / Braunmüller, Robert: *Tradition mit Zukunft. 100 Jahre Prinzregententheater München.* Feldkirchen bei München 1996. 201
Generaldirektion der Bayerischen Staatstheater (Hg.): *150 Jahre Bayerisches National-Theater.* Schriftl. Arthur Bauckner. München, 1928. 122

**Zeitschriften, Zeitungen**
*Berliner Illustrierte Zeitung* Nr. 31 / 1939: 238
*Das Theater* 1929: 107
*Musica,* 1/1960: 142

Wir danken den Fotografen für die freundliche Überlassung ihrer Bilder zum Abdruck in diesem Buch. Nicht in allen Fällen konnten trotz intensiver Bemühungen die Inhaber der Bildrechte ausfindig gemacht werden – hier bitten wir bei berechtigten Forderungen um Mitteilung an den Herausgeber.

## Bildnachweis Titelbilder

(von oben nach unten)

Nationaltheater vor der Zerstörung. Süddeutscher Verlag München (Hg.): *Nationaltheater München. Festschrift der Bayerischen Staatsoper zur Eröffnung des wiederaufgebauten Hauses.* Red. Hermann Frieß und Rudolf Goldschmidt. München 1963. Ohne Angabe des Fotografen.

Nationaltheater München unter der Hakenkreuzflagge. Postkarte, ohne Angabe des Jahres und des Fotografen.

Max Joseph grüßt vor der Ruine. Richard Bauer: *Ruinen-Jahre. Bilder aus dem zerstörten München 1945–1949.* München 1995. Foto aus dem Stadtarchiv München.

Ruine um 1945. Bildarchiv des Münchner Stadtmuseums. Ohne Angabe des Fotografen.

Max Joseph grüßt vor der Baustelle. Freunde des Nationaltheaters e. V. (Hg.): *Fanget an. Der Wiederaufbau des Nationaltheaters in München. Jahresrückblick 1954*. München 1955. Rechteinhaber: Freunde des Nationaltheaters München e. V.

Zustrom der Gäste zum Festakt der Wiedereröffnung am 21.11.1963. Freistaat Bayern unter Mitwirkung der Freunde des Nationaltheaters e. V. und der Landeshauptstadt München (Hgg.): *Festliche Oper. Geschichte und Wiederaufbau des Nationaltheaters in München*. Red. Paul Schallweg. München 1964. Foto: Siemens, München.

Dieses Buch wurde gefördert von den Freunden des Nationaltheaters e.V. München

Bibliografische Information der Deutschen Nationalbibliothek:
Die Deutsche Nationalbibliothek verzeichnet diese Publikation in der Deutschen Nationalbibliografie; detaillierte bibliografische Daten sind im Internet über http://dnb.dnb.de abrufbar.

ISBN 978-3-89487-796-5

Die Verwertung der Texte und Bilder, auch auszugsweise, ist ohne Zustimmung der Bayerischen Staatsoper und des Verlages urheberrechtswidrig und strafbar. Das gilt auch für die Vervielfältigung, Mikroverfilmung und die Verarbeitung von elektronischen Systemen.

© 2017 by Bayerische Staatsoper, Autoren und Henschel Verlag in der E. A. Seemann Henschel GmbH & Co. KG, Leipzig

Umschlaggestaltung: Gisela Kirschberg
Gestaltung und Satz: Gisela Kirschberg, Ingo Scheffler
Druck und Bindung: Westermann Druck Zwickau GmbH

www.henschel-verlag.de

Printed in Germany